Österreichs Kämpfe Im Jahre 1866: Nach Feldacten Bearbeitet Durch Das K. K. Generalstabs-bureau Für Kriegsgeschichte, Volume 5...

Austria. K.K. Generalstab. Bureau für Kriegsgeschichte

Österreichs Kämpfe

im Jahre

1866.

Nach Feldacten bearbeitet durch das k. k. Generalstabs-Bureau für Kriegsgeschichte.

Fünfter Band.

Mit Karten und Schlachtplänen.

Wien 1869.

Verlag des k. k. Generalstabes. In Commission bei Carl Gerold's Sohn.

Druck von R. v. Waldheim.

Österreichs Kämpfe

im Jahre

1866.

Fünfter Band:

Die Vertheidigung Tirol's.

Der Kampf auf dem Adriatischen Meere.

Die Kriegsereignisse in Westdeutschland.

Inhalt des V. Bandes.

Die Vertheidigung Tirol's im Jahre 1866.

Der Kampf auf dem adriatischen Meere im Jahre 1866.

III. Abschnitt.

IV. Abschnitt.

Die Kriegsereignisse in Westdeutschland im Jahre 1866.

I. Abschnitt.

II. Abschnitt.

III. Abschnitt.

IV. Abschnitt.

V. Abschnitt.

VI. Abschnitt.

VII. Abschnitt.

Beilagen.

Karten und Pläne.

DIE

VERTHEIDIGUNG TIROL'S

IM

JAHRE 1866.

Inhalt.

I. Abschnitt.

Seite

II. Abschnitt.

III. Abschnitt.

IV. Abschnitt.

Beilage.

Karte.

Die Vertheidigung Tirol's im Jahre 1866.

I. Abschnitt.

Kriegsvorbereitungen.

Für die Vertheidigung Tirol's im Jahre 1866 waren, da die im Venezianischen und in den nordwestlichen Provinzen des Reiches aufzustellenden Armeen auf die möglichste Stärke gebracht werden mussten, nur geringfügige Streitkräfte zu erübrigen. Einen integrirenden Theil der unter dem Commando des EH. Albrecht stehenden Süd-Armee bildend, betrugen dieselben im Ganzen nur 11 Bataillons, 1 Escadron und 32 Geschütze.

Diese wenigen Truppen konnten wohl genügen, um bei Beginn der Feindseligkeiten die Grenzpässe Südtirol's angemessen zu besetzen und zu decken, mussten aber unzulänglich werden, wenn das Kriegsglück in der venezianischen Ebene sich gegen die kaiserlichen Fahnen wendete. Mehr denn je sah sich daher die österreichische Regierung genöthigt, auf die so oft bewährte Hingebung der Bevölkerung von Tirol zu zählen, ein Vertrauen, welches diese im Vereine mit den unter GM. Baron Kuhn stehenden Truppen, welche Alles an die Vertheidigung des Landes setzten, im vollsten Masse rechtfertigte [1]).

---

1) Die Bevölkerung Tirol's war durch ein besonderes Gesetz (vom Jahre 1864) zur Vertheidigung des heimatlichen Bodens verpflichtet.

Nach diesem Gesetze gliederte sich die territoriale Streitmacht in drei Aufgebote, u. z. in:

1. Die Landesschützen-Compagnien mit dem systemisirten Gesammtstande von 6200 Mann;
2. die Scharfschützen-Compagnien;
3. den Landsturm.

Auch konnte die Landesvertheidigungs-Oberbehörde noch Freiwilligen-Compagnien (aus Studenten, Förstern, Knappen etc.) bilden.

Die beiden ersten Aufgebote waren nach dem Gesetze berufen, dem Feinde das Eindringen in das Land zu wehren und konnten daher innerhalb der Landesgrenze überallhin verwendet werden. Der Landsturm hatte dagegen nur in den Heimats- und benachbarten Bezirken Dienste zu leisten.

Dem FML. Grafen Castiglione war die Organisirung der Landes-Vertheidigung übertragen; GM. Baron Kuhn war mit dem Truppen-Commando von Tirol betraut. Als dessen Generalstabs-Chef fungirte Oberstlieutenant Baron Dumoulin, als Artillerie-Chef Oberstlieutenant Barth, als Génie-Director Oberstlieutenant v. Wolter.

Eine der ersten Verfügungen des durch seine mehrjährige Dienstesstellung als Regiments-Commandant und Brigadier mit den Eigenthümlichkeiten des Landes sehr vertrauten GM. Baron Kuhn war die Eintheilung der Truppen in 6 Gruppen, u. z. in 4 Halb-Brigaden, welche je einen der Hauptabschnitte Südtirol's zu besetzen, und in 2 Reserve-Brigaden, welche im Etsch-Thale für alle Fälle bereit zu stehen hatten.

Zu Ende Mai nahmen die Truppen die folgende Aufstellung ein:

Im Abschnitte am Garda-See, zwischen der Etsch und Chiese mit dem Loppio-, Ledro- und Ampola-Thale und den befestigten Punkten: Ampola (Strassensperre mit 2 Geschützen); Ponal (Batterie auf der Strasse von Riva nach Pieve di Ledro); Nicolo (Batterie zwischen Torbole und Riva, mit letzterer Stadt 23 Geschütze); Nago (auf der Strasse von Riva nach Mori, 2 Batterien mit 15 Geschützen); Malcesine (Batterie am Ost-Ufer des Garda-Sees mit 6 Geschützen):

Die Landesschützen-Compagnien wurden bezirksweise zusammengestellt, u. z. aus Reserve-Männern des Tiroler Jäger-Regiments, aus Freiwilligen und aus den sonstigen Bewohnern vom 20. Lebensjahre aufwärts, welche das Loos hiezu traf. Die Officiere wurden von der Mannschaft gewählt und von der Landes-Vertheidigungs-Oberbehörde bestätigt.

Die Scharfschützen-Compagnien ergänzten sich durch freiwilligen Eintritt. Deren Officiere wurden wie jene des 1. Aufgebotes gewählt und bestätigt.

Zum Landsturme gehörten alle Waffenfähigen des Landes vom 20.—50. Lebensjahre, welche weder in der Armee, noch in den beiden ersten Aufgeboten dienten. Die Sturmmannschaft bildete erst nach dem Aufrufe zur Bereithaltung Compagnien, deren jede ihre Officiere wählte.

Diese Organisation der Landesvertheidigung war bis zum Jahre 1866 zwar nicht praktisch ins Leben getreten, doch bestand die Einreihung der Schützen in die Compagnien und die Wahl der Officiere war bereits erfolgt. Auch hatten im Herbste 1865 aus ökonomischen Rücksichten die Haupt-Waffenübungen nicht vorgenommen werden können. Erst am 3. Mai 1866 bewilligte das Kriegsministerium die Vertheilung von Gewehren, sowie die nöthigen Geldmittel zur Bekleidung und Ausrüstung der Landesschützen und zur Vornahme grösserer Übungen. Letztere begannen am 1. Juni und mit Ende des Monates waren sämmtliche Landesschützen-Compagnien, mit Ausnahme jener von Süd-Tirol, an den ihnen vom Truppen-Commando bezeichneten Bestimmungsorten eingetroffen.

Die Beilage gibt sämmtliche Compagnien des 1. und 2. Aufgebotes, welche im Laufe des Feldzuges zur Aufstellung gelangt sind, so wie deren Eintheilung in die Halb-Brigaden an.

Halb-Brigade Oberstlieutenant v. Thour des Infanterie-Regiments Kronprinz von Sachsen [1]).

Stab Riva;

1. Bataillon Kronprinz von Sachsen: Stab und 4 Compagnien Riva,

1 Compagnie Tiarno, 1 Compagnie Pieve di Ledro;

6. Bataillon des Tiroler Jäger-Regiments: 1 Compagnie Riva, 1 Compagnie Arco;

1 Zug der 5. Escadron Trani-Uhlanen Riva;

3pfd. Gebirgs-Batterie Nr. 2/V Botzen [2]).

Im Abschnitte der Judicarien, nördlich und westlich des vorigen gelegen, im Westen durch die Landesgrenze, im Norden durch die Linie über den Hochgebirgsrücken Presanella und über Madonna di Campiglio gegen Vezzano begrenzt und 3 Forts mit 20 Geschützen bei Lardaro enthaltend:

Halb-Brigade Oberstlieutenant v. Höffern des Tiroler Jäger-Regiments.

Stab Tione;

2. Bataillon Kronprinz von Sachsen: Stab und 2 Compagnien Tione,

2 Compagnien Bolbeno, 1 Compagnie Corelino, 1 Compagnie Storo;

1. Bataillon des Tiroler Jäger-Regiments; 1 Compagnie Campo, 1 Compagnie Cavrasto;

1 Zug der 5. Escadron Trani-Uhlanen Tione;

3pfd. Gebirgs-Batterie Nr. 3/V „

Im Abschnitte des Sulz- und Nons-Berges, nördlich des vorigen gelegen, im Westen durch die Landesgrenze, im Norden und Osten bis zur Rocchetta durch die Wasserscheide zwischen dem Nos und der Etsch geschlossen, mit dem doppelten Brückenkopf bei Ponte Mostizzolo (7 Geschütze [3]) und der Strassensperre Val Strino gegen den Tonal mit 6 Geschützen:

Halb-Brigade Major v. Albertini des Infanterie-Regiments EH. Rainer:

Stab Malè;

3. Bataillon EH. Rainer: Stab und 2 Compagnien Malè, Croviana,

3 Compagnien Cles, Rall, 1 Compagnie Cusiano, Pellizzano,

2. Bataillon des Tiroler Jäger-Regiments: 2 Compagnien in Cis, Preghena, Varolo, Scanna und Livo;

1 Zug der 5. Escadron Trani-Uhlanen Malè;

---

1) Bis zum 18. Juni führte Hauptmann v. Weinsberg des Tiroler Jäger-Regiments das Commando der Halb-Brigade.

2) Die Batterie marschirte am 16. Juni nach Riva.

3) Der Bau desselben ward erst bei Beginn der Feindseligkeiten durch Hauptmann Crusiz des Géniestabes in Angriff genommen und am 10. Juli beendet.

3pfd. Gebirgs-Batterie Nr. 1/V Malè.

Im Abschnitte des Vintschgau, mit der Strassensperre Gomagoi gegen das Wormser-Joch (7 Geschütze) und mit der Strassensperre bei Nauders (12 Geschütze):

Halb-Brigade Major v. Metz des Tiroler Jäger-Regiments:

Stab Mals;

2. Bataillon des Tiroler Jäger-Regiments: 1 Compagnie Mals, 1 Compagnie Glurns, 1 Compagnie Brad, Eyrs, 1 Compagnie Laas;

$^1/_2$ Raketen-Batterie Nr. 11/IX Schluderns.

Endlich als Reserve im Etsch-Thal mit der Thal- und Strassensperre Rocchetta (2 Werke, 8 Geschütze), Bucco di Vela (2 Werke, 7 Geschütze) und Trient, dem Centralpunkte der Vertheidigung Südtirol's:

1. Reserve-Brigade GM. v. Kaim:

Stab Trient [1]);

1. Bataillon des Tiroler Jäger-Regiments: Stab und 1 Compagnie Vezzano, 1 Compagnie Calavino, 1 Compagnie alle Sarche, 1 Compagnie Padernione, Fraveggio;

Infanterie-Regiment EH. Rainer: Stab Botzen;

1. Bataillon: Stab und 3 Compagnien Mezzolombardo und Mezzotedesco, 1 Compagnie Margreid, 1 Compagnie Curtatsch, 1 Compagnie Tramin.

2. Bataillon: Stab und 2 Compagnien Botzen, 1 Compagnie Kardaun, 1 Compagnie Kaltern, 2 Compagnien St. Michael, St. Paul, Girlan, Unterein.

4. Bataillon: Stab und 3 Compagnien Meran und Mais, 1 Compagnie Partsching, 1 Compagnie Lana, 1 Compagnie Vilpian, Terlan, Nals;

1 Zug der 5. Escadron Trani-Uhlanen Trient;

4pfd. Batterie Nr. 1/V Trient;

$^1/_2$ Raketen-Batterie Nr. 11/IX Neumarkt.

2. Reserve-Brigade Oberst Baron Montluisant [2]) des Tiroler Jäger-Regiments:

Stab Trient;

Regimentsstab und 3. Bataillon Kronprinz von Sachsen Trient;

---

1) Trient verfügte vor Ausbruch des Krieges nur über ein vertheidigungsfähiges Castell und wurde, abgesehen von einem zur Sicherung des Etsch-Überganges angelegten Tambour, erst im letzten Stadium des Feldzuges zu einem ansehnlichen Manövrirplatze umgeschaffen. Es wurden 6 geschlossene Schanzen, 13 Erdbatterien, 2 Geschützstellungen für Gebirgs-, 7 für Raketen-Batterien erbaut, und überdies 7 grössere ausserhalb der Stadt befindliche Gebäude, sowie die Stadt selbst zur Vertheidigung hergerichtet. Die Armirung dieser Werke erforderte im Ganzen 47 Geschütze.

2) Oberst Baron Montluisant behielt vorläufig das Commando seines (des 6.) Bataillons, und wurde erst am 21. Juni zur Übernahme des Brigade-Commandos berufen. Die Truppen blieben bis dahin in der Reserve-Brigade Kaim.

4. Bataillon Grossherzog von Hessen: Stab und 3 Compagnien Trient, 2 Compagnien Pergine, 1 Compagnie Civezzano;

6. Bataillon des Tiroler Jäger-Regiments: Stab und 2 Compagnien Roveredo, 1 Compagnie Mori, 1 Compagnie Sacco, Caliano;

3pfd. Gebirgs-Batterie Nr. 4/V Trient.

Alle Abschnitts-Commandanten wurden in einer besonderen Instruction angewiesen, sich hauptsächlich die energische Vertheidigung der ihnen speciell zugewiesenen Territorien angelegen sein zu lassen und nach anderen Richtungen nur dann zu Hilfe zu eilen, wenn die Sicherheit des eigenen Abschnittes ausser Frage stünde. Die entscheidende Unterstützung war von der im Etsch-Thale stehenden Reserve zu erwarten.

Was die Verwendung der Landesschützen-Compagnien betrifft, so war es die Absicht des GM. Baron Kuhn, die Mehrzahl derselben den 4 Halb-Brigaden zuzuweisen und dort zur Besetzung der Gebirgs-Übergänge, sowie zur Herstellung der Verbindung zwischen den verschiedenen Abschnitten zu verwenden. Der Halb-Brigade im Vintschgau, welche mit regulären Truppen am schwächsten dotirt war, sollten 8, den übrigen 4—5 Compagnien zugewiesen werden. Das Puster-Thal sollte durch seine Landesschützen-Compagnien vorläufig allein gedeckt werden, da bei Beginn des Krieges grössere feindliche Unternehmungen in dieser Richtung nicht zu besorgen waren. Der mit den Verhältnissen im Puster-Thale vertraute pensionirte Major Stockardt v. Bernkopf erhielt das Commando über die 5 dortigen, sowie über die Klausen-Castelruther Compagnie, welch' letztere zur Beobachtung des Fassa- und Fleimser-Thales bestimmt war. Der Rest der Landesschützen-Compagnien sollte zur speciellen Verwendung des GM. Baron Kuhn verbleiben. Auf Anregung des Letzteren wurden, nach Einlangen eines telegraphischen Befehles des EH. Albrecht vom 10. Juni, 12 Compagnien sogleich, der Rest derselben — 23 Compagnien — einige Tage später, streckenweise fahrend an die Grenze in Marsch gesetzt.

Von den italienischen Streitkräften waren, während das Gros der regulären Armee sich gegen die im Venezianischen stehende kaiserliche Süd-Armee zu wenden hatte, die unter Garibaldi stehenden Freiwilligen zum Angriffe auf Tirol bestimmt. Dieselben erreichten im Laufe des Krieges die beträchtliche Höhe von 35—40.000 Mann [1]).

1) Die Errichtung von 20 Freiwilligen-Bataillons à 4 Compagnien in der Normalstärke von je 188 Mann wurde durch königliches Decret vom 6. Mai angeordnet.

Am 16. wurden aus diesen Bataillons 10 Regimenter zu 2 Bataillons formirt u. z.: Das 1., 2. und 3. in Como, das 4. und 5. in Varese in der Lombardie; das 6., 7. und 8. in Bari, das 9. und 10. in Barletta im Neapolitanischen.

Zu den vorhandenen Streitmitteln sind ausserdem noch die Flotillen auf dem Garda-See zu zählen. Die österreichische Flotille bestand aus den Kanonenbooten Wildfang, Raufbold, Wespe, Uskoke, Scharfschütze, Speiteufel, dann den Rad-Dampfern Franz Josef und Hess[1]).

Als Commandant dieser Flotille hatte sich bereits am 28. Mai Corvetten-

---

Der Andrang zu den Werbeplätzen war ein so grosser, dass die Zahl der Freiwilligen schon in der kurzen Zeit vom 21.—24. Mai auf nahezu 40.000 Mann stieg. Demzufolge wurden an diesem Tage die Werbungen geschlossen und am 29. die Aufstellung weiterer 20 Bataillons und die Formirung der Regimenter zu 4 Bataillons angeordnet. Die Regimenter 6—10 formirten des grossen Standes wegen ihre Bataillons zu 6 Compagnien.

Am 27. Mai wurde die Aufstellung einer Escadron Guiden mit dem normirten Stande von 205 Mann und 160 Pferden, am 21. Juli die einer zweiten Escadron anbefohlen.

Am 29. Mai erfolgte der Befehl zur Errichtung von 2 Freiwilligen-Bersaglieri-Bataillons à 4 Compagnien mit dem normirten Stande von je 193 Mann, deren eines in Genua, das zweite in Mailand aufzustellen war.

Am 15. Juni wurde die Mobilisirung des 44. und 45. Nationalgarde-Bataillons aus den Bezirken Clusone-Breno und Sondrio und deren Vereinigung in eine Legion unter Commando des Oberst Guicciardi angeordnet. Unter dem Oberbefehle Garibaldi's stehend, hatte diese Legion die Bestimmung, die Val Camonica und Valtellina zu decken; der Stand derselben belief sich auf circa 1300 Mann, mit anfangs 4, später 6 Gebirgs-Geschützen und 2 8pfd. Feld-Kanonen.

Erst nach dem entscheidenden Kampfe der beiden Haupt-Armeen am Mincio, nemlich Ende Juni wurden dem Freiwilligen-Corps 3 Feld-, 2 Gebirgs-Batterien, 1 Sappeur-Compagnie und das Bersaglieri-Bataillon Nr. 41 von der regulären Armee zugewiesen.

Die taktische Gliederung des Corps in 5 Brigaden wurde erst am 10. Juli angeordnet und war folgende:

1. Brigade, General Haugh, 2. und 5. Regiment;
2. Brigade, General Avezzana, 2. Bersaglieri-Bataillon, 4. und 10. Regiment;
3. Brigade, General Orsini, 5. und 9. Regiment;
4. Brigade, Oberst Corte, 1. Bersaglieri-Bataillon, 1. und 3. Regiment;
5. Brigade, Oberst Nicotera, 6. und 8. Regiment.

Die Bekleidung, Bewaffnung und Ausrüstung der Freiwilligen konnte mit der raschen Formation derselben nicht gleichen Schritt halten und es scheint, dass selbe erst Ende Juni, und auch da nur nothdürftig durchgeführt war. Die Regimenter wurden mit denselben Gewehren, wie die reguläre Infanterie, die Bersaglieri mit vorzüglichen Schweizer-Stutzen kleinen Kalibers versehen.

1) Die Kanonenboote waren mit Ausnahme des „Speiteufel", welcher 2 gezogene 24Pfünder führte, mit 2 48pfünd. glatten Geschützen und 2 kurzen 30Pfündern bestückt, während die Rad-Dampfer 2 und 4 gezogene 12Pfünder an Bord hatten. Mitte Mai wurden alle Kanonenboote zur Deckung der Maschinen und der über der Wasserlinie befindlichen Pulverkammern binnen 5 Tagen mit Eisenbahnschienen gepanzert. An der Mincio-Einfahrt in Peschiera standen 2 Schleppschiffe mit je einem glatten 12Pfünder am Bord; 6 unarmirte Segelboote (Toppi), als Avisos an den Ufern vertheilt, sollten jede Annäherung des Feindes mittelst Allarmzeichen dem Flotillen-Commando bekannt geben.

Capitän Monfroni v. Montfort mit Schiffsfähnrich Heinze als Adjutanten, zuerst auf Dampfer Hess eingeschifft, später jedoch (10. Juni) das Kanonenboot Speiteufel zum Flaggschiff bestimmt und nahm am 19. Juni, gegenüber von Salò, bei S. Vigilio, welcher Punkt mit einem optischen Telegraphen versehen worden war, Stellung.

Die feindlicherseits zur Verwendung auf dem Garda-See bestimmten Schiffe bestanden aus 5 Kanonenbooten kleinerer Gattung, welche je ein schweres Geschütz führten; vor nicht langer Zeit mit neuen Kesseln versehen, besassen sie eine nicht unbedeutende Schnelligkeit.

Commandant dieser Flotille war Oberstlieutenant Elia, während General Avezzana mit der Küstenvertheidigung betraut war. Salò als Centralpunkt wurde durch Anlagen provisorischer Hafenbefestigungen gesichert, und erhielt später als Besatzung 1 Bataillon des 10. Freiwilligen-Regiments (1200 Mann) und 1 Compagnie cacciatori di Garda (200 Mann). Sämmtliche Boote und Barken des piemontesischen Ufers befanden sich in diesem Hafen vereinigt. Ausserdem waren auf der Spitze von Maderno Befestigungen angelegt und mit 7 schweren Cavalli-Geschützen armirt worden. Gargnano, welches durch Batteriebauten geschützt wurde, soll von 3 Compagnien des 10. Freiwilligen-Regiments unter Oberst. Corvi besetzt gewesen sein.

Beim Truppen-Commando in Trient war man Ende Mai von der Zahl und den Aufstellungsorten der zu errichtenden Freiwilligen-Regimenter, so wie von dem massenhaften Zudrange an den Werbeplätzen in Kenntniss.

Über die Richtung des Angriffes aber, so wie über die Gattung und Zahl der zur Verwendung gegen Tirol bestimmten Streitkräfte liefen nur mangelhafte und widersprechende Nachrichten ein.

Um auf alle Fälle vorbereitet zu sein, ordnete GM. Baron Kuhn am 12. Juni, da er durch ein Telegramm des EH. Albrecht von der Wahrscheinlichkeit des baldigen Ausbruches der Feindseligkeiten verständigt worden war, bei sämmtlichen Halb-Brigaden die scharfe Beobachtung der Grenzübergänge, und am 18. die Einleitung des völligen Sicherheitsdienstes an [1]).

[1]) Demzufolge wurden folgende Posten aufgestellt:

Bei der Halb-Brigade Thour: Officiersposten in der Val Peor bei S. Croce und in der Val Lorina;

Halb-Brigade Höffern: Officiersposten in Daone, in der Val Giulis, bei Riccomassimo, am Monte Macao und Monte Vacil;

Halb-Brigade Albertini: Officiersposten am Tonal und bei Pejo;

Halb-Brigade Metz: 1 Jäger-Compagnie auf der Franzens-Höhe, 1 Compagnie auf der Kohr-Spitze.

Die Ordre de bataille sämmtlicher Truppen, einschliesslich der Landesaufgebots-Compagnien, ist in der Beilage enthalten.

II. Abschnitt.

Vom Beginne der Feindseligkeiten bis zum Abmarsche der Süd-Armee an die Donau.

(Hiezu eine Übersichtskarte.)

Vom nahen Beginn der Feindseligkeiten wurde GM. Baron Kuhn am 20. Juni Abends durch EH. Albrecht mittelst folgenden Telegrammes in Kenntniss gesetzt:

„Strengste Bereitschaft von heute eintreten lassen, Beginn der Feindseligkeiten am 23. Früh."

Die Halb-Brigaden wurden hievon sogleich verständigt und eine engere Concentrirung der Reserve im Etsch-Thale angeordnet.

Als am folgenden Tage ein Telegramm des EH. Albrecht die Besetzung Brentonico's durch eine Landesschützen-Compagnie, behufs Überwachung der Grenzübergänge zwischen der Etsch und dem Garda-See anordnete, wurde die Landesschützen-Compagnie Hall dorthin disponirt [1]).

Die Märsche der übrigen Compagnien wurden beschleunigt, und da nach verschiedenen Anzeichen ein feindlicher Einfall von der Valtellina und Val Camonica her zu gewärtigen war, wurde der Landsturm von Lana, Kaltern und Meran aufgeboten, um im Sulz-, Nons- und Ulten-Thale verwendet zu werden [2]).

Der erste kleinere Zusammenstoss fand am 21. Juni am Passo di Bruffione statt, wohin eine etwa 10 Mann starke feindliche Patrulle vordrang sich jedoch nach einigen Schüssen vor der am Passe aufgestellten Feldwache zurückzog.

In den folgenden Tagen wurden zur strengeren Bewachung der Übergänge noch einige Abtheilungen näher an die Grenze geschoben [3]).

---

1) Dieselbe hatte am 23. Juni dort einzutreffen; bis dahin war Brentonico von einer halben Jäger-Compagnie besetzt.

2) Der Landsturm dieser drei Bezirke erreichte in den nächsten zwei Tagen einen Gesammtstand von 2600 Mann.

3) Bei der Halb-Brigade Thour kamen 2 Compagnien Kronprinz von Sachsen von Riva nach Campi, dagegen 1 Compagnie Tiroler Jäger von Arco nach Riva. Die

In Folge eines am Abend des 23. von EH. Albrecht eingelangten telegraphischen Befehles, den Monte Baldo schleunigst zu besetzen, erhielt das 6. Bataillon Tiroler Jäger den Befehl, unter Zurücklassung einer halben Compagnie im Castell von Roveredo und 1 Compagnie in Mori, mit aller Beschleunigung nach Brentonico zu rücken.

Der 24. Juni, an welchem Tage die kaiserliche Armee den entscheidenden Sieg bei Custoza erkämpfte, verging in Tirol ohne besondere Ereignisse, nur in der Nähe des Wurmser-Joches kam es zu einem geringfügigen Zusammenstosse.

Major v. Metz überschritt nemlich um 3 Uhr Früh mit 3 Compagnien Tiroler Jäger und den Landesschützen-Compagnien Silz, Landeck und Nauders-Ried die Grenze. Eine in der Cantoniere Santa Maria stehende feindliche Abtheilung von ungefähr 40 Nationalgarden aus Bormio, nebst einigen Finanzsoldaten und Waldhütern, zog sich hierauf bis in die Gallerien unterhalb Spondalunga, dann nach kurzem Feuergefechte mit einigen Jäger-Schwärmen weiter zurück, und traf Anstalten zur Vertheidigung des Ponte del Diavolo. Durch Zuzüge von Freiwilligen erreichte diese Abtheilung die Stärke von 200 Mann und Oberst Guicciardi, welcher diese Abtheilungen selbst geleitet zu haben scheint, erwartete hier den Anmarsch des Nationalgarde-Bataillons Nr. 45.

In der Nacht vom 24. bis zum 25. wurden auch die Vortruppen am Tonal durch eine feindliche Abtheilung alarmirt, deren Stärke nicht erkannt werden konnte. Major v. Albertini concentrirte hierauf alle um Fucine vereinigten Truppen und die Landesschützen-Compagnie Botzen-Sarnthal bis $2^1/_2$ Uhr Mittags auf dem Tonal, und schob eine Compagnie EH. Rainer über die Grenze vor.

Der Feind stand am 24. ungefähr wie folgt: Oberst Guicciardi mit seinen Abtheilungen in der Gegend von Bormio; das 1. Freiwilligen-Regiment an der Strasse von Desenzano, das 2. Regiment und das 1. Bersaglieri-Bataillon nächst Rocca d'Anfo und in der Val Sabbia, das 4. Regiment und das 2. Bersaglieri-Bataillon in Bergamo, das 3. und 5. Regiment scheinen in Brescia oder auf dem Marsche dahin gewesen zu sein. — Die Regimenter 6—10 waren noch im Anmarsche aus Süditalien, trafen aber gleichfalls bald ein. Der grösste Theil der Guiden befand sich noch in Monza. Einige Gebirgs-

---

Übergänge von Pregasena, Monte Notta, Monte Tremals und Monte Alpo wurden mit Officiersposten, Tiarno von der Landesschützen-Compagnie Rattenberg besetzt.

Bei der Halb-Brigade Höffern kam die Landesschützen-Compagnie Innsbruck (Stadt) nach Dazio, Innsbruck-Mieders nach Condino, Brixen nach Daone, 1 Jäger-Compagnie nach Creto (bei Strada).

Bei der Halb-Brigade Metz rückten 1 Jäger-Compagnie und 2 Raketen-Geschütze auf die Ferdinands-Höhe, 1 Jäger-Compagnie, die Landesschützen-Compagnie Nauders-Ried und die übrigen Raketen-Geschütze auf die Franzens-Höhe.

Batterien wurden dem Freiwilligen-Corps zwar am 24. zugewiesen, doch waren dieselben nur ungenügend mit Maulthieren versehen. Für den 25. ordnete Garibaldi, der sich von Brescia an den Garda-See begab, eine Recognoscirung am Idro-See an.

Gefecht bei Ponte di Caffaro (25. Juni).

Zur Recognoscirung am Caffaro trafen einige Compagnien des 1. Bersaglieri-Bataillons und des 2. Regiments am Morgen des 25. bei der Brücke ein und besetzten diese sowie die beiderseits befindlichen Häuser. — Eine etwa 60 Mann starke Abtheilung rückte um 7 Uhr gegen Darzo vor und drängte die dort postirte österreichische Feldwache nach Dazio zurück, wo mittlerweile die von Storo eingetroffene Compagnie Kronprinz von Sachsen zu der Innsbrucker Landesschützen-Compagnie gestossen war. Die beiden Compagnien rückten nun gegen Darzo vor und besetzten den Ort, welcher vom Feinde ohne Widerstand geräumt wurde. Als dieser um 10 Uhr neuerdings Anstalten zum Angriffe machte, beschloss Hauptmann Ružiczka (von Kronprinz von Sachsen) demselben zuvorzukommen und führte die beiden Compagnien gegen den Caffaro vor. An der Brücke von einem mörderischen Gewehrfeuer empfangen, drangen die Abtheilungen zwar über dieselbe, mussten aber schliesslich vor dem überlegenen Gegner weichen und zogen sich nach Condino zurück, ohne dass ihnen der Feind folgte.

Oberstlieutenant v. Höffern war, auf die Meldung von der Vorrückung des Feindes, 1 Compagnie Kronprinz von Sachsen in Tione zurücklassend, mit seiner Halb-Brigade nach Roncone marschirt und beorderte auch die beiden am Gefechte betheiligt gewesenen Compagnien dahin. Am Abende stellte er seine Truppen, da verlässlich scheinende Nachrichten am nächsten Tage einen Angriff von Bruffione her erwarten liessen, zwischen Tione und Lardaro auf, und schob Posten nach Por, Daone, auf den Dos dei Morti, den Passo d'Usciol und auf die Malga Arno vor.

Die Verluste des Tages bestanden auf österreichischer Seite:

	Officiere	Mann
Bei Kronprinz von Sachsen-Infanterie:		
Todt	—	7
Verwundet gefangen	1	—
Vermisst	—	10
Bei der Innsbrucker Landesschützen-Compagnie:		
Todt	—	3
Verwundet	—	7
Zusammen	1 Officier,	27 Mann.

Der Gegner soll (nach der Gazetta ufficiale vom 2. August 1866) nur 2 Verwundete verloren haben.

Der für die italienischen Waffen unheilvolle Ausgang der Schlacht von Custoza musste nothwendig von Einfluss auf die Ereignisse in Tirol sein. Garibaldi, der am Morgen des 25. die Nachricht von den Resultaten der Schlacht erhielt, glaubte vorläufig den Gedanken an eine Offensive aufgeben zu müssen, verlegte sein Hauptquartier nach Lonato, zog die vorgeschobenen Abtheilungen zurück, concentrirte in den nächsten Tagen zwischen Lonato und Desenzano ungefähr 15.000 Freiwillige und setzte Brescia in Vertheidigungsstand.

Einzelne feindliche Abtheilungen, die noch in den Thälern zunächst der Grenze verweilten, gaben indessen dem Truppen-Commando in Tirol Anlass zu dem Glauben, dass der Feind, trotz der Ereignisse in der venezianischen Ebene, auf seine Unternehmungen gegen Tirol nicht verzichtet habe und GM. Baron Kuhn traf, seinen Stab nach Comano verlegend, Anstalten, denselben zu begegnen, so am 26. gegen einen Einfall in die Judicarien, am 28. gegen einen Angriff auf Riva, und endlich noch am selben Tage neuerdings gegen eine feindliche Unternehmung in den Judicarien.

Erst am 29. langten übereinstimmende Nachrichten ein, denen zufolge man die feindlichen Abtheilungen auf allen Punkten ziemlich fern der Grenze wähnen musste.

GM. Baron Kuhn durfte nun voraussetzen, dass wenigstens in den nächsten Tagen kein feindlicher Angriff zu gewärtigen sei [1]), und beabsichtigte, sein Hauptquartier wieder nach Trient verlegend, den von den letzten Märschen sehr in Anspruch genommenen Truppen der Reserve in weiten Cantonnements Ruhe zu gönnen.

Kaum waren jedoch hiefür die Anordnungen ergangen, als folgendes Telegramm des EH. Albrecht eintraf:

„Mit Landesschützen Tonal und Stilfser-Joch besetzt halten, gleich-„zeitig mit mobilen Truppen über genannte Pässe nach Edolo, Tirano, Teglio „vorrücken, von da kleinen Krieg weiterführen."

„Nach Zulässigkeit der Streitkräfte gleichfalls zwischen Chiese und „Garda-See gegen Salò vorrücken und trachten Rocca d'Anfo im Rücken „zu nehmen."

Bekanntlich rückte in den nächsten Tagen auch das Gros der Süd-Armee über den Mincio der geschlagenen feindlichen Armee nach.

---

1) Thatsächlich war der Gegner am 27. vom Caffaro zurückgegangen, stand aber noch immer mit einigen Abtheilungen in der Val Camonica und ergriff, wie später näher ausgeführt werden wird, schon in den nächsten Tagen die Offensive.

GM. Baron Kuhn erliess nun dem erhaltenen Auftrage gemäss folgende Dispositionen:

Zur Unternehmung gegen Rocca d'Anfo hatte Oberstlieutenant v. Höffern am 30. Riccomassimo, Monte Macao, Vacil und Passo Bruffione von den Landesschützen-Compagnien besetzen zu lassen, mit den regulären Truppen am 1. Juli von Condino über den Monte Vacil und Monte Carena nach Bagolino zu marschiren, dabei gegen den Passo della Maniva und über den Pass Croce Domini gegen Breno streifen zu lassen. Später ward noch das 1. Tiroler Jäger-Bataillon und die 1. Wien-Tiroler Scharfschützen-Compagnie unter Hauptmann Knöpfler in dieser Richtung über Pinzolo (1. Juli), Condino (2.) und den Pass Croce Domini (3. Juli) disponirt. Am 2. Juli sollte die Halb-Brigade Höffern trachten, durch die Val Levrazzo in den Rücken der Feste Rocca d'Anfo zu gelangen.

Oberstlieutenant v. Thour hatte bei Riva die Rocca-Kaserne durch eine Compagnie, den Monte Alpo, Tremals und Notta sowie die Übergänge von Pregasena durch Landesschützen besetzen zu lassen, mit dem Reste der Halb-Brigade am 30. Juni zum Fort Ampola, am 1. Juli nach Turano, am 2. über den Monte Menos in den Rücken von Rocca d'Anfo zu marschiren.

Die 4 Compagnien des 6. Bataillons Tiroler Jäger (von der Brigade Montluisant) hatten unter Commando des Hauptmann v. Gredler über Nago nach Storo, am 2. Juli auf den Monte Suello zu rücken und bei der Einschliessung der Feste mitzuwirken.

Zur Vorrückung in die Val Camonica hatte als Seiten-Colonne Major v. Metz vom Stilfser-Joche, wo die Landesschützen-Compagnien zurückzubleiben hatten, mit der Halb-Brigade am 30. Juni in Bormio, am 2. Juli in Boladore zu stehen.

Die Reserve-Brigaden waren am 30. Juni nach Pinzolo (in der Val Rendena), am 1. Juli über den Pass Madonna di Campiglio nach Mezzana (im Val di Sole), am 2. im Verein mit der Halb-Brigade Albertini (über den Tonal) nach Ponte di Legno, am 3. gegen Edolo und Breno in Marsch zu setzen [1]).

Mittlerweile hatte an demselben Tage, an dem GM. Baron Kuhn beauftragt ward, aus Tirol vorzurücken, auch Garibaldi, der mit den 5 ersten Regimentern und den 2 Bersaglieri-Bataillons am 28. Juni zwischen Lonato, Desenzano Gavardo und Salò stand und, wie früher erwähnt, sich auf die

1) Später wurde, der Beschwerlichkeit der Märsche wegen, den Truppen der Reserve ein Ruhetag gegeben. Die Batterien wurden, zur Umgehung des für Fuhrwerke unpracticablen Passes von Campiglio, über alle Sarche, Mezzolombardo, Malè nach Ponte di Legno instradirt.

Defensive beschränken wollte, aus dem Hauptquartier des Königs den Befehl erhalten, die Operationen gegen Tirol wieder aufzunehmen.

Garibaldi beauftragte sogleich Oberst Cadolini, mit seinem (dem 4.) Regimente zur Unterstützung des in der Val Camonica stehenden Major Caldesi[1]) vorzurücken, und scheint den Entschluss gefasst zu haben, mit dem grössten Theile seiner Truppen gegen die Judicarien vorzugehen. Er beauftragte Oberst Corte (Commandant der 1. Brigade in Salò) am 1. Juli den Ponte d'Idro besetzen zu lassen und am 2. gegen Rocca d'Anfo zu marschiren.

Oberst Corte detachirte am 1. Major Cingia mit 1 Compagnie des 1. Regiments und 1 Bersaglieri-Compagnie an den Ponte d'Idro, verstärkte ihn am 2., als das Herannahen österreichischer Colonnen von Moerna gegen Treviso gemeldet wurde, durch 2 Compagnien und entsendete Major Salomone mit 1 Bataillon über Presegno gegen die Valle della Berga, da auch in dieser Richtung österreichische Abtheilungen im Anmarsche sein sollten. Mit den übrigen Truppen seiner Brigade marschirte Oberst Corte am 2. bis Vestone und am 3. bis Rocca d'Anfo, wo auch Garibaldi eintraf.

Gefecht am Monte Suello. (3. Juli.)

Am 3. Juli Nachmittags erhielt Oberst Corte den Befehl, auf der Strasse von Rocca d'Anfo gegen Bagolino zum Angriffe vorzugehen.

Er liess nun 1 Bersaglieri-Compagnie auf dem Saumwege über S. Antonio gegen Bagolino, 1 Compagnie des 3. Regiments zwischen der Strasse und dem Idro-Sec, den Rest auf der Strasse selbst vorgehen. 2 Finanzpatrullen-Schiffe, jedes mit 2 leichten Geschützen, ruderten gegen S. Giacomo.

Diese Vorrückung musste nothwendiger Weise zum Zusammenstosse führen, da die Abtheilungen des Hauptmann v. Gredler, im Sinne der Angriffs-Dispositionen des GM. Baron Kuhn, bereits tagsvorher am Monte Suello eingetroffen waren[2]).

3 Compagnien und 1 Zug hielten den Berg besetzt, $^1/_2$ Compagnie unter Oberlieutenant v. Bouthillier stand einige 100 Schritte auf der Strasse nach Rocca d'Anfo vorgeschoben und 1 Zug in Ponte Reinieri gegen Bagolino.

---

1) Dieser war mit dem 1. Bataillon des 4. Regiments, dem 44. Nationalgarde-Bataillon und 2 Gebirgs-Geschützen am 28. in Incudine eingetroffen.

2) Das Stärkeverhältniss war für die österreichischen Abtheilungen sehr ungünstig. Während Hauptmann v. Gredler nur über 4 Compagnien Jäger in der Gesammtstärke von circa 600 Mann disponirte, verfügte Oberst Corte am Kampfplatze über 1 Compagnie Bersaglieri, das 3. Bataillon und 2 Compagnien des 1., 10 Compagnien des 3. Regiments und 1 Gebirgs-Batterie, im Ganzen ungefähr über 2800 Mann und 6 Geschütze.

Als um 1 Uhr der Feind von S. Antonio vorzurücken begann, wurde Hauptmann Schiffler mit 3 Zügen auf der Strasse vorgesendet, und Hauptmann Oss mit $^1/_2$ Compagnie in die rechte Flanke zur Beobachtung des von Bagolino gegen S. Antonio führenden Saumweges detachirt.

Die ersten auf der Strasse vorrückenden Abtheilungen Corte's wurden durch Oberlieutenant v. Bouthillier mit dem Bajonnet angegriffen und geworfen. Hauptmann Schiffler, welcher während seiner Vorrückung auf der Strasse von den Booten mit einem lebhaften Geschützfeuer empfangen und gleichzeitig durch die zwischen dem See und der Strasse vorrückende feindliche Compagnie in der linken Flanke bedroht wurde, liess letztere durch 1 Zug zurückdrängen und rückte selbst über S. Giacomo gegen S. Antonio vor, wo mittlerweile Oberst Corte seine durch Oberlieutenant v. Bouthillier geworfenen vordersten Abtheilungen sammelte und neuerdings vorrücken liess.

Dieser zweite Angriff wurde in der Front durch eine unter Hauptmann Walter vorgerückte Compagnie abgewiesen und der Gegner, als ihm auch Hauptmann Oss in die Flanke fiel, zum Rückzuge genöthigt.

Oberst Corte liess nun die österreichischen Abtheilungen unter Hauptmann Schiffler, die mittlerweile die Kirche und den Friedhof von S. Giacomo besetzt hatten, durch 2 im Friedhofe von S. Antonio aufgeführte Geschütze lebhaft beschiessen und schickte frische Abtheilungen zum Angriffe vor, welche jedoch trotz anerkennenswerther Tapferkeit auch diesmal durch das sichere Feuer der Jäger erschüttert und dann mit dem Bajonnet geworfen wurden. Hauptmann Schiffler verfolgte den weichenden Gegner, verdrängte einige, S. Antonio besetzt haltende Abtheilungen, und ging dann wieder nach S. Giacomo zurück.

Oberst Corte schritt nun, nachdem er noch 2 Geschütze vorgenommen hatte, mit sämmtlichen Abtheilungen zum letzten Angriffe, welcher aber ebenfalls an der zähen Ausdauer der Jäger scheiterte. Die eingeleitete Verfolgung konnte des heftigen feindlichen Geschützfeuers wegen, nicht wirksam fortgesetzt werden.

Hauptmann v. Gredler, der das Gefecht gegen den weit überlegenen Gegner mit ausserordentlicher Aufopferung und Ausdauer geleitet hatte, ging bei Einbruch der Nacht nach Lodrone zurück und liess 3 Züge am Ponte di Caffaro stehen. Der Gegner besetzte in der Nacht S. Giacomo, rückte am Morgen des 4. vor, zog sich aber bald wieder nach S. Antonio zurück.

Die Jäger verloren in diesem Gefechte, welches 5 Stunden gedauert hatte:

	Officiere	Mann
Todt	1	14
Verwundete	2	41
Die Brigade Corte verlor:		
Todt	4	40
Verwundete	13 [1])	250
Vermisste	—	22

(darunter 12 Mann gefangen).

Mittlerweile war Oberstlieutenant v. Höffern nach einem äusserst beschwerlichen Marsche über das Gebirge am 1. Juli in Bagolino eingetroffen, liess seine erschöpften Truppen am 2. rasten, und marschirte am 3. mit 5 Compagnien [2]) und 4 Geschützen in die Val di Levrazzo bis zum Ursprunge dieses Thales, ward jedoch durch eine feindliche Colonne (Bataillon des Major Salomone), die sich gegen die Valle della Berga wendete, im Rücken bedroht, erfuhr auch später, dass Hauptmann v. Gredler eine zu grosse Übermacht gegen sich habe, um am Monte Suello noch länger Stand zu halten und trat daher am 4., als auch ein Auftrag hiezu vom Truppen-Commando eingetroffen war, den Rückzug bis zur Malga Bruffione an.

Die dritte zur Einschliessung Rocca d'Anfo's bestimmte Colonne — die Halb-Brigade Thour — war schon am 2. Juli bei ihrer Vorrückung über Moerna und Hano in der Nähe des letzteren Ortes auf eine etwa 400 Mann starke feindliche Colonne — (die 2 Compagnien des Major Cingia) — gestossen, gleichzeitig durch feindliche Abtheilungen bei Bollone und Cadria in Flanke und Rücken bedroht worden, hatte daher bereits an diesem Tage den Rückzug bis Moerna angetreten und marschirte am 3. bis Vall' Ampola. Am 4. um 5 Uhr Früh zur Unterstützung Gredler's wieder bis Lodrone gelangt, erhielt Oberstlieutenant v. Thour vom Truppen-Commando den Auftrag, sich zurückzuziehen und marschirte noch am selben Tage bis Pieve di Ledro.

Während die Unternehmung gegen Rocca d'Anfo den geschilderten Verlauf nahm, blieb die Vorrückung über das Stilfser-Joch ohne Resultat, da Oberst Guicciardi, einige Tage nach dem 24. Juni, bis Mazzo und Tresenda sich gezogen hatte und die Halb-Brigade Metz, welche am 2. Juli bis Morignone, am 3. bis Boladore vorrückte, daher nirgends auf den Feind stiess.

Nur eine Compagnie, welche über den Passo Mortirolo nach Monno in die Val Camonica streifte, traf dort mit einer feindlichen Abtheilung zusammen. Dagegen kam es in der Nähe des Tonal, da der Feind in der Gegend

1) Garibaldi wurde selbst in diesem Gefechte leicht verwundet.

2) 1 Compagnie Kronprinz von Sachsen blieb in Bagolino zurück.

von Monno und weiter rückwärts in der Val Camonica mit ziemlich bedeutenden Kräften stand, am 4. Juli zu einem für die kaiserlichen Truppen rühmlichen Gefechte.

Gefecht bei Vezza. (4. Juli.)

Das 1. Bataillon des 4. italienischen Freiwilligen-Regiments unter Major Caldesi stand nebst dem 44. Nationalgarde-Bataillon und 2 Geschützen schon seit dem 28. Juni bei Incudine; der Rest des oberwähnten Regiments, 3 Bataillons unter Oberst Cadolini, traf am 30. Juni in Lovere (in der Val Camonica) ein, marschirte auf die Nachricht, dass der Pass Croce Domini von österreichischen Abtheilungen besetzt sei, nach Campolare, wandte sich am 2. Juli, dort nur das 4. Bataillon unter Oberstlieutenant Mozza stehen lassend, mit dem 2. und 3. Bataillon wieder in das Thal nach Breno zurück und liess das gleichfalls unter sein Commando gestellte 2 Bersaglieri-Bataillon zur Unterstützung Caldesi's vorrücken.

Am 3. Juli standen zwischen Davena und Davenina das Gros des 1. Bataillons vom 4. Regimente, das 2. Bersaglieri-Bataillon und 2 Geschütze in einer günstigen Aufstellung, welche durch einen Jägergraben, der, die Strasse durchschneidend, bis an den Oglio reichte, verstärkt worden war. 2 Nationalgarde-Compagnien lagerten bei der Chaussée-Brücke über den Oglio; eine Compagnie des 4. Regiments war mit Vortruppen gegen Stadolina nach Vezza vorgeschoben, 1 Zug hielt Grano besetzt.

Im Ganzen, mit Einschluss einer Abtheilung Finanzsoldaten und Guiden, zählten die Truppen Caldesi's 2050 Mann, von denen 2 Compagnien des Nationalgarde-Bataillons nach dem Passo Mortirolo detachirt waren, so dass in der Position 1750 Mann mit 2 Geschützen standen.

Vom Tonal her war indessen Major v. Albertini, welcher am 29. Juni die dortige Stellung wieder bezogen hatte, der erhaltenen Angriffs-Disposition zufolge, am 3. Juli nach Pontagna vorgerückt; $1^3/_4$ Jäger-Compagnien unter Hauptmann Leidner gingen nebst dem Uhlanen-Zug nach Vezza vor. Ein Zug Tiroler Jäger und die Landesschützen-Compagnie Meran-Passeyr blieb, da diese Compagnien, über die Grenze zu gehen nicht verpflichtet waren, in Pejo, die Landesschützen-Compagnie Botzen-Sarnthal mit der Pionnier-Abtheilung am Tonal, die Landesschützen-Compagnie Kaltern in Dimaro zurück [1]).

Von der Halb-Brigade konnten somit am Kampfe theilnehmen:

1 Compagnie und 3 Züge Tiroler Jäger	280 Mann
das 3. Bataillon EH. Rainer	808 „
Zusammen	1088 Mann,

ferner die 3pfd. Gebirgs-Batterie Nr. 1/V und 1 Zug Trani-Uhlanen.

1) Letztere wurde am 4. auf ihre Bitte auf den Tonal, dagegen die Landesschützen-Compagnie Botzen-Sarnthal nach Dimaro verlegt.

Die vorgeschobene Jäger-Abtheilung traf noch am 3. bei Stadolina auf die Vortruppen des Gegners, und drängte dieselben gegen Vezza zurück.

Auf die Nachricht hievon, ging Major v. Albertini, obgleich er bereits einen Befehl zum Rückzuge, dessen später näher erwähnt werden wird, erhalten hatte, mit 4 Compagnien EH. Rainer und den beiden Geschützen nach Stadolina vor und beschloss am nächsten Tage, den Gegner bei Vezza anzugreifen. Der Rest der verfügbaren Truppen ward aus Pontagna noch herangezogen und am 4. um 2¾ Uhr Früh, setzten sich dieselben zum Angriff in Bewegung. Die feindlichen Vorposten zogen sich, sobald sie der kaiserlichen Truppen ansichtig wurden, sogleich auf Vezza zurück, räumten den Ort, später auch den Kirchhof und zogen sich auf Anordnung Caldesi's in die Stellung bei Davena. Vezza ward sogleich durch eine österreichische Jäger-Compagnie und 2 Geschütze an dem gegen Davena gerichteten Ausgange besetzt; die übrigen 2 Geschütze und 1½ Compagnien EH. Rainer stellten sich auf der Südseite des Ortes, ½ Compagnie am Ausgange gegen Grano auf; 1 Division des Regimentes und der Uhlanen-Zug blieben in Reserve.

Später ward diese Division mit 3 Zügen Tiroler Jäger unter Hauptmann Daniek auf den rechten Thalhang der Valle Grande geschoben, ½ Compagnie EH. Rainer ging gegen Grano vor, verdrängte die dort befindlichen feindlichen Abtheilungen und vertheidigte den Ort gegen wiederholte Angriffe von 1½ zur Verstärkung vorgerückten Bersaglieri-Compagnien. Die 3 Jäger-Züge nahmen die Richtung gegen die Terrasse von Carmignano nördlich von Grano, erstiegen unter vielen Schwierigkeiten und heftigem feindlichen Feuer die Höhe und drängten die italienischen Schützen gegen Davena zurück.

Mittlerweile hatte Major Caldesi sich zum Angriffe auf Vezza entschlossen. Die von dort hinter Davena zurückgegangene Vorposten-Abtheilung ging unter Major Castellini (Commandant des 2. Bersaglieri-Bataillons) im Vereine mit 2¼ Compagnien Bersaglieri und 2 Geschützen wieder gegen Vezza vor. Die Geschütze kehrten zwar nach einigen Schüssen auf ihren Lagerplatz zurück, um von dort während des Gefechtes ein ziemlich erfolgloses Feuer zu unterhalten; hingegen setzten sich dichte Plänklerschwärme des Angreifers im hohen Getreide auf Schussdistanz vor Vezza fest und richteten ein lebhaftes Feuer gegen die Ortsumfassung. Endlich gingen die Unterstützungs-Abtheilungen wiederholt zum Sturme vor, wurden aber jedesmal durch das Geschütz- und Kleingewehr-Feuer der Vertheidiger abgewiesen. Der Kampf, in welchem österreichischerseits auch Abtheilungen der Reserve zur Unterstützung und theilweisen Ablösung der im Gefechte befindlichen Truppen vorgezogen wurden, dauerte so bis gegen 6 Uhr, als Major Caldesi einen letzten entscheidenden Angriff mit seinen noch verfügbaren

Kräften unternahm. Unter dem Schutze dichter Schwärme rückten alle Abtheilungen auf der Strasse und auf dem Karrenwege von Davena vor.

Doch auch dieser Angriff ward abgeschlagen und artete dann in einen völligen Rückzug aus.

Hauptmann Oliva, der statt des gefallenen Major Castellini das Commando der Bersaglieri übernommen, versuchte zwar mit einigen zusammengerafften Abtheilungen den eiligen Rückzug durch eine Aufstellung südwestlich Grano zu decken, musste aber, als Hauptmann Daniek mit 1½ Compagnien EH. Rainer über Grano vorrückte, ebenfalls weichen.

Der Gegner beschleunigte nun seinen Rückzug, welcher, als Hauptmann Daniek mit seiner Umgehungs-Colonne oberhalb des Lagers bei Davena erschien, in eine förmliche Flucht überging und bis Incudine fortgesetzt wurde.

Oberst Cadolini hatte auf die telegraphische Meldung Caldesi's über den Beginn des Kampfes das 2. Bataillon seines Regimentes auf bereit gehaltenen Fuhrwerken zur Unterstützung der Vortruppen in Bewegung gesetzt und Caldesi beauftragt, sich, wenn er seine Position nicht behaupten könne, bei den Verschanzungen Cialdini's neuerdings aufzustellen [1]). Als jedoch um 9 Uhr das Telegramm Caldesi's: „Ich ziehe mich auf Breno zurück" eintraf, beauftragte ihn Cadolini, in Cedegolo stehen zu bleiben, und setzte nun auch das 3. Bataillon seines Regiments zur Aufnahme der retirirenden Truppen in Marsch.

Auf dem Wege nach Cedegolo erhielt Cadolini die Nachricht, dass eine österreichische Colonne aus der Valle di Saviore bereits bis Paspardo in den Rücken Caldesi's vorgedrungen sei. Er disponirte daher das 3. Bataillon in dieser Richtung über das Gebirge, liess durch das 2. Bataillon die Brücke von Malonno besetzen und ein Streif-Commando in der Valle di Saviore bis an die Grenze vorgehen.

Major Caldesi traf mit seinen Truppen in Cedegolo ein, wo Abends auch das 3. Bataillon einrückte, ohne auf österreichische Abtheilungen gestossen zu sein.

Oberst Cadolini liess nun alle 4 Bataillons noch um Mitternacht nach Edolo aufbrechen, langte dort am 5. mit Tagesanbruch an, und marschirte sogleich mit dem 2. und 3. Bataillon nach Incudine wieder vor, um sich Major v. Albertini neuerdings entgegenzustellen.

Da jedoch dieser, dem erhaltenen Auftrage gemäss, am Nachmittage

---

1) Diese Verschanzungen wurden im Jahre 1859 von Cialdini bei Incudine aufgeführt.

des 4. nach Ponte di Legno zurückgegangen war, so kam es nicht mehr zum Zusammenstosse.

Von den Truppen Cadolini's blieben in den nächsten Tagen das 2. und 3. Bataillon seines Regiments und 2 Bersaglieri-Compagnien mit den 2 Geschützen in Incudine, 2 Bersaglieri-Compagnien mit dem 1. Bataillon des Regiments in Edolo; das 4. Bataillon blieb zwischen Breno und Croce Domini; — die 2 Nationalgarde-Compagnien hatten sich vollständig aufgelöst.

Die Österreicher verloren in diesem Gefechte, welches um 8 Uhr beendet war, 5 Todte und 17 Verwundete; der Feind verlor 14 Todte, 66 Verwundete (darunter 12 Gefangene) und 5 unverwundet Gefangene.

Während in dieser Weise die Halb-Brigaden die angeordneten Bewegungen über die Grenze ausführten, war dem Truppen-Commando am 3. von EH. Albrecht die telegraphische Mittheilung zugekommen, dass die Armee wieder auf das linke Mincio-Ufer zurückgehe, zugleich mit dem Auftrage, bei den Operationen nun vorsichtig zu sein. Da GM. Baron Kuhn gleichzeitig übereinstimmende Nachrichten von der Vorrückung überlegener feindlicher Streitkräfte erhielt, so fand er es angemessen, die weiteren Vormärsche einzustellen und sich auf die Vertheidigung der Grenze selbst zu beschränken.

Oberstlieutenant v. Thour und v. Höffern erhielten demzufolge die telegraphische Weisung, mit thunlichster Beschleunigung und Vorsicht in ihre Abschnitte zurückzukehren; Hauptmann v. Gredler sollte nach Nago marschiren, 1 Compagnie nach Brentonico, 1 Compagnie nach Mori detachiren; Hauptmann Knöpfler hatte in den Judicarien die Stellung von Lardaro zu besetzen; die Reserve-Brigaden Kaim und Montluisant hatten nach Cusiano und Mezzana im Sulz-Thale zu marschiren; Major v. Albertini hatte in Ponte di Legno zu bleiben [1]).

Diese Rückmärsche waren kaum angetreten, als auch jetzt wieder eine Änderung der getroffenen Disposition nothwendig wurde. GM. Baron Kuhn erhielt nemlich am 4. Juli Früh von vertrauenswerther Seite die Nachricht, dass Garibaldi das Gros der Freiwilligen bei Salò versammelt und gegen die Südgrenze, namentlich gegen Bagolino und gegen die Val Vestino ungefähr 9000 Mann vorgeschoben habe, auch eine Landung auf dem österreichischen Ufer des Garda-See's beabsichtige.

In der That blieb jedoch Garibaldi nach dem Gefechte am Monte

---

1) Dieser Befehl traf, wie im Vorhergehenden erwähnt, Oberstlieutenant v. Höffern und Hauptmann v. Gredler bereits im Rückmarsche, Oberstlieutenant v. Thour, als er zur Unterstützung Gredler's neuerdings vorrücken wollte, und Major v. Albertini am Abende vor dem Gefechte von Vezza.

Suello in Rocca d'Anfo und vereinigte in den folgenden Tagen den grössten Theil seiner Streitkräfte in der Umgebung des Idro-See's.

Die Brigade Corte rückte am 4. bis S. Giacomo und schob ihre Vortruppen nach Bagolino und an den Ponte di Caffaro vor. 1 bis 2 Bataillons wurden in der Nacht vom 4. zum 5. in der Valle di Lettie bis zur Alpe Marcia vorgesendet, um der Halb-Brigade Höffern den Rückweg über den Monte Vacil zu verlegen. Am 5. und 6. wurde die ganze Brigade Corte bei Bagolino vereinigt, und Vortruppen wurden bis Darzo geschoben, wo ein kleiner Zusammenstoss mit einem österreichischen Streif-Commando stattfand. Ein Theil des 1. Regiments rückte am 5. nach Croce Domini.

GM. Baron Kuhn, welcher nach der oberwähnten Mittheilung einen Angriff von zwei Seiten zu erwarten hatte, liess die Reserve-Brigaden, welche nach dem anstrengenden Marsche des letzten Tages am 4. hätten rasten sollen, sogleich weiter marschiren und disponirte die Brigade Montluisant in die Judicarien, die Brigade Kaim in das Etsch-Thal; erstere traf am 4. in Tione, letztere am 5. und 6. in Trient ein.

Als jedoch eine spätere Nachricht einen allgemeinen Angriff Garibaldi's auf Riva vermuthen liess, wurde Oberst Baron Montluisant, um sowohl gegen eine feindliche Vorrückung in den Judicarien, als vom Garda-See her disponibel zu sein, am 5. Juli beauftragt, sich im Sarca-Thal zwischen Stenico und Campomaggiore zu concentriren, wohin auch Hauptmann Knöpfler, welcher von seiner Streifung gegen Croce Domini am 4. nach Lardaro zurückgekehrt war, einzurücken hatte. Oberstlieutenant v. Höffern hatte seine Truppen zwischen Lardaro und Roncone, Oberstlieutenant v. Thour zwischen Tiarno und Nago zu vereinigen. Letzterem wurde auch das Detachement des Hauptmann v. Gredler unterstellt, mit dem Auftrage Pieve di Ledro zu besetzen. Major v. Albertini hatte in die Stellung am Tonal zurückzugehen.

Am 6. Juli waren die Truppen in voller Bereitschaft zur Abwehr des angekündigten allgemeinen Angriffes, welcher aber noch für einige Zeit unterblieb, so dass es in den folgenden Tagen nur zu unbedeutenden Zusammenstössen bei Lodrone kam [1]).

---

[1]) Um diese Zeit standen die Landesschützen-Compagnien: Hall in Brentonico Zell-Fügen in Mori; Telfs im Castell von Roveredo; Bludenz in Trient; Dornbirn in Pergine. Von den 6 Landesschützen-Compagnien im Puster-Thale, über welche Major v. Bernkopf am 26. Juni den Befehl übernahm, stand am 2. Juli die Compagnie Lienz-Windisch-Matrey in Höllenstein, Schluderbach und am Kreutz-Berg; die Compagnie Welsberg-Ampezzo in Cortina d'Ampezzo; die Compagnie Greden-Enneberg in Buchenstein, Colle di Santa Lucia und Ornella; die Compagnie Klausen-Castelruth in St. Pellegrin und Valazza.

Als in den nächsten Tagen auch die Landesschützen-Compagnien Brunecken-

Erstes Gefecht bei Lodrone. (7. Juli)

Oberstlieutenant v. Thour entsendete auf die Nachricht von der Ansammlung grösserer feindlichen Streitkräfte bei Caffaro am 7. um 6 Uhr Früh ein Streif-Commando unter Hauptmann v. Gredler, bestehend aus 1 Compagnie Kronprinz von Sachsen, 3 Compagnien Tiroler Jäger, der Landesschützen-Compagnie Rattenberg und 2 Geschützen über Storo gegen Darzo und Lodrone. Hauptmann v. Gredler liess, nach demer Vall' Ampola passirt hatte, die Compagnie Kronprinz von Sachsen und die Landesschützen-Compagnie unter Commando des Hauptmann Schram auf der Strasse, den Rest unter Oberlieutenant Schindl am linken Chiese-Ufer vorrücken. Nachdem die Vortruppen bei Darzo einige Schüsse gewechselt hatten, zog sich der Gegner, ohne den Angriff abzuwarten, in eine Aufstellung zwischen Darzo und Lodrone, wurde auch aus dieser bald verdrängt, hemmte aber durch Geschützfeuer vom Monte Suello her die Verfolgung. Hauptmann Schram rückte nun mit seinen Abtheilungen zum directen Angriffe auf Lodrone vor, während Oberlieutenant Schindl mit 3 Zügen seiner Compagnie die Chiese durchwatete, um die Ostseite des Ortes anzugreifen. Der Gegner — Abtheilungen des 3. Regiments — wich nun hinter den Caffaro, worauf Hauptmann Schram Lodrone besetzte.

Als sich jedoch bald darauf am Monte Suello und auf den Strassen von Rocca d'Anfo grössere feindliche Streitkräfte entwickelten, ertheilte Oberstlieutenant v. Thour, der mittlerweile selbst am Kampfplatze erschienen war, den Befehl zum Rückzuge, welcher unter dem feindlichen Geschützfeuer ohne Verluste ausgeführt wurde.

Eine feindliche Abtheilung, welche der zurückgehenden Colonne in die Flanke zu gelangen versuchte, wurde durch das Feuer der nordöstlich Lodrone am linken Chiese-Ufer aufgestellten 2 Gebirgs-Geschütze aufgehalten. Hiemit endete das Gefecht, welches ungefähr $1^1/_2$ Stunden gedauert hatte.

Die Österreicher verloren in demselben 5 Verwundete; der Gegner 2 Todte, 5 Verwundete, 9 Gefangene.

Zweites Gefecht bei Lodrone. (10. Juli.)

Hauptmann v. Melzer (von Kronprinz von Sachsen), welcher an Stelle des erkrankten Oberstlieutenant v. Thour das Commando der Halb-Brigade

Tauffers und Sillian (welche nebst den Landesschützen-Compagnien Imst, Bludenz und Dornbirn nach der Schlacht von Custoza zur Escortirung von Kriegsgefangenen verwendet wurden) einrückten, wurde erstere am 6. Juli nach Höllenstein und Schluderbach, letztere auf den Kreutz-Berg, dagegen die Landesschützen-Compagnie Lienz-Windisch-Matrey nach Cortina disponirt.

übernommen hatte, erhielt am 9. die Nachricht, dass mehrere hundert Freiwillige in Bondone eingetroffen seien und beschloss, denselben mit allen Truppen, — 1 Compagnie Kronprinz von Sachsen, 1 Jäger-Compagnie und die Landesschützen-Compagnie Schwaz ausgenommen, welche in Pieve di Ledro zurückbleiben sollten, — entgegenzugehen. Er marschirte noch am 9. bis Vall' Ampola, liess am 10. um 3 Uhr Früh aufbrechen und rückte mit 1 Compagnie Kronprinz von Sachsen, 3 Jäger-Compagnien und der Landesschützen-Compagnie Kitzbüchel-Hopfgarten über Dazio am rechten, Hauptmann v. Gredler mit 2 Jäger-Compagnien und der Batterie von Storo gegen Bondone am linken Chiese-Ufer vor. Von Dazio aus wandte sich $^1/_2$ Jäger-Compagnie gegen die Höhen oberhalb Darzo und Lodrone; im Thale bei Darzo blieb 1 Jäger-Compagnie als Reserve, 1 Jäger-Compagnie und die Compagnie Kronprinz von Sachsen gingen, gefolgt von $^1/_2$ Jäger-Compagnie als Unterstützung gegen Lodrone vor. Trotz des lebhaften Gewehrfeuers, welches vom Monte Suello her durch das Feuer von 6 Geschützen unterstützt wurde, drangen die beiden Compagnien in den verbarricadirten Ort ein, und warfen den Gegner (beiläufig 4—5 Compagnien), — der seinen Rückzug durch 2 an der Brücke postirte Geschütze deckte, gegen den Caffaro zurück. Das weitere Vorschreiten ward unmöglich, da sich inzwischen am Monte Suello beiläufig 5 feindliche Bataillons gesammelt hatten, und weitere Verstärkungen von S. Antonio und S. Giacomo her im Anmarsch waren, so dass die ganze Streitmacht des Gegners auf ungefähr 10.000 Mann geschätzt werden konnte.

Hauptmann v. Melzer ordnete den Rückzug an, welcher unter dem Feuer der feindlichen Geschütze am Monte Suello ausgeführt wurde. Der Gegner sendete auf beiden Chiese-Ufern Abtheilungen zur Verfolgung vor, die jedoch durch das Feuer der Gebirgs-Batterie zum Stehen gebracht wurden.

Das Gefecht hatte über eine Stunde gedauert. Die Österreicher verloren in demselben 2 Todte und 9 Verwundete; der Gegner 3 Todte, 9 Verwundete, 1 Vermissten, 6 Gefangene [1]).

Die Truppen Melzer's rückten noch am 10. in ihre früheren Dislocationen. Nach dem Gefechte übernahm Major Graf Grünne (von Kronprinz von Sachsen) das Commando der Halb-Brigade, welche am 11. zwischen Riva und Tiarno, mit dem Gros bei Pieve di Ledro aufgestellt wurde und die dortigen Gebirgs-Übergänge besetzte.

---

1) Nach Aussage der Gefangenen standen am Monte Suello und am Caffaro das 1., 3. und 9. Freiwilligen-Regiment mit regulärer Artillerie unter dem Oberbefehle Menotti Garibaldi's.

Gefechte bei Ponte del Diavolo, Bagni vecchi und Spondalunga. (11. Juli.)

Bald nach diesen Gefechten in den Judicarien kam es auch zu einem Zusammenstosse unfern des Stilfser-Joches.

Oberst Guicciardi, der am 6. Juli von Mazzo und Tresenda wieder bis Leprese (mit den Vortruppen bis Ponte del Diavolo) vorgerückt war, und dorthin auch das seit dem Gefechte von Vezza noch immer arg mitgenommene 44. Nationalgarde-Bataillon gezogen hatte, beabsichtigte am 11. Juli wieder zum Angriffe zu schreiten [1]).

In gleicher Weise fasste Major v. Metz, der, dem erhaltenen Rückzugsbefehle zufolge, seine Truppen am 4. Juli bis Bormio zurückgezogen und am 5. zwischen den Bagni vecchi und der Cantoniere Santa Maria aufgestellt hatte, den Entschluss, am 11. Juli vorzurücken [2]). Hauptmann Baron Zephyris des Jäger-Regiments, der mit 2 Compagnien und 2 Raketen-Geschützen um Mitternacht (vom 10. zum 11.) von den Bagni vecchi aufbrach, stiess um $3^1/_2$ Uhr Früh auf die Vorposten Guicciardi's, drängte dieselben zurück und brachte die eben im Vorrücken von Leprese begriffene Haupt-Colonne des Gegners in grosse Verwirrung.

Als es Guicciardi nach einiger Zeit gelang, die Ordnung wieder herzustellen, liess er 2 Compagnien des 44., 1 Compagnie des 45. Nationalgarde-Bataillons und etwa 90 Bersaglieri in die Kette auflösen, während 4 Geschütze das Feuer der österreichischen Raketen-Geschütze erwiderten; 2 Nationalgarde-Compagnien und die Carabinieri blieben geschlossen in Reserve.

Hauptmann Baron Zephyris sah sich nun überlegenen Kräften gegen-

---

1) Die Streitkräfte Guicciardi's bestanden aus:

Dem 44. Nationalgarde-Bataillon	320 Mann
„ 45. „ „	430 „
1 Freiwilligen-Schützen-Compagnie	150 „
Finanzsoldaten und Waldhüter	90 „
Carabinieri	66 „
Zusammen	1056 Mann

und 4 Geschützen.

2) Die Truppen des Major v. Metz standen am 10. wie folgt: 1 Compagnie Tiroler Jäger, Landesschützen-Compagnie Feldkirch und 2 Raketen-Geschütze bei den Bagni vecchi und beim Ponte del Piano; 3 Compagnien Tiroler Jäger, Landesschützen-Compagnie Bregenz, eine halbe Landesschützen-Compagnie Bezau und 2 Raketen-Geschütze in Spondalunga; Landesschützen-Compagnie Silz-Reutte und eine halbe Landesschützen-Compagnie Nauders-Ried in Santa Maria; Landesschützen-Compagnie Glurns in Mals; Landesschützen-Compagnie Montafon in Tschengels.

Die beiden letzteren zu weit entfernten Compagnien abgerechnet, betrug der streitbare Stand der verfügbaren Abtheilungen: 513 Jäger, 880 Landesschützen, zusammen 1393 Mann, 4 Raketen-Geschütze.

über und trat den Rückmarsch in die Bagni vecchi an, ohne vom Feinde belästigt zu werden.

Auf die Meldung hievon eilte Major v. Metz von Santa Maria gegen Bagni vecchi. In Spondalunga angekommen, sah er die Höhen unmittelbar an der Strasse zwischen der I. und II. Cantoniere von feindlichen Schützen besetzt und eine Abtheilung von den Hängen südlich der Strasse gegen die I. Cantoniere herabsteigen.

Es waren diess etwa 150 Mann Finanzsoldaten und Mobilgarden unter Hauptmann Zambelli, welche, von Oberst Guicciardi als Umgehungs-Colonne über Uzza und über die felsigen Hänge des Dosso Reit disponirt, trotz der sehr bedeutenden Terrainschwierigkeiten, die sie zum Theil bei Nacht zu überwinden gehabt, ihre Aufgabe glücklich lösend, in ganz überraschender Weise in der Flanke und zum Theil im Rücken der österreichischen Truppen erschienen.

Major v. Metz, der nun seine Verbindung mit den vorwärtigen Abtheilungen unterbrochen sah, entsandte Lieutenant Radinger mit 1 Jäger-Zug und 1 Zug der Landesschützen-Compagnie Bezau gegen die I. Cantoniere, um wo möglich die Verbindung herzustellen, während er selbst mit 3 Jäger-Zügen und 1 Zug der Landesschützen-Compagnie Bezau auf den Felshängen südlich der Strasse die Flanke Zambelli's zu gewinnen suchte. Es gelang ihm auch eine dominirende Stellung zu erreichen und dadurch die weitere Vorrückung Zambelli's aufzuhalten; Lieutenant Radinger jedoch konnte gegen die an den Felshängen zunächst der Strasse sehr günstig postirten feindlichen Schützen keinen Vortheil erringen.

Mittlerweile hatte Oberst Guicciardi, nachdem er sich überzeugt, dass er selbst keinen Angriff in der Flanke vom Gebirge her zu besorgen habe, nach mehrstündigem Aufenthalte seine Truppen auf der Strasse über Bormio gegen die Bagni vecchi vorrücken lassen, wo Hauptmann Baron Zephyris im Verein mit seinen als Unterstützung zurückgebliebenen Abtheilungen, 1 Jäger-Compagnie und den Landesschützen-Compagnien Silz und Feldkirch, stand.

Unter dem Feuer seiner 4 Geschütze rückte Oberst Guicciardi mit einer weit ausgebreiteten Plänklerkette in der Front vor, während eine Abtheilung unter Hauptmann Rizzardi (1 Compagnie des 45. Nationalgarde-Bataillons und 44 Finanzsoldaten und Waldhüter) sich am rechten Adda-Ufer in der rechten Flanke des Vertheidigers auflöste.

Hauptmann Baron Zephyris, der seine linke Flanke gleichzeitig durch eine Abtheilung von etwa 60 Freiwilligen-Bersaglieri unter Hauptmann Salis bedroht sah, trat, gefolgt vom Feinde, den weiteren Rückzug an. Sein Gros passirte ohne erhebliche Verluste die Strassenstelle, oberhalb welcher, wie erwähnt, die feindlichen Schützen vortheilhaft postirt waren, in dem Augenblicke, als Major v. Metz gegen die Flanke der Colonne Zambelli's vordrang. Als jedoch die letzte Abtheilung der Arrièregarde — ungefähr 50 Mann — sich jener Stelle, unter fortwährendem Feuergefechte mit dem nachdrängenden Gegner, näherte, brachen die feindlichen Schützen auf die Strasse vor und nahmen diese Abtheilung gefangen.

Die indessen eingetretene Dunkelheit machte dem Gefechte ein Ende. Major v. Metz vereinigte seine Abtheilungen bei Spondalunga, stellte sie am nächsten Tage zwischen diesem Orte und der Ferdinands-Höhe auf, und detachirte 1 Jäger-Zug auf den Forcola-Pass, $^1/_2$ Jäger-Compagnie in das Kälber-Thal.

Oberst Guicciardi hielt seine Abtheilungen zwischen Bormio und der I. Cantoniere vereinigt.

Der Verlust der Österreicher betrug in diesem Gefechte: Todt 1 Schütze; verwundet 1 Officier, 5 Jäger, 3 Schützen; gefangen und vermisst 1 Arzt, 44 Jäger und Artilleristen, 38 Schützen.

Der Gegner gibt seinen Verlust nur mit 6 Verwundeten an.

III. Abschnitt.

Offensive des italienischen Freiwilligen-Corps. Gefechte bei Spondalunga und in den Judicarien (16. Juli), am Monte Notta, Pieve di Ledro (18. Juli), Vertheidigung des Fort Ampola.

Die ohnehin schwierigen Verhältnisse der Vertheidigung Tirol's mussten sich noch ungünstiger gestalten, als die Niederlage der Nord-Armee es nöthig machte, den grössten Theil der Süd-Armee an die Donau in Marsch zu setzen.

Am 9. Juli hatte das Truppen-Commando von Seite des EH. Albrecht die Verständigung über den Rückmarsch des 7. und 8. Corps hinter die Piave und über den bereits angeordneten Transport des 5. Corps durch Tirol nach Wien erhalten.

Die Vertheidigung Tirol's, welche bisher hauptsächlich den Landestheil westlich der Etsch und des Garda-See's zu berücksichtigen gehabt hatte, musste nunmehr auch auf die Sicherung der ganzen Südgrenze bedacht sein.

GM. Baron Kuhn wandte sich daher an das Commando der Süd-Armee um Zuweisung wenigstens eines Bataillons zur Deckung der Val-Sugana, und brachte erneuert die Nothwendigkeit der passageren Befestigung Trient's in Anregung, wozu endlich die Bewilligung ertheilt wurde. Zur Deckung der Val Sugana hatten 2 Compagnien des Infanterie-Regiments Wimpffen nach Zerstörung der Brücken bei Capo di ponte und bei Cismon in Primolano einzutreffen; zur Armirung von Trient sollte das Festungs-Commando in Verona die nöthigen Geschütze liefern.

Da über die Anwesenheit zahlreicher feindlicher Truppen an der Südgrenze kein Zweifel mehr möglich war, so verlangte GM. Baron Kuhn am 10. nochmals Verstärkungen, die ihm jedoch nicht zugesagt werden konnten.

Die Eintheilung der im Lande befindlichen Truppen musste nun, den neuen Verhältnissen entsprechend, einige Änderungen erfahren.

Den Befehl in der Val Sugana hatte GM. v. Kaim zu übernehmen. Es wurden ihm zugewiesen die früher erwähnten 2 Compagnien Wimpffen, die 1. Wien-Tiroler Scharfschützen-Compagnie, die Landesschützen-Compagnien Dornbirn und Landeck [1]), endlich unter Commando des Major v. Pichler das 1. Bataillon EH. Rainer mit der halben Raketen-Batterie Nr. 11/IX und einem Génie-Zuge (letzterer um die Stellung bei Primolano zu befestigen) [2]). Die Deckung der Vall' Arsa, Valle di Folgaria und di Terragnolo, dann des Abschnittes südlich der Strasse Nago-Roveredo, hatte Hauptmann v. Gredler zu übernehmen.

Ausser den 4 Compagnien des 6. Tiroler Jäger-Bataillons sollten ihm noch die 5 Landesschützen-Compagnien Telfs, Zell-Fügen, Hall, Bludenz, Schlanders und die Innsbruck-Sonnenberger Scharfschützen-Compagnie zugewiesen werden [3]).

Von den Reserve-Brigaden sollten das 2. Bataillon EH. Rainer mit der Gebirgs-Raketen-Batterie Nr. 1 am 12. nach Trient marschiren, das 4. Bataillon mit der Raketen-Batterie Nr. 2 in alle Sarche verbleiben [4]).

Major v. Albertini sollte Cles und den Ponte di Mostizzolo, an dessen Brückenkopf um diese Zeit die Arbeiten beendet wurden, besetzen lassen [5]), dagegen hatte die dort zurückgebliebene Compagnie Kronprinz v. Sachsen zu ihrem Bataillon nach Trient einzurücken.

Major v. Metz hatte 2 Landesschützen-Compagnien in Eilmärschen zum Theil auf Wagen nach Botzen abzuschicken [6]).

Diese Dispositionen wurden, als verlässliche Nachrichten einen feindlichen Angriff gegen die Judicarien und die Vall' Ampola in nahe Aussicht stellten,

---

1) Die 1. Wien-Tiroler Scharfschützen-Compagnie kam nach Levico, später nach Lavarone, die Landesschützen-Compagnie Dornbirn nach Pieve di Tesino, die Landesschützen-Compagnie Landeck nach Pergine.

2) Major v. Pichler wurde später mit seinen Abtheilungen direct dem Truppen-Commando unterstellt, und erhielt auch den Befehl über die 2 Compagnien Wimpffen.

3) Von diesen kam die Landesschützen-Compagnie Schlanders am 13. nach Pieve di Vall' Arsa, die Landesschützen-Compagnie Bludenz in das Schloss Beseno (bei Caliano), die Innsbruck-Sonnenberger Scharfschützen-Compagnie nach Piano dello Fugazze.

4) Am 5. Juli war die als Ersatz für die 4pfd. Gebirgs-Batterie Nr. 1/V bestimmte Raketen-Batterie Nr. 11/VI in Trient eingetroffen, und wurde in 2 Gebirgs-Raketen-Batterien Nr. 1 und 2 getheilt.

5) Major v. Albertini bestimmte hiezu die Landesschützen-Compagnie Meran-Passeyr und verlegte an deren Stelle die Landesschützen-Compagnie Lana nach Pejo.

6) Major v. Metz bestimmte hiezu die Landesschützen-Compagnien Schlanders und Landeck; erstere wurde am 13. nach Pieve di Vall'Arsa, letztere am 14. nach Pergine verlegt.

insofern geändert, dass Hauptmann v. Gredler mit den 4 Compagnien des 6. Tiroler Jäger-Bataillons der Halb-Brigade Grünne (früher Thour) zugewiesen wurde, und dass von der Colonne des Major v. Pichler vorläufig 4 Compagnien in Borgo zurückbehalten wurden [1]).

Major Graf Grünne, der von seinen Vortruppen Meldungen erhalten hatte, dass feindliche Abtheilungen gegen Storo, in die Val Lorina und auf die Abhänge der Rocca pagana (oberhalb Fort Ampola) vorrückten, liess die verfügbaren Truppen seiner Halb-Brigade: 3 Jäger-Compagnien, 2 Compagnien Kronprinz von Sachsen, die Landesschützen-Compagnie Rattenberg und die Batterie, am 13. um 3 Uhr Nachmittags aufbrechen, und rückte mit denselben über Tiarno und weiters, mit Umgehung des Fort Ampola, auf dem Fusswege vor, welcher über die südöstlichen Ausläufe der Rocca pagana gegen Storo führt. Auf der Höhe angelangt, bemerkte er ungefähr 4 Compagnien des Gegners auf dem westlich vorliegenden Monte Croce und beschloss dieselben am kommenden Morgen anzugreifen. Bei Ausführung dieses Vorhabens fand jedoch Major Graf Grünne solche Schwierigkeiten im Terrain, dass er sich gezwungen sah, unter Zurücklassung eines Detachements, seine Truppen nach Tiarno zurückzuführen.

Da mittlerweile beim Truppen-Commando Nachrichten einliefen, welche es ausser Zweifel zu stellen schienen, dass der Gegner im Chiese-Thale bereits im Vorrücken begriffen sei, so fasste GM. Baron Kuhn, indem er auch die Halb-Brigaden Metz und Albertini anwies, nach Thunlichkeit einen Offensivstoss auszuführen, den Entschluss, die Stellung von Lardaro durch die Halb-Brigade Höffern, unterstützt von Truppen der Brigade Montluisant, defensiv behaupten zu lassen und von Riva aus durch die Valle di Ledro und über den Monte Giovo offensiv vorzugehen, um dem in die Judicarien eingedrungenen Gegner in die Flanke zu fallen.

Diese Unternehmung musste jedoch aufgegeben werden, als einerseits vom Oberstlieutenant v. Höffern die Meldung einlief, dass der Gegner in den Judicarien bereits Condino besetzt habe und ein Angriff auf Lardaro mit bedeutenden Kräften bevorstehe, anderseits vom Major Graf Grünne gemeldet wurde, dass der Gegner bereits im Ampola-Thale stehe und die Abfälle der Rocca pagana besetzt halte.

GM. Baron Kuhn beschloss nun den Offensivstoss, statt durch die Valle di Ledro und über den Monte Giovo, in den Judicarien über Lardaro zu führen, traf hiezu noch im Laufe des 14. die nöthigen Vorbereitungen und erliess

---

1) Bei der Halb-Brigade Grünne wurden 1 Jäger-Compagnie nach Ampola, 2 Jäger-Compagnien mit der Landesschützen-Compagnie Kitzbüchel-Hopfgarten auf den Monte Giovo und Monte Rango, 2 Compagnien Kronprinz von Sachsen nach Nago und Torbole, 1 Compagnie nach Riva, eine halbe auf den Monte Pichea verlegt.

die Angriffs-Disposition für den 16., nach welcher die durch 3 Compagnien Kronprinz von Sachsen und die Gebirgs-Raketen-Batterie Nr. 1 zu verstärkende Halb-Brigade Höffern auf der westlichen Thallehne über Prezzo und Castello gegen Brione, Oberst Baron Montluisant mit 1 Compagnie Kronprinz von Sachsen, dem 4. Bataillon Grossherzog von Hessen und der Gebirgs-Batterie Nr. 4/V im Thale und auf der östlichen Lehne vorzugehen, Major Graf Grünne mit dem 6. Tiroler Jäger-Bataillon vom Monte Giovo und Monte Rango gegen Condino zu rücken und die Flanke des Gegners zu bedrohen hatte. Die Brigade Kaim hatte als Reserve zu folgen [1]).

Garibaldi seinerseits hatte die Absicht, sich mit dem grössten Theile seiner Truppen durch die Judicarien, sowie durch die Vall' Ampola und Valle di Ledro den Weg nach Trient zu bahnen. Seine Bewegungen in dieser Richtung waren schon seit 10. Juli begonnen worden.

---

1) Die Truppen in der Valle di Ledro und in den Judicarien standen am 15. Abends, wie folgt:

Halb-Brigade Grünne (früher Thour):

Compagnien Tiroler Jäger und Landesschützen Compagnie Kitzbüchel-Hopfgarten am Monte Rango und Monte Giovo; 1 Compagnie Tiroler Jäger am Monte Ginel (beim Fort Ampola); Halb-Brigade-Stab, 3 Compagnien Tiroler Jäger, 1 Compagnie Kronprinz von Sachsen und Landesschützen-Compagnie Rattenberg bei Tiarno di Sotto; 1 Compagnie Kronprinz von Sachsen, 2 Compagnien EH. Rainer, eine halbe Landesschützen-Compagnie Schwaz, Gebirgs-Batterie Nr. 2/V und Cavallerie-Detachement in Bececa; eine halbe Landesschützen-Compagnie Schwaz am Monte Notta; Landesschützen-Compagnie Botzen-Neumarkt in Molina und Biacesa; 4 Compagnien Kronprinz von Sachsen und Landesschützen-Compagnie Kufstein in Riva, Nago, Torbole u. s. w.

Halb-Brigade Höffern:

1 Compagnie Tiroler Jäger und 1 Compagnie Kronprinz von Sachsen auf Vorposten in Creto; 1 Compagnie Tiroler Jäger, Landesschützen-Compagnie Brixen hinter der Revegler Schlucht (beim Fort Lardaro); Landesschützen-Compagnie Innsbruck (Stadt) bei der Malga Revegler; 1 Compagnie Kronprinz von Sachsen, Landesschützen-Compagnie Innsbruck-Mieders und Studenten-Compagnie am Dos dei Morti; 1 Compagnie Kronprinz von Sachsen am Abhange des Monte Giugia; 6 Compagnien Kronprinz von Sachsen, Gebirgs-Batterie Nr. 3/V, Gebirgs-Raketen-Batterie Nr. 1 und Uhlanen-Detachement bei Roncone; Landesschützen-Compagnie Imst in Tione.

Reserve-Brigade Montluisant:

1 Compagnie Kronprinz von Sachsen, 4. Bataillon Grossherzog von Hessen, Gebirgs-Batterie Nr. 4/V bei Roncone; 1 Compagnie Kronprinz von Sachsen in Villa di Rendena, 1 Compagnie auf der Bocca di Lusole; 1 Bataillon Tiroler Jäger in Tione.

Reserve-Brigade Kaim:

2. Bataillon (4 Compagnien) und 4. Bataillon EH. Rainer, Gebirgs-Raketen-Batterie Nr. 2, Génie- und Uhlanen-Abtheilung bei Breguzzo; 1. Bataillon EH. Rainer (4 Compagnien) in tre arche, Stenico, Comano, Balin.

Am 16. traf ferner in Tione die 4pfd. Fuss-Batterie Nr. 5/V ein, welche auf Ansuchen des Truppen-Commando von dem durch Tirol marschirenden 5. Armee-Corps zugewiesen worden war.

Von der Brigade Haugh, welche bis zum 10. zwischen Tremosine, Gargnano und dem Idro-See gestanden haben dürfte, rückte das 7. Regiment und eine Gebirgs-Batterie von Süd und West her gegen das Fort Ampola; das 2. Regiment, verstärkt durch 2 Bataillons des 10. (von Salò) sollte unter Commando des Oberst Spinazzi von Tremosine und Limone in der Valle di Ledro vordringen.

Die Brigade Corte und das 9. Regiment (der Brigade Orsini) waren am 10. auf den Monte Suello, Abtheilungen des 3. Regiments nach Lodrone vorgeschoben worden.

Die Brigade Nicotera und der Rest der Brigade Orsini standen bei Bagolino, Ponte di Caffaro und an der Strasse in die Val Sabbia.

Von der 2. Brigade war das 10. Regiment in Salò, wo sich auch der Brigadier (General Avezzana) als Leiter der Vertheidigung des Garda-Sees befand; das 4. Regiment und das 2. Bersaglieri-Bataillon standen, wie bekannt, unter Oberst Cadolini in der Val Camonica.

Am 11. schob Garibaldi seine Vortruppen einerseits auf den Monte Vacil und in die Val Soring, anderseits bis zum Ponte Dazio vor. Die noch in der Valle Sabbia zurückgebliebenen Truppen rückten an den Caffaro.

Am 12. wurde Ponte Dazio durch starke Abtheilungen besetzt; das 7. Regiment rückte gegen die Val Lorina.

Am 13. traf Garibaldi mit grösseren Streitkräften in den Judicarien ein. Die Vortruppen (vom 6. Regiment) besetzten Abends Condino und Brione; einige Compagnien gingen von Storo auf den Monte Croce (2300 Schritte westlich des Fort Ampola). Seitencolonnen marschirten gegen den Passo di Bruffione und in die Val di Ribur.

Am 14. verlegte Garibaldi seinen Stab nach Storo und vereinigte im Laufe dieses und des folgenden Tages den grössten Theil der drei Brigaden Nicotera, Corte und Orsini zwischen Condino und dem Caffaro; Condino und Brione wurden stark, letzteres auch mit Geschützen besetzt.

Oberst Cadolini wurde beauftragt, mit seinem Regimente, von welchem er das unter Oberstlieutenant Mozza detachirte 4. Bataillon bereits am 10. an sich gezogen hatte, aus der Val Camonica über Cedegolo, Isola, am Lago d'Arno vorüber in die Val di Fumo, und weiters durch die Val di Roncone in den Rücken des Fort Lardaro zu marschiren.

Gegen di Vall' Ampola rückten Abtheilungen des 7. Regiments am 14. und 15. auf der Strasse von Storo und bis zur Val Lorina vor. Starke Patrullen streiften in der Nacht vom 14. zum 15. gegen den Monte Rango.

Es kam nun in den folgenden Tagen allerorten zum Kampfe, der jedoch österreichischerseits im Chiese-Thale nicht vollständig durchgeführt wurde, da GM. Baron Kuhn sich veranlasst sah, denselben abzubrechen[1]). Auch am Tonal blieb die Vorrückung ohne weitere Folgen. Major v. Albertini marschirte wohl in der Nacht vom 14. zum 15. nach Vezza, da jedoch der Gegner keine Miene machte, seine vorbereitete starke Stellung bei Incudine zu verlassen, so führte er seine Halb-Brigade wieder auf den Tonal zurück.

Zweites Gefecht bei Spondalunga (16. Juli).

Am Stilfser-Joche hatte Major v. Metz in Folge des am 13. vom Truppen-Commando erhaltenen Auftrages beschlossen, am 16. vorzurücken und zu diesem Zwecke noch tagsvorher die Landesschützen-Compagnie Silz in das Kälber-Thal, die Landesschützen-Compagnie Nauders-Ried auf den Forcola-Pass zur Verstärkung der bereits dort stehenden Abtheilungen entsendet.

Die Landesschützen-Compagnie Nauders-Ried hatte am Passe stehen zu bleiben, die übrigen Abtheilungen aber, 1 Jäger-Zug und die Landesschützen-Compagnie Reutte, unter Oberlieutenant Lesemann, in die Valle di Fraele vorzurücken, um bei dem von Spondalunga aus zu unternehmenden Angriffe der Halb-Brigade auf die Flanke des Gegners zu wirken.

Am 16. um 1 Uhr Morgens brach die Halb-Brigade von Santa Maria

1) Das hauptsächlichste Motiv zur Einstellung des Kampfes bei Lardaro ward durch das folgende, vom Festungs-Commando zu Verona während des Gefechtes eingelangte Telegramm gegeben:

„Nach eben erhaltener Mittheilung soll Cialdini mit 30.000 Mann in fünf Tagen „nach Trient durch die Val Sugana und mit anderen Truppen durch Vall' Arsa „nach Roveredo vordringen, das Etschthal bei Mori absperren etc. 10.000 Garibaldiner „sollen gleichzeitig Angriff von Rocca d'Anfo, Tonal und Stelvio machen. Isolirung von „Verona wird beabsichtigt."

Diese Nachricht deutete auf grössere feindliche Unternehmungen gegen die Val Sugana und Val di Ledro hin und legte die Vermuthung nahe, dass die Operation gegen die Judicarien nur den Zweck habe, die Aufmerksamkeit von der Hauptangriffsrichtung abzulenken.

Um diese Absicht des Feindes zu vereiteln und die Truppe für entscheidendere Kämpfe möglichst intact zu behalten, liess GM. Baron Kuhn das bereits engagirte Gefecht im Chiese-Thale abbrechen.

GM. Baron Kuhn erhielt am 16. Früh in Lardaro noch folgendes Telegramm vom EH. Albrecht:

„„Telegramm Seiner Majestät des Kaisers an Castiglione.""

„Vertheidigung Tirol's an den Grenzen mit grösster Energie und Aufbietung „aller nur möglichen Kraft des Landes führen. Im Einvernehmen mit Statthalter und „GM. Kuhn Alles aufbieten, Vernichtungskrieg zur Vertheidigung des eigenen Heer-„des anfachen."

„„Sie haben im Einvernehmen mit Castiglione, wie vorangedeutet, die Ver-„„theidigung zu leiten. Wenn nöthig, einige Bataillons aus Verona für den entschei-„„denden Schlag verlangen. Hierauf selbe wieder zurückschicken.""

auf und erreichte um $2\frac{1}{2}$ Uhr Spondalunga. 3 Jäger-Züge wurden sogleich zur Besetzung der Gallerie von Spondalunga, 3 Jäger-Compagnien mit 2 Raketen-Geschützen auf den Höhen südlich der Strasse in die rechte Flanke des Gegners disponirt, 1 Jäger-Zug, die Landesschützen-Compagnien Bregenz und Bezau blieben mit 2 Raketen-Geschützen bei Spondalunga in Reserve.

Um 4 Uhr eröffnete der Feind, welcher auf der Serpentine oberhalb der I. Cantoniere seine Geschütze aufgeführt hatte, das Feuer, welches er zuerst gegen Spondalunga, später gegen die Gallerie richtete; — doch die von der Reserve sogleich vorgezogenen Raketen-Geschütze nahmen den Kampf auf, demontirten ein feindliches Geschütz, sprengten einen Pulverkarren in die Luft, und wiesen einige (beiläufig 3) auf der Strasse vorrückende Compagnien des Gegners zurück.

Mittlerweile unterhielten einige von Oberst Guicciardi durch die Valle di Fraele gegen den Forcola-Pass entsendete Abtheilungen ein lebhaftes Feuer mit dem Detachement des Oberlieutenant Lesemann, wurden aber schliesslich über die Adda zurückgedrängt.

In der Besorgniss, dass der Gegner mit seiner Hauptmacht gegen den Forcola-Pass vorrücke, hatte Major v. Metz den dort kämpfenden rechten Flügel durch 1 Compagnie, 1 Zug Jäger und 1 Raketen-Geschütz verstärken, dagegen den linken Flügel zurückgehen lassen. Die nach dem Forcola-Pass disponirten Abtheilungen kamen aber erst nach Zurückdrängung des Gegners an.

Um 12 Uhr liess Major v. Metz das Gefecht abbrechen, und alle Abtheilungen, welche im Ganzen nur 4 Verwundete hatten, in ihre frühere Aufstellung zurückgehen.

Der Gegner richtete noch von Zeit zu Zeit bis zum Einbrechen der Dunkelheit einige Kanonenschüsse gegen Spondalunga.

Gefechte bei Cimego und am Monte Castello, dann bei Storo und S. Lorenzo. (16. Juli).

In den Judicarien rückten am 16. Juli die kaiserlichen Truppen in der angeordneten Weise vor.

Oberst Baron Montluisant brach mit seiner Colonne um $6\frac{1}{2}$ Uhr Früh auf, und erhielt in Agron von seiner Avantgarde die Meldung, dass der Feind in grossen Massen eben an die Brücke von Cimego vorrücke.

Schon 500 Schritte nördlich derselben (bei Case morte) stiess die Colonne auf den Feind. Oberst Baron Montluisant liess nun die beiden Geschütze der Avantgarde auffahren, die Brücke beschiessen und endlich durch 2 Compagnien Grossherzog von Hessen stürmen. Der sowohl an der

Brücke, als an den beiderseitigen Thalhängen in beträchtlicher Zahl stehende Gegner wich zurück, und die ihm folgenden 2 Compagnien breiteten sich jenseits der Brücke aus. 2 Compagnien Grossherzog von Hessen, welche inzwischen in der rechten Flanke einen Zug, der anfänglich durch feindliche Übermacht zurückgedrängt worden war, aufnahmen, griffen nun gleichfalls an, warfen den Feind vollständig und nahmen ihm viele Gefangene ab.

Um 10¼ Uhr erhielt Oberst Baron Montluisant aus Lardaro den Befehl, das Gefecht abzubrechen. Er marschirte langsam nach Creto zurück, vereinigte dort seine Abtheilungen und setzte den Marsch bis Roncone fort.

Die Reserve (GM. v. Kaim) kam nicht ins Gefecht, und erhielt vom GM. Baron Kuhn aus Tione den Befehl, am 17. (sammt dem 1. Bataillon EH. Rainer aus Balin) nach alle Sarche zu marschiren. Oberst Baron Montluisant hatte gleichzeitig nach tre arche und Bad Comano zu rücken.

Die zweite, zur Vorrückung über die westlichen Thalhänge bestimmte Colonne unter Oberstlieutenant v. Höffern war um 5½ Uhr Früh aufgebrochen, und erreichte um 8 Uhr Prezzo; 2 Compagnien Kronprinz von Sachsen unter Major v. Krynicki gingen von da auf dem Kamme westlich der Strasse gegen Castellert, 1 Jäger-Compagnie unter Hauptmann Cramolini in der Richtung auf Narone zur Umgehung der feindlichen linken Flanke vor; 4 Compagnien Kronprinz von Sachsen und die Raketen-Gebirgs-Batterie führte Oberstlieutenant v. Höffern gegen buoni prati (zwischen Castellert und Narone), wo dieselben um 10¼ Uhr anlangten, zu welcher Zeit das Gefecht im Thale eben abgebrochen ward.

Es erfolgte nun gegen den vom Feinde besetzten Monte Castello der Angriff, welcher jedoch in dem schwer gangbaren Terrain nur langsam Fortschritte machen konnte.

Zwischen 1 und 2 Uhr gelang es endlich, den Gegner (Bataillon Cacciatori di Genova und Abtheilungen eines Freiwilligen-Regiments), hauptsächlich durch die Umgehungs-Bewegung des Hauptmann Cramolini, zum Verlassen seiner Stellung zu zwingen. Dessen gegen Brione zurückweichende Abtheilungen stiessen theilweise mit der Colonne des Majors v. Krynicki zusammen, welcher mittlerweile über Castellert auf den südöstlichen Abfällen des Monte Castello vorgedrungen war, wurden auseinander gesprengt und verloren an Gefangenen allein 1 Officier und 40 Mann.

Oberstlieutenant v. Höffern hatte nun, da von Condino her Kanonendonner zu vernehmen war, der von dem Kampfe der Colonne des Oberst Baron Montluisant im Thale herzurühren schien, in der That aber von S. Lorenzo her kam, wo Major Graf Grünne im Gefechte stand, die Absicht, über Brione weiter vorzurücken. Während dieser Bewegung zeigte es sich jedoch, dass der Kampf im Thale aufgehört hatte, und Oberstlieutenant v. Höffern, dessen Streitkräfte nicht hinreichten, um den weit überlegenen Gegner allein anzugreifen, sah sich bemüssigt, auch seine Colonne um 4 Uhr halten zu lassen und, nachdem bis 6 Uhr keine Nachrichten von Oberst Baron Montluisant eingetroffen waren, den Rückmarsch nach Castellert anzutreten; dort erwartete ihn der Befehl, wieder in die Stellung bei Roncone abzurücken, wo er auch um 11 Uhr Nachts eintraf.

Die Österreicher verloren in den beiden Gefechten bei Cimego und am Monte Castello: Todte: 1 Officier, 1 Mann; Verwundete: 1 Officier, 25 Mann; Vermisste: 1 Mann. Der Verlust des Gegners ist nicht bekannt, doch blieben allein an Gefangenen 2 Officiere und 233 Mann in Händen der kaiserlichen Truppen.

Auf der östlichen Thalseite der Judicarien stieg Hauptmann v. Gredler mit 2 Jäger-Compagnien vom Monte Giovo nach S. Lorenzo hinab, und Major Graf Grünne, dessen Colonne um 4 Uhr Früh aufbrach und sich gegen die hoch über selber auf der Rocca pagana postirten feindlichen Schützen durch eine Compagnie EH. Rainer deckte, rückte über das Gebirge in der Richtung gegen Storo; doch stiessen beide Abtheilungen im Thale auf sehr überlegene Kräfte und mussten sich Nachmittags, nachdem sie einige Zeit hindurch die bei Condino und Storo stehenden feindlichen Truppen beschossen hatten, zurückziehen. Major Graf Grünne, der an diesem Tage nur 1 Verwundeten verloren hatte, zog sich gegen den Monte Giovo, dann nach einiger Rast unter Zurücklassung von 2 Jäger-Compagnien und der Landesschützen-Compagnie Kitzbüchel-Hopfgarten, nach Pieve di Ledro zurück, welcher Punkt aber ebenfalls schon bedroht erschien, da die am Monte Notta postirte $1/2$ Landesschützen-Compagnie Schwaz den dortigen Pass im Laufe des Tages hatte räumen müssen. Die Compagnie Botzen-Neumarkt war gleichfalls von Biacesa und Molina auf den Monte Oro zurückgegangen.

Die Position der Halb-Brigade Grünne wurde nun immer schwieriger; das Fort Ampola ward schon an diesem Tage vom Feinde cernirt und beschossen, am folgenden drangen starke feindliche Abtheilungen gegen den Monte Giovo vor und zwangen die dort zurückgelassenen 2 Jäger-Compagnien, nachdem dieselben einige Angriffe zurückgewiesen hatten, durch einen gleichzeitigen Front- und Rücken-Angriff am Abend zum Rückzuge nach Tiarno [1]).

1) Die Landesschützen-Compagnie Kitzbüchel-Hopfgarten hatte schon früher die Höhe verlassen und war in das Thal zur Halb-Brigade Höffern hinabgestiegen, von wo sie nach Riva in Marsch gesetzt wurde, und am 18. in Molina eintraf.

Auf die erste Meldung von der Bedrohung des Monte Giovo (um 9 Uhr Früh) war Major Graf Grünne nach Tiarno vorgerückt, mit der Absicht, die Höhe noch im Laufe der Nacht zu besetzen. Doch musste dieses Vorhaben aufgegeben werden, als Nachrichten einliefen, dass sowohl der Monte Giovo, als auch der Monte Notta bereits vom Feinde stark besetzt und das Fort Ampola ganz eingeschlossen sei.

Major Graf Grünne liess nun am 18. nur 2 Jäger-Compagnien und die Landesschützen-Compagnie Rattenberg in Tiarno, marschirte mit den übrigen Truppen abermals nach Pieve di Ledro zurück, erhielt aber dort den telegraphischen Auftrag des Truppen-Commando's mit aller Kraft zu trachten, den Monte Giovo wieder zu besetzen und auch einen Offensivstoss gegen den Monte Notta zu unternehmen.

Major Graf Grünne, welcher nur über 9 Compagnien [1]) und 1 Batterie verfügen konnte, fand es durch die Umstände geboten, den obigen Auftrag nicht in allen Punkten gleichzeitig auszuführen, um sich, dem weit überlegenen Feinde gegenüber, durch Zersplitterung seiner Kräfte nicht noch mehr zu schwächen. Da vom Monte Notta her am ehesten die directe Verbindung mit Riva unterbrochen werden konnte, so beschloss er, den Offensivstoss vorerst in dieser Richtung auszuführen und wenn dieser gelungen, sich mit aller Kraft gegen den Monte Giovo zu wenden.

Gefechte am Monte Notta und bei Pieve di Ledro. (18. Juli).

Zum Angriffe auf den Monte Notta ward 1 Division Kronprinz von Sachsen unter Commando des Hauptmann Schram bestimmt, welche der Generalstabs-Officier der Halb-Brigade, Hauptmann Stuchlik, begleiten sollte.

Die Colonne brach um 2 Uhr Nachmittags auf, und erreichte nach einem sehr beschwerlichen 3½ stündigen Marsche durch das Thal Assat di Peor die Höhe. Nach kurzer Rast wurde der am Sattel stehende feindliche Posten (ungefähr 50 Mann) angegriffen, vollkommen überrascht und unter Zurücklassung von 17 Gefangenen, zersprengt.

Weitere Fortschritte waren jedoch nicht möglich, da der Gegner bei seiner bedeutenden Überlegenheit nicht nur der Division vollkommen gewachsen war, sondern auch Kräfte genug zur Verfügung hatte, um im Rücken derselben mit stärkeren Abtheilungen in das Thal hinabzusteigen.

Unter solchen Umständen blieb der kleinen Colonne nur der Rückzug übrig, welchen Hauptmann Schram mit 1½ Compagnien durch die Val

1) Hiebei sind die 2 Compagnien EH. Rainer eingerechnet, welche einem früheren Befehle zufolge, am 18. Früh nach Riva detachirt und nun über Ermächtigung des Truppen-Commando's wieder nach Pieve di Ledro zurückbeordert wurden.

Notta auf dem kürzesten Wege zum Idro-See nahm, während Hauptmann Stuchlik mit $^1/_2$ Compagnie denselben Weg einschlug, welchen die Colonne gekommen war.

Der Feind war mittlerweile mit 2 Colonnen gegen das Thal hinabgerückt, die eine direct gegen Pieve, die andere gegen Brè und Molina und von da am nördlichen Ufer des Idro-See's ebenfalls gegen Pieve.

Schon um $3^3/_4$ Uhr Nachmittags erhielt Major Graf Grünne die ersten Meldungen über das Anrücken starker Colonnen vom Monte Notta her, sowie von 3 Bataillons, die von Molina her über Mezzolago kommen sollten. Nur 3 Jäger-Compagnien, die Landesschützen-Compagnie Schwaz und die Gebirgs-Batterie Nr. 2/V standen in Pieve; die ersteren warfen sich dem, aus der Valle di Pur (südlich Pieve) vordringenden Gegner wiederholt entgegen und die Batterie brachte der über Mezzolago marschirenden Haupt-Colonne des Feindes empfindliche Verluste bei. Doch die Position ward um so unhaltbarer, als der Feind nun auch über Tiarno und vom Monte Giovo vorrückte und die dorthin detachirten 2 Jäger-Compagnien mit der Landesschützen-Compagnie Rattenberg gegen Pieve zurückdrängte. Major Graf Grünne hielt das Gefecht bis zur einbrechenden Dunkelheit, und entzog sich dann durch einen Nachtmarsch über Lensumo auf den Monte Pichea der bedeutenden Übermacht des Gegners.

Hauptmann Schram traf mittlerweile um $8^1/_2$ Uhr Abends in Molina ein, fand dort die von Riva zurückberufene Division EH. Rainer, welche eine bei Brè und Molina postirte feindliche Abtheilung zurückgedrängt und derselben 9 Gefangene abgenommen hatte, und wollte mit allen $4^1/_2$ Compagnien gegen Pieve marschiren, ersah jedoch aus einer aufgefangenen Depesche, dass Pieve bereits von 3 Bataillons des feindlichen 2. Regiments besetzt sei, und wandte sich nun gegen den Monte Pari, auf dessen Höhe er um $1^1/_2$ Uhr Nachts anlangte.

Hauptmann Stuchlik stiess mit seiner halben Compagnie bei Pieve auf die feindlichen Vorposten, gewann das Ost-Ufer des See's, drang durch den bei Molina und Brè stehenden Feind und erreichte in der Nacht den Pass des Monte Oro.

Der Gesammtverlust der Halb-Brigade betrug an diesem Tage 39 Mann an Todten und Verwundeten und 3 Vermisste. Der Gegner hatte bedeutend mehr verloren, u. z. am Monte Notta allein: Todte 1 Officier, 13 Mann; Verwundete 1 Officier, 41 Mann; Vermisste 38 Mann.

Garibaldi hatte nun die ganze Verbindung zwischen dem Garda- und Idro-See inne, bis auf das Fort Ampola, welches jedoch schon seit zwei Tagen beschossen wurde und auch dem Falle nahe war.

Vertheidigung und Capitulation des Fort Ampola. (Vom 16. bis 19. Juli.)

Das Fort bestand aus zwei beiderseits der Strasse gelegenen Werken, dem Blockhause und dem Tambour, welche, durch crenelirte Mauern verbunden, ein Viereck bildeten, dessen Hofraum wohl gegen den directen, nicht aber gegen den Bogen-Schuss gedeckt war. Zudem wurde das ganze Fort von den umliegenden Höhen in nächster Nähe dominirt. Die Armirung bestand nur in 2 7pfd. Granat-Kanonen, welche in zwei gegen die Strasse nach Storo gerichteten Schiess-Scharten standen.

Forts-Commandant war Oberlieutenant v. Preu (von Kronprinz von Sachsen). Die dem beschränkten Raume angepasste Kriegsbesatzung betrug 33 Mann des erwähnten Regiments und 11 Mann Festungs-Artillerie.

Eine am 12. Juli dahin disponirte Jäger-Compagnie unter Oberlieutenant Schindl hielt den Monte Ginel (südlich des Forts) besetzt und hatte Posten in der Valle Lorina und auf der Strasse nach Storo.

Schon am 13. war die Ansammlung von Freiwilligen auf dem Monte Croce zu bemerken.

Am 14. sammelten sich grössere feindliche Abtheilungen daselbst und auf dem Monte Ampola. Gegen Abend rückten Freiwillige auch auf der Strasse von Storo vor und unterhielten ein kurzes Geplänkel mit den im Thale aufgestellten kaiserlichen Vorposten.

Am 15. setzten sich einige 100 Freiwillige auf den Hängen unmittelbar nördlich und nordöstlich des Forts hinter Felsvorsprüngen fest. Auch auf den, den Monte Ginel umgebenden Höhen wurde der Gegner sichtbar und gegen Abend zeigten sich Freiwillige auf der Strasse von Storo.

Oberlieutenant Schindl, welcher besorgte, in der Nacht abgeschnitten zu werden, zog sich nun in das Fort zurück, wo der grösste Theil der Mannschaft der beschränkten Räumlichkeit wegen im Hofe lagern musste.

Die Freiwilligen besetzten sogleich im Laufe der Nacht den verlassenen Monte Ginel und als Oberlieutenant Schindl am Morgen des 16. wieder dahin vorrücken wollte, wurde er von einem so heftigen Feuer empfangen, dass er sich wieder in das Fort ziehen musste.

Die Thore wurden nun verrammelt und in dem ungeschützten Hofe ward so gut als thunlich ein gedeckter Raum hergestellt. Bereits um 7 Uhr Früh eröffnete der Gegner aus 2 am Monte Ampola aufgeführten Gebirgs-Geschützen das Feuer und warf im Laufe des Tages etwa 100 Hohlgeschosse in das Fort. Die Forts-Geschütze erwiderten das Feuer, jedoch wie es scheint mit geringem Erfolge, da die meisten Granaten zu früh explodirten.

Dem Angreifer hingegen gelang es, im Laufe des Tages auf einem sehr beschwerlichen Saumwege noch 3 8pfündige Feld-Geschütze nach dem Monte

Croce zu bringen, der 2300 Schritte vom Fort entfernt liegt und dasselbe um circa 350 Fuss überhöht.

Am 17. eröffnete der Feind bereits um 3 Uhr Früh das Geschützfeuer vom Monte Croce und Monte Ampola, um 9 Uhr führte er ein Geschütz an der Strasse gegenüber dem Fusse des Monte Croce, und gegen Mittag noch eines am Ausgange der Val Lorina auf. Von diesem letzteren drangen zwei Geschosse durch die Scharte in das Innere des Blockhauses und richteten bedeutenden Schaden an; gleich darauf ward jedoch das feindliche Geschütz demontirt und der daselbst commandirende Artillerie-Officier nebst einem Unter-Officier getödtet.

Abtheilungen des Gegners, welche sich an der Strasse und auf den Höhen zeigten, wurden durch das wirksame Feuer der Jäger zurückgewiesen. Auch gelang es um Mittag, das vom Monte Croce bis in die Thalschlucht sich erstreckende Gestrüppe in Brand zu setzen, so dass der hiedurch entstandene Rauch die Geschütze am Monte Croce nöthigte ihr Feuer einzustellen. Am Nachmittage jedoch löschte ein Gewitterregen den Brand, worauf die feindlichen Geschütze wieder das Feuer eröffneten und gleich jenen am Monte Ampola auch während der mondhellen Nacht — wenngleich mit grösseren Pausen — fortsetzten.

Im Laufe dieses Tages waren über 300 Schüsse gegen das Fort gerichtet worden, und dieses hatte bereits bedeutenden Schaden erlitten. Überhaupt war die Lage der nur 180 Mann starken Besatzung bei dem Mangel an Räumlichkeiten eine sehr schwierige; die Verwundeten konnten nicht abgesondert und sicher untergebracht werden, und die herrschende intensive Hitze, verbunden mit Wassermangel, vermehrte die Leiden derselben.

Um in Erfahrung zu bringen, ob die Strasse nach Tiarno noch frei sei, ward am Abend eine Patrulle in dieser Richtung entsendet; dieselbe wurde jedoch schon in der Nähe des Forts heftig beschossen und abgeschnitten, so dass sie sich nach Tiarno durchschlagen musste.

In der Nacht führte der Feind noch 2 Belagerungs-Geschütze am Monte Croce auf, so dass dort nunmehr 5 vereinigt waren. Diese und die 2 Gebirgs-Geschütze am Monte Ampola begannen am 18. um 3 Uhr Früh die Beschiessung mit erneuerter Heftigkeit. Später wurden auch an der Strasse nach Storo 2 Belagerungs-Geschütze vorgebracht, das eine derselben wurde jedoch demontirt, und auch das andere stellte bald darauf sein Feuer ein. Im Laufe des Tages mögen über 1000 Schüsse gegen das Fort gerichtet worden sein. Die Schussscharten desselben waren bereits derart zerstört, dass vor dem jedesmaligen Abfeuern erst der Schutt beseitigt werden musste; eine der beiden Granatkanonen war schon sehr beschädigt und kaum mehr schussfähig.

Am Abend stellte der Feind die Beschiessung zwar ein, eröffnete jedoch dieselbe am Morgen des 19. mit noch grösserer Heftigkeit und setzte sie bis 3 Uhr Nachmittags fort. Da die Werke sich in einem Zustande befanden, dass sie einer fortgesetzten Beschiessung nicht mehr widerstehen konnten, so beschloss Oberlieutenant v. Preu, nach Berathung mit den übrigen Officieren, mit dem Feinde in Unterhandlungen zu treten.

Zu derselben Zeit — um 3 Uhr Nachmittags — erschien auch von Tiarno her ein Officier als Parlamentär, der im Namen Garibaldi's die Aufforderung zur Übergabe des Forts mit den Worten überbrachte: „General Garibaldi „beauftragt mich vorerst, Sie wegen der glänzenden Vertheidigung des Wer„kes, von dem er nicht geglaubt hätte, dass es so lange widerstehen würde, „zu beglückwünschen, und Sie ferner aufzufordern, um das Blut so vieler „Tapfern zu schonen, die Waffen zu strecken."

Oberlieutenant v. Preu, der dem Parlamentär entgegengegangen war, überzeugte sich bei dieser Gelegenheit, dass auf der Strasse gegen Tiarno eine grössere Colonne mit Gebirgs-Geschützen bereit stehe, um das Fort auch von dieser Seite, gegen welche es mit Geschütz gar nicht vertheidigt werden konnte, anzugreifen. Einen baldigen Entsatz nicht erwartend, erklärte sich der Forts-Commandant nun bereit, auf Unterhandlungen einzugehen, in welcher Beziehung er an General Haugh in Storo gewiesen ward.

Auf dem Wege dorthin fand Oberlieutenant v. Preu die Chaussée mit Infanterie und Geschützen bedeckt. Er verlangte von General Haugh freien Abzug für die Besatzung, musste aber schliesslich einwilligen, sich kriegsgefangen zu erklären. Den Officieren wurden in ehrender Anerkennung der tapferen Vertheidigung die Waffen belassen.

Das Fort wurde am Abend des 19. geräumt; die gefangene Besatzung ging nach Storo ab. Dieselbe hatte einen Verlust von 1 Todten, 1 Officier und 24 Mann Verwundeten; letztere eingerechnet geriethen 4 Officiere und 174 Mann in Kriegsgefangenschaft.

Die Italiener hatten bei der Beschiessung an Todten 1 Officier, 1 Mann, an Verwundeten 30 Mann verloren [1]).

1) GM. Baron Kuhn und Major Graf Grünne gelangten erst am 21. durch Aussage italienischer Gefangener vom Falle des Forts in Kenntniss.

IV. Abschnitt.

Offensivbewegung der kaiserlichen Truppen in den Judicarien und gegen das Ledro-Thal. Vereinigung der Streitkräfte bei Trient.

Die Verhältnisse der Vertheidigung Tirol's waren seit einigen Tagen in ein schwieriges Stadium gerathen.

Am 12. Juli war GM. Baron Kuhn gleichzeitig mit der Nachricht, dass sich EH. Albrecht am nächsten Tage nach Wien begebe, auf sein Ansuchen um Verstärkungen, dahin verständigt worden, dass in Folge der bereits thätigen französischen Mediation kein ernstlicher Angriff auf Südtirol mehr zu gewärtigen sein dürfte.

Diese Erwartung schien sich nicht zu erfüllen. Die von Garibaldi factisch wieder aufgenommenen Operationen zeugten vom Gegentheile; auch kamen dem GM. Baron Kuhn, gleichzeitig mit der am 17. Abends eingetroffenen Nachricht, dass mit Ausnahme der Festungs-Besatzungen und eines Armee-Corps, das den Isonzo zu besetzen hatte, die kaiserliche Armee das Venezianische räumte, um an die Donau zu eilen, neuerdings übereinstimmende Meldungen zu, dass die italienische Armee in das von den kaiserlichen Truppen verlassene Land einrücke und starke Abtheilungen gegen die südöstliche Grenze Tirols im Anmarsche seien.

Bei dieser Lage hatte GM. Baron Kuhn nur sehr geringfügige Verstärkungen zu erwarten, und musste sich selbst so gut als möglich helfen.

Mit höherer Genehmigung wurden am 14. 4 Compagnien des Depôt-Bataillons vom Tiroler Jäger-Regiment unter Commando des Hauptmann Cramolini (im Ganzen 7 Officiere, 373 Mann) mobilisirt, und am 16. von Botzen und Brixen nach Roveredo befördert [1]).

An die Stelle dieses mobilen Depôt-Bataillons, dessen Ergänzung auf

---

1) Hauptmann Cramolini, welchem die ursprünglich Hauptmann v. Gredler zugedachte Aufgabe, — die Vertheidigung der Vall 'Arsa u. s. w. übertragen wurde, stand am 17. wie folgt:

den Kriegsstand am 21. marschbereit war, wurde ein neues Depôt-Bataillon zu 4 Compagnien in Brixen und Botzen formirt.

Am 16. Morgens traf, wie bekannt, in Lardaro, mit dem telegraphischen Befehl, im Einverständnisse mit FML. Graf Castiglione die Vertheidigung der Grenzen Tirols mit grösster Energie und Aufbietung aller nur möglichen Kraft des Landes zu führen, die Ermächtigung ein, im Bedarfsfalle einige Bataillons von der Besatzung in Verona anzusprechen.

In einer hierauf am 18. mit FML. Graf Castiglione gepflogenen Besprechung über die eventuelle Aufbietung und Verwendung des Landsturmes ward beschlossen, seinerzeit davon 33 Compagnien dem Major v. Metz, 36 dem Major v. Albertini, 26 dem Major v. Pichler, und 26 den Reserven im Etsch-Thale zuzuweisen.

Endlich kam man überein, auch in Südtirol, wo die Landesschützen-Compagnien nicht zur Aufstellung gekommen waren, Freiwillige anzuwerben und dieselben in Bataillons zu 4—6 Compagnien zu formiren.

Inzwischen aber ward es nothwendig die Festsetzung Garibaldi's im Ledro-Thale, sowie dessen Fortschritte gegen das Etsch-Thal zu hindern, und GM. Baron Kuhn beschloss daher, in dieser Richtung einen Schlag zu versuchen, bevor er gezwungen würde, sich gegen die Val Sugana zu wenden.

Zu diesem Zwecke wurden am 19. folgende Dispositionen erlassen:

„Die Brigade Montluisant rückt am 19. nach dem Abessen bis „Balin. Die Gebirgs-Batterie Nr. 4/V bleibt jedoch zurück und wird in die „Brigade Kaim eingetheilt; statt derselben erhält die Brigade die Ge-„birgs-Raketen-Batterie Nr. 2. Am 20. marschirt die Brigade über Campi „auf die Passhöhe des Monte Pichea. Am 21. unternimmt dieselbe in Ver-„bindung mit den disponiblen Truppen der Halb-Brigade Grünne den Angriff „gegen das Ledro-Thal, u. z. mit der Hauptkraft gegen das Fort Ampola.

„Major Graf Grünne hat die Übergänge des Monte Pichea, Oro, Pari, „Giumella gut zu besetzen und in Campi eine Reserve zu halten. Die Besa-„tzungen von Riva, Nago, Torbole verbleiben dortselbst.

---

1 Jäger-Compagnie, die Innsbruck-Sonnenberger Scharfschützen-Compagnie und die Landesschützen-Compagnie Telfs bei Piano delle Fugazze, (wo an passageren Befestigungen gearbeitet wurde);

die Landesschützen-Compagnie Schlanders in Chiesa di Vall 'Arsa;

2 Jäger-Compagnien und die 2. Wien-Tiroler Scharfschützen-Compagnie in Roveredo;

die Landesschützen-Compagnie Zell-Fügen in Mori;

„ „ „ Hall in Brentonico;

„ „ „ Bludenz in Caliano.

In letzteren drei Orten, sowie in Serrada stand überdies je 1 Zug Tiroler Jäger.

„Oberstlieutenant v. Höffern hat am 21. 6 Uhr Früh Demonstrationen „auszuführen und zu trachten, den Gegner auf den beiderseitigen Thalhängen „zurückzudrängen. Die Bocca di Lusole ist stark zu besetzen.

„Das 4. Bataillon EH. Rainer, die 4. Division dieses Regiments, fer„ner 2 Geschütze der 4pfd. Batterie Nr. 5/V und die Landesschützen-Com„pagnie Kitzbüchel-Hopfgarten marschiren am 19. nach Ceniga, am 20. über „Riva nach Biacesa. Major Lühe (von EH. Rainer) commandirt diese Colonne. „Von Riva aus ist am 20. ein Detachement auf den Monte Oro zu senden. „Die Hauptcolonne hat unter Major Lühe am 21. angriffsweise gegen Molina „und Pieve di Ledro vorzugehen. Der Angriff ist erst dann mit dem grössten „Nachdruck zu führen, wenn das Vordringen des Oberst Baron Montlui„sant aus der Val Conzei bemerkt wird [1]).

„Die Brigade Kaim, mit Ausnahme der Colonne des Major Lühe, „rückt am 19. nach Bad Comano, tre arche und bleibt zur Disposition des „Truppen-Commando's [2]).

„Bei günstigem Verlauf der Operationen ist soweit als möglich gegen „Storo vorzudringen. Die Übergänge über den Monte Giovo sind sodann „wieder durch Abtheilungen der Halb-Brigade Grünne zu besetzen.

„Bei ungünstiger Gefechtslage sind die Übergänge über den Monte „Pichea, Pari, Oro, auf's Äusserste zu vertheidigen. Die Colonne Lühe geht „in diesem Falle auf der Ponal-Strasse, deren Seiten-Detachement über den „Monte Oro zurück.“

Diesen Dispositionen gemäss sammelten sich die kaiserlichen Truppen in den nächsten Tagen zum Angriffe, der im Conzei- und Ledro-Thal, zu einem glänzenden Erfolge führte.

Gefechte bei Cimego, am Monte Marone und am Monte Nossol (21. Juli).

Nach der Disposition des GM. v. Kaim zur Vorrückung in den Judiçarien am 21. hatte die Haupt-Colonne (5 Compagnien EH. Rainer, eine halbe 4pfd. Batterie und die Cavallerie-Abtheilung) auf der Strasse im Thale, Oberstlieutenant v. Höffern mit $1^1/_2$ Jäger-Compagnien, 5 Compagnien Kronprinz von Sachsen und der Gebirgs-Batterie Nr. 3/V in der rechten

1) Nach einer späteren Anordnung hatten das 4. Bataillon EH. Rainer und die beiden Geschütze beim Gros der Brigade Kaim zu verbleiben.

2) Am 20. erhielt diese Brigade den Befehl, mit Ausnahme des 4. Bataillons EH. Rainer und 4 Geschützen, die in tre arche zu verbleiben hatten, nach Roncone zu marschiren und am 21. mit der Halb-Brigade Höffern einen kräftigen Vorstoss in den Judicarien zu versuchen.

Flanke vorzurücken, in welcher schon tagsvorher am Dos dei Morti ziemlich lebhaft geplänkelt worden war.

Hauptmann Baron Baselli hatte mit 2 Compagnien EH. Rainer, der Landesschützen-Compagnie Innsbruck-Mieders und 2 Geschützen der Gebirgs-Batterie Nr. 4/V in der linken Flanke an der östlichen Thallehne vorzugehen. Hauptmann Wolf sollte mit 2 Compagnien EH. Rainer, ½ Compagnie Tiroler Jäger und 2 Geschützen der Gebirgs-Batterie Nr. 4/V die Verbindung dieses Flügels mit der Haupt-Colonne herstellen.

Oberstlieutenant v. Höffern brach um 5 Uhr Früh auf, detachirte 1 Jäger-Compagnie und 1 Compagnie Kronprinz von Sachsen von Lardaro über Daone gegen Narone, 1 Compagnie Kronprinz von Sachsen gegen den Monte Mulin (oberhalb Prezzo) und marschirte mit dem Reste auf buoni prati, wo er beim Eintreffen die rechte Seiten-Colonne bereits im Kampfe mit 4 feindlichen Compagnien (Oberstlieutenant Salomone) auf dem Rücken von Narone fand. Oberstlieutenant v. Höffern liess das Feuer seiner Geschütze gegen letztere richten, gleichzeitig griff die Seiten-Colonne an, und der Gegner zog sich in Unordnung über den Cingolo rosso zurück. Das Gros der Halb-Brigade folgte ihm nach, erreichte um 1 Uhr die Kuppe des Monte Castello und zwang hauptsächlich durch Geschützfeuer die feindlichen Abtheilungen, welche sich noch auf der rechten Thallehne der Val Giulis befanden, zum Rückzuge in die nahen Waldungen.

Minder erfolgreich war die Vorrückung zunächst der Thalstrasse. Hauptmann Wolf gelangte zwar um 1 Uhr bis über Castellert, ward aber dort vom Monte Brione her von feindlicher Artillerie beschossen und dann umfassend angegriffen, so dass er keine weiteren Fortschritte machen konnte.

Hauptmann Baron Baselli, über Castel romano gegen die Einsattlung am Monte Nossol vorrückend, stiess um 10½ Uhr auf bedeutende feindliche Überlegenheit, brachte nach und nach 1½ Compagnien ins Gefecht, musste aber endlich zurückweichen.

Unter diesen Umständen erzielte auch die Haupt-Colonne unter GM. v. Kaim kein besonderes Resultat. Dieselbe traf gegen 10 Uhr bei der Brücke von Cimego ein und beschränkte sich darauf, die am Monte Brione aufgestellten feindlichen Geschütze durch zwei links der Strasse aufgeführte 4 Pfünder zu bekämpfen. Um 3½ Uhr Nachmittags drang eine etwa 200 Mann starke feindliche Abtheilung von Condino vor, wurde aber von einem kräftigen Plänklerfeuer empfangen, und durch eine kühne Attake des Oberlieutenant Baron Torresani, welcher mit 9 Uhlanen in die feindliche Abtheilung einbrach, in die Flucht geschlagen.

Gegen 5 Uhr trat GM. v. Kaim, nachdem er vorher auch Oberstlieutenant v. Höffern zurückbeordert hatte, den Rückzug an. Zu gleicher

Zeit ging auch die Colonne des Hauptmann Baron Baselli zurück, jene des Hauptmann Wolf folgte um 6 Uhr.

Der Verlust bei allen Abtheilungen in den Judicarien war ganz unbedeutend, u. z. blieben 1 Mann todt, 1 Officier 6 Mann wurden verwundet. Der Verlust des Gegners ist unbekannt geblieben.

Gefecht bei Bececa. (21. Juli.)

Erfolgreicher als in den Judicarien war der Kampf am 21. Juli im Conzei- und Ledro-Thale unter der Leitung des Oberst Baron Montluisant, dem an diesem Tage auch die Halb Brigade Grünne unterstellt worden war.

Vom Monte Pichea rückte Major Graf Grünne mit 5 Jäger-Compagnien und 2 Compagnien Grossherzog von Hessen, den Landesschützen-Compagnien Kitzbüchel-Hopfgarten, Rattenberg, Schwaz, den Raketen-Batterien Nr. 1 und 2 auf dem unteren, — Major v. Krynicki mit dem 1. Bataillon Tiroler Jäger, dem 3. Bataillon Kronprinz von Sachsen und der Gebirgs-Batterie Nr. 2/V auf dem oberen Wege gegen Lensumo vor. 4 Compagnien Grossherzog von Hessen, welche sich der letzteren Colonne als Reserve anschliessen sollten, wurden, da der Feind starke Abtheilungen von Pieve gegen den Monte Saval (südlich des Monte Pichea) vorschob, gegen diese Höhe dirigirt, und hatten sich dann nach Zulässigkeit auch an dem allgemeinen Angriffe zu betheiligen.

Alle Colonnen brachen um 4 Uhr Morgens auf; jene des Major Graf Grünne langte zuerst bei Lensumo an, und verdrängte mit der Avantgarde den Feind aus dem Orte. Dieser zog sich nach Enguiso, musste aber, als die Tête der Colonne Krynicki eintraf, auch von dort zurückweichen.

Die Raketen-Batterien wurden nun östlich Enguiso, die Gebirgs-Batterie auf der Strasse placirt, und richteten ihr Feuer gegen die starke feindliche Stellung, welche von der Höhe östlich Locca bis zur oberen Kirche von Bececa reichte und vom 5. Freiwilligen-Regiment (Oberst Chiassi) besetzt war; dessen Reserve (das 9. Regiment und das 4. Bataillon des 6. Regiments) stand in Bececa und auf der Strasse gegen Tiarno. Zwei Geschütze waren zunächst der Kirche von Locca, andere 2 Geschütze auf dem Hügel zwischen Locca und Bececa placirt.

Nachdem diese Stellung durch die Wirkung der österreichischen Batterien erschüttert worden war, rückte Major Graf Grünne mit 3 Jäger-Compagnien, 2 Compagnien Grossherzog von Hessen und den Landesschützen sowohl auf der Strasse, als auch oberhalb derselben zum Sturme vor, während eine zur Umgehung des dominirenden rechten feindlichen Flügels entsendete Compagnie durch ihr rechtzeitiges Erscheinen entscheidend mitwirkte. Der Feind räumte die Höhen, erreichte fliehend Locca, ward aber auch von dort durch die unaufhaltsam nachstürmenden österreichischen Truppen hinausgeworfen. Während dabei eine Division Tiroler Jäger von der Colonne Krynicki von Westen her in das Dorf eindrang, kam die früher erwähnte gegen den rechten feindlichen Flügel detachirte Umgehungs-Colonne dem Gegner in den Rücken.

Die Folge dieses energischen und umfassenden Angriffes war, dass nach hartnäckigem Kampfe beinahe ein ganzes Bataillon des 5. Freiwilligen-Regiments (über 600 Mann) gefangen wurde.

Oberst Baron Montluisant liess nun sofort auch Bececa angreifen, wo der Feind, 9 Bataillons stark, Stellung genommen hatte. Nachdem ein wirksames Geschützfeuer unterhalten worden war, drang Major Graf Grünne gegen die Nordseite Bececa's vor, während 1 Division Tiroler Jäger (von der Colonne Krynicki's) gegen den unmittelbar nördlich des Ortes befindlichen Felsenriss dirigirt wurde. Trotz des heftigsten Gewehrfeuers seitens des Feindes wurde dieser auf allen Punkten überwältigt; er verliess, gegen Santa Lucia retirirend, Bececa und verlor dabei, kräftig verfolgt, neuerdings bei 500 Gefangene.

Oberst Baron Montluisant musste sich auf den erreichten Erfolg beschränken, weil zwischen Tiarno und Ampola eine ganz unverhältnissmässige Übermacht (12—15.000 Mann) mit Sicherheit vorausgesetzt werden konnte und die eigenen Truppen sich beinahe ganz verschossen hatten. Der Kampf ward sonach um $11\frac{1}{2}$ Uhr abgebrochen und dann, unter Mitnahme aller Verwundeten und völlig unbelästigt vom Feinde, der Rückmarsch auf den Monte Pichea ausgeführt.

$\frac{1}{2}$ Jäger-Compagnie, welche während des Kampfes den dicht besetzten Monte Viesch gestürmt hatte, lief während des Marsches Gefahr, abgeschnitten zu werden und musste sich über den Gebirgsrücken nach Roncone wenden. Tagsdarauf rückte sie über Bondo wieder zu ihrer Truppe ein.

Der Verlust der Österreicher in diesem hartnäckigen Kampfe betrug an Todten 6 Officiere, 19 Mann, an Verwundeten 7 Officiere, 75 Mann. Der Gegner verlor beiläufig 100 Mann Todte (darunter Oberst Chiassi), 250 Mann Verwundete und über 1100 Gefangene, unter diesen 2 Stabs- und 17 Ober-Officiere.

Unabhängig von diesem Kampfe hatte die permanente Passbesatzung am Monte Saval (1 Compagnie Kronprinz von Sachsen) einen Zusammenstoss mit dem Feinde, welcher bei Tagesanbruch ungefähr 1 Bataillon gegen den Pass entsendet hatte. Die Besatzung rückte auf einen günstig gelegenen

Punkt vor, und warf den Feind zurück, wobei dieser bei 40 Mann an Todten und Verwundeten verlor. Nachmittags gelang es noch einer Patrulle dieser Compagnie einen feindlichen Officier und 35 Mann gefangen zu nehmen.

Die 4. Division EH. Rainer, welche an diesem Tage von Riva aus auf der Ponal-Strasse gegen Pieve di Ledro vorzurücken hatte, war bei Legos und Molina auf eine so bedeutende feindliche Übermacht (2. Freiwilligen-Regiment) gestossen, dass sie trotz wiederholter Versuche nicht vordringen konnte, und nach Riva zurückkehren musste.

GM. Baron Kuhn erhielt im Laufe des Nachmittags die Meldungen über den Ausgang aller Gefechte und am Abend die erste Nachricht von der Capitulation des Fort Ampola.

Am 22. Abends stand auf seinen Befehl die Brigade Kaim in den Judicarien bei Roncone, die Brigade Oberst Baron Montluisant nördlich von Riva bei Pranzo, die 4. Division EH. Rainer bei Campi.

Die Halb-Brigade Höffern (bei Roncone) hatte Detachements in Lardaro, Creto, Daone, am Dos dei Morti u. s. w.

Am Stilfser-Joch und am Tonal fiel in diesen letzten Tagen nichts von Bedeutung vor.

Eine Division EH. Rainer, gefolgt von 1 Jäger-Compagnie, die bis Incudine ging, streifte am 21. bis Edolo, und fand auf ihrem Wege nur kleine Abtheilungen Carabinieri und Finanzsoldaten. Nach Aussage der Landleute hatten die Freiwilligen am 16. die Val Camonica geräumt, um in die Judicarien zu ziehen.

GM. Baron Kuhn erhielt hievon am 22. Morgens die Meldung, ersah die Möglichkeit vom Tonal her sein Centrum einigermassen verstärken zu können, und liess daher 4 Compagnien des 3. Bataillons EH. Rainer am 22. bis Dimaro, am 23. nach Pinzolo, am 24. nach Bad Comano abmarschiren. Dagegen wurden, da von Oberstlieutenant v. Höffern Mittags die Meldung eintraf, dass der Monte Nossol und Monte Giovo stark vom Feinde besetzt sei, und dass grössere Abtheilungen in der Val Conzei mit der Richtung auf Lanezada die linke Flanke der Halb-Brigade gefährdeten, von letzterer die Landesschützen-Compagnie Innsbruck—Mieders, dann von der Brigade Kaim 2 Compagnien des 1. Bataillons EH. Rainer, endlich von der Brigade Montluisant 2 Geschütze der Gebirgs-Raketen-Batterie Nr. 2 zur Vertheidigung des Monte Cadria bestimmt. Oberlieutenant Hettyey (dem Generalstabe zugetheilt) hatte die Aufstellung zu besorgen [1]). Das 4. Bataillon EH. Rainer hatte 1 Compagnie auf den Passo d' Usciol zu senden.

Über die Aufstellung Garibaldi's um diese Zeit ist nur Folgendes bekannt:

Am 22. verlegte er seinen Stab nach Condino. Die Brigade Nicotera stand zwischen Condino und Cimego; starke Abtheilungen bei Narone, gegen buoni prati und am Monte Nossol. Die Brigade Corte wurde ebenfalls nach Condino und Brione herangezogen. Das 1. Bataillon des 1. Regiments war zur Erhaltung der Verbindung mit der Colonne des Oberst Cadolini in den obersten Theil der Val Giulis vorgeschoben und hatte den Passo di Bruffione und die Alpe Clef besetzt. Oberst Cadolini selbst war mit seinen 5 Bataillons seit dem 18. noch immer beim Lago di Caf an der Scheide zwischen dem Fumo- und Daone-Thal.

Von der Brigade Haugh war das 7. Regiment nach Legos vorgeschoben worden, das 2. stand zwischen Mezzolago und Pieve. Die Brigade Orsini stand zwischen Bececa und Tiarno und hatte Abtheilungen gegen den Passo d' Usciol vorgeschoben.

Am 23. wurde die Brigade Haugh über Mezzolago gegen die Übergänge des Monte Pari gezogen und die Brigade Orsini rückte an deren Stelle.

Während der Feind so mit bedeutenden Kräften in den Judicarien und in der Valle di Ledro stand, ward die Aufmerksamkeit des GM. Baron Kuhn nun auch gegen die Vall' Arsa und Val Sugana gelenkt.

Schon am 19. Juli war es zwischen einer von Schio zurückkehrenden 16 Mann starken Uhlanen-Patrulle und einer ungefähr 60 Mann starken Lancieri-Abtheilung von der feindlichen regulären Armee zu einem kurzen Gefechte gekommen. Auch aus der Val Sugana waren von Major v. Pichler mehrfache Meldungen eingelangt, welche das Vordringen regulärer feindlicher Truppen in dieser Richtung ausser Zweifel stellten [2]).

---

[1]) Diese Colonne langte am 23. Morgens auf der Kammhöhe an und traf, nachdem sie mit Terrainschwierigkeiten und Entbehrungen aller Art gekämpft hatte, ohne auf den Feind gestossen zu sein, am 25. Abends in Stenno ein.

[2]) Major v. Pichler war am 13. Juli mit einer Compagnie EH. Rainer, der halben Raketen-Batterie Nr. 11/IX. dem Génie-Zuge und dem Uhlanen-Detachement in Primolano, die Landesschützen-Compagnie Dornbirn in Pieve di Tesino angekommen.

Am 14. rückte die 2. Division Wimpffen in Primolano ein, ½ Compagnie wurde nach Cismon, ½ Compagnie nach Fastro vorgeschoben; die Herstellung von Verschanzungen bei Primolano wurde in Angriff genommen.

Am 15. entsendete Major v. Pichler ein Streifcommando nach Bassano und marschirte am 17. selbst mit 2 Compagnien, 2 Raketen-Geschützen und 9 Uhlanen dahin vor, requirirte Lebensmittel und kehrte am Nachmittag wieder nach Primolano zurück.

Am 19. langten Nachrichten über die nahe bevorstehende feindliche Occupation von Bassano und Feltre ein.

Unter diesen Umständen sah sich GM. Baron Kuhn bemüssigt, telegraphisch um die Ermächtigung zu bitten, 4 Bataillons und eine 8pfd. Batterie aus Verona an sich ziehen zu dürfen.

Die Ermächtigung hiezu langte ein, und da am Abend des 22. aus einem Telegramme des Major v. Pichler hervorging, dass der Feind bereits in der Val Sugana gegen die Grenze vorrücke, so ward das Festungs-Commando in Verona ersucht, sogleich 2 Bataillons mittelst Eisenbahn nach Trient zu befördern, worauf dieses das Eintreffen der 4. Bataillons Hartmann und Martini in Trient für den 23. Vormittags zusagte.

Gleichzeitig erging an die Brigade Kaim, in welche die Batterie Nr. 5/V und die Gebirgs-Raketen-Batterie Nr. 1 eingetheilt wurde, der Befehl, noch am selben Tage nach Tione, am 23. nach tre arche zu marschiren. Die Brigade Montluisant, welcher die Batterie Nr. 4/V und die halbe Gebirgs-Raketen-Batterie Nr. 2 zugewiesen wurde, hatte am 23. nach Campomaggiore zu rücken, das 1. Bataillon Tiroler Jäger aber in Fiavè zurückzulassen.

An Major v. Pichler, der um Mitternacht meldete, dass der Feind mit bedeutenden Streitkräften, jedoch vorsichtig vorrücke und namentlich die rechte Flanke stark bedrohe, erging mittelst Courier der Befehl, sich nicht, wie er beabsichtigte, bei Grigno nordwärts ins Gebirge zu wenden, sondern den Rückzug thalaufwärts gegen Borgo zu nehmen. Zu seiner Verstärkung wurde die Depôt-Division EH. Rainer mittelst Wagen dorthin befördert, jedoch am 24. nach Trient zurückbeordert, da mittlerweile an deren Stelle die am 23. von Verona angekommenen, 813 und 1075 Mann zählenden 4. Bataillons Hartmann und Martini nach Borgo in Marsch gesetzt worden waren.

GM. v. Kaim gelangte am 23. mit dem 4. Bataillon EH. Rainer und der 4pfd. Batterie nach Vezzano, der Rest der Brigade sowie die Brigade Montluisant nach alle Sarche, wo in der Folge 1 Zug des 4. Bataillons Grossherzog von Hessen als Besatzung zu verbleiben hatte. Je 1 Zug Tiroler Jäger blieb in Stenico und Bad Comano, und am Passo d' Usciol die bereits dorthin detachirte Compagnie EH. Rainer, welche der Halb-Brigade Höfern zugewiesen ward.

Indessen führte Major v. Pichler gegen die in die Val Sugana eingedrungene italienische Division Medici ein blutiges Gefecht bei Borgo.

Bei den besonders schwierigen Verhältnissen, die nun für die Vertheidigung Südtirol's eingetreten waren, erhielt GM. Baron Kuhn vom EH. Albrecht die Ermächtigung, sich nöthigen Falles, jedoch Schritt für Schritt an die Etsch-Eisack-Linie zurückzuziehen, mit der Weisung, keine Truppen mehr aus Verona an sich zu ziehen, da dieselben bei der unverhälnissmässigen Übermacht des Gegners von keinem erheblichen Nutzen wären [1]).

GM. Baron Kuhn erliess nun an die Halb-Brigaden die nöthigen Weisungen für einen eventuellen Rückzug, beschloss aber gleichzeitig, bevor er Südtirol räumte, sich bei Trient dem eingedrungenen Feinde auf das Äusserste zu widersetzen.

Die beiden Reserve-Brigaden erhielten daher den Befehl, sogleich nach Trient aufzubrechen.

Dieselben trafen am 24. Vormittags 11½ Uhr mit Ausnahme des 4. Bataillons Grossherzog von Hessen, welches zur Deckung des Fleimser-Thales nach Cavalese disponirt wurde, dort ein.

Das 2. Bataillon EH. Rainer besetzte gegen Pergine hin die Höhen von Civezzano, die Gebirgs-Raketen-Batterie Nr. 1 jene von Roncogno, 3 Compagnien vom 1. und 4. Bataillon EH. Rainer besetzten weiter rückwärts Sprè (bei Pantè).

Hauptmann Cramolini wurde beauftragt, sich sogleich mit allen Truppen im Etsch-Thale gegen Matarello zurückzuziehen und sich gegen die Val Sugana zu decken. 2 Compagnien des 7. Tiroler-Jäger-Bataillons, die Landesschützen-Compagnie Zell-Fügen, die Innsbruck-Sonnenberger und die 2. Wien-Tiroler Schützen-Compagnie trafen am 24. dort ein und nahmen bei Vigolo Stellung.

Die am 23. auf dem Marsche nach Bad Comano befindlichen 4 Compagnien des 3. Bataillons EH. Rainer hatten dort zur eventuellen Aufnahme der Halb-Brigade Höffern Stellung zu nehmen und Stenico mit ½ Compagnie zu besetzen.

Am Morgen des 24. gab GM. Baron Kuhn, da sich mittlerweile Major v. Pichler bereits bis Pergine hatte zurückwenden müssen und der Feind schon bei Levico stand, allen Halb-Brigaden den Befehl, sich sogleich zurückzuziehen.

In Folge dessen brach Oberstlieutenant v. Höffern von Lardaro um 1 Uhr Nachmittags auf und traf um 8 Uhr Abends bei Stenico und Bad Comano ein, wo auch 4 Compagnien des 3. Bataillons EH. Rainer ankamen. Die am Monte Cadria und Monte Gaverdina detachirten Compagnien zogen sich direct nach Stenico zurück. Die Halb-Brigade Grünne marschirte um 1 Uhr ab und traf um 6½ Uhr Abends in tre arche ein.

Beide Halb-Brigaden hätten am nächsten Tage sich über Molveno nach Spormaggiore zurückziehen sollen, nach einer späteren Weisung jedoch hatte

---

1) Es kamen gleichwohl noch 2 Bataillons Wimpffen unter dem Commando des Oberst Brigadiers v. Zastavniković in der Nacht zum 26. aus Verona in Trient an.

Oberstlieutenant v. Höffern bei Stenico zu bleiben, Major Graf Grünne hingegen über Molveno und S. Michele zu den Reserven nach Trient einzurücken.

Endlich gab GM. Baron Kuhn am 24. seinem Génie-Director, Oberstlieutenant v. Wolter, den Befehl, die Stadt Trient unverzüglich in Vertheidigungszustand zu setzen, was auch in der kürzesten Zeit geschah. Für den Fall des Rückzuges von Trient bat der Truppen-Commandant das Landes-Vertheidigungs-Ober-Commando, in allen Bezirken südlich des Brenner den Landsturm aufzubieten.

Wir kommen nun zur näheren Schilderung der Vorgänge in der Val Sugana.

Gefechte bei Cismon, Primolano und le Tezze (22. Juli).

Die italienische 15. Division, GL. Medici, war am 19. Juli in Ponte Vigo d'Arzere (nördlich Padua), am 20. in Citadella angekommen und erhielt hier die Bestimmung zum Angriffe auf die Val Sugana [1])

Noch in der Nacht vom 20. zum 21. wurde eine Escadron Lancieri nach Bassano vorgeschoben und am nächsten Tage folgte die ganze Division dorthin.

Als GL. Medici die Meldung erhielt, dass sich österreichische Abtheilungen bei Carpanè und Valstagna zeigten, wurde 1 Escadron in dieser Richtung entsendet und es fand zwischen einer Patrulle derselben und einer österreichischen unweit Carpanè ein kleines Scharmützel statt, in welchem die Lancieri einige Pferde einbüssten.

Der Divisions-General liess auf die Nachricht hievon sogleich das 23. Bersaglieri-Bataillon zu Wagen bis S. Nazario befördern, und von dort nach Campo S. Marino vorrücken; eine Compagnie ging bis Cismon.

Am Nachmittage wurde die Disposition zur Vorrückung der Division erlassen.

---

1) Die Division hatte folgende Ordre de bataille:

Brigade Pavia (Oberst Parocchia):

27. Infanterie-Regiment (Oberst Casuccini)	2067	Mann;
28. „ „ (Oberst Nedbal)	1225	„

Brigade Sicilien (anfänglich Oberst Marchetti, dann Oberst Buri):

61. Infanterie-Regiment (Oberst Negri)	2413	Mann;
62. „ „ (Oberstlieutenant Steffaneo)	2266	„
23. Bersaglieri-Bataillon (Major Depreto)	608	„
25. „ „ (Major Fumagallo)	581	„
2 Escadronen Lancieri di Milano (Major Porcara)	186	„
3 Batterien des 9. Regiments (Major Rossi)	18	Geschütze.
Zusammen:	9160 Mann, 186 Pferde und 18 Geschütze	
Ausserdem die 13. Compagnie des 2. Génie-Regiments	118	Mann.

3 Compagnien des 25. Bersaglieri-Bataillons und das 61. Regiment hatten unter Commando des Oberst Negri in der kommenden Nacht über Valstagna, Alessi, Godenella, den Monte Lambaro, Monte Frizzon nach le Tezze zu marschiren, um den Österreichern in der Val Sugana den Rückzug abzuschneiden; das 4. Bataillon des 62. Regiments hatte dieser Colonne bis jenseits der Val Gadena voranzugehen, dann aber sich gegen Enego zu wenden; 1 Compagnie des 25. Bersaglieri-Bataillons und das 27. Infanterie-Regiment hatten unter Commando des Oberst Casuccini, gleichfalls in der Nacht, über den Monte Pertica u. s. w. nach Arsie zu marschiren, um den österreichischen Truppen, wenn sie sich gegen Feltre wenden sollten, auch hier den Rückzug zu verlegen, und sich dann bei Primolano mit dem Gros der Division zu vereinigen.

Dieses marschirte noch am Abend von Bassano ab und traf um Mitternacht bei Valstagna—Carpanè ein. Die 3 ersten Bataillons des 62. Regiments wurden nach Campo S. Marino vorgeschoben.

Major v. Pichler hatte indessen auf die Meldung über das Patrullengefecht bei Carpanè die Brücke bei Cismon abbrennen lassen. Seine Truppen standen am Morgen des 22. wie folgt: $^1/_2$ Compagnie EH. Rainer bei den Molini im Defilé Primolano-Cismon, $^1/_2$ Compagnie Wimpffen bei Fastro, $1^1/_2$ Compagnien Wimpffen mit den 4 Raketen-Geschützen bei Primolano; $1^1/_2$ Compagnien EH. Rainer mit dem Génie-Zuge arbeiteten an Befestigungen bei Pianello; die Landesschützen-Compagnie Dornbirn stand in Pieve di Tesino, die Landesschützen-Compagnie Landeck in Grigno, die 1. Wien-Tiroler Scharfschützen-Compagnie in Lavarone.

Während GL. Medici in der Morgendämmerung des 22. die 3 bei Campo S. Marino stehenden Bersaglieri-Compagnien mit 2 Compagnien des 62. Regiments unter Major Depreti die Brenta übersetzen und gegen Enego vorgehen liess, rückten die 3 ersten Bataillons des 28. Regiments mit 4 Geschützen nach Cismon vor. Diesen folgten 10 Compagnien des 62. Regiments und 2 Geschütze. Die Tête der Colonne langte um 7 Uhr bei Cismon an. Nachdem eine kleine österreichische Patrulle, welche ein Haus am linken Cismon-Ufer besetzt gehalten, sich fechtend zurückgezogen, liess GL. Medici das rechte Ufer besetzen und 1 Zug Bersaglieri mit 1 Bataillon des 62. Regiments unter Major Rapy auf der Höhe zwischen der Brenta und dem Cismon nach Fastro vorgehen.

Major v. Pichler beorderte auf die Meldung von dem feindlichen Angriffe den Hauptmann Baron Lichtenberg mit 5 Zügen Wimpffen und 2 Raketen-Geschützen zur Vorrückung gegen den Fluss; 1 Zug EH. Rainer unter Lieutenant Höllbacher wurde zur Verstärkung der Abtheilung in Fastro bestimmt, 1 Zug unter Lieutenant Domaschnian nach Enego detachirt. Die in Pianello auf Arbeit befindlichen Abtheilungen hatten nach Primolano einzurücken. Die Cismon-Brücke bei Arsiè war in Brand zu stecken.

Major v. Pichler selbst begab sich zu den Molini und traf dort alle Anstalten, um die auf das rechte Ufer vorgeschobenen feindlichen Abtheilungen anzugreifen und zurückzudrängen. Doch musste er diese Absicht bald aufgeben, als die Meldung einlief, das starke feindliche Abtheilungen oberhalb Enego seine rechte Flanke zu umgehen drohten. Hauptmann Baron Lichtenberg wurde demnach angewiesen, sich Schritt für Schritt gegen Primolano zurückzuziehen.

Um diese Zeit — gegen Mittag — eröffneten 2 feindliche Geschütze vom linken Cismon-Ufer aus das Feuer gegen Molini; die bereits auf das rechte Ufer gelangten feindlichen Abtheilungen (1 Zug Bersaglieri und 1 Bataillon des 62. Regiments) folgten den österreichischen Detachements langsam nach und die Génie-Abtheilung Medici's machte mittlerweile (bis gegen 1 Uhr) die Cismon-Brücke wieder gangbar.

Major v. Pichler liess Primolano durch 3 Züge EH. Rainer unter Hauptmann Gatterer und die halbbeendeten Schanzen bei Pianello durch 1 Zug EH. Rainer, den Génie-Zug und 2 Geschütze besetzen; dorthin hatte auch das Detachement von Enego einzurücken; die Abtheilungen in Fastro hatten sich so lange zu halten, als Primolano behauptet ward, und sich dann auf den Höhen in der linken Flanke gegen Grigno zu wenden.

Der Gegner folgte mittlerweile auf der Strasse sehr langsam nach. Nach 2 Uhr erreichte dessen Avantgarde den Ausgang des Defilés vor Primolano und wurde dort aus den Häusern und von den Höhen nördlich des Ortes, wohin Lieutenant Höllbacher (von den Abtheilungen bei Fastro) 2 Züge Wimpffen disponirt hatte, mit einem lebhaften Kleingewehrfeuer empfangen.

GL. Medici, der sich selbst bei der Avantgarde befand, verstärkte diese durch 2 Compagnien des 62. Regiments, ertheilte dem 3. Bataillon des 28. Regiments den Befehl zur Beschleunigung des Marsches, und der am linken Cismon-Ufer placirten Batterie den Auftrag zur Vorrückung auf den Kampfplatz.

Es entspann sich nun vor Primolano ein lebhafter Kampf, in welchem es den im Thale vorrückenden italienischen Truppen trotz ihrer bedeutenden Übermacht nicht gelang, Fortschritte zu machen; dagegen aber gewann auf den Höhen des rechten Brenta-Ufers die Colonne Negri's in der Richtung auf

Pianello einen bedeutenden Vorsprung und brachte den Vertheidiger von Primolano in Gefahr, bei längerem Ausharren den Rückzug zu verlieren.

Major v. Pichler sah sich dadurch genöthigt, nicht nur Primolano, sondern auch Pianello, das Negri bereits umging, zu räumen, und sich nach le Tezze zu ziehen.

Der Gegner folgte den retirirenden Truppen, welche durch 3 Züge EH. Rainer gedeckt wurden, auf Schussdistanz nach.

In le Tezze angekommen, erhielt Major v. Pichler die Meldung, dass Abtheilungen der feindlichen Umgehungs-Colonne bereits von den Höhen zwischen le Tezze und Grigno herabzusteigen begännen; er disponirte nun Lieutenant Domaschnian mit 1 Zug EH. Rainer und mit der Landesschützen-Compagnie Landeck (welche von Grigno nach Pianello vorgezogen worden war) nach einer Felskuppe am rechten Brenta-Ufer, um die Colonne Negri's möglichst lange aufzuhalten; 6 Compagnien EH. Rainer stellten sich bei le Tezze auf, mit dem Reste der Truppen ging Major v. Pichler nach Grigno zurück.

Vom Gegner rückten Abtheilungen des 28. Regiments bis le Tezze nach, wurden aber hier durch die Arrièregarde aufgehalten, während es Lieutenant Domaschnian und den Landesschützen gelang, sich, wenngleich mit einigem Verlust (10 Schützen todt, 2 verwundet), so lange zu halten, bis Major v. Pichler Grigno erreichte. Doch auch dort musste die Stellung in Folge der Fortschritte der feindlichen Umgehungs-Colonne aufgegeben werden, und es wurde um 6 Uhr Abends der Rückmarsch bis Borgo fortgesetzt, wo die Truppen um Mitternacht eintrafen.

Lieutenant Höllbacher, der, wie erwähnt, als Verstärkung nach Fastro detachirt worden war, und mit 1 Zug EH. Rainer und 1 Zug Wimpffen die Höhen oberhalb dieses Ortes und der neuen Strasse nach Primolano besetzt hatte, war, als der letztgenannte Ort von den österreichischen Truppen geräumt ward, durch 6 Compagnien des 62. Regiments und durch die Colonne des Major Rapy, welche sich von den Höhen zwischen der Brenta und dem Cismon her Fastro näherte, angegriffen worden. Die österreichische Abtheilung konnte dieser unverhältnissmässigen Übermacht gegenüber nicht länger Stand halten und zog sich auf die Höhen oberhalb Pianello, dann auf jene von le Tezze zurück.

Da der Gegner mittlerweile auch diesen Ort besetzt hatte und auf den nächst gelegenen Höhen stand, so wandte sich die österreichische Abtheilung nordwärts in die Berge, deren Höhenkamm sie nach einem siebenstündigen äusserst beschwerlichen Marsche erreichte [1]).

1) Tagsdarauf marschirte Lieutenant Höllbacher über Castel Tesino und Bieno gegen Borgo, um wieder zu seiner Truppe im Thale zu stossen; da jedoch mittlerweile der Feind bis Borgo vorgedrungen war, so zog sich die kleine Colonne in das Fleimser- und weiter in das Etsch-Thal und traf erst am 26. in Civezzano bei Trient ein.

Die Abtheilungen des Major v. Pichler verloren in den Gefechten des 22.: 10 Todte, 5 Verwundete, 6 Vermisste, 1 Gefangenen.

Gefecht bei Borgo. (23. Juli.)

Am 23. Juli brach die italienische Division um 8 Uhr Früh auf und marschirte auf der Strasse langsam vorwärts, während einige Bersaglieri-Compagnien auf den beiderseitigen Thalhängen vorgingen. In Castelnuovo, nahe bei Borgo, eingetroffen, ertheilte GL. Medici folgende Angriffs-Disposition:

„Die 3 Compagnien des 23. Bersaglieri-Bataillons greifen das Castel Telvana (nördlich Borgo) an; 1 Bataillon des Regiments rückt auf die das Dorf Olle dominirende Höhe (südlich Borgo); das 25. Bersaglieri-Bataillon und hinter demselben 2 Bataillons des 28. Regiments greifen Borgo in der Front an; 2 Geschütze werden auf der Strasse und hinter denselben die beiden Escadrons Lancieri postirt; in zweiter Linie folgen das 27. Regiment und 4 Geschütze; der Rest der Division bleibt jenseits Castelnuovo in Marsch-Colonne."

Major v. Pichler hatte, da um Mittag in Borgo die von Trient dahin disponirte 2. Depôt-Division EH. Rainer eingetroffen war, folgende Abtheilungen zur Verfügung:

2 Compagnien EH. Rainer (weniger 1 Zug)	240 Mann
2 „ Wimpffen (weniger 1 Zug) [1])	280 „
2. Depôt-Division EH. Rainer	124 „
Landesschützen-Compagnie Landeck	101 „
„ „ Dornbirn	112 „
Zusammen . . .	857 Mann [2])

und 4 Raketen-Geschütze.

Als um 3 Uhr Nachmittags der Gegner sowohl auf der Strasse als auf den Höhen des rechten Brenta-Ufers erschien, nahmen diese Truppen folgende Gefechts-Stellung ein:

Am linken Flügel in Castel Telvana und auf dem Höhenrücken gegen Castel S. Pietro, ½ Compagnie EH. Rainer, die Landesschützen und die 4 Raketen-Geschütze mit 3 Zügen Wimpffen als Unterstützung; zunächst der Strasse 3 Züge EH. Rainer an der Brücke über den Torente Ceggio, 1 Com-

---

1) Die beiden fehlenden Züge bildeten das Detachement des Lieutenant Höllbacher.

2) Im Hauptquartier Medici's schätzte man nach dem hartnäckigen Widerstande, den die wenigen Compagnieen leisteten, die Stärke der Österreicher auf 3—4000, am 23. auf 5—6000 Mann.

pagnie Wimpffen am Eingange von Borgo, die aber bei Beginn des Gefechtes gegen Castel Telvana disponirt wurde; am rechten Flügel ½ Compagnie EH. Rainer bei S. Giorgio (westlich Olle); in Reserve blieb die Depôt-Division EH. Rainer und der Génie-Zug.

Das 23. Bersaglieri-Bataillon eröffnete das Gefecht durch einen Angriff auf Castel Telvana, worauf auch die Abtheilungen im Centrum vorrückten und die beiden Geschütze das Feuer eröffneten.

Die an der Ceggio-Brücke stehenden Abtheilungen mussten zwar der ganz unverhältnissmässigen Übermacht weichen und sich Schritt für Schritt auf Borgo zurückziehen, bei Castel Telvana aber wurden die feindlichen Bersaglieri, welche wiederholt bis hart an die österreichischen Abtheilungen herankamen, jedesmal blutig abgewiesen. Ebensowenig konnte sich der Gegner Borgo's bemeistern, wo die Depôt-Division EH. Rainer und die von der Brücke zurückgegangenen Abtheilungen den kräftigsten Widerstand leisteten. Eine Stunde lang währte der Kampf in der ganzen Stellung, gegen welche der Feind successive nebst dem 25. Bersaglieri-Bataillon, 2 Bataillons des 28. und das ganze 27. Regiment verwendete.

Da traf bei Major v. Pichler die Meldung ein, dass sein rechter Flügel (½ Compagnie EH. Rainer) durch eine starke feindliche Colonne gedrängt, von S. Giorgio wiche. Die Position war somit wieder umgangen, und da Major v. Pichler keine intacten Truppen mehr zur Verfügung hatte, so gab er den weiteren Widerstand bei Borgo auf und trat, indem er zuerst die Geschütze aus dem Gefechte zog, den Rückzug an.

Als die letzten Abtheilungen unter Hauptmann Gatterer Borgo räumten, brachen feindliche Guiden und Lancieri vor, wurden aber mit Verlust zurückgewiesen. Eine später von den beiden Escadrons Lancieri ausgeführte Attake wurde gleichfalls abgeschlagen. Der Rückmarsch wurde bis gegen Roncegno unter beständigem Feuergefechte mit dem nachfolgenden Gegner (den beiden Bersaglieri-Bataillons und 2 oder 3 Bataillons des 28. Regiments) Schritt für Schritt ausgeführt; zuletzt brachte der Feind auch noch 4 Geschütze ins Feuer, welche jedoch keine Wirkung erzielten.

Um 9 Uhr kam Major v. Pichler mit seinen erschöpften Truppen in Levico an, und liess den Ortsausgang durch 2 Compagnien EH. Rainer besetzen, den Rest beim Badhause westlich des Ortes lagern. Bald darauf traf das von GM. Baron Kuhn hieher disponirte 4. Bataillon Hartmann ein, während das 4. Bataillon Martini zur Deckung Pergine's gegen Ost nach Rovereda marschirte.

In dem Gefechte bei Borgo, im welchem von Seite des Gegners nahezu 5000 Mann, dann 180 Pferde und 6 Geschütze, gegen 857 Mann und 4 Raketen-Geschütze in Verwendung gekommen waren, hatten die österreichischen

Abtheilungen an Todten 5 Mann, an Verwundeten 2 Officiere 7 Mann, an Vermissten 51 Mann (unter letzteren, wie sich später ergab, auch mehrere Todte und Verwundete), verloren.

Major v. Pichler hatte beabsichtigt, unter dem Schutze des 4. Bataillons Hartmann und der 2 Compagnien EH. Rainer, welche die Position von Levico besetzten, seine erschöpften Truppen einige Stunden ruhen und dann nach Pergine zurückgehen zu lassen. Doch der Feind erschien schon gegen $9\frac{1}{2}$ Uhr Abends vor dieser Position und Major v. Pichler sah sich daher genöthigt, den Rückmarsch sogleich antreten zu lassen.

Nacht-Gefecht bei Levico (23. Juli).

Der Commandant des 4. Bataillons Hartmann, Major Baron de Vicq, hatte eben noch Zeit gefunden eine Gefechtsstellung zu nehmen, ehe die feindlichen Truppen anrückten. $\frac{1}{2}$ Compagnie stand auf den Höhen nördlich des Ortes, 2 Compagnien südlich von Levico, der Rest in Reserve.

Das 4. Bataillon Hartmann zählte	813 Mann,
die beiden Compagnien EH. Rainer	234 „
Zusammen . .	1047 Mann.

Bei der feindlichen Division bildeten 3 Compagnien des 25. Bersaglieri-Bataillons, das 28. Infanterie-Regiment, die beiden Lancieri-Escadrons und 1 Batterie die Avantgarde.

Das 23. Bersaglieri-Bataillon ging in der rechten Flanke auf dem längs den Höhen ziehenden Wege vor; 1 Compagnie des 25. Bersaglieri-Bataillons und das 61. Regiment nahmen in der linken Flanke die Richtung auf Caldonazzo; der Rest der Division folgte auf der Strasse.

Nachdem um $9\frac{1}{2}$ Uhr Abends die Avantgarde auf der Höhe von Selva angelangt und eine auf der Strasse vorsprengende Cavallerie-Abtheilung von lebhaftem Gewehrfeuer empfangen worden war, liess GL. Medici 1 Compagnie des 25. Bersaglieri-Bataillons zur Verbindung mit dem 23. Bersaglieri-Bataillon rechts, die beiden andern Compagnien links der Strasse in geöffneter Ordnung, endlich das 1. Bataillon des 28. Regiments in Colonne auf der Strasse selbst, zum Angriffe auf Levico vorrücken. Auf etwa 100 Schritte hinter jedem Flügel folgte 1 Bataillon des 28. Regiments. Oberst Nedbal führte das Commando über diese Abtheilungen. Das 27. und 62. Regiment blieben in Colonne auf der Strasse; die Batterien und die Cavallerie bildeten die Queue.

Gegen 10 Uhr begann der Angriff. Nach kurzem Feuergefechte geriethen die angreifenden Abtheilungen und die beiden an der Ostseite von Levico aufgestellten Compagnien EH. Rainer in ein hartnäckiges Handgemenge. Die kleine österreichische Abtheilung widersetzte sich auf das Tapferste, konnte aber den übermächtigen Gegner nicht aufhalten. Als jeder weitere Widerstand unmöglich ward, führte der verwundete Hauptmann Gatterer beide Compagnien in bester Ordnung zurück. Die in Reserve gehaltenen Compagnien von Hartmann warfen sich successive dem nachdrängenden Angreifer entgegen und versuchten denselben aufzuhalten; da aber mittlerweile auch das 23. Bersaglieri-Bataillon von den Höhen herab gegen den westlichen Eingang von Levico vordrang, so ward um 11½ Uhr Nachts der Ort geräumt.

Die beiden südlich Levico aufgestellten Compagnien Hartmann wurden von Abtheilungen des 25. Bersaglieri-Bataillons und des 28. Regiments in Front und Flanke angegriffen und zogen sich auf dem Höhenrücken zwischen dem Levico- und Caldonazzo-See gegen Pergine zurück.

Die auf die Höhen nördlich Levico detachirte halbe Compagnie wurde von Abtheilungen des 23. Bersaglieri-Bataillons gegen Norden abgedrängt und gerieth am folgenden Morgen in Gefangenschaft.

Das Gros der feindlichen Division lagerte über Nacht bei Levico.

Die Verluste der österreichischen Abtheilungen beliefen sich auf 7 Mann an Todten, 2 Officiere, 33 Mann an Verwundeten, 1 Officier 92 Mann an Vermissten und Gefangenen; im Ganzen auf 3 Officiere, 132 Mann.

Die Truppen des Major v. Pichler erreichten indessen Pergine, wo GM. v. Kaim, dem von GM. Baron Kuhn der Befehl daselbst übertragen worden war, nach Mitternacht ankam.

GM. v. Kaim hielt die Terrainverhältnisse bei Pergine zu einer hartnäckigen Vertheidigung gegen den so sehr überlegenen Feind nicht geeignet und liess daher die Truppen am Morgen des 24. bis Civezzano zurückgehen. Die 12. Division Hartmann mit der Landesschützen-Compagnie Dornbirn unter Hauptmann Müller, sollte zur Deckung der Val Sorda Calceranica[1]), die 11. Division Hartmann unter Major Baron de Vicq mit 2 Raketen-Geschützen Roncogno besetzen. Das 4. Bataillon Martini wurde von Rovereda nach Civezzano zurück beordert. Auch war noch in Pergine die halbe 4pfd. Batterie Nr. 5/V zu den Truppen gestossen.

An diesem Tage (dem 24. Juli) kam es nur zu einem geringfügigen Zusammenstosse.

Die Truppen der Division Medici, von den vorhergehenden Märschen

---

[1]) Diese Division fand Calceranica schon vom Feinde besetzt, wandte sich nach Matarello und erhielt hier den Befehl in S. Rocco als Reserve für die in Val Sorda befindlichen Abtheilungen des Hauptmann Cramolini stehen zu bleiben.

und Gefechten, gleich den österreichischen, erschöpft, blieben am Vormittag in ihren Aufstellungen. Nur 1 Bataillon und 1 Compagnie des 27. Regiments unter Major Cattaneo nebst 2 Geschützen wurden zwischen die beiden Seen vorgeschoben mit dem Auftrage, sich Ischia's zu bemächtigen.

Oberst Negri — in Caldonazzo — wurde beauftragt, Calceranica stark besetzt zu halten und die Strasse nach Pergine aufzuklären.

Derselbe sandte Streif-Commanden nach allen Richtungen ab, und es kam zwischen einer derselben und einer österreichischen Patrulle, welche von der Colonne des Hauptmann Müller vorgeschickt worden war, zu einem rencontre, welches damit endete, dass diese Colonne sich nach einem kurzen Feuergefechte in die Val Sorda zurückzog [1]).

Das Gros der feindlichen Division brach um Mittag von Levico auf. Die Avantgarde passirte zwischen 4 und 5 Uhr Nachmittag Pergine. GL. Medici, erfuhr hier, dass in Civezzano Alles zur hartnäckigsten Vertheidigung vorbereitet würde und beschloss nach Einziehung genauer Nachrichten über Stellung und Stärke des Gegners, die Position anzugreifen. Seine Vortruppen besetzten die Linie von Viarago über Vigalzano gegen den Caldonazzo-See, das Gros der Division blieb in und bei Pergine.

Bei Trient hatten sich indessen in dem Masse als der Feind in der Val Sugana Fortschritte machte, die kaiserlichen Truppen zusammengezogen. Die von Riva in die Val Sorda disponirten Abtheilungen des Hauptmann Cramolini waren, wie schon früher erwähnt, am Morgen des 24. in der Position bei Vigolo eingetroffen. Die beiden Reserve-Brigaden, von GM. Baron Kuhn zur Beschleunigung des Marsches angewiesen, trafen im Laufe des Vormittags bei Trient ein. Die beiden Halb-Brigaden Höffern und Grünne hatten Stenico und tre arche erreicht.

Als um 6 Uhr Nachmittags die Meldung vom Einrücken des Feindes in Pergine eintraf, wurden zur Deckung der nördlichen Höhen 2 Compagnien des 3. Bataillons Kronprinz von Sachsen nach Martignano, 2 Compagnien nach Gardolo verlegt. Die übrigen bei Trient versammelten Truppen blieben unter Commando des Oberst Baron Montluisant während der Nacht in vollster Gefechtsbereitschaft.

---

1) GL. Medici hatte, da er in Kenntniss gekommen, dass sich die österreichischen Streitkräfte im Etsch-Thale concentrirten, den Oberst Negri aufgefordert, womöglich Landleute zur Zerstörung der Eisenbahn und Telegraphenleitung bei Matarello zu gewinnen und denselben für diesen Dienst bis zu 500 Lire anzubieten; Oberst Negri musste jedoch seinem Chef melden, dass sich zu diesem Zwecke, ja selbst zur Führung einer Truppen-Abtheilung, kein Bewohner um irgend einen Preis habe gewinnen lassen.

GM. v. Kaim ward angewiesen, im Falle eines feindlichen Angriffes in der Vorposition bei Civezzano den energischsten Widerstand zu leisten. Die Befestigungsarbeiten bei Trient wurden Tag und Nacht fortgesetzt.

GM. Baron Kuhn erfuhr indessen um 5 Uhr Abends durch ein Telegramm aus Verona, dass die telegraphische Correspondenz wegen einer Waffenruhe zwischen dem EH. Albrecht und GL. La Marmora im Gange sei, und erhielt um 8 Uhr Abends folgendes Telegramm des Erzherzogs: „Nach vorläufiger Übereinkunft soll der Waffenstillstand am 25. Juli Morgens „auf 8 Tage beginnen. Die Armeespitzen verbleiben in ihren gegenwärtigen „Aufstellungen. Trient sohin bis zum Äussersten halten."

In Folge dieses Telegramms hielt es GM. Baron Kuhn für nothwendig, die Zeit zu benützen, um so rasch als möglich die stellenweise verlassenen Grenzpositionen wieder zu gewinnen. Von den Abtheilungen des Hauptmann Cramolini wurden am 25. die Landesschützen-Compagnien Schlanders und Bludenz nach Roveredo zurückbefördert. An die Halb-Brigaden Höffern und Grünne, welche an diesem Tage sich weiter in das Innere des Landes bewegen sollten, erging, wie bereits erwähnt, das Telegramm, für erstere bei Stenico zu bleiben, für letztere nach Trient zu marschiren. Beide Halb-Brigaden erhielten das Telegramm erst am 25., als sie sich schon in Marsch gesetzt hatten; Oberstlieutenant v. Höffern kehrte nach Stenico und Bad Comano um, Major Graf Grünne aber, der schon über Molveno hinaus marschirt war, erreichte um 10 Uhr Nachts Mezzolombardo.

Die Halb-Brigaden Metz und Albertini wurden gleichfalls noch am 24. angewiesen, sich in ihren Stellungen am Stilfser-Joch und am Tonal zu behaupten.

Bei Trient liess GM. Baron Kuhn am Morgen des 25. die Höhen von Sopramonte durch 4 Compagnien des 1. Bataillons Tiroler Jäger besetzen, um die Verbindung mit Oberstlieutenant v. Höffern herzustellen. Dafür wurden die 2. Depôt-Division EH. Rainer und die in Villa Montagna stehenden 2 Compagnien dieses Regiments nach Trient gezogen.

Oberst Baron Montluisant übernahm das Commando auf der Einsattlung bei Roncogno, wohin schon Tags zuvor die 2. Depôt-Division Kronprinz von Sachsen disponirt worden war, und nun noch 2 4pfd. Geschütze der Reserve, ferner die 1. Wien-Tiroler Scharfschützen-Compagnie (am 24. von Lavarone in Trient eingerückt) als Verstärkung vorgeschoben wurden. Dagegen rückten die 2 Compagnien Hartmann und die Landesschützen-Compagnie Dornbirn von S. Rocco, sowie die 2 Geschütze der Raketen-Batterie Nr. 11/IX. von der Einsattlung von Roncogno zur Brigade Kaim ein.

Das Festungs-Commando in Verona wurde um Zusendung von 2 Bataillons Infanterie und 1 Batterie ersucht, worauf, wie schon erwähnt, 2 Bataillons Wimpffen in der Nacht zum 26. in Trient eintrafen.

Endlich erliess GM. Baron Kuhn an die Truppen-Commandanten bei Trient einen Befehl, in welchem er den Gang der Vertheidigung vorzeichnete, falls der Gegner noch zum Angriffe schritte.

„Sollten," hiess es in diesem Befehle, „die vornstehenden Truppen genö- „thigt werden, sich zurückzuziehen, so hat dies nur Schritt für Schritt, mit „hartnäckigster Vertheidigung jedes Terrainabschnittes, jedes Gehöftes, jedes „Hauses zu geschehen. Nach Räumung der ersten Linie, in welcher die Trup- „pen jetzt stehen, ist von der Brigade Kaim, natürlich nach Vertheidigung „der Zwischenabschnitte, die Linie Martignano—alle Laste, von Oberst „Möraus (von EH. Rainer), der das Commando in dem Abschnitte zwischen „Povo und Roncogno erhält, die Strecke beim Capuziner-Kloster auf der „Strasse nach Pergine um jeden Preis zu behaupten.

„Die Pionnier-Abtheilungen der Brigaden Kaim und Montluisant „haben die Häuser von alle Laste, das Kloster etc. zur Vertheidigung herzu- „richten.

„Die dritte Linie ist endlich die Stadt selbst; Oberstlieutenant Wolter „erhielt den Auftrag, die nöthigen Befestigungen sogleich ausführen zu lassen.

„Ich mache jeden der Herren Commandanten persönlich verantwortlich, „dass diese Vertheidigung nach den Befehlen Seiner kaiserlichen Hoheit des „EH. Albrecht auf das Tapferste durchgeführt werde."

Gleichzeitig erliess GM. Baron Kuhn an die Bewohner Trient's eine energische Proclamation.

Gefecht bei Vigolo (25. Juli).

Vom Feinde war am 25. Juli Vormittags das 4. Bataillon des 61. Regiments von Calceranica vorgerückt und um Mittag bei Vigolo eingetroffen.

Oberst Negri, der mit 2 Compagnien seines Regiments und 1 Compagnie des 25. Bersaglieri-Bataillons folgte, liess nun das 4. Bataillon südlich des Weges nach Val Sorda Stellung nehmen und rückte mit den anderen 3 Compagnien auf dem Wege selbst vor. Hier wurde er aber von einer Compagnie des 7. Bataillons Tiroler Jäger, der Landesschützen-Compagnie Zell-Fügen und der halben Innsbruck-Sonnenberger Scharfschützen-Compagnie, welche die Höhen nördlich des Weges besetzt hatten, empfangen, und musste nach dreimal wiederholtem Angriffe sich zurückziehen.

Auch das 4. Bataillon Negris, welches mittlerweile am linken Flügel vorgegangen war, wurde, nachdem ihm der erste Angriff gelungen war, von einer Compagnie des 7. Bataillons Tiroler Jäger und einer halben Innsbruck-

Sonnenberger Scharfschützen-Compagnie, welche im Laufe des Gefechtes noch eine kleine Verstärkung durch $^1/_2$ Zug Jäger erhielten, zurückgedrängt.

Beide Colonnen des Gegners wurden bis Vigolo verfolgt und schliesslich auch noch aus diesem Orte verdrängt.

Oberst Negri nahm nun auf den Höhen zwischen Vigolo und Vattaro-Bosentino Stellung und liess den Rest des Regiments vorrücken ($2^1/_2$ Uhr Nachmittags), ohne aber einen weiteren Angriffsversuch zu machen.

Die Abtheilungen Cramolini's verloren in diesem Gefechte an Todten 1 Mann, an Verwundeten 2 Officiere und 6 Mann. Der Verlust des Gegners dürfte grösser gewesen sein und betrug an Gefangenen allein 40—50 Mann; auch wurde durch die Innsbruck-Sonnenberger Scharfschützen-Compagnie eine Fahne erbeutet.

GL. Medici, der um 3 Uhr Nachmittags das 23. Bersaglieri-Bataillon gegen Roncogno disponirte, war eben im Begriffe, mit der ganzen Division zur Unterstützung Negri's aufzubrechen, als ihm von Seite La Marmora's die Verständigung zukam, dass eine achttägige Waffenruhe abgeschlossen worden sei, die bereits um 4 Uhr Morgens begonnen habe.

Oberst Negri ward hievon sogleich verständigt, das 23. Bersaglieri-Bataillon zur Umkehr befehligt, und die ganze Division nahm Stellung zwischen Pergine und Levico unter Verstärkung des linken Flügels, der nöthigenfalls die Colonne des Oberst Negri aufzunehmen hatte.

GM. Baron Kuhn hatte, sobald er die Meldung erhielt, dass in der Val Sorda gekämpft werde, sogleich Major v. d. Lühe mit 1 Compagnie des 4. Bataillons EH. Rainer, den Landesschützen-Compagnien Telfs und Hall und 2 4pfd. Geschützen nach S. Rocco zur Unterstützung Cramolini's beordert, erhielt aber auch bald darauf sowohl aus Wien, als aus Legnago, wo GM. v. Woinović die Verhandlungen führte, die officielle telegraphische Verständigung vom Abschlusse der Waffenruhe.

Der Schluss des letzteren Telegramms lautete:

„Die Colonnenspitzen beider kriegführenden Armeen haben dort stehen „zu bleiben, wo sie sich im Augenblicke des Empfanges dieses Telegramms „befinden, die nachrückenden Truppen dürfen diese Colonnenspitzen nicht „überschreiten."

Hierauf wurde nach gegenseitiger Verständigung durch Parlamentäre am 26. zwischen GM. Baron Kuhn und GL. Medici die Demarcationslinie vertragsmässig festgesetzt [1]).

1) Art. 1. Es wird eine Demarcationslinie nach der Stellung der beiden kriegführenden Theile am 25. Juli festgesetzt werden, u. z. nach einer von den beiden Commandanten zu vereinbarenden Stunde.

Garibaldi hatte am 24. in den Judicarien seinen Stab und die Brigade Nicotera nach Creto (bei Strada) verlegt, die Brigade Corte auf den Monte Narone vorgeschoben; die Brigade Haugh rückte aus der Valle di Ledro nach Campi. Die 5 Bataillons starke Colonne des Oberst Cadolini befand sich auf dem Marsche aus der Val Camonica in die Judicarien, erreichte am 25. die Alpe Boaz, am 26. Condino; die Brigade Orsini sollte am 25. auf der Ponal-Strasse nach Riva vordringen, ward aber daran durch die kaiserliche Garda-See-Flotille und die Batterie bei S. Nicolo verhindert.

Vorgänge auf dem Garda-See.

Die Garda-See-Flotille hatte unter ihrem Commandanten Corvetten-Capitän v. Monfroni vom Ausbruche der Feindseligkeiten bis 18. Juli unter beständigen Kreuzungen, die sich bis Desenzano und Riva erstreckten, wiederholt die feindlichen Strand-Batterien und einzelne feindliche Schiffe bekämpft, Freischaaren zerstreut und den See so beherrscht, dass die feindliche Flotille es kaum gewagt, den Schutz des Hafens von Salò zu verlassen. Am Tage, bevor es in den Judicarien und in der Valle di Ledro zum Zusammenstosse kam, am 20. Juli nemlich, gelang es der Flotille sogar, einen feindlichen Dampfer angesichts des am Lande versammelten Feindes vom Quai bei Gargnano fortzuführen. Dieser Dampfer, Namens Benaco, war, mit einem Lastschiffe in Schlepp, am 19. Juli Abends gegen Gargnano gesteuert, vom Kanonenboot „Wildfang" bemerkt und von diesem unter dem Feuer der feindlichen Land-Batterien bis hart an Gargnano verfolgt worden.

Art. II. Die neutrale Zone wird sich auf 1 Kilometer beiderseits der erwähnten Linie erstrecken.

Art. III. Diese Demarcationslinie wird vom Monte Antola ausgehend, der Grenze zwischen Tirol und dem Venezianischen bis zur Ostspitze des Monte Castellazzo folgen. Weiters wird die Linie längs dem Hauptrücken im Süden des Fleimser-Thales mit den Zwischenpunkten Monte Col Bricon, Val maor, Lagorei, Roh, Costa alta ziehen, wird sich dann in das Prada-Thal hinabsenken, sich gegen Westen zwischen den Madrano- und Vigalzano-See wenden, dann die Hauptstrasse auf 1 Kilometer westlich der Tersina-Brücke bei Pergine durchschneiden, Costasavina passiren, die Höhen von Susa ersteigen, dem nach Vigolo führenden Ravin folgen, gegen Südosten über die Füsse des Monte Scanupia, dann längs dem Wege führen, welcher nach Finco zieht und die westlichen Füsse des Monte Cornetto und S. Sebastiano übersetzend, die venezianische Grenze bei S. Madonna delle Grazie erreichen. Die Linie folgt hierauf der Grenze zwischen Tirol und Venezien.

Art. IV. Die Linie, welche vom Ravin von Terra Rossa bis Vigolo und von da zum Fusse des Monte Scanupia führt, ist bis zur Entscheidung der Commandanten als provisorisch zu betrachten.

Cire, am 25. Juli 1866.

(gez.) Guidotti,
Major des Generalstabes.

(gez.) Haymerle,
Major des Generalstabes.

Corvetten-Capitän v. Monfroni ertheilte auf die Meldung hierüber den Kanonenbooten „Wildfang" und „Scharfschütze" den Befehl, jeden Fluchtversuch des feindlichen Schiffes während der Nacht zu vereiteln und liess Dampfer „Hess" bei Maderno kreuzen, um einen Succurs von Salò her zu verhindern.

Bei Tagesanbruch des 20. eröffneten „Wildfang" (Commandant Linienschiffs-Lieutenant Joly) und „Scharfschütze" (Commandant Linienschiffs-Lieutenant Freiherr v. Haan) ein lebhaftes Feuer gegen den feindlichen Dampfer, welchen die Batterien und die am Lande versammelten Freiwilligen zu vertheidigen suchten. Trotz des heftigen feindlichen Feuers und angesichts der herbeigeeilten Freiwilligen wurden die Boote der beiden Schiffe bemannt, Linienschiffs-Lieutenant Baron Haan fuhr an den Dampfer heran, löste denselben vom Lande los, das Kanonenboot „Scharfschütze" nahm ihn in Schlepp und führte ihn ausser Schussbereich, wo er dann von „Wildfang" übernommen und nach Peschiera gebracht wurde. Die 5 feindlichen Kanonenboote, welche bei Salò standen, machten keinen Versuch, das genannte Schiff zu retten.

Bei dieser Expedition wurden nur 3 Mann auf dem „Wildfang" durch Gewehrkugeln verwundet.

In den folgenden Tagen verliessen die feindlichen Kanonenboote wiederholt den Hafen von Salò, hielten sich aber stets längs der Küste und unter dem Schutze ihrer Batterien, und suchten sogleich den Hafen auf, sobald einzelne auf Kreuzung befindliche kaiserliche Schiffe sich ihnen näherten. So fuhr am 21. Nachmittags die feindliche Flotille, welche, ein grosses Segelboot escortirend, von Salò gegen Gargnano steuern wollte, rasch wieder nach Salò zurück, als sie in der Höhe von Maderno durch den kreuzenden „Uskoke" angegriffen ward und noch das kaiserliche Flaggschiff „Speiteufel" und „Wespe" gegen sich herankommen sah.

Am 24. Juli Nachmittags fuhren die feindlichen Kanonenboote von Salò nach Maderno, postirten sich unter die dortige Batterie und beschossen den kreuzenden „Scharfschütze", der trotz des auch durch die Landbatterien aufgenommenen Feuers den Kampf annahm. Da diesmal die feindliche Flotille das Gefecht zu suchen schien, so steuerte „Speiteufel„ gegen den „Scharfschütze" und auch „Uskoke" eilte vom oberen See heran. Alle 3 Schiffe gingen, ohne das Feuer zu eröffnen, direct auf die feindlichen Kanonenboote los; doch diese zogen sich eilig nach Salò zurück, wohin sie „Scharfschütze" bis unter die Hafen-Batterien verfolgte.

Am Abend des 24. Juli hatte das von Riva kommende Kanonenboot „Wespe" dem Corvetten-Capitän v. Monfroni die Meldung erstattet, dass die kaiserlichen Truppen an diesem Tage Riva verlassen hätten und dass man das Einrücken des Feindes dort stündlich erwarte. Da die Vermuthung nahe lag, dass bei dem plötzlichen Abmarsche der Besatzung Vorräthe und Material in der Stadt zurückgeblieben seien, so entsandte der Flotillen-Commandant das Kanonenboot „Uskoke“ allsogleich nach Riva und begab sich auch mit dem „Speiteufel“ persönlich dorthin. Stürmisches Wetter verzögerte die Fahrt des letzteren Schiffes jedoch derart, dass es erst nach Mitternacht unter Riva ankam, um sich dort mit den an der Küste kreuzenden Schiffen „Wespe“ und dem „Uskoke“ zu vereinigen. Bei Tagesanbruch (am 25. Juli) näherte sich Corvetten-Capitän v. Monfroni der Stadt, liess dieselbe vom Linienschiffs-Fähnrich Heinze recognosciren und begab sich auf die Meldung, dass sie vom Feinde noch frei, selbst an's Land, um die Überführung des in den Casernen zurückgebliebenen Materiales an Bord der Schiffe zu veranlassen.

Da von den abrückenden Truppen alle Boote versenkt worden waren, so konnte die vollständige Bergung der Vorräthe erst nach Ankunft des ein Schleppschiff führenden Dampfers „Franz Josef“ bewirkt werden.

Gleichzeitig liess der Flotillen-Commandant durch requirirte Arbeiter, die vor der Rocca-Caserne aufgeworfene Schanze abtragen. Noch mit diesen Verrichtungen beschäftigt, wurde gegen 10 Uhr Vormittags das Anrücken feindlicher Colonnen auf der Ponal-Strasse gegen Riva gemeldet. Die Schiffe nahmen sogleich Position, um den Strassenzug bestreichen zu können und eröffneten ein heftiges Granatfeuer gegen die anrückenden feindlichen Colonnen, die hierauf sogleich den Marsch einstellten und sich zu decken suchten. Ein am Nachmittag erneuerter Versuch, vorzurücken, ward durch die Schiffe gleichfalls vereitelt.

Um über Nacht die Strasse nach Riva wirksam bestreichen zu können, fuhr Corvetten-Capitän v. Monfroni, welcher durch eine Abtheilung Matrosen unter Schiffs-Fähnrich Heinze die Schutzmauer der Chaussée theilweise abtragen liess, mit den Schiffen bis auf 50 Klafter an das Land heran. Doch gab der Feind die weitere Vorrückung auf und es kam am 27. auch mit Garibaldi die Festsetzung der Demarcationslinie zu Stande [1]).

1) Art. I. Am Stilfser Joch und am Tonal werden die beiderseitigen Truppen die am Tage des Waffenstillstands-Abschlusses eingenommenen Stellungen beibehalten, u. z. werden die österreichischen Truppen am Tonal jene Punkte, welche sie am 25. auf italienischem Gebiete occupirt hatten, die österreichischen Truppen am Stilfser-Joch aber Spondalunga besetzt halten. Die italienischen Truppen werden, wie gesagt, jene Punkte besetzen, welche von ihnen am selben Tage occupirt waren; auf alle Fälle bleibt aber zwischen beiden Linien eine Entfernung von mindestens 5000 Schritten.

Art. II. Beim Fort Lardaro wird folgende Linie festgesetzt: Die vom General Garibaldi befehligten Truppen bleiben hinter der Chiese und besetzen mit ihren Vorposten Daone, Strada, Formin und Pieve; nach links verlängert sich die Linie längs

Obschon zwischen Österreich und Preussen am 26. Juli nicht nur ein vierwöchentlicher Waffenstillstand, sondern auch schon die Friedenspräliminarien abgeschlossen wurden, wollte bekanntlich die italienische Regierung sich lange nicht zum Abschlusse eines längeren Waffenstillstandes auf einer anderen, als der Grundlage des uti possidetis entschliessen, die ihr bei dem momentanen Standorte ihrer Truppen in Südtirol wenigstens einen Theil dieses Landes überantwortet hätte.

Da die italienische Regierung hartnäckig an dieser Forderung festhielt und auf diplomatischem Wege sogar ihre Ansprüche auf Erwerbung ganz Südtirols durchzusetzen suchte, so sah sich die kaiserliche Regierung bemüssigt, eine Armee von der Donau gegen Italien wieder in Bewegung zu setzen, um die italienische Regierung nöthigenfalls mit Gewalt zum Aufgeben ihrer Ansprüche zu zwingen.

Nach Tirol ward schon am 29. Juli die Brigade Kleudgen von Wien transportirt [1]); dieselbe kam in Innsbruck am 30. und 31. an und hatte den Weitermarsch nach Botzen in 2 Tagen auszuführen, um nach Ablauf der am 2. August endenden Waffenruhe gleich in Verwendung treten zu können [2]).

GM. Baron Kuhn war seinerseits bemüht, die Zeit der Waffenruhe auf das Thätigste zur Erhöhung der Vertheidigungsfähigkeit Tirol's zu benützen.

Im Cembra- und Fleimser-Thale wurden die Stellungen bei Cembra,

---

der Val Daone, Giulis (Ribur) Cleoba zum Bruffione, nach rechts zum Monte Nossol und Cadria.

Die Zone von Agron, Praso und Por ist als neutral zu betrachten; jedoch wird die Besetzung von Strada durch italienische Truppen als nothwendig erkannt, indem sich daselbst einige nicht transportable Verwundete befinden.

Art. III. Im Abschnitte von Riva wird folgende Demarcationslinie festgesetzt: Monte Cadria, Passo di Balin, Lago di Tenno, Pranz, Campi, Monte Giumella, Biacesa, bis zum Grenz-Punkte am Garda-See.

Art. IV. Die Feindseligkeiten können nur nach vorhergehender zwölfstündiger Kündigung wieder aufgenommen werden.

Diese Bedingungen sind noch von beiden commandirenden Generalen zu ratificiren, treten jedoch von diesem Momente bis zu jenem der Ratification in volle Wirksamkeit.

Creto, am 27. Juli 1866.

gez. Angelo Guidici,
Hauptmann des Generalstabes im italien. Freiwilligen-Corps.

gez. Arthur v. Bolfras,
Hauptmann des Generalstabes.

1) 15. Feldjäger-Bataillon, Infanterie-Regimenter König der Niederlande (3 Bataillons), Grossherzog von Toscana Nr. 66 (3 Bataillons), 4pfd. Fuss-Batterie Nr. 1/V, mit einem Gesammtstande von 6219 Mann und 8 Geschützen.

2) Da die Waffenruhe am 2. August verlängert wurde, so änderte GM. Baron Kuhn zur Vermeidung allzu anstrengender Märsche die Disposition dahin ab, dass die Brigade erst am 3. und 4. August in Botzen einzutreffen hatte.

5*

Fadana und Molna befestigt, die Communication in den Seitenthälern ungangbar gemacht. Auf dem Rücken zwischen dem Fleimser-Etsch- und Eisack-Thale wurden ebenfalls die wichtigeren Pässe befestigt. Die Schanzen in der Vall' Arsa, dann jene bei Caliano und Riva wurden verstärkt, Trient endlich ward durch Anlage von Aussenwerken, bei deren Armirung 27 von Mantua zurückbeförderte Geschütze in Verwendung kamen, zu einem ansehnlichen Waffenplatze umgeschaffen.

Einem von Seiner Majestät dem Kaiser ergangenen Aufrufe, den heimatlichen Boden auf das Hartnäckigste zu vertheidigen, folgte das treue kriegerische Gebirgsvolk Tirol's mit Begeisterung. Nicht nur, dass sich der Landsturm überall sammelte, auch einzelne Städte und Genossenschaften bildeten sofort noch freiwillige Scharf-Schützen-Compagnien, u. z. das Ötz-Thal, das Stubay-Thal, Schwaz, Ampezzo, Imst, Hall, die Berg- und Salinen-Arbeiter von Kitzbüchel und Hall und das vereinte Unter Inn-Thal je eine, Innsbruck mit Umgebung 2 Compagnien, welche in einer Gesammtstärke von beiläufig 1500 Mann die kaiserlichen Truppen verstärkten und zum Theil schon in den letzten Gefechten mitgekämpft hatten.

Auch die Bevölkerung Südtirol's, welche, trotz der von Garibaldi versuchten Agitation, während des ganzen Feldzuges ihre loyalen Gesinnungen in jeder Art bethätigt hatte, eilte, als GM. Baron Kuhn mit Ermächtigung des Kaisers ihren Landsturm aufbot, herbei, und lieferte damit den besten Beweis ihrer Anhänglichkeit an das Kaiserhaus. Binnen 48 Stunden zählte der versammelte Landsturm Südtirol's schon über 2200 Mann.

Da die Disposition mit den vielen vereinzelten Landesschützen-Compagnien grosse Schwierigkeiten hatte, so formirte GM. Baron Kuhn aus denselben 8 Bataillons (7 Bataillons zu 4 und 1 Bataillon zu 5 Compagnien) [1]).

Diese Bataillons, dann die noch vorhandenen Freiwilligen und die neu aufgestellten Scharfschützen-Compagnien wurden wie folgt eingetheilt:

Am Stilfser-Joche bei der Halb-Brigade Metz:

---

1) Das 1. Bataillon bestand aus den Landesschützen-Compagnien: Reutte, Silz, Nauders-Ried-Glurns, Bregenz;

2. Bataillon: Feldkirch-Montafon, Bezau, Meran-Passeyr, Lana;
3. „ Kaltern, Botzen-Sarnthal, Steinach-Sterzing, Bludenz;
4. „ Innsbruck (Stadt), Innsbruck-Mieders, Brixen, Botzen;
5. „ Botzen-Neumarkt, Rattenberg, Schwaz, Kitzbüchel-Hopfgarten;
6. „ Kufstein, Hall, Telfs, Zell-Fügen;
7. „ Dornbirn, Landeck, Schlanders, Klausen-Castelruth;
8. „ Brunecken-Taufers, Enneberg-Buchenstein-Gröden, Sillian, Welsberg-Ampezzo, Lienz-Windisch-Matrey.

1. Bataillon und 1. und 2. Compagnie des 2. Bataillons, ferner Scharfschützen-Compagnie des Etsch-Thales, und eventuell der Landsturm von Glurns, Nauders und Ried.

Am Tonal bei der Halb-Brigade Albertini:

Der Rest des 2. Bataillons, 1., 2. Wien-Tiroler Scharfschützen-Compagnie, Scharfschützen-Compagnie von Schwaz, Landsturm von Meran, Lana, Passeyr und Schlanders.

In den Judicarien bei der Halb-Brigade Höffern:

4. Bataillon, Innsbrucker Studenten-Compagnie, Landsturm von altern

Bei der Brigade Zastavniković (früher Kaim)[1]: das 5. Bataillon.

Bei der Brigade Montluisant: das 6. Bataillon.

Bei der Halb-Brigade Bernkopf:

das 8. Bataillon, die in Botzen befindliche Depôt-Division des Tiroler Jäger-Regiments, dann der Landsturm des Eisack- und Puster-Thales von Klausen aufwärts.

Die Halb-Brigaden Möraus und Grünne wurden aufgelöst, dagegen für das Fleimser-Thal die Halb-Brigade Pichler gebildet, bestehend aus dem 3. und 7. Landesschützen-Bataillon, der 10. Division Grossherzog von Hessen, der Innsbruck-Sonnenberger Scharfschützen-Compagnie und 2 Raketen-Geschützen; eventuell dem Landsturm von den Ritten und aus dem Eisack-Thale zwischen Klausen und Botzen.

Die durch diese neue Eintheilung nöthig gewordenen Bewegungen wurden bis 31. Juli durchgeführt.

Die italienischen Arbeiter der Brenner-Bahn, durch welche die Bevölkerung Deutsch-Tirol's den bei Aufbietung des Landsturmes jedes männlichen Schutzes entbehrenden häuslichen Herd gefährdet glaubte, wurden zum grössten Theile nach ihrer Heimat ausgewiesen.

Nach dem Eintreffen der Brigade Kleudgen bei Trient betrugen dortselbst die gesammten Streitkräfte bei 19000 Mann und GM. Barón Kuhn beabsichtigte mit denselben die Division Medici in der Val Sugana, noch bevor sie durch die — wie es hiess — im Anmarsche befindliche Division Cosenz verstärkt werden konnte, gleich nach Ablauf der Waffenruhe anzugreifen. Nach seiner Disposition sollte das Gros ($11^2/_6$ Bataillons und 20 Geschütze) in 3 Colonnen über Vigalzano, Rocogno, Vigolo gegen Pergine-Levico vorrücken; Major Jósa (Commandant des 4. Bataillons Grossherzog von Hessen) sollte mit 8 Compagnien und 2 Geschützen von Cavalese und Baselga über Madrano und Vigalzano gegen Pergine, die Halb-Brigade

[1]) GM. v. Kaim wurde vom Armee-Commando am 28. Juli nach Verona beordert.

Pichler über Paneveggio, Primiero, Ronco gegen Strigno, endlich Hauptmann Walter mit 6 Compagnien und 2 Geschützen von St. Sebastian aus über Lavarone vordringen; die im Anmarsche begriffene Brigade Kleudgen hatte dem Gros als Reserve zu folgen.

Da jedoch die Waffenruhe bis 10. verlängert ward, so mussten die Truppen, welche sich schon zum Theil gegen die Demarcationslinie in Bewegung gesetzt hatten, wieder umkehren und bezogen folgende Dislocationen:

Brigade Zastavniković in der Val Sugana zwischen Trient und Vigalzano;

Brigade Erhardt (bisher Zastavniković) im Etsch-Thale zwischen Trient und Spormaggiore;

Brigade Montluisant in Val Sorda, Povo, Villazano, Roncogno;

Brigade Kleudgen im Rayon Vezzano, Trient. Roveredo (dieselbe detachirte später 1 Bataillon mit der Landesschützen-Compagnie Kufstein nach Piano delle Fugazze und Val Terragnolo zur Verstärkung der dort stehenden Landesschützen-Compagnie Hall, dann 1 Compagnie nach Riva);

Halb-Brigade Pichler im oberen Fleimser-Thale bei Predazzo, Moena, Paneveggio;

Detachement Jósa in Cavalese und Baselga;

" Walter in St. Sebastian und Lavarone;

Halb-Brigade Höffern blieb in der Stellung bei Stenico;

" Albertini am Tonal;

" Metz am Stilfser-Joch.

Am 8. und 9. wurden die Brigaden Kleudgen und Erhardt in Trient concentrirt und am 9. traf GM. Baron Kuhn die letzten Anordnungen für den Angriff in der Val Sugana, welcher nun am Morgen des 10. stattfinden sollte. Um dabei mit der grösstmöglichen Truppenzahl auftreten zu können, bestimmte er zur Vertheidigung der Vall' Arsa, welche durch eine bei Schio und Tione stehende feindliche Abtheilung von 6—8000 Mann bedroht war, nur 1 Bataillon, 2 Landesschützen-Compagnien und 2 Geschütze, ersuchte aber gleichzeitig das Festungs-Commando in Verona, durch Vorschieben entsprechender Truppen-Abtheilungen in die Val Ronchi und gegen die Nebenübergänge der Vall' Arsa deren Vertheidigung zu erleichtern.

Noch vor Ablauf der Waffenruhe erhielt das Truppen-Commando die officielle Mittheilung von einer abermaligen Verlängerung derselben bis 11. und am 10. Abends folgendes Telegramm vom Commando der operirenden Armeen:

„Feindliche Truppen sollen morgen den 11. Südtirol räumen; wenn „dies langsam erfolgt, bis an die Grenze folgen, wenn aber nicht, nach Ablauf „der Waffenruhe energisch angreifen.“

Am Morgen des 11. August rückten demgemäss die kaiserlichen Truppen in der Gesammtstärke von 18.882 Mann, 60 Pferden und 42 Geschützen (mit Ausschluss des Landsturmes) nach der bekannten Disposition in der Val Sugana vor, ohne jedoch auf den Feind zu stossen, welcher schon im Laufe des vorigen Tages und der vergangenen Nacht den Rückmarsch angetreten hatte.

Die Division Medici, welche in den letzten Tagen mit dem 23. und 25. Bersaglieri-Bataillon, dem 27. und 28. Regiment und 2 Batterien bei Pergine, mit dem 61. Regiment in Calceranica und auf den Höhen von Ischia, mit dem 62. Regiment und 1 Batterie in Levico gestanden, hatte schon am Morgen des 10. den Rückmarsch angetreten, und räumte im Laufe des 11. den Boden Tirol's zur selben Zeit, als sich das Gros des italienischen Heeres vom Isonzo hinter die venezianische Landesgrenze zurückzog.

GM. Baron Kuhn beliess nur ein Detachement unter Commando des Oberstlieutenant Krautwald, bestehend aus 3 Bataillons König der Niederlande, der Gebirgs-Batterie Nr. 4/V, 1 Zug der Fuss-Batterie Nr 1/V, einer Cavallerie-Abtheilung und 4 Schützen-Compagnien in der Val Sugana zur Beobachtung der Landesgrenze und verlegte die übrigen Truppen im Laufe der nächsten Tage wieder in Cantonnirungen [1].

Oberstlieutenant v. Höffern war auch am 11. über Tione, Lardaro gegen die Grenze gerückt, fand aber den Gegner ebenfalls nicht mehr und nahm hierauf eine Stellung ähnlich jener bei Beginn des Feldzuges ein.

Die Halb-Brigaden Metz und Albertini wurden vom lombardischen Boden bis Brad und Cusiano zurückgezogen.

Mit dem vierwöchentlichen Waffenstillstande, welcher am 13. August begann, erreichten, wie überhaupt auf dem italienischen Kriegsschauplatze so auch in Tirol, die Feindseligkeiten ihr Ende.

---

1) Brigade Zastavniković (in welche später auch die Halb-Brigade Höffern eingetheilt wurde) in das Sarca- Ledro-Thal und in die Judicarien;
Brigade Montluisant in das Etsch-Thal südlich Trient;
„ Kleudgen in die Val Sugana;
„ Erhardt wurde aufgelöst und in die beiden vorigen eingetheilt;
Halb-Brigade Pichler nach Predazzo;
Detachement Jósa nach Cavalese;
„ Walter nach Lavarone.

Beilage zur „Vertheidigung Tirol's im Jahre 1866."

Streitkräfte in Tirol[1]).

Commandant: GM. Freiherr v. Kuhn.

Generalstabs-Chef: Oberstlieutenant Baron Dumoulin. Artillerie-Chef: Oberstlieutenant Barth.
Génie-Director: Oberstlieutenant v. Wolter.

I. Reguläre Truppen.

Halb-Brigade	Truppenkörper	Formiren: Baons.	Comp.	Escdr.	Batter.	Brk.-Eq.	Verpflegs-Stand: Mann	Pferde	Tragthiere	Streitbarer Stand: Mann	Pferde	Gesch.
Oberstlt.	Brigade-Stab	—	—	—	—	—	3	3	—	3	—	—
v. Thour	6. Tiroler Jäger-Bataillon	3/8	—	—	—	—	329	6	—	310	—	—
des 11. IR.	1. Bataillon des Inft.-Rgts. Sachsen Nr. 11	1	—	—	—	—	1019	24	—	795	—	—
	3. Zug der 5. Escadron Trani-Uhlanen	—	—	1/4	—	—	23	21	—	—	21	—
Grlstbs.-Offic.:	3pfd. Gebirgs-Batterie Nr. 2/V	—	—	—	1	—	88	1	63	—	—	4
Hptm. Stuchlik des 39. IR.	Detachement der 6. Sanitäts-Compagnie mit 1/3 der Sanitäts-Bespannungs-Escadron Nr. 106	—	—	—	—	—	16	8	—	—	—	—
	Detachement der 76. Tragthier-Escadron	—	—	—	—	—	5	—	8	—	—	—
	Summe der Halb-Brigade	1 3/8	—	1/4	1	—	1483	63	71	1108	21	4
Oberstlt.	Brigade-Stab	—	—	—	—	—	3	3	—	3	—	—
v. Höffern	1. Tiroler Jäger-Bataillon	3/8	—	—	—	—	359	13	—	336	—	—
des Tiroler	2. Bat. des Inft.-Rgts. Sachsen Nr. 11	1	—	—	—	—	1044	27	—	866	—	—
Jäger-Rgts.	2. Zug der 5. Escadron Trani-Uhlanen	—	—	1/4	—	—	28	26	—	—	26	—
Grlstbs.-Offic.	3pfd. Gebirgs-Batterie Nr. 3/V	—	—	—	1	—	86	1	61	—	—	4
Hptm.	Sanitäts-Detachement	—	—	—	—	—	22	6	9	—	—	—
v. Bolfras	Detachement der 76. Tragthier-Escadron	—	—	—	—	—	5	—	8	—	—	—
	Summe der Halb-Brigade	1 3/8	—	1/4	1	—	1547	76	78	1205	26	4

[1]) In der Ordre de bataille der Süd-Armee vom 22. Juni (Band II) erscheinen die Truppen in Tirol in ihrem damaligen Bestande (am 22.) aufgeführt. Da nun die meisten Landesschützen-Compagnien erst kurz nach Beginn der Operationen an den ihnen bezeichneten Punkten eintrafen, dieselben daher in jener Ordre de bataille (vom 22. Juni) nicht vollständig ersichtlich sein können, so sind in der hier folgenden Ordre de bataille die regulären Streitkräfte vom Landes-Aufgebote geschieden und die Landesschützen-Compagnien in eine besondere Übersicht zusammengestellt. Die vorliegende Ordre de bataille stellt also das Stärkeverhältniss dar, wie es thatsächlich nach Eintreffen aller Abtheilungen bestand.

Halb-Brigade	Truppenkörper	Formiren: Baons.	Comp.	Escdr.	Batter.	Brk.-Eq.	Verpflegs-Stand: Mann	Pferde	Tragthiere	Streitbarer Stand: Mann	Pferde	Gesch.
Major	Brigade-Stab	—	—	—	—	—	3	3	—	3	—	—
v. Albertini	2. Tiroler Jäger Bataillon	2/6	—	—	—	—	347	6	—	328	—	—
des 59. IR.	3. Bat. des Inft.-Rgts. EH. Rainer Nr. 59	1	—	—	—	—	1030	29	—	950	—	—
	4. Zug der 5. Escadron Trani-Uhlanen	—	—	1/4	—	—	33	30	—	—	31	—
Grlstbs.-Offic.:	3pfd. Gebirgs-Batterie Nr. 1/V	—	—	—	1	—	84	1	61	—	—	4
Hptm.	Sanitäts-Detachement	—	—	—	—	—	16	8	—	—	—	—
Succovaty.	Detachement der Tragthier-Escadron	—	—	—	—	—	8	—	14	—	—	—
	Summe der Halb-Brigade	1 2/6	—	1/4	1	—	1521	77	75	1281	31	4
Major v. Metz	Stab	—	—	—	—	—	2	2	—	2	—	—
des Kaiser-Jäger-Rgts.	2. Tiroler Jäger-Bataillon	4/6	—	—	—	—	629	27	—	521	—	—
(ohne Grlstbs.-Offic.)	1/2 Raketen-Batterie Nr. 11/IX	—	—	—	4/8	—	46	27	—	—	—	4
	Summe der Halb-Brigade	4/6	—	—	4/8	—	677	56	—	523	—	4
	Brigade Stab	—	—	—	—	—	3	3	—	3	—	—
	1. Tiroler-Jäger-Bataillon	4/6	—	—	—	—	741	26	—	637	—	—
	Inft.-Rgt. EH. Rainer Nr. 59, 1., 2., 4. Bat.	3	—	—	—	—	3158	89	—	2895	—	—
	13. Compagnie des 2. Génie-Rgts.	—	1	—	—	—	203	—	—	—	—	—
	1. Zug der 5. Escadron Trani-Uhlanen	—	—	1/4	—	—	80	71	—	—	63	—
Brigade GM. v. Kaim.	2/8 der 6. Sanitäts-Comp. mit 1/8 der Sanit.-Besp.-Escadr. Nr. 106	—	2/8	—	—	—	124	42	18	—	—	—
	1., 2., 3. Festungs-Compagnie des 9. Art.-Rgts.	—	3	—	—	—	492	—	—	—	—	—
	4pfd. Fuss-Batterie 1/V	—	—	—	1	—	160	109	—	—	—	8
Grlstbs.-Offic.:	1/2 Raketen-Batterie Nr. 11/IX	—	—	—	4/8	—	77	32	—	—	—	4
Oberlt.	Botenjäger-Abtheilung	—	—	—	—	—	12	—	—	—	—	—
Morawetz	Colonnen-Verpflegs-Magazin: eigener Stand	—	—	—	—	—	14	—	—	—	—	—
des 57. IR.	Colonnen-Verpflegs-Magazin: Kriegstransports-Escadron Nr. 96	—	—	—	—	—	141	219	—	—	—	—
(seit 25. Juni.)	Colonnen-Verpflegs-Magazin: Tragthier-Escadron Nr. 76	—	—	—	—	—	63	—	93	—	—	—
	Mun.-Park, v. der 2. Park-Cp. 5. Art.-Rgt. und Zeugs-Art.-Cmdo. Nr. 14	—	—	—	—	—	93	40	—	—	—	—
	Fuhrwesen-Feld-Inspection Nr. 28	—	—	—	—	—	5	2	—	—	—	—
	Schlachtvieh-Einlieferungs-Depôt	—	—	—	—	—	27	—	—	—	—	—
	Ambulance Nr. 13	—	—	—	—	—	66	27	—	—	—	—
	Latus	8 4/6	4 2/6	2/4	1 4/8	—	5459	660	111	3535	63	12

	Translatus	$3\frac{4}{6}$	$4\frac{2}{6}$	$\frac{1}{4}$	$1\frac{4}{6}$	—	5459	660	111	3535	63	12
	Feldspital Nr. 4	—	—	—	—	—	125	6	—	—	—	—
	Feldspital Nr. 43	—	—	—	—	—	134	8	—	—	—	—
	Cassa- und Kanzlei-Bespannungs-Escadron	—	—	—	—	—	13	25	—	—	—	—
	Fuhrwesen-Ergänzungs-Depôt	—	—	—	—	—	64	64	37	—	—	—
	Depôt-Bat. des Kaiser-Jäger-Regiments	1	—	—	—	—	1219	—	—	872	—	—
	Summe der Brigade	$4\frac{4}{6}$	$4\frac{2}{6}$	$\frac{1}{4}$	$1\frac{4}{6}$	—	7014	763	148	4407	63	12
Oberst Loos des Tiroler Jäger-Rgts.	Brigade-Stab	—	—	—	—	—	3	3	—	3	—	—
	2. Depôt-Division des Inft.-Rgts. Nr. 11	—	2	—	—	—	347	—	—	300	—	—
	„ „ „ „ „ „ „ 14	—	2	—	—	—	254	—	—	247	—	—
	„ „ „ „ „ „ „ 59	—	2	—	—	—	342	—	—	324	—	—
	„ „ „ „ „ „ „ 75	—	2	—		—	385	—	—	380	—	—
	Summe der Halb-Brigade	—	8	—	—	—	1331	3	—	1254	—	—
Oberst Baron Montluisant des Tiroler Jäger-Rgts. Grlstbs.-Offic.: Hptm. Schnepper des Rgts.	Stab	—	—	—	—	—	3	3	—	3	—	—
	6. Tiroler Jäger-Bataillon	$\frac{4}{6}$	—	—	—	—	731	27	—	634	—	—
	Rgts.-Stab und 3. Bat. des Inft.-Rgts. Sachsen Nr. 11	1	—	—	—	—	1082	47	—	887	—	—
	4. Bat. des Inft.-Rgts. Grossherzog v. Hessen Nr. 14	1	—	—	—	—	1012	34	—	926	—	—
	3pfd. Gebirgs-Batterie 4/V	—	—	—	1	—	84	1	61	—	—	4
	Summe der Halb-Brigade	$2\frac{4}{6}$	—	—	1	—	2912	112	61	2450	—	4
	Truppen in Tirol	12	$12\frac{2}{6}$	1	6	—	16485	1150	433	12228	141	32

2. Landes-Aufgebot und Freiwilligen-Compagnien.

	Landesschützen-Compagnien	Formiren Compagnien	Verpflegs-Stand Mann	Streitbarer Stand Mann	Anmerkung
Bei der Halb-Brigade Thour.	Botzen-Neumarkt	1	99	97	
	Schwaz	1	95	93	Treffen am 23. Juni in Riva ein.
	Rattenberg	1	95	93	
	Kitzbüchel-Hopfgarten	1	163	160	Trifft am 27. Juni in Riva ein.
Bei der Halb-Brigade Höffern.	Innsbruck-Stadt	1	95	94	
	Innsbruck-Mieders	1	124	120	
	Brixen	1	102	100	
Bei der Halb-Brigade Albertini.	Kaltern	1	95	95	
	Lana	1	89	87	
	Botzen-Sarnthal	1	161	158	Trifft am 24. Juni in Ossana ein.
	Meran Passeyr	1	141	138	Trifft am 25. Juni in Mezzana ein.
Bei der Halb-Brigade Metz.	Schlanders	1	95	95	
	Silz	1	106	104	
	Landeck	1	113	110	
	Nauders-Ried	1	95	94	
	Glurns	1	81	80	
	Reutte	1	129	126	Trifft am 25. Juni in Mals ein.
	Bezau	1	121	121	Trifft am 28. Juni auf der Ferdinands-Höhe ein.
	Feldkirch	1	150	149	Trifft am 28. Juni auf der Franzens-Höhe ein.
	Bregenz	1	152	150	Trifft am 28. Juni in Laas ein.
	Montafon	1	61	61	Trifft am 28. Juni in Tschengels ein.
	Klausen-Castelruth	1	125	124	Vom 26. Juni unter dem Befehl des Major Stockardt v. Bernkopf.
	Greden-Enneberg-Buchenstein	1	99	99	
	Brunecken-Taufers	1	99	99	
	Welsberg-Ampezzo	1	100	98	
	Sillian	1	96	95	
	Lienz-Windisch-Matrey	1	155	153	

Zur Verfügung des Truppen-Commando.	Hall	1	105	104	Trifft am 23. Juni in Brentonico ein.
	Telfs	1	95	95	Trifft am 24. Juni in Roveredo ein.
	Kufstein	1	99	98	Treffen am 25. Juni in Brentonico ein.
	Zell-Fügen	1	111	109	
	Imst	1	95	93	Treffen am 27. Juni in Trient ein.
	Dornbirn	1	140	138	
	Bludenz	1	118	115	
	Steinach-Sterzing	1	121	120	Zur Bewachung der Arbeiter beim Bau der Brenner-Bahn.
	Summa der Landesschützen-Compagnien	35	3920	3865.	
	Hiezu:				
	Freiwillige Innsbrucker Studenten-Compagnie	1	191	189	Trifft am 25. Juni in Tione ein.
	1. Wien-Tiroler Scharfschützen-Compagnie	1	133	130	
	2. „ „ „ „	1	187	183	
	Innsbruck-Sonnenberger-Scharfschützen-Comp.	1	100	98	Trifft am 9. Juli in Trient ein.
	Total-Summe des Landes-Aufgebots und der Freiwilligen-Compagnien	39	4531	4465	

DER KAMPF

AUF DEM

ADRIATISCHEN MEERE

IM

JAHRE 1866.

Inhalt.

Der Kampf
auf dem adriatischen Meere im Jahre 1866.

I. Abschnitt.

Kriegsvorbereitungen.

Die ausserordentliche Überlegenheit an Streitmitteln, welche Italien in dem Kriege gegen Österreich, für den es sich mit Preussen verbündet hatte, zu Gebote standen, ward noch durch den Besitz einer verhältnissmässig mächtigen Flotte erhöht.

Dieselbe Genugthuung, die der italienische Kriegs-Minister vor Beginn des Krieges — im März 1866 — in seinem Rapport an den König über den guten Zustand und die ausserordentliche Stärke des Landheeres aussprechen konnte, durfte auch die Flotte Italiens im Hinblicke auf die bevorstehenden Ereignisse einflössen.

Gleich dem Landheere, das seit 1859 von 83.000 auf 354.000 Mann sich gehoben, also mehr als vervierfacht hatte, war auch die Flotte durch die Erwerbung der Kriegs-Marine des ehemaligen Königreiches beider Sicilien und durch ausserordentliche Energie im Bau neuer Kriegsschiffe zu einer ansehnlichen Macht emporgewachsen.

Die italienische Regierung hatte den Aufwand von nahezu zweihundert Millionen Franken nicht gescheut, um sich eine Flotte zu schaffen, die der neuen Grossmachtstellung des Landes entsprach und namentlich ein kräftiges Angriffsmittel mehr gegen Österreich bilden konnte. Der Umwälzung folgend, die dem Schiffbau von Nord-Amerika aus gegeben worden war, wandte die italienische Regierung alle finanziellen Hilfsmittel an, um ihre Flotte, namentlich durch Panzerschiffe bester Construction und schwerster Armirung, die ihr die ersten Schiffswerften und Geschützgiessereien der Welt lieferten, zu verstärken.

In Folge dieser ausserordentlichen Thätigkeit gebot die königliche

Kriegs-Marine schon bei Beginn des Jahres 1866 über eine Schiffszahl, wie sie nur Seestaaten ersten Ranges zu einer Operation verfügbar haben können.

Dieselbe zählte am 1. Jänner 1866:

a) 12 Panzerschiffe, und zwar:

2 Fregatten 1. Ranges (von Holz, gepanzert, in Amerika gebaut);

5 „ 2. „ (4 aus Eisen, in Frankreich gebaut; 1 von Holz, im Inlande gebaut);

2 Corvetten 1. Ranges (Eisen, in Frankreich gebaut);

2 Kanonenboote 1. Ranges (Eisen, in Frankreich gebaut);

1 Widderschiff (Monitor, Eisen, in England gebaut); dieses Schiff befand sich noch in England, und stiess erst kurz vor Beginn der Operationen zur Flotte.

12 andere grösstentheils auf inländischen Werften im Bau begriffene und der Vollendung nahe Panzerschiffe sollten diese Eisenflotte auf eine Macht von 12.480 Pferdekraft mit 448 Kanonen, 8738 Mann und 83.084 Tonnen bringen.

b) 55 ungepanzerte Kriegsschiffe, u. z. an Schraubenschiffen:

1 Linienschiff,

8 Fregatten 1. Ranges,

1 „ 2. „

3 Corvetten 1. „

3 „ 2. „

6 Kanonenboote;

an Rad-Dampfern:

3 Corvetten 1. Ranges,

7 „ 2. „

4 „ 3. „

2 Aviso 1. „

9 „ 2. „ ferners

8 Segelschiffe

mit zusammen 13.340 Pferdekraft, 831 Kanonen, 13.201 Mann und 80.020 Tonnen-Gehalt.

Hievon befanden sich 2 Schrauben-Corvetten und ein Rad-Dampf-Aviso noch auf den Werften zu Castellamare, Spezia und Genua im Bau.

c) 23 Dampf- und 2 Segel-Transportsschiffe mit 4390 Pferdekraft, 42 Kanonen, 1903 Mann und 23.793 Tonnen-Gehalt; 1 Dampfer hievon war zu Ancona noch im Bau.

Die gesammte Seemacht Italiens belief sich demnach auf 104 Kriegsschiffe (einschliesslich der 16 im Bau befindlichen), mit 30.210 Pferdekraft, 1321 Kanonen, 23.842 Mann und 187.077 Tonnen-Gehalt [1]).

Das Grundgeschütz ihrer Schiffs-Armirung bildeten die gezogene eiserne und umreifte Kanone à 16 cent., dann glatte eiserne Kanonen desselben Kalibers und glatte Kanonen und Haubitzen à 20 cent. Die kleineren gezogenen Rohre à 12 und 8 cent. blieben nur noch in geringer Anzahl vertreten, dagegen erhielten einige grössere Schiffe schon 150 und 300pfd. Armstrong-Kanonen, deren im Ganzen bei Ausbruch des Krieges 10 vorhanden waren.

Noch bevor Österreich seine Rüstungen zur See begann, hatte das Königreich Italien schon eine Flotte von 17 Dampf-, 3 Segel-Kriegsschiffen und 9 Transports-Dampfern (mit zusammen 7100 Pferdekraft, 363 Kanonen), darunter 5 Panzerschiffe, 1 Schrauben-Linienschiff, 2 Schrauben-, 2 Segel-Fregatten, 1 Schrauben-, 1 Rad-Corvette, 1 Segel-Brigg, 4 Rad-Dampf-Aviso etc., ausgerüstet. Am 29. April und 1. Mai war ferner die Ausrüstung von 5 Kriegs-, 2 Transportsschiffen (mit 1660 Pferdekraft, 68 Kanonen), darunter 2 Panzerschiffe, 1 Schrauben-Kanonenboot, 2 Segel-Corvetten, vollendet, — so dass Italien am 1. Mai über eine Zahl von 25 ausgerüsteten Kriegs- und 11 Transportsschiffen mit 11.140 Pferdekraft, 523 Kanonen verfügen und diese in den verschiedenen Häfen der Halbinsel liegenden Schiffe binnen wenigen Tagen zu einer Operations-Flotte vereinigen konnte. 7 andere Schiffe waren in auswärtigen Häfen, u. z. in Amerika 4, in Japan 1, in England 2.

Am 3. Mai befahl ein königliches Decret die Formation einer Operations-Flotte aus 31 der besten Schiffe der gesammten Marine, welche eine Macht von 13.520 Pferdekraft mit 669 Schiffs-, 103 Landungs-Kanonen, 10.793 Mann, und 82.732 Tonnen-Gehalt repräsentiren sollte.

Diese Flotte theilte sich nach Gattung und Stärke ihrer Schiffe in:

12	Panzerschiffe,
7	ungepanzerte Schrauben-Fregatten,
3	„ „ Corvetten,
1	„ Rad-Dampf-Corvette,
3	„ Schrauben-Kanonenboote und
3	„ Rad-Dampf-Aviso;
29	Kriegsschiffe mit 772 Kanonen, und 2 Transportsschiffe.

[1]) Siehe die Standes-Übersicht der königlich italienischen Marine, Beilage A.

Von diesen Schiffen waren am 3. Mai schon ausgerüstet:

7 Panzerschiffe,
1 Schrauben-Fregatte,
1 „ Corvette,
2 „ Kanonenboote,
3 Rad-Dampf-Aviso;
2 „ „ Transportsschiffe;

16 Schiffe mit 350 Kanonen.

Das Marine-Ministerium traf Anordnungen zur Ausrüstung der übrigen noch für die Operations-Flotte bestimmten Schiffe, begnügte sich jedoch nicht mit der blossen Durchführung des königlichen Decretes, sondern war bemüht, die Stärke der zum Kampf bestimmten Flotte, sowohl der Zahl der Schiffe nach, als auch durch eine schwerere Armirung nach Kräften zu erhöhen, und auch die zu Nebendiensten bestimmten Fahrzeuge in den besten Stand zu setzen.

So schloss es von den bereits ausgerüsteten Schiffen noch:

1 Schrauben-Linienschiff,
1 Rad-Dampf-Aviso,
1 Segel-Brigg,
3 Transportsschiffe,
1 Remorqueur (Rad-Dampfer),

zusammen 7 Schiffe, welche nicht zur decretirten Operations-Flotte zählten, derselben an, und erliess Weisungen, um diese auf den Stand von 38 Kriegsschiffen zu erhöhen.

Dieselbe sollte:

12 Panzerschiffe,
1 Schrauben-Linienschiff,
7 „ Fregatten,
3 „ Corvetten,
4 Rad-Corvetten,
3 Schrauben-Kanonenboote,
7 Rad-Dampf-Aviso (darunter 3 gemiethete Rad-Dampfer),
1 Segel-Brigg;

38 Kriegsschiffe mit zusammen 15.460 Pferdekraft, 859 Kanonen, 12.449 Mann, 94.193 Tonnen Gehalt, und 23 Transportsschiffe zählen [1]).

Ein Theil der Fahrzeuge lag im Hafen von Ancona; für die übrigen in inländischen Häfen liegenden oder von auswärts heimkehrenden wurde der Hafen von Tarent als Sammelplatz bezeichnet.

---

[1]) Diesen Stand erreichte die königliche Flotte jedoch erst am 3. August.

Als der Admiral Graf Persano am 16. Mai den Oberbefehl über die Operations-Flotte übernahm und die bis dahin in Tarent vereinigten 8 Schiffe inspicirte, liess deren Zustand wohl noch Vieles zu wünschen übrig. Die Bemannung war nicht complet, ein Theil derselben neu, nicht exercirt; es fehlte an Unterofficieren und einige Maschinisten wollten bei erfolgender Kriegserklärung die Schiffe verlassen. Auch war der Mangel an grösseren Kalibern für den bevorstehenden Kampf mit feindlichen Panzerschiffen ein Factor, dem noch Rechnung getragen werden musste.

Das Ministerium half den angegebenen Mängeln mit grösster Energie ab; — schon am 21. Mai konnte Persano berichten, dass in einem Monat sämmtliche Bemannungen formirt sein würden, und am 1. Juni, an welchem Tage die Flotte auf 12 Schiffe angewachsen war, erklären, dass — wenn auch einige Schiffe noch nicht die wünschenswerthe Raschheit und Regelmässigkeit in der Ausführung der verschiedenen Manöver erlangt hätten, — der gute Wille und der Eifer der Officiere und Mannschaften ihm doch das Recht zu dem Ausspruche gäben: dass, was sich auch ereigne, die Flotte sich bewähren würde.

Die Armirung der Schiffe mit Geschützen neuen Systems wurde thätigst betrieben, und das erste Paar gezogener 300pfd. Armstrong-Kanonen eingeschifft, welches die Panzer-Fregatte Re di Portogallo an Bord nahm.

Am 20. Juni bestand der in Tarent vereinigte Theil der Operations-Flotte schon aus 19 Schiffen, u. z.:

9 Panzerschiffen,
4 Schrauben-Fregatten,
1 „ Corvette,
1 Rad-Corvette,
2 „ Dampf-Aviso,
1 Schrauben-Wasserschiff,
1 Rad-Dampf-Transportsschiff,

während der kleinere Theil derselben, u. z.:

2 Panzerschiffe,
1 Rad-Dampf-Corvette,
3 Schrauben-Kanonenboote,
1 „ Wasserschiff,
1 Remorqueur (Rad-Dampfer),

zusammen 8 Schiffe auf der Rhede von Ancona ankerte.

Die italienische Flotte befand sich demnach an diesem Tage, sowohl der Zahl der Schiffe nach, als auch mit Rücksicht auf deren Ausrüstung, in einem Zustande, welcher sie allem Anscheine nach befähigen hätte können, unverzüglich nach erfolgter Kriegs - Erklärung die Feindseligkeiten zu beginnen.

Dieselbe hatte in der Rhede von Ancona, welcher Hafenort durch einen ausserordentlichen Geldaufwand mit allen Bedürfnissen für eine zahlreiche Operations-Flotte versehen worden war, einen Stützpunkt für ihre Unternehmungen im adriatischen Meere

Bei Beginn der Rüstungen wurden zu Ancona, in Brindisi, Tarent, Porto Corsini und Messina Kohlen-Depôts angelegt und längs der Ostküste der Halbinsel Küstentelegraphen (Semafori) errichtet, welche die Verbindung zwischen der operirenden Flotte und den nächsten festländischen Telegraphen-Stationen vermitteln sollten.

Österreich war, seitdem beinahe die ganze Halbinsel und mit ihr ein Stamm des vorzüglichsten Marine-Materials in den Besitz des savoy'schen Hauses gelangt war, bemüht, den maritimen Kräften seines Gegners möglichst nahe zu kommen.

Nachdem im Jahre 1860 die ersten beiden Panzer-Fregatten Drache und Salamander vollendet worden waren, bot für das nächste Jahr ein auf 7 Millionen Gulden erhöhtes ausserordentliches Marine-Budget die Mittel, den Bau von 3 anderen grösseren Panzerschiffen: Don Juan de Austria, Kaiser Max und Prinz Eugen, zu beginnen, die Segel-Fregatten Novara und Schwarzenberg in Schraubenschiffe umzuwandeln und 10 neue Schrauben-Kanonenboote zu bauen.

Der älteste Bruder des Kaisers, EH. Ferdinand Max, wandte bis zu dem Augenblicke, da er seine tragische Mission in Mexico antrat, alle seine Thätigkeit und Sorgfalt der beständigen Entwicklung und Vervollkommnung des ihm unterstellten Marinewesens zu. Seiner nie ruhenden Einwirkung war es zu danken, dass die Schöpfung einer ansehnlicheren Flotte und namentlich eines Panzer-Geschwaders für Österreich möglich ward, und dass sich auf den Kriegsschiffen jener echt seemännische, patriotische und aufopfernde Geist immer mehr entfaltete, der ihnen bald die Bewunderung der Welt zu Theil werden liess.

Nachdem in den Jahren von 1857—1859 ein österreichisches Kriegsschiff unter Commodore Baron Wüllerstorf eine höchst erfolgreiche wissenschaftliche Reise um die Welt unternommen, im Kriegsjahre 1859 ein actives Verhalten der Flotte gegen die verbündeten sardo-französischen Marinen unmöglich gewesen, erhielt die unter Baron Wüllerstorf gestellte kaiserliche Flotte endlich in dem deutsch-dänischen Kriege 1864 Gelegenheit, sich, wenn auch nur mit einigen Schiffen, selbständig im Kampfe mit einem tapferen Gegner zu erproben.

Zwar erreichte das Gros der Escadre erst gegen Ende des Krieges die Gewässer der Nordsee, die zuerst anlangenden Schiffe kamen jedoch eben noch zurecht, um der feindlichen Escadre das Gefecht von Helgoland liefern zu können, dessen ruhmreiches Resultat nicht verfehlte, der gesammten Flotte das Gefühl ihres Werthes zu geben.

Einer der geachtetsten kaiserlichen Seeofficiere, der Commandant der Avantgarde, die bei Helgoland kämpfte, Linienschiffs-Capitän Wilhelm v. Tegetthoff, gab dabei so aussergewöhnliche Proben von rücksichtsloser Kühnheit und Befähigung zur höheren Befehlshaberschaft, dass ganz Österreich mit Stolz auf ihn als den dereinstigen Führer seiner Flotte hinweisen konnte.

An Schiffskraft war diese aber der italienischen noch lange nicht gewachsen, als es das Geschick wollte, dass sie in entscheidender Weise den Kampf für das Wohl ihres Vaterlandes aufnehmen sollte.

Noch hatte das letzte Schiff des kaiserlichen Nordsee-Geschwaders den heimatlichen Hafen nicht erreicht, als Österreich sich zum Kriege gegen Preussen, mit dem es zwei Jahre zuvor gemeinschaftlich den Krieg gegen Dänemark geführt, und gleichzeitig gegen das mit Preussen verbündete Italien gezwungen sah.

Letzterem stand ein so ausserordentliches Übergewicht an Land- und See-Streitmitteln zu Gebote, dass es in diesem Kriege, der Österreich zwang, den grössten Theil seiner Armee dem preussischen Heere entgegenzustellen, als ein wahrhaft furchtbarer Gegner auftreten konnte.

Doch — dieses Übergewicht sollte sich brechen an der Kühnheit, mit der auf dem Lande Erzherzog Albrecht und zur See Contre-Admiral v. Tegetthoff ihre geringen Streitmittel zum Siege zu führen wussten. —

Abgesehen von den Binnengewässerschiffen auf dem Garda-See und in den Lagunen Venedig's, ferner den Positions-Schiffen, welch' letztere die Bestimmung zur Bewachung und Vertheidigung einzelner Häfen hatten, zählte die österreichische Flotte am 1. April 1866:

a) an Kriegsschiffen:

7 Panzerschiffe (davon 2 noch im Bau, jedoch der Vollendung nahe),

21 Schraubenschiffe (darunter 1 Linienschiff, 5 Fregatten, 2 Corvetten 3 Schooner, 10 Kanonenboote),

11 Rad-Dampfer und 11 Segelschiffe, welch' letztere jedoch grösstentheils nicht mehr als operationstüchtig galten.

Zusammen 50 Kriegsschiffe mit 11.730 Pferdekraft, 792 Kanonen, 9890 Mann und 69.612 Tonnen.

b) An Transportschiffen:

5 Segelschiffe mit 136 Mann, 1171 Tonnen [1]).

Von der Haltung und den Erfolgen dieser geringfügigen Seemacht, die sich zu jener Italiens im Allgemeinen verhielt in der Schiffszahl wie 1:1,89, Kanonenzahl wie 1:1,66, Pferdekraft wie 1: 2,57, im Tonnengehalte wie 1 : 2,64, hing das Schicksal der Küstenländer Österreichs, seines auf 10.000 Schiffen mit $^1/_2$ Million Tonnen sich bewegenden Seehandels und der Besitz der See für Österreich und auch für Deutschland überhaupt ab.

Es ist ein charakteristischer Zug der preussischen Politik dieser Zeit, dass Österreich, welches mit Gewalt aus dem deutschen Bunde ausgeschlossen werden sollte, seine Flotte in den Kampf senden musste, um nicht nur seine eigenen Absatzwege, sondern auch jene Deutschlands nach den südlichen Meeren zu schützen.

Waren auch viele Punkte des Küstengebietes befestigt, so verlangte doch dessen grosse Ausdehnung in der Länge von 480 See-Meilen vom Delta des Po bis Castel Lastua an der Südspitze Dalmatiens, eine ausserordentliche Thätigkeit der Flotte, um dasselbe zu decken.

Im Gegensatze zu dem nördlichen Theile des Golfs, der in dem von der Seeseite kaum einnehmbaren Venedig und in Pola, das seit dem Jahre 1848 durch die Anlage zahlreicher Befestigungen gegen die See- und Landseite, eines grossartigen See-Arsenals mit den nöthigen Werften und Docks, zum Hauptkriegshafen umgeschaffen worden und kräftige Stützen für die operirende Flotte bot, war die ganze, namentlich die dalmatinische, insel-, buchten- und hafenreiche Ostküste, obgleich sie an einzelnen Punkten, wie Porto Re (Buccari), Zara, Sebenico, Ragusa, Castelnuovo, Cattaro, Budua und Insel Lissa, befestigt war, bei der schwachen Besatzung, die ihrer Vertheidigung gewidmet werden konnte, nur zu halten, wenn es der kaiserlichen Flotte gelang, ihren maritimen Gegner unschädlich zu machen.

Wie wir später sehen werden, wählte auch die italienische Flotte einen Punkt dieser Küste, nemlich die Insel Lissa zum Gegenstande ihrer ersten Operation und derselbe ward, trotz seiner heldenmüthigen Vertheidigung, nur durch die Dazwischenkunft der kaiserlichen Escadre gerettet. —

Von dem früher mit 1. April 1866 ausgewiesenen Stande hatte die

---

[1]) Siehe die Übersicht sämmtlicher Kriegsfahrzeuge der k. k. Marine, Beilage B. Die Flotille auf den Lagunen Venedigs zählte 13 Dampfer mit 416 Pferdekraft, 22 Kanonen, 416 Mann und 1413 Tonnen, und 35 Positionsschiffe mit 117 Kanonen, 1246 Mann und 3466 Tonnen.

Auf den hier in Betracht kommenden Binnengewässern unterhielt die Marine demnach 48 Schiffe mit zusammen 416 Pferdekraft, 139 Kanonen, 1662 Mann und 4879 Tonnen.

österreichische Marine vor Beginn des Krieges nur wenige ausgerüstete Schiffe, die meist der kleinsten Gattung angehörten, u. z.: die Schrauben-Fregatte Donau, die Schrauben-Kanonenboote Hum, Dalmat, Reka und den Schrauben-Schooner Möve, die in der Levante kreuzten, ferner die Schrauben-Corvette Dandolo, die sich in Mexico befand, die Schrauben-Corvette Friedrich, die noch auf der Rückreise von der Nordseestation Geestemünde, und die Segel-Fregatte Bellona, die als Artillerie-Schulschiff innerhalb des adriatischen Golfes kreuzte.

Der grösste Theil der übrigen Schiffe lag vollkommen abgerüstet und fast durchgängig in Reparatur im See-Arsenale zu Pola.

Von den 7 Panzerschiffen waren die zwei grössten, Erzherzog Ferdinand Max und Habsburg noch im Bau zu Triest, die Installirung der Maschinen war zwar beendet und die Panzerung im langsamen Fortschreiten, die innere Einrichtung aber war kaum begonnen; unter den 5 älteren Panzerschiffen war nur Drache in erster Reserve zur augenblicklichen Ausrüstung bereit; Don Juan, bei dem das hölzerne Vordercastell abgerissen war, um durch ein eisernes ersetzt zu werden, stand in grosser Reparatur. Auf den drei übrigen ward die innere Einrichtung und der Verschluss der Stückpforten umgeändert.

Das Schrauben-Linienschiff Kaiser, für nicht mehr ganz seetüchtig erklärt, lag abgerüstet im Arsenale um gedockt zu werden und dann seine fernere Bestimmung zu erfahren.

Von den ungepanzerten Schrauben-Fregatten war nur Radetzky in erster Reserve und zur Ausrüstung bereit, Adria war bis vor Kurzem im Dock gewesen, Novara noch im Dock, und auf beiden Letzteren eine Menge grösserer und kleinerer Reparaturen im Zuge.

Fregatte Schwarzenberg, vordem Flaggenschiff des CA. v. Tegetthoff, am 2. Februar aus der Levante in Pola eingelaufen, war zu einer Expedition nach Ostasien bestimmt, und seither mit den ihrer Bestimmung entsprechenden Herrichtungen und Ausschiffungen beschäftigt. Die Metamorphose war zum grossen Theile vollendet und diese Fregatte hatte daher faktisch aufgehört ein Kriegsschiff zu sein; an ihrer Stelle wurde auch die gleichfalls aus der Levante rückgekehrte Fregatte Donau zum Admiralschiffe eingerichtet.

Ähnlich dem Zustande der grössern war jener der kleineren Dampf- und Segelschiffe; Schrauben-Kanonenboot Velebich und Rad-Dampfer Triest waren in erster Reserve, der Rest befand sich theils in Reparatur, theils in Ausrüstung.

Noch am 17. März kam dem Hafen-Admiralate Pola die Weisung zu, die zu Übungs-Kreuzungen verwendete Segel-Corvette Minerva und alle sonstigen im Arsenale daselbst befindlichen ausser Dienst gestellten Schiffe in die 2. und 3. Reserve zu versetzen und es begann noch am selben Tage die Ausschiffung des Materials. Am 23. März ward dieser Befehl jedoch sistirt.

Auch verfügte die Marine-Section des Kriegs-Ministeriums, als selbst der Krieg unzweifelhaft und die Rüstungen Oesterreichs zu Lande und zur See unausweichlich wurden, aus finanziellen Rücksichten nur nach und nach die Ausrüstung einzelner Schiffe, — so Anfangs April für Schwarzenberg und Donau, am 12. April für Drache und Radetzky, am 26. für Kaiser Max, Adria, Velebich, Lucia und Triest.

Der Befehl zur Ausrüstung einer operativen Escadre erfolgte erst am 30. April, u. z. hatte diese aus nachbenannten Kriegsschiffen zu bestehen:

Aus den 5 Panzer-Fregatten Don Juan de Austria, Kaiser Max, Prinz Eugen, Drache und Salamander;

den 5 Schrauben-Fregatten Novara, Schwarzenberg, Radetzky, Donau und Adria;

der Schrauben-Corvette Erzherzog Friedrich,

den 7 Schrauben-Kanonenbooten Dalmat, Hum, Reka, Velebich, Streiter, Seehund und Wall;

dann den 5 Rad-Dampfern Elisabeth, Lucia, Andreas Hofer, Triest und Greif;

endlich aus einem von der Lloyd-Gesellschaft zu Aviso-Diensten in Miethe zu nehmenden schnellfahrenden Dampfer.

Nebstdem wurden die Schrauben-Schooner Narenta und Kerka, die Schrauben-Kanonenboote Gemse, Grille, Sansego und eventuell, sobald die Reparatur beendet, auch die Rad-Dampfer Vulcan und Taurus zur Erhaltung der Communication oder sonstigen Verwendung längs der dalmatinischen Küste bestimmt.

Segel-Fregatte Bellona hatte den Hafenwachdienst in Pola, Goelette Saida in Veruda, Rad-Dampfer Curtatone in der Bocche di Cattaro zu versehen; Rad-Dampfer Fiume, der seit 4. April mit der Aufnahme der adriatischen Küste, und später mit jener des Canals von Fasana beschäftigt war, wurde dem General-Commando zu Zara zugewiesen. Dampf-Yacht Fantasie hatte zur höheren Verfügung im Hafen von Pola bereit zu liegen, Segel-Corvette Minerva war abzurüsten und in dritte Reserve zu versetzen.

Bezüglich der Binnengewässer-Schiffe ward gleichzeitig angeordnet, dass in Venedig nur die mit Dampfkraft versehenen, und zwar: die Schrauben-Kanonenboote Auslugger, Pelikan, Deutschmeister, die Rad-Kanonenboote Nr. I, II, III, IV, V, VI, die Raddampfer Thurn-Taxis, Alnoch, Messaggiere und Gorzkowsky in Ausrüstung zu treten haben.

Als Grundsatz für die Ausrüstung der Schiffe ward festgesetzt, dass vor derselben die Versetzung in vollkommen seetüchtigen Zustand und die Completirung der Bemannung zu erfolgen habe [1]).

Nach vollendeter Ausrüstung waren die Hochsee-Schiffe dem zum Escadre-Commandanten designirten Contre-Admiral v. Tegetthoff, der sich am 9. April wieder an Bord der Schrauben-Fregatte Schwarzenberg eingeschifft hatte und mit derselben auf der Rhede von Fasana vor Anker lag, zur Verfügung zu stellen.

Man ersieht leicht, welchen ausserordentlichen Aufwandes an Energie und Thätigkeit es bedurfte, um die Flotte, deren Schiffe zum grössten Theile den schwersten Arsenal-Arbeiten unterzogen, und deren Mannschaften erst einberufen und exercirt werden mussten, bis zum Beginn der Feindseligkeiten see- und kampftüchtig zu machen.

Nicht nur an kampfbereiten Schiffen, auch in allem Übrigen war der Feind derselben überlegen.

Während von den österreichischen Bemannungen der grösste Theil in den Jahren, welche dem Kriege vorangegangen waren, aus finanziellen Rücksichten wenig im activen See-Dienste hatte gehalten werden können, und somit an der Schwelle des Krieges neuerdings für seine Bestimmung ausgebildet werden musste, hatte die italienische Marine schon seit längerer Zeit eine grössere Escadre ausgerüstet, und in Folge dessen eine grosse Zahl ausgebildeter Mannschaften an Bord.

Während diese mit den Fortschritten der Neuzeit im Geschützwesen Schritt gehalten und über Geschütze schwersten Kalibers verfügte, hatte die kaiserliche Marine in dieser Richtung kaum mehr als die ersten Leistungen der artilleristischen Entwicklung der Neuzeit, in der Gestalt des gezogenen 24pfündigen Hinterladers angenommen.

Endlich war die italienische Flotte der österreichischen auch an den entscheidenden Schlachtschiffen, den Panzerschiffen, weit überlegen.

Unter solchen Umständen kann es nicht befremden, dass man in der Marine-Section des k. k. Kriegs-Ministeriums von heftigen Zusammenstössen mit jener keine besonderen Erfolge erwarten zu dürfen wähnte, und dem Commandanten der k. k. Escadre zur Pflicht machte, keine Unternehmungen zu beginnen, welche die Existenz der Flotte auf's Spiel setzen, oder bei

---

[1]) Die Einberufung aller Urlauber, Reserve-Männer und Recruten des k. k. Matrosen-Corps erfolgte mit der Completirung der Süd-Armee auf den Kriegsfuss am 21. April; — jene der Marine-Infanterie am 12. April.

denen die zu erreichenden Vortheile die voraussichtlichen Opfer nicht aufwiegen würden [1]).

Um so grösser und verdienstlicher sind offenbar die Leistungen jener Männer, die in überraschend kurzer Zeit die kaiserliche Escadre see- und kampftüchtig machten, und dieselbe sogar endlich zum Siege über die überlegene feindliche Flotte zu führen wussten.

Sobald die Ordre zur Ausrüstung der kaiserlichen Escadre am 30. April ergangen war, wurden die Kanonenboote Dalmat und Reka aus der Levante nach Fasana berufen, und nur Schrauben-Schooner Möve blieb in Galatz zurück; — die Lloyd-Gesellschaft stellte dem Escadre-Commando den Rad-Dampfer Stadium zur Verfügung [2]).

Weiters wurden alle beurlaubten Officiere, Seecadeten, Parteien und Beamte der Marine einberufen, alle Massregeln zur Deckung des Bedarfs an Aerzten, Beamten und Maschinisten, und zur Ergänzung der Vorräthe an Lebensmitteln und des Betriebs-Materials getroffen [3]).

Das Hafen-Admiralat zu Pola zog alle verfügbaren Kräfte der verschiedenen Seestationen und für die kaiserliche Marine nicht beschäftigten Werften an sich, und ging vorerst mit allem Eifer an die Ausrüstung der Panzerschiffe und Schrauben-Fregatten, nach deren successivem Fortschreiten erst zu jener der Kanonenboote und Rad-Dampfer geschritten ward.

Die beiden im Bau zu Triest befindlichen Panzer-Fregatten Erzherzog Ferdinand Max und Habsburg gingen am 6. Mai mit eigener Maschinenkraft sammt den Platten unter Escorte des Rad-Dampfers Andreas Hofer nach Pola ab, woselbst ihre Panzerung vorgenommen ward.

Einen ungemeinen Aufschwung nahmen die Arbeiten in jeder Richtung, nachdem CA. v. Tegetthoff am 9. Mai definitiv zum Commandanten der Escadre ernannt worden war.

---

[1]) Bezüglich der Operationen im Grossen war der Escadre-Commandant, des Einklanges und der nöthigen Unterstützung der Operationen wegen, an den Commandanten der Armee im lombardisch-venezianischen Königreiche gewiesen, — jedoch ermächtigt, innerhalb der vorgezeichneten Grenzen bei sich darbietender Gelegenheit, so wie bei räumlicher Trennung und Unterbrechung des Verkehrs mit der Süd-Armee, selbstständig vorzugehen.

[2]) Kanonenboot Hum war am 22. April auf der Rhede von Fasana eingelaufen.

[3]) In den Marine-Stationen: Venedig, Pola, Zara, Combur, Kleck, und Lissa lagen mit 1. Mai 20.390 Tonnen englischer, 3095 Tonnen inländischer Kohle vorräthig; in Pola, Combur und Zara waren ausserdem 5500 Tonnen englischer, 3500 Tonnen inländischer Kohle in Ablieferung. Eingeleitete und bis Mitte Juni zu effectuirende Bestellungen von 20.000 Tonnen sollten der Flotte mit Rücksicht auf den Consum einen stehenden Vorrath von mindestens 30.000 Tonnen sichern. — An Lebensmitteln waren 300.000 Rationen vorhanden, eben so viele gelangten mit Ende Juni zur Einlieferung.

Einer seiner ersten Schritte war es, die Verstärkung der Escadre durch die zur Panzerung bestimmten aber derselben noch ermangelnden Fregatten Erzherzog Ferdinand Max und Habsburg, — dann durch das als minder kriegstüchtig erklärte Schrauben-Linienschiff Kaiser zu erreichen.

Er liess alle Kräfte daran setzen, um die Panzerung der Ersteren binnen 4 Wochen zu vollenden und sie wenigstens zum Theil provisorisch mit glatten 48pfündern armiren zu können.

Selbst in dem Falle, als ihre Ausrüstung und Armirung vor Ausbruch der Feindseligkeiten sich nicht vollenden liesse, glaubte Tegetthoff sich von der Verwendung derselben als Widderschiffe, — auch ohne Armirung und mit nur theilweiser Panzerung — ausgezeichnete Dienste versprechen, und die dringendsten Ausrüstungs-Arbeiten, wie die Installirung eines Steuer-Apparates innerhalb weniger Tage beenden zu können.

Auf seine Veranlassung wurden auch die zur Verwendung an der dalmatinischen Küste bestimmten Schrauben-Schooner Narenta und Kerka, dann der Rad-Dampfer Vulcan, der Operations-Flotte einverleibt und durch die gemietheten Lloyddampfer Egitto, Vulcano und Venezia ersetzt.

Alle diese Verstärkungen mussten der k. k. Escadre um so erwünschter sein, als die Schrauben-Fregatte Novara durch einen am 3. Mai im Hafen von Pola an Bord derselben ausgebrochenen Brand für einen Zeitraum von mehreren Wochen kampfunfähig geworden war und am 20. Mai durch Rad-Dampfer Lucia zur Reparatur auf die Werfte von Triest geschleppt werden musste.

Um seinen ungepanzerten Schiffen die möglichste Widerstandskraft zu geben, liess weiters CA. v. Tegetthoff in der ersten Hälfte Juni den Batteriegang der Schrauben-Fregatten Adria, Donau, Radetzky, Schwarzenberg, — der am 20. Mai aus Bremerhaven auf der Rhede von Fasana eingelaufenen Schrauben-Corvette Friedrich, — dann der Schrauben-Kanonenboote Hum, Velebich, Seehund, Streiter, Wall, Dalmat und Reka, welch' letztere zwei am 5., respective 14. Mai auf der Rhede von Fasana eingelaufen waren — mit Ankerketten, und die Zwischenräume der Batterien mit Tau-Splitternetzen versehen.

Es handelte sich auch für den Admiral, seine Artillerie mit der feindlichen ins Gleichgewicht zu bringen, — und da an die Herbeischaffung stärkerer Kaliber an Bord der Flotte nicht zu denken war, zumal die zur Armirung der vorzüglicheren Schiffe in Bestellung gebrachten Krupp'schen Geschütze, in Folge des von Preussen erlassenen Ausfuhrverbotes von Kriegsmaterial, nicht zu erlangen waren, so liess er die Schiffe, soweit die Vorräthe es ermöglichten, mit glatten 48pfündern armiren und an Bord derselben alle Vorbereitungen treffen, um aus den 48- und 30pfündern glühende Kugeln schiessen und so wenigstens halbwegs den schweren Sprenggeschossen des Gegners Ähnliches entgegensetzen zu können.

Um endlich seinen Geschützen, die sich an Kaliber mit jenen des Feindes nicht messen konnten, doch eine möglichst verheerende Wirkung gegen die italienischen Schiffe zu sichern, führte CA. v. Tegetthoff bei allen Schiffen die concentrirten Lagen ein, mittelst deren, indem alle Geschütze einer Breitseite nach einem Punkte richteten und gleichzeitig feuerten, durch die Menge der Geschosse ersetzt werden sollte, was den einzelnen an Percussionskraft fehlte.

Der ausserordentlichen Thätigkeit Aller war es zu danken, dass bis Ende Mai schon die grössere Hälfte der für die operative Escadre bestimmten Schiffe see- und kampftüchtig auf der Rhede von Fasana eintraf, zu deren Schutze seit 18. täglich 1 Fregatte und 1 Kanonenboot, vom 30. noch ein Rad-Dampfer den Inspectionsdienst versah [1]).

Was noch fehlte, konnte nur durch volle Hingabe an die Sache des Kaisers und des Vaterlandes, durch Muth und Kühnheit geschaffen werden; Farragut's Satz: „Hölzerne Schiffe — eiserne Herzen" ward Gemeingut der kaiserlichen Escadre; den Feind anrennen und zum Sinken bringen, der Hauptsatz ihrer Taktik und hauptsächlicher Gegenstand aller Übungen.

Waren bisher die einzelnen Schiffe, sobald sie auf der Rhede von Fasana einliefen, eifrigst bemüht gewesen, ihre Bemannungen durch Einzel-Manöver und Scheibenschiessen auszubilden, so nahmen nun die Übungen einen ausgedehnteren Charakter an.

Am 5. Juni ordnete CA. v. Tegetthoff die Formirung der Escadre in 3 Divisionen nach Panzerschiffen, schweren Holz-Schraubenschiffen und Kanonenbooten an, von denen jede einen Rad-Dampfer als Repetiteur erhielt, und nun folgten beinahe ununterbrochen taktische Exercitien mit grösseren Körpern, bei welchen die k. k. Escadre auch mit dem Gebrauche der am 4. Juni in Wirksamkeit getretenen neuen Flaggen- und Colomb'schen Nacht-

---

[1]) Diese Schiffe unterhielten tagsüber stillen Dampf in der Hälfte der Kessel, die Boote eingesetzt, um auf das erste Aviso vollkommen klar in See gehen zu können. Während der Nacht lag die Fregatte an der Nord-West-, der Rad-Dampfer an der Süd-Ost-Einfahrt dampfklar vor Anker, das Kanonenboot besorgte die Kreuzung vor der Insel Brioni.

Mit Pola stand die Escadre durch den optischen Telegraphen vom Monte Musil, durch electrischen vom Fort Brioni in Verbindung.

Seit 14. April lag im Hafen von Pola für den Depeschendienst ein Dampfer in Bereitschaft.

Signale vertraut gemacht, das concentrische Feuer im Nahkampfe und das Manöver des Anrennens fleissig geübt ward [1]).

Dank des allseitig regen Eifers lagen am Abende des 21. Juni, — als CA. v. Tegetthoff durch ein Telegramm des EH. Albrecht von dem nahen Beginn der Feindseligkeiten in Kenntniss gesetzt ward — folgende Schiffe der k. k. Escadre auf der Rhede von Fasana, zunächst und gegenüber der nordwestlichen Einfahrt, in 4 Colonnen vor Anker:

In erster Linie:

6 Panzerschiffe: Prinz Eugen, Drache, Kaiser Max, Salamander, Don Juan, Erzherzog Ferdinand Max;

in zweiter Linie:

5 schwere Holz-Schraubenschiffe: Schwarzenberg, Donau, Adria, Radetzky, Erzherzog Friedrich;

in dritter Linie:

7 leichte Holz-Schraubenschiffe: Hum, Dalmat, Wall, Velebich, Reka, Streiter, Narenta;

in vierter Linie:

5 Rad-Dampfer: Elisabeth, Greif, Stadium, Andreas Hofer, Triest.

Es fehlten somit auf den Stand der operativen Escadre noch: Panzer-Fregatte Habsburg, Schrauben-Linienschiff Kaiser, Schrauben-Fregatte Novara, Schrauben-Kanonenboot Seehund, Schrauben-Schooner Kerka, und die Rad-Dampfer Santa Lucia und Vulcan.

Linienschiff Kaiser und Kanonenboot Seehund liefen indess noch am 25. zur Escadre auf die Rhede ein.

Von den ausgerüsteten Schiffen befand sich zwar Panzer-Fregatte Salamander erst seit 10, Don Juan seit 6, Ferdinand Max erst seit 2 Tagen bei der Escadre, und nahezu die Hälfte der übrigen disponiblen Schiffe zählte kaum 4 Wochen Ausrüstungszeit; — doch war der Zustand der Flotte ein befriedigender, namentlich was den Geist der Equipagen anbelangt, die, gestärkt durch das Bewusstsein des bisher Geleisteten, mit Zuversicht in die Zukunft sahen, und mit grenzenlosem, enthusiastischem Vertrauen auf den Helden blickten, der berufen war, sie in den Kampf zu führen.

---

[1]) Lucia und Triest gingen, so oft die gesammte Escadre auslief, nach Pola, wo sie mit zurückgeschobenen Feuern bereit lagen, einlangende Depeschen dem Flaggenschiffe zu überbringen. — Sonst lagen die Rad-Dampfer auf der Rhede in 4. Division.

Auch die zur localen Sicherung der österreichischen Küsten und Häfen getroffenen Massregeln waren an diesem Tage grösstentheils vollendet.

In Venedig (Festungs-Commandant: FZM. Baron Alemann, Hafen-Admiral CA. v. Wissiak) lagen die Rad-Dampf-Kanonenboote Nr. I, II, III, IV, V, (je mit 1 24pfd. gezogenen Rücklad-Kanone und 1 7pfd. langen Haubitze armirt), dann die Rad-Dampfer Thurn-Taxis (4 gezogene 6pfünder), Alnoch (1 30 pfd., 4 12pfd. gezogene Kanonen, 2 1pfd. Petrier) und Messaggiere (3 1pfd. Petrier) im Canal San Marco, das Kanonenboot Nr. VI (1 24pfd. gezogene Rücklad-Kanone, 1 7pfd. lange Haubitze) als Stationsschiff in Chioggia vor Anker. Rad-Dampfer Gorzkowsky (3 1pfd. Petrier) blieb dem Festungs-Gouvernement zur Disposition.

Desgleichen legten sich die Kanonenboote Auslugger, Pelikan, Deutschmeister (je mit 2 12pfd. gezogenen Rücklad-Kanonen armirt) nach vollendeter Ausrüstung, am 25. Juni im Canal San Marco vor Anker.

Die gepanzerte Batterie Feuerspeier, welche vermöge ihrer Armirung (von 24 48pfd. glatten Kanonen) bei der Vertheidigung wesentliche Dienste leisten konnte, ward in Folge nachträglicher Anordnung ausgerüstet, und Ende Juni westwärts der Hafen-Einfahrt Malamocco verankert.

Die Werke der Seeseite waren am 12., jene der Landseite am 26. Juni in Vertheidigungsstand und mit 846 Geschützen armirt. Die Besatzung bestand aus 10 Bataillons Infanterie, $8^1/_2$ Compagnien Festungs- und Küsten-Artillerie, 2 Compagnien technischer Truppen und 1 Raketen-Batterie mit dem Stande von 12.987 Mann und 8 Raketen-Geschützen.

Das Hafen-Admiralat hatte zur Bemannung der Binnengewässer-Schiffe, zu Arsenal-Arbeiten etc. 4 Compagnien des Matrosen-, 2 Compagnien des Marine-Zeugs-Corps und 2 Compagnien Marine-Infanterie mit dem Stande von 3561 Mann disponibel.

Um jedoch die durch keine Fortificationen geschützten Lagunen durch Apostamentschiffe sichern zu können, traf das Festungs-Gouvernement am 21. Juni Anstalten zur Ausrüstung derselben, und bestimmte den Ponton Nr. II (10 12pfd. gezogene Rücklad-Kanonen) als Hafenwachschiff für den Lido, Obusiera Saetta (2 30pfd., 4 4pfd. glatte Kanonen, 2 1pfd. Petrier) für Chioggia, Prahme Vesuvio (6 30pfd., 1 60pfd. glatte Kanonen, 2 1pfd. Petrier) für Alberoni, Piroghe Elvira, Euridice, Umile (je mit 1 36pfd. glatten Kanone, 2 1pfd Petrier) für Chioggia, Treporti, S. Erasmo; Segel-Fregatte Venus ward mit 12 18pfündern armirt, mit 112 Mann bemannt, und im Canal Murano vertäut, von wo selbe die Stadt Murano und die Fondamenta nuova beherrschte.

Am 28. Juni war die Hafen-Einfahrt zwischen Fort Felice und Caroman durch eine Barrikade von Fregattenketten, auf 113 Ankern vertäut, jene am Lido zwischen Fort S. Andrea und S. Nicola durch eine gleiche, auf 48 Ankern vertäute Kette gesichert.

Eine schwere Barrikade von einer Linienschiffs- und einer Corvetten-Kette, auf 149 Ankern vertäut, sperrte die Einfahrt bei Malamocco zwischen Fort S. Pietro und der nördlichen Diga.

Westlich und parallel derselben befanden sich 17 Seeminen, — im Canal Rocchetta, an der engsten Passage lagen 7 Mercantilschiffe zum Versenken bereit.

Die Passage der Handelsschiffe war seit Mitte Juni nur bei Tage durch Porto Malamocco und Chioggia gestattet.

Ende Juni wurden endlich 5 Piroghen (je mit 1 36pfd. Kanone 2 1pfd. Petrier) ausgerüstet, — 3 derselben Mitte Juli bei S. Giorgio in Alga, im Canal Burano, und bei Torcello, wo die Canäle Trambetta und Buffone überwacht werden konnten, vertäut; die andern 2 zur Bewachung verschiedener Objecte und zum Patrulliren verwendet.

In Triest (Besatzungs-Commandant GM. v. Wagner) waren die zum Schutze der Stadt gegen Landungen oder Bombardements angelegten Werke Mitte Juni in Vertheidigungsstand und mit 198 Geschützen armirt. Die Besatzung bestand aus 2⅚ Bataillons Infanterie, 3⅛ Compagnien Küsten- und Festungs-Artillerie mit dem Stande von 3725 Mann.

Im Hafen lagen zu dieser Zeit noch die Rad-Dampfer Lucia und Triest, welche dem Truppen-Commando für Triest zu Truppen-Transporten zur Verfügung standen und Anfangs Juli zur Escadre auf der Rhede von Fasana stiessen.

In Pola (Festungs- und Hafen-Commandant, VA. Baron Bourguignon, Besatzungs-Truppen-Commandant GM. Rudolph) lag Rad-Dampfer Hentzi (mit 2 12pfd. gezogenen, 2 4pfd. glatten Kanonen armirt) zur Bestreitung des Hafenwachdienstes und Besorgung des Material- und Truppen-Transportes zwischen den Forts. Seine geringe Pferdekraft und Fahr-Geschwindigkeit machten noch die Miethe des Lloyd-Dampfers Francesco Carlo nothwendig, der dem Hafen-Admiralate am 1. Juni zur Verfügung gestellt ward. Segel-Schooner Saida (mit 8 30pfd. Kanonen armirt) versah seit 23. Mai den Hafenwachdienst in Veruda, — die bisher daselbst stationirte Kanonirschaluppe dagegen ward nach Pola einberufen und abgerüstet.

Die Werke von Pola waren gegen Ende Juni in vollkommenen Vertheidigungsstand und mit 510 Geschützen armirt. Die Besatzung bestand aus 3 Bataillons Infanterie, 1 Zug Cavallerie, 6 Compagnien Küsten- und Festungs-Artillerie, ¾ Compagnie Génie-Truppen, mit einem Stande von 4003 Mann, 52 Pferden. Wegen ungenügender Artillerie-Besatzung wurden dem Festungs-Commando von den überzähligen Mannschaften des Matrosen-Corps 572 Mann zum Küsten-Artillerie-Dienste zugewiesen.

Die Hafen-Einfahrt war Anfangs Juli der Quere nach durch 2 mit eben so vielen Torpedo-Linien wechselnde Netz-Reihen geschlossen. Die im Hafen liegende Segel-Fregatte Bellona (mit 1 24pfd. gezogenen Rücklad-, 4 60pfd. Granat- und 30 30pfd. glatten Kanonen armirt) unterhielt an der Hafenmündung unausgesetzt ein bemanntes Boot, das den Schiffen als Lootsenboot zu dienen hatte.

Dalmatien (Gouverneur und commandirender General FML. Baron Philippović) war in dem bevorstehenden Kriege die Rolle der passiven Vertheidigung zugewiesen.

Die festen Plätze:

Budua	mit	11 Objecten	und	54	Geschützen,
Cattaro	„	11 „	„	87	„
Castelnuovo	„	9 „	„	113	„
Ragusa	„	10 „	„	136	„
Sebenico	„	2 Forts	„	25	„
Clissa	„	18 Geschützen,			
Knin	„	18 „	u. einem Feldfort am Mte. Verbnik,		

Zara mit 161 Geschützen,

die Insel Lissa mit 9 permanenten Werken, 11 Batteriestellungen und 88 Geschützen, —

deren Vertheidigungs-Instandsetzung am 26. April begann, Anfangs Juli vollendet war, und zu deren Besetzung 11 Bataillons Infanterie, 12 Compagnien Küsten-Artillerie, 4 gezogene 3pfd. Gebirgs-Batterien, 1 Génie-Compagnie, mit dem Stande von 14.425 Mann 18 Geschützen zur Verfügung standen, liessen eine erfolgreiche Vertheidigung dieses Küstenstriches hoffen.

Die zur Verwendung an der dalmatinischen Küste bestimmten Schiffe lagen in folgenden Stationen: Rad-Dampfer Curtatone (armirt mit 1 24pfd. gezogenen Rücklad-, 3 30pfd. glatten Kanonen) im Canal von Cattaro, — Kanonenboot Grille (2 48pfd., 2 12pfd. gezogenen Kanonen) in der Bucht von Topla, — Kanonenboot Gemse (2 48pfd., 2 12pfd. gezogenen Kanonen) in Castelnuovo, — Kanonenboot Sansego (2 48pfd., 2 12pfd. gezogenen Kanonen) in Gravosa, — Rad-Dampfer Fiume (2 6pfd. gezogenen Kanonen) und der gemiethete Lloyd-Dampfer Venezia (nicht armirt) in Zara, — Lloyd-Dampfer Egitto in Lissa, — Lloyd-Dampfer Vulcano in Cattaro; — Rad-Dampfer Taurus war noch nicht ausgerüstet; die Minenlegung und Barrikadirung der Häfen von Lissa und Cattaro hatte noch nicht begonnen.

Das croatische Küstenland war durch die dem Truppen-Commando für Istrien und Friaul (vom Landes-General-Commando zu Agram) zugetheilte Brigade GM. Pessić vertheidigt. Dieselbe zählte 2 Bataillons, 2 Compagnien Grenz-Infanterie, 1 Raketen-Batterie, mit einem Stande von 1722 Mann, 8 Raketen-Geschützen und unterhielt Besatzungen in Fiume (Porto Re, Buccari) und Zengg.

Bis zur erfolgten Kriegs-Erklärung ward keine den Verkehr der Handelsschiffe hindernde Massregel getroffen, doch wurden die zur Sicherung der k. k. Schiffe und der Hafenplätze nothwendigen Vorsichtsmassregeln nicht ausser Acht gelassen. Das Einlaufen italienischer Kriegsschiffe in österreichische Häfen war seit 9. Juni grundsätzlich nicht gestattet.

Als bei der Escadre die Nachricht von dem Siege bei Custoza eintraf, die Feindseligkeiten somit thatsächlich begonnen hatten, erschien es bei der völligen Unkenntniss über die Bewegungen der italienischen Flotte, und den Gerüchten gegenüber, welche von beabsichtigten Landungen italienischer Freischaaren sprachen, geboten, die getroffenen Vorsichtsmassregeln zu verschärfen.

Die Leuchtfeuer zu Chioggia, Malamocco und Piave, bei Triest, am Capo Compare, Punta d'Ostro und Lissa, auf Lagosta, ferner das Hafenlicht am Molo S. Carlo in Triest, so wie jenes in Fiume, endlich das Licht an der Thurmuhr des letztgenannten Ortes wurden eingestellt. An der Südspitze der Insel Veglia ward als Signal für den Hafen von Zengg eine Allarmstange aufgerichtet.

Pola, als Kriegshafen, blieb feindlichen Handelsschiffen, den Fall erwiesener relâche forcée ausgenommen, vom 3. Juli gesperrt. In allen übrigen Häfen waren grössere Handelsschiffe vom Brigg aufwärts, und alle Dampfer tagsüber nur dann zum Einlaufen befugt, wenn ihnen von Seite des Hafenamtes die Pratica ertheilt ward [1]).

Bei der Escadre übernahm nunmehr 1 Panzer-Fregatte und 1 Kanonenboot während des Tages den Inspectionsdienst, während der Nacht die Kreuzung vor der Insel Brioni, 1 Holz-Fregatte blieb an der N.W., — 1 Rad-

[1]) In Ausführung der den Schutz des Handels zur See in Kriegszeiten bezweckenden Declaration des Pariser Friedens-Congresses vom 16. April 1856 ordnete eine kaiserliche Verordnung vom 13. Mai 1866 an, dass feindliche Handelsschiffe — vorausgesetzt, dass selbe weder Kriegs-Contrebande führen, noch eine rechtsverbindliche Blokade brechen — von k. k. Kriegsschiffen dann nicht aufzubringen seien, wenn der feindliche Staat, dem sie angehören, österreichischen Schiffen gegenüber die Gegenseitigkeit beobachtet.

Italien hatte durch seine Gesetzgebung diese zugestanden, Preussen erklärte dieselbe durch das Gesetz vom 19. Mai 1866, — es war daher der freie Verkehr aller Handelsschiffe nicht gehemmt.

Dampfer an der S.O.-Einfahrt der Rhede zur Überwachung und Visitirung der bei Tage passirenden Schiffe liegen. Bei Nacht ward die Passage untersagt.

Wir haben nun, vor der Schilderung der Operationen zur See, nur noch eine kurze Beschreibung der durch die tapfere Vertheidigung und durch die siegreiche Seeschlacht für alle Zeiten berühmt gewordenen Insel Lissa zu geben [1]).

Lissa liegt fast in der Längenmitte des adriatischen Meeres unter dem 43° nördlicher Breite und zwischen dem 13 und 14° östlicher Länge (etwa einen halben Grad südlicher als Ancona), 30 Seemeilen von der dalmatinischen, 70 von der italienischen Küste entfernt und ist die am weitesten gegen Südwesten vorspringende der dalmatinischen Inseln.

Ihr Flächeninhalt beträgt 30 See-Quadrat-Meilen, ihr Umfang 24 Seemeilen, ihre Länge von West gegen Ost 8, ihre Breite 4 Seemeilen.

Der höchste Punkt der Insel ist der Monte Hum (1872'), dessen Verzweigungen sie ganz erfüllen und in steilen felsigen Ufern gegen das Meer abfallen.

Mehrere gute Häfen und zahlreiche kleinere Buchten vermitteln die Verbindung mit dem Innern; die nennenswerthen unter diesen sind:

An der Nordseite: der $1\frac{1}{5}$ Seemeilen tiefe und $\frac{1}{2}$ Seemeile breite Haupthafen von S. Giorgio (Lissa); dann die Buchten: Karober, Gradac, Chiave und Travna westlich, Stončica östlich des genannten Hafens.

An der Süd-Ostseite: die Bucht von Milna, die Häfen von Manego und Ruda, endlich im Westen die $1\frac{2}{3}$ Seemeilen breite und 1 Seemeile tiefe Bucht von Comisa.

Die Gangbarkeit im Innern der Insel ist auf dem meist nackten Felsboden sehr erschwert; nur einige für Saumthiere zur Noth practicable Reitwege verbinden die verschiedenen Befestigungen; der beste ist jener Weg, welcher von Lissa über den Sattel Michele nach Comisa führt.

Der günstigen geographischen Lage der Insel wegen, bemächtigten sich im Jahre 1811 die Engländer derselben, befestigten den Hafen von S. Giorgio, machten ihn zur Flottenstation und zum Ausgangspunkt für ihre weiteren Unternehmungen gegen die damals unter französischer Herrschaft stehenden Küstenländer. Von hier aus beherrschten sie das adriatische Meer, verschlossen es dem französischen Handel und blockirten die Häfen des Festlandes.

Sie erbauten an der Nordwestseite des genannten Hafens auf einer gegen das Meer vorspringenden Landzunge das Fort Georg, und auf den, den

---

[1]) Hiezu ein Plan von Lissa.

Hafen-Eingang umschliessenden Höhen drei terrassirte Defensionsthürme: Robertson, Bentink und Wellington.

Nachdem die Insel im Jahre 1815 an Österreich gefallen, wurden die Befestigungen nach und nach vermehrt und besonders die, die Einfahrt in den Hafen von S. Giorgio deckenden Werke verstärkt. Bei Ausbruch des Krieges 1866 bestanden die Befestigungen der Insel aus folgenden Werken:

An der Westseite des Hafens: Fort Georg (Nr. 1) und die östlich unterhalb desselben gelegene Batterie Mamula (Nr. 2), Thurm Robertson (Nr. 3), Batterie Zupparina (Nr. 4), Thurm Bentink sammt Enveloppe (Nr. 5), — sämmtlich auf der zwischen der Bucht von Karober und dem Hafenbecken S. Giorgio nach Ost vorspringenden Landzunge.

An der Ostseite: die auf einer vorspringenden Landspitze erbaute Batterie Schmid (Nr. 6), Thurm Wellington (Nr. 7); endlich im Hintergrunde des Hafens: Batterie Madonna (Nr. 8).

Die unter 1—7 genannten Werke beherrschten die Hafen-Einfahrt, Fort Georg, Thurm Robertson und Bentink auch die Bucht von Karober; Batterie Madonna vertheidigte den inneren Hafen.

Fort Georg, Thurm Robertson, Bentink und Wellington hatten nur wenige Änderungen der ursprünglichen Anlage erlitten, befanden sich aber, mit Ausnahme des Thurmes Wellington, der in Verfall gerathen war, und nur den optischen Telegraphen enthielt, in gutem Zustande. Die andern permanent erbauten Werke, mit der durchschnittlichen Brustwehrstärke von 20 Fuss, entsprachen nur den Anforderungen, die man gegenüber Holzschiffen und Geschützen kleineren Kalibers stellen konnte, und hatten nebstbei den Nachtheil, dass die dem feindlichen Feuer blossgestellten Böschungen wegen Mangels an Erdreich mit Mauerwerk und Steinen verkleidet werden mussten.

Ausser diesen den Hafen vertheidigenden Werken bestand noch zur Sperrung der zwar nicht einzigen aber besten Communication zwischen der Bucht von Comisa und dem Hafen S. Giorgio auf dem Sattel Michele ein gemauertes Blockhaus, die sogenannte Max-Feste (Nr. 9).

Vor Ausbruch des Krieges, im Monate April, wurden alle Pulvermagazine gesichert, die Enveloppe des Thurmes Bentink erweitert und verstärkt, der Thurm Wellington restaurirt und an demselben eine Batterie für 4 Mörser erbaut; um Landungen in Comisa zu verhindern eine Batterie (Nr. 10) oberhalb Punta Magnaremi, eine Geschützstellung (Nr. 11) auf dem Monte Perlić angelegt, ferner zwei Geschützstellungen (Nr. 13 und 14) auf dem Vrani Kamic zur Bestreichung der nördlich der Bucht von Comisa gegen Lissa führenden Communicationen und der Bucht Travna hergerichtet, endlich die Batterie Nadpostranje (Nr. 12) erbaut, um Landungen in Porto Manego und Ruda zu verhindern.

Zur Verstärkung der Vertheidigung des Hafens von S. Giorgio wurde endlich der bei 800 Fuss hohe Rücken Andrea-Cosmo (an der Innenseite des Hafens) als Reservestellung mit 7 Geschütz-Emplacements (Nr. 15 bis 21) an solchen Punkten versehen, welche die Bestreichung der Hafenseite und aller in den Rücken der Stellung führenden Communicationen und Terrainfalten begünstigten; zwei Baraken für 400 Mann (Nr. 22), nebst Cisternen und flüchtigen Communicationen zwischen diesen Objecten, wurden gleichfalls daselbst hergestellt.

Von der Kuppe des Monte Hum und dem Thurme Wellington konnte der Golf bis an die italienische und dalmatinische Küste beobachtet und jede Wahrnehmung durch den optischen Telegraphen nach der Reservestellung rapportirt werden, woselbst der dritte optische Telegraph die Befehle des Festungs-Commandanten nach allen befestigten Punkten übertrug. Über Lesina, Brazza stand die Insel durch einen electrischen, theilweise unterseeischen, Telegraphen mit dem Festlande in Correspondenz.

Zur Armirung der Werke von Lissa und innern Vertheidigung der Insel standen dem Festungs-Commando im Ganzen 88 Geschütze zur Verfügung [1]).

Vertheilt waren dieselben wie folgt:

Nr. 1. Fort Georg, Commandant: Oberlieutenant Girtler des Küsten-Artillerie-Regiments.

4 18pfd. eiserne Vertheidigungs-Kanonen
(auf der Terrasse der Defensions-Kaserne),
4 24pfd. gezogene Hinterlad-Kanonen,
6 48 „ glatte Küsten- „

---

[1]) 3 ordinäre 6pfd. Feld-Kanonen,
3 6pfd. la Hitte-Kanonen,
2 24pfd. kurze Batterie-Kanonen,
4 12pfd. eiserne Vertheidigungs-Kanonen,
12 18pfd. „ „ „
8 12pfd. gezogene Hinterlad-Kanonen,
20 24pfd. „ „ „
8 48pfd. Küsten-Kanonen,
2 7pfd. schwere Granat-Kanonen,
4 30pfd. Granat-Kanonen,
1 7pfd. kurze Feld-Haubitze,
1 10pfd. Batterie-Haubitze,
6 30pfd. Küsten-Haubitzen,
2 30pfd. ordinäre Mörser,
2 30pfd. weittreibende Mörser,
2 60pfd. ordinäre Mörser,
2 60pfd. Küsten-Mörser,
4 6pfd. Raketen-Geschütze,
2 12pfd. „ „

1 30pfd. ordinärer Mörser,
2 60 „ Küsten-Mörser.

Nr. 2. Batterie Mamula, Commandant: Feuerwerker Gomola des Küsten-Artillerie-Regiments.

2 24pfd. gezogene Hinterlad-Kanonen,
4 30 „ Küsten-Haubitzen,
1 30 „ ordinärer Mörser.

Nr. 3. Thurm Robertson, Commandant: Cadet-Corporal Häring des Küsten-Artillerie-Regiments.

1 12pfd. gezogene Hinterlad-Kanone.

Nr. 4. Batterie Zupparina, Commandant: Unterlieutenant Pomeisl des Küsten-Artillerie-Regiments.

4 24pfd. gezogene Hinterlad-Kanonen.

Nr. 5. Thurm Bentink sammt Enveloppe, Commandant: Cadet-Feuerwerker Winkler des Küsten-Artillerie-Regiments.

1 12pfd. gezogene Hinterlad-Kanone
(auf der Terrasse des Thurmes),
2 30pfd. Küsten-Haubitzen,
4 12 „ eiserne Vertheidigungs-Kanonen
(in der Enveloppe).

Nr. 6. Batterie Schmid: Commandant, Unterlieutenant Pawlowsky des Küsten-Artillerie-Regiments.

2 24pfd. gezogene Hinterlad-Kanonen,
2 48 „ Küsten-Kanonen.

Nr. 7. Thurm Wellington sammt Mörserbatterie, Commandant: Oberlieutenant Haberl des Küsten-Artillerie-Regiments.

1 7pfd. kurze Feld-Haubitze auf der Terrasse des Thurmes,
1 10 „ Batterie-Haubitze „ „ „
2 30 „ weittreibende Mörser,
2 60 „ ordinäre Mörser
(in der Mörser-Batterie).

Nr. 8. Batterie Madonna, Commandant: Oberlieutenant Jauernig des Küsten-Artillerie-Regiments.

4 24pfd. gezogene Hinterlad-Kanonen,
4 30 „ Granat- „

Nr. 9. Ferdinand Max-Feste, Commandant: Unterlieutenant Michalic des Küsten-Artillerie-Regiments.

2 24pfd. kurze Batterie-Kanonen,
2 7 „ schwere Granat- „

Nr. 10. Batterie Magnaremi, Commandant: Oberlieutenant Gogl des Küsten-Artillerie-Regiments.

4 12pfd. gezogene Hinterlad-Kanonen,
4 24 „ „ „ „

Nr. 11. Geschützstellung auf dem Monte Perlić.

2 6pfd. la Hitte-Kanonen.

Nr. 12. Batterie Nadpostranje, Commandant: Oberlieutenant Haselbauer des Küsten-Artillerie-Regiments.

2 12pfd. gezogene Hinterlad-Kanonen,
4 18 „ eiserne Vertheidigungs-Kanonen.

Für die Emplacements auf dem Rücken Cosmo-Andrea waren:

4 18pfd. eiserne Vertheidigungs-Kanonen,
3 6 „ Feld- „
1 6 „ la Hitte- „
ferner 2 12 „ Raketengeschütze zur Verfügung;
4 6 „ „ unter Commando des Unterlieutenants Mück des Küsten-Artillerie-Regiments blieben zur Abwehr von Landungen und zur Vertheidigung des Innern der Insel disponibel.

Versuche, die Feldgeschütze nothdürftig zu bespannen, scheiterten an der Widerspenstigkeit der auf der Insel reichlich vorhandenen Maulthiere; diese konnten nur zum Tragen der Munition für die 6pfd. Raketen-Geschütze benützt werden.

Die Besatzung der Insel bestand am 20. Juni, abgesehen von dem Stabs-Personal, aus:

dem 4. Bataillon Jellačić	1047	Mann,
5 Compagnien Marine-Infanterie, u. z. 4., 9., 10., 11. u. 12. Compagnie	1200	„
3. Compagnie des Küsten-Artillerie-Regiments	297	„
5. „ „ „ „	265	„
Génie-Truppen-Detachement	27	„
Matrosen- „ „	44	„
Zusammen . .	2880	Mann.

An Proviant war für mehrere Monate vorgesorgt; die Dotation der Geschütz-Munition stand im Verhältnisse zur wahrscheinlichen Widerstandsfähigkeit der Werke.

Als in Folge der Ereignisse auf dem nördlichen Kriegsschauplatze das 5. und 9. Corps der Süd-Armee an die Donau berufen und das in Italien verbleibende 7. Corps durch Heranziehung aller an der dalmatinischen Küste scheinbar entbehrlichen Besatzungen verstärkt wurde, erhielt auch das 4. Bataillon Jellačić die Bestimmung nach Triest und ward dahin überschifft.

Es blieben sonach in Lissa:

5 Compagnien Marine-Infanterie mit	1200	Mann,
3. u. 5. Compagnie des Küsten-Artillerie-Regiments	562	„
Génie-Truppen-Detachement	27	„
Matrosen	44	„
in Summe . .	1833	Mann.

200 Mann der Marine-Infanterie waren in den Batterien theils zur Geschützbedienung, theils als Geschützbedeckung, 36 Mann als Pionnier-Abtheilung bei den verschiedenen Arbeiten, 14 Mann als Blessirtenträger verwendet; der Rest der Marine-Infanterie mit 950 Mann blieb disponibel.

Im Hafen S. Giorgio stand der Dampfer Egitto für Recognoscirungen etc., zur Verfügung des Festungs-Commandanten, war jedoch nicht mit Geschütz armirt, und zu keinem Gefechte geeignet.

Insel- und Festungs-Commandant war Oberst Baron Urs de Margina, Génie-Director Major Hiltl, welcher gleichzeitig die Generalstabs-Dienste versah, Artillerie-Director Hauptmann Klier des Küsten-Artillerie-Regiments, Infanterie-Besatzungs-Commandant Major Kratky des Marine-Infanterie-Regiments.

II. Abschnitt.

Operationen vom Ausbruch des Krieges bis zum Angriffe der Insel Lissa durch die italienische Flotte.

Mit der am 20. Juni von Seite Italiens an der venezianischen Landesgrenze überreichten Kriegserklärung waren natürlich auch die Feindseligkeiten zur See eröffnet.

Contre-Admiral v. Tegetthoff hatte im Vertrauen auf die Kraft der ihm zustehenden Kampfmittel und den vorzüglichen Geist der Schiffsbemannungen keinen Augenblick den Gedanken an die Ausführung offensiver Unternehmungen gegen die feindliche Flotte aufgegeben, sobald ihm diese die Gelegenheit dazu liefern würde.

Da vor Ausbruch des Krieges jede Nachricht über Bewegungen der feindlichen Flotte mangelte, lief Dampfer Stadium am 20. Juni zur Recognoscirung der italienischen Küste von Ancona bis Bari aus. Derselbe kehrte am 23. mit der Meldung zurück, keinerlei Ansammlung feindlicher Schiffe wahrgenommen zu haben.

Vermuthend, dass der Feind innerhalb der adriatischen Gewässer noch nicht völlig gesammelt sei, die k. k. Escadre im Falle einer Bewegung vielleicht auf einen nur gleich starken, wenn nicht schwächeren Gegner treffen dürfte, fasste Contre-Admiral v. Tegetthoff rasch den Gedanken, Fasana zu verlassen und zur Recognoscirung von Ancona auszulaufen. Er überschiffte sich noch am 24. mit seinem Stabe von Fregatte Schwarzenberg auf Panzer-Fregatte Ferdinand Max, die nunmehr Escadre-Flaggenschiff ward und stellte, indem er sich gleichzeitig präcise Weisungen über den ihm zustehenden Grad von Actions-Freiheit erbat, an den Erzherzog Albrecht, dem er als Commandanten aller Streitkräfte auf dem südlichen Kriegsschauplatze in gewissem Sinne unterstellt war, telegraphisch die Anfrage, ob es der k. k. Escadre gestattet sei, eventuell die Offensive zu ergreifen und scharfe Recognoscirungen an der italienischen Küste vorzunehmen.

Der Erzherzog schlug indessen am 24. Juni das feindliche Landheer bei Custoza und dessen erst am 26. eintreffende telegraphische Antwort lautete dahin, dass der freien Action der Flotte kein Hinderniss im Wege stehe, selbe jedoch nicht über Lissa hinaus auszudehnen und die Po-Mündung so wie die Küste Venedig's im Auge zu behalten sei.

Tegetthoff, der bereits mit allen Schiffs-Commandanten Kriegsrath gehalten und die Operation gegen Ancona besprochen hatte, lief nun noch des Abends mit den 6 Panzer-Fregatten: Ferdinand Max, Prinz Eugen, Kaiser Max, Don Juan, Drache und Salamander, der Schrauben-Fregatte Schwarzenberg, den 4 Schrauben-Kanonenbooten Hum, Streiter, Reka, Velebich, den 2 Rad-Dampfern Elisabeth und Stadium aus und gelangte mit Tagesanbruch des 27. vor Ancona.

Rad-Dampfer Elisabeth, als Auslugger, gewahrte gegen 3 Uhr Morgens den vor dem Hafen kreuzenden feindlichen Aviso Esploratore, fuhr ihm entgegen, eröffnete, nachdem er die feindliche Flagge erkannt und die eigene gehisst hatte, das Feuer und jagte ihn im Vereine mit den Kanonenbooten Velebich und Reka bis an die italienische Küste.

Die k. k. Escadre setzte indessen ihren Weg fort, die Mannschaften auf ihren Posten zum Gefechte bereit. Um 5½ Uhr Früh befand sich selbe auf 2½ Seemeilen vor Ancona und blieb daselbst schlachtbereit bis 7½ Uhr.

Gegen Erwarten lag die feindliche Flotte, deren grösserer Theil am 22. aus dem Golf von Tarent ausgelaufen und am 25. in Ancona eingetroffen war, fast vollzählig auf der Rhede vor Anker; man konnte 11 Panzerschiffe, 4 Fregatten, 2 Aviso-Dampfer zählen, ausserdem sah man hinter der Quai-Mauer des Binnenhafens noch Rauchsäulen aufsteigen.

Die feindlichen Schiffe waren durch ihren Auslugger alarmirt, mehrere lagen dampfklar, drei der grössten Panzerschiffe waren in Bewegung; doch die Absicht auszulaufen konnte nicht wahrgenommen werden, obgleich das Manöver der k. k. Escadre in der Nähe des Ankerplatzes hiezu vollkommen Zeit geboten hätte.

Die gegnerische Flotte vor Anker anzugreifen, musste sich unter den gegebenen Umständen als ein Unternehmen darstellen, das wegen der Uebermacht, der Nähe der Landbatterien und der Möglichkeit auf eine Minenanlage im Hafen zu treffen, wenig günstige Chancen bot.

Die kaiserliche Escadre trat demnach um 8 Uhr, die Holzschiffe voran, und durch die Panzerschiffe gedeckt, bei nördlichem Curs wieder den Rückweg nach Fasana an, wo sie vor Sonnenuntergang ankerte und einen neuen Zuwachs an der Panzer-Fregatte Habsburg vorfand.

Da Gerüchte von einem demnächst auf Venedig abzielenden Angriffe der feindlichen Flotte sprachen, blieben von nun an alle Schiffe der k. k.

Escadre, mit stillem Dampfe in der Hälfte der Kessel, zum augenblicklichen Auslaufen bereit.

Am 28. gegen Sonnenuntergang signalisirte Fort Brioni ein Panzerschiff mit tricolorer Flagge auf 15 Seemeilen in Sicht. Kaiser Max und Don Juan, zur Recognoscirung desselben beordert, erkannten das englische Panzerschiff Enterprise, welches auf dem Wege von Ancona nach Triest passirte.

Den folgenden Tag ging Prinz Eugen nach Malamocco ab, um ein Kohlen-Transportsschiff auf die Rhede von Fasana zu bringen, kehrte mit demselben am 30. zurück, ohne auf der Fahrt feindliche oder verdächtige Schiffe entdeckt zu haben und ein vom Statthalter Dalmatiens, FML. Baron Philipović eingelangtes Telegramm constatirte, dass die feindliche Flotte noch immer auf der Rhede von Ancona vor Anker liege und dort den Lloyd-Dampfern das Anlaufen verwehre.

Diese Nachricht zeigte auch gegen das Ergebniss der Recognoscirung vom 27. eine Verstärkung des Feindes um 4 Fregatten, und es war nun zu erwarten, dass dessen Operations-Flotte innerhalb der kürzesten Zeit vollzählig vereint sein und, auf ihre Ueberlegenheit bauend, die Offensive ergreifen werde.

Die kaiserliche Flotte benützte die ihr gegönnte, allem Anscheine nach nur sehr kurze Frist, um sich für den Kampf vorzubereiten. Alles Schiffsmaterial, welches im Gefechte nur nutzlos im Wege stehen konnte, wurde entfernt, die Panzer-Fregatten, welche Alle in hohl gestrichen hatten, schifften ihre Segel, die Holz-Fregatten sämmtliche Reserve-Rundhölzer, dann mit Ausnahme eines Marssegels und Klüvers, alle Reservesegel und den 4. Anker aus, die Escadre-Casse ward auf mehrere Schiffe vertheilt, endlich wurde das neue Signalbuch mit 4. Juli für den allgemeinen Gebrauch in Wirksamkeit gesetzt.

Eine willkommene Verstärkung erhielt die Flotte an diesem Tage an der Schrauben-Fregatte Novara, welche mit grosser Energie in der kürzesten Zeit auf der Triester Werfte Tonello's wieder in seetüchtigen Stand gesetzt und in Pola ausgerüstet und armirt worden war.

Am 6. Juli ging CA. v. Tegetthoff zur Vornahme von Divisions-Manövern mit der Flotte in See. Die Manöver führten selbe bis in Sicht des Monte d' Ancona, der um 2½ Uhr Nachmittags Süd zu Ost gepeilt wurde, später nahm die Flotte wieder Curs nach Fasana, woselbst sie nach eingebrochener Dunkelheit, welche die Beleuchtung der Bojen nothwendig machte, in bester Ordnung vor Anker ging.

Am 9. Juli berief der Contre-Admiral alle Commandanten an Bord des Flaggenschiffes, um den Bericht derselben über die Seetüchtigkeit ihrer Schiffe für weitere Missionen abzufordern, und liess an diesem und den zwei nächstfolgenden Tagen je ein Drittel der Operations-Flotte die Feuer löschen und eine gründliche Reinigung der Kessel und Maschinen vornehmen.

Wie man sieht, säumte die italienische Flotte ganz gegen alle Erwartung mit dem Beginne ihrer Operationen.

Am 10. Juli, an welchem Tage das letzte Schiff der operirenden Escadre, Rad-Dampfer Vulcan, auf der Rhede einlief, kamen zwar Nachmittags und vor Mitternacht Depeschen des Inhaltes an, dass etwa 20 feindliche Schiffe auf 20 bis 25 Seemeilen in Sicht von Lissa wären, und Zara telegraphirte die Anwesenheit einer feindlichen Escadre von 16 Schiffen bei Isola Grossa.

Doch diese Bewegung der feindlichen Flotte blieb ohne Folgen, so dass es dem Gouvernement von Dalmatien gelingen konnte, im Laufe des 12. und 13. Juli mittelst der Schiffe Fiume, Venezia, Egitto und den vom Escadre-Commando entsendeten Lucia und Vulcan vier 4. Bataillons aus Sebenico, Lissa, Castelnuovo und Cattaro, einer Anordnung des Kriegs-Ministers gemäss, ganz ungefährdet nach Triest zu überschiffen. Rad-Dampfer Curtatone konnte noch im Laufe des 14. bis 17. Juli eine Division des 4. Bataillons Hohenlohe-Infanterie unangefochten von Cattaro nach Zara bringen und dann wieder an seinen Bestimmungsort zurückgelangen.

Am 14. Juli Morgens kam der Escadre ein Panzerschiff ohne Flagge in Sicht, dasselbe ward aber durch die zur Recognoscirung beorderten Panzer-Fregatten Habsburg und Kaiser Max wieder als das englische Panzerschiff Enterprise erkannt.

Am 16. Juli 4½ Uhr Morgens recognoscirte der kreuzende Drache die französische Panzer-Fregatte Provence auf der Fahrt nach Venedig.

Schon schien es, dass es zum Kampfe auf dem Meere nicht mehr kommen werde. Die Mediation Frankreich's auf Grundlage der Abtretung Veneziens war im vollen Gange, und die Anwesenheit eines französischen Kriegsschiffes, das nach einer am 11. Juli bei der Flotte eingelaufenen officiellen Mittheilung als der Vorläufer einer ganzen französischen Escadre betrachtet werden konnte, sprach für den Erfolg der mit Italien angebahnten Verhandlungen.

CA. v. Tegetthoff musste sehr besorgt sein, dass das auf die Schiffe gedrungene Gerücht über die bereits vollzogene Abtretung des Venezianischen und den Rückzug der kaiserlichen Süd-Armee einen üblen Eindruck auf die Equipagen üben würde, von denen über 800 Mann aus Venezien stammten und schlug daher dem Kriegs-Ministerium vor, diese Letzteren, im Falle der de facto erfolgten Abtretung Veneziens, auszuschiffen.

Doch die hierauf eingetroffene Antwort: „Venezien noch nicht abgetreten, Aufgabe der Escadre unverändert," welche durch einen Escadre-

Befehl publicirt wurde, beruhigte Alle und liess nur mehr an die Pflicht und an die Ehre der Flagge denken.

Glücklicherweise kamen auch Depeschen aus dem Süden an, die vermuthen lassen konnten, dass der Gegner endlich seine Unthätigkeit aufgegeben und sich zu irgend einer Action entschlossen habe. •

Nachdem am 17. Juli durch das General-Commando zu Zara folgendes Telegramm des Festungs-Commandanten von Lissa an die Escadre gelangt war: „Ein Kriegsschiff unter englischer Flagge [1]) mit Curs N. W. in Sicht „gelangt, hat Insel recognoscirt, dann mit Curs S. O. retournirt," trafen am 18. Juli 11 Uhr Vormittags vom Insel-Commando zu Lissa folgende um 8 Uhr 30 Minuten und 9 Uhr 20 Minuten aufgegebene telegraphische Depeschen ein: „Neun Kriegsschiffe ohne Flagge von N. W., steuern auf 20 „Meilen der Insel zu" — dann: „Zehn Kriegs-Dampfer steuern signalisirten „Curs, französische Flagge, 15 Meilen entfernt."

CA. v. Tegetthoff theilte diese Depeschen dem Kriegs-Ministerium zu Wien und dem FML. Baron Maroičić zu Görz telegraphisch mit und fügte hinzu: „Glaube desshalb nicht nach S. O. gehen zu sollen, da dies eine „Demonstration von italienischen Schiffen sein dürfte, um die Escadre von hier „wegzulocken. Bitte aber jedenfalls um Mittheilung der Ansicht, wie sich „die Escadre bei ähnlichen Nachrichten zu verhalten hätte. Salamander „zieht viel Wasser und muss nach Pola" [2]).

Gegen 2 Uhr kamen neuerdings telegraphische Depeschen von Lissa: „Signalisirte Schiffe laviren N. W., die Flagge eingezogen. Ich alarmire" (abgegangen 10 Uhr 10 Minuten Vormittag);

„Signalisirte Schiffe steuern gegen Lissa, 10 Meilen entfernt. Angriff „steht bevor" (11 ³/₄ Uhr);

„Comisa mit 12 Schiffen angegriffen. Sardinische Flagge" (12 Uhr 20 Minuten).

Letzteres Telegramm gelangte auch vom General-Commando Zara an das Escadre-Commando, worauf der Contre-Admiral um 2 Uhr 20 Minuten dessen Inhalt an das Kriegs-Ministerium mit dem Beifügen bekannt gab: „Ich halte meine frühere Ansicht aufrecht. Bitte um Befehl, da Lissa sehr „entfernt vom voraussichtlichen Haupt-Angriffs-Objecte ist."

An das Insel-Commando Lissa stellte derselbe die Frage nach der

[1]) Es war dies, wie später näher erwähnt werden wird, ein italienisches Kriegsschiff, das die neutrale Flagge gebrauchte.

[2]) Salamander hatte ein Leck, das commissionell untersucht, für bedenklich, — wenn auch in Fahrt weniger gefährlich — erklärt worden war.

Gattung der feindlichen Schiffe, um daraus auf die eigentlichen Absichten des Gegners schliessen zu können.

Bald darauf trafen die Depeschen ein: „Hafen von Lissa angegriffen" (abgegangen 12 Uhr 40 Minuten);

„Heisses Kanonengefecht bei Lissa, ohne Schaden" (1 Uhr 15 Minuten).

Im Laufe des Nachmittags langten vom Insel-Commando zu Lissa, vom dalmatinischen Gouvernement und von dem Brigade-Commando zu Spalato fortgesetzt Telegramme ein, welche den Kampf von 10 Panzer-Fregatten und 3 Dampfern gegen den Hafen S. Giorgio, die Zerstörung der Batterie Schmid, die um 4 Uhr erfolgte Besetzung Lesina's durch feindliche Kanonenboote und die Unterbrechung der Telegraphen-Verbindung zwischen Lissa und Lesina, die um 7 Uhr erfolgte Ansammlung von 14 Dampfern an der Nord-Ost-, von 6 Dampfern an der Nordwestseite des Hafens S. Giorgio, das Ausharren der Werke dieses Hafens in der Vertheidigung, endlich den um 7 Uhr 20 Minuten erfolgten Rückzug der feindlichen Schiffe aus dem Schussbereiche und ihre langsame Entfernung mit Curs N. W. meldeten.

CA. v. Tegetthoff musste nun aus diesen Telegrammen wohl ersehen, dass das Gros der feindlichen Flotte sich vor Lissa befand, blieb jedoch noch vor Anker, da er dem Feinde immer noch einen weiter gehenden Angriffsplan als jenen der blossen Bezwingung Lissa's zumuthen zu sollen glaubte, und sich nicht nach dem Süden locken lassen wollte, um, wenn die feindliche Flotte inzwischen plötzlich vor einem wichtigeren Punkte des nördlichen Golfs erschien, nicht zu entfernt von demselben zu sein.

Auch lautete die um 11 Uhr Nachts einlangende, von Codroipo um 9 Uhr 20 Minuten abgegebene Antwort des Süd-Armee-Commandos auf die wiederholten Anfragen, welcher Küstenstrecke man unter den bestehenden Verhältnissen die meiste Wichtigkeit beilege, und was daher zu thun sei? „Keine Theilung der Escadre vornehmen, und jeden Angriff auf die Küste „von Istrien und Triest möglichst vereiteln."

Doch am Morgen des 19. Juli kamen vom dalmatinischen Gouvernement zwei Depeschen an, welche anzeigten, dass der Kampf bei Lissa wieder begonnen habe, und entnehmen liessen, dass die ganze feindliche Flotte noch immer bei Lissa beschäftigt, also noch in keiner Operation nach einem anderen Punkte der Küste begriffen sei.

Die zweite Depesche aus Zara (8 Uhr 20 Minuten) lautete: „Heute um „7 Uhr Kampf bei Lissa wieder begonnen, heftiger Kanonendonner bei Lesina „hörbar. Um 5 Uhr Früh die italienische Flotte, 22 Schiffe, vom Canal Cur„zola gegen Lissa, ein feindlicher Dampfer in Curs S. S. W. sichtbar."

CA. v. Tegetthoff beschloss nun auszulaufen, die feindliche Flotte anzugreifen, und dabei Lissa um jeden Preis zu entsetzen. Er meldete diesen Entschluss telegraphisch dem Kriegs-Ministerium und dem Süd-Armee-Commando, mit der Bitte um schleunige Antwort, berief um 10¼ Uhr sämmtliche Schiffs-Commandanten an Bord des Flaggen-Schiffes, um sie mit seinen Absichten bekannt zu machen und gab um 10¾ Uhr das Signal : „Alle Kessel heizen,“ und „Wer dampfklar, in Bewegung setzen.“

Dampfer Vulcan erhielt Befehl, alle Flottanten nach Pola zu schleppen und sich mit den Dampfern Lucia und Triest dem Hafen-Admiralate, welches für die möglichst rasche Einschiffung von 1000 Tonnen Steinkohle Sorge zu tragen hatte, zur Verfügung zu stellen; Aviso-Dampfer Stadium legte sich unter Fort Brioni, um die bis 2 Uhr anlangenden Telegramme der Flotte nachzubringen.

Ein grosser Theil der Schiffe war bereits in See gegangen, als dem Escadre-Commandanten vom Kriegs-Ministerium die Weisung zukam, nach eigenem Ermessen zu handeln, wegen einer blossen Demonstration gegen Lissa aber nicht auszulaufen.

Nach den zuletzt beinahe ohne Unterbrechung eingetroffenen Nachrichten aus Lissa, konnte von einer Demonstration nicht mehr die Rede sein, und es blieb somit bei dem gefassten Entschlusse.

Um Mittag verliess das Flaggenschiff die Rhede von Fasana, stiess um 1½ Uhr zu der bereits auf einige Meilen in See gesammelten Flotte, und nahm unter den Klängen der Volkshymne und unter donnernden Hurrah's der auf Reelings und Wanten aufgeenterten Mannschaften seinen Posten an der Spitze der Aufstellung ein.

Wenden wir nun unsere Blicke den bisherigen Unternehmungen der italienischen Flotte zu.

Der italienische Admiral Graf Persano, welcher schon am 8. Juni für den Fall des Krieges Instructionen erhalten hatte, die ihm die Aufgabe stellten: „das „adriatische Meer vom Feinde zu säubern, diesen anzugreifen und zu bloki-„ren, wo er ihn finde —“ war am 20. Juni durch den Marine-Minister De Pretis von der erfolgten Kriegserklärung telegraphisch in Kenntniss gesetzt worden, mit dem Befehl, unverzüglich die in Tarent befindlichen Schiffe nach Ancona abgehen zu lassen [1]).

Persano verliess hierauf am 22. Juni mit 19 Schiffen Tarent und traf,

---

[1]) Wie es scheint, bestand das Telegramm nur in den Worten: „Sta bene, viva il re,“ welche Phrase den obigen Befehl bedeuten sollte und vom Marine-Minister und dem Admiral früher vereinbart worden war.

Wir folgen in diesem Theile der Darstellung den Daten, die aus dem wider den Admiral Persano geführten Processe hervorgehen, so weit dies die reinen Thatsachen betrifft.

da er nur mit 5 Meilen Geschwindigkeit in der Stunde fuhr, erst am 25. Juni im Hafen von Ancona ein.

Noch am selben Tage richtete der Admiral eine Note an das Marine-Ministerium über die Bedürfnisse der Flotte, unter welchen er besonders Fernrohre, Avisos von grösserer Geschwindigkeit, möglichst viele Armstrong-Kanonen, und endlich auch noch Panzerschiffe als nothwendig bezeichnete. Das Ministerium befriedigte in wenigen Tagen die dringendsten und gerechtfertigtsten dieser Ansprüche, wies aber die, mit Rücksicht auf den Stand der österreichischen Flotte, übertrieben scheinenden Forderungen des Admirals nach Panzerschiffen zurück.

Bei der vor Ancona versammelten Flotte wurde nun die durch die Abfahrt von Tarent unterbrochene Neuarmirung der Schiffe mit grösster Eile vollendet und jedes der 3 Panzerschiffe Re d'Italia, Palestro und Varese schiffte 2 150pfd. Armstrong-Kanonen ein.

Am 27. Juni, als die österreichische Escadre vor Ancona erschien, war nur noch ein Schiff mit dem Umtausch seiner Geschütze beschäftigt; es nahm eben die letzten 8 Kanonen neuen Systems an Bord. Die übrigen Schiffe nahmen theils Kohlen ein, oder besorgten die letzten Reparaturen.

Die Annäherung des Feindes war rechtzeitig vom Auslugger Esploratore (marchese Orengo) bemerkt und um 4 Uhr der Flotte avisirt worden.

Auf das vom Admiral, welcher sich auf den Esploratore begeben hatte, gegebene Signal „assetto di combattimento" setzten sich sämmtliche Schiffe in Kampfbereitschaft und nach zwei Stunden waren 10 Panzerschiffe, 4 Schrauben-Fregatten, 1 Schrauben-, 1 Rad-Dampf-Corvette, 3 Schrauben-Kanonenboote und die Rad-Dampf-Aviso zum Gefechte bereit. Die Panzerschiffe Maria Pia, S. Martino, Carignano und Castelfidardo liefen zuerst auf die Rhede aus, und später folgten die meisten andern auf Befehl Persano's gegen Monte Conero, um sich dort unter dem Schutze der Küstenbatterien in die Schlachtlinie zu entwickeln. Dieses Manöver liess der österreichischen Flotte Zeit, sich von dem überlegenen Gegner völlig unbelästigt zurückzuziehen.

In einer späteren Besprechung an Bord des Principe di Carignano mit Admiral Vacca, dem Generalstabs-Chef D'Amico, den Capitänen Jauch und Bucchia gab Persano an, dass er die kaiserliche Flotte nicht angegriffen habe, weil 3 Panzer, Re d'Italia, Re di Portogallo und Ancona nicht daran Theil hätten nehmen können; auch soll er angedeutet haben, dass ihm seine Instructionen wichtigere

Operationen vorschrieben und er von der Verfolgung des Feindes keinen Vortheil erwarte [1]).

In seinem Berichte an das Marine-Ministerium gab Persano den mangelhaften Zustand mehrerer Schiffe als Grund seiner Unthätigkeit an diesem Tage an, fügte aber hinzu, dass die Flotte in kurzer Zeit bereit sein würde, den Feind anzugreifen, der, sobald er die Formirung der italienischen Flotte gesehen, die Flucht in der Richtung auf Pola ergriffen habe [2]).

Die italienische Flotte blieb noch volle 10 Tage, obgleich sie am 28. Juni einen Zuwachs von 3 Kriegsschiffen, u. z. Schrauben-Fregatte Vittorio Emanuele, Schrauben-Corvette S. Giovanni und Rad-Dampf-Aviso Sirena erhielt, bei Ancona vor Anker, immer noch nur damit beschäftigt, die Ausrüstung der Schiffe zu vollenden und sie in kampffähigen Stand zu setzen.

Bekanntlich kam vom 5. Juli an die diplomatische Intervention Frankreichs in Gang, der sich die italienische Regierung jedoch nur zögernd und ohne die Feindseligkeiten einzustellen, fügte.

Durchdrungen von der Wichtigkeit einer entscheidenden Action in dieser Zeit und gedrängt von der Stimme der Bevölkerung telegraphirte der Marine-Minister dem Admiral Persano noch am 5. Juli Folgendes: „Die ernstesten Gründe rathen, die vollständige Ausrüstung (allestimento) der Flotte „zu beschleunigen. Ich habe den Carlo Alberto, Principe Umberto „(Schrauben-Fregatten) und Governolo (Rad-Dampf-Corvette) von Neapel „abgehen lassen und die rasche Ausrüstung des Affondatore anempfohlen. Sagen Sie mir, wann die Flotte bereit sein würde, in See zu gehen und „aus welchen Schiffen sie bestehen würde [3]).“

---

[1]) Der Re d'Italia und Re di Portogallo hatten zur Zeit des Erscheinens der kaiserlichen Flotte einen kleinen Brand im Kohlenraum, der jedoch bald gedämpft ward, so dass beide Schiffe in kurzer Zeit sich in Bewegung setzen konnten. Die Ancona war erst nach $1\frac{1}{2}$ Stunden zum Auslaufen bereit.

[2]) Nicht nur seine Unthätigkeit an diesem Tage, sondern selbst die langsame Fahrt von Tarent nach Ancona wurde, nebst vielem Anderen, später Anlass zu schweren Anklagepunkten gegen den Admiral. Je härter das Urtheil war, das ihn traf, desto vorsichtiger muss die Geschichte in Bezug auf ihn sein. Gewiss ist, dass das Meiste von dem, was wider ihn als Anklage zu Tage gefördert wurde, ohne Gewicht gewesen, ja zu seiner Verherrlichung gesprochen hätte, wenn ihm das Kriegsglück bei Lissa günstiger gewesen wäre. Allerdings ist aber auch nicht zu verkennen, dass dem italienischen Admiral ein besonderer Drang nach Thätigkeit nicht innewohnte. Das grosse Unglück, welches das Landheer schon betroffen hatte, bevor er noch Ancona erreichte, und das sonst Alles im Lande mit Verzweiflung erfüllte und zur Wiedervergeltung drängte, scheint auf ihn nur von deprimirender Wirkung gewesen zu sein. Dies ist vielleicht der härteste Vorwurf, der sich gegen ihn erheben lässt. Als er unternehmend wurde, liess ihn zumeist nur das Glück im Stiche.

[3]) Affondatore war am 28. Juni von Gibraltar abgegangen und vor Kurzem in Neapel eingetroffen.

Ein zweites Telegramm vom selben Tage lautete: „Die Vorschläge des „Kaisers der Franzosen verhindern nicht die Fortsetzung der Feindselig„keiten; im Gegentheile wäre ein Kampf mit sicherem Erfolge nützlich; „die Beschleunigung der Ausrüstung ist dringend."

Admiral Persano antwortete hierauf: „Die Flotte ist, wenn es drin„gend ist, vollkommen bereit, auszulaufen; es bedarf aber noch zweier Tage, „wenn man die Geschütze eingeschifft haben will und die Laffeten ankom„men; die andern Mängel sind unwesentlich. Aber ich brauche Instructio„nen, denn ich habe keine von Werth, als jene vom 8. Juni."

Auf diese Erklärung hin traf vom Marine-Minister noch am selben Tage das Telegramm ein: „Lassen Sie die Flotte in der Nacht auslaufen und erwar„ten Sie auf hoher See die noch mit der Einschiffung von Geschützen beschäf„tigten Schiffe. Beeilen Sie sich."

Der Minister kündigte dabei die verlangten Instructionen für den 6. Mittags an. Doch auch nach diesen drängenden Depeschen und so bestimmten Befehlen verliess die Flotte ihren Ankerplatz nicht, sondern der Admiral erbat sich in einem Telegramm vom 6. Juli an den Marine-Minister, indem er sich mit Ausnahme der Geschütz-Armirung als fertig erklärte, abermals Weisungen mit folgenden Worten: „Ich bitte, erklären Sie sich genau, ob ich auch „den Feind anzugreifen habe, wenn er durch Befestigungen geschützt ist. „Besser wäre es, wenn noch der Affondatore ankäme — sonst werde „ich ohne ihn vorgehen. Sie kennen die Situation und werden daher sagen „können, ob eine Schlacht überhaupt genügt, oder ob man einen sicheren „Erfolg braucht."

Der Marine-Minister drang nun neuerdings wiederholt darauf, dass die Flotte endlich die Rhede von Ancona verlasse und wiederholte, dass es wichtig sei, die feindliche Flotte zu schlagen und einzuschliessen. Befestigungen anzugreifen, bevor die österreichische Flotte geschlagen, hielt er nicht für richtig, sondern bezeichnete diesen Angriff als eine Aufgabe, welche erst nach gewonnener Schlacht von Umständen und dem voraussichtlichen Erfolge abhinge.

Während dieses nutzlosen Depeschenwechsels verstrichen wieder drei Tage, ohne dass die Flotte auslief. Indessen kamen am 7. Juli die neuen Instructionen des Ministers an. Dieselben lauteten dahin:

1. Persano solle den Feind aufsuchen, ihn nach den mit 8. Juni gegebenen Instructionen angreifen und den Kampf bis an die äusserste Grenze fortführen, um ein entscheidendes Resultat zu erlangen.

2. Halte sich die feindliche Flotte in Pola, oder zöge sie sich vor der italienischen dahin zurück, so solle Persano Pola mit hinreichenden Kräf-

ten blokiren, sich aber ausserhalb des Schussbereiches der Pola und die Rhede von Fasana vertheidigenden Werke halten.

3. Der wesentliche Zweck des Seekrieges sei vor Allem die Herrschaft über die Adria und daher die Befreiung dieses Meeres von der österreichischen Flotte; begegne er dieser, so müsse sie verfolgt, angegriffen und besiegt oder wenigstens in die Häfen gejagt und dort in einer Weise blokirt werden, dass sie nicht mehr aus denselben herauskäme. —

Nun, um 4½ Uhr Nachmittags des 8. Juli, erhielt die Flotte mit Ausnahme einiger noch mit Arbeiten beschäftigten Schiffe, die unter Contre-Admiral Provana zurückblieben, endlich das Signal zum Auslaufen, doch nicht, um den Feind aufzusuchen, wenngleich Admiral Persano dies als Zweck seiner Operation angab. Die Flotte verliess um 6 Uhr Abends den Hafen, bekam am Morgen des 9. den Golf von Quarnero in Sicht, wandte dann gegen Ancona, so dass sie sich um 2 Uhr Nachmittags etwa 40 Miglien südöstlich vom Monte Conero befand, der Stelle die dem CA. Provana als Rendezvous bezeichnet worden war, kreuzte am nächsten Tage gegen die dalmatinische Küste, indem sie sich Isola Grossa und Lissa auf 20—25 Seemeilen näherte [1]), hielt dann aber die hohe See und übte taktische Manöver, den Signaldienst und die Bedienung der Geschütze, ohne jedoch zu feuern.

Gleich ferne von den Küsten Italiens und Dalmatiens, unsichtbar für Freund und Feind, evolutionirte so die Flotte drei Tage lang auf demselben Parallelkreise (43° 11′) und kehrte endlich nach einem bedeutenden Kohlenverbrauche, und ohne dass sie die Küste Veneziens oder Istriens, geschweige den Feind, gesehen hatte, am 13. Juni früh Morgens nach Ancona zurück [2]).

Darauf verfiel die Flotte wieder in ihre frühere Unthätigkeit, obgleich der Marine-Minister, das Einlaufen derselben in Ancona zum Ersatz der Kohlen etc. voraussehend, am 10. und 11. Juli zwei gleichlautende Depeschen hatte ergehen lassen, Persano möge die Flotte in kürzester Zeit wieder versehen, dann in See gehen und sich an die gegebenen Instructionen halten.

Admiral Persano hielt sich offenbar noch immer zu schwach für eine erfolgreiche Operation gegen die kaiserliche Flotte und seine letzte dreitägige mit Übungen verbrachte Kreuzung im adriatischen Golf mag auch dafür sprechen, dass er vor einem Zusammenstosse mit derselben die Vornahme von Exercitien noch für sehr nothwendig hielt.

---

[1]) Bei der Darstellung der Operationen der österreichischen Flotte kommen Meldungen über das Erscheinen der italienischen Escadre zunächst der dalmatinischen Küste am 10. Juli vor.

[2]) Auf hoher See hielt die Flotte 2 österreichische Handelsschiffe (einen Lloyddampfer und ein Segelschiff) an, an welche die Frage gerichtet wurde: „wo sich die feindliche Flotte befinde?"

Es ist auch nicht zu verkennen, dass die italienische Flotte zu dieser Zeit noch nicht auf dem Stande war, den das Marine-Ministerium bei Beginn der Rüstungen zur sicheren Bekämpfung der kaiserlichen Flotte für nothwendig erachtet hatte.

Von den 12 Panzerschiffen fehlte der Affondatore[1]); von den schweren Holzschiffen das Schrauben-Linienschiff Re Galantuomo, die Schrauben-Fregatten Carlo Alberto[1]) und Principe Umberto[1]), die Rad-Dampf-Corvette Governolo[1]), Fulminante, die Schrauben-Corvetten Clotilde und Etna; endlich noch 2 Avisos, 1 Brigantine und mehrere Transportsschiffe.

Von den für die Operationsflotte bestimmten 35 Schlachtschiffen (einschliesslich der armirten Avisos) fehlten somit 11, und die italienische Flotte zählte am 14. Juli an Schlachtschiffen nur 11 Panzerschiffe, 5 Schrauben-Fregatten, 1 Schrauben-, 2 Rad-Dampf-Corvetten, 3 Schrauben-Kanonenboote und 2 Avisos, so dass sie der kaiserlichen Flotte, abgesehen von dem im Allgemeinen stärkeren Tonnengehalte, der grösseren Maschinenkraft und ausgiebigeren Armirung, was die Zahl der Schiffe anbelangt, nur um 4 Panzerschiffe und 1 schweres Holzschiff überlegen war, dagegen um 6 Kanonenboote weniger zählte, und es frägt sich in der That, ob dieses Verhältniss von dem italienischen Admiral als günstig genug betrachtet werden konnte, um sich einen sicheren Erfolg von einem Zusammenstosse zu versprechen, den allem Anscheine nach die kaiserliche Flotte das meiste Interesse hatte, möglichst in der Nähe ihres gut befestigten und eine grosse Manövrirfreiheit gewährenden Kriegshafens herbeizuführen.

Admiral Persano bezweifelte dies und hätte gerne noch die Ankunft einiger Schiffe, namentlich des Widders Affondatore abgewartet. Beinahe alle seine Briefe und Depeschen erwähnten dieses Schiffes und drangen auf Beschleunigung der Ankunft desselben [2]). Wie dem nun sei, die Unthätigkeit des Admirals war den Erwartungen der Bevölkerung und Regierung so entgegen, das der Marine-Minister es für nothwendig erachtete, sich persönlich

[1]) Diese 4 Schiffe kamen erst am 19. Juli zur Flotte, die anderen erreichten dieselbe rechtzeitig nicht mehr.

[2]) Anfangs war der Affondatore zur Reserve bestimmt, Persano erwirkte seine Zutheilung zur Flotte. Als er erfuhr, dass der Widder in Italien angekommen sei, drückte er dem Minister hierüber seine Zufriedenheit aus und am 6. Juli, als er auslaufen sollte, schrieb er, es sei besser, den Affondatore noch abzuwarten.

Am 10. Juli, als der Minister ihm ankündigte, dass das Schiff Neapel nicht vor dem 14. verlassen könne, bat er um die Betreibung der früheren Abreise, und endlich am 13. Juli, nach seiner Rückkunft von den dreitägigen Exercitien, schrieb er wieder dem Minister, ob es nicht besser sei, den Affondatore zu erwarten, bevor er die Operationen begänne.

nach Ancona zu begeben, um Admiral Persano mit der Drohung, ihm sonst das Commando abnehmen zu müssen, zur Eröffnung der Feindseligkeiten zu bestimmen.

Der Marine-Minister traf am 15. Juli Morgens dort ein, beschied den Generalstabs-Chef der Flotte, D'Amico, zu sich und stellte ihm die Frage, ob er einen Handstreich auf Lissa für zweckmässig halte. Der Generalstabs-Chef war der Meinung, dass, da der Abschluss eines Waffenstillstandes nahe scheine, Venedig oder Pola nicht angegriffen werden könnten, wenn man aber doch rasch etwas thun wolle, Lissa der geeignetste Punkt für eine Operation sei. CA. Vacca, der auch zugegen war, schloss sich dieser Meinung an.

Bald darauf ward ein Handstreich auf Lissa mit dem Admiral Persano selbst besprochen, der keine Einsprache gegen denselben erhob, vorausgesetzt, dass man ihm 4—5000 Mann Landungstruppen zur Verfügung stelle.

Da an demselben Tage auch aus dem Hauptquartier zu Ferrara, im Auftrage des Königs, ein Schreiben des G. d. A. La Marmora eintraf, welches keinen Aufschub der Operationen mehr zuliess und der Marine-Minister die verlangte Verstärkung an Landungstruppen bis auf 1500 Mann zusagte, denen noch 1 Bataillon Marine-Infanterie, 2 Compagnien Génie-Truppen und 1500 Jäger unter Commando des Brigadiers Fontana folgen sollten, so beschloss Admiral Persano, am nächsten Tage zum Angriffe auf Lissa auszulaufen [1].

---

[1]) Vice-Admiral Albini war gegen diese Unternehmung und machte Persano, als sie bereits beschlossen war, brieflich darauf aufmerksam, dass man an Lissa ein kleines Gibraltar finden dürfte. Doch Persano, der diese Charakteristik wohl übertrieben finden mochte, war gar nicht mehr in der Lage, von dem gefassten Plane abzustehen.

III. Abschnitt.

Berennung der Insel Lissa durch die italienische Flotte.

Am 16. Juli Nachmittags 3 Uhr lief die Flotte mit 19 Schiffen gegen Lissa aus, u. z. mit den 11 Panzerschiffen: Re d'Italia, Admiralschiff, — Re di Portogallo, Principe Carignano, Maria Pia, Castelfidardo, Ancona, San Martino, Formidabile, Terribile, Palestro und Varese[1]);

den 5 Schrauben-Fregatten: Maria Adelaide, Gaeta, Duca di Genova, Vittorio Emanuele und Garibaldi[2]);

den 3 Corvetten: Schrauben-Corvette San Giovanni, Rad-Dampf-Corvetten Guiscardo, Ettore Fieramosca;

den armirten Avisos: Messaggiere und Esploratore, dann den gemietheten Aviso-Dampfern Flavio Gioia und Stella d'Italia, — und den Transportsschiffen Washington (Spitalsschiff) und Indipendenza (Proviantschiff).

Später, aber noch am selben Tage, kamen die Schrauben-Kanonen-Boote Montebello, Vinzaglio und Confienza (je mit 4 Kanonen armirt) und der nicht armirte Aviso Giglio zur Flotte[3]).

Den Aviso Flavio Gioia liess Admiral Persano kurz nach dem Auslaufen auf Gargano steuern, um das auf der Fahrt von Brindisi nach Ancona befindliche Widderschiff Affondatore vor Lissa zu führen.

Da die Flotte ohne eine hinreichende Karte der Insel Lissa war, welche der Admiral auch von Seite des Ministeriums nicht hatte erhalten können, so sandte er seinen Generalstabs-Chef, Linienschiffs-Capitän D'Amico, an Bord des Messaggiere zur Recognoscirung ab.

---

[1]) Das Widderschiff Affondatore stiess erst am 19. Juli zur Flotte.

[2]) Letztere blieb noch zur Ausbesserung ihrer Maschine zurück, stiess jedoch am 18. Juli zur Flotte.

[3]) Siehe Stand und Armirung der königlich italienischen Operations-Flotte vor der Insel Lissa, Beilage C.

Die Flotte steuerte, um die wahre Direction zu verbergen, bis zum Einbruche der Nacht gegen Lussin, lavirte am 17., wie es scheint, auf hoher See, und erschien erst am 18. Juli 8¼ Uhr Morgens, auf etwa 20 Meilen gegen NW., in Sicht der Insel Lissa.

Indessen war schon am 17. mit Sonnenuntergang der Messaggiere[1]) von seiner Recognoscirungsfahrt, die er, die Insel von Süd über West und Nord nach Ost umkreisend, vollführt hatte, bei der Flotte eingetroffen und Generalstabs-Chef D'Amico hatte dem Admiral ein ziemlich getreues, wenn auch allgemeines Bild von den Befestigungen der Insel, die er in einer vorbereiteten Karte verzeichnete, überbracht, erwähnend, dass er die auf mehreren Punkten vertheilte Besatzung auf etwa 2500 Mann schätze.

Admiral Persano, welcher anfänglich den Plan gehabt hatte, mit dem Gros seiner Flotte vor S. Giorgio zu erscheinen und, während er diesen Hafen bekämpfte, seine Truppen bei Comisa ausbarkiren und von da in den Rücken der in der Kehle theilweise offenen Befestigungen des Hafens S. Giorgio vorgehen zu lassen, sah nun wohl ein, dass die Landung bei Comisa allerdings Schwierigkeiten begegnen würde, hielt aber darum die Insel durchaus noch nicht für ein Gibraltar, sondern die Unterwerfung derselben, wenn auch erst nach einiger Zeit und vielleicht sogar erst nach Eintreffen der Verstärkungen an Landungstruppen, für vollkommen ausführbar. Er modificirte seinen Angriffsplan, indem er nun hauptsächlich den Hafen Manego als Ausschiffungspunkt bestimmte und gab demgemäss folgende Disposition:

1. Der Contre-Admiral Vacca hatte mit den 3 Panzerschiffen: Principe Carignano, Castelfidardo und Ancona, nebst der Rad-Dampf-Corvette Guiscardo (im Ganzen mit 82 Schiffskanonen, u. z. 66 gezogenen, 4 glatten 40pfd., 12 glatten 80pfd. und 17 gezogenen 5⅓pfd. Landungs-Geschützen) die Befestigungen der Bucht von Comisa anzugreifen, um einen Theil der Besatzung dort festzuhalten, und durch Unterwerfung der Batterien dem Expeditions-Corps die Möglichkeit der Landung dort zu bieten, falls diese nicht an einer anderen Stelle gelänge.

2. Vice-Admiral Albini sollte mit den 4 Schrauben-Fregatten: Maria Adelaide, Gaeta, Duca di Genova, Vittorio Emanuele und der Schrauben-Corvette San Giovanni (im Ganzen 206 Schiffskanonen, u. z. 40 gezogene, 112 glatte 40pfd., 22 glatte 80pfd., 32 80pfd Haubitzen und 28 5⅓pfd. gezogene Landungs-Geschütze) die den Hafen Manego vertheidigende Batterie Nadpostranje (Nr. 12) zum Schweigen bringen und sodann die Landungstruppen unter Befehl des Linienschiffs-Capitäns Monale ausschiffen.

---

[1]) Es ist dies dasselbe Schiff, welches von der Insel, als unter englischer Flagge fahrend, an diesem Tage beobachtet wurde.

3. Das Gros der Flotte, bestehend aus den 8 Panzerschiffen: Re d'Italia, Re di Portogallo, Maria Pia, San Martino, Formidabile, Terribile, Varese und Palestro, der Rad-Dampf-Corvette Ettore Fieramosca, dem Aviso Messaggiere (im Ganzen mit 173 Schiffskanonen, u. z. 2 300pfd., 6 150pfd. gezogenen Stahlreif-, 136 gezogenen, 4 glatten 40pfd., 22 glatten 80pfd., 3 glatten 16pfd., 38 gezogenen 5¹/₃ pfd. Landungs-Geschützen) sollte unter persönlichem Commando des Admiral en chef die Befestigungen des Hafens S. Giorgio in der Front bekämpfen. Hiezu hatten die Panzerschiffe Re di Portogallo, Maria Pia, Terribile und Varese unter Befehl des Divisions-Commandanten Ribotti gegenüber den Befestigungen an der Ost-, die übrigen unter Befehl Persano's an der Westseite des Hafen-Einganges Stellung zu nehmen.

4. Die Kanonenboot-Flotille (mit 12 gezogenen 16pfd. Kanonen) hatte unter Befehl des Commandanten Sandri sich nach Lesina zu begeben, dort den unterseeischen Telegraphen abzuschneiden und alle Fahrzeuge sowie jedes Communicationsmittel der Inseln Lissa und Lesina mit dem Festlande zu zerstören [1].

5. Der Esploratore hatte zwischen dem Felsen Pomo, der Insel S. Andrea und der dalmatinischen Landzunge Punta Planca, die Stella d'Italia zwischen S. Andrea und Pelagosa zu kreuzen und jede Annäherung feindlicher Schiffe zu signalisiren.

6. Indipendenza und Washington hatten sich bei der Insel Busi auf jeden Ruf bereit zu halten.

Diese Dispositionen sollten mit Anbruch des nächsten Tages (18. Juli) in Ausführung gelangen. Die Schwierigkeit, sie zur Nachtzeit den in Bewegung befindlichen Schiffen zukommen zu lassen, die Nothwendigkeit, sich mit dem Commandanten der Landungstruppen ins Einvernehmen zu setzen und den übrigen Commandanten die nöthigen Aufklärungen zukommen zu machen, brachten es jedoch mit sich, dass die Schiffe erst zwischen 10 und 11 Uhr an die bestimmten Punkte gelangten.

Verstärkt durch die Schrauben-Fregatte Garibaldi, welche sich gegen 9 Uhr mit der Flotte vereinigte und der Abtheilung Albini's angeschlossen ward, näherte sich die Escadre der Insel Lissa.

Die Besatzung dieser Insel hatte schon in der am 17. Morgens durch den Messaggiere vorgenommenen Recognoscirung den Vorboten ernster Ereignisse gesehen.

---

[1]) Capitän Sandri erhielt diesen Befehl erst spät Abends am Bord des Admiralschiffes und konnte, da er 56 Miglien zu durchlaufen hatte, nicht vor 10¹/₂ Uhr Vormittags des nächsten Tages in der Nähe von Lesina eintreffen. Auch gelang es ihm dann erst nach mehreren Stunden, sich seines Auftrages zu entledigen.

Am 18. nach Sonnenaufgang signalisirte der optische Telegraph auf dem Monte Hum die ersten 9 Kriegs-Schiffe auf 20 Seemeilen, ohne Flagge, mit Curs Nordost, gegen die Insel Lissa steuernd. Nach und nach vermehrte sich die Zahl der Schiffe auf 22; um 9 Uhr kamen sie in Sicht der Batterie Magnaremi bei Comisa.

Das Alarmsignal rief nun alle Batterien in Bereitschaft; die in Comisa detachirte 12. Compagnie besetzte zum Schutze der Batterie Magnaremi (Nr. 10) mit einem Zuge den Monte Bariaski, detachirte einen Zug nach dem Monte Perlić zur Bedeckung der dortigen Geschütze, und blieb mit dem Reste kampfbereit in Comisa; die halbe 4. Compagnie mit 4 6pfd. Raketen-Geschützen besetzte Chiave, Gradac und Travna, die andere die Höhe bei Karober; die 10. Compagnie nahm Stellung in Lissa und bei der Batterie Madonna. Von den beiden Compagnien auf Cosmo-Andrea (9. und 11.) wurde ein Zug nach Stončica, ein zweiter nach Nadpostranje detachirt, 1½ Compagnien blieben in der Reservestellung.

Indessen näherte sich die feindliche Escadre der Bucht von Comisa und um 10 Uhr kamen die 4 Panzerschiffe Ribotti's von S. W. in den Schussbereich der Batterie Magnaremi. Von dieser mit scharfen Schüssen begrüsst, hissten alle Schiffe die italienische Flagge und die kleine Galla; die 4 Panzer-Schiffe nahmen Stellung in N. W. der Batterie und eröffneten das Feuer gegen die rechte Flanke, die das Pulvermagazin enthielt. Die Batterie antwortete anfänglich mit den 3 gezogenen 24 Pfündern der angegriffenen Flanke; um das Feuer zu verstärken, liess der Batterie-Commandant, Oberlieutenant Gogl, die Geschütze der linken Flanke wenden, und feuerte mit selben über die Erddecke des Magazins. Der Feind, durch die Verstärkung des Feuers überrascht, änderte seine Aufstellung. In diesem Augenblicke erschienen die Holzschiffe Albini's vor der Batterie, nahmen in der Capitalverlängerung und gegenüber der linken Flanke Stellung und eröffneten auch ihrerseits den Kampf, dem sich bald darauf die Schiffe des Admirals Vacca anschlossen.

Die Batterie Magnaremi, durch einige Zeit von 14 Schiffen umfasst, bestand glänzend den ungleichen Kampf, ohne einen Augenblick in der Schnelligkeit ihres Feuers nachzulassen [1]). Umsonst versuchten die feindlichen Geschütze ihre schweren Projectile der 500 Fuss hoch gelegenen und sehr enge gehaltenen Batterie beizubringen. Anfangs die Höhe nicht erreichend,

---

[1]) Aus den italienischen Angaben ist nicht zu entnehmen, dass sich ausser den Schiffen Vacca's noch andere an der Beschiessung Comisa's betheiligt hätten; doch folgen wir hierin den österreichischen Relationen, da es wohl möglich ist, dass der grösste Theil der italienischen Flotte, wenn auch nur kurze Zeit, sich in der Nähe von Comisa aufhielt.

überschossen sie selbe später und brachten im Ganzen nur 2 Treffer in die Escarpe der Batterie.

Sobald ein oder das andere Schiff sich näher gegen das Innere der Bucht wagte, nahmen auch die auf Monte Perlić bei 800 Fuss hoch postirten la Hitte-Geschütze an dem Kampfe Theil.

Nach dem Eintreffen Vacca's, der nun die Bekämpfung Comisa's übernahm, zogen Ribotti und Albini ihre Schiffe successive aus dem Feuer und steuerten südlich der Insel, Ersterer bis S. Giorgio, Letzterer bis Porto Manego; Admiral Persano scheint mit seinen Schiffen längs der Nordseite der Insel gegen S. Giorgio gesteuert zu sein. Ribotti passirte auf seiner Fahrt gegen S. Giorgio um 11 Uhr den Hafen von Manego in Kielwasserlinie; auf einen von der Batterie Nadpostranje abgefeuerten blinden Schuss, steuerten die 3 vorderen Schiffe sogleich in weitem Bogen ausser Schussbereich; das letzte Panzerschiff kam näher heran, wurde mit 2 scharfen Schüssen empfangen, welche 50 Schritte über und 100 Schritte vor ihm einfielen; hierauf hielt dasselbe ohne Erwiderung gleichfalls ausser Schussbereich ab und folgte den übrigen Panzerschiffen um die Ostseite der Insel gegen S. Giorgio.

Bald darauf erschienen die Holzschiffe Albini's vor Porto Manego und legten sich der Batterie Nadpostranje gegenüber; Maria Adelaide und Vittorio Emanuele näherten sich auf Schussdistanz und eröffneten mit ihren Geschützen schwersten Kalibers das Feuer, ohne jedoch mit ihren Projectilen die 503 Fuss hoch gelegene Batterie zu erreichen.

Die Batterie antwortete mit 28 Schüssen, und brachte der Fregatte Maria Adelaide einen Verlust von 2 Todten und 3 Verwundeten bei.

Indessen waren nach 11 Uhr, von Westen kommend, die ersten Panzerschiffe Persano's nördlich des Forts Georg (Nr. 1) im Schussbereiche desselben angelangt. Von dort beschossen, zogen sie ohne Erwiderung vorüber, nahmen aber nach wenigen Minuten eine das Fort Georg umfassende Stellung und es entspann sich nun ein heftiger Geschützkampf, an dem sich bald auch die von Osten kommenden Panzerschiffe Ribotti's, gegenüber Wellington und der Batterie Schmid, betheiligten.

Während die feindlichen Panzerschiffe, in steter Bewegung, Lage auf Lage der schwersten Projectile auf die westliche Befestigungsfront (Nr. 1 bis 5) und die Batterie Schmid (Nr. 6) schleuderten, erwiderten diese und Thurm Wellington unerschüttert das feindliche Feuer.

Die feindlichen Panzerschiffe, die schwache Wirkung des geringen Festungs-Calibers erkennend, näherten sich oft bis auf 600 Klafter den Werken. Das Admiralschiff Re d'Italia legte sich selbst bis auf 200 Klafter vor die Batterie Schmid, welche, nur 40 Fuss über Meer, vergebens versuchte, durch wohlgezielte Schüsse den gefährlichen Gegner zu vertreiben.

Da, ungefähr 2 Uhr Nachmittags, flog plötzlich das Pulvermagazin der Batterie Schmid in die Luft und begrub 40 Mann, die sich bisher stundenlange tapfer vertheidigt hatten, unter den Trümmern. Es war der Re d'Italia, der diesen glücklichen Schuss abgefeuert hatte. Freudenrufe von allen Schiffen begrüssten das Ereigniss.

Kurze Zeit nach der Explosion der Batterie Schmid explodirten auch einige Wallkästen im Fort Georg, in den Batterien Mamula und Zupparina, und verursachten, besonders im Fort Georg, grösseren Schaden.

Doch nirgends verloren die Vertheidiger, die den Kampf gegen einen so furchtbaren Feind zu führen hatten, den Muth, sondern setzten ungebrochen das Feuer fort. Besonders thätig war der Thurm Wellington, und Admiral Persano gab daher mehreren Panzerschiffen (Maria Pia, S. Martino und Formidabile) Befehl, sich demselben zu nähern und ihn auf das Heftigste zu beschiessen.

Während in dieser Weise 8 feindliche Panzerschiffe sich bemühten, die Werke des Hafens von S. Giorgio zum Schweigen zu bringen, kam von Comisa die Rad-Dampf-Corvette Guiscardo mit der Meldung Vacca's an, dass er wegen der unerreichbaren Höhe der dortigen Befestigungen, die Beschiessung eingestellt habe und auf dem Wege nach dem Hafen Manego sei, um dort den VA. Albini zu unterstützen. CA. Vacca hatte in der That um 1 Uhr den Kampf eingestellt, fand aber bei Manego auch die Escadre Albini's aus gleicher Ursache unthätig.

Ein an Bord des Flaggenschiffes Albini's abgehaltener Kriegsrath hatte bereits einstimmig die Nutzlosigkeit der Fortsetzung des Kampfes, der den Holzschiffen nur Verderben, aber keinen Erfolg zu verheissen schien, anerkannt, und war daher auch der Versuch, Truppen auszubarkiren, unterblieben. VA. Albini entsandte die Schrauben-Corvette S. Giovanni mit der Meldung hierüber an Admiral Persano und erbat sich weitere Dispositionen. Vacca hingegen, von dem Stande der Dinge bei Manego unterrichtet, setzte mit seiner Gruppe den Weg nach S. Giorgio fort.

Admiral Persano war nicht wenig über die Resultatlosigkeit der Operationen seiner Unter-Befehlshaber erstaunt, und machte namentlich dem VA. Albini schriftlich Vorwürfe darüber, die unseres Erachtens nicht unverdient waren, denn dass die so hoch gelegenen beiden kleinen Batterien Nr. 12 und 21 die Landung der Truppen im Hafen von Ruda oder an sonst geeigneter Stelle und deren Vordringen gegen Lissa verhindern hätten können, ist schwer anzunehmen [1]).

Gleichzeitig gab Persano dem VA. Albini den Befehl zur Panzerflotte zu stossen und dem CA. Vacca, wenigstens ein Panzerschiff vor Comisa zu belassen, um mit demselben die dortige Besatzung in Schach zu halten. Doch Vacca erschien, kurz nachdem dieser Befehl an ihn abgegangen, vor dem Hafen, und Admiral Persano wies ihn nun an, sich gleichfalls gegen den Thurm Wellington und die inneren Hafenbatterien ins Feuer zu setzen.

Etwa eine halbe Stunde später stiess auch die Abtheilung Albini's zur Flotte und erhielt vom Admiral den Auftrag, die Landung in dem der Flotte nahe gelegenen Hafen Karober zu bewerkstelligen.

Während Albini die Bewegung hiezu ausführte, concentrirten alle Schiffe des Gros ihr Feuer auf die Befestigungen, insbesondere auf Nr. 8, Wellington und Fort Georg, dessen offene Batterie bei dem Mangel an Traversen durch die in der Richtung seiner Capitale einschlagenden Enfilirschüsse, die Explosion des Wallkastens und durch die das Fort überschüttenden Steintrümmer, welche von den in das ungedeckte Mauerwerk einschlagenden Projectilen nach allen Richtungen geschleudert wurden, sehr litt.

Während so die Panzerschiffe hauptsächlich die Front und rechte Flanke des Forts Georg beschossen, nahmen die Schiffe Albini's, durch Scoglio Ost gedeckt, bei Novaposta Stellung, in kreisender Bewegung nur herankommend, um abwechselnd ihre Lagen auf die linke Flanke des Forts abzugeben, welches, nach dieser Seite schwach armirt, den kaum sichtbar werdenden Schiffen keinen empfindlichen Schaden beizubringen vermochte.

Als das Fort Georg ein Fünftel seiner Besatzung verloren, die Hälfte seiner Geschütze demontirt und einen Theil der schwachen Steinbrust bis zum Walle rasirt sah, stellte es nach sechsstündigem Kampfe mit der nun vereinten Macht von 433 Geschützen, um 5 Uhr das Feuer ein.

Batterie Mamula, unterhalb des Forts liegend und derselben Vernichtung ausgesetzt, verlor den Batterie-Commandanten, ein Drittel der Besatzung und schwieg auch bald nach Fort Georg.

Der Feind gewahrte rasch den Erfolg seines Feuers und entschloss sich zur Forcirung des Hafens. Die Panzer-Corvette Formidabile erhielt Befehl, sich an der Hafenmündung festzusetzen, die Panzer-Fregatten Maria

---

[1]) Es wirft ein bezeichnendes Streiflicht auf die hier waltenden Persönlichkeiten, dass VA. Albini den Vorwurf seines vorgesetzten Admirals ablehnend beantwortete und ihn bitten liess, ein Panzerschiff nach Manego zu senden, um sich von der Unmöglichkeit, da etwas zu thun, zu überzeugen.

Pia und S. Martino sollten in den inneren Hafen eindringen und die Batterien desselben bekämpfen.

Nun schleuderten ein Theil der Panzerschiffe, bis in die Linie der Hafen-Einfahrt vorgehend, — und die aus der Ferne näher kommenden Rad-Dampfer die schwersten Projectile in das Innere des Hafens, während Re d'Italia sich der noch unerschütterten Batterie Zupparina (Nr. 4) entgegenstellte.

Unterstützt durch das Feuer dieser Schiffe, drang Formidabile, gefolgt von Maria Pia und S. Martino, mit vieler Vorsicht in den Hafen ein, beschossen von Wellington, Bentink, und am wirksamsten von Batterie Zupparina, welche, unbekümmert um das Feuer der übrigen Schiffe, nun alle ihre Geschütze auf die eindringenden Panzerschiffe richtete.

Vor Zupparina angelangt, feuerten diese ihre Lagen gegen die Batterie ab, welche unerschrocken, auf kaum 200 Schritte, ihre Schüsse gegen die Stückpforten sandte, und durch eine derselben dem am weitesten vorgedrungenen Formidabile ein 24pfd. Hohlgeschoss in den Leib brachte.

Durch die im Schiffsraum erfolgende Explosion eingeschüchtert, zögerte dieser weiter vorzudringen, und als nun die bisher intact gebliebene Batterie Madonna sich auch in den Kampf mengte, traten die 3 Panzerschiffe, welche bereits über die Linie Zupparina-Schmid hinaus waren, den Rückzug an.

Als die feindlichen Panzerschiffe die eben geschilderte Forcirung des Hafens versuchten, wurde der gemiethete, zu Stationsdiensten bestimmte österreichische Lloyd-Dampfer Egitto, um ihnen nicht zur Beute zu werden, nahe der Riva bis zur Höhe des Deckes versenkt, und die ursprünglich im Orte Lissa aufgestellte Compagnie auf die Höhe Cosmo-Andrea gezogen. Die Pionnier-Abtheilung brachte die Feld-Geschütze aus den zur Rückendeckung auf dieser Höhe errichteten Geschütz-Emplacements gegen den Hafen, um nöthigenfalls die Batterie Madonna zu unterstützen.

Bis zu diesem Zeitpunkte hatte der electrische Telegraph die Vorgänge nach Zara berichtet; nach Abgang der Depesche über das unglückliche Ende der Batterie Schmid versagte plötzlich die Leitung.

Um 4 Uhr war nämlich ein Kanonenboot der Flotille des Fregatten-Capitäns Sandri im Hafen von Lesina eingelaufen, hatte den Hafenbeamten an Bord genommen, unter der Androhung eines Bombardements der Stadt, die Ortsbehörde zur Bezeichnung des Kabellagers gezwungen und sodann die Leitung unterbrochen [1]).

---

[1]) Der durch die Ortsbehörde an Bord berufene Telegraphen-Beamte Bräuner, welcher dem Feinde die Kabelstelle bezeichnen sollte, leistete der Aufforderung keine Folge, flüchtete mit dem Apparate in Begleitung von 5 Gendarmen auf die Bergspitze Grabie und gab von hier nach Zara Nachrichten über den weiteren Verlauf der Beschiessung an diesem und dem folgenden Tage.

Nach dem misslungenen Versuche, den Hafen zu forciren, schien es, als wollte die feindliche Escadre sich die Vernichtung des Thurmes Wellington zur Aufgabe machen, um, da den inneren Hafenbatterien nicht beizukommen gewesen war, wenigstens die äusseren an diesem Tage zum Schweigen zu bringen.

Es war gegen 6 Uhr, als alle Panzerschiffe das heftigste Feuer gegen den Thurm concentrirten. Dieser, mit seiner anstossenden Mörserbatterie 602' hoch gelegen, wurde nun nahezu durch zwei Stunden beschossen und in seiner Vertheidigung durch Bentink, und insoweit auch durch Batterie Zupparina unterstützt, als die Schiffe in deren Gefechtsfeld sich zeigten.

Unbekümmert um den Hagel der Projectile, welche oft weit über den Thurm gingen und wo sie auffielen, das Gebüsch zündeten, erwiderten Wellington und die Mörserbatterie das Feuer.

Nach 7 Uhr glaubte Admiral Persano seinen Schiffen Ruhe gönnen zu müssen und vereinigte den grösseren Theil der Flotte in Reihenlinien nördlich des Hafens ausser Schussbereich, nur die Abtheilung Vacca's vor Wellington zurücklassend, welche noch die an den Thurm gelehnte Mörserbatterie durch Enfilirschüsse zum Schweigen zu bringen suchte. Der Thurm fing jedoch gleich einer Traverse die feindlichen Projectile auf und erhielt selbst, an seiner Nordseite, eine bei 2 Klafter hohe, ebenso breite, und 1 Klafter tiefe Bresche, welche dessen Stabilität sehr in Frage stellte.

Trotzdem begleiteten die auf dem Verdeck des Thurmes postirten Haubitzen und die Mörser der Batterie mit ihren Würfen die Abtheilung Vacca's, als auch sie sich, um 8 Uhr, aus dem Schussbereiche entfernte, um zur Flotte zu stossen, die nach Sonnenuntergang, 8 Seemeilen nördlich der Küste Anker warf.

Um 10 Uhr vereinigte sich auch die Kanonenboot-Flottille, von Lesina her, mit derselben. Fregatten-Capitän Sandri meldete dem Admiral, dass vor Unterbrechung der Telegraphen-Leitung eine Depesche durchgelaufen wäre, nach deren Inhalt die österreichische Escadre vor Lissa zu gewärtigen sei[1]).

Diese Nachricht, welche Fregatten-Capitän Sandri durch einen österreichischen Beamten erhalten haben wollte, schien dem Admiral Persano nur darauf berechnet, ihn von der Fortsetzung des Angriffes auf die Insel abzuhalten und er beschloss, am nächsten Tage (19.) das Gros der Flotte wohl zur Abwehr der etwa ankommenden österreichischen Flotte bereit zu halten, durch einen Theil aber die Bekämpfung der Befestigungen fortsetzen und die Landung bei Porto Karober nochmals versuchen zu lassen.

[1]) CA. v. Tegetthoff hatte weder an diesem Tage, noch später vor seinem Auslaufen eine ähnliche Depesche an das Insel-Commando abgesendet, und fasste überhaupt den Entschluss zum Auslaufen erst am 19. Juli.

Der an Bord des Admiralschiffes berufene Commandant der Landungstruppen, der Artillerie- und Génie-Chef stimmten dem Entschlusse bei, drückten aber ihre Zweifel über das Gelingen der Unternehmung vor Eintreffen der Verstärkungen aus.

Die Rad-Dampf-Corvette Ettore Fieramosca ging mit dem Berichte über den Verlauf des Kampfes an den Marine-Minister ab.

Auf der Insel waren alle Werke, ausser Batterie Schmid, trotz der heftigen Beschiessung, vertheidigungsfähig und konnten einem neuen Angriffe noch zwei Drittel der Festungsgeschütze entgegenstellen.

Das Marine-Infanterie-Bataillon, welches während der vorgeschilderten Kämpfe in den zugewiesenen Positionen stand, erlitt, obgleich durch die von allen Seiten weit über die Höhen in das Innere der Insel einfallenden Geschosse bedroht, nur geringe Verluste. Dagegen hatten die Brandgeschosse das dürre Gehölz entzündet und der Brand vernichtete die Habe mancher Bewohner.

Die nothwendigsten Herstellungen an den Brustwehren, die Auswechslung der zerschossenen Laffeten und die Ergänzung der Munition in den nur mit Handmagazinen versehenen Werken liessen die Besatzung auch nach dem Kampfe nicht zur Ruhe kommen.

Auch ward die Besatzung in dieser Arbeit um 12 Uhr Nachts durch einen Schuss gestört, welcher vom Thurme Wellington gegeben wurde, als ein feindliches Schiff sich der Bucht Stončica näherte. Das Schiff entfernte sich bald in der Richtung der feindlichen Flotte, und die Arbeiten wurden bis zum Morgen des 19. fortgesetzt.

Admiral Persano ging im Laufe der Nacht ernstlich mit sich zu Rathe, ob er die ihm zu Gebote stehenden, allgemein als ungenügend erachteten Truppen wirklich auf dem wenig bekannten feindlichen Boden landen lassen solle. Er glaubte endlich, die Verstärkungen abwarten zu sollen und gab am 19. Morgens den Admiralen Vacca und Albini den Befehl, einstweilen die Beschiessung der Werke fortzusetzen, jedoch die Landung noch nicht zu bewirken.

Um 7 Uhr Morgens näherten sich demzufolge die Schiffe der Divisionen Vacca und Albini neuerdings dem Hafen S. Giorgio und beschossen das Fort Georg und die Nebenwerke. VA. Albini betrieb die Sache nur als eine Schiessübung gegen Thurm Wellington.

Fort Georg, Thurm Robertson, Batterie Mamula und Thurm Wellington mit seiner Mörserbatterie erwiderten mit wenigen Schüssen, der Thurm Bentink und die Batterie Zupparina kräftiger.

Um 8 Uhr stellte der Gegner das Feuer ein und steuerte mit den Panzerschiffen nach Nord-West, mit den Holzschiffen längs der Küste gegen Comisa.

Letztere näherten sich um $9^1/_2$ Uhr wieder dem Hafen S. Giorgio und feuerten aus der Stellung bei Novaposta gegen die linke Flanke des Forts Georg, dessen Munitionsmagazin, welches bei 1000 Centner Pulver enthielt und nur durch eine auf das Glacis gelegte, mit schweren Steinen gefüllte Holztraverse gedeckt war, dabei sehr in Gefahr kam. Doch ruhte bald wieder für einige Stunden der Kampf, da sich gegen 11 Uhr, ohne einen grösseren Schaden angerichtet zu haben, alle Schiffe weit aus dem Schussbereiche zurückzogen.

Indessen waren um 10 Uhr die erwarteten Schiffe: die Schrauben-Fregatten Principe Umberto, mit 125 Mann Marine-Infanterie am Bord, und Carlo Alberto, dann die Rad-Dampf-Corvette Governolo, und etwas später das Widderschiff Affondatore angekommen.

Die mit denselben angelangten Verstärkungen erhöhten die Landungs-Truppen auf 2600 Mann, und Admiral Persano, der nun den Erfolg nicht mehr bezweifelte und auch aus blosser, nur auf ein Gerücht gegründeter Besorgniss, die kaiserliche Flotte könne erscheinen, nicht unthätig bleiben zu dürfen glaubte, hielt es nun an der Zeit, seinen Angriff zu erneuern, und sich theils durch kräftige Beschiessung, theils durch Landung der Insel zu bemächtigen.

Er erliess folgende Dispositionen:

1. Das ungepanzerte Geschwader, 7 Fregatten, 4 Corvetten, unterstützt von den 3 Kanonenbooten, bewerkstelligt unter der Leitung des VA. Albini mit den Truppen sogleich die Landung bei Porto Karober.

2. Die Panzerschiffe Terribile und Varese begeben sich vor Comisa, um die Besatzung der dortigen Batterien zu beschäftigen.

3. Der Formidabile dringt in den Hafen S. Giorgio ein, um die noch kampffähigen Batterien zum Schweigen zu bringen.

4. CA. Vacca unterstützt mit den Panzerschiffen Principe Carignano, Castelfidardo und Ancona den Angriff des Formidabile.

5. Die Panzerschiffe Re di Portogallo und Palestro greifen mit ihren 300 und 150pfd. Geschützen den Telegraphen-Thurm (Wellington) an.

6. Re d'Italia, S. Martino und Maria Pia, unter den Befehlen des Ober-Commandanten, verhindern, dass die Werke der westlichen Hafenbefestigung die Landung bei Karober stören, für den Fall, als deren Geschütze noch kampffähig sind. —

Um $4^1/_2$ Uhr näherte sich die feindliche Flotte der Insel und nahm erneuert den Kampf gegen Comisa und die Werke des Hafens S. Giorgio auf.

Bei ersterem Orte eröffneten Terribile und Varese die Beschiessung der nördlichen Flanke von Batterie Magnaremi. Bald schlossen sich ihnen 2 andere Panzerschiffe, wahrscheinlich die zur Beschiessung des Thurmes Wellington bestimmten Re di Portogallo und Palestro, nach 6 Uhr noch 6 Holzschiffe der Abtheilung Albini's an.

Während die Panzerschiffe die Batterie beschossen, richteten die Holzschiffe ihr Feuer gegen das Innere der Bucht. Durch sicher treffende Schüsse der Batterie und der Geschütze am Monte Perlić fern gehalten, erreichten jedoch ihre Projectile die Riva nicht und, wie tagszuvor, blieb das ganze Gefecht eine erfolglose Kanonade.

Nach halbstündigem Kampfe dampften die 6 Schiffe Albini's und 2 Panzerschiffe gegen den Hafen Karober und es verblieben nur Terribile und Varese bei Comisa, welche die Beschiessung durch weitere zwei Stunden fruchtlos fortsetzten.

Die Batterie Magnaremi und die Geschütze am Monte Perlić erlitten keine bedeutenden Beschädigungen; der Misserfolg des Gegners auf diesem Punkte machte es möglich, den grössten Theil der bei Comisa detachirten 12. Marine-Infanterie-Compagnie zur Sicherung von Georg und Bentink zu verwenden. Nur 1 Officier und 40 Mann verblieben zur Deckung der Geschütze am Monte Perlić zurück.

Ernster und blutiger wurde zu gleicher Zeit um den Besitz des Hafens S. Giorgio gekämpft. Hier begann Formidabile (Commandant Saint Bon) bald nach $4\frac{1}{2}$ Uhr mit vollen Lagen die Beschiessung des Forts Georg und näherte sich mit grosser Kühnheit, ununterbrochen feuernd, der Batterie Mamula bis auf 150 Klafter.

Zu seiner Unterstützung liess Admiral Persano den Affondatore aus seinen 300Pfündern gegen das Innere des Hafens feuern; er selbst trat mit den Panzerschiffen Re d'Italia, S. Martino und Maria Pia um 5 Uhr in der vom Formidabile zuerst inne gehabten Stellung in den Kampf ein, an welchem von Seite der Vertheidiger Bentink, Wellington und Zupparina theilnahmen.

Um $5\frac{1}{2}$ Uhr verstärkten die Holzschiffe Albini's aus ihrer Vormittagsstellung bei Karober das Feuer. Von dort bedrohten sie erneuert das Reserve-Munitions-Magazin des Forts Georg und den Rücken der Batterie Mamula, zeitweise ihre Geschosse in hohem Bogen auch in den Rücken der Batterie Zupparina und in das Thal von Somogor sendend. Das im Thale gelegene mit Munition überfüllte Friedens-Pulvermagazin blieb nur durch einen glücklichen Zufall verschont, wie die rings um dasselbe aufgefundenen zum Theil nicht explodirten feindlichen Geschosse bezeugten.

Thurm Wellington, der unausgesetzt seine Bomben nach den Schiffen warf, ward vom Feinde wenig belästigt, dafür litten aber die meisten andern Werke sehr.

Bereits hatte die feindliche Escadre den Triumph, ausser der schon tags-vorher zerstörten Batterie Schmid, alle Geschütze der westlichen Befestigungs-Gruppe (Fort Georg, Batterie Mamula, Thurm Robertson, Bentink, Batterie Zupparina) bis auf eine 30pfd. Küsten-Haubitze der Enveloppe Bentink und 3 24pfd. Hinterladungs-Kanonen der Batterie Zupparina, zum Schweigen gebracht zu haben und durfte dieselbe hoffen, wenn noch die Zerstörung der inneren Hafen-Batterie Madonna gelang, das Eindringen der Panzerschiffe der Besatzung imponirte, gleichzeitig die Ausbarkirung bei Karober erfolgte und die Werke von S. Giorgio im Rücken angegriffen wurden, die Insel in die Gewalt zu bekommen.

Während die feindliche Escadre ihre Beschiessung verdoppelte, das Admiralschiff am Fusse der Höhe Wellington sich der Batterie Zupparina gegenüber legte und sie durch volle Lagen zu vernichten suchte, nahmen Formidabile und die bei 2 Seemeilen entfernten Panzerschiffe Vacca's: Principe Carignano, Castelfidardo und Ancona, die entschiedene Richtung auf die Mitte des Hafens.

Die Besatzung brachte in aller Eile die Geschütze der Reserve-Stellung und einige der rückwärtigen Emplacements nahe an den Höhenrand gegen das Hafenbecken vor, und die 10. Compagnie besetzte in dichter Plänklerlinie den Hang beiderseits der Batterie Madonna und die Häuserreihe des vorliegenden Ortes Kut.

In der Bewegung der anlaufenden 4 Schiffe war diesmal keine zagende Vorsicht, sondern fester Entschluss zu erkennen.

An ihrer Spitze zeichnete sich besonders Formidabile aus, der, einige Schüsse nach Zupparina sendend, kühn bis auf 500—600 Schritte vor Madonna aufdrehte und seine Lagen gegen diese Batterie spielen liess. Vergebens hatte Batterie Zupparina versucht, ihre Hohlgeschosse wie vorhergegangenen Tages in die Luken der Panzerschiffe zu senden; der rasche Lauf derselben verhinderte glückliche Treffer. Bentink konnte sein Geschütz nicht rückwärts wenden, Wellington seine Bomben nur selten und mit äusserster Vorsicht werfen, und die Batterie Madonna blieb allein mit ihren 8 Geschützen auf offenem Walle in ungleichem Kampfe, da Zupparina sich bald darauf beschränken musste, das Feuer des Admiralschiffes zu erwidern.

Die Batterie Madonna concentrirte indessen unerschrocken das Feuer auf den Formidabile, welcher, vor derselben liegend, wie ein Wall die ihm nachsteuernden Schiffe deckte.

Nun schwenkten auch die übrigen 3 Panzerschiffe auf und sandten Lage auf Lage der Batterie zu. Der tapfere Batterie-Commandant bewahrte in diesem furchtbaren Nahkampfe eine seltene Ruhe und erhielt durch sein Beispiel die ganze Besatzung in todesmuthiger Ausdauer und Thätigkeit.

Die österreichischen 30pfd. Granaten zerschellten zwar Treffer auf Treffer grösstentheils machtlos an den feindlichen Eisen-Colossen, aber manche Granate fand doch eine Luke und trug Tod und Verheerung in die Schiffsräume. Auch nahmen die Feldgeschütze auf Cosmo-Andrea und die am Hange und in Kut postirte Infanterie Antheil am Kampfe.

Einem la Hitte-Geschütze auf Cosmo gelang ein glücklicher Schuss und der aus einem der 4 feindlichen Panzerschiffe aufsteigende Rauch deutete auf Brand im Schiffsraume, bei einem anderen schien eine Granate der Madonna-Batterie ähnliches Unheil bewirkt zu haben.

Inzwischen machte der Formidabile ein ebenso kühnes, als für die Batterie Madonna gefährliches Manöver. Derselbe liess plötzlich einen Anker fallen und sich, von der Kette ausstechend, langsam rückwärts gegen S. Girolamo treiben, um, indem er dabei auch den anderen 3 Schiffen Raum geben wollte, die Batterie Madonna zu enfiliren. Doch als eben Formidabile wenige Schritte von Girolamo aufschweyen wollte, kehrte CA. Vacca mit den übrigen 3 Panzerschiffen, welche in dem beschränkten Raume des Beckens nicht frei hatten manövriren können und dem auf sie concentrirten Geschütz- und Gewehr-Feuer ausgesetzt gewesen waren, um, verfolgt von dem Feuer der Batterie Madonna und des Thurmes Wellington.

Formidabile blieb nun allein dem Feuer von Cosmo und Madonna ausgesetzt. Er musste sein Feuer einstellen, die Stückpforten schliessen und von seinem Anker loszukommen suchen. Zweimal sank inzwischen, durch Gewehrkugeln abgerissen, seine Flagge, aber immer brachte eine feste Hand sie erneuert in die Lüfte. Die ganze österreichische Besatzung, die Zeuge der Vorgänge auf diesem Schiffe war, konnte demselben ihre Bewunderung nicht versagen.

Admiral Persano erkannte nach dem Rückzuge Vacca's die kritische Lage des Panzerschiffes und gab dem Commandanten des Admiralschiffes Befehl, dasselbe aus den Hafen herauszuholen; doch eben als Re d'Italia sich zur Ausführung dieses Befehles anschickte, gelang es dem Formidabile sich von seinem Anker zu befreien und, diesen sammt Kette zurücklassend, dampfte das tapfere Schiff mit zerfetzter Takelage, 3 Todten und 55 Verwundeten aus dem Hafen, als Zielscheibe aller Geschütze der Vertheidiger.

Die Batterie Madonna war in diesem Kampfe meist unter- oder überschossen worden. Die unter der Kammlinie einschlagenden Schüsse bohrten ihre Projectile in die mit Stein verkleidete stark geböschte Escarpe, Trichter von 3' Durchmesser und gleicher Tiefe erzeugend; die über der Kammlinie einfallenden aber flogen durch das obere, die Brust überragende Stockwerk der die Kehle schliessenden Kaserne und platzten und zündeten theils in selber, oder flogen über die Kaserne in den Felshang und zwischen die dort postirte Infanterie. Das Dach der Kaserne gerieth zweimal in Brand, der jedoch noch im Entstehen durch die Besatzung gelöscht wurde.

Der Verlust der Batterie war staunenswerth gering; er bestand nur in 1 Todten und 1 Verwundeten.

Den feindlichen Admiral begünstigte das Glück nicht. Weniger wäre daran gelegen gewesen, dass CA. Vacca mit seinen 4 Panzerschiffen das Innere des Hafens hatte verlassen müssen, — die Entscheidung lag nicht da, sondern bei VA. Albini, der mit 2600 Mann landen und die Werke, die bereits hinlänglich bearbeitet waren, im Rücken hätte angreifen sollen. Es kann nicht bezweifelt werden, dass die schwache und an vielen Punkten zerstreut aufgestellte Insel-Besatzung beim Erscheinen dieser Angriffs-Colonne den Kampf hätte aufgeben müssen.

Doch VA. Albini führte den ihm ertheilten wichtigen Angriff nicht durch. Ein Bragozzo näherte sich wohl der Punta Stupiski bei Comisa, wurde jedoch durch die la Hitte-Geschütze vom Monte Perlić zurückgetrieben, — einige andere Barken kamen gegen Val Stončica, zogen sich aber auch, in Folge einiger Granatwürfe des Thurmes Wellington, zurück. Eine Dampf-Barkasse, welche mit 3 Imbarcationen gegen Porto Chiave herankam, ward durch einen Schwarm der 4. Marine-Infanterie-Compagnie und einige Raketenschüsse zurückgewiesen. Endlich gelangen auch die bei Karober in grösserem Massstabe versuchten Landungen nicht.

VA. Albini meldete hierauf dem Admiral Persano, dass die unruhige See die Landung unmöglich gemacht hätte [1]).

Der Admiral liess nun die Flotte um 8 Uhr Abends wieder auf 8 Seemeilen von der Insel vereinigen und Anker werfen.

Mit dem Einbruche der Nacht verstummte der Kampf um die Werke Lissa's; auf allen flaggte noch das Banner Österreichs, bis auf Fort Georg, wo der Flaggenbaum abgeschossen und im feindlichen Feuer nicht wieder aufgerichtet worden war. Fort Georg, Batterie Mamula und Thurm Robertson waren aber zum Schweigen gebracht.

Fort Georg hatte an Escarpe und Contre-Escarpe zahlreiche Treffer, welche kleine Trichter hinterliessen. Das Glacis war stark aufgewühlt, das Ziegeldach des Reserve-Munitions-Magazins vielfach durchschossen, dieses

[1]) „Ein sonderbarer Umstand," meint Admiral Persano in seiner Vertheidigungsschrift: I fatti di Lissa, — „der Hafen Karober liegt im Norden der Insel, „der Wind kam von Süden, früher war kein Gegenwind vorhanden und auf der „hohen See empfanden wir keine Oscillationen."

selbst war aber, geschützt durch die vorgelegte Kasten-Traverse, von welcher nur einige Verstemmungsbalken und die Bretter-Verschallung beschädigt wurden, unverletzt geblieben.

Die der Defensions-Kaserne zum Schutze der im Erdgeschosse untergebrachten Munition vorgelegte Traverse war durch eingedrungene Projectile in der Holzconstruction erschüttert. In das Innere der Kaserne war kein Schuss gedrungen; die Brustmauer der Terrasse, auf der die 18Pfünder standen, war vollkommen rasirt.

Die offene Batterie hatte am meisten gelitten. Die 3 bis 5' dicke Steinbrust war grösstentheils bis zum Walle rasirt, ein Theil des Wallganges, durch die Explosion der Wallkästen eingeworfen und mit Steintrümmern übersäet; die Laffeten aller Geschütze waren unbrauchbar.

Die Batterie Mamula und Zupparina hatten einige Schuss-Trichter in dem wenig soliden Mauerwerk der Escarpe; einige Projectile hatten in die Schutz-Traversen der Pulvermagazine geschlagen, ohne jedoch zu platzen.

Der Felshang hinter Zupparina war vielfach durch jene feindlichen Projectile abgeschürft, welche aus der Stellung von Novaposta nahe im Rücken der Batterie einfielen und explodirten. Eine seit- und rückwärts dieser Batterie bestandene Holzbarake war in Brand geschossen und bis auf die Fundamente in Flammen aufgegangen.

Thurm Robertson hatte wenige Schüsse erhalten, Thurm Bentink und die Escarpe des neuen Enveloppentheils zeigten mehrere Treffer mit den gewöhnlichen Trichtern.

Im alten Theile der Enveloppe, deren Escarpe nur trocken verkleidet war, hatten die feindlichen Projectile eine 2° breite Bresche erzeugt. Ein Schuss war durch den Eingang in das Innere des Thurmes auf die Pulvermagazinsmauer gedrungen, ohne sie zu durchschlagen.

Batterie Schmid war in ihrer rechten Seite in einen Erd- und Steinhaufen verwandelt, während die linke Hälfte mit dem zweiten Handpulvermagazine, in dessen Decke gleichfalls einige Projectile eingeschlagen hatten, unversehrt stand. Die Geschütze waren umgeworfen, deren Laffeten zertrümmert.

Nadpostranje hatte gar nicht gelitten; eine bis an den Fuss des Glacis gedrungene Kugel war das einzige Zeichen der stattgehabten Beschiessung vom vorigen Tage.

Die Laffetirungen der Geschütze hatten durchgehends so namhaft gelitten. dass die Werke Nr. 1 bis 8 nur mehr den dritten Theil ihrer Geschütze noch benützen konnten. Dieselben hatten im Laufe der bisherigen zweitägigen Vertheidigung, abgesehen von einigen Raketenwürfen, 2733 Schüsse abgegeben.

Die Truppe war durch den 36stündigen Dienst sehr ermüdet. Dieselbe arbeitete gleichwohl die ganze Nacht, trug Munition und Proviant in die Werke, besserte diese möglichst aus und führte brauchbare Laffeten an Stelle der zerschossenen in einige Werke ein.

Es blieben nur mehr 1 Geschütz in der Batterie Zupparina, 2 in Bentink, 5 in Wellington und 7 in Madonna, so wie die auf Cosmo und im Inneren der Insel aufgestellten Vertheidigungs- und Raketen-Geschütze zur Disposition.

Die Verluste der Besatzung bezifferten sich wie folgt:

Fort Georg:

Artillerie		2 Mann	todt
„	1 Officier	21 „	verwundet
	zusammen	24 Mann.	

Batterie Mamula:

Artillerie		4 Mann	todt
„		17 „	verwundet
	zusammen	21 Mann.	

Batterie Zupparina:

Artillerie . . . . 3 Mann verwundet.

Thurm Bentink sammt Enveloppe:

Artillerie . . . . 2 Mann verwundet.

Batterie Schmid:

Artillerie		6 Mann	todt
	1 Officier	8 „	verwundet
Infanterie		10 „	todt
		10 „	verwundet
	zusammen	35 Mann.	

Thurm Wellington und Mörser-Batterie:

Artillerie		1 Mann	todt
„		4 „	verwundet
	zusammen	5 Mann.	

Batterie Madonna:

Infanterie		1 Mann	todt
„		1 „	verwundet
	zusammen	2 Mann.	

Das Marine-Infanterie-Bataillon hatte ausserdem noch 2 Mann verwundet.

Im Ganzen betrug der Verlust:

Todt: 24 Mann,

verwundet: 2 Officiere, 68 Mann.

Die feindliche Flotte zählte einen Verlust von 16 Todten und 114 zur Hälfte schwer Verwundeten [1]).

Mehrere Schiffe hatten Havarien erlitten, die meisten führten nur mehr für zwei Tage Kohlen am Bord.

Admiral Persano befand sich bei dem Zustande der Flotte und angesichts der Möglichkeit, dass die fortgesetzte Bekämpfung der Insel Lissa in der That die kaiserliche Flotte zum Auslaufen habe bestimmen können, einem schwierigen Entschlusse gegenüber. Er sah nur die Alternative vor sich, entweder am nächsten Tage allsogleich und noch vor Erscheinen der kaiserlichen Flotte die Bekämpfung der Insel fortzusetzen und dieselbe durch den kräftigsten Angriff zu Wasser und zu Lande zum Falle zu bringen, oder aber diese obwohl schon weit gediehene Unternehmung zu sistiren, nach Ancona zurückzugehen, sich mit Kohlen und Munition zu versehen, und dann nach Umständen zu handeln.

Persano entschied sich noch an diesem Tage für das Erstere und gab dem Commandanten Monale Befehl, am 20. Morgens beim ersten Schusse, den die Panzerflotte geben würde, die Landungstruppen auszuschiffen. Dieser Morgen brachte aber sehr stürmisches Wetter und es ward fraglich, ob die Landung gelingen würde. Ein Volksvertreter aus der italienischen Kammer, den Admiral Persano an Bord hatte, Namens Boggio, der in enthusiastischen Weise immer zu Thaten drängte, stimmte für die Landung, der Generalstabs-Chef der Flotte, D'Amico, war aber dagegen und endlich rieth auch CA. Vacca, der am Morgen des 20. an Bord des Admiralschiffes kam, die Unternehmung vorläufig aufzugeben und nach Ancona zurückzugehen. Wahrscheinlich hätte Admiral Persano diesem Rathe Folge gegeben, doch da entschied ein Zufall für das Gegentheil.

Bald nach Sonnenaufgang des 20. traf das Dampfboot Piemonte, mit einem Bataillon Marine-Infanterie an Bord, bei der italienischen Flotte ein; nun glaubte Admiral Persano den Angriff auf Lissa fortsetzen zu

[1]) Das Jännerheft 1869 der „Rivista Maritima" gibt den Verlust der einzelnen Schiffe der königlich italienischen Escadrè, wie folgt an:

	Am 18. Juli:		Am 19. Juli:	
Re di Portogallo .	4 Todte	14 Verwundete	—	—
Maria Pia	1 „	6 „	—	—
San Martino . . .	— „	6 „	—	—
Formidabile . . .	— „	— „	3 Todte	55 Verwundete
Ancona	— „	— „	6 „	17 „
Palestro	— „	9 „	— „	— „
Varese	— „	1 „	— „	— „
Maria Adelaide . .	2 „	5 „	— „	— „
Governolo	— „	— „	— „	1 „
Summa:	7 Todte	41 Verwundete	9 Todte	73 Verwundete.

müssen und gab sogleich Befehle für den VA. Albini, die Ausschiffung bei Karober vorzunehmen.

Die Panzerschiffe Terribile und Varese sollten die Batterien der Bucht von Comisa wieder angreifen, Admiral Persano selbst wollte mit den andern Schiffen nochmals die Werke des Hafens S. Giorgio beschiessen.

Um 8 Uhr war die Division Albini's und die Kanonenboot-Flotille rings um den Hafen Karober mit Vorbereitungen zur Landung beschäftigt, Terribile und Varese bereiteten sich zum Angriffe auf Comisa vor, die andern Schiffe erwarteten vor dem Hafen S. Giorgio den Befehl zum Angriff, Formidabile schiffte seine Verwundeten auf den Washington über, Re di Portogallo und Castelfidardo signalisirten Havarien in der Maschine, da dampfte plötzlich der Esploratore von der Punta Planka mit dem Signale: „Verdächtige Schiffe in Sicht" heran.

Admiral Persano war nun keinen Augenblick im Zweifel, dass er die kaiserliche Flotte vor sich habe und verlor keine Zeit, sich gegen diesen neuen Gegner zu wenden.

Er gab, da er die kaiserliche Flotte in der Fahrtrichtung des Esploratore wähnte, der ganzen Flotte den Befehl, sich in Frontlinie gegen W. N. W. zu entwickeln, dann aber zum Abfallen gegen N. N. O., als er die Rauchsäulen der kaiserlichen Flotte mehr in dieser Richtung beobachten konnte; dem VA. Albini ward das Signal gegeben, die Landung, die erst in Vorbereitung war, nicht auszuführen und später, als wahrzunehmen war, dass die Holz-Flotte sich nicht in Bewegung setzte, forderte sie Persano zur Beschleunigung derselben mit dem Signale auf: „Der Feind ist in Sicht."

Der Admiral beorderte noch die beiden Corvetten Governolo und Guiscardo zur Remorquirung der beiden Schiffe, welche die Havarien signalisirt hatten, den Messaggiere zur Herbeiholung des vor Comisa befindlichen Terribile und Varese und steuerte mit dem Gros der Panzerschiffe der kaiserlichen Flotte entgegen.

Die Insel war des Morgens in dichten Nebel gehüllt. Nacheinander waren von mehreren Punkten der Küste Meldungen über die Annäherung des Feindes beim Festungs-Commandanten eingelangt, von Porto Chiave die bestimmte Anzeige, dass der Feind daselbst Vorbereitungen für grössere Landungen treffe.

In Ungewissheit, von welcher Seite der feindliche Angriff erfolgen würde, hatte die Besatzung die Vertheidigungsstellung bei Cosmo-Andrea bezogen; die Besatzung des Forts Georg wurde durch 1 Officier, 70 Mann verstärkt, und eine halbe Compagnie mit 2 12pfd. Raketen-Geschützen auf die gegen das Thal von Somogor vortretende Höhe gegen Chiave-Karober vorgeschoben.

Es war beschlossen, so lange des Feindes wahre Absicht nicht zu erkennen sei, ihn in dieser Stellung zu erwarten.

Da brach gegen 10 Uhr die Sonne durch die Nebelhülle und der Besatzung bot sich das unerwartetste Schauspiel.

Während die feindlichen Schiffe von allen Seiten herandampften, um sich nördlich der Insel zu vereinigen, näherte sich von Nordwest im festen, entschlossenen Anlaufe die österreichische Escadre.

Ein Freudenhurrah gab der ersten Ueberraschung Ausdruck, dann aber harrte die Besatzung lautlos und in höchster Spannung des furchtbaren Kampfes, der sich nun unter ihren Augen zwischen ihrem Bedränger und Retter entspinnen sollte, gehoben von dem stolzen Bewusstsein, wie immer auch die Würfel fielen, der blutigen Entscheidung ungebrochen und erfolgreich vorgekämpft zu haben.

IV. Abschnitt.

Seeschlacht bei Lissa.

Die österreichische Escadre war seit 19. Juli 2 Uhr Nachmittags mit 27 Schiffen in Bewegung, hatte um $2^1/_2$ Uhr den Leuchtthurm von Promontore, hierauf den Quarnero passirt und dann in südöstlicher Richtung der dalmatinischen Küste entlang den Curs bis gegen Lissa fortgesetzt.

In 3 Divisionen getheilt, bildeten 7 Panzerschiffe die vorderste und erste, 7 grössere Holzschiffe (1 Linienschiff, 5 Fregatten, 1 Corvette) die zweite, 10 Schrauben-Kanonenboote und Schooner die dritte und letzte Division. Jeder derselben war ein Rad-Dampfer als Repetiteur beigegeben [1]).

Die einzelnen Divisionen waren im vorspringenden Winkel formirt und folgten einander in Kielwasserlinie. Diese Formation eignete sich nicht nur für die bequeme, geschlossene Fahrt, bei welcher die einzelnen Schiffe leicht beobachtet und Zusammenstösse bei dickem Wetter am besten vermieden werden konnten, sondern auch vorzüglich für das Gefecht, da sie die ganze verfügbare Macht in compacter Masse in die Action zu bringen erlaubte und den Übergang in jede andere Formation leicht und schnell zuliess.

Der Instruction des CA. v. Tegetthoff gemäss, hatte beim Zusammenstosse mit dem Feinde die Division der Panzerschiffe in dessen Aufstellung hinein zu rennen, und wo möglich feindliche Schiffe in den Grund zu bohren, jedenfalls aber den Kampf auf kürzeste Entfernung mit vollen concentrirten Lagen zu führen, da nur bei solcher Kampfart die Überlegenheit des Gegners an Schiffen und Armirung einigermassen paralysirt werden konnte.

Die Division der schweren Holzschiffe sollte je nach der Aufstellung des Feindes entweder vom Flaggenschiff aus an einen Flügel der Panzerschiffe

---

[1]) Siehe Ordre de bataille der k. k. Escadre, Beilage D.

disponirt, oder nach dem Ermessen ihres Commandanten, Commodore v. Petz, verwendet werden.

Die Kanonenboote und Schrauben-Schooner, von welchen die ersteren grössere Schnelligkeit als die meisten Fregatten besassen und zusammen eine Zahl von 40 Geschützen, (darunter 37 des grössten Calibers der Flotte) repräsentirten, waren im Allgemeinen angewiesen, sich nach Herbeiführung der Mêlée in 3 Gruppen aufzulösen, und gruppenweise oder auch einzeln die grösseren Holzschiffe durch Enfilirung ihrer jeweiligen Gegner zu unterstützen.

Um 5 Uhr Nachmittags des 19. stiess Aviso-Dampfer Stadium aus Pola zur Flotte, ohne Nachrichten von Belang zu bringen.

Gegen Abend musste, des durch S. O. Brise verursachten mässigen Seeganges wegen die Fahrt auf $5^1/_2$ Knoten herabgemindert werden, da einige der langsameren Schiffe Mühe hatten, ihre Aufstellung zu behaupten.

In den Abendstunden besprach der Escadre-Commandant mit dem Flaggen-Capitän und den Officieren seines Stabes die für den kommenden Tag zu gewärtigenden Ereignisse und gedachte auch der Möglichkeit, dass der Feind bereits im Besitze des Hafens von S. Giorgio sei; — es wurde festgesetzt, auch in diesem Falle mitten in die feindlichen Schiffe hineinzurennen.

Für den Fall, dass der Admiral im Kampfe fallen sollte, ward bestimmt, dass dies erst in einem geeigneten Momente der Flotte bekannt gemacht werde und bis dahin und bis zur Übernahme des Befehles durch den rangsältesten Unter-Commandanten, das Admiralschiff die Leitung der Flotte fortzuführen habe.

Gegen Morgen des 20. umwölkte sich der Himmel und nahmen Wind und Seegang derart zu, dass die Panzerfregatten 2. und 3. Classe, deren Batterien sehr tief lagen, genöthigt waren, ihre Stückpforten zu schliessen.

Um 7 Uhr meldete Kaiser Max, welcher sowie Prinz Eugen und Stadium als Auslugger vorangeeilt war: „6 Dampfer in Sicht“; auch vom Flaggenschiffe wurden in s. ö. Richtung Rauchsäulen bemerkt, doch hüllte bald darauf eine Regenboe aus S. W. die Flotte in dichten Nebel und benahm jede Fernsicht.

Nichts konnte dem kaiserlichen Admiral ungelegener kommen; Wind und Wetter schienen sich verbündet zu haben, um seine ohnehin so verantwortungsvolle und schwierige Unternehmung noch gefährlicher und prekärer zu gestalten; doch liess sich der Admiral in seinem einmal gefassten Entschlusse nicht mehr wanken machen; nur die, wenn überhaupt mögliche, glückliche Lösung seiner Aufgabe vor Augen und fest durchdrungen von der Überzeugung, dass Macht und Ansehen seines Vaterlandes, das Wohl und der gute Ruf der Flotte in diesem Augenblicke von seinem Entschlusse abhingen und Alles in Gefahr käme, wenn er schwankte — steuerte er, vor Allem bauend auf den vortrefflichen Geist seiner Officiere und Mannschaften, ruhigen und klaren Geistes seinem grossen Ziele entgegen [1]).

Und als sollte der feste Wille des entschlossenen Führers schon jetzt den ersten Sieg davontragen, begann sich der Himmel gegen 9 Uhr aufzuheitern; der Wind setzte nach N. W. um, die See legte sich allmählig, wenn auch der Seegang noch immer stark genug blieb, um das Batteriedeck der Panzerschiffe 2. und 3. Classe mit Wasser zu überspülen, und den Kanonenbooten und Schraubenschoonern mitunter noch während des Gefechtes die Handhabung ihrer Geschütze nur mit aller Vorsicht und Anstrengung zu gestatten.

Als sich gegen 10 Uhr endlich der Nebel völlig senkte, sah die österreichische Escadre gerade vor sich die feindliche Flotte, eben im Begriffe, sich an der Nordküste von Lissa zu sammeln.

„Klarschiff zum Gefechte", „Distanzen schliessen", „Auslugger auf ihre Posten", „mit ganzer Kraft fahren", endlich um 10 Uhr 35 Minuten: „Panzerschiffe den Feind anrennen und zum Sinken bringen", waren die Signale des k. k. Flaggenschiffes, welche rasch nach einander gegeben und von der ganzen Escadre mit einem begeisterten „Hurrah" begrüsst wurden.

Das bereits vorbereitete Signal: „Muss Sieg von Lissa werden", konnte, der raschen Annäherung wegen, nicht mehr gegeben werden.

In wenigen Augenblicken war Alles zum Gefechte bereit und im raschesten Laufe, die kleine Flaggengalla an den Masten, stürzten sich die kaiserlichen Schiffe mit Curs S. S. O. der feindlichen Panzerflotte entgegen, welche sich, rasch gesammelt, in Kielwasserlinie mit Curs N. N. O. näherte.

Die aufeinander stossenden Flotten hatten folgende Ordnung:

---

[1]) Bei längerer Dauer des dicken Wetters hätte die Nähe des Landes unbedingt einen Curswechsel erfordert, da eine Flotte von 27 Schiffen sich unmöglich in den nicht sehr breiten Canal von Lissa wagen und dieselbe auch nirgends an der Küste einen Ankerplatz finden konnte. An eine Trennung der Flotte war bei der Nähe des Feindes nicht zu denken, ebensowenig als bei dem geringen Fassungsraume für Brennmaterial ein längeres Verbleiben unter Dampf möglich war.

Österreichische Flotte.

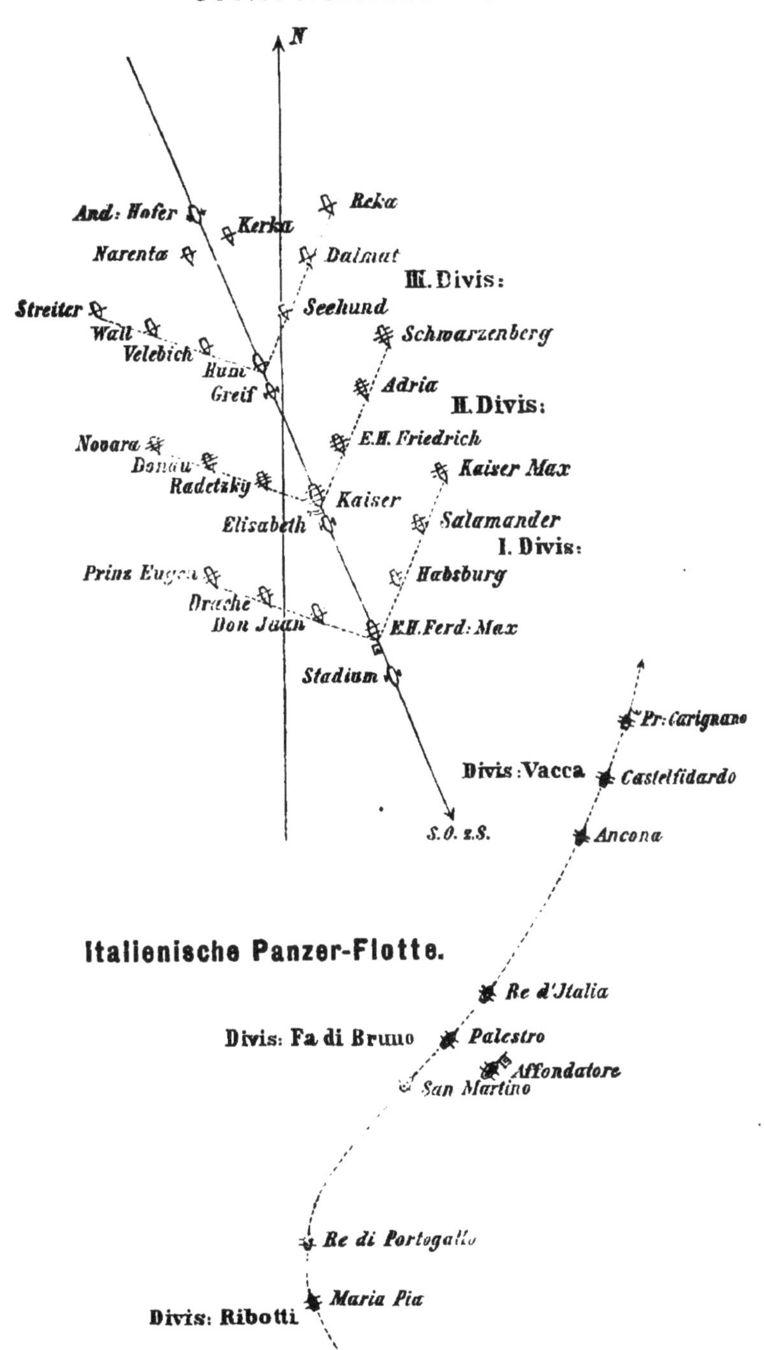

Von den italienischen Panzerschiffen waren somit 9 zur augenblicklichen Action bereit, — das Panzerschiff Formidabile war seiner Havarien wegen gefechtsuntüchtig und steuerte nach Ancona.

Varese und Terribile dampften von Comisa herbei; ersterer kam nach Beginn des Kampfes in die Colonne, letzterer schloss sich der Holzflotte an, welche sich nach Wiedereinschiffung des Landungsmaterials an der Nordküste der Insel in der Nähe der Bucht Travna sammelte, und kam gleich dieser nicht in die Action [1]).

Admiral Persano fand es für zweckmässig, sein bisheriges Admiralschiff Re d'Italia zu verlassen und sich sammt seinem Generalstabschef auf den Affondatore zu begeben, welchen er, den ihm vorangegangenen Rufe zu Folge, für das schnellste, steuerfähigste, zum Rammen tüchtigste, mithin zum Admiralschiff geeignetste Schiff hielt [2]).

Durch diese Überschiffung ward der Re d'Italia in seiner Fahrt aufgehalten, so dass sich die Divisions-Intervalle von 5—6 Kabel (1 Kabel = 100 Klafter), zwischen der ersten und mittleren Gruppe vergrösserte, was jedoch wohl nur als ein für die italienische Flotte, namentlich für deren mittlere Gruppe, günstiger Zwischenfall angesehen werden kann, da selbe sonst wahrscheinlich gleich bei Beginn der Action von der ganzen Wucht der österreichischen Panzer-Division getroffen worden wäre und vielleicht schon in diesem Augenblicke ein oder das andere ihrer Schiffe verloren hätte.

Während Persano das Schiff wechselte, eröffnete um 10 Uhr 43

---

[1]) Siehe die vergleichende Übersicht beider Flotten, Beilage E.

[2]) Der Affondatore, aus Eisen in London gebaut, war 300' lang. Der Panzer war auf einer Teakholz-Unterlage von 10" Dicke mittelst Holzschrauben, die jedoch nicht durch die eiserne Schiffswand gingen befestigt, reichte 7' unter Wasser und war in der Wasserlinie 5" dick. Vom Batteriedecke (1' über Wasser) aufwärts war das Bordwandblech blos $1^1/_2$" dick, konnte daher leicht von Hohlgeschossen durchschlagen werden. Das Batteriedeck war unter der Holzbeplankung mit 2 Lagen 1" dicken Eisenblechs belegt.

Im Batteriedeck befanden sich eine Menge Einrichtungen aus Holz, so dass Hohlgeschosse leicht einen Brand anrichten konnten. Die Deckluken waren mit starken 5" hohen Gittern gut versichert.

Jeder der zwei Thürme barg eine gezogene 300pfd. Armstrongkanone.

Das Schiff hatte eine mittlere Geschwindigkeit von 11 Seemeilen, brauchte aber zum Beschreiben eines vollen Kreises $8^1/_2$ Minuten.

Als fühlbare Mängel des Schiffes waren nach Angabe des Capitäns Martini zu bezeichnen: dass das Schiff einen grösseren Tiefgang hatte, als nach dem Constructionsplane festgesetzt worden war, und die Panzerung wenig über die Wasserlinie hervorragte, während die nur mit dünnem Blech bedeckte Bordwand und das Oberdeck leicht von Kugeln durchgeschlagen werden konnten, wie es auch factisch in der Schlacht geschah. Ferner war das Steuerruder, welches vom mittleren Thurme aus bewegt ward, sehr schwerfällig und das ganze Schiff seiner ausserordentlich bedeutenden Länge wegen nicht manövrirfähig genug.

Minuten, die an der Tête der feindlichen Linie steuernde Panzer-Fregatte, Principe Carignano (Flaggenschiff des CA. Vacca), auf einige Kabel Entfernung das Feuer und bald nahmen es auch alle übrigen feindlichen Schiffe auf. Einer der ersten Schüsse tödtete den Commandanten der kaiserlichen Panzer-Fregatte Drache, Linienschiffs-Capitän Freiherr v. Moll [1]).

Die kaiserliche Panzer-Division, welche indessen ihren linken Flügel etwas vorgenommen hatte, erwiderte das Feuer, ohne jedoch in ihrem Laufe innezuhalten. Dichter Rauch hüllte bald die beiden Flotten ein, wodurch es geschah, dass mehrere österreichische Panzerschiffe, darunter das Admiralschiff, die eigentlichen Standpunkte der feindlichen Schiffe ausser Augen verlierend, in die Intervalle zwischen der ersten und zweiten feindlichen Gruppe, d. i. zwischen den Panzer-Fregatten Ancona und Re d'Italia hineingeriethen und auf diese Art eine förmliche Trennung der feindlichen Tête von den übrigen Gruppen bewirkten.

Von der österreichischen Panzerflotte fielen dann die meisten Schiffe des linken Flügels backbord [2]) gegen die feindliche Tête, jene des rechten Flügels steuerbord [3]) ab, um sich mit dem nächsten Gegner zu engagiren; das Flaggenschiff wendete, als es sich im Rücken der feindlichen Linie sah, backbord, und stürzte sich gegen die mittlere, feindliche Gruppe, welche indessen backbord abgefallen war, vermuthlich in der Absicht, die österreichische Holzflotte anzufallen.

Doch die nächsten österreichischen Panzerschiffe, voran das Flaggen-

---

Endlich war der Sporn übermässig lang, so dass zu befürchten stand, dass er im Falle eines schiefen Stosses abbrechen und im Falle eines senkrechten Stosses das Schiff in die Gefahr bringen könnte, sammt dem Gegner zu sinken.

Das Schiff rechtfertigte also die Erwartungen nicht, die der Admiral von demselben hegte; seine Mängel wurden demselben jedoch wie es scheint erst bekannt, nachdem er sich auf dasselbe überschifft hatte.

Der Wechsel des Flaggenschiffes im letzten Augenblicke sollte für Persano verhängnissvoll werden; denn er gab Anlass zu den schwersten Beschuldigungen gegen ihn. Der Admiral hatte in der That entweder vergessen, oder es nicht für nöthig erachtet, die Gruppen- und Schiffs-Commandanten im Vorhinein von seiner, schon seit dem tagsvorher erfolgten Eintreffen des Affondatore bestehenden Absicht, sich auf dieses Schiff im Falle einer Schlacht zu begeben, zu verständigen, hatte auch keine Vorsorge für die Commandoflagge getroffen, so dass der Affondatore nur eine an Bord befindliche Vice-Admiralsflagge hissen konnte, während die Admiralsflagge am Re d'Italia blieb, was alles zur Folge hatte, dass die meisten Commandanten nichts von dem Wechsel erfuhren und auf diese Weise die Signale, die der Admiral von dem während der ganzen Schlacht sehr thätigen Widderschiffe in grosser Zahl gab, meist ohne Beachtung blieben.

[1]) An dessen Stelle übernahm im ersten Augenblicke Linienschiffs-Fähnrich Weiprecht, dann Linienschiffs-Lieutenant Matthieu das Commando.

[2]) links.

[3]) rechts.

schiff, warfen sich auf dieselbe und es entspann sich namentlich im Centrum und auf dem österreichischen rechten Flügel, wo die Holzflotte sich in den Kampf gegen die feindliche Panzer-Queue mengte, eine Mêlée im vollsten Sinne des Wortes, welche allmälig immer gewaltigere Dimensionen annahm, und diesem, seit Anwendung der Dampfkraft und der modernen Zerstörungsmittel ersten grossen Kampfe auf hoher See, ein eigenthümlich wildes Gepräge verlieh.

Bis zur Entscheidung verfolgten sich die Schiffe unaufhörlich und suchten sich anzurennen, dem drohenden Rammstosse auszuweichen, oder durch Breitseiten einem bedrängten Nachbar zu Hilfe zu eilen. Unter fortwährendem Donner der Geschütze kreuzten sich Freund und Feind, glitten häufig auf Pistolenschussweite oder sogar Bord an Bord aneinander ab, um sich dann mit concentrirten Breitseiten zu überschütten.

In Wolken von Pulverdampf und Kohlenrauch gehüllt, waren die an den Masten wehenden Nationalflaggen nicht zu erkennen und es ist als ein für beide Theile günstiger Zufall zu erachten, dass die Schiffe durch eine verschiedene Farbe (Persano hatte die seinigen grau anstreichen lassen) erkennbar waren.

Im Grossen lässt sich das Bild dieser denkwürdigen Schlacht so ziemlich der Wahrheit gemäss denken, indem man annimmt, dass das Gros der österreichischen Holzflotte, die bald nach geschehenem Durchbruch steuerbord (rechts) der Panzer-Division herausfuhr, mit den Panzerschiffen der italienischen Queue, der rechte Flügel und das Centrum der österreichischen Panzerschiffe mit jenen der italienischen Mitte, der österreichische linke Panzerschiffs-Flügel und die Queue der österreichischen Holzflotte aber mit der italienischen Tête, den Schiffen Vacca's, im Kampfe sich massen.

Zur selben Zeit, als das österreichische Flaggenschiff in die feindliche Linie hineinrannte, brach auch Admiral Persano mit dem Affondatore zwischen dem Re d'Italia und Palestro über die eigene Panzerlinie hinaus, erschien inmitten und rückwärts der österreichischen Panzerschiffe und betheiligte sich sofort am Kampfe, indem der Widder bald dieses, bald jenes Schiff zum Ziele nahm, so dass nicht nur die meisten österreichischen Panzer, sondern auch einige Holzschiffe sich seiner Angriffe zu erwehren hatten.

Von diesen letzteren war die 2. (schwere Holzschiff-) Division, als die 1. den Kampf begann, eben im Begriffe, dem Signal des Admirals folgend, die Schlachtlinie zu formiren, als Commodore v. Petz (an Bord des Linienschiffes Kaiser) die feindliche Holzflotte in der Richtung auf Lissa vor sich liegen sah. In der Absicht diese anzugreifen, fiel er steuerbord ab und gab das Signal, ihm in Kielwasser zu folgen. Die im Winkel formirten 7 grösseren Holzschiffe schlossen sich hierauf gegen die Mitte, und folgten dicht geschlossen dem Kaiser ungefähr in nachstehender Ordnung: Novara, Friedrich, Radetzky, Adria, Schwarzenberg, Donau [1]).

Die Kanonenboote der 3. Division folgten in keiner bestimmten Ordnung; einige blieben an der Queue der 2. Division, einige fielen steuerbord, einige backbord ab, und gelangten mitunter zwischen die Fregatten hinein, die sie, je nach der Gefechtslage, auf das Kräftigste unterstützten.

Linienschiffs-Capitän Ribotti, Commandant der 3. feindlichen Panzerschiff-Gruppe (Arrièregarde), welche von dem ersten Choc der österreichischen Panzerschiffe unberührt geblieben war, wollte, da er die mittlere Gruppe im lebhaften Kampfe sah, zur Unterstützung derselben seinen Curs fortsetzen, liess aber, als er die von ihrer Panzer-Division entfernten österreichischen Holzschiffe gewahrte, gegen dieselben backbord abfallen, in der Absicht, sie von der ersteren gänzlich zu trennen, und der, wie er voraussetzte, nachfolgenden Holzflotte Albini's den Weg zu öffnen.

Commodore v. Petz, dieses Manöver gewahrend, befürchtete, dass der Gegner seine rückwärtigen Holzschiffe angreifen und abschneiden könnte, fiel sogleich backbord ab und warf sich ohne Bedenken mit seinen Holzschiffen den feindlichen Panzerschiffen entgegen.

Rasch näherten sich in dieser Weise die Tète der österreichischen Holzflotte und die Queue der italienischen Panzerschiffe und es währte nicht lange so wurden die 7 Schiffe der 2. österreichischen Division, sowie die eben herangelangte Elisabeth von 4 feindlichen Panzerschiffen beschossen und zwar von den 3 Schiffen Ribotti's und vermuthlich vom Schlussschiff der mittleren Gruppe, dem S. Martino, welcher auf seinem Wege zur Unterstützung des Re d'Italia eine Zeit lang mit der Tète der österreichischen Holzflotte gekämpft haben dürfte.

Die früher erwähnten österreichischen Schiffe betheiligten sich nun mehr oder weniger an dem lebhaften Feuergefechte und unterstützten das Linienschiff, auf welches der Feind hauptsächlich seinen Angriff richtete. Kaum hatte hier der Kampf begonnen, als auch plötzlich steuerbord des Kaiser der Affondatore erschien, welcher mitten in das Gewühl der Kanonenboote und Fregatten hineinrannte und nach manchem vergeblichen Rammversuche, sich endlich auf das Linienschiff stürzte, dasselbe 2 Mal anzurennen versuchte und gleichzeitig einige 300pfd. Geschosse abfeuerte, deren eines von verheerender Wirkung war. Selbes demontirte ein Deckgeschütz vollkommen, setzte 6 Steuerleute ausser Gefecht, und riss Peilscheibe, Maschinentelegraph und Steuercompass mit sich fort.

[1]) Novara war mit ihrer kräftigen Maschine den übrigen Schiffen vorangeeilt, dagegen war Donau, ihrer geringeren Schnelligkeit wegen, zurückgeblieben.

Kaiser wusste durch geschickte Manöver dem Stosse des Affondatore auszuweichen, gab ihm 2 concentrirte Breitseiten, die auf dem Deck und im Takelwerk Schaden anrichteten und den Widder zur Umkehr zwangen.

Als nach dem zweiten Rammversuche die beiden Schiffe nahe bei einander vorbeiglitten, sandten sie sich gegenseitig Klein-Gewehrfeuer zu, bei welcher Gelegenheit der in der Kreuzmars postirte Linienschiffs-Fähnrich Robert Proch, tödtlich getroffen, auf Deck herabstürzte.

Kaum hatte sich Kaiser von diesem gefährlichen Gegner befreit, als er der Panzer-Fregatte Re di Portogallo ansichtig wurde, welche mittlerweile, im Verein mit den übrigen Panzerschiffen der 3. Gruppe (Arrièregarde), die Tète der österreichischen Holzschiffe auf das Lebhafteste beschossen hatte. Dichthagelnd sausten die Kugeln über Kaiser hinweg und überschütteten Novara, Friedrich und Elisabeth, von denen erstere in diesem Augenblick steuerbord, die beiden anderen achter [1]) backbord des Linienschiffs standen; eine der ersten Kugeln tödtete den Commandanten der Fregatte Novara, Linienschiffs-Capitän Erik of Klint [2]); eine andere (vom Re di Portogallo kommend) traf Friedrich unter der Wasserlinie, so dass die Corvette 19 Zoll per Stunde Wasser zog, welches jedoch durch die Dampfpumpe bewältigt werden konnte.

Dichter Pulverrauch verhüllte die Kämpfenden derart, dass Kaiser den Re di Portogallo erst gewahr wurde, als dieser schon auf ganz kurze Distanz mit voller Kraft auf ihn zudampfte, in der unverkennbaren Absicht, ihn anzurennen. Nun hätte zwar das Linienschiff durch eine rasche Wendung dem gefährlichen Stosse ausweichen können, doch wären dann die auf kaum ein Kabel entfernten Elisabeth und Friedrich Gefahr gelaufen, von der mächtigen Panzer-Fregatte in den Grund gebohrt zu werden. Commodore v. Petz zog es daher, im Vertrauen auf die Grösse und Stärke seines, wenngleich nicht gepanzerten Schiffes, vor, sich dem feindlichen Panzerschiffe selbst entgegen zu werfen.

Kaiser fiel zuerst etwas nach steuerbord ab, gab dann das Ruder backbord an Bord und rannte, während er eine volle Lage des Gegners auszuhalten hatte, denselben mit aller Kraft ungefähr in der Höhe der Maschine an. Es war Punkt 11 Uhr, — 17 Minuten, seit der erste Schuss feindlicherseits gefallen.

Linienschiffs-Capitain Ribotti, das kühne Manöver erkennend, liess sein bedrohtes Schiff im letzten Augenblicke rasch backbord wenden, wodurch die

---

[1]) rückwärts.

[2]) An dessen Stelle übernahm Linienschiffs-Lieutenant Schröder das Commando.

Gewalt des Stosses geschwächt wurde [1]), wogegen Kaiser, indem er backbord an der gepanzerten Bordwand des Gegners vorbeistreifte, sowie durch die Rückwirkung des eigenen gewaltigen Stosses und eine auf kürzeste Distanz abgegebene volle Breitseite des Gegners sehr bedeutende Havarien erlitt. Der Bugspriet und das ganze Scheg des Linienschiffes waren herabgerissen, so dass kurze Zeit darauf der Fockmast achter überkippte und unglücklicherweise gerade auf den Maschinenschlot fiel, dessen noch unversehrten Theil mit der Mars zudeckend. Ein Theil des Gallions und die Kaiserkrone der Gallionsfigur fielen auf das feindliche Deck.

Doch auch Re di Portogallo war bedeutend, wenngleich nicht in gefährlicher Weise beschädigt. Er verlor zwei Anker, mehrere Boote; von vier Landungskanonen, welche sich achter befanden, wurden die Laffeten zertrümmert, eine fiel in's Meer, ebenso wie 11 Stück Pfortendeckel an Backbord, endlich wurde die Schanzverkleidung auf eine Länge von mehr als 60' vollständig zertrümmert.

Trotz seiner argen Verletzungen sendete Kaiser dem Re di Portogallo, welcher nach dem Stosse sehr stark nach steuerbord überkrengte, von der vorderen Division der 1. Batterie (die augenblicklich Bord gewechselt hatte) eine Lage auf die Entfernung von kaum einigen Klaftern nach, welche unter der Panzerung traf, dann auf das feindliche Deck ein 24pfündiges Projectil, endlich unmittelbar hierauf, wiederholte Lagen der ganzen Flanke.

Doch kaum hatte sich Kaiser auf diese wahrhaft heroische Weise von seinem nicht minder herzhaften Gegner befreit, der ihm nun ausser Sicht blieb, als sich auf 4 Kabel eine feindliche Panzer-Fregatte (wahrscheinlich Maria Pia) zeigte, mit welcher sich Kaiser, obschon bereits das über dem Schlot liegende Holz und Tauwerk heftig zu brennen begann, sogleich engagirte. Da trafen zwei feindliche Hohlgeschosse das Linienschiff so unglücklich, dass die 2. Section der 2. Batterie fast vollkommen ausser Gefecht gesetzt, das Dampfrohr zerschossen, ein Theil der Achterdeck-Division stark verheert wurde, und letztere ihren Commandanten, Linienschiffs-Fähnrich Hugo Pogatschnigg, durch schwere Verwundung verlor. Endlich wurde die Bordwand backbord in Brand geschossen und die Maschine meldete, dass sie nicht mehr verlässlich und, des zerschossenen und verdeckten Schlotes wegen, nur mehr mit kleinem Feuer arbeiten könne.

Der Brand über dem Schlote nahm immer grössere Dimensionen an, das Steuerruder selbst war durch einen Schuss verletzt, die vorderen Divisionen vom Deck und von der 2. Batterie konnten kaum mehr Antheil am Gefechte

---

[1]) Ribotti räumt selbst ein, dass wenn der Stoss des Kaiser senkrecht erfolgt wäre, diess den Re di Portogallo wahrscheinlich zum Sinken gebracht hätte.

nehmen, das Schiff war mit einem Worte nicht mehr kampffähig, so dass sich sein Commandant entschliessen musste, dasselbe ausser Schussbereich zu bringen.

Kaiser nahm nun Curs gegen den Hafen S. Giorgio, gefolgt von den meisten grösseren Holzschiffen und auch einigen Kanonenbooten, welche schon während des grossartigen Zweikampfes das Linienschiff durch ihr Feuer auf das Kräftigste unterstützt und dadurch die Aufmerksamkeit der feindlichen Panzerschiffe auf sich gezogen hatten.

Einige dieser Holzschiffe wurden dabei schwer beschädigt, so z. B. Schwarzenberg, welcher 7 Schüsse in der Takelage, einen in den Fockmast und einen unter Wasser erhielt, worauf alle Pumpen an Bord arbeiten mussten, um das Leck unschädlich zu machen. Adria hatte mehrfache Beschädigungen im Takelwerk und an den Booten erlitten, die Flagge war durchschossen, im Banjerdeck dreimal Brand entstanden, und 4 Mann waren schwer, 2 Mann leicht verwundet. 2 Kalfater, (Arsenal-Civil-Arbeiter) tapfere Männer, welche ein nahe der Wasserlinie durch eine 80pfd. Granate entstandenes Loch stopfen wollten, wurden durch eine zweite Granate in Stücke gerissen; die brennenden Splitter übersäeten die Vorkammer des Pulvermagazins, so dass nur durch die Entschlossenheit des Oberstückmeisters, welcher sogleich alle Hähne öffnete, das Feuer verhindert wurde die Pulverkammer zu erfassen. Dasselbe ward rasch gedämpft und der angestrengten Arbeit der Zimmerleute gelang es auch eben so bald die Lecks zu verstopfen, so dass das Schiff, trotz der nicht unbedeutenden See, nur wenig Wasser zog.

Novara verlor in diesem Kampfe ausser dem Commandanten 6 Todte 20 Verwundete.

Während in dieser Weise die Queue der italienischen Panzerlinie durch das für sie gewiss unerwartete kühne Eingreifen der österreichischen Holzflotte in Schach gehalten wurde, hatten die beiden Têteschiffe unter CA. Vacca, nach erfolgtem Durchbruche Tegetthoff's, ihren Curs in Kielwasserlinie mit einer Wendung über Backbord fortgesetzt und sich dadurch von der zurückgebliebenen mittleren Gruppe entfernt, welche nun für einige Zeit gewissermassen isolirt, vom Gros der österreichischen Panzer-Division engagirt wurde und in eine bedenkliche Lage gerieth.

Das kaiserliche Admiralschiff Ferdinand Max hatte indessen 2 feindliche Panzerschiffe angerannt, jedoch, da der Stoss in schiefer Richtung erfolgt war, ohne erhebliche Wirkung. Beim 2. Stoss, welcher das feindliche Schiff achter an Steuerbord traf, stürzte dessen Kreuzmarsstenge und Besahngaffel, letztere mit einer riesigen Tricolore auf das Vordercastell des

Ferdinand Max; — Steuermann Carcovich eilte nach vorn, machte nach einem vergeblichen Versuche die Leine abzureissen, die Flagge unter heftigem Kleingewehrfeuer an einer Belegsklampe fest, und dieselbe blieb auch als die beiden Schiffe sich trennten, als Trophäe an Bord zurück [1]).

Das Têteschiff der mittleren feindlichen Gruppe, die Panzer-Fregatte Re d'Italia ward nach erfolgtem Durchbruche sofort von 4 österreichischen Panzerschiffen, unter denen das Admiralschiff Ferdinand Max, umgeben. Das Panzerschiff Palestro wollte dem bedrängten Schiffe zu Hilfe eilen, aber zwei österreichische Panzerschiffe verlegten ihm den Weg und beschossen es auf das Heftigste.

Die gepanzerten Flanken des Palestro widerstanden den österreichischen Kugeln mit gutem Erfolge, — auch ein Rammstoss des Ferdinand Max scheint ihn nicht besonders beschädigt zu haben, — doch drang ihm eine Granate durch das ungepanzerte Heck in den Officiersraum nächst der Pulverkammer und zündete dort, so dass das Schiff sogleich gezwungen war backbord zu wenden um aus dem Gedränge zu kommen und den entstandenen Brand zu unterdrücken.

Unterdessen schien dem Re d'Italia das Steuerruder zerschossen worden zu sein, denn von diesem Augenblicke lag dieses Schiff isolirt inmitten mehrerer kaiserlichen Panzerschiffe. Palestro brannte und hielt für seine Sicherheit besorgt nordwärts ab. San Martino schlug sich in ziemlicher Entfernung südwestwärts, wahrscheinlich mit Don Juan, später auch mit Kaiser Max herum.

Dem CA. v. Tegetthoff der von der Hütte herab, umgeben von seinem Stabe, in einer Haltung die selbst den Gegner zur Bewunderung hinriss, mit ruhigem kalten Blick den Gang des Gefechtes beobachtete, konnte die bedenkliche Situation des Re d' Italia nicht entgehen, dessen Bewegungen, seit ihm das Steuerruder zertrümmert worden, auf jene nach vor- und rückwärts beschränkt waren. — Das Schiff suchte sich zu retten, indem es volle Breitseiten nach rechts und links abfeuerte, und die ganze Equipage auf Deck

[1]) Da nach allen italienischen Berichten keines der aus der Schlacht zurückgekehrten Schiffe, den Re di Portogallo ausgenommen, welcher vom Kaiser angerannt wurde, einen Rammstoss erhalten haben will, so muss wohl angenommen werden, dass die beiden gerammten Schiffe der Re d'Italia und Palestro gewesen seien, was auch der Situation bei Beginn der Schlacht entspricht. Für die Annahme, dass Palestro das zweitgerammte Schiff sei, spricht auch die Angabe des Kanonenbootes Reka, welches denselben deutlich brennen und ohne Flagge an der Gaffel gesehen hatte. — Dass Re d'Italia schon Anfangs einen Stoss erhalten habe, dafür sprechen die übereinstimmenden Aussagen der italienischen Marine, wornach derselbe als vermeintliches Flaggenschiff von Anfang her das Ziel der wüthendsten Angriffe gewesen sei.

berief, um eine Enterung abzuweisen. — Doch bald darauf erhielt er den Stoss, der ihm den Untergang bringen sollte.

Linienschiffs-Capitän Baron Sterneck, welcher das kaiserliche Admiralschiff von der halben Höhe der Besahnwanten aus manövrirte, dirigirte dasselbe mit ganzer Kraft auf die linke Flanke des Re d'Italia und liess auf die Entfernung von circa 30 Faden die Maschine plötzlich stoppen, wozu er dem leitenden Maschinisten durch heftiges anhaltendes Läuten mit der Telegraphenglocke den Befehl gab.

Re d'Italia, welcher das kaiserliche Admiralschiff gerade auf seine Mitte losstürzen sah, liess mit aller Anstrengung nach vorwärts arbeiten, um womöglich dem Stosse zu entgehen, oder ihn abzuschwächen, doch da verlegte ihm eine österreichische Panzer-Fregatte den Weg; er liess nun wieder die Maschine mit voller Kraft nach rückwärts wirken, aber in dem Augenblicke, als sich die beiden entgegengesetzten Bewegungen paralysirten und das Schiff gewissermassen regungslos dalag, erhielt es den verhängnissvollen Stoss des Ferdinand Max, welcher seine gewaltige Masse von 4500 Tonnen mit einer Geschwindigkeit von $11\frac{1}{2}$ Knoten in die linke Flanke des Gegners, nahe an der Maschine, bohrte, Alles zerschmetternd, Panzer und Fütterung, Planken und Rippen, in einem Umfange von 137 Quadratschuh (worunter 79 Quadratschuh unter der Wasserlinie).

Der Stoss, welcher in den unteren Räumen des Ferdinand Max, wo Niemand darauf vorbereitet war, Alles zu Boden schleuderte, war kaum erfolgt, als der Maschinist, den früher erhaltenen Weisungen gemäss, die Maschine auf ganze Kraft rückwärts einstellte, wodurch es gelang, den Sporn, welcher $6\frac{1}{2}$ Fuss tief eingedrungen war, zurückzuziehen und so den Ferdinand Max aus der Flanke des tödtlich getroffenen Gegners zu befreien [1]).

Re d'Italia neigte sich beim Anprall zuerst langsam auf etwa 25 Grad gegen Steuerbord, dann kam ein plötzliches Überkrengen nach Backbord, wobei das Schiff seine entsetzlich klaffende Wunde in die sich rasch hinein ergiessenden Wellen tauchte und dann fast augenblicklich versank.

Es war für den Sieger ein furchtbar grossartiger Anblick, als das ganze Deck des feindlichen Schiffes sich dicht vor seinen Augen aufrichtete, die wackere Bemannung, welche noch in diesem Augenblicke von Deck und Marsen ihre letzte Salve abgab, allmälig an Boden verlor, Menschen nach Lee hinabglitten und endlich das schöne Schiff in einem Abgrunde von 200 Faden Tiefe für immer verschwand [2]).

---

[1]) Der Contre-Admiral spricht das Verdienst dieser That ausschliesslich seinem Flaggen-Capitän zu.

[2]) Der Adjutant des Contre-Admirals, Linienschiffs-Lieutenant Baron Minutillo wurde durch einen Gewehrschuss schwer verwundet.

Während des Sinkens sah man einige Leute nach Achter eilen, um wie es schien, die Flagge an der Gaffel zu streichen, doch 2 wackere Officiere, Razetti und Del' Santo, widersetzten sich mit Gewalt diesem Unternehmen und so ging das Schiff mit hochflatternder Nationalflagge in sein Grab.

Es war 11 Uhr 20 Minuten, 37 Minuten seit Beginn des Kampfes.

Lautlos starrten die Sieger auf die Stelle hin, wo kurz vorher noch ein mächtiger Gegner gestanden und wo nunmehr zahlreiche Schiffbrüchige, denen es gelungen war in das Wasser zu springen bevor sie von dem reissenden Wirbel ergriffen wurden, mit dem Tode rangen.

Bald aber erscholl ein tausendstimmiges Hurrah von den kaiserlichen Schiffen welche Zeugen der furchtbaren That ihres Admiralschiffes waren, das aus diesem Choc, abgesehen von einer Verletzung des Vordertheiles, unversehrt hervorging [1]).

Der erste Gedanke des österreichischen Admirals war die Rettung der Schiffbrüchigen, von denen Einige sich an Schiffstrümmer und zerbrochene Masten, welche das Wasser an die Oberfläche getragen hatte, klammerten, während Andere sich durch Schwimmen zu erhalten suchten [2]).

Es wurde sogleich Befehl gegeben, die Steuerbord-Jolle, das einzige noch schwimmfähige Boot, zu streichen; doch während mit aller Kraft gearbeitet wurde dasselbe loszumachen, erschien plötzlich von Backbord gegen Achter ein feindliches Panzerschiff, (wahrscheinlich Ancona,) und nahm, mit der unverkennbaren Absicht zu rammen, Curs gegen Ferdinand Max.

Linienschiffs-Capitän Baron Sterneck, rasch gefasst, wusste dem gefährlichen Stosse auszuweichen; die beiden Schiffe glitten so dicht an einander vorbei, dass die Bedienungsmannschaft der Backbord-Batterie die Setzer in die Geschützmündungen nicht einführen konnte. Das feindliche Panzerschiff feuerte einige Schüsse ab, deren Rauch in die Stückpforten des Ferdinand Max drang; von Geschossen war jedoch nichts zu bemerken, und es ist, wie dies auch aus den Angaben des Capitäns der Ancona mit vieler Wahr-

---

[1]) Am Ferdinand Max waren die Platten des Vorderstevens umgebogen und einige Bolzenköpfe herausgeschleudert, wodurch ein kleines Leck entstand.

Am nächsten waren dem Schauplatze: Habsburg, Eugen, Drache, dann Novara und Elisabeth. Auf Deck des um diese Zeit auf 5 Kabel entfernten Kaiser wurde das gesunkene Schiff, wegen seiner Ähnlichkeit mit Re di Portogallo, für dieses gehalten.

[2]) Die Anklage, welche man italienischerseits bald nach der Schlacht erhob, dass die Schiffbrüchigen von den kaiserlichen Schiffen beschossen worden wären, widerlegt sich wohl durch die ganze Situation von selbst.

scheinlichkeit hervorgeht, anzunehmen, dass die Geschütze blind geladen waren [1]).

Die beiden Gegner trennten sich hierauf ohne weitere Feindseligkeit.

So wie Ferdinand Max wurden auch einige andere Schiffe der kaiserlichen Escadre, welche dem Orte der Katastrophe nahe kamen, und wiederholte Anstrengungen zur Rettung der Schiffbrüchigen machten, durch feindliche Angriffe in ihrer humanen Absicht gestört, und gezwungen auf ihre eigene Sicherheit bedacht zu sein.

Elisabeth, welche ebenso wie Novara in die nächste Nähe des Admirals gelangt war, stand im Momente des Unterganges des Re d'Italia nordöstlich von diesem.

Sie eilte sofort zur Rettung der Unglücklichen herbei, wurde aber durch eine feindliche Panzer-Fregatte, welche sie, achter kreuzend, lebhaft beschoss und auch einigen Schaden anrichtete, daran verhindert.

Auch die beiden Schrauben-Schooner Kerka und Narenta, welche ihrer geringen Fahrgeschwindigkeit wegen bei Beginn des Kampfes auf ungefähr 6 Kabel hinter ihrer Division zurückgeblieben waren und derselben mit aller Kraftanstrengung nachsteuerten, gelangten in die Nähe der Unglücksstätte. Im Begriffe Hilfe zu bringen, kamen sie jedoch in den Schussbereich von 2 feindlichen Panzerschiffen und mussten auf ihre eigene Sicherheit Bedacht nehmen.

Eines der eben erwähnten feindlichen Panzerschiffe war der Palestro, welchem es gelungen war, das Umsichgreifen des Feuers zu hemmen, und zur Zeit als die Melée am heftigsten wüthete, in nördlicher Richtung zu entkommen.

Nachdem dieses Schiff eine Zeit lang den nördlichen Curs fortgesetzt hatte und dabei ganz in die Nähe des Greif gekommen war, wendete es wieder in grossem Bogen, um sich der eigenen Holzflotte zu nähern, und kam dabei an dem gemietheten Lloyd-Dampfer Stadium vorbei, der sich abseits des Kampfplatzes hielt.

Inzwischen wandte sich Ancona gegen den Re di Portogallo, welchen sie von mehreren österreichischen Schiffen bedroht sah und stiess dabei mit Varese, welche im Gedränge etwas zurückgeblieben war und nun ebenfalls zur Unterstützung des Führerschiffes der Gruppe herbeieilte, zusammen.

---

[1]) Der italienische Capitän schreibt ein solches Versehen dem Umstande zu, dass die 40 und 80Pfünder sowohl Eisen- als Stahl-Projectile feuern, welche verschiedene Pulverladungen bedingen; da erst im letzten Augenblicke die Wahl des Projectil's erfolgt, so kann es in der Hitze des Gefechtes wohl vorkommen, dass man vergisst das Geschoss auf die Ladung zu setzen.

An Varese wurde eine Panzerplatte verrückt, beide Schiffe erlitten einige Beschädigungen und geriethen mit ihrem Takelwerk so in einander, dass eine geraume Zeit verstrich, ehe sie sich losmachen konnten.

Re di Portogallo, welchem die Hilfe der beiden Schiffe zugedacht gewesen, war bald nach seinem Zusammenstosse mit Kaiser, backbord von einigen österreichischen Holzschiffen, steuerbord von 2 Panzerschiffen bedroht, und — für einige Zeit von den Schiffen seiner Gruppe getrennt — in einer bedenklichen Lage, so dass er sich nur mit der grössten Anstrengung seiner Gegner erwehren konnte. Während das Schiff noch mit Ausbesserung der beim Zusammenstosse erlittenen Schäden beschäftigt war, wollte es eine österreichische Holz-Fregatte anrennen [1]), um sich Bahn zu brechen, erhielt aber von derselben eine concentrirte Breitseite, wobei Rumpf und Masten neuerdings beschädigt wurden.

Schliesslich gelang es dem wackeren Capitän doch, sich frei zu machen und mit den Schiffen Vacca's zu vereinigen, der denselben mittlerweile das Signal gegeben hatte: „Die Kielwasserlinie, ohne Rücksicht auf den Stand- „punkt der Schiffe, formiren."

Die gleichfalls zur Gruppe Ribotti's gehörige Maria Pia war der Varese ebenfalls in der Absicht gefolgt, dem Re di Portogallo Hilfe zu bringen, musste aber, um den beiden in einander gerathenen Panzerschiffen Ancona und Varese Raum zu geben, in einem weiten Bogen ausweichen, wodurch so viel Zeit verloren ging, dass die beabsichtigte Unterstützung des Re di Portogallo, der sich mittlerweile selbst Luft gemacht hatte, überflüssig ward. Sie wollte dann 2 österreichischen Panzerschiffen, welche scheinbar Curs gegen die italienische Holzflotte nahmen, den Weg verlegen, kam aber dabei, da noch 2 andere österreichische Schiffe folgten, hart ins Gedränge.

Nun wollte Maria Pia eines der österreichischen Panzerschiffe, welches dwars vor ihr passirte, anrennen, dieses jedoch wich rasch nach steuerbord aus, von Maria Pia eine volle Breitseite und Gewehrsalve in dem Augenblicke erhaltend, als beide Schiffe ganz nahe bei einander vorbeikamen.

Maria Pia nahm hierauf die Richtung gegen die eigenen Panzerschiffe, welche sich indessen allmählig in westlicher Richtung aus dem Gefechte gezogen hatten. Vielleicht war es bei dieser Gelegenheit, dass Maria Pia mit S. Martino zusammenstiess, welcher dabei einige Beschädigungen am Vordertheil davontrug, (der Sporn wurde verrückt, einige Panzerplatten wurden verbogen oder zertrümmert, wodurch ein kleiner Leck entstand); auch

---

[1]) Ribotti meint die Novara, doch dürfte es Schwarzenberg gewesen sein.

Maria Pia scheint bei diesem Anlasse eine Panzerplatte eingebüsst zu haben.

Hiemit hatte der kurze, aber hartnäckige Kampf der Panzerflotten seinen Abschluss gefunden.

CA. v. Tegetthoff gab zu dieser Zeit, 12 Uhr 10 Minuten, das Signal: „Sammeln."

Die beiden Schiffe des CA. Vacca, Carignano und Castelfidardo wechselten gleich zu Beginn des im Vorigen geschilderten Kampfes im Vorbeifahren einige Schüsse mit Kaiser Max, Habsburg und Salamander. Bei letztgenanntem Panzerschiffe schlug einer der ersten Schüsse im Blockhaus ein, die Splitter drangen in den Thurm, verwundeten den Commandanten, den Signal-Cadeten und den Signal-Steuermann und zertrümmerten den Thurmcompass; ein folgender Schuss zerschmetterte das Kreuzmarsstag und richtete noch anderen Schaden an.

Im Verlaufe des Kampfes und zu Ende desselben gelangte die feindliche Tête ganz in den Rücken der kaiserlichen Holzflotte.

In der Absicht, sich durch dieselbe Bahn zu brechen, und sich mit der eigenen 2. und 3. Panzerschiffgruppe zu vereinigen, änderte sie nun ihren Curs in südlicher Richtung; doch das wohlgezielte Feuer der fest angeschlossenen österreichischen Schlussschiffe hielt sie dermassen in Schach, dass die feindlichen Schiffe es nicht wagten, ein oder das andere der Holzschiffe zu rammen und sich darauf beschränkten, dieselben mit schlecht gezielten Schüssen zu enfiliren.

Von den kaiserlichen Holzschiffen betheiligten sich an diesem Fernkampfe die Fregatten Donau, Radetzky und Schwarzenberg mit ihren Pivotgeschützen und wurden dabei von mehreren Schiffen der 3. (Kanonenboot-) Division auf das Thätigste unterstützt, obschon diese, des noch immer unruhigen Seeganges wegen von den Geschützen, welche oft aus den Pivots sprangen und aus den Schienen glitten, nur mit aller Anstrengung Gebrauch machen konnten.

Von diesen Schiffen waren die Kanonenboote Hum, Wall, Streiter und der Repetiteur Hofer dicht an die Queue der 2. Division geschlossen geblieben, während Reka und Seehund sich mehr der Tête der Holzflotte genähert hatten, Dalmat und Velebich hingegen etwas zurückgeblieben waren.

Während die österreichischen Panzerschiffe sich zu vereinigen suchten, war ein grosser Theil der Holzflotte auf dem Wege nach dem Hafen von Lissa.

Das kaiserliche Linienschiff Kaiser, welches sich, wie erwähnt, seiner Havarien wegen aus dem Gefechte hatte ziehen müssen, wurde dabei von Friedrich auf Schussdistanz und zunächst von Seehund und Reka begleitet, welchen die Fregatten Schwarzenberg, Radetzky, Adria, Donau und die Kanonenboote Hum, Wall, Streiter, endlich der Rad-Dampfer Hofer im Kielwasser folgten.

Während Kaiser bei seiner Fahrt mit aller Anstrengung bemüht war, dem Brande Einhalt zu thun, fand sich neuerdings und plötzlich an der Steuerbordseite der österreichischen Holzschiffe der Affondatore ein, welcher nach dem vergeblichen Rammversuche auf Kaiser einen grossen Bogen über Backbord beschreibend, seine Havarien möglichst ausbesserte, und nun längs der Nordküste der Insel steuernd, dem Linienschiffe den Weg zu verlegen drohte.

Dreimal schien er einen Anlauf zu nehmen, um Kaiser zu rammen; doch das schwer verwundete Linienschiff wehrte sich auf das Tapferste, gab trotz Brand und Havarien Breitseite auf Breitseite ab, und hielt sich den gefährlichen Gegner vom Leibe. Kaiser wurde dabei durch die nachfolgenden Holzschiffe, später auch durch die 2 Panzer-Fregatten Don Juan und Prinz Eugen auf das Wackerste unterstützt, welche den Affondatore mit einem wahren Hagel von Projectilen aller Art überschütteten, unbekümmert um mehrere feindliche Panzerschiffe, wie: Carignano, Castelfidardo, Re di Portogallo, Ancona und Varese, welche, auf das Signal Vacca's sich sammelnd, aus der Entfernung ein wirkungsloses Feuer unterhielten.

Beim dritten Versuch stürzte Affondatore mit grosser Geschwindigkeit bis auf 1 Kabel Distanz heran, fiel aber plötzlich steuerbord ab, folgte noch eine Zeit lang dem Linienschiffe, das unausgesetzt ein wohlgezieltes Sections- und Vormeister-Feuer unterhielt, und kehrte endlich mit beschädigten Ankern, mehreren Kugeln durch Deck, deren eine im unteren Schiffsraum gezündet hatte, gegen die italienische Holzflotte um. Kaiser sandte ihm noch auf 10 Kabel den letzten Schuss nach [1]).

Don Juan erhielt bei dieser Gelegenheit vom Affondatore, der seine 300Pfünder ununterbrochen feuern liess, einen Schuss in eine Panzer-

---

[1]) Nach italienischen Berichten hätte Persano selbst dem Schiffs-Commandanten Martini den Befehl gegeben, den Kaiser zu rammen, als es sich aber, in nächster Nähe angelangt, nur mehr darum handelte, das Steuer „links" beizulegen, um den unfehlbar tödtlichen Stoss zu führen, befahl Persano „rechts" zu wenden, und beharrte dabei trotz der Einwendungen seiner Umgebung.

Persano hingegen gibt an, dass er, erst in diesem Augenblicke die argen Beschädigungen des Linienschiffes bemerkend, es nicht für angezeigt gehalten habe sich noch weiter mit diesem kampfunfähigen Gegner zu beschäftigen.

platte zwischen zwei Stückpforten, einen zweiten in die Panzerung unter der Wasserlinie, endlich einen dritten in den Bugsprietstuhl, der diesen zerschmetterte.

Das Linienschiff, befreit von seinem gefährlichen Gegner, setzte nun unbelästigt seinen Weg bis in den Hafen S. Giorgio fort, wo es um 1¼ Uhr anlangte und sich mit der Flanke gegen die Hafen-Einfahrt aufstellte, um einem etwa nachrückenden Feinde seine Breitseiten entgegenschicken zu können. Nur das Kanonenboot Reka, welches auf Kaiser das Signal sah: „Man „gibt die Hoffnung auf, das Feuer zu bewältigen" folgte bis in den Hafen nach und verweilte dort ½ Stunde.

Die übrigen Holzschiffe, welche, nachdem Affondatore sich entfernt hatte, alle Gefahr für Kaiser beseitigt hielten, nahmen nun unter Führung des Schwarzenberg wieder den Curs in nördlicher Richtung, um sich mit der Panzer-Division zu vereinigen, die aber mittlerweile auf die um 12 Uhr 20 Minuten erfolgten Signale Tegetthoff's „Sammeln" [1]) und „dem Comman-„direnden im Kielwasser folgen" herbeieilte, und der nordwärts steuernden Holzflotte auf halbem Wege entgegenkam.

Nachdem auf diese Weise die Vereinigung der ganzen Escadre gelungen war, lies CA. v. Tegetthoff, um möglichst schnell die Ordnung herzustellen, zunächst 3 Colonnen in Kielwasserlinie mit nordöstlichem Curs formiren, die Panzerschiffe zunächst dem Feinde, steuerbord derselben die 2., dann die 3. Division.

In dieser Aufstellung konnte rasch durch ein gleichzeitiges Abfallen nach backbord die ursprüngliche Angriffsordnung gegen den in West sich sammelnden Feind angenommen werden.

Während dieser Formation unterhielten einige italienische Holzschiffe der Division Albini ein lebhaftes Feuer, jedoch ohne alle Wirkung.

Admiral Persano eilte, nachdem der Affondatore aus dem Schussbereich der österreichischen Holzschiffe gelangt war, zu diesem Theile seiner Streitkraft, der eben beschäftigt war, längs der Nordwestküste von Lissa einen Contremarsch auszuführen, um ihn zur Theilnahme am Kampfe zu bestimmen.

VA. Albini behauptet, während der Schlacht dreimal versucht zu haben, sich dem Kampfplatze zu nähern, aber jedesmal durch österreichische Panzerschiffe daran verhindert worden zu sein.

Von den österreichischen Schiffen wollen nur einige gegen 11 Uhr eine Bewegung der italienischen Holzflotte nach vorwärts bemerkt haben,

---

[1]) Elisabeth wurde, nachdem sie diese Signale repetirt hatte, vom CA. v. Tegetthoff zur Hilfeleistung für Kaiser nach Lissa abgeschickt.

welche jedoch sehr bald wieder eingestellt ward. Thatsache ist, dass diese ganze Flotte mit ihren ansehnlichen Schiffen (auch das Panzerschiff Terribile blieb fortwährend an sie angeschlossen) und ihren 400 Kanonen während des ganzen Kampfes sozusagen nur ein müssiger Zuschauer geblieben war und sich darauf beschränkt hat, auf grosse Entfernung wirkungslose Schüsse abzugeben.

Diese passive Haltung Albini's musste nothwendig von grossem Einflusse auf die Geschicke der italienischen Flotte an diesem Tage sein und scheint um so weniger einer Rechtfertigung fähig, als die kaiserliche Holzflotte, von welcher sich sogar die fast wehrlosen Rad-Dampfer auf das Thätigste am Kampfe betheiligten, ihn aller Bedenken überheben und zur rücksichtslosen Theilnahme am Gefechte aneifern hätte können.

Wie dem auch sei, Persano, entrüstet durch die fortgesetzte Unthätigkeit seines Holzgeschwaders, eilte mit voller Kraft gegen dasselbe mit dem Signal: „Geht dem Feind auf den Leib“ (attacate il nemico appena a portata) und „umfasst die feindliche Arrièregarde“, womit er jene österreichischen Panzerschiffe meinte, welche das letzte Engagement mit Maria Pia gehabt, dadurch etwas abgeblieben waren und nun ihre Escadre zu erreichen suchten. Weiters gab Persano das Signal: „Die Flotte hat mit Freiheit der Bewe„gung und des Manövers den Feind zu verfolgen“, setzte sich mit Affondatore an die Tête und nahm Curs gegen das Gros der österreichischen Holzschiffe, welches sich eben vom Kaiser abgewendet hatte, um den Panzerschiffen zuzusteuern. Persano hoffte durch ein rasches Eingreifen deren Vereinigung mit den Panzerschiffen zu hindern, doch auch diesmal liess ihn die Holzflotte in Stich, obschon Principe Umberto, mit gutem Beispiele vorangehend, dem Admiral folgte und ein lebhaftes Feuer eröffnete; von den Panzerschiffen folgte nur Re di Portogallo dem Signal.

Persano, in der Besorgniss, dass sein Signal nicht verstanden worden, lief mit demselben am Topp, die ganze Linie der bereits nordwestlich der Insel Lissa vereinigten Flotte ab, doch der wichtige Moment war versäumt, denn bereits war es der kaiserlichen Escadre gelungen, sich vollzählig bis auf Kaiser und Reka zu sammeln und, wie bereits gesagt, in 3 Colonnen, Curs gegen NO. aufzustellen.

CA. v. Tegetthoff, welcher, während sich seine Schiffe sammelten, auf ungefähr $^3/_4$ Meilen in NW. Richtung den brennenden Palestro in vollem Lauf der italienischen Holzflotte zusteuern sah, gab (beiläufig um 1 Uhr) dem Kaiser Max den Befehl, ihm den Weg zu verlegen. Das Flaggenschiff fiel selbst auch gegen den Feind ab, und andere folgten dem Beispiele, um Kaiser Max zu unterstützen.

Palestro jedoch, der noch immer seine Maschinen gebrauchen konnte war nicht mehr einzuholen; bald darauf, von dem auf Albini's Befehl entgegengeeilten Raddampfer Governolo in Schlepp genommen und vom Transportschiffe Indipendenza begleitet, kam er in den Bereich der eigenen Flotte, von welcher ihm einige Schiffe, jenes des Admirals an der Tête, entgegensteuerten um ihn gegen den Angriff der österreichischen Panzerschiffe, deren Bewegung Persano bemerkt hatte, zu schützen.

Die feindliche Flotte wechselte nun einigemale den Curs, doch jener in westnordwestlicher Richtung war der vorherrschende. Es fielen von beiden Seiten noch einige Schüsse, aber die Entfernung der beiden Geschwader nahm immer mehr zu. Einmal schien es, als wollte der Feind, das Admiralschiff an der Tête, neuerdings zum Angriffe schreiten; es dürfte dies jene Bewegung gewesen sein, welche auf die Signale Persano's: „Auf kurze „Distanz kämpfen" und: „der Admiral erinnert die Flotte, dass das Schiff, „welches nicht kämpft, nicht auf seinem Posten ist" von einigen Schiffen erfolgte; doch musste Persano endlich jeden Gedanken, den Kampf zu erneuern, aufgeben. Er erfuhr mittlerweile, dass der Re d'Italia untergegangen, sah den Palestro in der bedenklichsten Lage, auch gab noch S. Martino das Signal, dass er wegen Havarien seinen Posten nicht behaupten könne. Die feindliche Flotte nahm nun Curs gegen den Canal zwischen Lissa und Busi, und die Feindseligkeiten erreichten damit factisch ihr Ende.

Die Stellung der beiden Flotten war nun so, dass die kaiserliche Flotte in vollkommener Gefechtsordnung, bis auf das Linienschiff Kaiser und das Kanonenboot Reka, welche sich im Hafen von Lissa befanden, auf dem Schlachtfelde stand, während die italienische Flotte sich noch westlich der Insel hielt.

Eine Verfolgung des retirirenden Feindes konnte nicht in der Absicht des österreichischen Admirals liegen, denn auf einen Fernkampf durfte sich die kaiserliche Flotte der Inferiorität ihrer Kaliber wegen grundsätzlich nicht einlassen, und der feindlichen Flotte noch mit sämmtlichen Schiffen nahe kommen zu können, war bei deren verschiedener Fahrgeschwindigkeit nicht vorauszusetzen. Endlich gebot auch die feindliche Flotte noch immer über so viele intacte Streitmittel, dass es verwegen gewesen wäre, den erreichten grossen Erfolg auf's Spiel zu setzen.

Da alles darauf hindeutete, dass auch der Feind an eine Wiedereröffnung des Kampfes, an diesem Tage wenigstens nicht denke, liess CA. v. Tegetthoff mit Contremarsch gegen SO. wenden und gab, beiläufig um 2 Uhr, den Kanonenbooten den Befehl in den Hafen von S. Giorgio einzulaufen; später folgte die Division der grösseren Holzschiffe, dann jene der Panzer, endlich das Admiralschiff, welches kurz vor Sonnenuntergang den Hafen erreichte und von dem begeisterten Jubel der Besatzung und Bevölkerung empfangen wurde.

Als die Division der Kanonenboote am Wege war, hörte man eine heftige Detonation und sah in der Richtung der feindlichen Flotte den Palestro in die Luft gehen.

Der Commandant dieses feindlichen Schiffes, Fregatten-Capitän Capellini, welchem von den begleitenden Schiffen Governolo und Indipendenza, sowie von CA. Vacca, der ihm einige Boote entgegensandte, der Antrag gemacht worden war, die Equipagen des Palestro in Sicherheit zu bringen, hielt es für eine Ehrensache, trotz der immer wachsenden Gefahr für seine Person das Schiff nicht zu verlassen und weigerte sich dessen entschieden, indem er ausrief: „Wer gehen mag, gehe — ich bleibe." — Dem Beispiel ihres todesmuthigen Commandanten folgend, verblieb die ganze Equipage auf dem Schiffe, nur die Kranken und Verwundeten wurden auf den Governolo überschifft, dann begab sich Jeder auf seinen Posten und wurde die grösste Thätigkeit entwickelt, um das Schiff vielleicht doch noch zu retten. Schon war es gelungen, die Pulverkammer unter Wasser zu setzen, und schien von dieser Seite die Gefahr beseitigt, da näherte sich das trotz aller Bemühungen immer mehr überhandnehmende Feuer einem Verschlage, in welchem bei Beginn des Kampfes Granaten deponirt worden waren und zündete dort. Hierauf schlugen sogleich die Flammen von beiden Flanken lichterloh empor und unter einer furchtbaren Detonation flogen Schiffstrümmer und verstümmelte Leichen in die Höhe, um einen Augenblick darauf in den Wellen zu verschwinden.

Es war $2^1/_2$ Uhr, als angesichts der beiden Flotten dieser Schlussact der Seeschlacht sich vollzog, der letzte schwere Verlust für die italienische Flotte und eine Bürgschaft mehr für den entschiedenen Sieg ihrer Gegner.

Die Verluste der beiden Flotten waren folgende:

Bei der kaiserlichen Escadre blieben todt: Der Commandant der Panzer-Fregatte Drache, Linienschiffs-Capitän Baron Moll; der Commandant der Schrauben-Fregatte Novara, Linienschiffs-Capitän Erik of Klint; der Linienschiffs-Fähnrich Proch vom Linienschiff Kaiser, und 35 Mann; verwundet wurden 15 Officiere und 123 Mann; im Ganzen war der Verlust 18 Officiere und 158 Mann, wovon auf das Linienschiff allein 4 Officiere und 95 Mann entfallen.

Die einzelnen Schiffe hatten folgende Verluste erlitten:

Gattung	Name der Schiffe	Anzahl der abgegebenen Schüsse	Anzahl der erhaltenen Treffer	Vom Stabe: todt	Vom Stabe: verwundet schwer	Vom Stabe: verwundet leicht	Von der Mannschaft: todt im Gefechte	Von der Mannschaft: todt wenige Stunden darnach	Von der Mannschaft: todt später in Folge der schweren Verwundung	Von der Mannschaft: verwundet schwer	Von der Mannschaft: verwundet leicht	Summe: todt	Summe: verwundet schwer	Summe: verwundet leicht
Panzerschiffe	Erzherzog Ferdinand Max	156	42	—	1	1	1	—	—	1	4	1	2	5
	Habsburg	170	88	—	—	—	—	—	—	—	—	—	—	—
	Kaiser Max.	217	28	—	—	—	—	—	—	1	2	—	1	2
	Don Juan de Austria . .	277	41	—	—	—	1	—	—	—	4	1	—	4
	Prinz Eugen	234	21	—	—	—	—	—	—	—	1	—	—	1
	Drache.	121	17	1	—	1	—	—	—	5	—	1	5	1
	Salamander.	211	35	—	2	—	—	—	—	—	7	—	2	7
Holzschiffe	Kaiser	850	80	1	3	2	15	8	5	34	36	24	37	38
	Novara	342	47	1	—	4	5	—	1	3	13	7	3	17
	Fürst Felix Schwarzenberg	286	9	—	1	—	—	—	—	1	—	—	2	—
	Graf Radetzky	289	—	—	—	—	—	—	—	—	—	—	—	—
	Adria	221	27	—	—	—	—	2	—	3	2	2	3	2
	Donau	326	7	—	—	—	1	—	—	2	—	1	2	—
	Erzherzog Friedrich . . .	250	9	—	—	—	—	—	—	—	—	—	—	—
Kanonenboote	Hum.	48	3	—	—	—	—	—	—	—	—	—	—	—
	Dalmat	75	1	—	—	—	—	—	—	—	—	—	—	—
	Velebich	98	—	—	—	—	—	—	—	—	—	—	—	—
	Wall	32	—	—	—	—	—	—	—	—	—	—	—	—
	Seehund	51	—	—	—	—	—	—	—	—	—	—	—	—
	Streiter	55	—	—	—	—	—	—	—	—	—	—	—	—
	Reka	92	—	—	—	—	—	—	—	—	—	—	—	—
	Kerka	16	—	—	—	—	—	—	—	—	—	—	—	—
	Narenta	17	—	—	—	—	—	—	—	—	—	—	—	—
Rad-Dampfer	Kaiserin Elisabeth. . . .	71	4	—	—	—	—	—	1	2	2	1	2	2
	Greif	5	—	—	—	—	—	—	—	—	—	—	—	—
	Andreas Hofer	51	3	—	—	—	—	—	—	—	—	—	—	—
	Stadium	—	—	—	—	—	—	—	—	—	—	—	—	—
	Zusammen . . .	4456	414	3	7	8	23	5	7	52	71	38	59	79
													176.	

Verwundet: Linienschiffs-Capitäne: Anton v. Petz, Carl Kern.
Linienschiffs-Lieutenants: Julius Steiskal, Hermann Freiherr v. Spaun, Josef Frank, Franz Freiherr v. Minutillo.
Linienschiffs-Fähnriche: Anton Kloss, Ferdinand Gebhardt, Hugo Pogatschnigg.
See-Cadeten: Ignaz Mader, Eduard Hanslik, August Süss, Victor Sambucchi.
Provisorische See-Cadeten: Adolf Blouschek, Stefan Ritter v. Doymi.

Die Havarien an den Schiffen waren nicht bedeutend; das Linienschiff ausgenommen, dessen Abräumung und Ausbesserung 24 Stunden in Anspruch nahm, war die ganze Flotte vollkommen kampffähig geblieben. Maschinen und Ruder waren in gutem Stande, von den Geschützen waren nur vier demontirt. Die steirischen Panzerplatten hatten sich gut bewährt, und gingen, einige leichte Eindrücke abgerechnet, unversehrt aus dieser Probe hervor. Nur am Vordersteven des Ferdinand Max war beim Zusammenstosse mit Re d'Italia eine Platte verbogen worden, am Don

Juan waren eine Platte zwischen zwei Stückpforten und eine Platte unter der Wasserlinie durch 300Pfünder arg verletzt.

Von den österreichischen Holzschiffen hatten Schwarzenberg und Friedrich Lecks bekommen und Wasser gezogen, welches jedoch, ohne die Kampffähigkeit der Schiffe zu beeinträchtigen, durch Anwendung der Pumpen hatte bewältigt werden können.

Auf mehreren Schiffen war in Folge der Explosion von Granaten Feuer ausgebrochen, das jedoch immer rasch gedämpft wurde. Am meisten war in dieser Beziehung Adria gefährdet, die auch im Übrigen starke Beschädigungen davontrug.

Von der italienischen Flotte waren Re d'Italia und Palestro zu Grunde gegangen, S. Martino war in der Seeschlacht und Formidabile schon tagsvorher kampfunfähig geworden, alle übrigen Panzerschiffe hatten mehr oder weniger erhebliche Beschädigungen erlitten, jene des Re di Portogallo waren bedeutend; nur Terribile und die allerdings ansehnliche Holzflotte waren unversehrt geblieben [1]).

Auch die italienischen Schiffs-Equipagen hatten bedeutende Verluste erlitten.

Mit Re d'Italia gingen ungefähr 400, mit Palestro 230 Mann zu Grunde, von den übrigen Schiffen waren während der Berennung der Insel

---

[1]) Maria Pia hatte eine Panzerplatte zerbrochen, ein Hartguss-Projectil im Panzer stecken. Sie hatte sonst viele Kugeln, namentlich im Hintertheile, das in Brand gerathen war und die Pulverkammer sehr bedroht hatte.

San Martino hatte ein Hartguss-Projectil im Panzer, ein anderes zertrümmerte die ungefähr 4" dicke Platte und die Hälfte der Fütterung; mehrere Panzerplatten waren beschädigt. Der Sporn war, in Folge des Zusammenstosses mit Maria Pia, nach links gedrückt; die Beschädigung war so arg, dass trotz Reparaturen noch im September das Wasser daselbst eindrang. Das Schiff war sehr beschädigt, mehrere Projectile hatten gezündet und zweimal einen Brand verursacht, der nur mit vielen Anstrengungen gelöscht werden konnte. 7 Platten am Thurme waren verschoben.

Bei Castelfidardo verursachte eine Granate in der Commandanten-Cajüte vielen Schaden und zündete auch.

Ancona hatte mehrere Platten verschoben. Im Innern platzte eine Granate; eine andere setzte 14 Mann ausser Gefecht; die ganze Bemastung war unbrauchbar geworden.

Carignano hatte eine Platte zertrümmert, ein Geschoss explodirte in dem untern Theile des Thurmes.

Varese hatte nur geringe Beschädigungen.

Re di Portogallo war eines der am meisten beschädigten Schiffe; 20 Mêtres der Schanzverkleidung wurden durch den Stoss des Kaiser zertrümmert. Das Schiff hatte keine gebrochene, wohl aber viele gebogene und eingedrückte Platten.

Maria Adelaide hatte 14 Projectile im Leibe, eine Granate ging unter Wasser in die Kohlenkammer, ohne jedoch zu zünden; die Bemastung war stark beschädigt.

Lissa 16 Mann todt, 114 verwundet, — in der Schlacht 5 Mann todt, 39 verwundet.

Von der 600 Mann zählenden Bemannung des Re d'Italia wurden noch im Laufe des 20. 9 Officiere und 159 Mann gerettet, u. z. 116 Mann durch Principe Umberto, die übrigen durch Messaggiere, Stella d'Italia und Affondatore; 18 Mann gelang es durch Schwimmen die Küste von Lissa zu erreichen, wo sie die aufmerksamste Behandlung fanden.

Von der 250 Mann starken Equipage des Palestro wurden nur 1 Officier und 19 Mann gerettet.

Die Todten und schwer Verwundeten der österreichischen Flotte wurden noch am Abend des 20. an's Land gesetzt, und die nothwendigsten Herstellungsarbeiten an den Schiffen in Angriff genommen. 2 Panzer-Fregatten, Habsburg und Prinz Eugen, und die Kanonenboote Dalmat und Velebich kreuzten von Sonnenuntergang an in den Gewässern der Insel.

Am 21. um $3\frac{1}{2}$ Uhr Morgens war die ganze Flotte dampfklar, bis auf das Linienschiff, welches die nothwendigsten Herstellungen des Schlotes erst am Abend beendigen konnte.

Bei Tagesanbruch meldete jedoch die Signalstation am Monte Hum, dass der Feind nicht mehr in Sicht sei und nur noch einige Rauchsäulen am fernen Horizont WNW. zu bemerken wären, die aber auch bald verschwanden.

Die italienische Flotte hatte nemlich, nachdem sie am Nachmittage des 20. noch hin und her gekreuzt, um $10\frac{1}{2}$ Uhr Abends die Gewässer der Insel verlassen und Curs auf Ancona genommen, wo sie am Morgen des 21. einlief. Die Kanonenboote, welchen bereits der Kohlenvorrath ausgegangen war, wurden schon früher, von Washington und Guiscardo remorquirt, nach Manfredonia expedirt.

Um 2 Uhr Nachmittags kam Lloyd-Dampfer Venezia von Zara mit dem Telegramm Seiner Majestät des Kaisers, welches den Officieren und Mannschaften der Flotte den Allerhöchsten Dank aussprach und Tegetthoff zum Vice-Admiral ernannte.

Ein tausendstimmiges Hurrah erscholl auf allen Schiffen der kaiserlichen Escadre, welcher diese schnelle und huldvolle Anerkennung durch Hissen der Admiralsflagge am Vortopp bekannt gegeben wurde.

Gegen Sonnenuntergang wurden die gefallenen Kameraden unter dem Donner der Kanonen zu Grabe getragen; die schwer Verwundeten auf Dampfer Venezia eingeschifft und dann nach Spalato und Zara transportirt.

Die nach den Gewässern des Kampfplatzes entsendeten Schiffe Elisabeth und Dalmat kehrten zurück, ohne Schiffbrüchige aufgefunden zu haben und brachten nur Boote und Ausrüstungsgegenstände mit.

Das Linienschiff war mit seinen Arbeiten fertig geworden, die Forts des Hafens von S. Giorgio hatten ihre Schäden ausgebessert und die Geschütze wieder in Stand gesetzt, vom Feinde war den ganzen Tag über Nichts mehr zu sehen, somit war keine Veranlassung mehr vorhanden, in dem an Ressourcen jeder Art armen Lissa länger zu verbleiben.

Abends 8½ Uhr ging die kaiserliche Flotte mit Ausnahme der Schraubenschooner Narenta und Kerka, die zur Disposition des Insel-Commandos zurückblieben, in der gewohnten Formation, mit N.W. Curs in See und ankerte am 22. Abends auf der Rhede von Fasana, vollzählig, wie sie vor 3 Tagen ausgelaufen war.

Die Schlacht bei Lissa fiel in die Zeit, als mit Preussen bereits Friedens-Präliminar-Verhandlungen im Zuge waren. Es folgten ihr zwei Tage später im Norden nur noch das Treffen bei Blumenau (22. Juli), welches durch die vereinbarte Waffenruhe unterbrochen wurde, und auf dem südlichen Kriegsschauplatze (in Tirol) die Gefechte in den Judicarien, im Val di Ledro (21. Juli) und in der Val Sugana (vom 22. — 25.), worauf auch da eine wiederholt verlängerte Waffenruhe eintrat.

Die kaiserliche Flotte benützte diese Frist zu den nothwendigen Reparaturen. Das Linienschiff Kaiser, die Fregatten Schwarzenberg und Ferdinand Max liefen zu diesem Zwecke am 22. in Pola ein.

Als in Folge der Zögerung der italienischen Regierung bei den Verhandlungen, die Wiederaufnahme der Feindseligkeiten unausweichlich schien und EH. Albrecht der Escadre dabei die Ausführung einer Demonstration zuwies, konnte VA. v. Tegetthoff melden, dass die Flotte am 10. August bis auf Ferdinand Max zu jeder Unternehmung vollkommen bereit sei [1]).

In der That setzte sich auch dieselbe am 11. 5 Uhr Morgens in Bewegung und ging Abends 5½ Uhr (das Linienschiff Kaiser traf einige Stunden später ein) theils auf der Rhede von Triest, theils in der Bucht von Muggia vor Anker.

Doch es kam zu keinen weiteren Feindseligkeiten mehr, da die italienische Armee sich vor der kaiserlichen zurückzog und mit dieser einen vierwöchentlichen Waffenstillstand vereinbarte.

Damit fand auch die kriegerische Thätigkeit der Escadre ihren Abschluss, nachdem diese unter den schwierigsten Verhältnissen ihre Pflicht im weitesten Umfange erfüllt, die Küsten des Kaiserstaates geschützt und den

[1]) Die italienische Flotte hatte mittlerweile neuerdings ein Schiff, wie es hiess in Folge der in der Schlacht erlittenen Havarien verloren; der Affondatore war am 6. August vor der Rhede von Ancona untergegangen.

Feind zurückgeworfen hatte, als er daran ging, ein Glied aus der Kette jener Positionen zu reissen, welche für Österreich's maritime Interessen von so hoher Wichtigkeit sind [1]).

---

[1]) VA. Wilhelm v. Tegetthoff, der Sohn eines k. k. Stabsofficiers, wurde am 23. December 1827 zu Marburg in Steiermark geboren. Er erhielt, nachdem er in seiner Vaterstadt kurze Zeit das Gymnasium besucht, die nautische Ausbildung in dem Marine-Cadeten-Collegium zu Venedig (1840—1845) und begann den Seemannsdienst in dem letzterwähnten Jahre als Marine-Cadet an Bord der Brigg Montecuculi, später auf der Corvette Adria, welche Schiffe längere Zeit im Adriatischen- und Mittelmeere, dann im griechisch-türkischen Archipel kreuzten.

Am 27. Jänner 1848 zum Officier befördert, betheiligte er sich während dieses und des folgenden Jahres an Bord mehrerer Schiffe an der Blocade Venedigs, begleitete aber auch inzwischen den zum Gesandten am sicilianischen Hofe ernannten FML. Ritter v. Martini als Adjutant nach Neapel.

Nachdem er sodann bis zum Jahre 1854 die niedern Officiersgrade durchlaufen und während dieser Zeit ununterbrochen im activen Seedienste gestanden war, erhielt er im Jahre 1854 das Commando der Goelette Elisabeth, welcher der Kreuzungs-Dienst in der Levante zugewiesen war, und ein Jahr später das Commando des Dampfers Taurus, mit der Bestimmung, den Stationsdienst in den Donau-Mündungen zu übernehmen.

Während des Krimmkrieges war der Ort Sulina von den Engländern niedergebrannt worden. Die Donau-Mündungen waren theils durch den niedern Wasserstand, theils durch die Massnahmen der Russen gesperrt; an der Barre waren kaum 8 Fuss Fahrwasser, während in der unteren Donau bei 800 Kauffahrer verschiedener Nationen und gegen 1200 mit dem Auswurfe der Bevölkerungen des ganzen Mittelmeeres bemannte Lichterschiffe lagen, ohne politische Behörde, ohne Strompolizei, in chaotischem Zustande. Dem kaiserlichen Seeofficier gelang es binnen Kurzem, diese Verhältnisse so zu bessern und Ordnung zu machen, dass ihm sowohl der damalige Marine-Obercommandant EH. Ferdinand Max, wie auch der commandirende General in den Donau-Fürstenthümern FZM. Graf Coronini ihre Anerkennung aussprachen.

Im Jahre 1857 bereiste Tegetthoff in Gesellschaft des rühmlichst bekannten Ornytologen Dr. Heuglin die Küsten des rothen Meeres und des Golfes Aden bis zur Insel Socotora, um nach einem geeigneten Punkt für eine Kohlenstation zu forschen, ging im Juni 1857 Nil aufwärts bis Theben, von da mit einer Caravane nach Casseir am rothen Meere und befuhr dann beide Küsten unter grossen Beschwerlichkeiten.

An der Somali Küste in Bender-Gam wurden die beiden Reisenden von den Eingebornen überfallen, festgenommen und erst nach Entrichtung eines Lösegeldes wieder freigegeben.

Da Dr. Heuglin bei dieser Gelegenheit durch einen Wurfspiess am Halse verwundet worden und genöthigt war über Aden nach Cairo zu gehen, setzte Tegetthoff die Reise allein fort, kreuzte in einem offenen arabischen Boote neuerdings gegen den NO. Monsoon auf, gelangte über Makollah bis Ras Fârtâk und von dort nach Socotora. Nach Exploration dieser Insel kehrte er nach Aden und nach sechswöchentlichem Aufenthalte daselbst über Egypten nach Europa zurück.

Noch in Aden erfuhr Tegetthoff seine Beförderung zum Corvetten-Capitän und seine Ernennung zum Chef der 1. Section beim Marine-Commando in Triest. Er blieb bis zum October 1858 in diesem Wirkungskreise und übernahm sodann das Commando der Schrauben-Corvette EH. Friedrich, welche nach den Küsten von Marocco abging, um über ein an den dortigen Küsten angeblich gescheitertes österreichisches Kauffahrtei-Schiff Nachforschungen zu pflegen, dessen Mannschaft in Gefangenschaft gehalten sein sollte. Vor Beginn des Krieges 1859 kehrte das Schiff wieder nach der Adria zurück.

Der in Aussicht stehende französisch-italienische Krieg hatte die Ausrüstung der kaiserlichen Escadre zur Folge. Corvette EH. Friedrich wurde mit den Schraubenschiffen nach Venedig disponirt. Nach einigen Kreuzungen, Material-Transporten nach Ancona etc. wurde die Corvette nebst anderen Schiffen zur Vertheidigung der Lagunen Venedig's und speciell der schwimmenden Barricade im Hafen von Spignon bestimmt.

Nach Beendigung des Krieges zum Marine-Obercommando-Adjutanten ernannt, begleitete Tegetthoff den EH. Ferdinand Max auf dessen Reise nach Brasilien an Bord des Dampfers Elisabeth.

Nach Rückkunft in Triest seiner Dienste bei dem Erzherzog enthoben und im April 1860 zum Fregatten-Capitän befördert, übernahm Tegetthoff das Commando der Schraubenfregatte Radetzky (Rhodus, Syrien) bis zu deren im Herbste 1861 erfolgten Abrüstung.

Im November dieses Jahres zum Linienschiffs-Capitän befördert, und ein Jahr später zum Commandanten der Schraubenfregatte Novara und zum Flotten-Abtheilungs-Commandanten in der Levante ernannt, begab sich Tegetthoff nach dem Pyraeus, wo er während der griechischen Revolutions-Ereignisse, welche dem Könige Otto den Thron kosteten, mit geringen Unterbrechungen stationirte, während die andern seinem Commando unterstellten Schiffe in den griechischen Gewässern zum Schutze der österreichischen Interessen kreuzten.

Im November 1863, nach erfolgter Ankunft des neuerwählten Königs Georgios, ging Tegetthoff mit Fregatte Schwarzenberg, welche die reparaturs-bedürftige Novara abgelöst hatte, auf eine Kreuzung nach den Küsten Syriens und Egyptens, besuchte die Arbeiten am Suez-Canale, über welche er einen umfassenden und sehr interessanten Bericht einsendete, und begab sich endlich nach Corfù, wo sich seine Flotten-Abtheilung vor dem Abgehen in die Nordsee zu sammeln hatte.

In Lissabon angelangt, erhielt er den Befehl, das Gros der kaiserlichen Escadre, welche zur Operation in der Nordsee bestimmt war, abzuwarten, ging aber nach 3 Wochen, als von diesem nur die Schraubenfregatte Radetzky eingetroffen war, auf erhaltenen Befehl, bis Brest weiter.

Das andauernd conträre Wetter verzögerte in erhöhtem Masse die Ankunft des Gros der Flotte, daher Tegetthoff den Befehl erhielt, selbstständig weiterzugehen und die Blocade der deutschen Häfen zu brechen.

Ohne Säumen verliess Tegetthoff hierauf Brest, nahm in Texel die preussischen Schiffe: Dampfaviso Adler und die Kanonenboote Blitz und Basilisk unter seine Befehle und lief am 4. Mai mit allen 5 Schiffen in die Elbe ein. Die Nachricht, dänische Kriegsschiffe wären bei Helgoland gesehen worden, ward Veranlassung zu einer mit allen Schiffen des Geschwaders unterommenen Kreuzfahrt, die am 8. Mai beendet wurde; am 9. Mai Morgens wurde in Cuxhaven eingelaufen. Kaum in die Nähe des Ankerplatzes angelangt, kam jedoch Tegetthoff neuerdings die Nachricht zu, dass die Dänen nächst Helgoland gesehen worden seien. Er gab seinen Schiffen sofort den Befehl, umzukehren, steuerte mit selben gegen Helgoland, bekam gegen Mittag östlich von dieser Insel die zwei dänischen Fregatten Niels Juel und Jylland und die Corvette Heimdal in Sicht und griff dieselben sofort an. Das fast zweistündige Gefecht hatte zur Folge, dass die dänischen Schiffe die Nordsee verliessen. Der Name Tegetthoff's ward nun weltbekannt, und mit Bewunderung sahen Laien und Männer vom Fach auf den jungen österreichischen Helden, der mit grosser Kühnheit sich auf den Feind geworfen, denselben hartnäckig bekämpft, und seine Schiffe, namentlich das eigene, das in Brand gerathen war, mit grösster Kaltblütigkeit und Sachkenntniss manövrirt hatte.

Nach dem Gefechte bei Helgoland, während dessen das Gros der kaiserlichen Escadre in Texel eintraf, betheiligte sich Tegetthoff noch an der Wegnahme der Westfriesischen Inseln.

Zum Contre-Admiral und Escadre-Commandanten ernannt, nahm Tegetthoff nach Beendigung des Krieges zu Wien an den Marine-Organisationsarbeiten Theil, kreuzte dann während des Sommers mit den Fregatten Schwarzenberg und Donau im adriatischen Meere, im Herbste in der Levante, berührte auf der Reise dahin Corfù, wo er die persönliche Bekanntschaft seines einstigen Gegners von Helgoland, des dänischen Commodore Swensen machte, besuchte dann neuerdings Egypten und den Suez-Canal und kreuzte und manövrirte mit seiner Escadre an den Küsten von Syrien und Cypern, bis er im Jänner 1866 aus Smyrne einberufen ward.

CA. v. Tegetthoff ward bestimmt mit der Fregatte Schwarzenberg eine Expedition nach Ostasien anzutreten, doch behielt ihm die nächste Zeit eine wichtigere Aufgabe vor.

Er ward Commandant der kaiserlichen Operations-Escadre und die früheren Blätter zeigen, wie sehr er zum Ruhme seines Vaterlandes und der kaiserlichen Marine dieser Stellung zu entsprechen gewusst hat.

Unter zahlreichen Beweisen von Anerkennung, die ihm zu jener Zeit zu Theil wurden, musste ihm namentlich ein Brief theuer sein, der von jenseits des Ocean's von seinem kaiserlichen Freunde und Gönner, dem Gründer der österreichischen Marine, Kaiser Max ihm zukam, und der, ganz in der grossherzigen Weise des hochsinnigen Fürsten, folgendermassen lautete:

Chapultepec, 24. August 1866.

Lieber Contre-Admiral Freiherr v. Tegetthoff!

„Der ruhmvolle Sieg, welchen Sie gegen eine überlegene, in grossen mariti- „men Traditionen erzogene und tapfere Flotte errungen haben, hat mein Herz mit „der reinsten Freude erfüllt. Als ich die Schicksale der mir so theuer gewordenen „Marine in andere Hände legte und der Mission entsagte, mein Geburtsland dort „gross und mächtig zu machen, wo sich die Geschicke hochstrebender Nationen „erfüllen, blickte ich hoffnungsvoll auf Sie und die junge Generation von Officieren „und Mannschaften, die ich stolz unter meiner Führung wachsen und in edlem „Wetteifer sich entfalten sah. Ich fühlte mich in dem Gedanken gehoben, der Adria „einen Kern von Schiffen zurückzulassen, denen ein Stab kenntnissreicher und todes- „muthiger Officiere und eine tapfere Mannschaft die kriegerische Seele einhauchte. „Hat mich auch die Vorsehung auf andere Pfade geleitet, so lodert doch deshalb in „meinem Herzen noch das heilige Feuer maritimen Ruhmes, und es war ein schöner, „ein freudiger Tag für Mich, als Ich die heldenmüthige Flotte, der Ich Meine ganze „Jugendkraft geweiht hatte, unter Ihrer heldenmüthigen Führung mit blutigem Griffel „den 20. Juli 1866 in die Bücher der Seegeschichte verzeichnen sah; denn mit dem „Seesiege von Lissa tritt die von Ihnen befehligte Flotte in die Reihe jener, deren „Flagge das Symbol des Ruhmes ist, Ihr Name in die der Seehelden aller Zeiten. „Ich sende Ihnen, den Officieren und Mannschaften Meine tiefgefühlten Glückwünsche „und verleihe Ihnen zur Erinnerung an Ihren Admiral und Freund und als Beweis „Meiner Bewunderung das Grosskreuz Meines Guadalupe-Ordens

gez. Maximilian."

Nach Beendigung des Krieges von 1866 besuchte der ruhmgekrönte Sieger von Lissa, den der Kaiser zum Vice-Admiral erhoben hatte, England, Frankreich und Nord-Amerika, um die dortigen Marine-Stationen und Etablissements in Augenschein zu nehmen und deren Einrichtungen zu studiren.

Eben nach dem Continente rückgekehrt und im Begriffe die Weltausstellung in Paris zu besichtigen, berief ihn ein telegraphischer Befehl (Juli 1867) nach Wien, wo ihm die traurige Aufgabe ward, die sterblichen Überreste des inzwischen seinem tragischen Geschicke erlegenen Kaisers von Mexico von der dortigen Regierung zu reclamiren und dann nach Österreich zu bringen.

Der Vice-Admiral reiste einige Tage darauf ab, er eilte über England, New-York, Washington, Cincinnati nach New-Orleans, endlich nach Vera Cruz, stiess wider Erwarten bei der mexicanischen Regierung und bei Juarez selbst auf Schwierigkeiten, behob aber dieselben endlich und brachte die Leiche, mit der er sich auf der Fregatte Novara einschiffte, über Havana, Cadix, Corfù und Pola nach Wien, wo sie in der kaiserlichen Gruft beigesetzt wurde.

Seit Anfang März 1868 ist VA. v. Tegetthoff Chef der Marine-Section des Reichs-Kriegs-Ministeriums und Commandant der Kriegs-Marine, seit 1. Februar 1869 Seiner Majestät wirklicher geheimer Rath, lebenslängliches Mitglied des Herrenhauses. Er ist Commandeur des Maria-Theresien-Ordens, Grosskreuz des österreichischen Leopold-Ordens, Ritter des österreichischen Eisernen Kronen-Ordens 2. Classe mit der Kriegs-Decoration, Ehrenbürger der Reichshaupt- und Residenzstadt Wien und von Laibach, Wiener-Neustadt, Triest, Zara, Fiume, Zengg und Stagno.

Beilagen zu „Der Kampf auf dem adriatischen Meere."

Übersicht des Standes der königlich italienischen Marine

mit 1. Jänner 1866.

A. KRIEGS-SCHIFFE.

α) Panzer-Schiffe.

Gattung	Classe	Namen der Schiffe	Pferdekraft	Geschütze	Bemannung	Tonnengehalt	Anmerkung
Fregatten	I.	Re d'Italia	800	36	550	5700	
		Re di Portogallo	800	36	550	5700	
		Roma	900	36	550	5700	im Bau zu Genua
		Venezia	900	36	555	5700	im Bau zu Foce
		— — —	900	26	550	5780	im Bau zu Castellamare
		— — —	900	26	550	5780	im Bau zu Spezia
	II.	Ancona	700	26	484	4250	
		Regina Maria Pia	700	26	484	4250	
		Castelfidardo	700	26	484	4250	
		San Martino	700	26	484	4250	
		Principe Carignano	600	22	440	4086	
		Messina	600	22	440	3968	im Bau zu Neapel
		Conte Verde	600	22	440	3932	im Bau zu Livorno
Widder-Schiff		Affondatore	700	2	290	4070	
Corvetten	I.	Terribile	400	20	356	2700	
		Formidabile	400	20	356	2700	
Kanonen-Boote	I.	Palestro	300	4	250	2000	
		Varese	300	4	250	2000	
	II.	— — —	70	2	70	642	im Bau zu Castellamare
		— — —	70	2	70	642	im Bau zu „
		— — —	70	2	70	642	im Bau zu Livorno
		— — —	70	2	70	642	im Bau zu „
Batterie		Guerriera	150	12	200	1850	im Bau zu Neapel
		Voragine	150	12	200	1850	im Bau zu Genua
Summe . . .		24	12.480	448	8738	83.084	

b) Schrauben-Schiffe.

Gattung	Classe	Namen der Schiffe	Pferdekraft	Geschütze	Bemannung	Tonnengehalt	Anmerkung
Linien-Schiff	III.	Re Galantuomo	450	41	658	3800	Artillerie-Schul-Schiff
Fregatten	I.	Duca di Genova	600	50	580	3515	
		Carlo Alberto	400	50	580	3200	
		Vittorio Emanuele	500	50	580	3415	
		Garibaldi	450	54	580	3680	
		Italia	450	54	580	3680	
		Principe Umberto	600	50	580	3501	
		Gaeta	450	54	580	3980	
		Maria Adelaide	600	32	550	3459	
	II.	Regina	400	36	464	2913	
Corvetten	I.	Magenta	500	20	345	2552	
		Principessa Clotilde	400	20	345	2182	
		San Giovanni	220	20	345	1780	
	II.	Etna	350	10	241	1524	
		— — —	300	12	241	1578	im Bau zu Castellamare
		— — —	300	12	241	1578	im Bau zu Spezia
Kanonen-Boote	II.	Veloce	40	4	67	274	
		Ardita	40	4	67	274	
		Vinzaglio	60	4	63	262	
		Confienza	60	4	63	262	
		Curtatone	60	4	63	262	
		Montebello	60	4	63	262	Artillerie-Schul-Schiff
Summe . . .		22	7290	589	7876	47.938	

c) Rad-Dampfer.

Corvetten	I.	Fulminante	440	10	260	1411	
		Costituzione	400	10	260	1600	
		Governolo	450	12	260	1700	
	II.	Tukery	380	8	202	962	
		Guiscardo	300	6	190	1400	
		Ruggero	300	6	190	1400	
		Ettore Fieramosca	300	6	190	1400	
		Ercole	300	6	190	1306	
		Archimede	300	6	190	1306	
		Tancredi	300	6	190	1186	
	III.	Miseno	200	3	120	597	
		Monzambano	220	3	120	900	
		Malfatano	160	3	120	800	
		Tripoli	180	3	120	800	
Aviso	I.	Messaggiere	350	2	108	1000	
		Esploratore	350	2	108	1000	
	II.	Aquila	130	4	71	576	
		Anthion	130	3	63	500	
		Peloro	120	3	63	292	
		Garigliano	120	4	63	330	
		Sirena	120	3	63	354	
		Vedetta	200	3	63	792	in Umwandlung zum Schrauben-Schiff zu Genua
		Sesia	120	2	63	334	
		Jchnusa	90	2	57	450	
		Gulnara	90	2	57	450	
Summe . . .		25	6050	118	3381	22.828	

d) Segel-Schiffe.

Fregatten	II.	Partenope	—	26	420	2583	Admiral-Schiff zu Neapel
		San Michele	—	26	420	2400	Admiral-Schiff zu Genua
Corvetten	I.	Euridice	—	20	300	1400	Admiral-Schiff zu Spezia
	II.	Iride	—	12	190	752	
	III.	Valoroso	—	10	172	600	
		Zeffiro	—	10	172	594	Matrosen-Schul-Schiff
Brigantinen		Colombo	—	10	185	480	
		Eridano	—	10	185	450	
Summe . . .		8	—	124	1944	9259	

B. TRANSPORTS-SCHIFFE.

a) Schrauben-Schiffe.

Gattung	Classe	Namen der Schiffe	Pferdekraft	Geschütze	Bemannung	Tonnengehalt	Anmerkung
Transports-Schiffe	I.	Città di Napoli	500	4	200	3730	
		„ „ Genova	500	4	200	3730	
	II.	Conte Cavour	300	2	130	1870	
		Volturno	300	2	130	1935	
	III.	Dora	220	2	98	1100	
		Tanaro	125	2	98	1100	
		Washington	250	2	98	1400	
Remorqueurs		Ferruccio	80	2	36	269	
		Calatafimi	80	2	36	269	
		Weasel	80	2	36	300	
Cisternen		Nr. 1	60	—	15	215	
		„ 2	60	—	15	215	
Summe . . .		12	2550	24	1092	16.133	

b) Rad-Dampfer.

Gattung	Classe	Namen der Schiffe	Pferdekraft	Geschütze	Bemannung	Tonnengehalt	Anmerkung
Transports-Schiffe	II.	Cambria	500	2	118	1949	
		Rosolino Pilo	350	2	118	1725	
	III.	Plebiscito	300	2	98	807	
		Indipendenza	300	2	98	600	
Remorqueurs		Oregon	60	2	36	188	
		Baleno	70	2	36	195	
		Antelope	60	—	26	154	
		Rondine	60	—	26	154	
		Luni	40	—	26	151	
		Giglio	60	—	26	250	
		— — —	40	—	26	130	im Bau zu Ancona
Summe . . .		11	1840	12	634	6303	

c) Segel-Schiffe.

Transports-Schiffe	I.	De Geneys	—	4	156	1400	Matrosen-Schul-Schiff
	III.	Sparviero	—	2	21	137	
Summe . . .	2		—	6	177	1537	

Recapitulation.

A. Kriegs-Schiffe.

24	Panzer-Schiffe	12.480	448	8738	83.084
22	Ungepanzerte Schrauben-Schiffe	7.290	589	7876	47.933
25	„ Rad-Dampfer	6.050	118	3381	22.828
8	Segel-Schiffe	—	124	1944	9.259
79	Summe . . .	25.820	1279	21.939	163.104.

B. Transports-Schiffe.

12	Schrauben-Schiffe	2550	24	1092	16.133
11	Rad-Dampfer	1840	12	634	6.303
2	Segel-Schiffe	—	6	177	1.537
25	Summe. . . .	4390	42	1903	23.973.

Totale der Seemacht.

104	Kriegs-Schiffe	30.210	1321	23.842	187.077.

Übersicht sämmtlicher Kriegsfahrzeuge der k. k. Marine

nach der mit 1. April 1866 Allerhöchst genehmigten Standes-Ausrüstungs- und Bemannungs-Liste.

I. KRIEGS-SCHIFFE.

a) Panzer-Schiffe.

Gattung	Classe	Namen der Schiffe	Pferdekraft	Geschütze	Bemannung	Tonnengehalt	Anmerkung
Panzer-Fregatten	I.	Erzherzog Ferdinand Max	800	32	434	4734	im Bau
		Habsburg	800	32	434	4734	im Bau
	II.	Don Juan de Austria	650	31	366	3240	
		Kaiser Max	650	31	366	3240	
		Prinz Eugen	650	31	366	3240	
	III.	Drache	500	28	313	2268	
		Salamander	500	28	313	2268	
Summe . . .		7	4550	213	2592	23.724	

b) Schrauben-Schiffe.

Gattung	Classe	Namen der Schiffe	Pferdekraft	Geschütze	Bemannung	Tonnengehalt	Anmerkung
Linien-Schiff	I.	Kaiser	800	92	892	5166	
Fregatten	II.	Novara	500	51	538	2485	
		Fürst Schwarzenberg	400	50	535	2468	
	III.	Adria	300	31	368	2430	
		Donau	300	31	368	2430	
		Graf Radetzky	300	31	368	2430	
Corvetten		Graf Dandolo	230	22	274	1613	in Mexico
		Erzherzog Friedrich	230	22	274	1267	
Kanonen-Boote	II.	Dalmat	230	4	129	926	
		Hum	230	4	129	926	
		Velebich	230	4	129	926	
		Seehund	230	4	129	909	
		Streiter	230	4	129	909	
		Reka	230	4	129	909	
		Wall	230	4	129	909	

Kanonen-Boote	III.	Sansego	90	4	72	355	
		Grille	90	4	72	355	
		Gemse	90	4	72	355	
Schooner		Kerka	90	6	100	534	
		Narenta	90	6	100	534	
		Möve	45	2	69	368	
Summe . . .		21	5165	384	5005	29.204	

c) Rad-Dampfer.

Rad-Dampfer	Kaiserin Elisabeth	350	6	166	1570	
	Santa Lucia	300	6	180	1443	
	Triest	220	4	66	1175	
	Andreas Hofer	180	4	109	821	
	Curtatone	160	4	109	802	
	Fiume	120	2	49	430	
	Vulcan	120	2	84	720	
	Taurus	100	5	63	402	
	Hentzi	45	4	48	232	
Yacht	Greif	300	3	102	1344	
	Fantasie	120	2	29	292	
Summe . . .	11	2015	42	1005	9231	

d) Segel-Schiffe.

Fregatten	Bellona	—	35	362	1612	
	Venus	—	10	—	1577	Schul-Schiff der Marine-Akademie
Corvetten	Carolina	—	20	169	914	
	Diana	—	20	169	838	
	Minerva	—	16	143	593	
Briggs	Huszár	—	12	101	468	
	Pola	—	—	44	412	bestand zwar der Schiffskörper, war jedoch vollständig abgerüstet und abgetakelt.
	Montecuculi	—	12	101	412	
Schooner	Saida	—	8	78	288	
	Arethusa	—	10	63	165	
	Artemisia	—	10	68	179	
Summe . . .	11	—	158	1288	7453	

II. TRANSPORTS-SCHIFFE.

Segel-Schiffe.

Gattung	Namen der Schiffe	Pferdekraft	Geschütze	Bemannung	Tonnengehalt	Anmerkung
Brigg	Pylades	—	—	44	468	
Transports-Schooner	Dromedar	—	—	23	199	
	Fido	—	—	23	168	
	Bravo	—	—	23	168	
	Camäleon	—	—	23	168	
Summe . . .	5	—	—	136	1171	

III. BINNENGEWÄSSER-SCHIFFE.

Auf den Lagunen.

Gattung	Namen der Schiffe	Pferdekraft	Geschütze	Bemannung	Tonnengehalt	Anmerkung
Schrauben-Kanonen-Boote	Auslugger	50	2	44	188	
	Deutschmeister	50	2	44	188	
	Pelikan	50	2	44	188	
Rad-Dampfer	Alnoch	40	—	20	137	
	Thurn-Taxis	40	4	34	170	
	Messaggiero	20	—	19	50	
	Gorzkowski	16	—	19	42	
Rad-Dampf-Kanonen-Boote	Nr. I	25	2	32	75	
	„ II	25	2	32	75	
	„ III	25	2	32	75	
	„ IV	25	2	32	75	
	„ V	25	2	32	75	
	„ VI	25	2	32	75	
Summe . . .	13	416	22	416	1418	

Positions-Schiffe.

Schwimmende Batterie	Feuerspeier	—	16	229	1650
Prahmen	Vesuvio	—	10	54	268
	Mongibello	—	10	54	268
Pontons	Nr. I (il Forte)	—	10	54	251
	„ II (il Fermo)	—	10	54	251
Obusiera	Saetta	—	6	37	268
Kanoniera	Galatea	—	3	27	120
Penichen	9 Stück	—	je 3 27	je 27 243	je 73 657
Dän. Kanonen-Schaluppen	6 „	—	je 2 12	je 39 234	je 68 408
Kanonen-Jollen	13 „	—	je 1 13	je 20 260	je 25 325
Summe . . .	35	—	117	1246	3466

Recapitulation.

I. Kriegs-Schiffe.

7	Schrauben-Panzer-Schiffe	4550	213	2592	23.724
21	Schrauben-Schiffe	5165	384	5005	29.204
11	Rad-Dampfer	2015	42	1005	9281
11	Segel-Schiffe	—	153	1288	7453.
50	Summe . . .	11.730	792	9890	69.612.

II. Transports-Schiffe.

5	Segel-Schiffe	—	—	136	1171.

Totale der Seemacht.

55	**Kriegs-Schiffe**	**11.730**	**792**	**10.026**	**70.783.**

III. Binnengewässer-Schiffe.

13	Auf den Lagunen	416	22	416	1413
35	Positions-Schiffe	—	117	1246	3466.

Stand und Armirung der königlich italien

	Der Schiffe		Der Schiffs-Commandanten		Gezogene Spfd. Landungs-Geschütze	Pferdekraft	Zahl der Schiffs-
	Gattung	Namen	Charge	Namen			
Panzer-Schiffe	Fregatte	Re d'Italia	Lin.-Schiffs-Capitän	Conte Faa di Bruno	6	800	36
	„	Re di Portogallo	„ „	Caval. Ribotti	6	800	28
	„	Ancona	„ „	„ Piola	5	700	27
	„	Maria Pia	„ „	March. Del-Carretto	5	700	26
	„	Castelfidardo	„ „	Caval. Cacace	5	700	27
	„	San Martino	„ „	„ Roberti	5	700	26
	„	Principe diCarignano	„ „	„ Jauch	5	600	22
	Thurm-Schiff	Affondatore	„ „	„ Martini	—	700	2
	Corvette	Terribile	„ „	Baron De-Cosa	5	400	20
	„	Formidabile	Fregatten-Capitän	Caval. Saint-Bon	5	400	20
	Kanonen-Boot	Palestro	„ „	„ Capellini	2	300	6
	„	Varese	„ „	„ Fincati	2	300	4
Ungepanzerte Schiffe	Schraub.-Freg.	Duca di Genova	Lin.-Schiffs-Capitän	„ di Clavesana	6	600	50
	„	Carlo Alberto	Fregatten-Capitän	„ Pucci	6	400	50
	„	Vittorio Emanuele	Lin.-Schiffs-Capitän	Duca Imbert	6	500	50
	„	Garibaldi	„ „	„ Vitagliano	6	450	54
	„	Principe Umberto	„ „	Baron Gugl. Acton	6	600	50
	„	Gaeta	„ „	Caval. Cerruti	6	450	54
	„	Maria Adelaide	„ „	„ di Monale	6	600	32
	Schraub.-Corv.	San Giovanni	Fregatten-Capitän	„ Burrone	4	220	20
	Rad-Corvette	Governolo	„ „	Gogola	—	450	14
	„	Guiscardo	„ „	Caval. Pepi	2	300	6
	„	Ettore Fieramosca	„ „	„ Baldissarotto	2	300	6
	Schraub.-Kanonen-Boot	Montebello	„ „	„ Sandri	—	60	4
	„	Vinzaglio	„ „	„ Foscolo	—	60	4
	„	Confienza	Lin.-Schiffs-Lieut.	„ Conti	—	60	4
	Rad-Dampf-Aviso	Messaggiere	Fregatten-Capitän	„ Giribaldi	—	350	[illegible]
	„	Esploratore	„ „	„ Orengo	—	350	[illegible]
	„	Giglio	Lin.-Schiffs-Lieut.	Denigri	—	60	—
	„	Flavio Gioia	„ „	Moro	—	350	—
	„	Stella d'Italia	„ „	Berlingieri	—	350	—
	Rad-Transport-Dampfer	Indipendenza	„ „	Liparacchi	—	300	[illegible]
	Schrb.-Transp.-Dampfer	Washington	„ „	Ziccavo	—	250	[illegible]
	Gem. Rad-Trsp.-Dampf.	Piemonte			u n	b e	k
	Summe:	34 Schiffe, und zwar:			101	14.160	64

Kriegs-Schiffe: 12 Panzer-Schiffe, 14 Holz-Schiffe, 5 Aviso-Schiffe. Transports-Schiffe: 3.

Ausserdem zählten zur Operations-Flotte, und waren in den Tag

	Gattung	Namen	Charge	Namen	Geschütze	Pferdekraft	Zahl der Schiffs-
Ungepanzerte Schiffe	Schraub.-Lin.-Sch.	Re Galantuomo			8	450	[illegible]
	Schraub.-Corvette	Clotilde (Principessa)			4	400	[illegible]
	Rad-Corvette	Fulminante			4	440	1[illegible]
	Schraub.-Corvette	Etna			2	350	1[illegible]
	Rad-Dampf-Aviso	Sirena			—	120	[illegible]
	„	Johnusa			—	90	[illegible]
	Segel-Brigantine	Eridano			1	—	[illegible]
	Summe:	7 Schiffe: 5 Kriegs-Schiffe, 2 Aviso-Schiffe			19	1850	9[illegible]
	Schrb.-Trsp.-Schiff	Città di Napoli			—	500	[illegible]
	„	„ „ Genova			—	500	4[illegible]
	„	Conte Cavour			—	300	[illegible]
	„	Volturno			—	300	[illegible]
	„	Calatafimi			—	80	[illegible]
	Summe:	5 armirte Transports-Schiffe			—	1680	[illegible]
Transports-Schiffe	Gemieth. Dampfer	Cristoforo Colombo			—	—	[illegible]
	„	Cairo			—	—	[illegible]
	„	Europa			—	—	[illegible]
	„	Parthenon			—	—	[illegible]
	„	Marco Polo			—	—	[illegible]
	„	Florence			—	—	[illegible]
	Schraub.-Dampfer	2 Cisternen			—	—	[illegible]
	Segel	7 Trabacceln			—	—	[illegible]
		15 nicht armirte Transports-Schiffe.					

Totale der zu Operati

		Geschütze	Pferdekraft	Zahl der Schiffs-
38	**Kriegs-Schiffe** einschliesslich der Aviso	120	15.460	73[illegible]
23	**Transports-Schiffe.** Hievon 7 armirte mit	—	2230	1[illegible]

ohen Operations-Flotte vor der Insel Lissa.

Kanonen										Bemannung	Tonnengehalt	Anmerkung
20	16		20		16		12	8				
centimètre												
gezogene			glatte				gezogene					
…hl Reif (…strang)	eiserne Reif			Haubitz	Nr. 1	Nr. 2	—	Nr. 1	Nr. 2			
2	16	14	4	—	—	—	—	—	—	600	5700	Flaggen-Schiff des Admirals Persano, eingetr. vor Lissa am 18. Juli
—	12	14	—	—	—	—	—	—	—	550	5700	„ „ „ „ 18. „
—	22	1	4	—	—	—	—	—	—	484	4250	„ „ „ „ 18. „
—	18	4	4	—	—	—	—	—	—	484	4250	„ „ „ „ 18. „
—	22	1	4	—	—	—	—	—	—	484	4250	„ „ „ „ 18. „
—	16	6	4	—	—	—	—	—	—	484	4250	„ „ „ „ 18. „
—	12	6	4	—	—	—	—	—	—	440	4086	Admiral-Schiff des Contre-Admir. Vacca, „ „ „ „ 18. „
—	—	—	—	—	—	—	—	—	—	290	4070	„ „ „ „ 19. „
—	10	6	4	—	—	—	—	—	—	356	2700	„ „ „ „ 18. „
—	10	6	4	—	—	—	—	—	—	356	2700	„ „ „ „ 18. „
2	—	—	2	—	—	—	1	—	—	250	2000	„ „ „ „ 18. „
2	2	—	—	—	—	—	—	—	—	250	2000	„ „ „ „ 18. „
—	—	8	—	10	20	12	—	—	—	580	3515	„ „ „ „ 18. „
—	—	8	—	10	20	12	—	—	—	580	3200	„ „ „ „ 19. „
—	—	8	—	10	20	12	—	—	—	580	3415	mehr 1 Dahlgren-Kanone „ „ „ „ 18. „
—	—	8	—	12	22	12	—	—	—	580	3680	eingetroffen vor Lissa am 18. Juli
—	—	8	—	10	20	12	—	—	—	580	3501	„ „ „ „ 19. „
—	—	8	—	12	22	12	—	—	—	580	3980	„ „ „ „ 18. „
—	—	10	22	—	—	—	—	—	—	550	3459	Adm.-Schiff d. Vice-Adm. Conte Albini, eingetr. vor Lissa am 18. Juli
—	—	6	—	—	—	14	—	—	—	345	1780	„ „ „ „ 18. „
—	—	—	—	10	—	—	—	—	—	260	1700	„ „ „ „ 19. „
—	—	2	—	—	—	4	—	—	—	190	1400	„ „ „ „ 18. „
—	—	2	—	—	—	4	—	—	—	190	1400	„ „ „ „ 18. „
—	—	—	—	—	—	—	4	—	—	63	262	„ „ „ „ 18. „
—	—	—	—	—	—	—	4	—	—	63	262	„ „ „ „ 18. „
—	—	—	—	—	—	—	4	—	—	63	262	„ „ „ „ 18. „
—	—	—	—	—	—	—	2	—	—	108	1000	„ „ „ „ 18. „
—	—	—	—	—	—	—	2	—	—	108	1000	„ „ „ „ 18. „
—	—	—	—	—	—	—	—	—	—	26	250	„ „ „ „ 18. „
—	—	—	—	—	—	—	—	—	—	108	2000	„ „ „ „ 18. „
—	—	—	—	—	—	—	—	—	—	108	2000	„ „ „ „ 18. „
—	—	—	—	—	—	—	—	2	—	98	600	Proviant-Schiff „ „ „ „ 18. „
—	—	—	—	—	—	—	—	2	—	98	1400	Spitals-Schiff „ „ „ „ 18. „
a n t												„ „ „ „ 20. „
6	140	126	56	74	124	94	17	4	—	10.886	86.022	

vom 18. bis 20. Juli 1866 theils in der Adria, theils im Mittelmeere:

—	—	6	7	2	6	18	4	—	—	658	3800	am 20. Juli noch in Genua
—	6	—	—	—	—	14	—	—	—	345	2182	„ 20. „ in der Adria
—	—	2	—	8	—	—	—	—	—	260	1411	„ 20. „ noch in Neapel
—	—	2	—	—	—	8	—	—	—	241	1524	„ 20. „ in der Adria
—	—	—	—	—	—	—	1	2	—	63	354	„ 20. „ „ „ „
—	—	—	—	—	—	—	—	2	—	57	450	„ 20. „ „ „ „
—	—	—	—	—	—	8	2	—	—	135	450	„ 20. „ noch in Tarent.
—	6	10	7	10	6	48	7	4	—	1759	10.171	
—	—	—	—	—	—	—	4	—	—	200	3730	Am 20. Juli noch in Tarent
—	—	—	—	—	—	—	4	—	—	200	3730	„ 20. „ in der Adria
—	—	—	—	—	—	—	2	—	—	130	1870	„ 20. „ „ „ „
—	—	—	—	—	—	—	2	—	—	130	1935	„ 20. „ „ „ „
—	—	—	—	—	—	—	—	—	2	36	269	„ 20. „ „ „ „
—	—	—	—	—	—	—	12	—	2	696	11.534	
—	—	—	—	—	—	—	—	—	—	—	—	Hafendienst in Ancona
—	—	—	—	—	—	—	—	—	—	—	—	Kohlen-Magazin (20. Juli, Adria)
—	—	—	—	—	—	—	—	—	—	—	—	Kohlen- und Wasser-Magazin (20. Juli, Adria)
—	—	—	—	—	—	—	—	—	—	—	—	Kohlen-Magazin (20. Juli, Adria)
—	—	—	—	—	—	—	—	—	—	—	—	am 20. Juni noch in Genua
—	—	—	—	—	—	—	—	—	—	—	—	Kohlen-Magazin (20. Juli, Adria)
—	—	—	—	—	—	—	—	—	—	—	—	1 in der Adria; 1 am 20. Juli noch in Tarent
—	—	—	—	—	—	—	—	—	—	—	—	in der Adria.

m bestimmten Flotte.

6	146	136	63	84	130	142	24	4	—	12.449	96.193
—	—	—	—	—	—	—	12	4	2	892	13.534

Ordre de Bataille

der k. k. österreichischen operativen Escadre.

Escadre-Commandant: Contre-Admiral **Wilhelm v. Tegetthoff.**
Escadre-Adjutant: Fregatten-Capitän **Carl Ritter v. Lindner.**
" " Corvetten-Capitän **Ferdinand Attlmayr.**
Personal-Adjutant: Linienschiffs-Lieutenant: **Franz Freiherr v. Minutillo.**

Admiralschiff: Erzherzog Ferdinand Max.

I. Division.

Commandant: Der Escadre-Commandant.

Gattung der Schiffe	Namen der Schiffe	Charge der Schiffs-Commandanten	Namen der Schiffs-Commandanten	Pferdekraft	Kanonen Zahl	24 pfändige gezog. Rückladung	60 pfändige Granat	48 pfändige glatte	30 pfändige glatte	12 pfändige gezog.	6 pfändige gezog.	Bemannung	Tonnengehalt
Panzer-Freg. I. Cl.	EH. Ferdinand Max	Linienschiffs-Capitän	Max. Freiherr v. Sterneck	800	18	—	—	18	—	—	—	489	5130
"	Habsburg	"	Carl Faber	800	18	—	—	18	—	—	—	478	5130
Panzer-Freg. II. Cl.	Kaiser Max	"	Gustav Ritter v. Gröller.	650	30	14	—	16	—	—	—	386	3588
"	Prinz Eugen	"	Alfred Barry	650	30	14	—	16	—	—	—	386	3588
"	Don Juan de Austria	"	Anton Ritter v. Wiplinger	650	28	14	—	14	—	—	—	386	3588
Panzer-Freg. III. Cl.	Drache	"	Heinrich Freiherr v. Moll	500	26	16	—	10	—	—	—	343	3065
"	Salamander	"	Carl Kern	500	26	16	—	10	—	—	—	343	3065
Aviso-Rad-Dampfer	Kaiserin Elisabeth .	Fregatten-Capitän	Tobias Oesterreicher . . .	350	6	2	—	—	—	4	—	166	1470

II. Division.

Commandant: Commodore Linienschiffs-Capitän Anton v. Petz.

Schraub.-Linienschiff	Kaiser	Linienschiffs-Capitän	Anton v. Petz	800	92	2	—	—	90	—	—	904	5194
Schraub.-Freg. I. Cl.	Novara	„	Erik of Klint	500	51	3	4	—	44	—	—	538	2497
„	Fürst Schwarzenberg	„	Georg Millosich	400	46	4	6	—	36	—	—	547	2514
Schraub.-Freg. II. Cl.	Graf Radetzky	„	Josef v. Aurnhammer	300	31	3	4	—	24	—	—	398	2198
„	Adria	Fregatten-Capitän	Adolf Daufalik	300	31	3	4	—	24	—	—	398	2198
„	Donau	„	Maximilian Pittner	300	31	3	4	—	24	—	—	398	2198
Schrauben-Corvette	EH. Friedrich	„	Marcus Florio	230	22	2	4	—	16	—	—	294	1474
Aviso-Rad-Dampfer	Greif	„	Carl Kronowetter	300	2	—	—	—	—	2	—	102	1260
Aviso-Lloyd-Dampfer	Stadium	Linienschiffs-Lieut.	Victor Graf Wimpffen	360	—	—	—	—	—	—	—	38	1400

III. Division.

Besteht aus 4 selbstständigen Unter-Abtheilungen. — Rangsältester Schiffs-Commandant: Fregatten-Capitän Ludwig Eberle.

Schrauben-Kanonen-Boot II. Cl.	Hum	Fregatten-Capitän	Ludwig Eberle	230	4	2	—	2	—	—	—	139	869
„	Dalmat	Corvetten-Capitän	Wilhelm v. Wickede	230	4	2	—	2	—	—	—	139	869
„	Wall	„	Alexand. Graf Kielmansegge	230	4	2	—	2	—	—	—	139	852
„	Velebich	„	Victor Herzfeld	230	4	2	—	2	—	—	—	139	869
„	Reka	„	Adolf Nölting	230	4	2	—	2	—	—	—	139	852
„	Seehund	Fregatten-Capitän	Wilhelm Calafatti	230	4	2	—	2	—	—	—	139	852
„	Streiter	„	Rudolf Ungewitter	230	4	2	—	2	—	—	—	139	852
Schrauben-Schooner	Narenta	Linienschiffs-Lieut.	Franz Spindler	90	6	2	—	—	4	—	—	100	501
„	Kerka	„	Gustav Masotti	90	6	2	—	—	4	—	—	100	501
Aviso-Rad-Dampfer	Andreas Hofer	Corvetten-Capitän	Ulrich William Lund	180	4	1	—	—	3	—	—	109	770

Aviso-Dienst zwischen der Flotte und dem Central-Hafen.

Rad-Dampfer	Santa Lucia [1]	Fregatten-Capitän	Blasius Adrario	300	6	2	—	—	4	—	—	180	1353
„	Vulcan [1]	Linienschiffs-Lieut.	Josef Lang	120	2	2	—	—	—	—	—	84	675
„	Triest [1]	„	Alfons Ritter v. Henriquez	220	4	—	—	—	—	—	4	66	1102
Summe ...	30 Schiffe		Zusammen ...	11.000	544	119	26	116	273	6	4	8201	60.474
	In Pola blieben zurück 3			640	12	4	—	—	4	—	4	330	3130
	Blieben zur Action 27			10.360	532	115	26	116	269	6	—	7871	57.344

[1]) Lagen während der Seeschlacht im Hafen von Pola.

Vergleichende

der k. k. und königl. italien. an der Seeschlacht

Kaiserl. königl. österreichische Flotte.

Gattung der Schiffe	Namen der Schiffe	Pferdekraft	Zahl der Schiffs-	Kanonen 24	60	48	30	12	6	Bemannung	Tonnengehalt
				pfündige							
				gezog. Rücklad	Granat-	glatte		gezog. (la Hitte)	gezog. (la Hitte)		
	PANZERSCHIFFE.										
Schrauben-Panzer-Fregatten	Eh. Ferdinand Max, Admiralschiff	800	18	—	—	18	—	—	—	489	5130
	Habsburg	800	18	—	—	18	—	—	—	478	5130
	Kaiser Max	650	30	14	—	16	—	—	—	386	3588
	Prinz Eugen	650	30	14	—	16	—	—	—	386	3588
	Don Juan de Austria	650	28	14	—	14	—	—	—	386	3588
	Drache	500	26	16	—	10	—	—	—	343	3065
	Salamander	500	26	16	—	10	—	—	—	343	3065
7	Summe	4550	176	74	—	102	—	—	—	2811	27154
	SCHWERE HOLZSCHIFFE.										
Schrb.-Linienschiff.	Kaiser	800	92	2	16	—	74	—	—	904	5194
Schrauben-Fregatten	Novara	500	51	3	4	—	44	—	—	538	2497
	Fürst Schwarzenberg	400	46	4	6	—	36	—	—	547	2514
	Graf Radetzky	300	31	3	4	—	24	—	—	398	2198
	Adria	300	31	3	4	—	24	—	—	398	2198
	Donau	300	31	3	4	—	24	—	—	398	2198
Schraub.-Corvette	Erzherzog Friedrich	230	22	2	4	—	16	—	—	294	1474
7	Summe	2830	304	20	42	—	242	—	—	3477	18273
	KANONENBOOTE.										
Schrauben-Kanonenboote	Hum	230	4	2	—	2	—	—	—	139	869
	Dalmat	230	4	2	—	2	—	—	—	139	869
	Wall	230	4	2	—	2	—	—	—	139	852
	Velebich	230	4	2	—	2	—	—	—	139	869
	Reka	230	4	2	—	2	—	—	—	139	852
	Seehund	230	4	2	—	2	—	—	—	139	852
	Streiter	230	4	2	—	2	—	—	—	139	852
Schraub-Schoon.	Narenta	90	6	2	—	—	4	—	—	100	501
	Kerka	90	6	2	—	—	4	—	—	100	501
9	Summe	1790	40	18	—	14	8	—	—	1173	7017
	AVISO-RAD-DAMPFER.										
Rad-Dampf-Aviso	Kaiserin Elisabeth	350	6	2	—	—	—	4	—	166	1470
	Andreas Hofer	180	4	1	—	—	3	—	—	109	770
	Greif	300	2	—	—	—	—	2	—	102	1260
gem Rad-D.-Aviso	Stadium	360	—	—	—	—	—	—	—	33	1400
4	Summe	1190	12	3	—	—	3	6	—	410	4900
	Totale der Flotte.										
27	26 Kriegsschiffe 1 gemietheter Dampfer	10360	532	115	42	116	253	6	—	7871	57344

Anmerkung. Die Stahlkugel des 48pfd. glatten Geschützes wiegt 45 Wiener Pfund.
„ Vollkugel „ 30pfd. „ „ „ 26.5 „ „
„ Granate „ 30pfd. „ „ „ 20 „ „
„ Langgranate „ 24pfd. gez. Hinterlad-Gesch. „ 52 „ „
„ Granate der 60pfd. glatten Granat-Kan. „ 38⅓ „

Übersicht

bei Lissa am 20. Juli 1866 betheiligten Flotten.

Königl. italienische Flotte.

Gattung der Schiffe	Namen der Schiffe	Pferdekraft	gezogene Landungsgesch.	Zahl der Schiffs-Kanonen	Kanonen 25 centimètre gez. Stahl-Reif- (Armstrong)	Kanonen 20 centimètre (Armstrong)	Kanonen 16 centimètre gezog. Reif-	Kanonen 16 centimètre gezog.	Kanonen 20 centimètre glatte	Kanonen 20 centimètre Haubitz.	Kanonen 16 centimètre glatte	Kanonen 12 centimètre gezog.	Kanonen 8 centimètre gezog.	Bemannung	Tonnengehalt
	PANZERSCHIFFE.														
Schrauben-Panzer-Fregatten	Re d'Italia	800	6	36	—	2	16	14	4	—	—	—	—	600	5700
	Re di Portogallo	800	6	28	2	—	12	14	—	—	—	—	—	550	5700
	Ancona	700	5	27	—	—	22	1	4	—	—	—	—	484	4250
	Maria Pia	700	5	26	—	—	18	4	4	—	—	—	—	484	4250
	Castelfidardo	700	5	27	—	—	22	1	4	—	—	—	—	484	4250
	San Martino	700	5	26	—	—	16	6	4	—	—	—	—	484	4250
	Principe di Carignano	600	5	22	—	—	12	6	4	-	—	—	—	440	4086
Widder	Affondatore (Admiralsch.)	700	—	2	2	—	—	—	—	—	—	—	—	290	4070
Schrauben-Panzer-Corv.	Terribile	400	5	20	—	—	10	6	4	—	—	—	—	356	2700
	Formidabile	400	5	20	—	—	10	6	4	—	—	—	—	356	2700
Schrauben-Kanonenboote	Palestro	300	2	5	—	2	—	—	2	—	—	1	—	250	2000
	Varese	300	2	4	—	2	2	—	—	—	—	—	—	250	2000
12	Summe	7100	51	243	4	6	140	58	34	—	—	1	—	5028	45956
	SCHWERE HOLZSCHIFFE.														
Schrauben-Fregatten	Duca di Genova	600	6	50	—	—	—	8	—	10	32	—	—	580	3515
	Carlo Alberto	400	6	50	—	—	—	8	—	10	32	—	—	580	3200
	Vittorio Emanuele	500	6	50	—	—	—	8	—	10	32	—	—	580	3415
	Garibaldi	450	6	54	—	—	—	8	—	12	34	—	—	580	3680
	Principe Umberto	600	6	50	—	—	—	8	—	10	32	—	—	580	3501
	Gaeta	450	6	54	—	—	—	8	—	12	34	—	—	580	3980
	Maria Adelaide	600	6	32	—	—	—	10	22	—	—	—	—	550	3459
Schrauben-Corv.	San Giovanni	220	4	20	—	—	—	6	—	—	14	—	—	345	1780
Rad-Corvetten	Guiscardo	300	2	6	—	—	—	2	—	—	4	—	—	190	1400
	Ettore Fieramosca	300	2	6	—	—	—	2	—	—	4	—	—	190	1400
	Governolo	450	—	10	—	—	—	—	—	10	—	—	—	260	1700
11	Summe	4870	50	382	—	—	—	68	22	74	218	—	—	5015	31030
	KANONENBOOTE.														
Schrauben-Kanonenboote	Montebello	60	—	4	—	—	—	—	—	—	—	4	—	63	262
	Vinzaglio	60	—	4	—	—	—	—	—	—	—	4	—	63	262
	Confienza	60	—	4	—	—	—	—	—	—	—	4	—	63	262
3	Summe	180	—	12	—	—	—	—	—	—	—	12	—	189	786
	AVISO-RAD-DAMPFER.														
Rad-Dpf.-Aviso	Messaggiere	350	—	2	—	—	—	—	—	—	—	2	—	108	1000
	Esploratore	350	—	2	—	—	—	—	—	—	—	2	—	108	1000
	Giglio	60	—	—	—	—	—	—	—	—	—	—	—	26	250
gem. Rad-Dampf-Aviso	Flavio Gioia	350	—	—	—	—	—	—	—	—	—	—	—	108	2000
	Stella d'Italia	350	—	—	—	—	—	—	—	—	—	—	—	108	2000
5	Summe	1460	—	4	—	—	—	—	—	—	—	4	—	458	6250
	TRANSPORTSSCHIFFE.														
Rad-Trsp.-Schiff	Indipendenza (Provtsch.)	300	—	2	—	—	—	—	—	—	—	—	2	98	600
Schrb.-Trspschiff	Washington (Spitalsch.)	250	—	2	—	—	—	—	—	—	—	—	2	98	1400
gem. Rad-Trspsch.	Piemonte	unbekannt													
3	Summe	550	—	4	—	—	—	—	—	—	—	—	4	196	2000
	Totale der Flotte.														
34	28 Kriegsschiffe . . . . 3 gemiethete Dampfer 3 Transportsschiffe . .	14160	101	645	4	6	140	126	56	74	218	17	4	10886	86022

Anmerkung. Ein Langgeschoss des 25 centim. oder 300pfd. Armstrong-Geschützes wiegt 240 Wr.Pfd.
„ „ „ 20 „ „ 150pfd. „ „ „ 120 „
„ Stahlbolzen „ 16 „ „ 40pfd. gezogenen „ „ 87 „
Eine Langgranate „ 16 „ „ 40pfd. „ „ „ 60 „
„ Stahlkugel „ 20 „ „ 80pfd. „ „ „ 54 „

DIE

KRIEGS-EREIGNISSE

IN

WESTDEUTSCHLAND

IM

JAHRE 1866.

Inhalt.

Die Kriegs-Ereignisse in Westdeutschland 1866.

(Hiezu eine Operations-Karte und ein Übersichts-Blatt.)

I. Abschnitt.

Vorgänge bis zur Capitulation der Hannoveraner bei Langensalza.

Preussen konnte im Kriege des Jahres 1866, da es den grössten Theil seines Heeres der kaiserlichen Nord-Armee direct entgegenstellen musste, nur über verhältnissmässig geringfügige Mittel gegen die deutschen Bundesgenossen Österreichs verfügen.

Die hiezu disponiblen Streitkräfte bestanden in drei, vor Ausbruch des Krieges in Holstein, bei Wetzlar und Minden sich sammelnden Divisionen, ungefähr 50.000 Mann, während die königlich bayerische mobile Armee (VII. Bundes-Armee-Corps) bei Anspannung ihrer Kräfte leicht über 70.000 Mann zählen und das aus den Contingenten von Württemberg, Hessen-Darmstadt und Baden, dann der österreichischen Brigade Hahn, den kurhessischen und nassauischen Truppen zusammenzusetzende VIII. Bundes-Armee-Corps annähernd gleichfalls mit 70.000 Mann berechnet werden konnte [1]).

Dazu war noch die Armee des Königreiches Hannover mit circa 20.000 Mann zu zählen, abgesehen von jener Sachsens, welche sich direct an die kaiserliche Armee anschloss.

Es ist ausser Frage, dass diese bedeutenden Streitmittel in einer sehr günstigen Lage zu ihrem Gegner sich befinden und ein bedeutendes Gewicht in der Wagschale der bundestreuen, gegen Preussen kämpfenden Partei hätten bilden können.

---

[1]) Was die präsumtive Stärke dieses Corps — ohne die Contingente Kurhessens, und Nassaus, welch beide nach der Bundes-Kriegsverfassung eigentlich zum IX. Bundes-Corps gehörten, und ohne die österreichische Brigade Hahn, anbelangt, so ward dieselbe in der, von dessen Vertretern am 1. Juni in München abgehaltenen Conferenz mit 54.200 Mann beziffert, und zwar: für das Grossherzogthum Hessen mit 12.700 Mann, für Württemberg mit 25.000 Mann, für Baden mit 16.500 Mann. Vergleiche I. Band Seite 140.

Doch diesen an sich zwar bedeutenden, aber zum grossen Theile aus verschiedenartig organisirten, administrirten und bewaffneten Contingenten bestehenden Massen fehlte ein energischer Wille, der sie rechtzeitig, nemlich noch vor Beginn des Krieges, rasch formirt, zusammengezogen und nach einem einheitlichen Plane geleitet hätte.

Sonderinteressen, Eifersüchteleien und Rücksichten auf die eigene Sicherheit der einzelnen Landestheile übertrugen sich später auch noch auf das militärische, ohnedies zersplitterte und unsichere Commando, lähmten alle Raschheit des Entschlusses, hielten die einzelnen Armee-Theile dauernd isolirt und verhinderten den Einklang in deren Bewegungen, so dass es den einheitlich und energisch geleiteten Kräften des Gegners gelang, mitunter selbst grosse Vortheile zu erringen und vom Anfange bis zu Ende des Krieges sich mit Erfolg inmitten der sie umstehenden Massen zu behaupten.

Die erste Folge der bei Beginn des Krieges gänzlich unklaren Situation und der, namentlich in Hannover, herrschenden Unentschlossenheit war der Untergang der hannoverschen Armee, die, nachdem sie sich, ihren König an der Spitze, nach dem Süden Deutschlands durchzuschlagen versucht und am 27. Juni bei Langensalza auch glücklich gekämpft hatte, in Folge ihrer Isolirung, die Waffen streckte.

Am Tage vor der Schlacht bei Langensalza, welcher auch der Vortag der ersten grösseren Kämpfe in Böhmen, bei Nachod und Trautenau und an der Iser war, hatten sich die Verhältnisse der, nominell unter das Commando Seiner königlichen Hoheit des FM. Prinzen Carl von Bayern gestellten, mit Österreich allirten Streitkräfte folgendermassen gestaltet:

Königlich bayerische Armee (VII. Bundes-Armee-Corps) unter dem speciellen Befehle des FM. Prinz Carl; Generalstabschef GL. v. d. Tann [1]).

Diese Armee hatte sich in der Zeit vom 17. — 21. Juni aus der Aufstellung: München, Augsburg, Bayreuth, Bamberg und Schweinfurt, mit ihrem Gros in der Nähe der letztgenannten zwei Städte concentrirt. Am 22. Juni war in der Absicht, die laut Nachrichten verfolgten Hannoveraner wo möglich aufzunehmen, eine Division (Hartmann) gegen Fulda vorgeschoben, dann aber von der ganzen Armee die Richtung auf Meiningen und Eisenach, bei welch' letzterer Stadt sich, neuen Nachrichten zufolge, bedeutende preussische Streitkräfte versammelten, eingeschlagen worden, und es standen am 26. Juni:

Die 1. leichte Cavallerie-Brigade (Herzog Ludwig in Bayern) und

---

[1]) Österreichischerseits befand sich als Militär-Bevollmächtigter FML. Graf Huyn im bayerischen Hauptquartier.

2 Batterien der Reserve-Artillerie bei Mellrichstadt, mit der Vorhut in Meiningen, wo diese die Eisenbahn unfahrbahr machte.

Bei Mellrichstadt befand sich auch noch von der (4.) Division Hartmann die Avantgarde der Brigade GM. Faust, das Gros der letzteren bei Unsleben; der Rest der (4.) Division Hartmann bei Neustadt a/S., von wo sie Detachements gegen Wasungen, Salzungen und Berka zur Zerstörung der Eisenbahn entsandte.

Die (1.) Infanterie-Division Stephan bei Königshofen, Oberst Baron Prankh mit dem Infanterie-Leib-Regiment, 1 Escadron und ½ Batterie in Lichtenfels, die (2.) Infanterie-Division Feder bei Lauringen (1 Bataillon in Oberhaid), die (3.) Infanterie-Division Zoller bei Münnerstadt; Major v. Orff mit einem combinirten Commando, 2 Bataillons der 1. und 4. Division, 2 Geschützen und einer Génie-Abtheilung stand zur Beobachtung der Nordostgrenze Bayerns bei Hof.

Das Gros des Cavallerie-Corps unter G. d. C. Fürst Taxis, welches den Auftrag hatte, gegen Schleiz, Plauen und Lobenstein zu detachiren und falsche Nachrichten über den Anmarsch grosser Truppenmassen zu verbreiten, sammelte sich, indem es theilweise die Eisenbahn benützte, mit den Brigaden Pappenheim und Rummel bei Schweinfurt, wo die letzten Abtheilungen aber erst am 29. Juni eintrafen. Auch die Reserve-Artillerie unter GL. Brodesser und die Munitions-Reserve waren dahin in Marsch.

Das Hauptquartier kam am 25. gleichfalls nach Schweinfurt [1]).

---

[1]) Die Märsche aller Abtheilungen bis zum 26. Juni waren in folgender Weise geschehen:

Ort		22.	23.	24.	25.
Aufstellungs-	Versammlungs-				
Anfang Juni	17.—21. Juni	Juni			
		1. leichte Cavallerie-Brigade.			
beim Gros des Cavallerie-Corps	Culmbach	Schweinfurt	—	—	Mellrichstadt und Meiningen
		1. Infanterie-Division.			
München und am Lechfelde	Lichtenfels	bezieht Cantonnements zwischen Cronach und Ebensfeld	Brigade Steinle nach Ludwigstadt, Nordhalben und Lichtenberg, der Rest in den früheren Stationen	Lichtenfels	Ebern, ein starkes Detachement blieb in Lichtenfels
		2. Infanterie-Division.			
Augsburg, am Lechfelde bei Schwadorf und Nabburg	zwischen Bamberg und Erlangen	Oberhaid	—	Bamberg	Hassfurt
		3. Infanterie-Division.			
Bamberg und im Lager bei Oberhaid	Bamberg	Schweinfurt (mittelst Eisenbahn)	—	Schweinfurt	Münnerstadt

Die mobile bayerische Armee hatte in dieser Zeit selbst den matrikelmässigen Stand, der sich ohne die Ersatz-Contingente mit 53.400 Streitbaren bezifferte, nicht erreicht, sondern besass im Allgemeinen nur eine Stärke von 47.831 Streitbaren, von denen als in Linie fechtend nur 37.568 Mann Infanterie, 3672 Mann Cavallerie mit 136 Geschützen bezeichnet werden [1]).

Nach dem Gefechte von Kissingen wurde dieselbe noch durch die Reserve-Infanterie-Brigade, 6 Bataillons, 2 Escadrons und eine 6pfd. Batterie (annähernd 5000 Mann) verstärkt.

4. Infanterie-Division *).					
Lager bei Schweinfurt	Schweinfurt	Kissingen und Hammelburg	zwischen Ober-Riedenberg, Zeitloss; Stab in Brückenau	Brückenau (Avantgarde bis Motten)	Neustadt a S.
Gros des Cavallerie-Corps.					
Ansbach und längst der Eisenbahn in Franken	Bayreuth und Hof	—	—	—	am Marsche nach Schweinfurt
Artillerie-Reserve.					
zwischen Bamberg und Nürnberg; Stab Erlangen	zwischen Bamberg und Erlangen	—	—	im Marsche nach Schweinfurt	
Hauptquartier.					
München	Bamberg	—	—	—	Schweinfurt

*) Sollte am 24. nach Löschenrode und Weyhers marschiren, blieb aber in Folge der Dispositions-Änderung, nach welcher die Armee statt gegen Fulda, auf Meiningen vorzurücken hatte am 24. bei Brückenau stehen.

[1]) Sollstände der mobilen Armee am 21. Juni. Officielle bayerische Feldzugsgeschichte, Beilage II. In einer Anmerkung daselbst wird gesagt; „Diese Sollstände „wurden von der Effectivstärke der Armee nicht erreicht." Ueberdiess ist in den Sollständen die Brigade mit 6 Bataillons berechnet, während sie anfänglich nur 5 Bataillons zählte. Die 6. Bataillons gelangten erst nach und nach (bis Mitte Juli) zur Armee.

Das bayerische Heer zählte gemäss einer Kriegsministerial-Verordnung vom 26. September 1865, welche die Friedensstände detaillirt normirte, an Officieren, Beamten, Unterofficieren etc. und Soldaten, jedoch mit Ausschluss der Gendarmerie, dann der an Centralstellen und bei höheren Stäben verwendeten Individuen, 71.918 Mann effectiv (formirt und exercirt) und 21.490 Mann als unmontirt assentirt. An Dienstpferden waren 5914, an Zugpferden 1040 bei den Abtheilungen präsent.

Hiezu kam noch laut Standestabelle vom 1. März 1866 eine Reserve von 114.345 Mann, was somit eine Totalstärke von 207.753 Mann gibt, die zur Evidenthaltung der Kriegssollstände verfügte Aushebung von 18.610 Mann aus den Altersclassen 1843 und 1844 nicht mit eingerechnet.

Doch nicht nur die ganze Reserve, sondern auch die unmontirt Assentirten waren gar nicht formirbar, da die vorhandenen Cadres nur für den Friedensstand der 70.000 Mann wirklich Eingestellter ausreichten. Die Formation der Reserve für den Kriegsfall war so wenig vorbereitet, dass dritthalb Monate nach verfügter Mobilisirung der Armee kaum 20.000 Mann derselben zum Kriegsdienste nutzbar gemacht werden konnten. Auch waren trotz der ernsten politischen Lage jene Leute, welche

Während die bayerische Armee ihre Concentrirungsbewegung zwischen dem 15. und 21. Juni ausführte, verfügte Prinz Alexander von Hessen, welcher erst am 16. Juni seine Ernennung zum Commandanten des VIII. Bundes-Corps erhielt und zu dessen Generalstabschef der württemberg'sche GL. v. Baur ernannt worden war, nur über die grossherzoglich hessische Division und die nassauische Brigade. Die meisten anderen Contingente befanden sich Mitte Juni noch, in der Organisation begriffen, in ihrer Heimat [1]).

Schon am 16. Juni begehrte die Bundesversammlung vom Prinzen Alexander Truppen zum Schutze der Stadt Frankfurt gegen die seit längerer Zeit in der Enclave Wetzlar gesammelten Preussen und es wurden noch am selben Tage 3 Bataillons, 2 Escadrons und 1 Batterie von Darmstadt dahin dirigirt.

Die Truppen des Herzogs von Nassau concentrirten sich gleichfalls schon am 16. Früh, einen Übungsmarsch vorschützend, bei Hochheim, und wurden am 17. näher an Frankfurt gezogen, wo auf Betreiben des Corps-Commando's, zwar nur mit dem Allernöthigsten versehen, auch eine würt-

---

ihre Dienstzeit vollstreckt hatten (der sechste Theil der effectiv eingereihten und einexercirten Mannschaft), innerhalb der Monate März und April entlassen und durch Recruten ersetzt worden.

Die Besatzungen für die Hauptstadt, wie für die Festungen, so wie die verschiedenen im Kriege nothwendigen Anstalten absorbirten gleichfalls eine bedeutende Kraft, so dass im ersten Momente, bei Beginn des Krieges, nur beiläufig die Hälfte des stehenden Heeres in erster Linie als mobile Armee vor den Feind gebracht werden konnte.

Diese Daten sind der officiellen bayerischen Feldzugsgeschichte entnommen, welche aber über die effective Stärke des kämpfenden Heeres, während der verschiedenen Perioden des Feldzuges, keine genügende Auskunft enthält.

Die bayerische Infanterie war mit dem Podewils-Gewehr (Vorderlader mit centraler Zündung), die Cürassiere, welche stählerne Cürasse trugen, mit Pallasch und Pistole, die Uhlanen mit Lanze, Säbel und Pistole, die Chevaulegers mit letzteren beiden bewaffnet.

Die fahrenden Batterien (6 mit gezogenem und 8 mit glattem Rohre) hatten 8, die reitenden Batterien 6 Geschütze. Als gezogenes Geschütz diente der 6pfünder (nach preussischem System). Die glatten Rohrbatterien bestanden aus 12pfündern.

Ordre de Bataille, siehe Beilage Nr. I.

[1]) Österreichischerseits war der k. k. Oberst v. Schönfeld des Generalstabes in das Hauptquartier des VIII. Bundes-Corps delegirt.

Die Infanterie des VIII. Bundes-Corps, mit Ausnahme der österreichischen, welche mit dem Lorenz-Gewehr (Vorderlader) bewaffnet war, hatte Minié-Gewehre.

Die Artillerie führte gezogene Vorder- und Hinterladungs-Geschütze (letztere nach preussischem Modell), so wie glatte 6 und 12pfünder und war sowohl nach den Systemen als dem Kaliber höchst ungleichartig zusammengesetzt.

Ordre de Bataille, siehe Beilage Nr. II.

tembergische Brigade (GM. Hegelmaier) binnen 24 Stunden (17. Juni) eintraf [1]).

Prinz Alexander begab sich auf eine, am 16. Abends an ihn gelangte Einladung des Militär-Ausschusses am Bundestage: „Zur Beruhigung der „Stadt Frankfurt das Commando daselbst zu ergreifen" von Darmstadt dahin, kehrte aber, den Befehl über die in und nächst dieser Stadt stehenden Truppen an den österreichischen GM. Freiherrn v. Packenj übertragend, am 17. nach Darmstadt zurück, um die Concentrirung seines Corps zu beschleunigen, die jedoch nur langsam von statten ging [2]).

Als man am 17. Juni inne ward, dass die preussischen Truppen von Wetzlar nicht nach Frankfurt, sondern auf Cassel die Richtung nähmen, war das VIII. Corps, wie eben gezeigt, noch weit entfernt, operationsfähig zu sein und auch in der nächsten Zeit, als sich der grössere Theil bei Frankfurt bereits gesammelt, schien die Organisation desselben nicht vollendet genug, um gegen die das Kurfürstenthum Hessen-Cassel invahirenden und die hannover'sche Armee verfolgenden preussischen Truppen offensiv vorgehen zu können. Prinz Alexander legte unter solchen Umständen mehr Gewicht auf die Consolidirung seines Corps, Formirung der Cavallerie- und Artillerie-Reserve, dann der nöthigen Verpflegs-Anstalten, unter Behauptung der Position bei Frankfurt, wo inzwischen am 18. der grossherzoglich hessische GL. v. Perglas das Commando übernommen hatte, als auf isolirte weitergehende Bewegungen, deren Verantwortung er noch nicht übernehmen zu dürfen glaubte.

Als ihn am 20. Juni FM. Prinz Carl mittelst Telegramm verständigte, dass die bayerische Division Hartmann sich gegen Fulda in Bewegung setze, und aufforderte, ebenfalls in dieser Richtung vorzugehen, lehnte er diese Aufforderung mit dem Bedeuten ab, dass er mit seinem conglomerirten,

---

[1]) 1 Jäger-Bataillon, 2 Infanterie-Regimenter (4 Bataillons), 1 Reiter-Regiment (5 Escadrons), 2 gezogene 6pfd. Batterien (16 Geschütze).

[2]) Die 2. württembergische Brigade stiess erst am 28. Juni, die letzte am 5. Juli zum Corps.

Von der badischen Division gelangten: die erste Brigade am 25. Juni nach Darmstadt, die anderen Colonnen in der Zeit vom 1. bis 8. Juli in den Verband des Corps.

Die einzelnen Theile der Brigade Hahn trafen zwischen 21. und 23. Juni in Darmstadt ein.

Die Kurhessen wurden am 22. Juni dem Commando des Prinzen Alexander unterstellt.

erst in der Formation und Organisation begriffenen Corps zur Offensive nicht bereit sei, deren mögliche Consequenzen er berücksichtigen müsste [1]).

Er liess am 21. seine Truppen mehr gegen und über die Nidda sich ausbreiten, zur Verbindung beider Main-Ufer bei Höchst, später bei Oberrad eine Brücke schlagen und disponirte 1 württembergisches Bataillon mit einer Escadron und 2 Geschützen unter Major Rambacher auf der Eisenbahn nach Giessen, um von dieser Seite durch Aussprengung falscher Nachrichten die Preussen zu alarmiren und von Cassel abzulenken [2]).

In den nächsten Tagen erhielt das Corps ansehnliche Verstärkungen durch das Eintreffen der österreichischen Brigade Hahn, deren Tète schon am 21. nach Darmstadt gelangt war und successive über Neu-Isenburg gleichfalls über den Main disponirt wurde, ferners durch die inzwischen aus ihrer Heimat abgerückten kurfürstlich hessischen Truppen, endlich durch die Brigade La Roche der badischen Division, welche am 25. in Darmstadt eintraf.

Nachdem nun, gleichfalls am 25., Vortruppen nach Friedberg und Butzbach vorgeschoben worden waren, stand am 26. Juni das Gros des VIII. Bundes-Corps in und nächst Frankfurt auf dem Plateau zwischen dem Main und der Nidda und bei Darmstadt.

Prinz Alexander verfügte an diesem Tage über 41½ Bataillons, 19 Escadrons und 15 Batterien, annähernd 39.000 Mann, 5800 Pferde, 107 (72 gezogene und 35 glatte) Geschütze [3]), u. z.:

Von der (1.) württembergischen Division GL. v. Hardegg: Die Brigade Hegelmaier, 5 Bataillons, 5 Escadrons, 2 Batterien, 5200 Mann, 1100 Pferde und 16 gezogene Geschütze bei Vilbel.

Von der (2.) badischen Division GL. Prinz Wilhelm von Baden: die Brigade La Roche, 5 Bataillons, eine gezogene Batterie, 4500 Mann, 240 Pferde, 6 gezogene Geschütze, nächst Darmstadt und Langen.

Die ganze (3.) grossherzoglich hessische Division GL. v. Perglas 9½ Bataillons, 8 Escadrons, 4 Batterien, 10.000 Mann, 2600 Pferde, 14 gezogene, 10 glatte Geschütze, vorwärts und südlich Frankfurt.

Die ganze (4.) österreich-nassauische Division FML. Graf Neipperg: 12 Bataillons und 4 Batterien, 13.000 Mann, 1000 Pferde,

---

[1]) In einem nach Wien gerichteten Telegramme vom 19. Juni erklärte der Prinz, beim besten Willen für die zu entfernte hannover'sche Armee noch nichts thun zu können.

[2]) Das nach Giessen abgegangene Detachement kehrte in der folgenden Nacht nach Vilbel zurück.

[3]) Der gesammte Stand der Bespannungen eingerechnet.

24 gezogene, 8 glatte Geschütze; mit der Brigade Hahn in und nächst Frankfurt, der nassauischen Brigade Roth in Hofheim und Concurrenz.

Das kurhessische Contingent, unter Commando des GL. v. Lossberg, stand bei Hanau und zählte 10, grossentheils noch sehr schwache Bataillons, 4 Batterien und 6 Escadrons, in Summe 6000 Mann, 879 Pferde und 29 (12 gezogene, 17 glatte) Geschütze [1]).

Am 26. wurde auch das Corpsquartier von Darmstadt nach Frankfurt verlegt.

Die durch Bundes-Beschluss vom 9. Juni neutral erklärten Bundesfestungen Mainz und Rastatt waren von den österreichischen und preussischen Besatzungen geräumt und sollten durch eigens hiezu designirte Abtheilungen besetzt werden.

Doch nur wenige der dahin bestimmten Truppen waren eingetroffen und es befanden sich in Mainz, zu dessen Gouverneur der bayerische GM. Graf Rechberg-Rothenlöwen ernannt worden war, an Infanterie blos: 2 bayerische Bataillons, 1 Regiment Sachsen-Weimar (3 Bataillons), 1 Bataillon Meiningen, und das Lippe'sche Contingent, in Summa 4520 Mann; in Rastatt 2 grossherzoglich badische Bataillons und die Hälfte des Contingents von Reuss, in Summa 2200 Mann [2]).

---

[1]) In einem Berichte ddo. 21. Juni meldete Prinz Alexander an Seine Majestät den Kaiser:

„Morgen dürften die kurhessischen Truppen in Hanau versammelt sein, und „wenn auch nur die beiden in Hanau und Fulda stehenden Infanterie-Regimenter „ihre Bataillons auf je 800 Mann bringen könnten (daher 3200 Mann), so ist nach „Versicherung kurhessischer, bei mir gewesener Officiere doch Hoffnung, dass sich „die beiden anderen mit dem geretteten Materiale versehenen Regimenter gleichfalls „successive auf den Kriegsstand setzen könnten."

Prinz Friedrich Wilhelm war mit den kurhessischen Truppen in Hanau eingetroffen, hatte aber schon während des Rückzuges das Commando an den GL. v. Lossberg abgetreten.

Nach einem Standes-Ausweise der Festung Mainz zählte das kurhessische Contingent Anfangs Juli 8751 Mann, 879 Pferde (inclusive der beiden bei der Division Neipperg befindlichen Hussaren-Escadrons) und 29 Geschütze.

[2]) Laut Bundesbeschluss vom 9. Juni waren für Mainz und Rastatt folgende Besatzungen festgestellt worden:

I. Für Mainz:

a) an Infanterie:

eine kurfürstlich hessische Brigade zu 8 Infanterie-Bataillons und einem Jäger-Bataillon	3500 Mann
von Sachsen-Meiningen: 2 Bataillons à 4 Compagnien	800 „
„ Sachsen-Weimar: 3 Bataillons à 4 Compagnien	1200 „
„ beiden Schwarzburg: 2 Bataillons à 4 Compagnien	800 „
„ Lippe: 1 Bataillon à 4 Compagnien	400 „
„ Schaumburg-Lippe: 8 Compagnien	200 „
Zusammen	6900 Mann

Nach Absendung des Generalstabschef GL. v. Baur nach Bamberg, um sich über die Absichten des Ober-Commando's zu informiren, und nach einer am 23. mit dem österreichischen FML. Graf Huyn, behufs Vereinbarung der nächsten Operationen, in Frankfurt stattgehabten Unterredung, begab sich Prinz Alexander am 26. Juni selbst in das bayerische Hauptquartier nach Schweinfurt.

In dem hierauf Abends und am 27. Morgens abgehaltenen Kriegsrathe ward vorläufig von beiden Commandanten beschlossen, ihre Corps gegen Hersfeld vorrücken zu lassen, dort zu vereinigen und dann je nach den Verhältnissen entweder gegen Cassel oder gegen Eisenach vorzugehen.

Der 30. Juni ward als Tag des Beginnes der gemeinsamen Operationen festgesetzt, und die Marschziele der Hauptcolonnen mit den Corps-Quartieren in folgender Weise angenommen:

	VIII. Armee-Corps:	Bayerische Armee:
29. Juni	vorbereitende Bewegungen.	
30. Juni	Friedberg.	Brückenau.
1. Juli	Hungen.	Löschenrode.
2. Juli	Grünberg.	Fulda.
3. Juli	Rupertenrod.	(Aufrücken bei Fulda.)

---

b) an Cavallerie:

von Kurhessen . . . . 250 Mann

c) an Artillerie:

von Kurhessen . . . . 450 „

d) an Génie-Truppen:

von Kurhessen Pionniere . . . . 100 „

II. Für Rastatt:

a) an Infanterie:

von	Baden: 2 Bataillons	1800 „
„	Sachsen-Altenburg: 2 Bataillons à 4 Compagnien	800 „
„	Sachsen-Coburg-Gotha: 2 Bataillons à 4 Compagnien	800 „
„	Anhalt: 2 Bataillons à 4 Compagnien	800 „
„	Waldeck: 1 Bataillon à 4 Compagnien	400 „
„	Reuss: 1 Bataillon à 4 Compagnien	400 „
	Zusammen	5000 Mann

b) an Cavallerie:

von Baden . . . . 150 Mann

c) an Artillerie:

von Baden . . . . 450 „

d) an Génie-Truppen:

von Baden . . . . 80 bis 100 „

Frankfurt sollte durch das eigene und ein bayerisches Bataillon besetzt werden.

4. Juli	Alsfeld.	Hünfeld.
5. Juli	(Rasttag.)	(Rasttag.)
6. Juli	Grebenau.	Neukirchen.
7. Juli	Niederaula.	Hersfeld.

„Als Ziel der gemeinschaftlichen Operationen ward die dermalen in der „Gegend von Eisenach stehende preussische Armee bezeichnet, die Vertreibung „derselben aus Thüringen und die Gewinnung und Behauptung der Thüringi„schen Eisenbahn, deren sich die Preussen bis jetzt als überaus ergiebiges „Communicationsmittel zwischen den östlichen und westlichen Theilen ihrer „Monarchie bedienten. Schliesslich erwartete man von diesen Operationen „eine Befreiung Kurhessens und, wenn es noch ausführbar, jene der königlich „hannover'schen Armee.

„Bis zum 5. Juli hoffte man über die Stellung und Absichten des Feindes „so weit aufgeklärt zu sein, um sich entscheiden zu können, ob der Marsch „beider Armee-Corps gegen Hersfeld fortzusetzen, oder aber eine Vorrückung „gegen Cassel zu combiniren wäre. Als die äusserste Colonnenstrasse des „VIII. Armee-Corps gegen die rechte Flanke wurde die Strasse von Schotten „und Lauterbach angenommen" [1]).

Im bayerischen Hauptquartier herrschte seit der Ratification der zwischen Österreich und Bayern abgeschlossenen Militär-Convention grössere Bestimmtheit, denn bisher.

War auch in dieser Convention den politischen Rücksichten mehr Spielraum gegönnt, als es der Kriegführung dienlich sein konnte, so zeigte sich Prinz Carl doch gewillt, dem allgemeinen militärischen Interesse möglichst gerecht zu werden, „abgesehen von jenen Fällen, wo — besonders bei einer „etwaigen retrograden Bewegung — die Deckung des bayerischen Landes in „Frage käme, welchen Punkt Prinz Carl jedesmal hervorhob, so oft die rein „militärische Lage einer eingehenden Erörterung unterzogen wurde.

„Andererseits war der Prinz von der Nothwendigkeit durchdrungen, „nach Erreichung der nächsten Operationsziele mit allen im nordwestlichen „Deutschland entbehrlich werdenden Kräften den Anschluss an die Haupt„armee dann zu bewerkstelligen, wenn diese über Böhmen hinaus und an die „mittlere Elbe gelangt sein würde [2])."

Über die Vorgänge bei der hannover'schen Armee hatte das bayerische Hauptquartier seit dem 23. nichts Bestimmtes erfahren. Nach einigen

---

[1]) Feldzugsjournal des Oberbefehlshabers des VIII. deutschen Bundes-Corps.

[2]) Bericht des FML. Graf Huyn, 27. Juni.

Nachrichten sollte sie nach Mühlhausen zurückmarschirt sein, nach anderen ein Theil derselben bei Tabarz stehen.

Erst am 27. Abends erhielt man eine verlässlichere Meldung, nach welcher die Hannoveraner sich in einer festen Position bei Langensalza befinden sollten [1]).

Prinz Carl glaubte nicht, auf diese Nachricht hin, die kaum mit Prinz Alexander getroffene Übereinkunft abändern zu sollen, sondern verfügte am 28., an welchem Tage er mittelst eines Befehles factisch auch das Ober-Commando über das VIII. Corps antrat und allen seinen Streitkräften den Collectiv-Namen „Westdeutsche Bundes-Armee" gab, im Sinne des gemeinsam festgesetzten Operationsplanes, für den 29. die Vorbereitungsbewegung zum projectirten Vormarsch der Bayern in der Richtung auf Hersfeld.

Die (1.) Division Stephan ward nach Neustadt a/S., die (2.) Division Feder nach Münnerstadt, die (3.) Division Zoller nach Waldaschach, die (4.) Division Hartmann nach Bischofsheim instradirt.

Das Hauptquartier sollte nach Kissingen verlegt werden.

Nachdem die Befehle an die Truppen abgegangen, erhielt Prinz Carl Nachmittags (28.) telegraphisch die Mittheilung des Ministers v. d. Pfordten, dass sich die Hannoveraner bei Langensalza befänden und sich dort etwa 8 Tage halten könnten, wenn die Lebensmittel genügten und die Operationen der Bundestruppen sie unterstützten. Ferner traf zur selben Zeit ein Telegramm Seiner Majestät des Kaisers von Österreich im bayerischen Hauptquartiere ein, welches die Nachricht von dem Siege bei Langensalza und die Aufforderung enthielt, die Hannoveraner zu degagiren, sowie ein anderes Telegramm von einem Dr. Volger, der Namens derselben den Marsch der Bayern in der Richtung auf Gotha ansprach [2]).

---

[1]) Dieselben hatten von allen Seiten eingeschlossen, an diesem Tage einen Theil der feindlichen Streitkräfte unter GM. Flies geschlagen.

Die Schlacht von Langensalza, so wie alle übrigen, die hannover'sche Armee betreffenden Vorgänge sind im I. Bande dieses Werkes enthalten, auf den wir verweisen.

[2]) Schon am 27. war die telegraphische Weisung Seiner Majestät des Kaisers an FML. Graf Huyn nach Schweinfurt ergangen: „Bieten Sie das Möglichste auf, um „die Bayern zum Vorgehen und Degagiren der Hannoveraner zu bewegen, die sich „noch immer in vereinzelten Gefechten durchzuschlagen versuchen. Verständigen Sie „Schönfeld im gleichen Sinne."

Am 28. Juni Mittags berichtete der österreichische Bundespräsidial-Gesandte Baron Kübeck aus Frankfurt nach Wien, dass in der verflossenen Nacht ein Bote aus dem hannover'schen Hauptquartier, das er am 26. Morgens verlassen, in Frank-

Prinz Carl glaubte nun nicht länger mehr zögern zu dürfen, sistirte den Marsch seiner Armee auf Fulda und dirigirte dieselbe auf dem kürzesten Wege über Meiningen gegen Gotha.

An Prinz Alexander von Hessen erging am nächsten Tage Morgens folgender Befehl:

„Hauptquartier Schweinfurt, 29. Juni 1866, Morgens 5 Uhr.

„Ich beehre mich Euer Hoheit zu notificiren, dass ich soeben mein „Hauptquartier nach Neustadt verlege. Meine Divisionen machen folgende „Bewegung:

	29. Juni.	30. Juni.	1. Juli.
1. Division	Hildburghausen,	Suhl,	Ohrdruff.
2. Division	Trappstadt,	Schleusingen,	Oberhoff.
3. Division	Mellrichstadt,	Wasungen,	Tambach.
4. Division	Meiningen,	Schmalkalden,	Georgenthal.

---

furt angekommen, und folgende Nachricht des Grafen Platen gebracht habe: „Hannover'sche Armee konnte zwischen Eisenach und Gotha nicht durchbrechen, wegen „bedeutender preussischer Übermacht, welche in fester Position stehe; die Armee „habe sich demnach nach Langensalza zurückgezogen in Erwartung, dass die militärischen Operationen der Bundesgenossen im Süden die preussischen Hauptkräfte „abziehen werden; sie könne sich etwa 8 Tage halten, falls die Lebens„mittel nicht ausgehen. Wir sind ohne alle Nachrichten und müssen unseren Bundes„genossen alle Verantwortung zuschieben, falls unsere Nothlage uns zwingen sollte, „die Waffen zu strecken."

Baron Kübeck gab Vorstehendes gleichzeitig Prinz Alexander von Hessen bekannt.

Diese Nachricht wurde sogleich dem FML. Graf Huyn telegraphisch mitgetheilt und daran Seitens Seiner Majestät folgende Weisung geknüpft: „Alles auf „bieten, sich durch Boten sogleich in Verbindung mit Hannoveranern setzen. Betone „nochmals, dass deren Degagirung mit aller Kraft angestrebt werden muss."

Denselben Abend reiste der königlich hannover'sche Gesandte GL. v. Knesebeck von Wien nach Schweinfurt ab, um gleichfalls den Prinzen Carl zur Offensive zu bewegen.

An Seine Majestät den Kaiser gelangte in dieser Zeit, von Frankfurt aus, folgendes von „Doctor Volger" gezeichnete Telegramm: „Gestern 27. blutige Schlacht „bei Langensalza und Mühlhausen zwischen der ungebeugten hannover'schen Armee „und den übermächtigen Preussen nebst Gothaern. Furchtbare Niederlage der Preus„sen. Seine Majestät, mein Allergnädigster König Georg V., befahl mir, um schleu„nige Cooperation der Bayern zu bitten. Kräftiges Vorgehen der bayerischen Armee „dringend erwünscht, damit die Hannoveraner nicht durch neue Concentration von „Übermacht erdrückt werden. Ich verliess das hannoveranische Schlachtfeld auf Befehl „gestern Früh und sah Abends die Niederlage in Gotha selbst. Grösste Bestürzung „in der preussischen Armee." Diese Nachricht ward sogleich vollinhaltlich nach Schweinfurt telegraphirt. Hierauf meldete Prinz Carl am 28. Juni Abends 9½ Uhr telegraphisch Seiner Majestät: „Werde Morgen mit beiden Armee-Corps die Offensive ergreifen, um die Hannoveraner zu degagiren."

„Mein Hauptquartier kommt am 30. Juni nach Meiningen. Meine Re-„serve-Cavallerie marschirt über Fulda, Hünfeld gegen Vacha, um die Ver-„bindung mit dem VIII. deutschen Bundes-Armee-Corps herzustellen.

„Euer grossherzoglichen Hoheit chiffrirtes Telegramm, worin Höchst-„dieselben mir Ihren morgen zu beginnenden Marsch mit 5 Brigaden nach „Hersfeld, Berka mittheilen, habe ich dankend erhalten.

„(gez.) Prinz Carl von Bayern."

Am 29. Morgens begann die Bewegung der bayerischen Armee. Die (1.) Division Stephan marschirte an diesem Tage von Königshofen bis Hildburghausen, wo auch der mit seinem Detachement von Lichtenfels einberufene Oberst Baron Prankh anlangte — und Exdorf; am 30. nach Schleusingen, mit Vortruppen in Suhl, Zella etc.

Die (2.) Division Feder am 29. von Lauringen nach Trappstadt und am 30. bis Hildburghausen.

Die (3.) Division Zoller am 29. nach Mellrichstadt und am 30. nach Meiningen.

Die (4.) Division Hartmann endlich am 29. bis Meiningen und am 30. nach Wasungen.

Die von letzterer Division unter Commando des Oberst Aldosser am 29. auf den Strassen nach Suhl, Gotha und Wasungen vorgeschobene Avantgarde rückte am 30. nach Nieder-Schmalkalden, Wernhausen und Zwick, während auch die linke Flanke der Division durch Detachements entsprechend gesichert wurde.

Die Reserve-Cavallerie, deren letzte Abtheilungen erst am 29. im Lager bei Schweinfurt eintrafen, hatte die Weisung, zur Unterstützung der eigenen Armee und gleichzeitig zur Herstellung der Verbindung mit dem VIII. Bundes-Corps in der Richtung auf Bebra und Berka (über Hersfeld) vorzurücken.

Diesem Befehl nachkommend, gelangte am 30. die 1. leichte Brigade bis Hilders, die 2. leichte Brigade nach Neustadt a./S., die schwere Brigade bis Münnerstadt, Fürst Taxis mit seinem Stabe nach Kissingen.

Das Hauptquartier des Prinzen Carl kam am 29. nach Neustadt a/S. und am 30. nach Meiningen, wo es auch am 1. Juli verblieb.

Den 2. Tag nach der begonnenen Bewegung stand also die bayerische Armee, wie gesagt, in Schleusingen, Hildburghausen, Meiningen und Wasungen. In weiteren 2 Märschen sollte der Thüringer Wald durchzogen und sonach der Aufmarsch jenseits desselben am 2. Juli bewirkt werden.

Da traf am 30. Mittags im bayerischen Hauptquartier zu Meiningen die Nachricht von der am 28. plötzlich erfolgten Capitulation der hannover'schen Armee ein.

Es wäre vielleicht rathsam gewesen, die Operationen fortzusetzen, mit den preussischen Truppen Fühlung zu suchen und je nach der Lage, die man vorfand, weiter zu verfahren.

Doch Prinz Carl entschied sich, da die hannover'sche Armee nicht mehr bestand, die durch Märsche und Verpflegsmangel schon erschöpften bayerischen Truppen den preussischen numerisch nicht gewachsen schienen und das eigene Cavallerie- sowie das VIII. Bundes-Corps noch weit zurück waren, den isolirten Kampf nicht zu suchen, sondern die bayerische Armee vorläufig bei Meiningen, Front gegen Eisenach, concentrirt zu halten, bis das VIII. Bundes-Corps mindestens in die Höhe von Fulda vorgerückt wäre.

Dann gedachte Prinz Carl, vom 3. Juli an, mit der bayerischen Armee auf den das linke Werra-Ufer begleitenden Höhen und unter dem Schutze einer Flanken-Deckung im Werra-Thale, über Kalten-Nordheim und Lengsfeld, sowie über Tann und Geysa gegen Vacha vorzurücken und sich dort mit dem VIII. Corps zu vereinigen.

Auf diese Weise glaubte man in der Lage zu bleiben, sowohl einen feindlichen Anfall im Werra-Thale begegnen, als die Offensive in einer den Umständen angemessenen Richtung fortsetzen zu können [1]).

Prinz Carl verständigte Abends 8 Uhr den Prinzen Alexander von seinem Vorhaben mit folgendem Befehl:

„Hauptquartier Meiningen, den 30. Juni 1866, Abends 8 Uhr.

„Das Ober-Commando der westdeutschen Bundes-Armee an den „Prinzen Alexander von Hessen.

„Nachdem mein gestern Höchstdenselben mitgetheilter Plan zu einer „Bewegung des VII. Armee-Corps gegen Gotha durch die indessen unzwei„felhaft gewordene Capitulation der hannover'schen Armee ganz gegen„standslos geworden ist, und selbst im Falle ihrer ungestörten Ausführung „den Gegner in die vortheilhafte Lage setzen würde, zwischen dem VII. und „VIII. deutschen Bundes-Armee-Corps bei Eisenach zu stehen, so habe ich „beschlossen, meine Kräfte bei Meiningen mit der Front gegen Eisenach zusam„menzuziehen.

„Mein Reserve-Cavallerie-Corps bewegt sich von Bischofsheim über „Hilders nach Geysa und ich werde trachten, auch einen Theil der Infanterie „auf diese Strasse zu bringen. Wenn der Feind meine Concentrirung bei „Meiningen und das Linksschieben meiner Infanterie-Divisionen nicht stört, „so hoffe ich Euer grossherzogliche Hoheit auf den Transversalverbindungen „von Hilders nach Fulda und von Geysa nach Hünfeld die Hand reichen zu „können.

---

[1]) Aus einem Berichte des FML. Graf Huyn.

„Sollte ich jedoch zum Rückzuge gezwungen werden, so wird derselbe, „um möglichst rasch die Verbindung mit dem VIII. Corps herzustellen, über „Mellrichstadt, Neustadt gehen und hoffe ich in diesem äussersten Falle „auf die Cooperation des VIII. Corps zwischen Neustadt und Schweinfurt.

„Ich komme daher auf den Höchstdenselben bei Ihrer Anwesenheit zu „Schweinfurt vorgelegten Operationsplan zurück, indem ich Eure grossher-„zogliche Hoheit dringend auffordere, die zu meiner Verstärkung nur irgend „verfügbaren Truppentheile mit Hintansetzung jedes Nebenzweckes theils „auf der Linie Hanau-Fulda-Hünfeld, theils und namentlich „auf der Linie Frankfurt-Gemünden per Eisenbahn und von „da über Hammelburg nach Kissingen in Bewegung zu setzen „und mir über Ihre desfalls zu treffenden Anordnungen bald möglichst Auf-„schluss, mit Angabe der Tage zu geben.

(gez.) Carl Prinz von Bayern."

Diesem Entschlusse gemäss concentrirte sich am 1. Juli die bayerische Armee an der Werra. Die Divisionen Zoller und Hartmann verblieben in ihrer Aufstellung vom vorigen Tage bei Meiningen und Wasungen, die Division Stephan rückte nach Themar, die Division Feder nach Hildburghausen und Römhild. Vom Reserve-Cavallerie-Corps, welches den Auftrag hatte, mit der Division Hartmann in Verbindung zu bleiben, wurde zu diesem Zwecke die 1. leichte Brigade Herzog Ludwig in Tann belassen. Vom Reste des Corps kam die schwere Brigade nach Bischofsheim, die 2. leichte nach Fladungen, der Stab nach Neustadt.

Beim VIII. Armee-Corps hatten indessen, kurz vor dem projectirten Abmarsche, einige sehr unliebsame Vorgänge Platz gegriffen.

Am 27. liefen Anzeigen ein, dass sich preussische Truppen in der Stärke von 6000 Mann an der Eisenbahn, von Bacherach und Oberwesel her angesammelt hätten [1]); man befürchtete einen Handstreich auf Mainz und sowohl die Bundes-Militär-Commission in Frankfurt, als auch das Gouvernement von Mainz verlangten die Verstärkung der Festungs-Besatzung.

In Folge dessen wurden in der Nacht zum 28. 2 österreichische 3. Bataillons (der Infanterie-Regimenter Hess Nr. 49 und Nobili Nr. 74) und einige Stunden später 2 grossherzoglich hessische Bataillons, unter Commando des grossherzoglich hessischen GM. v. Stockhausen, als Verstärkung nach

[1]) Es waren dies nur schwache aus den Besatzungstruppen von Cöln und Coblenz formirte preussische Detachements, welche gegen das nördliche Nassau und den Rheingau entsandt worden waren, um die Aufmerksamkeit der Bundestruppen nach dieser Seite abzuziehen.

Preuss. offic. Darstellung des Feldzuges 1866 in Deutschland, Seite 571.

Mainz dirigirt, von wo diese Truppen noch im Laufe desselben Tages wieder zum Corps einrückten.

Die beiden grossherzoglich hessischen Bataillons mussten jedoch am 29., in Folge neuerlichen Ansuchens der Bundes-Militär Commission, wieder nach Mainz zurückkehren.

Es muss hervorgehoben werden, dass die Sicherung von Mainz von Belang war, da die preussische Regierung, die in der Bundestags-Sitzung vom 9. Juni betreff Neutralisirung von Mainz und Rastatt festgesetzten Punctationen vorläufig nicht einhielt und bei günstiger Gelegenheit auch vor einem Angriffe dieser Plätze gewiss nicht zurückgeschreckt wäre.

Nach dem bezüglichen Bundes-Beschlusse sollten bekanntlich sowohl Mainz als Rastatt von den österreichischen und preussischen Besatzungs-Truppen geräumt, und durch Abtheilungen anderer Contingente besetzt werden.

Doch einige der Letztern, wie z. B. Waldeck, sagten auf Veranlassung oder wenigstens mit Vorwissen Preussen's definitiv ab, oder schlossen sich, wie Anhalt und Gotha, ganz einfach dem preussischen Heere an. Andere, wie beispielsweise die Schwarzburg'schen Contingente, schützten die gestörten Verkehrs-Verhältnisse als Entschuldigung ihres Nichteinrückens vor.

Aber auch direct verletzte Preussen die festgestellten Punctationen, indem es die Génie-Direction und das Verwaltungspersonal, der getroffenen Vereinbarung entgegen, aus Mainz, das Platz-Commando aus Rastatt abberief [1]). Nimmt man noch die Gesinnung des Weimar'schen Contingents (3 Bataillons), das ohne alle Scheu erklärte, im Falle eines Angriffes, nicht gegen die preussischen Truppen kämpfen zu wollen, so war die in Mainz herrschende Besorgniss wohl gerechtfertigt [2]).

Auf wiederholtes Andringen des Herzogs von Nassau, in dessen Land kleine preussische Abtheilungen einfielen, erhielt ferner die (4.) Division Neipperg am 28. Nachmittags 2 Uhr den Befehl, sich zum Schutze des Herzogthums bereit zu halten, worauf die Brigade Roth bei Hofheim, die Brigade Hahn bei Höchst concentrirt wurde.

Als endlich GL. v. Loszberg bestimmt erklärte, seine Truppen seien nicht schlagfertig, sah sich Prinz Alexander gezwungen, auch noch das

---

[1]) Berichte ddo. 23. und 25. Juni.

[2]) Welche Umstände zu dieser Zeit in Mainz vorwalteten, kann man daraus entnehmen, dass der Commandant des Sachsen-Weimar'schen Regiments, Oberst v. Sydow, vom Festungs-Gouvernement aufgefordert, auf Ehrenwort zu erklären, ob er eventuell gegen Preussen kämpfen würde, dies nach erbetener Bedenkzeit schliesslich verneinte, worauf er seines Commando's enthoben wurde und Mainz verliess.

Bericht ddo. Mainz 29. Juni.

ganze kurhessische Contingent, mit Ausnahme zweier Escadrons Huszaren, welche im Verbande der Division Neipperg verblieben, am 30. nach Mainz zu verlegen, wo diese Truppen ihre Organisation vollenden und hierauf wieder zum Corps stossen sollten.

Am Morgen des 29. rückten von der (4.) österreich-nassau'schen Division in Folge neuerlicher Weisung die Brigade Roth nach Wiesbaden, die Brigade Hahn nach Biebrich, wohin auch der Divisionsstab kam.

Der Rest des VIII. Corps machte am 29. im Sinne der mit Prinz Carl getroffenen Vereinbarung folgende Vorbereitungs-Bewegung:

Die (1.) württembergische Division, bei welcher tagszuvor die Brigade Fischer aus der Heimat eingetroffen war, rückte nach Staden, Windecken und Concurrenz [1]).

Die (3.) hessische Division nach Friedberg und Umgebung [2]).

Die grossherzoglich badische Brigade La Roche nach Frankfurt und Ginheim.

Die Cavallerie-Reserve wurde den Befehlen des württembergischen GL. v. Entress-Fürsteneck unterstellt und nach Offenbach Frankfurt, Langen und Concurrenz verlegt [3]).

Die Reserve-Artillerie formirte sich am 29. unter dem Commando des badischen GL. v. Faber mit dem Stabe in Frankfurt [4]).

Am 30. Juni begann verabredetermassen das VIII. Corps seinen Vormarsch.

Die grossherzoglich hessische Division übernahm die Vorhut, erreichte mit ihren Têten Berstadt, mit Patrullen Hungen.

---

[1]) Das 3. Reiter-Regiment, welches erst am 30. eintraf, erhielt mit der reitenden 4. Batterie die Bestimmung zur Reserve-Cavallerie und sollte nächst Frankfurt, die Batterie in Offenbach, untergebracht werden.

[2]) Die Division hatte ihren Brückenzug an sich zu ziehen. Das grossherzoglich hessische 2. Reiter-Regiment wurde bis zum Eintreffen der kurhessischen 2 Escadrons der 4. Division zugewiesen, worauf es zur Reserve-Reiterei stossen sollte. Die 1. Fussbatterie und die reitende Batterie traten in die Artillerie-Reserve, und wurden nach Frankfurt und Oberrad verlegt.

[3]) Die Cavallerie-Reserve wurde aus dem württembergischen 3. Reiter-Regiment, dem badischen 1. Leib-Dragoner-Regiment, dem grossherzoglich hessischen 2. Reiter-Regiment und der gezogenen württembergischen reitenden 4pfd. Batterie Wagner zusammengesetzt.

[4]) Diese bestand damals aus der grossherzoglich hessischen 1. Fuss-Batterie (in Frankfurt) und der reitenden 6pfd. Batterie (in Oberrad); der herzoglich nassauischen 6pfd. Batterie (in Sosenheim), der österreichischen 8pfd. Batterie (in Bockenheim) und den hessischen Munitions-Colonnen (in Offenbach und Bieber).

Die württembergische Division kam bis Friedberg, eine Seiten-Colonne (1 Infanterie-Regiment, 1 Escadron und 2 Geschütze) zur Deckung der rechten Flanke auf der Strasse Karben-Nidda bis Staden.

Die badische Brigade La Roche gelangte von Frankfurt per Eisenbahn bis Nauheim, marschirte sodann bis Butzbach und schob Abtheilungen zur Recognoscirung gegen Giessen und Wetzlar vor.

Das zur Cavallerie-Reserve gehörige 3. württembergische Reiter-Regiment rückte nach Homburg und Oberursel und patrullirte bis Usingen zur Verbindung mit den Badenern.

Das 1. badische Reiter-Regiment hatte von Langen aus die Punkte Vilbel und Dortelweil zu erreichen.

Die Reserve-Artillerie wurde in Frankfurt belassen und das Corpsquartier des Prinzen Alexander nach Friedberg verlegt.

Die Division Neipperg sollte den Main von Frankfurt bis Mainz decken und alle Einwirkungen, welche von Coblenz oder dem Linksrhein in das vorliegende Gebiet feindlicherseits versucht würden, vereiteln. Dieselbe erhielt den Befehl, in unausgesetzter Verbindung mit Mainz zu verbleiben und ihre Operationen eventuell unter Mitwirkung der Festungsbesatzung auszuführen. Doch schon am selben Tage (30.) wurde diese Division angewiesen, wieder zum Corps zu stossen und hiezu die Strasse von Oberursel, Usingen, Wetzlar und Giessen zu benützen.

In Friedberg erhielt Prinz Alexander den früher citirten Befehl des Prinzen Carl, vom 29. Juni, betreff der eben von den Bayern gegen Gotha angenommenen Marschrichtung, der wohl Veranlassung hätte sein können, mehr gegen Fulda abzulenken. Das Corps blieb jedoch in der eingeschlagenen nördlicheren Richtung.

Die badische Brigade bekam Befehl, am 1. Juli ihre Spitzen bis Giessen und Wetzlar vorzuschieben; die hessische Division marschirte nach Grünberg, die württembergische nach Hungen, wohin auch das Corpsquartier gelangte.

Eine hessische Abtheilung rückte bis Lich, das rechte württembergische Seiten-Detachement bis Schotten vor.

Vom württembergischen 3. Reiter-Regiment hatten 2 Escadrons gegen Homburg und Oberursel, 1 Escadron gegen Butzbach und 1 (4.) nach Friedberg und Nauheim vorzugehen, welch' letztere sich sodann dem badischen Brigade-Commando zur Verfügung stellen sollte.

Die österreich-nassauische Division gelangte am 1. Juli mit dem Divisionsstabe und der Brigade Hahn bis Erbenheim, mit der Brigade Roth bis Igstadt.

Am 2. Juli marschirte die hessische Division mit dem Gros bis Ruppertenrod, die württembergische bis Grünberg, mit der rechten Flügel-Colonne bis Lauterbach, die badische, bei welcher auch die 2. Brigade Oberst v. Neubronn vollständig einrückte, nach Giessen, nachdem Wetzlar vorübergehend besetzt worden war.

Die österreich-nassauische Division wurde beordert, bis Oberursel zu rücken und dort zu biwakiren. Das Corpsquartier kam nach Grünberg.

Prinz Alexander hatte schon tagsvorher die durch Major Suckow überbrachten Weisungen des Armee-Hauptquartiers vom 30. Juni erhalten und vermuthend, dass sich die preussische Armee nach erfolgter Capitulation der Hannoveraner gegen Cassel wenden würde, an das bayerische Hauptquartier noch an diesem Tage telegraphirt: „Falls die Hannoveraner wirk„lich capitulirt hätten, proponire ich VII. Armee-Corps auf Hersfeld zu diri„giren und von dort und Alsfeld gegen Cassel vorzugehen."

Da jedoch Prinz Carl sogleich telegraphisch antwortete, dass es bei den durch Major Suckow übersendeten Weisungen zu verbleiben habe und dass er auf deren bestimmten Vollzug rechne, so meldete Prinz Alexander ohne Zögern, dass er auf dem kürzesten Wege gegen Fulda vorrücken werde und erliess auch in diesem Sinne die Dispositionen für den 3. Juli.

Indessen zog sich die bayerische Armee am 2. Juli in der Nähe von Meiningen mehr zusammen. Die Division Hartmann sollte die Concentrirung decken und die unteren Werra-Übergänge gegen Gotha im Falle eines feindlichen Angriffes hartnäckigst vertheidigen.

Die Brigade Faust verblieb zu diesem Zwecke um Wasungen, die Brigade Cella besetzte Zillbach und Eckards, während 2 in Schwallungen belassene Bataillons dieser Brigade die Eisenbahn zwischen diesem Orte und Wernshausen zerstören sollten.

Das Gros des Corps führte am 2. Juli folgende Bewegung aus:

Die Division Zoller von Meiningen nach Ober-Katza.

Die Division Stephan von Themar nach Meiningen.

Die Division Feder von Hildburghausen und Römhild nach Henneberg.

Die Reserve-Artillerie von Neustadt nach Ostheim.

Das Armee-Hauptquartier verblieb in Meiningen.

Die Reserve-Cavallerie hätte sich an diesem Tage in den Besitz von Dermbach setzen sollen, doch erhielt Fürst Taxis nicht den bezüglichen Befehl. Die schwere Brigade gelangte nach Gersfeld, die 1. leichte Brigade wurde in Tann belassen, um die Verbindung mit der Division Hartmann zu erhalten, die 2. leichte Brigade rückte nach Hilders. Die Vortruppen der Cavallerie trafen nirgends den Feind, wohl aber kam die Division Hartmann zum ersten Zusammenstosse mit demselben.

II. Abschnitt.

Gefechte in der Nähe von Meiningen. Rückzug der Bundes-Armee theils nach Neustadt a. d. Saale, theils nach Frankfurt.

Während die beiden Bundes-Corps erst ihre Vereinigung suchten und deren Têten, bei Ruppertenrod und Ober-Katza, etwa 15 Meilen entfernt von einander standen, war G. d. I. v. Falckenstein, Commandant der preussischen Streitkräfte in Westdeutschland, welche nun den Namen „Main-Armee" annahmen, vollkommen bereit, aus diesen Verhältnissen seiner Gegner Vortheil zu ziehen.

Bekanntlich hatte bis nun die preussische Haupt-Armee den Feldzug in Böhmen mit mehreren glücklichen Treffen eröffnet und ihre strategische Vereinigung zum Entscheidungskampfe gegen die kaiserliche Nord-Armee vollzogen. Diese Erfolge, zu denen auch jene gegen die hannover'sche Armee kamen, konnten nicht anders, als anspornend auf G. d. I. v. Falckenstein wirken, während sie anderseits auf die Entschlüsse seiner Gegner wohl von etwas deprimirendem Einflusse sein mochten. [1])

Die preussischen Truppen hatten nach der Capitulation der Hannoveraner bei Langensalza in und nächst dieser Stadt, dann in Eisenach und Gotha Cantonnements bezogen und waren bis letzten Juni daselbst verblieben. Dieselben zählten zu dieser Zeit: 42 Bataillons, 22 Escadrons, 16 Batterien mit 97 Geschützen (darunter 49 gezogene), 2 Pionnier-Compagnien, zusammen annähernd 45.000 Mann Streitbare [2]).

---

[1]) Am 2. Juli erhielten sowohl Prinz Carl als Prinz Alexander die telegraphische Verständigung aus Wien, dass die Nord-Armee, ohne eigentliche Entscheidungs-Schlacht, durch Echecs einzelner Corps und die gelungene Vereinigung der Preussen, wahrscheinlich gezwungen sein werde, den Rückzug aus Böhmen anzutreten.

[2]) Die obige Ziffer ist der officiellen preussischen Feldzugsgeschichte entnommen. Wir müssen bemerken, dass betreff des Stärkeverhältnisses sowohl der Preussen als der Bayern in den bis jetzt über den Feldzug erschienenen Werken bedeutende

G. d. I. v. Falckenstein, welchem schon früher die Weisung zugegangen war, die Operationen gegen die Bundes-Armee in der Richtung auf Fulda zu eröffnen und dann gegen Schweinfurt vorzugehen, kam derselben rasch nach, indem er bereits am 1. Juli seine Vorrückung begann und es sich dabei angelegen sein liess, die Truppen zu ordnen und den zwischen den Divisionen theilweise gestörten Verband wieder herzustellen [1]).

Nach seiner Disposition bezog am 1. Juli die Division Beyer Cantonnements westlich von Eisenach zwischen Lauchröden und Berka, mit Detachements im Werra-Thale zwischen Dorndorf und Harnrode; die Division Göben rückte auf den Strassen von Marksuhl und Wilhelmsthal vor und hatte den Auftrag, das Werra-Thal von Dorndorf bis Barchfeld zu beobachten; die Division Manteuffel bezog weiter rückwärts, Cantonnements an der Werra zwischen Treffurt und Ebershausen, mit der Brigade GM. Flies zwischen Fröttstedt und Kälberfeld.

Am 2. Juli gelangte die Division Beyer bis Vacha, mit Vortruppen auf den Strassen gegen Geysa und Lengsfeld, die Division Göben sicherte in dem Rayon von Tiefenort die Strassen nach Lengsfeld und Schmalkalden ; die Division Manteuffel concentrirte sich zwischen Marksuhl und Eisenach. Das Hauptquartier kam nach Marksuhl.

Es konnte nun an Zusammenstössen mit den bayerischen Truppen nicht fehlen.

Differenzen bestehen. GL. v. Göben erklärt in einer Broschüre (Treffen bei Kissingen), dass die Ausrückungsstärke zum Gefecht nach dem Verlassen von Langensalza und dem bedeutenden Abgang an Kranken und Maroden gar nur mit höchstens 43.000 Mann berechnet werden dürfe.

Die Ordre de Bataille der preussischen Main-Armee hatte sich seit Beginn der Operationen im Wesentlichen nicht geändert.

Die Division Göben war durch das Infanterie-Regiment Nr. 19 (von der Division Beyer), die 3. reitende Batterie Nr. 7, dann einen, aus dem hannover'schen Materiale formirten, leichten Feldbrücken-Train, die Division Manteuffel durch 2 Bataillons Coburg-Gotha und die 4. reitende Batterie Nr. 7, die Division Beyer durch die 10. und 11. 12pfd. Reserve-Batterie verstärkt worden.

Ordre de Bataille der preussischen Main-Armee, siehe Beilage Nr. III.

[1]) In den dem G. d. I. v. Falckenstein durch den Chef des Generalstabes Freih. v. Moltke schon früher mitgetheilten Directiven war hervorgehoben, dass, wie für den ganzen Krieg der Schwerpunkt des Widerstandes in der österreichischen Armee liege, so Bayern den Kern der süddeutschen Coalition bilde. Bei einer Offensiv-Bewegung über Cassel, direct auf Frankfurt, stehe zu besorgen, dass sich das VIII. Corps nach Mainz werfe und man keinen Gegner im Felde vor sich haben werde. Es sei daher rathsamer, den Weg über Fulda nach Schweinfurt einzuschlagen. Man könne sicher sein, die bayerische Armee zu treffen, wenn man sie im eigenen Lande aufsuche und dürfe hoffen, durch die gewählte Richtung die Vereinigung des VII. und VIII. Corps zu verhindern.

(Der Feldzug 1866 in Deutschland, Seite 576.)

Die Vorhut der bayerischen Division Hartmann, welche unter Commando des Obersten Aldosser bei Wernshausen stand, hatte Befehl, den Terrain gegen Schmalkalden und Salzungen durch Cavallerie-Patrullen aufzuklären. Nachdem diese nirgends auf den Feind gestossen waren, unternahm Oberst Aldosser gegen $8^1/_2$ Uhr Abends mit $1^1/_2$ Compagnien des 9. Infanterie- und 1 Escadron des 6. Chevaulegers-Regiments, die Infanterie auf Wagen, persönlich eine Recognoscirung gegen Barchfeld. Schon von Grumbach aus, wo die Wagen zurückgelassen wurden, waren westlich von Barchfeld Biwak-Feuer zu sehen.

Das Detachement rückte nun gegen letzteren Ort vor, fand denselben unbesetzt und recognoscirte hierauf — 1 Zug Infanterie in Barchfeld zur Deckung gegen Immelborn zurücklassend — in nördlicher Richtung gegen Witzelroda, ohne auf den Feind zu stossen.

In Folge dessen kehrte das Detachement nach Barchfeld zurück, wo der dort belassene Zug inzwischen mit einer Patrulle des, zur Deckung der Schmalkaldner Strasse gegen Etmarshausen vorpoussirten preussischen 1. Bataillons des 13. Regiments (Brigade Kummer), Schüsse gewechselt hatte.

Oberst Aldosser ging nun in der Richtung auf Immelborn vor, stiess aber am Wege dahin auf eine, zur Unterstützung der Patrulle nachgefolgte preussische Compagnie, welche ihn mit einem verheerenden Schnellfeuer empfing.

In der Unmöglichkeit, sich im Dunkel der Nacht von der Stärke des Feindes zu überzeugen, gab Oberst Aldosser den Befehl zum Rückzuge und führte diesen, ohne vom Gegner weiter belästigt zu werden, aus.

Die Bayern verloren 3 Mann an Todten, 4 Officiere, darunter Oberst Aldosser, und 10 Mann an Verwundeten.

Auch an anderen Punkten, so bei Wiesenthal, Rossdorf und Rosshof fanden in dieser Nacht Zusammenstösse zwischen den bayerischen und preussischen Patrullen statt.

Von den Vortruppen der Division Beyer war ein Detachement (30 Mann des Infanterie-Regiment Nr. 32 und $^1/_2$ Zug Huszaren) von Lengsfeld recognoscirend vorgerückt und stiess vor Dermbach auf die bayerischen Vorposten. Es kam zu einem Scharmützel, welches, da grössere bayerische Abtheilungen aus Dermbach vorbrachen, mit dem Rückzuge der preussischen Abtheilung endete. Die Bayern verloren hiebei 1 Todten.

3. Juli.

3. Juli. Am 3. Juli setzte die preussische Main-Armee, obgleich deren Commandanten während der beiden vorangegangenen Tage Nachrichten zugekommen waren, dass die bayerische Armee sich in der Nähe von Meiningen befinde und das VIII. Bundes-Corps noch in der Concentrirung bei Frankfurt begriffen sei, ihre Bewegung gegen Fulda fort. Das Hauptquartier gelangte nach Philippsthal, die Division Beyer bis Geysa, Buttlar und Rasdorf; von der Division Göben die Brigade Wrangel aus Tiefenort nach Öchsen, die Brigade Kummer über Urnshausen nach Dermbach, die Reserve unter GM. v. Tresckow nach Lengsfeld, die Division Manteuffel bis Marksuhl, mit Spitzen im Werra-Thale.

Bayerischerseits war GL. v. Hartmann durch die Vorfälle der verflossenen Nacht zur Überzeugung gelangt, dass die Preussen nicht von Gotha, sondern von Norden her im Anzuge wären. Er beliess daher die Werra-Defiléen von Wernshausen, Schwallungen und Wasungen durch Detachements besetzt und concentrirte das Gros seiner Truppen in der Gegend bei Rossdorf.

Hier traf zuerst das von Eckards kommende 3. Bataillon des 9. Regiments ein, und dessen gegen Urnshausen vorgesandte Patrullen wechselten einige Schüsse mit jenen der im Vorbeimarsche nach Dermbach befindlichen Brigade Kummer. Letzterer Ort wurde von den Preussen auch ohne Schwertstreich besetzt, da das von dort abberufene 3. Bataillon des bayerischen 5. Regiments vor Eintreffen der Ablösung nach Rosa abmarschirt war.

Rossdorf ward inzwischen von GM. Faust mit 4 Bataillons, 1 Escadron und ½ 12pfd. Batterie besetzt; später traf auch GL. v. Hartmann mit dem Gros seiner Division dort ein, welche Abends folgende Aufstellung nahm: Die Brigade Cella nebst 2 Escadrons Chevaulegers und ½ 12pfd. Batterie in und zunächst Rossdorf, 1 Bataillon in Rosa; die Brigade Faust cantonnirte in Eckards (Brigadestab), Humpfershausen, Schwarzbach und Sinnershausen; der Divisionsstab kam nach Kloster Sinnershausen.

Von der Division Zoller hatte das 1. Bataillon des 6. Regiments in Dermbach das über Nacht von der Division Hartmann dort gestandene 3. Bataillon des 5. Regiments ablösen sollen, fand aber den Ort bereits in den Händen des Feindes und zog sich dann gegen Wiesenthal, das eine kleine preussische Abtheilung bei dessen Herannahen sogleich verliess. Wiesenthal ward hierauf vom 1. Bataillon des 6. Regiments und dem 6. Jäger-Bataillon (der Division Hartmann) besetzt und zur Vertheidigung hergerichtet.

Die Brigade Oberst Schweitzer rückte indessen nach Diedorf, die Brigade Ribeaupierre bis Fischbach. Major Heckel des Generalstabes recognoscirte mit einer Compagnie des 14. Regiments und der 2. Escadron des

2. Chevaulegers-Regiments, denen das 1. Bataillon des 14. Regiments als Reserve folgen sollte, gegen Dermbach, ward dort von dem Feuer des preussischen Füsilier-Bataillons (Nr. 53) empfangen, und kehrte, ohne vom Gegner, welcher ihm blos aus 2 Geschützen einige Kugeln nachsandte, weiter verfolgt zu werden, nach Neidhardshausen zurück, welcher Ort inzwischen von dem 1. Bataillon des 14. Regiments besetzt worden war. 3. Juli.

Das bayerische Detachement erlitt bei dieser Recognoscirung verhältnissmässig bedeutende Verluste, u. zw. 6 Mann an Todten, 4 Verwundete und 38 Vermisste.

Das 3. Bataillon des 6. Regiments stand als Ersatz der abmarschirenden Cavallerie in Tann.

Von den beiden andern bayerischen Divisionen war im Laufe des Tages jene des GM. Stephan von Meiningen in die Gegend von Ober-Katza, die Division Feder von Henneberg nach Helmershausen, das Hauptquartier des Prinzen Carl nach Kalten-Nordheim gerückt.

Als der Prinz die Vorfälle bei Dermbach erfuhr, ordnete er sogleich die Concentrirung der Divisionen Stephan und Feder bei Kalten-Nordheim an, wo die erstere auch bis Abends eintraf, während die andere die Nacht zum 4. hindurch auf der Strasse von Kalten-Nordheim bis Bettenhausen echelonirt verblieb.

Die bayerische Armee war somit, abgesehen vom Cavallerie-Corps, in der Nähe von Kalten-Nordheim versammelt.

Vom Cavallerie-Corps rückten die schwere Brigade nach Fulda und Marbach, die beiden leichten nach Hünfeld. Als aber GM. Herzog Ludwig, welcher die Letzteren befehligte, durch seine Vortruppen die Nachricht erhielt, dass starke feindliche Abtheilungen gegen Rasdorf im Anzuge wären, führte er auch die beiden leichten Brigaden in die Rendezvous-Stellung nach Fulda und Niederbieber zurück.

Das Cavallerie-Corps kam durch seine letzten Bewegungen in der Nähe von Fulda auf mehr als 5 Meilen westwärts der bayerischen Infanterie-Divisionen zu stehen und die durch diesen Raum ziehende grosse Strasse über Tann und Neustadt nach Schweinfurt war ungedeckt.

Gleichwohl befand sich die bayerische Armee in keiner ungünstigen Lage gegenüber der preussischen, und wenn man sich hätte entschliessen mögen, dieselbe auszubeuten, so wäre, da die preussische Armee sich am nächsten Tage auch noch eine bedeutende Blösse gab, ein grosser Erfolg vielleicht möglich geworden.

Vom VIII. Corps gelangte am 3. Juli, in der Bewegung auf Fulda, die hessische Division von Ruppertenrod über Ulrichstein bis in die Höhe

3. Juli. von Rixfeld (3 Meilen von Fulda), die **württembergische** Division nach Ruppertenrod und Oberrohmen, ein Detachement nach Schotten; die bisherige rechte Flügelcolonne der letzteren Division, welche am 2. bis Lauterbach gekommen war, übernahm die Spitze des ganzen Corps und erreichte Grossenlüder, von wo sie nach dem $^1/_2$ Meile entfernten Fulda und Schlitz recognoscirte.

Die **badische** Division hatte den Befehl, die Punkte Giessen und Wetzlar besetzt zu behalten und in der Nähe der Lahn eine Centralstellung zu nehmen, um Flanke und Rücken des in das Fulda-Thal vorrückenden Armee-Corps zu decken. Die Brigade **La Roche** verblieb demnach in Giessen, während die Brigade **Neubronn** Wetzlar erst am Morgen des 4. erreichte.

Die **österreich-nassauische** Division gelangte bis Friedberg.

Die Reserve-Reiterei endlich traf am 3. mit 3 Regimentern und 1 Batterie zwischen Butzbach und Giessen ein, und ward angewiesen, sich sobald als thunlich zu sammeln und das Land bis Marburg, Kirchhain und gegen Alsfeld aufzuklären.

Prinz **Alexander** verlegte sein Corpsquartier nach Ulrichstein. Er hatte sich wenigstens mit 2 Divisionen Fulda erheblich genähert, beabsichtigte diesen Punkt am 5. zu erreichen und beauftragte den FML. Graf **Neipperg**, den Marsch der 4. Division derart zu beschleunigen, dass auch diese längstens bis 7. in Fulda eintreffe.

4. Juli.

4. Juli. G. d. I. v. **Falckenstein** bekam noch am 3. Abends Meldungen, dass die Felde-Übergänge von den Bayern besetzt seien und grössere Massen derselben bei Neidhardshausen, sowie auch bei Rossdorf stünden, hielt dadurch den Marsch seiner Armee auf Fulda nicht bedroht, indem er annahm, dass er höchstens eine vorgeschobene bayerische Division in der Flanke habe und liess daher am 4. die Divisionen **Beyer** und **Manteuffel** ihre Bewegung auf Fulda fortsetzen, die Division **Göben** aber, in der Absicht sich die linke Flanke zu decken, am Morgen dieses Tages einen Offensivstoss gegen die vermeintliche bayerische Division unternehmen, um diese zurückzuwerfen, sodann aber in die ursprünglich festgesetzte Marschordnung der Armee wieder einzurücken.

In Wirklichkeit hatte diese preussische Division 4 bayerische Divisionen gegen sich.

Gefechte bei Rossdorf und Zella. (4. Juli.)

Gefecht bei Rossdorf.

GL. v. Göben beorderte um 8 Uhr Früh die Brigade Wrangel (6 Bataillons, 2 Batterien und 3 Escadrons), welche schon um 5 Uhr Morgens von Öchsen nach Unteralba vorgezogen wurde, Wiesenthal anzugreifen; bis zur Ankunft derselben sollte GM. v. Kummer, 2 Bataillons des 13. Regiments mit 1 Batterie in Dermbach zurücklassen und mit dem Reste seiner Brigade, 4 Bataillons, 1 Batterie und 2 Escadrons Huszaren, gegen Neidhardshausen und Zella vorgehen. 4. Juli.

Bayerischerseits war Wiesenthal von 1 Bataillon des 6. Regiments und dem 6. Jäger-Bataillon besetzt, während bekanntlich die Infanterie-Brigade Cella bei Rossdorf, die Brigade Faust in den Ortschaften Eckards, Schwarzbach etc. in der Nacht vom 3. auf den 4. theils biwakirt, theils cantonnirt hatten.

Gegen 8 Uhr Morgens meldeten die bei Lindenau stehenden bayerischen Vorposten des 6. Jäger-Bataillons den Anmarsch feindlicher Colonnen. Der preussische Oberst v. Gellhorn war um diese Zeit, dem erhaltenen Befehle entgegen, mit seinen beiden Bataillons (13. Regiments) über die Felde bis nach Lindenau vorgegangen und hatte den Ort sammt den anliegenden Waldparcellen mit dem 1. Bataillon besetzt, während das 2. gegen Wiesenthal vordrang.

GM. v. Wrangel traf mit seiner Brigade erst um 9 Uhr in Dermbach ein und liess auf Befehl des GL. v. Göben das 1. und Füsilier-Bataillon des 15. und das Füsilier-Bataillon des 55. Regiments unter Commando des Oberst Stoltz als Ersatz der beiden inzwischen vorgerückten Bataillons des 13. Regiments zurück, welch' letztere nun der Brigade Wrangel unterstellt blieben. Hierauf wurde der Marsch der Brigade gegen Wiesenthal, die beiden Bataillons des 13. Regiments an der Tête, weiter fortgesetzt.

Bayerischerseits von einem heftigen Feuer empfangen, griff die preussische Avantgarde Wiesenthal an, welchen Ort, da derselbe in einem von den umliegenden Höhen vollkommen eingesehenen Kessel liegt und sich zu einer anhaltenden Vertheidigung nicht eignet, die Bayern bald aufgaben.

Die beiden bayerischen Bataillons zogen sich auf den Nebelberg zurück, wo inzwischen das 3. Bataillon (Dietrich) des 9. Infanterie-Regiments und 2 12pfd. Geschütze von Rossdorf eingetroffen waren und Stellung genommen hatten.

GM. v. Wrangel ging nun mit seiner Brigade zum weiteren Angriffe vor, mit dem 2. Bataillon des 13. Regiments rechts der Rossdorfer Strasse, dem

4. Juli. 2. Bataillon des 55. Regiments im Centrum und dem 2. Bataillon des 15. Regiments am linken Flügel; alle 3 Bataillons, unter Oberst Gellhorn, in Compagnie-Colonnen formirt. Die 4pfd. Batterie Cöster fuhr auf der Höhe nordwestlich Wiesenthal's auf, und eröffnete das Feuer.

Die 1. Bataillons des 13. und 55. Regiments und die 12pfd. Batterie verblieben westlich von Wiesenthal als Reserve.

Es entwickelte sich beiderseits ein längeres Feuergefecht, wobei sich die preussische Batterie sowohl durch ihre günstige Position, als durch die Überzahl und grössere Tragweite ihrer Geschütze im Vortheile erhielt.

Mittlerweile war auch die bayerische Brigade Cella à cheval der am nördlichen Abhange des Nebelberges von Rossdorf nach Dermbach führenden Strasse vorgerückt. Erst jenseits des Nebelberges angelangt, gewahrte man den Stand des Gefechtes, und die Bataillons erlitten nun in ihrer nachtheiligen Aufstellung durch die feindliche Artillerie, welche durch die inzwischen vorgekommene 12pfd. Batterie Eynatten II. verstärkt worden war, grosse Verluste.

Das in seiner linken Flanke heftig beschossene 6. Jäger-Bataillon und die Chveaulegers-Escadron begannen zu weichen, worauf auch die beiden 12pfd. Geschütze ihre Position verliessen, sich mit den anderen 6, auf dem Wiesengrunde nördlich der Strasse placirten Geschützen ihrer Batterie (Hang) vereinigten und mit diesen das Feuer gegen die preussische Infanterie erneuert aufnahmen. Doch diese, wirksamst unterstützt durch ihre gezogene Batterie, gewann immer mehr Terrain.

Die à cheval der Strasse befindlichen Bataillons der Brigade Cella sahen sich zum Rückzuge gegen den nördlichen Abhang des Nebelberges gezwungen, wo inzwischen auch das 2. Bataillon des 9. Infanterie-Regiments von Rosa eingetroffen war.

Die Preussen erklommen nun die steilen Abhänge des Nebelberges und setzten sich an der Waldlisière fest.

GL. v. Hartmann, welcher gegen 11½ Uhr am Kampfplatze eintraf und die Weichenden sammelte, versuchte mit der Brigade Cella, die er persönlich vorführte, die Höhen wieder zu gewinnen.

GM. v. Wrangel aber, bereits im Besitze der bewaldeten Kuppe des Nebelberges, und von dort die Vorbereitungen zu diesem Angriffe gewahrend, zog die 12pfd. Batterie weiter vor und überschüttete die anstürmenden Colonnen mit einem Hagel von Geschossen [1]).

Der Angriff der Bayern misslang.

Die in Cantonnements zerstreute Brigade Faust hatte inzwischen

[1]) Auf Seite der Preussen fiel Major Rüstow, Commandant des 2. Bataillons des 15. Regiments, in dieser Zeit.

den Befehl zum Vormarsche erhalten; deren Tête, 1. Bataillon des 5. Regiments, traf eben ein, als die Brigade Cella geworfen war. 4. Juli.

GM. Faust stürmte nun vom westlichen Ausgange Rossdorf's mit dem Bataillon vorwärts. Doch auch dieser Angriff scheiterte an dem zähen Widerstande und dem überlegenen Feuer des Gegners. Der General fiel, durch den Kopf geschossen, mit ihm sein Ordonnanz-Officier, Oberlieutenant v. Ausin.

Das Bataillon, von beiden Flanken bedroht, durch rückgehende Abtheilungen der Brigade Cella ohnehin schon in Unordnung gebracht, wich, und GL. v. Hartmann sah sich unter diesen Umständen gezwungen, sämmtliche im Kampfe befindlichen Truppen hinter Rossdorf zurückzunehmen, welcher Ort in grösster Eile besetzt und zur Vertheidigung hergerichtet worden war. ($12^1/_4$ Uhr Mittags.)

Vom Gros der Brigade Faust standen das 3. Bataillon des 5. Regiments, mit Plänklern voran, im Schlossgarten am nordwestlichen Ausgange von Rossdorf, das 1. Bataillon des 13. Regiments auf der Höhe nordöstlich, das 2. Bataillon dieses Regiments und das 8. Jäger-Bataillon auf jener südlich des Ortes. Die 12pfd. Batterie, welche durch die der Brigade Cella von allen Seiten rasch nachdrängenden Preussen gezwungen ward, abzufahren, stellte sich neben dem schon früher zurückgenommenen 6. Chevaulegers-Regiment am Kreuzwege östlich von Rossdorf auf.

Gegen 1 Uhr traf noch die gezogene 8pfd. Batterie Königer von Öpfershausen ein, nahm auf der Höhe südlich der von Eckards nach Rossdorf führenden Strasse, beiläufig 600 Schritte vom 8. Jäger-Bataillon, Stellung und betheiligte sich sofort mit guter Wirkung am Kampfe, indem sie die eben aus dem Walde vor Rossdorf debouchirenden preussischen Abtheilungen zwang, sich sogleich in selben zurückzuziehen.

GL. v. Hartmann benützte diesen günstigen Augenblick, liess die Batterie beiläufig 1000 Schritte weit auf die Höhe nächst dem Kirchhofe avanciren und feuern, worauf die Geschütze des Gegners theilweise verstummten.

Mittlerweile hatte sich die Brigade Cella rallirt, und GL. v. Hartmann hielt nun (2 Uhr Nachmittag) den Moment gekommen, selbst in die Offensive überzugehen. Er liess Rossdorf durch das 6. Jäger-Bataillon besetzen, zog das Chevaulegers-Regiment an die östliche Umfassung des Ortes und rückte mit 10 Bataillons und der halben gezogenen Batterie gegen den Nebelberg vor.

Zur selben Zeit hatte auch GM. v. Wrangel alle Vorbereitungen getroffen, um zum Angriff Rossdorf's zu schreiten, da er, durch den Widerhall des Feuers getäuscht, Grund hatte zu vermuthen, dass nordöstlich des Nebelberges auch die Division Manteuffel von Lengsfeld her gegen Rossdorf im Vorrücken sei. Doch bevor noch von beiden Seiten zum Angriffe geschrit-

4. Juli. ten worden war, gab GL. v. Göben seinen Truppen Befehl, das Gefecht abzubrechen und sich gegen Dermbach zurückzuziehen.

Das 1. Bataillon Nr. 55, dem die 12pfd. Batterie Nr. 3 und 3 Escadrons Huszaren Nr. 8 folgten, lösten vorerst die auf dem Nebelberge im Gefechte befindlichen preussischen Truppen ab, dann traten diese den Rückzug über Wiesenthal, Dermbach nach Geysa an, wo sie spät in der Nacht eintrafen.

Die vorrückenden Bayern fanden weder am Abhange, noch auf der bewaldeten Kuppe des Nebelberges, den sie gegen 3 Uhr erreichten, einen nennenswerthen Widerstand.

Als darauf GL. v. Hartmann, den Preussen gegen Wiesenthal folgen wollte (3½ Uhr Nachmittag), erhielt auch er vom Prinz Carl den Befehl, den Kampf aufzugeben und sich nach Ober-Katza zurückzuziehen [1]).

Die Division ging in Folge dessen unter dem Schutze dreier Bataillons, der gezogenen Batterie und des Chevaulegers-Regiments, welche die eben gewonnene Position bis 6½ Uhr Abends besetzt hielten, nach Ober-Katza zurück; Nachts 11 Uhr war dieselbe dort wieder gänzlich versammelt.

Die Verluste in diesem Gefechte betrugen:

	Preussen		Bayern	
	Officiere	Mann.	Officiere	Mann.
Todt	5	32	9 [2])	43
Verwundet	5	208	18	274
Gefangen und vermisst .	—	20	—	59
Summe	10	260	27	376 [3]).

Gefecht bei Zella.

Während das im Ganzen resultatlose Gefecht bei Rossdorf statthatte, kam es auch an der Strasse nach Kalten-Nordheim zum Kampfe.

Von der bayerischen Division Zoller befanden sich am Morgen des 4. in und bei Neidhardshausen das 1. Jäger-Bataillon und die 1. Schützen-Compagnie des 6. Regiments in voller Kampfbereitschaft. Zwei Compagnien hatten die Umfassung des Ortes besetzt, zwei andere standen rückwärts am Hange der Taufsteinhöhe in Reserve, während die Schützen-Compagnie des 6. Regi-

[1]) Das preussische officielle Werk sagt: „Mehrfache Versuche einzelner bayerischer Bataillons, dem preussischen Abmarsche unmittelbar zu folgen und das geräumte Terrain zu occupiren, wurden vereitelt."

[2]) Darunter GM. Faust.

[3]) Diese Daten sind den beiderseitigen officiellen Werken entnommen.

ments auf dem nördlichen Abhange dieser Höhe ihre Aufstellung genommen hatte. 4. Juli.

In Zella standen das 2. Bataillon des 14. und die 1. Compagnie des 6. Regiments; am nordöstlichen Ausgange des Ortes 2 12pfd. Geschütze unter Oberlieutenant zu Rhein. Das 1. Bataillon des 14. Regiments (4 Compagnien) befand sich 800 Schritte südlich von Zella auf der Höhe westlich der Strasse in einer Aufnahmsstellung[1]), 3 Escadrons des 2. Chevaulegers-Regiments östlich dieses Ortes, durch den Höhenrücken gedeckt[2]).

Die Brigade Ribeaupierre nahm vor Fischbach à cheval der Chaussée Stellung (2 Bataillons im 1., 3 im 2. Treffen).

Von der Divisions-Artillerie stand die 12pfd. Batterie Schuster, mit Ausnahme der 2 in Zella befindlichen Geschütze, mit ihrem linken Flügel an die Strasse gelehnt, unter Bedeckung der 1. Escadron des Chevaulegers-Regiments, beiläufig in der Mitte des 1. Treffens, die gezogene 6pfd. Batterie Lottersberg auf einer Höhe 6—700 Schritte hinter demselben.

Gegen diese von Natur aus sehr starke, in der Front theilweise durch sumpfige Wiesen gedeckte Höhen-Position Neidhardshausen — Zella rückte GM. Kummer, in Folge des vom GL. v. Göben erhaltenen Befehles, um 8 Uhr Früh mit 4 Bataillons seiner Brigade[3]), 2. Escadrons Huszaren und der 6pfd. Batterie Eynatten I. von Dermbach vor, das Füsilier-Bataillon des 53. Regiments zunächst der Strasse, das 1. östlich, das 2. westlich derselben, die beiden letzteren gegen die Flanken der bayerischen Position. Der Rest der Brigade, das Füsilier-Bataillon des 13. Regiments und die beiden Escadrons Huszaren folgten als Reserve nach.

Gegen 9 Uhr, wirksamst unterstützt von der eigenen Batterie, schritten die Preussen zum Angriffe auf Neidhardshausen.

Die daselbst befindlichen 2 bayerischen Compagnien, in der Front nur wenig gedrängt, dafür aber bald in der rechten Flanke, wo die Schützen-Compagnie des 6. Regiments den Rückzug antrat, ernstlich bedroht, gaben den Ort nach kurzem Widerstande auf, versuchten die Taufsteinhöhe zu gewinnen, fanden aber diese bereits theilweise von preussischen Tirailleurs besetzt, worauf sich das Jäger-Bataillon fechtend auf Diedorf zurückzog. Die

---

[1]) 2 Compagnien waren als Artillerie-Bedeckung anderwärts commandirt.

[2]) Oberst Schweitzer verfügte nur über 3 Bataillons und 2 Compagnien seiner Brigade, da das 1. Bataillon des 6. Regiments während des Gefechtes bei der Division Hartmann, das 3. Bataillon dieses Regiments am Marsche in die Tann sich befand.

[3]) Das 1. und 2. Bataillon des Infanterie-Regiments Nr. 13 unter Oberst v. Gellhorn waren bei Dermbach zurückgeblieben und fanden bekanntlich bei der Brigade Wrangel ihre Verwendung.

4. Juli. Schützen-Compagnie des 6. Regiments verlor die Fühlung mit den Jägern und ging nach Fischbach.

Nach der Einnahme von Neidhardshausen rückten das Füsilier- und 2. Bataillon des preussischen 53. Regiments auf Zella, das 1. Bataillon, von dem Theile bei der Wegnahme Neidhardshausen's mitgewirkt hatten, besetzte die Taufsteinhöhe und folgte sodann dem Jäger-Bataillon auf den südlichen Hang in der Richtung auf Diedorf nach, wobei dessen Commandant Major Frankenberg schwer verwundet wurde.

Es entspann sich nun ein heftiges Tirailleur- und Geschützfeuer, welch' letzteres besonders von Oberlieutenant zu Rhein mit grosser Bravour und Ausdauer geführt wurde. Von der Batterie des Gegners und der schon in nächste Nähe gelangten feindlichen Infanterie ununterbrochen beschossen, harrten die beiden Geschütze, trotz grossen Verlustes an Mannschaft und Pferden lange aus [1]).

Als dieselben endlich den Rückzug antraten, trafen 4 inzwischen von Fischbach vorgekommene 6pfd. Geschütze der Batterie Lottersberg beiläufig auf 800 Schritte nordwestlich Diedorf ein, fassten auf der Höhe westlich der Strasse Posto und übernahmen das Feuer gegen die preussische Batterie, welche auf dem von Föhrlitz abfallenden Hange aufgefahren war.

Doch der Feind rückte unaufhaltsam gegen Zella vor, das Füsilier-Bataillon des 53. Regiments gegen die östliche, das 2. Bataillon, dem sich auch das anfänglich in Reserve gehaltene Füsilier-Bataillon des 13. Regiments anschloss, gegen die westliche Seite des Ortes. Bald war die Höhe erklommen, und die Preussen drangen von beiden Seiten in Zella ein, wobei der Commandant des 2. Bataillons Major v. Gontard fiel. Die Bayern gaben den weitern Widerstand auf und traten compagnienweise den Rückzug auf Diedorf an.

Die 1. Compagnie des 6. Regiments deckte diese rückgängige Bewegung mit Aufopferung, ward aber durch die von allen Seiten in das Dorf gelangten Feinde umzingelt, und als sie sich mit dem Bajonnete durchzuschlagen versuchte, völlig aufgerieben.

Nur 19 Mann mit 1 Officier entkamen, alle Andern, darunter der Commandant Hauptmann König, blieben todt oder verwundet am Platze [2]).

Das 1. Bataillon des preussischen 53. Regiments folgte den auf Diedorf

[1]) Von 25 Kanonieren wurden 9 getödtet und verwundet, von 20 Pferden blieben 10 am Platze.

[2]) Eilf Mann, welche sich in eine Scheune geworfen hatten, lehnten jede Aufforderung, sich zu ergeben, ab, und vertheidigten sich bis der letzte Mann kampfunfähig war; die Preussen fanden, als sie eindrangen, 9 Leichen neben 2 Schwerverwundeten. (Antheil der bayerischen Armee am Kriege 1866, Seite 53.)

zurückgehenden bayerischen Abtheilungen, wurde jedoch vom 1. Bataillon des bayerischen 14. Regiments, welches halben Weges zwischen Zella und Diedorf auf der Höhe westlich der Strasse stand, mit einem heftigen Feuer empfangen und am weitern Vordringen gehindert. 4. Juli.

Die hinter Zella postirte Cavallerie war schon während des Kampfes um diesen Ort hinter Diedorf zurückgenommen worden; 1 Escadron, in deren Mitte eine Granate explodirt hatte, wich in Unordnung noch weiter zurück.

Nach dem Verluste Zella's konnten sich auch die 4 Geschütze der Batterie Lottersberg nördlich von Diedorf nicht mehr halten und nahmen eine andere Position südwestlich dieses Ortes.

Um 10 Uhr erst rückte die Brigade Ribeaupierre gegen Diedorf vor, nachdem sie bis dahin vom GL. Zoller, theils aus Vorsicht gegen die laut Meldungen in Geysa eingetroffenen preussischen Truppen, theils zur Deckung des Rückzuges der vorderen Brigade durch das schwierige Defilé von Kalten-Nordheim, bei Fischbach zurück behalten worden war.

Das 1. und 3. Bataillon des 15. Regiments und das 5. Jäger-Bataillon stellten sich nördlich und nordwestlich von Diedorf auf. Vom ersteren Bataillon wurden 2 Compagnien in die rechte Flanke des 1. Bataillons des preussischen 53. Regiments entsendet, welches dem noch im Rückzuge von der Taufsteinhöhe befindlichen 1. Jäger-Bataillon auf dem Südhange nachfolgte und dieses unaufhaltsam drängte und beschoss.

Die beiden übrigen Bataillons der Brigade Ribeaupierre (2. und 3. des 11. Regiments) blieben in Reserve anfänglich hinter, später 500 Schritte westlich von Diedorf. Das von Zella zurückgegangene 1. Bataillon des 14. Regiments sammelte sich im Rücken dieser Aufstellung.

Angesichts dieser Verstärkungen hielt GM. v. Kummer für nothwendig, vor allem seine Truppen bei Zella zu ordnen, (11 Uhr). GL. v. Göben hatte für deren Verstärkung gesorgt, indem er von der bei Dermbach stehenden Special-Reserve das Füsilier-Bataillon (Nr. 55) und die 4pfd. Batterie Weigelt, dann von der Haupt-Reserve das Cürassier-Regiment Nr. 4 und die 3. reitende Batterie Metting in die Gefechtsstellung vorzog.

Von den erwähnten beiden Batterien fand wegen Mangels an Raum nur die Erstere, u. z. unmittelbar südlich vor Zella nächst der Chaussée ihre Verwendung, das Cürassier-Regiment kam daneben gedeckt zu stehen.

Die beiden preussischen Batterien Eynatten und Weigelt setzten nun vereinigt das Feuer fort und beherrschten das Thal bis weit hinter Diedorf, da die bayerische 12pfd. Batterie Schuster nur mit 4 Geschützen auf einer Höhe südwestlich von Diedorf, mit den andern 4, beiläufig auf halbem Wege zwischen diesem Orte und Fischbach stand und aus dieser Entfernung keine Wirkung erzielen konnte.

4. Juli. Die 6 Geschütze der anderen Batterie waren in Folge eines Missverständnisses bis auf die Höhe westlich von Fischbach zurückgezogen worden und das Feuer der nun vereinigten Batterie, auf eine Distanz von fast $^1/_2$ deutschen Meile (4500 Schritte), musste daher auch vergeblich sein.

Gegen $2^1/_2$ Uhr kam überhaupt, nachdem das bayerische 1. Bataillon des 15. Regiments das am Taufsteinhange in die Nähe Diedorfs gelangte 1. Bataillon des preussischen 53. Regiments zurückgedrängt hatte, das Gefecht zum Stehen und zum Abbruche, da auf beiden Seiten fast gleichzeitig der Befehl zum Rückzuge gegeben ward.

Während die Artillerie noch bis gegen 3 Uhr ein im Allgemeinen unwirksames Feuer fortsetzte, traten beide Theile den Rückzug an, die preussische Brigade Kummer nach Dermbach, wo sie über Nacht blieb, die bayerische Division Zoller nach Kalten-Sundheim.

Prinz Carl, seit Mittag auf dem Kampfplatze anwesend, ertheilte, in der Voraussetzung die ganze preussische Armee vor sich zu haben, seinen beiden im Gefechte gewesenen Divisionen den Rückzugbefehl in die Position Kalten-Nordheim und Kalten-Sundheim, welche er zur Fortsetzung des Kampfes geeigneter hielt, als die weiter vorne gelegene bei Diedorf und Rossdorf. Es schien ihm überhaupt nicht mehr rathsam, die Vereinigung mit dem VIII. Corps im Sinne des festgesetzten Planes nördlich der Rhön anzustreben und mittlerweile die bayerische Armee isolirten Kämpfen auszusetzen; im Gegentheile machte man sich im bayerischen Hauptquartier schon mit dem Gedanken vertraut, die Concentrirung der beiden Corps nach rückwärts an der unteren Saale zu bewirken [1]).

Die Division Zoller begann den Rückzug mit der Brigade Schweitzer, ihr folgte dann die Brigade Ribeaupierre.

Zur Deckung dieser Bewegung fuhr $^1/_2$ Batterie der Division Feder, welche mit dem 1. Bataillon des 15. Regiments und 3 Escadrons Chevaulegers vordisponirt wurde, in der Position der übrigen 2 Batterien auf, ohne jedoch, gleich diesen, von besonderem Nutzen sein zu können. Die beiden preussischen Batterien setzten ihr Feuer bis 3 Uhr fort und traten dann auch den Rückzug an.

Die letzten bayerischen Abtheilungen passirten beiläufig um 5 Uhr das Defilé von Kalten-Nordheim.

Die Verluste in dem Gefechte bei Zella werden von beiden Seiten, wie folgt angegeben:

---

[1]) An die Division Hartmann war schon Morgens, bevor man noch wusste, dass sie im Kampfe sei, der Befehl ergangen, sich zurückzuziehen; derselbe kam ihr nur in Folge eines Expeditionsfehlers verspätet zu.

4. Juli.

	Preussen		Bayern	
	Officiere	Mann.	Officiere	Mann.
Todte	1	10	3	7
Verwundete	3	58	3	69
Vermisste und Gefangene .	—	2	1	46
Summe	4	70	7	122 [1]).

Am Abende hatte die bayerische Armee folgende Aufstellung:

Division Stephan à cheval der Strasse von Kalten-Nordheim nach Kalten-Sundheim, Division Feder westlich des ersteren Ortes.

Ein Detachement unter Oberst Schleich deckte die linke Flanke nach Hilders [2]).

Die Division Zoller und die Artillerie-Reserve formirten sich bei Kalten-Sundheim; die Division Hartmann bei Ober-Katza; das Hauptquartier des Prinzen Carl war in Kalten-Sundheim.

Das bayerische Cavallerie-Corps hatte an diesem Tage in der Nähe von Fulda schwere Unfälle erlitten. G. d. C. Fürst Taxis, welchem in der vorangegangenen Nacht der Befehl zugekommen war, die Concentrirung der bayerischen Armee bei Kalten-Nordheim durch Demonstrationen gegen Vacha zu unterstützen und auf der Linie Geysa-Dermbach die Verbindung mit derselben herzustellen, rückte — nachdem er den Commandanten des VIII. Corps angegangen, Fulda durch Infanterie besetzen zu lassen, was dieser jedoch erst für den Abend des nächsten Tages zusagte — am 4. Morgens mit der schweren Brigade über Hünfeld gegen Rasdorf vor, während die beiden leichten Brigaden grossentheils bei Fulda und Niederbieber verblieben. Um 7½ Uhr stiess die Avantgarde in dem zwischen Hünfeld und Rasdorf nächst Kirchhasel gelegenen dichten Walde auf die Vortruppen der preussischen Division Beyer, welche nach der schon erwähnten Disposition des G. d. I. v. Falckenstein sich im Marsche auf Fulda befand. Fürst Taxis liess, unterstützt von dem Feuer eines Geschützes, das 1. Cürassier-Regiment vorrücken; dasselbe ward aber von den feindlichen Tirailleurs heftig beschossen und erhielt bald darauf von 2 mittlerweile aufgefahrenen Geschützen der preussischen 4pfd. Batterie Schmidts einige so wohlgezielte Schüsse, dass es umkehrte und dabei auch das inzwischen nachgerückte 2. Cürassier-Regiment mit sich fortriss.

[1]) Unter den von den Bayern als Vermisste und Gefangene Aufgeführten befanden sich viele Todte und Verwundete. Das officielle preussische Werk beziffert den bayerischen Verlust zu hoch, nämlich mit 7 Officieren und 157 Mann.

[2]) 2 Bataillons des 7. Regiments, 1 Escadron und 4 12pfd. Geschütze.

4. Juli. Die bayerische reitende 12pfd. Batterie Massenbach, welche mit allen ihren Geschützen rasch aufgefahren war, musste nun auch zurück, und liess dabei ein Geschütz, dessen Protzenräder zerschossen worden, liegen. Die zurückweichenden Abtheilungen sammelten sich hinter Hünfeld, wo das 3. Cürassier-Regiment zu ihrer Aufnahme aufmarschirt war.

Nach kurzer Zeit schon (9 Uhr Vormittag) wurde auch dieser Punkt, einige Kanonenschüsse abgerechnet, ohne Kampf verlassen und der weitere Rückzug anfänglich nach Fulda, Nachmittag 4 Uhr aber, auf die unwahre Nachricht, der Feind sei bereits im Vormarsche gegen diese Stadt begriffen, vom ganzen Cavallerie-Corps — die beiden leichten Brigaden schlossen sich der schweren an — in der Richtung auf Bischofsheim angetreten. Die 1. leichte Brigade nahm sodann bei Lütter eine Aufstellung.

Als die Tête der beiden ersteren Brigaden gegen 10 Uhr Abends bei Gersfeld eingetroffen war, langte der Befehl des Prinzen Carl an, die Reserve-Cavallerie habe auf Brückenau zurückzugehen und von dort über Hammelburg oder Kissingen die Verbindung mit dem VII. Corps wieder herzustellen. In Folge dessen kehrten beide Brigaden mit Ausnahme der Avantgarde-Escadron, welche nach Bischofsheim fortritt und dort die Nacht über verblieb, wieder um, in der Absicht über Hettenhausen nach Brückenau zu marschiren.

Eine neue Dispositionsänderung des GM. Rummel, welcher den Weg abkürzen wollte, war aber Ursache, dass die halbe schwere Brigade, gefolgt von der 2. leichten Brigade im Marsche auf Hettenhausen verblieb, während GM. Rummel mit der anderen halben schweren Brigade auf einen Seitenweg abbog. Da wurden plötzlich nach Mitternacht die nach Hettenhausen rückenden Abtheilungen durch das Alarmblasen bei einer entfernten Colonne und das Ausschiessen einiger Karabiner alarmirt. Die durch die Ereignisse des Tages und die wiederholten Dispositionsänderungen ohnedies herabgestimmten Cürassiere kehrten um, rissen die leichte Brigade mit und Alles jagte in regelloser, paniqueartiger Flucht zurück. Der Rückzug ward bis hinter die Saale, von einem, wenn auch unbedeutenden Theile, sogar bis hinter den Main fortgesetzt. Die Colonne des GM. Rummel traf Morgens in Brückenau ein, auch die 1. leichte Brigade ward von Lütter dahingezogen, so dass am Abend des 5., nachdem dort auch die 2 Escadrons Cürassiere, welche in der Nacht bei Döllbach Stellung genommen hatten, eingerückt waren, Fürst Taxis daselbst nahezu über 2 Brigaden verfügte. Die 2. leichte Brigade sammelte sich zum grossen Theile am selben Tage und wurde hierauf nach Kissingen verlegt.

Die preussische Division Beyer nahm bei Hünfeld Stellung, schob ihre Avantgarde bis Rückers vor und sandte grössere Patrullen der bayerischen Reserve-Cavallerie nach, ohne diese jedoch einholen zu können. 4. Juli.

Die preussische Division Manteuffel gelangte am 4. Juli mit dem Gros bis Vacha, ein starkes Detachement stand in Lengsfeld, wohin es am Morgen entsendet worden war.

Die Division Göben verblieb über Nacht, wie bereits angegeben, bei Dermbach und Geysa.

Das VIII. Corps bewegte sich, mit Ausnahme der Division Neipperg, welche im Sinne der Armee-Commando-Disposition die Richtung gegen die untere Saale einschlug und Ranstadt erreichte, an diesem Tage nicht.

Auch Fulda ward, wie schon angedeutet, nicht besetzt, obgleich das nur $1^1/_4$ Meilen entfernt stehende württembergische Jäger-Bataillon von Grossenlüder und die hessische Division von Rixfeld die Stadt hätten erreichen können.

Prinz Alexander liess das Corps Rasttag halten, da die Divisions-Generale erklärt hatten, die Truppen seien sehr erschöpft und bedürften dringend der Ruhe. Auch wäre das Corps, da die badische und österreich-nassauische Division noch sehr entfernt waren, durch das Vorschieben der beiden anderen noch mehr auseinander gezogen worden.

5. Juli.

Am 5. Juli erwartete sowohl Prinz Carl, als auch G. d. I. v. Falckenstein angegriffen zu werden. Nachdem jedoch gegen die in der Nähe von Kalten-Nordheim versammelte bayerische Armee bis Mittag des 5. der Feind nicht vorgegangen war, trat dieselbe Nachmittags theilweise den Rückzug gegen die Saale an. 5. Juli.

Die Division Feder marschirte mit der Reserve-Artillerie nach Fladungen, die Division Zoller nach Ostheim, während die 1. und 4. Division diese Bewegung in ihren Stellungen bei Kalten-Nordheim und Ober-Katza deckten.

G. d. I. v. Falckenstein, wie erwähnt, gleichfalls in der Erwartung eines feindlichen Angriffes, hatte die preussischen Divisionen im Laufe des Vormittags wie folgt concentrirt:

Die Division Göben bei Dermbach und Öchsen; die Division Beyer, welche wieder zurückzumarschiren hatte, bei Geysa (Hünfeld blieb von deren Avantgarde besetzt), die Division Manteuffel bei Lengsfeld.

Als nun sichere Kunde einlief, dass die Bayern in südlicher Richtung abzögen, verliess auch die preussische Armee die genommene Aufstellung

. Juli. und setzte ihre Bewegung gegen Fulda weiter fort. Es gelangte an diesem Tage noch die Division Beyer wieder bis Hünfeld, die Division Göben bis Rasdorf und Geysa; die Division Manteuffel echellonirte sich zwischen Öchsen und Lengsfeld. Das Hauptquartier verblieb in Buttlar.

Auch das VIII. Corps verblieb am 5. im Vormarsche gegen Fulda, und zwar, da man allen Nachrichten zufolge mit den Preussen zusammenzustossen erwarten musste, in voller Gefechtsbereitschaft. Doch ward Fulda selbst an diesem Tage noch nicht erreicht.

Die hessische Division rückte von Rixfeld bis Grossenlüder. Das in Alsfeld stehende Detachement hatte Recognoscirungen in's Fulda-Thal vorzusenden und sich im Falle eines überlegenen Angriffes auf Lauterbach zurückzuziehen.

Die württembergische Division gelangte nach Lauterbach, die österreich-nassauische Division nach Hungen und Nidda, ihre Cavallerie bis Engelrod; die badische Division verblieb bis Abends in ihrer Aufstellung bei Wetzlar und Giessen und marschirte dann, ohne alle höhere Anordnung und ohne dass sie dem Prinzen Alexander Meldung darüber erstattet, nach Friedberg zurück, wo deren Spitze spät Abends eintraf.

Die Reserve-Cavallerie kam über Marburg-Kirchhain bis Alsfeld, das Corpsquartier nach Eisenbach bei Lauterbach.

Die württembergische Brigade Baumbach, welche erst an diesem Tage in den Verband des VIII. Corps trat, stand östlich von Hanau bei Gelnhausen [1]).

Nachmittags des 5. erhielt der Prinz folgenden Befehl des Ober-Commando's:

„Kissingen am 5. Juli, $8^1/_2$ Uhr Früh.

„Wegen des allseitigen Vordringens der preussischen Colonnen über „die Werra, ist eine Vereinigung des VII. und VIII. Corps nördlich der Rhön „nicht mehr thunlich; ich werde deshalb auf die Höhe Neustadt-Bischofs„heim zurückgehen und stelle an das VIII. Corps die Anforderung, sich in „gleicher Höhe zu halten und möglichst rasch die Verbindung über Brückenau „und Kissingen herzustellen.

„Unmöglich weitere Massnahmen jetzt schon zu treffen.

„Am 7. stehe ich auf den Höhen von Neustadt.

(gez.) Prinz Carl v. Bayern."

---

[1]) Prinz Alexander hatte mittlerweile die Befestigung Frankfurts angeordnet. Acht passagere Werke sollten auf dem rechten Main-Ufer errichtet werden.

Am 5. Juli wurde mit der Erdaushebung begonnen. Die Bundesversammlung hatte die hiezu nöthigen Gelder bewilligt; die zur Armirung erforderlichen Geschütze sollten den Beständen von Mainz entnommen werden.

Gleichzeitig kam Prinz Alexander telegraphisch die Nachricht von dem bei Kalten-Nordheim stattgefundenen Gefechte zu, sowie, dass eine preussische Colonne über Tann und Hilders im Ulster-Thale vorrücke. 5. Juli.

Der Prinz beschloss nun seine Truppen auf der Strasse von Lauterbach über Herbstein, Schlüchtern nach Brückenau in Marsch zu setzen, gab auch demgemäss die Dispositionen, fasste aber in der Nacht, als ihm die telegraphische Nachricht von dem Resultate der Schlacht von Königgrätz und der von Frankreich übernommenen Waffenstillstands-Vermittlung zukam, — (Berichte über Ansammlung preussischer Truppen bei Cöln, Coblenz, Cassel und Bingen sollen dabei auch massgebend gewesen sein) — den Entschluss, vor Allem nun auf die directe Deckung der Heimatländer seiner Contingente bedacht zu sein, und seine über den ganzen Vogelsberg zerstreuten Truppen bei Frankfurt wieder zu sammeln.

Prinz Alexander erstattete dem Ober-Commando die Anzeige über seinen Beschluss und proponirte gleichzeitig, die Vereinigung beider Corps anstatt in Franken, nun auf der über 10 Meilen rückwärts gelegenen Linie Hanau-Aschaffenburg.

Die Standpunkte der operirenden Theile waren in den nächsten Tagen die folgenden:

6. Juli.

VIII. Corps: Corpsquartier Krainfeld; österreich-nassauische Division: Brigade Roth Wenings; Brigade Hahn Gedern, württembergische Division: Freiensteinau und Grebenhain, ein Detachement in Flieden; Brigade Baumbach in Saalmünster; hessische Division: Altenschlirf. 6. Juli.

Reserve-Cavallerie: Ruppertenrod; Reserve-Artillerie (concentrirt mit 7 Batterien, 48 Geschütze) Hanau.

Die badische Division, welche schon tagsvorher eigenmächtig den Rückzug angetreten, setzte diesen in der Richtung auf Frankfurt fort; einzelne Abtheilungen gingen über den Main bis Langen.

Prinz Alexander befahl dem Prinzen von Baden ungesäumt wieder an den Zusammenfluss der Wetter und Nidda bei Assenheim vorzugehen und sein eigenmächtiges Benehmen zu rechtfertigen, welche Weisung Prinz Wilhelm erst den nächsten Morgen erhielt, nachdem er schon aus eigenem Antriebe die Wiedervorrückung seiner Division angeordnet hatte [1]).

[1]) Der Prinz mag hiezu durch die eindringlichen Vorstellungen seines Generalstabs-Chefs, Oberst Keler, welcher im Falle eines eigenmächtigen Rückmarsches der badischen Division hinter den Main mit Niederlegung seiner Charge drohte, ferners durch die bedenkliche Stimmung in der eigenen Truppe, endlich durch, auf Veranlassung des Bundestags-Ausschusses, erlassene telegraphische Weisungen des Oberbefehlshabers Prinzen Carl, veranlasst worden sein.

Aus einem Berichte ddo. 7. Juli.

6. Juli. Preussische Armee: Hauptquartier mit den Divisionen Beyer und Göben, zu der das Füsilier-Bataillon von Lippe-Detmold gestossen war, Fulda; Division Manteuffel Hünfeld.

Bayerische Armee: Armee-Hauptquartier Ostheim; (3.) Division Zoller Neustadt a. S; (2.) Division Feder und Reserve-Artillerie Mellrichstadt; (4.) Division Hartmann Nordheim; (1.) Division Stephan Fladungen.

Reserve-Cavallerie-Corps: schwere und 1. leichte Brigade mit den beiden reitenden Batterien, die von Münnerstadt eintrafen, Hammelburg, 2. leichte Brigade Kissingen.

7. Juli.

7. Juli. VIII. Corps: Corpsquartier Ortenberg; württembergische Division: Brigade Baumbach bei Gelnhausen, Brigade Hegelmaier Birstein, Brigade Fischer Fischborn.

Grossherzoglich hessische Division: Ortenberg und Lissberg.

Österreich-nassauische Division: Stab und Brigade Roth Lindheim, Brigade Hahn Stammheim.

Badische Division: Brigade La Roche Nauheim, Brigade Neubronn Friedberg.

Reserve-Reiterei: Echzell und Hungen.

Reserve-Artillerie: Offenbach, Ober- und Niederrad.

Die preussische Armee hielt bei Fulda und Hünfeld Rasttag und überzeugte sich durch Recognoscirungen von der Rückwärtsbewegung der beiden Bundes-Corps.

Bayerische Armee: Armee-Hauptquartier und Division Zoller Neustadt a. S.; Division Stephan Ostheim; Detachement unter Oberst Schleich in Bischofsheim; Division Feder Mittelstreu, Division Hartmann Mellrichstadt, Reserve-Artillerie Neuhaus, das Reserve-Cavallerie-Corps blieb in den Dislocationen vom vorigen Tage und sammelte sich in denselben fast vollständig.

Prinz Carl erhielt Morgens über den Rückzug des VIII. Bundes-Corps auf Frankfurt die Meldung des Prinzen Alexander und erliess sogleich an denselben telegraphisch eine missbilligende Weisung, welcher am selben Tage ein schriftlicher Befehl folgenden Inhaltes nachfolgte:

„Nachdem ich den Oberbefehl über die westdeutsche Bundes-Armee „angetreten, können Abänderungen des von mir festgesetzten Operationsplanes „nur dann ohne meine Genehmigung geschehen, wenn unerwartet eingetretene

„Verhältnisse auf dem unmittelbaren Kriegsschauplatze sofortige abwei- 7. Juli.
„chende Massnahmen bedingen."

„Wenn ich auch den seinerzeitigen Einfluss der nunmehrigen militäri-„schen Situation in Böhmen und Mähren auf die Verhältnisse des westlichen „Kriegsschauplatzes anerkenne, so kann ich darin in keinerlei Weise Veran-„lassung finden, dass Euere Hoheit ohne meine Genehmigung von den Be-„stimmungen abweichen, welche ich in Betreff der zu vollziehenden Vereini-„gung des VIII. Bundes-Armee-Corps mit der bayerischen Armee bereits „mitzutheilen die Ehre hatte, und wenn ich mich auch im Allgemeinen jetzt „entschlossen habe, zunächst die Vertheidigung der Mainlinie in's Auge zu „fassen, so soll dieselbe doch zunächst nicht in directer Weise an oder hin-„ter dieser Linie, sondern so weit als nur immer thunlich, mit vereinten „Kräften vor derselben geschehen. Ich erwarte daher, dass Euere Hoheit die „bereits ohne meine Zustimmung angeordnete Rückwärtsbewegung einstel-„len und mit allen Kräften auf die befohlene Verbindung mit der bayerischen „Armee hinwirken. Zu diesem Zwecke habe ich die Ehre Euer Hoheit mit-„zutheilen, dass sich die bayerische Armee an der Saale bei Neustadt, Kis-„singen und Hammelburg concentrirt und Spitzen nach Mellrichstadt, „Bischofsheim und Brückenau vorschiebt. Im Einklange hiemit wollen Euere „Hoheit auf der Fuldaer Strasse möglichst weit gegen Schlüchtern vor-„gehen und die Defiléen halten. Indem ich daher erwarte, dass das VIII. „deutsche Bundes-Armee-Corps eine starke Entsendung in die Defiléen, „welche auf der Strasse Gelnhausen, Schlüchtern liegen, vorrücken lasse, „befehle ich zugleich, dass eine Brigade dieses Corps sich möglichst schnell „per Eisenbahn nach Gemünden verfüge, und mir ihre Ankunft melde [1])."

Doch mittlerweile hatte Prinz Alexander folgendes Schreiben an FML. Graf Huyn gerichtet:

„Ortenberg, 7. Juli, 7 Uhr Abends.

„Durch gestern abgeschickten Courier dürften Sie erfahren haben, „warum ich nach Frankfurt zurückgehe und die Vereinigung bei Brückenau „und Kissingen, dem über Fulda vorrückenden Feinde Flanke und Rücken „preisgebend, unmöglich anstreben konnte.

„Ich halte die Main-Linie für wichtiger als eine Gesammtstellung auf „der unwirthsamen Rhön, daher VIII. Corps bei Höchst, Friedberg, Hanau, „VII. bei Aschaffenburg, Gemünden.

„Von dort können wir uns vereint in einem Zuge nach rechts oder „links bewegen, oder nach vorwärts stossen, statt den Gegner, wie bis

[1]) „Der Feldzug des Jahres 1866 in West- und Süddeutschland" von Emil Knorr, Premierlieutenant. II. Band, Seite 131.

Juli. „nun in unserer Mitte eingekeilt zu lassen und in den Defiléen en detail ge„schlagen zu werden,

„Stellen Sie dies Prinz Carl vor; übermorgen bin ich in der obigen „Aufstellung. Baldige Antwort, ob man sich dieser Idee anschliesst, nach „Frankfurt, in dessen Nähe ich Hauptquartier nehme.

„Morgen bin ich in Nieder-Wöllstadt [1])."

Auch ging Prinz Alexander auf den früher erwähnten Befehl des Armee-Commandanten, den er am 8. Vormittags erhielt, nicht ein, sondern setzte den Rückzug auf Hanau und Frankfurt fort.

8. Juli.

Da am vorigen Abend von GL. v. Hardegg gemeldet worden war, dass Juli. der Feind im Kinzig-Thale vorrücke, so erhielt die württembergische Division, welche ursprünglich zum Marsche nach Lindheim und Düdelsheim beordert worden war, den Befehl, eine der noch im Gebirge befindlichen Brigaden in das Kinzig-Thal hinabmarschiren, im Vereine mit der bereits im Thale stehenden Brigade Baumbach den Pass von Gelnhausen stark besetzen und erforderlichen Falles vertheidigen zu lassen. Doch kam dieser Befehl nicht zur Ausführung, da er durch die zwar früher erlassene, aber bei der Division verspätet eingetroffene allgemeine Disposition aufgehoben erschien.

Am Abende stand vom VIII. Corps: Das Corpsquartier in Nieder-Wöllstadt (zwischen Frankfurt und Friedberg), die württembergische Division bei Lindheim und Düdelsheim, die Brigade Baumbach bei Langensebold und Langendiebach (in der Nähe von Hanau); das Defilé von Gelnhausen war blos von einer Escadron beobachtet.

Die österreich-nassauische Division mit der Brigade Hahn, der sich FML. Graf Neipperg angeschlossen hatte, bei Langendiebach, wo sie um 1½ Uhr Nachmittags eingetroffen war, die Brigade Roth bei Frankfurt (Seckbach und Preungesheim). Die hessische Division bei Windecken. Die badische Division in ihrer früheren Aufstellung Friedberg-Assenheim.

Die Reserve-Reiterei marschirte bis gegen Wölfersheim und recognoscirte auf der Strasse von Friedberg nach Giessen.

Prinz Alexander erhielt erst Abends von FML. Graf Neipperg die sogleich nach dessen Eintreffen abgesandte Meldung, dass das Defilé von Gelnhausen nicht besetzt sei, traf aber desshalb keine weitere Verfügung, da für den nächsten Tag ohnedies der Weitermarsch des Corps be-

---

[1]) Feldzugsjournal des VIII. deutschen Bundes-Corps.

schlossen war und gab nur der Brigade Baumbach den Befehl, noch an diesem Tage zwei Compagnien des 5. Regiments nach Lohr zu entsenden, um diesen wichtigen Punkt der Eisenbahn zu besetzen. 8. Juli.

Bayerische Armee: Das Armee-Hauptquartier verblieb in Neustadt. Die Division Zoller, welche dem Commandanten der Reserve-Cavallerie, Fürst Taxis, unterstellt wurde, besetzte das Saale-Thal von Steinach bis Kissingen.

Die Reserve-Cavallerie verblieb in der Aufstellung vom vorigen Tage, die Reserve-Artillerie bezog Marschquartiere um Münnerstadt.

Die Divisionen Feder und Hartmann marschirten nach Neustadt, die Division Stephan nach Unsleben, deren Arrièregarde nach Mellrichstadt; Bischofsheim blieb durch das Detachement unter Oberst Schleich besetzt.

Nachmittags trafen im bayerischen Hauptquartier, sowie beim Commando der Cavallerie-Reserve Fürst Taxis in Hammelburg, Nachrichten von der Vorrückung der Preussen gegen Brückenau ein, und obgleich man denselben nicht vollen Glauben schenkte, sondern das Gros der preussischen Armee im Marsche auf Frankfurt wähnte, so liess Fürst Taxis doch 2 Compagnien des 11. Regiments Geroda (in der Richtung auf Brückenau) und 2 Compagnien des 14. Regiments Hammelburg besetzen.

Die Fühlung mit der preussischen Armee war ganz verloren gegangen, da man die bisher in der Richtung auf Fulda stehenden Cavallerie-Posten zu weit zurück genommen hatte.

Preussische Armee.

G. d. I. v. Falckenstein hatte, nachdem er den excentrischen Rückzug der beiden Bundes-Corps erfahren, das VIII. Corps ruhig seine Wege ziehen lassen und beschlossen, sich gegen die Bayern zu wenden, wie ihm dies auch bei Beginn des Feldzuges von Berlin aus vorgezeichnet worden war. Er erwartete jedoch, die bayerische Armee nicht vor, sondern hinter dem Main zu treffen, und stellte daher vorläufig den Marsch der preussischen Armee, indem er dieselbe in ziemlich starken Etappen auf Schweinfurt dirigirte, für mehrere Tage wie folgt fest:

	Division Beyer:	Göben:	Manteuffel:
8. Juli	Schlüchtern,	Döllbach, Motten,	Fulda,
9. Juli	Bad Brückenau,	Geroda,	Avantgarde Stadt Brückenau,
10. Juli	Hammelburg,	Kissingen,	Waldaschach,
11. Juli	Euerdorf, Schweinfurt.	Schweinfurt.	Kissingen, Örlenbach.

Der erste Marsch der Division Beyer sollte zur Täuschung des Geg-

8. Juli. ners über Schlüchtern geschehen; die Division sollte auch noch am nächsten Tage zum selben Zwecke gegen Gelnhausen demonstriren [1]).

Alle drei Divisionen erreichten am 8. Juli die ihnen angegebenen Standorte. Das Hauptquartier kam nach Eichenzell, dort erhielt es Meldungen über die Anwesenheit der Bayern in Kissingen, Hammelburg und Bischofsheim, sowie dass das VIII. Bundes-Corps auf Frankfurt zurückgegangen sei.

9. Juli.

9. Juli. Am 9. Juli setzte die preussische Main-Armee ihre Bewegung in der angenommenen Richtung fort, die Division Göben nach Geroda, die Division Beyer nach Bad Brückenau, die Division Manteuffel erreichte mit ihrer Avantgarde Römershag.

Die Vortruppen der Division Göben (Brigade Kummer) stiessen bei Platz und Waldfenster auf die tagsvorher vorpoussirten 2 Compagnien des 11. Regiments, welche nach kurzem Widerstande vor dem numerisch überlegenen Gegner zurückwichen.

GL. v. Göben beliess nun die Brigade Wrangel in Geroda, Platz und Waldfenster, während die Reserve-Brigade Tresckow in den weiter rückwärts liegenden Dörfern cantonnirte. Die Brigade Kummer mit 4 Escadrons wurde nach Poppenroth und Schlimpfhof vorgeschoben und deren ausgesandte Patrullen stiessen noch des Abends mit den bayerischen Posten bei Thulba und Claushof vorwärts der Saale zusammen.

Im bayerischen Hauptquartier waren schon am Morgen bestimmte Nachrichten über das Anrücken der Preussen gegen Brückenau eingetroffen. Prinz Carl beschloss, die Division Zoller und das Cavallerie-Reserve-Corps die Saale-Übergänge bei Kissingen und Hammelburg vertheidigen zu lassen, das Gros seines Corps aber (3 Divisionen und die Reserve-Artillerie) in einer mehr rückwärts gelegenen günstigen Stellung, auf den Höhen bei Poppenhausen am linken Wern-Ufer zu concentriren.

Die (1.) Division Stephan befand sich am 9. Morgens bei Unsleben, also fast 5 Meilen, die (2. und 4.) Division Feder und Hartmann bei Neustadt, beiläufig 4 Meilen von Poppenhausen entfernt. Mit einiger Anstrengung wäre also das Gros der Armee am Vormittage des 10. Juli in der Stellung am linken Wern-Ufer zu versammeln gewesen. Doch die Bewegung ward nicht sogleich angetreten.

---

[1]) „Aus dem Feldzuge des Jahres 1866. Das Treffen bei Kissingen am 10. Juli 1866, dargestellt von A. v. Göben, k. preussischer GL. und Divisions-Commandeur. Darmstadt und Leipzig bei Ed. Zernin." Seite 3.

Die Division Hartmann marschirte blos bis Münnerstadt, die Division Feder blieb unbeweglich in Neustadt, wo Nachmittags auch jene des GM. Stephan von Unsleben eintraf. 9. Juli.

Von der Division Zoller verblieb die Brigade Ribeaupierre, verstärkt durch das 6. Jäger-Bataillon und das 3. Bataillon des 9. Regiments (beide von der Division Hartmann), die 2. leichte Cavallerie-Brigade nebst dem 2. Chevaulegers-Regiment und schliesslich 2 Batterien [1]) in Kissingen, wo GL. v. Zoller persönlich das Commando übernahm. Nach Hammelburg, wo der Commandant der Reserve-Cavallerie, G. d. C. Fürst Taxis, befehligte, wurde die 6. Infanterie-Brigade Schweitzer gezogen und es standen sonach dort am 9. Abends:

Diese Infanterie-Brigade,

die schwere und 1. leichte Brigade des Cavallerie-Reserve-Corps,

die 2 reitenden Batterien dieses Corps und die gezogene Batterie Lottersberg der Division Zoller.

Oberst Schleich verblieb mit seinem Detachement in Bischofsheim.

Von den Truppen des VIII. Corps unterstützt zu werden, durfte man im bayerischen Hauptquartier nicht mehr hoffen, denn sonst hätte sich ein Eingreifen dieses Corps, von Schlüchtern her, schon fühlbar machen müssen.

Das VIII. Corps stand an diesem Tage über 20 Meilen weit links vom Gros der bayerischen Armee u. z:

Das Corpsquartier in Bornheim;

die württembergische Division in Cantonnements nördlich von Hanau (Mittelbuchen, Bruchköbel, Rossdorf und Langendiebach);

die badische Division in der Stellung an der Nidda von Gronau über Vilbel bis Heddernheim;

die hessische Division bei Bergen, Seckbach, Bornheim, Fechenheim, Bischofsheim;

die österreich-nassauische Division bei Rödelheim, Eschborn und Sossenheim (Brigade Roth), dann Frankfurt und Bockenheim (Brigade Hahn);

die Reserve-Reiterei in der Umgebung von Bruchenbrücken;

die Artillerie-Reserve wie tagszuvor in Offenbach, Ober- und Niederrad.

Bei Bockenheim, an der Friedberger-Warte, bei Eckenheim, Seckbach und Bornheim, endlich an den Schiffbrücken bei Offenbach und Oberrad wurden Feldschanzen aufgeworfen.

Auch an diesem Tage erneuerte Prinz Carl in telegraphischem Wege

---

[1]) 12pfd. Batterie Schuster der Division Zoller und gezogene Batterie Redenbacher der Reserve-Artillerie.

Juli. seine wiederholt an den Prinzen Alexander gestellte Aufforderung, sich in Franken mit den Bayern zu vereinigen.

Prinz Alexander hielt jedoch die Linie Mainz-Frankfurt-Hanau vom Feinde bedroht und gab auch diesem Befehl keine Folge [1]).

Am 9. Juli richtete der Commandant des VIII. Bundes-Corps nachstehendes Telegramm an die General-Adjutantur Sr. Majestät des Kaisers:

„Am 5. Juli mit meiner Colonne einen kleinen Marsch von Fulda, zwi„schen Grossenlüder und Lauterbach, echellonirt, erhalte ich die Aufforderung „des Prinzen Carl von Bayern nach Brückenau zu marschiren, weil Verei„nigung bei Vacha unmöglich, indem er selbst von den Preussen (Division „Göben) im Vormarsch angegriffen, sich auf Neustadt zurückziehen müsse. „Es war dies das dritte Mal, dass ich complet die Operationslinie wechseln „sollte; immerhin im Begriffe jenem Befehle nachzukommen, erhalte ich die „Nachricht von doppelter Bedrohung der Main-Linie, sowohl per Fulda„Hanau, als auch per Wiesbaden, sowie auch die auf §. 47 der Bundeskriegs„Verfassung basirte Aufforderung des Militär-Ausschusses zu Frankfurt, „zur Deckung der Main-Linie das Erforderliche einzuleiten.

„Prinz Carl von Allem sogleich unterrichtet, besteht nun darauf, dass

---

[1]) Das Operations-Journal des Prinzen Alexander enthält hierüber folgende Stelle: „Prinz Carl besteht telegraphisch auf meinem Abmarsch nach Franken, „während die Preussen das ganze nördliche Nassau, Giessen, Butzbach und das „Kinzig-Thal bis Wächtersbach theils besetzt hatten, theils durch fliegende Corps beun„ruhigten."

Dagegen findet sich in den Erläuterungen des Prinzen Carl folgende Bemerkung:

„Die Beunruhigung Nassau's, Giessen's, Butzbach's und des Kinzig-Thales „konnte nur durch Demonstration einiger Landwehr-Abtheilungen veranlasst sein. „Da man diese Verhältnisse im Armee-Hauptquartiere genau kannte, blieb dasselbe „eben auch fortwährend auf dem Abmarsch des VIII. Corps nach Franken bestehen. „Schon am 1. Juli war dem VIII. Armee-Corps die dringende Aufforderung zugegan„gen, auf der Fulda-Hünfelder-Strasse, sowie namentlich auf der Frankfurt-Gemün„dener-Eisenbahn zur Verstärkung der bayerischen Armee heranzurücken. Am „5. Juli wurde der Befehl zur Vereinigung in Franken durch Telegraphen ertheilt. „Am 8. Juli eine sehr energische Ordre mit mündlichem Auftrage durch Oberlieu„tenant Freiherr v. Godin im selben Sinne dem VIII. Armee-Corps überbracht, und „auch hier am 9. Juli telegraphisch darauf bestanden, dass die Vereinigung der „südwestdeutschen Bundes-Armee in Franken stattfinden müsse. Dass das VIII. „Corps diese Befehle nicht befolgte, dass dessen Oberbefehlshaber anderen Rücksichten „und Entschlüssen mehr Rechnung tragen zu müssen glaubte, das konnte auf die „Gesammt-Operationen nur von den störendsten und übelsten Folgen sein."

Prinz Alexander entgegnete hierauf, dass, wenn man im Hauptquartiere die Stärke-Verhältnisse der preussischen Truppen in Koblenz, Kreutznach, Wetzlar u. s. w. wirklich so genau kannte, es unbegreiflich erscheine, dass dem Commando des VIII. Corps und dem bayerischen Gouverneur von Mainz hierüber keine Mittheilung gemacht wurde.

„ich hier Alles aufgebe und nach Neustadt a. S., wo er Stellung genommen, „marschire; dies hiesse, dem Feind den Main von Mainz bis Schweinfurt „und alles Land südlich davon in die Hände spielen. Ungeachtet Prinz Carl „meinen dringend motivirten Vorschlag, sich über Hanau, Aschaffenburg und „Lohr anzuschliessen, nicht annehmen will und auf seiner ersten Absicht be„steht, bleibe ich mit meinen, durch 8tägige Märsche in schlechtestem Wet„ter und unwirthbarer Gegend erschöpften Truppen zwischen Höchst, Fried„berg, Hanau stehen, um von dort mit Offensivstössen die Main-Linie frei „zu halten. Morgen Hauptquartier Bornheim. Bitte um Antwort, ob Seine „Majestät diese auf die jetzigen Verhältnisse basirte Massregel zu billigen „geruhen? 9. Juli.

„König von Württemberg und Grossherzog von Hessen liessen mir für „meinen Entschluss Dank sagen."

Die am selben Tage darauf ertheilte Antwort lautete:

„Einklang mit dem VII. Bundes-Corps wünschenswerth und durch „FML. Graf Huyn anstreben; von hier aus Beurtheilung der Operationen „nicht möglich [1])."

---

[1]) An diesem Tage wendete sich der Präsident der Bundes-Versammlung an den Prinzen Alexander mit der Anfrage, ob es für diese nicht bereits gerathen wäre, nach Augsburg zu übersiedeln, worauf der Prinz den Rath gab, damit noch zu warten, was auch geschah.

III. Abschnitt.

Kämpfe der bayerischen und preussischen Armee an der Saale.

10. Juli.

10. Juli. Am Morgen des 10. setzten sich die in der Nähe von Neustadt befindlichen bayerischen Divisionen, gedeckt durch die bei Kissingen und Hammelburg stehenden Truppen, gegen Poppenhausen in Bewegung.

Die (4.) Division Hartmann war um 5 Uhr auf dem Marsche dahin, die (2.) Division Feder gelangte gegen 8 Uhr nach Münnerstadt. Prinz Carl, welcher noch vor der 2. Division daselbst eingetroffen war, und Nachrichten erhalten hatte, dass der Angriff des Feindes an der Saale stündlich, aber nicht mit dessen ganzer Kraft zu erwarten sei, fasste nun plötzlich den Entschluss, die am Flusse stehenden Abtheilungen zu verstärken und somit die Saale direct zu vertheidigen.

Die (2.) Division Feder, welche nur mehr 7 Bataillons, 3 Escadrons und 8 Geschütze zählte [1]), erhielt Befehl, nach einstündiger Rast 3 Bataillons, 1 Escadron und die Batterie Zeller (6 gezogene Geschütze) nach Kissingen [2]), 3 Bataillons, 2 Escadrons und 2 Geschütze der Batterie Kirchhoffer, unter GM. Hanser über Haard nach Hausen zu entsenden [3]); ein Bataillon sollte bis zur Ankunft der 1. Division in Münnerstadt verbleiben [4]).

Die (1.) Division Stephan hatte bei Münnerstadt eine Bereitschaftsstellung zu beziehen. Sie traf dort um 10 Uhr mit 11 Bataillons, 4 Escadrons, 6 glatten und 8 gezogenen Geschützen ein [5]), wurde aber gegen Mittag beordert

---

[1]) 2 Bataillons des 3. Regiments und 2 12pfd. Geschütze waren nach Steinach entsendet worden; Oberst Schleich mit 2 Bataillons des 7. Regiments, 1 Escadron Chevaulegers und 2 gezogenen Geschützen, befand sich in Bischofsheim; von dort waren überdies noch 4 12pfd. Geschütze der Batterie Kirchhoffer im Anmarsche.

[2]) 1. und 2. Bataillons des 12. Regiments, das 7. Jäger-Bataillon und 1 Escadron des 4. Chevaulegers-Regiments.

[3]) 3. Jäger-Bataillon, 2 Bataillons 10. Regiments und 2 Escadronen des 4. Chevaulegers-Regiments.

[4]) 3. Bataillon 7. Regiments.

[5]) Das 4. Jäger-Bataillon und 2 glatte Geschütze verblieben in Neustadt als Aufnahmsposten für das in Bischofsheim stehende Detachement.

das 3. Bataillon des 8. Regiments mit 4 gezogenen Geschützen als Verstärkung nach Waldaschach in Marsch zu setzen. 10. Juli.

Die (4.) Division Hartmann, 9 Bataillons, 4 Escadrons, 16 Geschütze, welche mit ihrer Tête um 10 Uhr Vormittags in der Nähe von Poppenhausen bei Pfersdorf anlangte und dort gleichfalls eine Bereitschaftsstellung nahm, hatte nach Euerdorf zu marschiren, „um ein Einschieben des Gegners zwischen das bei Hammelburg stehende Corps und jenes bei Kissingen zu verhindern und zugleich den Saale-Übergang auf dieser kürzesten Anmarschlinie zu decken" [1]).

GL. v. Hartmann erhielt diesen Befehl aber erst gegen Mittag und trat den anbefohlenen Marsch um 2 Uhr Nachmittags an.

Von der Reserve-Artillerie wurden die Batterien Girl und Hellingrath der Colonne des GM. Hanser auf Hausen nachgesandt. Die übrigen Batterien wurden an den Durchschnitt der von Rannungen nach Euerdorf führenden Strasse disponirt.

Prinz Carl verfügte sich um 9½ Uhr persönlich nach Kissingen, wohin ihm sein Generalstabs-Chef GL. v. d. Tann vorangeeilt war.

Der dort commandirende bayerische GL. v. Zoller hatte schon am 9. Abends, bis auf wenige Posten, sämmtliche vorwärts der Saale stehenden Abtheilungen auf das linke Ufer gezogen und alle Flussübergänge theils zerstören, theils verbarrikadiren und zur Zerstörung herrichten lassen.

Nur das 1. Bataillon des 15. Regiments war noch bei Waldaschach am rechten Ufer belassen worden, daher auch die dort befindliche steinerne Brücke für den eventuellen Rückzug offen blieb.

Kissingen, wie alle übrigen dazu gehörigen Örtlichkeiten wurden, so weit dies die Zeit gestattete, zur Vertheidigung hergerichtet und die Truppen folgendermassen vertheilt: Der rechte Flügel, 2 Bataillons und 4 Compagnien Infanterie, 8½ Escadrons und 4 Geschütze, welche GM. Graf Pappenheim befehligte, hatte die Linie Friedrichshall-Waldaschach besetzt.

Der linke Flügel — 5 Bataillons und 2 Compagnien Infanterie, 3½ Escadrons und 12 Geschütze, über welchen GM. v. Ribeaupierre das Commando führte, dehnte sich von Friedrichshall in südlicher Richtung bis über Kissingen aus.

Ein Bataillon des 15. Regiments und eine Compagnie vom 3. Bataillon des 11. Regiments hatten die Häuser und Gärten Kissingen's längs des linken Saale-Ufers, 2 Compagnien des letzteren Bataillons den Friedhof besetzt. Hinter diesen standen 4 Compagnien des 11. Regiments, während die 5.

[1]) Das 3. Bataillon des 4. Regiments war auf dem Marsche von Grossenbrach zu seiner (4.) Division in Nüdlingen zurückbehalten worden.

10. Juli. Schützen-Compagnie zur Verbindung mit den Truppen in Hammelburg nach Euerdorf detachirt war.

Auf dem Stationsberg befand sich anfänglich blos ein Chevaulegers-Piket zur Beobachtung des Thales von Reiterswiesen; um 9 Uhr Früh wurden noch 2 Compagnien des 15. Regiments zur Sicherung gegen etwalge Übergangsversuche des Feindes dahin entsendet.

Die steinerne Brücke in Kissingen ward nicht abgetragen, sondern nur stark verbarrikadirt und 100 Schritte hinter ihr in der Hauptstrasse ein Geschützzug der 12pfd. Batterie Schuster postirt. Von der übrigen Artillerie fuhr die gezogene 6pfd. Batterie Redenbacher 500 Schritte nordöstlich Kissingen auf den Ausläufern des Sinnberges, und rechts vorwärts derselben der andere Geschützzug der Batterie Schuster auf. 1½ Escadrons des 2. Chevaulegers-Regiments dienten ihnen zur Bedeckung, 2 Escadrons dieses Regiments nahmen nordöstlich von Kissingen Stellung.

Die Reserve, aus 3 Bataillons (3. Bataillon des 9. und 15. Regiments und das 6. Jäger-Bataillon) bestehend, über welche GL. v. Zoller sich die weitere Verfügung vorbehielt, befand sich à cheval der Chaussée vorwärts Winkels. Nüdlingen war von 1 Bataillon der Division Hartmann besetzt.

Inzwischen rückte die preussische Armee an die Saale, und zwar: Die Division Beyer, der sich der leichte Feldbrücken-Train anschliessen sollte, gegen Hammelburg, die Division Göben gegen Kissingen. Die Division Manteuffel, ursprünglich angewiesen, mit der Avantgarde bis Waldaschach zu marschiren, mit dem Gros aber rückwärts auf der Strasse von Brückenau zu verbleiben, erhielt am Morgen des 10. vom Armee-Commandanten die mündliche Weisung, der Division des GL. v. Göben nach Kissingen zu folgen, ohne dass Letzterer hievon in Kenntniss gesetzt ward.

GL. v. Göben machte sich in Folge ihm zugegangener Nachrichten gefasst, die Bayern schon an der Saale zu treffen und liess daher die Brigade Wrangel im Marsche auf Kissingen an die Brigade Kummer, welch' letztere sich um 8 Uhr bei Schlimpfhof gesammelt hatte, dicht anschliessen. General v. Tresckow hatte mit der Reserve bis Albertshausen nachzurücken und die Division in der Richtung auf Hammelburg zu decken. Überdies gingen zur Sicherung der Flanken von der Brigade Wrangel das 2. und das Füsilier-Bataillon des 15. Regiments nebst einer halben Escadron, unter Oberst Freiherr v. d. Goltz, gegen Friedrichshall, und von der Brigade Kummer das 1. Bataillon des 13. Regiments und 1 Escadron Huszaren, unter Oberstlieutenant v. Borries, gegen Euerdorf vor.

Die unmittelbar auf Kissingen vorrückenden beiden preussischen Brigaden zählten demnach nur mehr 10 Bataillons mit 25 Geschützen, dann 3½ Escadrons Huszaren. 10. Juli.

G. d. I. v. Falckenstein befand sich, da er das Gros der Bayern bei Hammelburg vermuthete, bei der gegen diesen Punkt vorgehenden Division Beyer.

Gefecht bei Kissingen.

Nach 9 Uhr langtè die Avantgarde der Division Göben (Füsilier-Bataillon des 5. westphälischen Infanterie-Regiments Nr. 53) in der Nähe von Kissingen, bei Garitz an.

Bayerischerseits befand sich blos ein halber Zug Infanterie vorwärts der Saale, der sich beim Anrücken der Preussen auf das linke Ufer zog.

Sobald das feindliche Avantgarde-Bataillon im Marsche von Garitz auf Kissingen sichtbar wurde, eröffnete die bayerische gezogene Batterie Redenbacher (auf 2500 Schritte) ihr Feuer. Gleich das erste Geschoss streckte mehrere Mann der an der Tête befindlichen preussischen Compagnie nieder, ohne damit das Bataillon aufzuhalten. Es eilte im Gegentheile, die von den Bayern nicht besetzte, am rechten Ufer gelegene Vorstadt Kissingen's zu erreichen; 3 Compagnien nisteten sich dort ein, die letzte (12. Compagnie) setzte sich auf dem Alte-Burgberge fest.

Es entspann sich nun ein lebhaftes Feuergefecht, an dem sich auch bald die preussische Artillerie betheiligte.

Die beiden preussischen Batterien — 4pfd. (Weigelt) und 3. 6pfd. (Eynatten I.) — der Brigade Kummer waren schleunigst auf den unteren Hang des Staffelsberges vorgezogen worden und eröffneten sogleich gegen die bayerischen Geschütze den Kampf.

Mittlerweile erreichten von der Brigade Kummer auch das 1. und 2. Bataillon des 53. Regiments die am rechten Ufer liegende Vorstadt; die beiden Bataillons des 13. Regiments stellten sich rückwärts derselben, und hinter ihnen die Cavallerie, gedeckt auf.

GL. v. Göben erkannte bald, dass die directe Wegnahme Kissingen's grossen Schwierigkeiten begegnen würde und wollte nur im äussersten Nothfalle zur Erstürmung der verbarrikadirten Brücke schreiten. Er beschloss die Stadt südlich zu umgehen und ertheilte, nicht wissend, dass der Pontontrain seiner eigenen Division, statt, wie dies befohlen, der Division Beyer nach Hammelburg gefolgt sei, dem GM. v. Wrangel, dessen Brigade um diese Zeit bei Garitz eingetroffen war, den Befehl, rechts der Brigade Kummer auf den Alte-Burgberg zu marschiren, sodann unterhalb der Stadt, wie und wo dies nur immer möglich, den Flussübergang zu bewirken, und von Süden her, gegen Kissingen vorzurücken.

10. Juli. Die Brigade Kummer wurde angewiesen das Feuergefecht fortzusetzen, dadurch die Aufmerksamkeit des Feindes von den Bewegungen der Brigade Wrangel abzulenken und erst dann zum directen Angriff zu schreiten, wenn diese den Flussübergang bewirkt und in die Stadt eingedrungen wäre.

GM. v. Wrangel dirigirte das an der Tête marschirende 1. Bataillon des 15. Regiments [1]) auf den Alte-Burgberg, dessen Kuppe bereits durch eine Compagnie des 53. Regiments besetzt war. Einige vorgeschobene Schützenzüge drangen über den gegen den Fluss steil abfallenden Hang des Berges vor, vertrieben die dort in den Promenaden noch eingenisteten bayerischen Plänkler und setzten sich längs der nach Hammelburg führenden Strasse fest, wo sich nun gleichfalls ein lebhaftes Tirailleurfeuer entspann. (11 Uhr.)

Die beiden Batterien der Brigade Wrangel folgten auf den Alte-Burgberg nach, doch begann dort nur die auf dem Nordwesthange aufgefahrene gezogene 4pfd. Batterie Coester gegen die am Abhange des Sinnberges placirten bayerischen Geschütze den Kampf; die glatte 12pfd. Batterie Eynatten II. nahm, der grossen Entfernung der feindlichen Batterien wegen, hinter der Kuppe eine verdeckte Aufstellung, wo vorläufig auch der Rest der Brigade Wrangel verblieb.

Bayerischerseits wurde auf der ganzen Linie ein lebhaftes Feuer unterhalten. Die beiden hinter der Brücke postirten 12pfd. Geschütze unter Lieutenant Halder gaben wiederholt Kartätschlagen ab, welche die mehrmals gegen die Brücke vorbrechenden preussischen Abtheilungen in die Häuser zurückwiesen.

Schon gegen 10 Uhr waren 2, und $^3/_4$ Stunden darauf auch die 6 übrigen Geschütze der gezogenen 6pfündigen Batterie Zeller in Winkels eingetroffen und nördlich dieses Ortes am oberen Hang des Sinnberges aufgefahren, von wo sie, auf 4000 Schritte, gegen die am Staffelsberg postirte feindliche Artillerie in Action traten.

Die Bedeckung dieser Batterie, 1 Escadron des 4. Chevaulegers-Regiments, und das gegen 11 Uhr gleichfalls bei Winkels angelangte 7. Jäger-Bataillon, verblieben vorläufig gedeckt in einer Mulde an der Strasse stehen.

Bald nachdem die Batterie Zeller nächst Winkels eingetroffen, sahen sich die Batterie Redenbacher und die beiden 12pfd. Geschütze unter Oberlieutenant Gössner, welche 500 Schritte nordöstlich Kissingen's dem überlegenen Feuer der beiden preussischen Batterien längere Zeit Stand gehalten hatten, gezwungen, anfänglich auf 1200 Schritte, und bald dar-

[1]) Die beiden andern Bataillons dieses Regiments waren bekanntlich gegen Friedrichshall detachirt.

auf bis Winkels zurück zu gehen, worauf sie neben der Batterie Zeller ihre Aufstellung fanden. 10. Juli.

Inzwischen waren von der Reserve das 6. Jäger-Bataillon, und um 11 Uhr das 3. Bataillon 9. Regiments bis zum Kirchhofe vorgezogen worden, da es nach den im Allgemeinen gemachten Wahrnehmungen, wie den Meldungen des bei Reiterswiesen stehenden Detachements, dass grosse feindliche Massen hinter Garitz aufmarschirt wären, den Anschein hatte, dass sich der Hauptstoss der Preussen gegen den Punkt Kissingen richten würde. Das 6. Jäger-Bataillon wurde hierauf zur Verstärkung des linken Flügels verwendet; eine Compagnie kam auf den Curplatz, die drei andern nahmen auf dem Stationsberg längs des Waldsaumes bis gegen die Arnshauser-Strasse Stellung.

Nach den am Morgen getroffenen Dispositionen bestand die dem Punkte Kissingen direct zugedachte Unterstützung aus 3 Bataillons, 1 Escadron und 1 Batterie der Division Feder.

Aber selbst diese wenigen Truppen gelangten nicht dahin. Das 1. Bataillon des 12. Regiments wurde nemlich angewiesen, Winkels zu besetzen, das 2. Bataillon nach Reiterswiesen dirigirt, so dass die ganze Verstärkung, welche wirklich in Kissingen eintraf, 1 Bataillon (7. Jäger-Bataillon), 1 Escadron und 1 Batterie (Zeller) betrug.

Um 11½ Uhr beiläufig wurde nun das letztere Bataillon gleichfalls auf den Stationsberg dirigirt und das mittlerweile vorgenommene 3. Bataillon 15. Regiments (4 Compagnien) links des Kirchhofes als Reserve aufgestellt.

Gegen Mittag begann sowohl das Geschütz- als auch das Kleingewehrfeuer auf der ganzen Linie schwächer zu werden, doch gerade in dieser Zeit nahm der Angriff des Gegners eine entscheidende Wendung.

An dem unweit der Lindesmühle befindlichen schmalen, über die Saale führenden Stege, war zwar der Belag abgetragen, die Tragbalken mit dem Geländer aber waren stehen gelassen worden.

Major v. Kaweczynski, welcher mit dem 1. Bataillon des preussischen 15. Regiments auf dem Alte-Burgberge hielt, hatte zur Untersuchung dieses Übergangsmittels die 2. Compagnie dahin entsandt und sehr bald kletterte dieselbe einzeln, Hauptmann v. d. Busche voran, über den Steg, und gelangte glücklich auf das linke Ufer.

Bayerischerseits wurde zwar dieses Unternehmen bemerkt, doch die am Stationsberge stehenden Jäger und die auf deren rechtem Flügel befindlichen Schützen des 9. Regiments waren zu entfernt, um durch ihr Feuer den Gegner an dessen Durchführung zu hindern.

Sobald die preussische Compagnie über den Fluss gelangt war, eilte

10. Juli. sie nach der wenige Schritte entfernten Chaussée, sammelte sich und eröffnete das Feuer.

Während dessen wurde der Steg nothdürftig überdeckt, der Rest des 1. Bataillons 15. Regiments, 2 Compagnien des Bataillons Lippe und das 1. Bataillon des 55. Regiments folgten auf das linke Ufer nach.

Es war Mittag, als die eben bezeichneten Abtheilungen daselbst Posto gefasst hatten. Der Rest der Brigade Wrangel verblieb vorläufig noch auf dem rechten Ufer.

Alle über die Saale gelangten preussischen Truppen wurden nun gegen die Bodenlauben und den Stationsberg dirigirt, und eröffneten, hiebei durch die auf dem Alte-Burgberge mittlerweile aufgefahrene 12pfd. Batterie auf das Wirksamste unterstützt, ein heftiges Tirailleurfeuer; bald waren sie im Besitze der Bodenlauben.

Die Bayern hatten zwar inzwischen den nunmehr gefährdeten südlichen Eingang der Stadt mit 2 Compagnien (4. des 6. Jäger-Bataillons und 10. des 11. Regiments) in aller Eile besetzt; doch gleichzeitig mit dem Angriffe auf die Bodenlauben waren auch schon preussische Abtheilungen gegen den südlichen Theil Kissingen's vorgedrungen, und hatten sich bald in einigen Häusern eingenistet.

Jetzt erst, 12½ Uhr, als die Vertheidiger der Stadt sich bereits in einer nachtheiligen Lage befanden, erging Seitens des Ober-Commandos an die bei Münnerstadt stehende Division Stephan der Befehl, gegen Kissingen vorzurücken. Vor mehreren Stunden war aber auf deren Eintreffen nicht zu zählen.

Viele der in Kissingen fechtenden Abtheilungen waren durch das fast seit 9 Uhr Morgens währende Gefecht munitionslos geworden und mussten nach und nach theils verstärkt, theils abgelöst werden, so dass gegen 1 Uhr nur mehr 8½ bayerische Compagnien in zweiter Linie standen, u. z. 4½ Compagnien in und nächst dem Kirchhof, 1 Compagnie am Abhange der Winterleite und 3 Compagnien des 15. Regiments hinter dem Friedhof, welch' letztere aber aus der Feuerlinie zurückgenommen worden waren und ihre Munition noch nicht hatten erneuern können.

Lieutenant Halder, der mit seinen beiden Geschützen schon früher an der Hauptstrasse auf einige 100 Schrittte zurückgegangen war, sah sich durch die Überlegenheit der feindlichen Artillerie nun auch gezwungen, zwischen dem Stationsberge und der Winterleite Aufstellung zu nehmen.

Gegen 1 Uhr entspann sich ein heftiger Kampf um den Besitz Kissingen's. Die über den Fluss gelangten preussischen Abtheilungen waren fast vollzählig gegen die Stadt vorgedrungen, denn auch die 2 Compagnien des 15. Regiments, welche ihren Schützenzügen auf die Höhen folgen sollten, hatten sich dem Angriffe auf Kissingen angeschlossen, so dass auf dem Stationsberge nur mehr 3 Halbzüge des 15. Regiments, 1 Zug und 1 Section des Bataillons Lippe gegen 2 Bataillons Bayern weiter vorgingen. 10. Juli.

Der Häuser- und Strassenkampf entbrannte nun immer mehr. Trotz einer wahrhaft heldenmüthigen Gegenwehr sahen sich die Bayern gezwungen, den südlichen Theil der Stadt zu räumen und als die Preussen gegen die Mitte derselben gelangten, begannen auch schon die am rechten Ufer zurückgelassenen Schützen des 15. Regiments und des Bataillons Lippe auf dem Gitterwerk der abgetragenen Parkbrücke, Abtheilungen des 53. Regiments über die verbarrikadirte Hauptbrücke in der Front Kissingen's einzudringen. Eine detaillirte Schilderung des preussischen Angriffes ist unmöglich, denn jede einheitliche Leitung hatte aufgehört und die einzelnen Truppentheile, bis zu den Zügen und Halbzügen, bahnten sich, je nach der momentanen Sachlage und dem Ermessen ihrer Führer, selbstständig ihren Weg und griffen dort ein, wo ihre Mitwirkung eben noththat [1]).

Die Bayern kämpften mit höchster Ausdauer und Bravour, sahen sich aber, nachdem auch die letzte Reserve ausgegeben war, schliesslich gezwungen, die Stadt zu räumen. Zwei Compagnien (10. und 12. Compagnie des 11. Regiments) zogen sich auf den Stationsberg zurück. Zwei andere Compagnien (4. des 6. Jäger-Bataillons und 6. Schützen-Compagnien des 11. Regiments) mussten sich schon mit der blanken Waffe den Ausweg bahnen, wurden aber dabei fast gänzlich aufgerieben. Der Rest der Vertheidiger, welcher die Richtung gegen den nördlichen Stadttheil eingeschlagen, erreichte von dort aus auf Umwegen den Friedhof.

Noch behaupteten 2 Compagnien die nördlich des Strassendammes gelegenen Häuser, wurden aber bald von allen Seiten eingeschlossen; in der Front drangen auch schon grössere Abtheilungen des preussischen 53. Regiments über die Hauptbrücke und so sahen sich diese Compagnien zum Aufgeben des von ihnen so herzhaft vertheidigten Punktes gezwungen. Eine derselben (11. des 11. Regiments) bewirkte ihren Rückzug mit verhältnissmässig geringem Verlust und erreichte den Kirchhof, während von der anderen (5. des 15. Regiments) nur mehr ein geringer Theil sich durchschlagen konnte.

Ganz Kissingen befand sich nun im Besitze der Preussen, mit Ausnahme der nordöstlichsten Häuser, in deren Vertheidigung 2 bayerische Compagnien (3. Schützen- und 11. des 15. Regiments) bis zum letzten Momente

[1]) „Das Treffen bei Kissingen" von A. v. Göben königl. preussischer GL. und Divisions-Commandeur S. 20., welche unpartheiisch verfasste Schrift noch nachträglich benützt wurde, obgleich der vorliegende Band vor ihrem Erscheinen schon zum Drucke bereit lag.

10. Juli. ausharrten, bald aber auch von allen Seiten umringt, abgeschnitten und zum grössten Theil gefangen genommen wurden (nach 1 Uhr) [1]).

Die Bayern waren nicht weit hinter Kissingen zurück gegangen, sondern setzten sich dicht vor der Stadt beim Kirchhofe und à cheval der Nüdlinger-Strasse wieder fest; die Preussen drängten ihnen gegen die Ostseite Kissingen's nach.

Inzwischen hatten aber auch die 3 Halbzüge vom 1. Bataillon des preussischen 15. Regiments und 1 Zug nebst 1 Section des Bataillons Lippe auf dem Stationsberge, welchen bayerischerseits 3 Compagnien des 6. Jäger-Bataillons, 2 Compagnien des 15. Regiments und 1 Compagnie des 9. Regiments vertheidigten, Terrain gewonnen.

Trotzdem, dass letztere Truppen durch zwei Compagnien des 7. Jäger-Bataillons — die beiden anderen waren als Reserve an der Winterleite verblieben, — unterstützt wurden, wobei dessen Commandant Major Graf Ysenburg fiel, drangen die Preussen, unterstützt durch das ununterbrochene Feuer der auf dem Alte-Burgberge aufgefahrenen 12pfd. Batterie, gegen die linke Flanke der Bayern vor, welche, Kissingen bereits in Feindes Hand sehend, nun auch den Stationsberg aufgaben und sich auf die Winterleite zurückzogen.

Es war dies zur selben Zeit, als sich der Kampf um den letzten Punkt, den die Bayern noch hinter Kissingen festhielten, entspann. 2 Compagnien und 1 Zug des 9. Regiments hatten den Kirchhof daselbst besetzt und in aller Eile zur Vertheidigung hergerichtet; hinter demselben, à cheval der nach Nüdlingen führenden Strasse sammelten sich die Truppen der Brigade Ribeaupierre und nahmen nach und nach wieder Stellung. Winkels war mit dem I Bataillon des 12. Regiments besetzt, in dessen linker Flanke sich die beiden von Reiterswiesen zurückgelangten Compagnien auf einer bewaldeten Höhe aufstellten. Die bayerischen Batterien Redenbacher und Zeller verblieben im Kampfe mit der preussischen, noch am rechten Saale-Ufer befindlichen Artillerie.

Die Preussen schritten nun zum Angriffe des Friedhofes.

4 Compagnien des 15. und 55. Regiments, denen sich zahlreiche Schützen aller andern in Kissingen eingedrungenen Abtheilungen und mehrere Compagnien des 53. Regiments anschlossen, gingen gegen dieses Object vor, während gleichzeitig die preussischen Schützenzüge, welche den Stationsberg genommen, die linke bayerische Flanke bedrohten.

Um sich Luft zu machen, beorderte GL. v. Zoller 1 Escadron des 4.

---

[1]) Nach dem bayerischen officiellen Werke war Kissingen um $1^1/_2$ Uhr, nach der Brochüre des GL. v. Göben gegen 1 Uhr im Besitze der Preussen.

Chevaulegers-Regiments zur Attake. Auf einen unpassirbaren Hohlweg stossend, musste diese Escadron unter dem heftigsten feindlichen Feuer wieder zurück. 10. Juli.

Mit unvergleichlicher Bravour wurde der Friedhof gehalten. Erst als ein weiterer Widerstand unmöglich geworden, bahnten sich die Vertheidiger mit dem Bajonnet den Weg durch die feindlichen Reihen und entkamen, wenn auch mit schweren Verlusten [1]).

Preussischerseits folgten à cheval der Chaussée 2 Compagnien des 15. Regiments nebst vielen Schützenschwärmen den Bayern nach, während gleichzeitig die Schützenzüge vom Stationsberg auf der Winterleite weiter vordrangen.

GL. v. Göben fand es jedoch an der Zeit, vor Allem seine Truppen wieder zu ordnen. Er berief die bis nahe gegen Winkels vorgedrungenen Abtheilungen bis zum Friedhofe zurück und zog gleichzeitig die noch am rechten Ufer verbliebenen Truppen der Brigaden Wrangel und Kummer, sowie die schon früher von Albertshausen nach Garitz vorgenommene Reserve nach Kissingen. Blos die Artillerie verblieb in ihrer günstigen Position am jenseitigen Ufer.

Während sich die Preussen Kissingen's bemächtigten, suchte auch deren linkes Flügel-Detachement, unter Oberst v. d. Goltz, weiter aufwärts die Saale zu forciren.

Das Detachement (2. und Füsilier-Bataillon des 15. Regiments und $^1/_2$ Escadron) kam, schon als es in das Thal hinabstieg, in feindliches Feuer und fand sowohl bei Friedrichshall, welcher Ort mit den angrenzenden Salinen vom bayerischen 5. Jäger-Bataillon besetzt war, sowie bei Hausen, wo 4 Compagnien des 11. Regiments standen, eine kräftige Vertheidigung. Auf dem Abfalle des Sinnberges, nordöstlich Friedrichshall, befanden sich vier 12pfd. Geschütze, unter Oberlieutenant zu Rhein, 1200 Schritte östlich dieses Ortes die beiden Cavallerie-Regimenter.

Die sich dem andern Flussufer nähernden Preussen wurden heftig beschossen, während die 4 Geschütze den Ausgang des Cascaden-Thales mit Granatkartätschen bewarfen. Oberst v. d. Goltz musste bald die Unmöglichkeit erkennen, mit seinen geringen Kräften hier durchzudringen und beschränkte sich darauf die Lisière des den Thalhang begrenzenden Gehölzes mit 3 Compagnien zu besetzen, 2 Compagnien in der Richtung auf Hausen vorzuschieben und den Rest seines Detachements gedeckt aufzustellen. Es

---

[1]) Nach dem bayerischen Werke um 2 Uhr; nach der Darstellung in GL. v. Göben's Brochüre scheint die Einnahme des Friedhofs beiläufig $^1/_2$ Stunde vorher geschehen zu sein.

10. Juli. entspann sich nun bei Friedrichshall ein andauerndes Feuergefecht, während welchen der Commandant des bayerischen rechten Flügels, GM. Graf Pappenheim, verwundet wurde und das Commando an Oberst Baron Brück überging.

GL. v. Manteuffel, welcher mit seiner Division um 10½ Uhr von Geroda aufgebrochen war, um über Claushof und Friedrichshall nach Kissingen zu rücken, erhielt auf dem Marsche Kenntniss von der Lage der Dinge, eilte mit einer Escadron des Dragoner-Regiments Nr. 6 und der 4pfd. Batterie Tempsky gegen Friedrichshall voraus, und traf daselbst kurz vor Mittag ein.

Dort angelangt, konnte er jedoch des Terrains halber nur 2 Geschütze auffahren lassen und auch diese mussten sich schon nach wenigen Schüssen vor dem überlegenen feindlichen Feuer zurückziehen.

GL. v. Manteuffel wandte sich nun mit Ausnahme zweier Geschütze, die er mit einem Dragonerzug am Salzberge beliess, durch den Klosterwald flussaufwärts gegen Hausen, dirigirte seine bei Claushof eingetroffene Avantgarde unter GM. v. Freyhold (3 Bataillons des 59. Regiments mit der gezogenen 6pfd. Batterie Loose) gleichfalls dahin, das Füsilier-Bataillon des 25. Regiments unter Oberstlieutenant v. Cranach nach Waldaschach, das Gros seiner Division nach Kissingen.

Indessen kamen aber auch auf bayerischer Seite Verstärkungen an. Gegen Mittag traf GM. Hanser mit den bereits früher bezeichneten Theilen seiner Brigade und den beiden ihm nachgesandten Batterien auf dem zwischen Hausen und Haard befindlichen Höhenzuge ein, nahm dort Stellung und entsandte 2 Compagnien des 3. Jäger-Bataillons zur Verbindung mit Waldaschach nach Grossenbrach; die beiden andern Compagnien dieses Bataillons verstärkten den Posten in Hausen.

Um 1 Uhr erhielt GM. Hanser den Befehl, mit seinem Gros nach Hausen zu rücken, er beorderte die reitende Batterie Hellingrath unter Bedeckung von 1½ Escadrons dahin voraus; 2 Geschütze nahmen hinter der steinernen Brücke, die 4 anderen am Ostende des Ortes Stellung Die gezogene 6pfd Batterie Girl war schon früher auf einer vorspringenden Kuppe des Höhenzuges und am Hundsbrunnen aufgefahren, die beiden 12pfd. Geschütze (unter Oberlieutenant Graf Türheim) bei Haard verblieben.

Die beiden Bataillons des 10. Regiments waren eben im Begriffe gleichfalls gegen Hausen nachzufolgen, als GM. Hanser vom GL. Zoller die Weisung erhielt, so schnell als möglich die in Kissingen fechtenden Truppen zu unterstützen. Die beiden Bataillons des 10. Regiments traten von Hausen den Marsch dahin an (gegen 2 Uhr), wurden aber auf dem Wege nach Friedrichshall beim Steinhof von einem so heftigen feindlichen Feuer empfangen, dass das 1. Bataillon hinter den Wirthschaftsgebäuden und nächst dem Steinhof eine deckende Aufstellung nahm, während das 3. Bataillon über den Sinnberg nach Kissingen zu gelangen suchte. 10. Juli.

Beim Ersteigen des nur wenig Schutz bietenden Hanges von einer mittlerweile am Salzberge aufgefahrenen preussischen Batterie beschossen, gerieth das Bataillon einigermassen in Unordnung, sammelte sich aber bald und wollte wieder den Marsch nach Kissingen fortsetzen, als es die Nachricht von dem Verluste dieser Stadt, wie den Befehl erhielt, auf Nüdlingen zurückzugehen. Zur Aufnahme der noch vorwärts befindlichen Abtheilungen nahm es vorläufig eine gedeckte Aufstellung auf dem Sinnberge.

Nach dem Verluste Kissingen's (gegen 2 Uhr), hatte GL. v. Zoller auch den Rückzug der nächst Friedrichshall und Hausen stehenden Abtheilungen in der Richtung auf Nüdlingen angeordnet.

Die Friedrichshall vertheidigenden Truppen traten nun diesen, gedeckt durch die 3. Jäger-Compagnie, unter einem lebhaften Feuer des Feindes an und sammelten sich sammt der Halb-Batterie zu Rhein, bei welcher Oberlieutenant Gössner mit seinen beiden Geschützen inzwischen wieder eingerückt war, auf der Höhe des Sinnberges neben der dort stehenden 2. leichten Cavallerie-Brigade, wo auch die beiden Bataillons des 10. Regiments sich wieder vereinigten.

Da aber, wie wir gleich sehen werden, in dieser Zeit auch schon Winkels in die Hände der Preussen gefallen war und eine in die linke Flanke detachirte bayerische Compagnie, von deren Feuer empfangen wurde, setzten die Truppen, gedeckt von 2 Compagnien des 10. Regiments unter Hauptmann Lacher, welcher den Feind durch ein ausdauernd geführtes Waldgefecht längere Zeit aufhielt, ihren Rückzug auf Nüdlingen fort. Bei Gelegenheit des Rückzuges von Friedrichshall fiel der Generalstabshauptmann Schlagintweit.

Bald nachdem der Abzug der Bayern unter dem Feuer der herbeigekommenen preussischen Avantgarde-Batterie (Nr. 6) von Friedrichshall begonnen, setzten sich die Preussen auch in den Besitz dieses Ortes.

Auf einem Kahne, welchen zwei preussische Musketiere, die durch die Saale geschwommen, vom linken Ufer geholt hatten, wurden anfänglich einige Züge, sodann als die Brücke mit Leitern überdeckt war, andere Abtheilungen über den Fluss nach Friedrichshall gesetzt. Später, nachdem der preussische Brückentrain vorgekommen, wurde der Rest des Detachements mittelst Pontons über die Saale gebracht und zur Wiederherstellung der Brücke geschritten.

Friedrichshall mit den Salinen wurde nun stark besetzt, und Oberst

10. Juli. v. d. Goltz verblieb daselbst, indem er nur kleine Abtheilungen dem Gegner folgen liess.

Auch von Hausen begannen die Bayern in Folge des erhaltenen Befehls um 2 Uhr, theils auf dem Wege nach Haard, theils im Thale des Nüdlinger-Baches abzuziehen, wurden aber schon kurze Zeit darauf ($2^1/_4$ Uhr) von den bekanntlich auf dem Salzberge aufgefahrenen beiden Batterien der Division Manteuffel beschossen.

Die noch ganz nahe bei Hausen befindliche bayerische 12pfd. Batterie Hellingrath erwiderte sogleich das Feuer und wurde bald darauf auch durch die gezogene 6pfd. Batterie Girl unterstützt.

Während dessen setzten die übrigen Truppen ihren Rückzug weiter fort. Nur das 3. Bataillon des 7. Regiments, 2 Compagnien des 3. Jäger-Bataillons mit 2 Zwölfpfündern der Batterie Kirchhoffer nahmen am Rücken des Hundsbrunnen eine Aufnahmsstellung, durch welche sich die Batterien, nachdem die Kanonade nahezu 1 Stunde (bis 3 Uhr) gewährt und preussische Schützen sich bereits von Friedrichshall her der Batterie Hellingrath näherten, zurückzogen, worauf auch die beiden Bataillons (die zwei nach Grossenbrach detachirten Compagnien des 3. Jäger-Bataillons waren inzwischen wieder eingerückt) und die beiden Zwölfpfünder zwischen $3^1/_2$ und 4 Uhr den Rückzug, anfänglich nach Haard, später nach Burghausen antraten, um hier die Einmündung des Haarder Weges in die Schweinfurter-Strasse zu decken.

Als sich der früher geschilderte Geschützkampf schon seinem Ende nahte, traf auch die Avantgarde der Division Manteuffel nach und nach gegenüber Hausen ein. Einige Züge des an der Tête befindlichen 1. Bataillons des 59. Regiments überkletterten die barrikadirte Brücke, über welche bald darauf, nachdem sie wieder gangbar gemacht, der Rest des Bataillons folgte, das nun den Ort besetzte. Das Füsilier-Bataillon obigen Regiments verblieb rechts der Batterien an der nach Kissingen führenden Strasse, während das 2. Bataillon eine Reserve-Aufstellung am Eingange von Hausen nahm.

Eine weitere Verfolgung der Bayern fand von dieser Seite nicht statt.

Ein später vorgeschicktes Detachement (2 Compagnien) vertrieb einzelne feindliche Patrullen und setzte sich schliesslich in Haard fest.

Bei Waldaschach war zwar zu dieser Zeit noch kein Feind erschienen, doch wurde dieser Ort, wegen dessen isolirter Lage nunmehr von den Bayern geräumt und das Detachement (1. Bataillon des 15. Regiments) nahm, nachdem die Saale-Brücke verrammelt und mit 1 Compagnie besetzt worden, auf der am linken Ufer steil ansteigenden Höhe Aufstellung. Eine Compagnie bewachte Grossenbrach und die zerstörte, nach Kleinbrach führende Brücke. Auch Steinach blieb von den Bayern (3. Infanterie-Regiment mit 2 Geschützen) besetzt. 10. Juli.

GL. v. Göben, welcher seine Truppen nächst Kissingen gesammelt, nahm nach 2 Uhr die Verfolgung der Bayern wieder auf.

GM. v. Kummer beliess 2 Bataillons des 13. Regiments in Kissingen und rückte mit dem Reste seiner Brigade, voran das 19. Regiment [1], à cheval der Strasse in der Richtung auf Nüdlingen vor. Rechts der Chaussée und auf dem Hange der Winterleite avancirten unter GM. v. Wrangel das Füsilier- und 2. Bataillon des 55. Regiments nebst 2 Compagnien Lippe, während das 1. Bataillon des 15. Regiments gegen die Höhe der Winterleite vordrang und sich mit den vom Stationsberge vorgekommenen Schützenzügen vereinigte.

Ein Halb-Bataillon des 55. Regiments verblieb an der Strasse als Reserve; das andere ging mit Schützenzügen des 15. Regiments und des Bataillons Lippe links der Strasse gegen den Sinnberg vor [2]).

Unter diesen Umständen sahen sich die Bayern bald zum weiteren Rückzug gegen Winkels genöthigt, der zwar auf Befehl des Prinzen Carl, welcher ein neuerliches Vorrücken gegen die eben verlassenen Positionen anordnete, einen Moment eingestellt, sehr bald aber wieder fortgesetzt wurde.

Während dieses Rückzuges versuchte die Escadron Egloffstein des 4. Chevaulegers-Regiments nochmals eine Attake, wurde aber durch das preussische Schnellfeuer mit Verlust zurückgewiesen; auch beschossen die Batterien Redenbacher und Zeller mit nur geringer Wirkung den auf der ganzen Linie unaufhaltsam vordringenden Feind.

Die links der Strasse auf dem Hange des Sinnberges avancirenden preussischen Abtheilungen begannen bald die Batterie Zeller schon aus ziemlicher Nähe zu bedrohen, daher von Winkels die nächsten Compagnien (4 des 12. Regiments) in die auf der Höhe befindlichen Weingärten geworfen wurden, wodurch die Preussen auch eine Weile zum Stehen kamen. Eine zu weit vorgedrungene kleine Abtheilung der Letzteren ward durch die mittlerweile von der Attake rückkehrende Escadron gefangen genommen.

Die beiden bayerischen gezogenen Batterien benützten diesen Moment,

---

[1]) Dieses Regiment war zur Ausgleichung der Stärke von der Division Beyer der Division Göben zugetheilt worden.

[2]) Vor Beginn des Angriffes hatten alle preussischen Truppen ihr Gepäck abgelegt.

10. Juli. um auf Nüdlingen zurück zu gehen, wohin sich auch Lieutenant Halder mit seinen beiden Geschützen, von der Winterleite aus, gezogen hatte.

Nahe vor Winkels fiel GL. v. Zoller und GM. v. Ribeaupierre übernahm das Commando. GL. v. d. Tann ward verwundet.

Vom preussischen 19. Regiment, welches Winkels in der Front angriff, drangen bald Abtheilungen in den Ort ein, der gleichzeitig von dem rechts der Strasse und auf dem Nordhang der Winterleite vorrückenden Theile der Brigade Wrangel beschossen ward; die Bayern gaben nun diesen Ort auf und setzten den Rückzug gegen Nüdlingen weiter fort.

Nachdem auch die Vertheidiger der Winterleite gezwungen worden die Höhe zu verlassen, zog sich das bayerische 7. Jäger-Bataillon gegen die Chaussée, das 6 Jäger-Bataillon über den Oster- und Schlegelsberg gleichfalls an die Strasse zurück, und nur 1 Compagnie ersteren Bataillons und $1^1/_2$ Compagnien des 9. Regiments bewirkten ihren Rückzug auf den Höhen selbst.

Unter diesen Umständen konnte sich auch der rechte bayerische Flügel am Sinnberge nicht länger halten. Preussischerseits ging das Halb-Bataillon des 55. Regiments mit den angehängten Schützenzügen in der Front zum Angriffe dieser Höhe vor, während von Winkels aus Theile des 19. Infanterie-Regiments und des Bataillons Lippe gegen den südlichen Theil des Berges und den Schlegelsberg vordrangen und die Bayern hier zum Rückzuge zwangen.

Um $3^1/_2$ Uhr, als sich die Preussen im Besitze sämmtlicher Höhen bis zum Nüdlinger-Bach befanden, gab GL. v. Göben den Befehl, über diese nicht mehr hinaus zu gehen.

Das 19. Regiment besetzte hierauf den Sinnberg. Auch die Brigade Wrangel blieb stehen. Nur drei Compagnien des 1. Bataillons vom 15. Regimente, welche den Befehl zur Einstellung der Vorrückung nicht erhalten, drangen bis zum Calvarienberg (südlich von Nüdlingen) vor, während die Bayern ihren Rückzug durch Nüdlingen, wo inzwischen auch der grösste Theil der Truppen von Friedrichshall und Hausen eingetroffen war, bewirkten.

Um in diesem Momente das Nachdrängen der Preussen zu verhindern, besetzten starke Plänkler-Abtheilungen anfänglich den Wassergraben vor Nüdlingen, und später, als sie selben aufgeben mussten, den Westausgang dieses Ortes, während das 1. Bataillon des 12. Regiments und das 3. Bataillon des 4. Regiments auf dem mehr rückwärts gelegenen Schlossberg Aufstellung nahmen.

Die 4 glatten von Bischofsheim eingetroffenen Geschütze der Batterie Kirchhoffer fuhren auf der Höhe nächst dem Kirchhofe auf, neben ihnen kam das eben von Reiterswiesen rückgekehrte 2. Bataillon 12. Regiments zu stehen [1]). Ferners liess das um 4 Uhr von Friedrichshall her durch Nüdlingen marschirende 10. Regiment 2 Compagnien im Friedhof zurück. 10. Juli.

Inzwischen hatte GL. v. Göben, da nach 2 Uhr von Friedrichshall und Waldaschach starker Kanonendonner herüber tönte, den General v. Tresckow mit dem Cürassier-Regiment Nr. 4 und der reitenden Batterie Metting, denen das 13. Infanterie-Regiment nachfolgte, zur Recognoscirung Saaleaufwärts entsendet und von diesem sehr bald die Meldung erhalten, dass sowohl Friedrichshall als Hausen bereits vom Feinde geräumt und im Besitze der Preussen wären.

GM. v. Tresckow liess hierauf das Cürassier-Regiment mit der Batterie nördlich am Sinnberge vorgehen, wo letztere mit den am Nüdlinger Kirchhofe aufgefahrenen bayerischen 4 Geschützen und einer reitenden Batterie, welche aus der Reserve-Stellung vorkam und sich etwa 700 Schritte östlich Nüdlingen postirte, in den Kampf trat. Da aber die glatten Geschütze der preussischen Batterie wegen der grossen Entfernung keine Wirkung erzielten, stellten sie bald das Feuer ein und kehrten sammt dem Cürassier-Regiment gegen Kissingen zurück.

Während des eben beschriebenen Geschützkampfes war das bayerische 2. Bataillon des 12. Regiments nebst 2 Geschützen der Batterie Kirchhoffer auf den Calvarienberg gerückt.

Dieses Bataillon wurde aber beim Ersteigen des Berges von der neben Nüdlingen aufgefahrenen bayerischen Batterie für ein feindliches gehalten und beschossen, gerieth in Unordnung und verliess in Folge dessen wieder die Höhe. In diesem Momente erreichten die Schützen der am rechten preussischen Flügel unaufhaltsam vorgedrungenen 3 Compagnien des 1. Bataillons

---

[1]) Dieses Bataillon, gegen Mittag zu einer Recognoscirung nach Arnshausen entsendet, wurde beim Debouchiren aus dem Walde vor Reiterswiesen bereits vom feindlichen Feuer empfangen, nahm im Walde Stellung und marschirte um 2 Uhr nach Nüdlingen ab.

Ein militärischer Augenzeuge schreibt über die Situation in Nüdlingen:

„Es war 4 Uhr Nachmittags: die aus Kissingen, sowie von Hausen zurück„gewiesenen Truppen, die zurückfahrenden Batterien, leere Sanitäts-, Munitions- und „Proviantwagen, anderseits von Münnerstadt anrückende Verstärkungen, Batterien „der Artillerie-Reserve, die eben eintrafen, Alles drängte sich in Nüdlingen, einem „kleinen Orte, in einem von ziemlich hohen, waldigen Rücken und Kuppen einge„schlossenen Kesselthale, zusammen.

„Die Verwirrung hatte ihren Gipfel erreicht. Bei diesem Anblicke musste „selbst der Muthige zu zweifeln anfangen.

„Wie konnte man Ordnung schaffen in diesem Chaos? Wenn die Preussen „rasch nachrückten, war Alles verloren; denn ein eiliger Rückzug, um dem Feinde „sich zu entziehen, war durch die rückwärtigen Walddefilés ganz unmöglich.

(Meine Eindrücke aus dem bayerisch-preussischen Feldzuge im Jahre 1866. — Von einem Augenzeugen.)

10. Juli. des 15. Regiments die Kuppe. Nur eines der beiden bayerischen Geschütze konnte mehr abfahren, das andere, von dem während des Aufprotzens 5 Pferde fielen, blieb in den Händen der Preussen. Das bayerische Bataillon machte noch einen vergeblichen Versuch die Höhe wieder zu gewinnen, wobei dessen Commandant, Major Kohlermann, verwundet wurde und zog sich hierauf theils auf die Chaussée, theils über den Schlossberg zurück.

Nüdlingen wurde nun von den Bayern verlassen und bald darauf dessen Westrand von der über den Sinnberg vorgegangenen 10. Compagnie des preussischen 19. Regiments und einer Schützen-Abtheilung vom 1. Bataillon des 15. Regiments besetzt. Der Commandant des letzteren Bataillons gewahrte vom Calvarienberge aus, dass die längs der Strasse vorgerückten preussischen Abtheilungen Halt gemacht, und erhielt auf eine gestellte Anfrage die Mittheilung von dem erlassenen Befehl, nicht weiter vorzugehen, worauf er sein Bataillon, mit Ausnahme der gegen Nüdlingen vorgeeilten Compagnie, auf demselben Wege, den es gekommen, wieder zurückführte.

Bayerischerseits war beiläufig 1200 Schritte hinter Nüdlingen die reitende 12pfd. Batterie Lepel nördlich der Münnerstädter-Chaussée aufgefahren. Zu beiden Seiten derselben nahmen fünf Compagnien des 15. Regiments und Abtheilungen des 7. Jäger-Bataillons Stellung, während der Rest der im Kampfe gestandenen Truppen den Rückzug weiter fortsetzte (4½ Uhr).

GL. v. Göben hatte in Erfahrung gebracht, dass er es bisher nicht nur mit 3 Brigaden zu thun gehabt, sondern dass auch schon des Morgens zwischen Schweinfurt und Kissingen beiläufig eine bayerische Truppen-Division bemerkt worden war, für deren Avantgarde man das bekanntlich zur Recognoscirung gegen Arnhausen vorgeschobene 2. Bataillon des 12. Regiments hielt. Um nun durch eine noch grössere Entfernung von der Saale nicht Flanke und Rücken seiner Division zu gefährden, ertheilte er wiederholt den Befehl, nicht über den Abschnitt vor Nüdlingen vorzugehen und wies den GM. v. Wrangel an, mit seiner Brigade, dem Infanterie-Regimente Nr. 19 und seinen beiden inzwischen vorgekommenen Batterien, am Sinn- und Schlegelsberg Stellung zu nehmen.

GM. v. Kummer sollte mit dem 53. Regimente nach Kissingen rückkehren, wo auch GM. v. Tresckow mit den Cürassieren und der Batterie bereits wieder eingetroffen war.

Vom 13. Infanterie-Regiment wurde das 2. Bataillon mit 1 Escadron Huszaren nach Reiterswiesen und Arnshausen mit dem Auftrage vorgeschoben, starke Patrullen gegen Schweinfurt zu entsenden, während zu deren etwaiger Unterstützung das 1. Bataillon am Südausgange Kissingens verblieb.

Es muss hervorgehoben werden, dass um diese Zeit GL. v. Manteuffel in Kissingen mit der Mittheilung eintraf, das Gros seiner Division, deren Avantgarde bekanntlich nach Hausen dirigirt worden, könne nicht vor Abend in Kissingen anlangen. 10. Juli.

Zur Zeit, als vor Nüdlingen das Gefecht scheinbar zum Abschlusse gelangte, gaben die Bayern auch den Posten bei Waldaschach auf. Die von der Division Feder dahin entsandten Abtheilungen (3. Bataillon des 8. Regiments und 4 Geschütze) waren zwischen 3 und 4 Uhr dort eingetroffen und hatten — mit Ausnahme 1 Compagnie, welche bei Bocklet zur Vertheidigung der schlecht zerstörten Brücke zurückblieb — neben und hinter dem auf dem Alte-Burgberge aufmarschirten 1. Bataillon des 15. Regiments Stellung genommen.

Als man gegen 5 Uhr am linken Ufer oberhalb Hausen schon feindliche Colonnen gewahrte, welche die directe Rückzugslinie gegen Nüdlingen verlegten, benützte das 1. Bataillon des 15. Regiments mit der Halb-Batterie die einzige für Geschütze noch practicable Strasse am rechten Saale-Ufer und rückte, nachdem die Verrammlung auf der Brücke in Eile entfernt worden, über Waldaschach nach Steinach.

Das während des Vormarsches der Division Manteuffel zur Deckung der linken Flanke nach ersterem Orte detachirte preussische Füsilier-Bataillon des 25. Regiments hatte sich in diesem Momente Waldaschach so weit genähert, dass dessen Vortruppe mit der Arrièregarde der abziehenden Bayern noch einige Schüsse wechseln konnte.

Das andere bayerische Bataillon (3. Bataillon des 8. Regiments) bewirkte seinen Rückzug auf Waldwegen über Bocklet nach der Münnerstädter-Strasse. Die nach Kleinbrach detachirte 1. Schützen-Compagnie des 1. Bataillons des 15. Regiments, welche zum Einrücken beordert worden, gelangte erst nach Waldaschach, nachdem das Bataillon abmarschirt und der Feind schon in den Ort gedrungen war.

Nach einem harten Kampfe und bei einem Verlust von etlichen 40 Mann bahnte sich dieselbe einen Ausweg nach Bocklet, wo sie sich dem 3. Bataillon des 8. Regiments anschloss und sodann mit diesem vereint nach Niederlauer rückte.

Das mit den 4 Geschützen von Waldaschach glücklich nach Steinach gelangte bayerische Bataillon verblieb daselbst mit dem dort bereits stehenden Detachement bis zum Einbruche der Nacht.

In Folge der von GL. v. Göben ertheilten Disposition traf GM. v. Wrangel alle Vorbereitungen, seine Truppen in einem Biwak bei Winkels unter-

10. Juli. zubringen. Das 19. Regiment, welches noch am Sinnberge stand, sollte durch das auf Vorposten bestimmte 2. Bataillon des 55. Regiments abgelöst werden und sodann gleichfalls zum Gros der Brigade stossen, bei welchem noch viele Abtheilungen fehlten.

Nach 5 Uhr setzte sich dieses Bataillon in Marsch, aber schon eine halbe Stunde darauf meldete der Commandant desselben, dass sich die Bayern hinter Nüdlingen bedeutend verstärkt hätten und nach den wahrnehmbaren Vorbereitungen ein neuerliches Vorgehen derselben in Aussicht stehe. Diese Meldung sollte sich sehr bald bewahrheiten.

Die bayerische (1.) Division Stephan, welche um 1 Uhr den Befehl auf das Gefechtsfeld zu eilen erhalten hatte, war, nachdem sie auf ihrem Vormarsche vielfältig aufgehalten worden, mit ihrer Spitze gegen 4 Uhr hinter Nüdlingen eingetroffen.

Nachdem 1 Bataillon in Münnerstadt zurückgeblieben, zählte diese Division 9 Bataillons, 4 Escadrons, 6 glatte und 4 gezogene Geschütze.

Zur Deckung des Aufmarsches besetzte die Brigade Welsch mit 3 Bataillons zu beiden Seiten der Strasse den Ausgang des Defilés [1]).

2 Bataillons (2. des 2. und 1. des 8. Regiments) nahmen auf dem Südhange des Altenberges, das 3. Bataillon des 2. Regiments nächst der Ruine Hünberg Stellung. Hier kamen überdies 4 gezogene Geschütze (Batterie Hutten) und am Südhange des Altenberges zu beiden Seiten der Batterie Lepel 6 Geschütze der 12pfd. Batterie Mussinan und die wieder vorbeorderte 12pfd. Batterie Schuster, im Ganzen also 26 Geschütze zur Verwendung.

Auch die Brigade Steinle debouchirte nun aus dem Defilé, bewirkte am Fusse des Schlossberges ihren Aufmarsch und schob das 2. Jäger-Bataillon gleichfalls auf die Höhe nächst der Ruine vor.

Mit dieser Verstärkung an frischen Truppen hoffte Prinz Carl dem bisher so unglücklich geführten Gefechte eine andere Wendung zu geben und beschloss nun seinerseits zur Offensive zu schreiten. Doch statt hiezu alle verfügbaren Truppen zusammen zu raffen, schritt man mit den 9 Bataillons der Division Stephan, denen blos 4 Bataillons der bisher bei Kissingen, Friedrichshall und Hausen im Gefechte gestandenen 3 Brigaden als Reserve dienten, zum neuerlichen Angriffe, während man den Rest dieser Letzteren den Rückzug hinter Nüdlingen weiter fortsetzen liess.

Noch verblieb die Hoffnung auf das Erscheinen der Division Hart-

---

[1]) Die andern Bataillons waren bekanntlich in Münnerstadt, Neustadt und Waldaschach detachirt.

mann, welcher um $2^1/_2$ Uhr der Befehl ertheilt worden war, auf den Kampfplatz zu eilen. 10. Juli.

Diese Division hatte den Marsch auf Aura und Euerdorf um 2 Uhr begonnen, stellte aber auf die Nachricht, dass letzterer Ort bereits vom Feinde besetzt sei und auch von Kissingen schon feindliche Infanterie anrücke, den Vormarsch ein, und nahm, da aus der Richtung des Kanonendonners der ungünstige Verlauf des Gefechtes zu entnehmen war, zur Deckung der Schweinfurter-Strasse bei Örlenbach Stellung.

Hier erhielt nun GL. v. Hartmann den vom Prinz Carl ertheilten Befehl, auf den Kampfplatz zu rücken, wenige Minuten darauf aber die vom Generalstabs-Souschef im Namen des Feldmarschalls erlassene Weisung, Poppenhausen festzuhalten. Letzterer Befehl, obgleich früher ausgefertigt, war durch Zufall später an die Division gelangt, in Folge dessen GL. v. Hartmann beschloss, seine durch Hin- und Hermärsche ohnedies erschöpften Truppen bei Poppenhausen Stellung nehmen zu lassen, wobei ihn auch die Erwägung leitete, dass der Tag zu weit vorgeschritten war, um das sehr entfernte Gefechtsfeld vor Anbruch der Nacht erreichen zu können. Die Hoffnung auf ein Eingreifen dieser Division in den Kampf war daher eine vergebliche.

Die Vorrückung der Division Stephan gegen Nüdlingen begann nach 5 Uhr. Die 4 an der Strasse stehenden Bataillons der Brigade Steinle gingen in der Front, 2 Bataillons der Brigade Welsch in der rechten, das 2. Jäger-Bataillon in der linken Flanke gegen diesen Ort vor, und die wenigen Preussen (10. Compagnie des 19. Regiments mit dem Schützentrupp des 15. Regiments), welche dessen Westausgang besetzt gehalten hatten, wurden mit Verlust gegen den Schlegelsberg gedrängt.

GM. v. Wrangel hatte gleich nach Empfang der Meldung, dass sich grössere bayerische Massen hinter Nüdlingen sammelten, die 12pfd. Batterie Eynatten II, unter Bedeckung einer Escadron Huszaren, auf den Schlegelsberg vorgesandt, wo sie alsbald den Kampf mit der feindlichen Artillerie aufnahm.

Auch das Füsilier-Bataillon des 55. Regiments wurde vorbeordert, um die Stellung des 19. Regiments zu verstärken.

Mittlerweile hatten aber auch die Bayern ihre Vorrückung weiter fortgesetzt. Das 2. Bataillon des Leibregiments besetzte Nüdlingen, das 3. den nassen Graben rechts des Ortes und den Calvarienberg, auf welch' letzteren sich auch das 3. Bataillon des 2. Regiments und das 2. Jäger-Bataillon zogen.

Rechts der Chaussée gingen 3 bayerische Bataillons (2. und 3. Bataillon des 1., 2. des 2. Regiments) gegen den Nordabhang des Sinnberges vor; 2 Bataillons (1. des 8. und 1. des 2. Regiments) verblieben hinter Nüdlingen

10. Juli. an der Strasse als Reserve. Von der Artillerie war nach der Räumung Nüdlingens durch die Preussen die 12pfd. Batterie Mussinan bis an den Kirchhof, die reitende 12pfd. Batterie Lepel auf die Höhe nördlich des Ortes vorgefahren und in Action getreten, während die beiden andern Batterien (Schuster und Hutten) eine Reservestellung nahmen.

Das 3. Chevaulegers-Regiment stand gedeckt hinter Nüdlingen.

Von den andern an diesem Tage bisher im Gefechte gewesenen bayerischen Truppen wurden nur 4 Bataillons (6. Jäger-, 2 Bataillons des 10. und 2. des 12. Regiments), denen sich später noch das 1. Bataillon des 12. Regiments und eine Escadron anschlossen, am Schlossberge hinter der Ruine als Reserve zurückbehalten, während alle übrigen Abtheilungen, wie erwähnt, ihren Rückzug theils auf Münnerstadt, theils auf Poppenhausen und Schweinfurt fortsetzten.

Preussischerseits hielten 5 Compagnien des 19. Regiments hinter der Lisière des die Höhen bedeckenden Gehölzes, während das Gros dieses Regiments (7 Compagnien), und neben ihm die 12pfd. Batterie, hinter dem Kamme, zu beiden Seiten der Strasse, Stellung genommen hatten.

Als das Feuer immer stärker wurde, begab sich GM. v. Wrangel nach vorwärts und liess gleichzeitig das Divisions-Commando in Kissingen um Unterstützung bitten, von wo jedoch der Bescheid zurück gelangte, dass der General „mit 8 Bataillons und 2 Batterien in so starker Stellung einem jeden so spät am Tage erfolgenden Angriffe vollständig gewachsen sei, indessen über die beiden bei Friedrichshall stehenden Bataillons seiner Brigade, wenn nöthig, verfügen könne."

Jene starke Stellung war aber, als dieser Bescheid eintraf, nicht mehr in seinem Besitz, und ihm blieb in der kritischen Lage, in die er sich plötzlich versetzt sah, auch nicht die Zeit die ihm zugewiesenen Bataillons heranziehen zu können.

Die Bayern hatten nemlich (5½ Uhr) ihre Vorrückung weiter fortgesetzt. Der rechte Flügel, welcher weniger Widerstand fand, drang, die Preussen völlig überraschend, in den Sinnberg-Wald ein; auf dem linken Flügel waren drei Compagnien vom 3. Bataillon des Leibregiments über den Calvarienberg, zwei Compagnien des 2. Regiments links davon vorgerückt, während zwei Compagnien des 2. Jäger-Bataillons am äussersten linken Flügel mit den am Schlegelsberg postirten preussischen Abtheilungen das Gefecht aufnahmen.

Die beiden andern Compagnien des letzterwähnten Bataillons dienten der inzwischen auf den Calvarienberg vorgerückten 12pfd. Batterie Mussinan als Bedeckung.

Bald hatten die Bayern den Sinnberg-Wald genommen, setzten sich an dessen Lisière, sowie à cheval der Strasse fest, und gelangten dadurch in die linke Flanke der Preussen, während in der Letzteren Front gleichzeitig die bisher im Thalgrunde von Nüdlingen postirten drei Compagnien des 3. Bataillons des Leib-Regiments in der Richtung auf die preussische Batterie vorrückten, die am Hange postirten 3 preussischen Compagnien theils gegen das Gros des 19. Regiments, theils gegen den Schlegelsberg drängten und allmälig die Höhe gewannen. 10. Juli.

GM. v. Wrangel war in diesem Augenblicke ($6\frac{1}{2}$ Uhr) eben im Begriff wegen Sicherung der Stellung die weiteren Befehle zu ertheilen, als ihm der Batterie-Commandant die Meldung erstattete, dass er seine Position aufgeben müsse, da er sowohl in der Front, als vom Sinnberge her von feindlicher Infanterie beschossen werde.

Auch die an der Strasse stehenden Compagnien des 19. Regiments erhielten schon aus nächster Nähe Feuer und geriethen in Unordnung.

In diesem Momente jagte überdies die von GM. v. Wrangel nach Winkels zurück beorderte Huszaren-Escadron durch diese Compagnien und steigerte die Verwirrung.

Oberstlieutenant v. Henning stellte wohl bald die Feuerlinie wieder her und liess 2 Compagnien gegen den Wald am Sinnberge vorgehen; diese aber reussirten nicht und wichen in der Richtung auf Winkels zurück.

Die zum Aufgeben ihrer Position gezwungene 12pfd. Batterie fand die Strasse bereits versperrt und entkam nur mit grosser Mühe über den Osthang des Schlegelsberges, nachdem zwei Compagnien des Bataillons Lippe und Abtheilungen vom 2. Bataillon des 55. Regiments sich dort den Bayern entgegen geworfen und diese momentan aufgehalten hatten.

Die Batterie fuhr sodann bei Winkels neben der gezogenen 4pfd. Batterie Coester auf, von wo beide vereint die am Sinnberge vordringenden Bayern beschossen.

Das nur mehr durch 5 Compagnien gebildete Gros des 19. Regiments, welches östlich der Strasse auf dem durchaus keine Deckung gewährenden Hange neuerlich Stellung genommen hatte, war hier dem heftigsten feindlichen Feuer ausgesetzt und wurde überdies — wenn auch ohne Schaden — von der eigenen gezogenen Batterie beschossen; es ging daher auf beiläufig 600 Schritte bis Winkels zurück, gedeckt durch das mittlerweile vorgekommene Füsilier-Bataillon des 55. Regiments, welches sich mit 3 Compagnien an der Strasse, 200 Schritte von der vom Feinde besetzten Waldlisière entfernt, festsetzte, während eine Compagnie in einem mit der Strasse parallel laufenden Ravin, in welchem das Bataillon seine Vorrückung bewirkt hatte, als Reserve verblieb.

10. Juli. Obgleich dieses Bataillon in seiner vorgeschobenen Stellung von der eigenen gezogenen 4pfd. Batterie gleichfalls für ein feindliches gehalten und beschossen wurde und durch die erste Granate 1 Fähnrich, 1 Feldwebel und 9 Mann verlor, führte es doch durch längere Zeit das Feuergefecht gegen den überlegenen Gegner in ausdauernder Weise fort, bis es endlich durch die Bayern vom Sinnberge her in Flanke und Rücken genommen, ebenfalls den Rückzug nach Winkels antreten musste, wo GM. v. Wrangel bedacht war, seine Abtheilungen zu sammeln und in eine geordnete Aufstellung zu bringen.

Der Angriff der Bayern war bisher vom Erfolge gekrönt. Am rechten Flügel waren sie Herren des Sinnberges; am linken Flügel hatten die beiden Compagnien des 2. Jäger-Bataillons den Thalgrund überschritten, die Höhen zwischen dem Oster- und Schlegelsberg erstiegen und von dort aus das Feuergefecht mit den, letzteren Punkt noch festhaltenden preussischen Abtheilungen fortgesetzt.

2 Compagnien des bayerischen 2., und später auch das 3. Bataillon des 10. Infanterie-Regiments, hatten den Altenberg besetzt und wiesen dort einige von Hausen über den Hundsbrunnen zur Recognoscirung vorpussirte preussische Abtheilungen zurück.

Die Batterie des Hauptmann Lepel hatte, nachdem die Bayern in den Sinnberg-Wald gedrungen waren, nordwestlich Nüdlingen's eine neue Aufstellung nehmen wollen, war aber von den eben erwähnten preussischen Abtheilungen bedroht, bis hinter Nüdlingen zurückgegangen.

Von der übrigen bayerischen Artillerie hatte zu dieser Zeit die Batterie Mussinan, nachdem die preussische 12pfd. Batterie zum Aufgeben ihrer Stellung gezwungen worden, das Feuer eingestellt und sich gedeckt hinter der Kuppe des Calvarienberges placirt. Dort standen nun auch die aus der Reserve vorgenommenen vier gezogenen Geschütze der Batterie Hutten, welche den abziehenden Preussen einige Granaten nachgeschickt hatten.

Die Batterie Schuster wurde nach Münnerstadt dirigirt.

Als GM. v. Wrangel noch mit dem Ordnen der zurückkommenden Abtheilungen beschäftigt war, erhielt er auf seine Bitte um Unterstützung, die früher schon angeführte Antwort des GL. v. Göben, welche ihn auf seine eigenen Kräfte verwies.

GM. v. Wrangel entschloss sich in Folge dessen, trotz der geringen Kräfte, über die er in diesem Momente verfügte, einen Offensivstoss zu wagen, und mit diesem kühnen Schritte dem Feinde die errungenen Vortheile wieder zu entreissen.

Oberstlieutenant v. Henning, Commandant des 19. Regiments, hatte schon beim Zurückgehen, zur Deckung seiner rechten Flanke, 2 Compagnien auf die Höhe östlich der Chaussée entsandt. 10. Juli.

Nachdem ferners 2 Compagnien dieses Regiments den bekanntlich früher gegen den Sinnberg vorpussirten, dort aber abgewiesenen 2 Compagnien, auf Befehl des GM. v. Wrangel als Unterstützung nachgeschickt worden, stand der Rest der noch übrigen Truppen [1]) vorwärts Winkels, zu beiden Seiten der Strasse, wo auch die beiden Batterien aufgefahren waren. Letztere verstärkten nun ($7^1/_4$ Uhr Abends) ihr Feuer und überschütteten den Sinnberg-Wald, wie die Lisière an der Chaussée mit einem Hagel von Projectilen.

Gleichzeitig gab GM. v. Wrangel das Signal zum Avanciren auf allen Punkten der Gefechtslinie. Entschlossen gingen die Preussen gegen die feindliche Stellung vor und brachten die Bayern an der Chaussée und am Schlegelsberge im ersten Anlaufe zum Weichen. Bei dieser Gelegenheit fiel Major Rohdewald, Commandant des Bataillons Lippe.

Ein längerer Kampf entspann sich jedoch um den Besitz des Sinnberges, von welchem die Bayern nicht nur einen beträchtlichen Theil behaupteten, sondern auch durch ihr flankirendes Feuer den im Centrum vorrückenden Preussen grossen Schaden beibrachten.

Doch ward auch diese Höhe endlich freiwillig dem Feinde überlassen, denn die dortige Stellung in dem ausgedehnten dichten Walde war zu sehr exponirt, nachdem der linke bayerische Flügel bereits auf Nüdlingen und den Calvarienberg zurückgegangen war, und die Höhen südlich des Sinnberges also durchgängig in den Händen des Feindes sich befanden.

Überdies zeigten sich von Hausen her, im Thale des Nüdlinger-Baches, stärkere preussische Abtheilungen, die, obgleich noch entfernt, den Rückzug der Bayern gefährdeten und GM. Steinle zog daher gegen 8 Uhr seine Truppen vom Sinnberge gegen Nüdlingen zurück.

Unbelästigt gelangten die Bayern nach diesem Orte und nur ihre Arrièregarde wechselte einige Schüsse mit den auf der Höhe des Sinnberges langsam nachrückenden Preussen, welch' letztere aber den nordöstlichen Waldsaum nicht überschritten.

Prinz Carl hatte inzwischen die Meldung erhalten, dass die Division Hartmann nicht eintreffen könne und nur eine kurze Spanne Zeit er-

---

[1]) Es waren dies rechts der Chaussée die 9. und 12. Compagnie des 19. Regiments gemischt mit einigen Zügen des 55. Regiments und 2 Compagnien Lippe. An der Chaussée die 2 andern Compagnien Lippe, sodann die 1. und Theile der 6. und 7. Compagnie des 19. und das Füsilier-Bataillon des 55. Regiments. Im zweiten Treffen das halbe 2. Bataillon des 55. Regiments.

10. Juli. übrigte bis zum Einbruch der Nacht. Es schien ihm daher nicht gerathen die Truppen in dem von allen Seiten beherrschten Becken von Nüdlingen länger zu belassen und er befahl, die Division Stephan bis an die Münnerstädter-Chaussée zu ziehen, während die 4 Bataillons der (2.) Division Feder zur Deckung dieser rückgängigen Bewegung hinter Nüdlingen noch einige Zeit verbleiben sollten.

Um 9 Uhr trat nun die 1. Division den Abmarsch an, nachdem GM. Stephan früher zur Aufnahme der noch vorwärts stehenden Abtheilungen Nüdlingen und den Alteberg durch die 1. Bataillons des 2. und 8. Regiments hatte besetzen lassen. Diese beiden Bataillons unterhielten im Vereine mit dem 2. Jäger-Bataillon, das auf dem Calvarienberge sich gesammelt und sodann näher an Nüdlingen gezogen hatte, noch einige Zeit hindurch das Feuer gegen die im vorliegenden Walde befindlichen preussischen Plänkler, bis die zunehmende Dunkelheit dem Gefechte ein Ende machte.

Nach und nach erfolgte nun auch der Abmarsch der nächst Nüdlingen stehenden Abtheilungen, deren letzte gegen 11 Uhr den Alteberg verliess.

Das 1. Bataillon des 8. Regiments, welches am Eingange des Wald-Defilés die Vorposten gegen Nüdlingen bezogen, wurde daselbst bis zum nächsten Morgen belassen.

Preussischerseits konnte bei der angebrochenen Nacht und nach den Strapazen, welche die während des ganzen Tages marschirenden und kämpfenden Truppen ertragen hatten, an keine weitere Ausbeutung des Sieges gedacht werden.

Das 1. Bataillon des 55. Regiments bezog die alte Vorpostenstellung vor Winkels, welche ihm Nachmittags zugewiesen worden war, der Rest der Truppen biwakirte bei letzterem Orte. Erst um Mitternacht übernahm das mittlerweile vorbeorderte Bataillon des Magdeburger Füsilier-Regiments Nr. 36 (der Division Manteuffel) die Vorposten, dem sodann das 1. Bataillon des 55. Regiments als Repli diente.

Das Gros der Division Göben stand und verblieb in Kissingen. „Dort „war das mehrstündige blutige Schlussgefecht trotz seiner Nähe so ganz un-„bemerkt geblieben, dass selbst der Divisions-Commandeur erst durch die, „mit der Bitte um Zuweisung eines frischen Vorposten-Bataillons, übersandte „Meldung über den zurückgeschlagenen Angriff der Bayern, Kunde davon „erhielt, dass ein solcher wirklich stattgefunden [1]."

---

[1]) Aus GL. v. Göben's Brochüre über das Gefecht bei Kissingen S. 39.

Die beiderseitigen Verluste im Gefechte bei Kissingen werden beziffert: 10. Juli.

	Preussen.			Bayern.		
	Officiere	Mann	Pferde	Officiere	Mann	Pferde
Todt	10	133	22	9*	92	33
Verwundet	25	673	3	37	554	66
Vermisst und gefangen	1	37	1	6	559	8 [1].
Summe:	36	843	26	52	1205	107

* darunter GL. Freiherr v. Zoller.

An Trophäen gewannen die Preussen ein bayerisches Geschütz.

Gefecht bei Hammelburg.

Gleichzeitig mit dem Gefecht bei Kissingen fand auch der Zusammenstoss der preussischen Division Beyer mit den Truppen unter G. d. C. Fürst Taxis bei Hammelburg statt.

Die Bayern, u. z. das Gros der Infanterie-Brigade Schweitzer, die schwere Cavallerie-Brigade und das 1. Uhlanen-Regiment, hatten in der Nacht zum 10. vorwärts der Stadt nördlich von Unter-Erthal biwakirt, mit Vorposten in der Linie Schwärzelbach-Neuwirthshaus-Frankenbronn. In Hammelburg befand sich ein Bataillon und zunächst der Saale-Brücke die reitende 12pfd. Batterie Massenbach.

Eine nach Euerdorf detachirte Compagnie des 14. Regiments hatte die dortige, sowie die Saale-Brücke bei Aura besetzt und wurde noch in der Nacht durch die von Kissingen nach ersterem Orte entsandte 5. Schützen-Compagnie des 11. Regiments verstärkt.

Das 2. Uhlanen-Regiment mit der 12pfd. reitenden Batterie La Roche stand bei Wittershausen-Euerdorf und Fuchsstadt.

Aus während der Nacht eingelaufenen Nachrichten schloss G. d. C. Fürst Taxis, der Feind beabsichtige einen Stoss gegen seine rechte Flanke und er wurde in dieser Vermuthung noch dadurch bestärkt, dass eine Annäherung der Preussen in der Front von Brückenau her, nicht bemerkt wurde.

In Folge dessen zog Fürst Taxis seine Truppen noch während der Nacht und am Morgen des 10. in eine Aufstellung näher an Hammelburg zurück.

---

[1]) Diese Daten wurden den beiderseitigen officiellen Werken entnommen und müssen als die richtigen angesehen werden, obgleich sie mit anderen Angaben, wenn auch unbedeutend, differiren.

Von den bayerischen Vermissten fielen 6 Officiere und beiläufig 500 Mann unverwundet in die Hände der Preussen, was sich durch den Strassenkampf in Kissingen, wo Viele von der eigenen Truppe abgeschnitten wurden und sich sodann ergeben mussten, erklärt. Von den preussischen Gefangenen waren der Officier und 36 Mann verwundet.

10. Juli. Das während der Nacht auf Vorposten gestandene 1. Jäger-Bataillon lagerte nun hinter der Unter-Erthaler-Mühle; einige hundert Schritte hinter dieser befanden sich die demselben zugetheilten 2 Geschütze der Batterie Lottersberg. Das 1. Bataillon des 6. Regiments besetzte den Graslerberg, und die beiden in südwestlicher Richtung ziehenden Ausläufer dieser Höhe; das 3. Bataillon des 6. Regiments nahm eine Bereitschaftsstellung vor Hammelburg. Die directe Vertheidigung der Stadt war 2 Compagnien vom 1. Bataillon des 14. Regiments übertragen, von denen die 4. in einem gegen Norden hinziehenden Hohlwege „am Rehbach-Thal" zu stehen kam. Die 2 anderen Compagnien dieses Bataillons wurden um 8½ Uhr Morgens auf den Ofenthalerberg vorgeschoben[1]). Das 2. Bataillon des letzteren Regiments endlich erhielt die Weisung, die Ortschaften Westheim und Langendorf und den Höhenzug längs der Saale bis an den Fehrberg zu besetzen.

Die gezogene 6pfd. Batterie Lottersberg (6 Geschütze), welche schon während der Nacht auf der Höhe hinter den Thulba-Bach postirt wurde, erhielt des Morgens den Befehl, hinter die Saale zu rücken, wo sodann 2 Geschütze am Eingange des Stein-Thales, die 4 anderen 600 Schritte nördlich davon ihre Aufstellung fanden. Links der Batterie Lottersberg fuhr die reitende 12pfd. Batterie Massenbach beim Franziskaner-Kloster, unterhalb des Saalecker-Schlosses, auf.

Als das 2. Bataillon des 14. Regiments um 9 Uhr bei Fuchsstadt eintraf, fand es dort in einer günstigen Position südlich der Mühle bereits 4 Geschütze der reitenden 12pfd. Batterie La Roche. Um 11 Uhr bezog auch das 2. Uhlanen-Regiment seit- und rückwärts der Batterie eine gedeckte Aufstellung. GM. Herzog Ludwig, welcher 2 Compagnien an dem Saale-Übergange bei Trimberg zurückgelassen, übernahm nun das Commando über sämmtliche in und nächst Fuchsstadt stehenden Truppen.

Das andere Regiment seiner Brigade (1. Uhlanen-Regiment) befand sich noch zur Besorgung des Sicherheitsdienstes am rechten Thulba-Ufer.

Von der schweren Cavallerie-Brigade GM. Rummel verblieb nur das 3. Cürassier-Regiment, welches im Gefechtsfalle gegen die Brückenauer-Strasse demonstriren sollte, in Dibbach, während die beiden andern Regimenter um 8 Uhr Morgens auf mehr als eine Meile gegen Wernfeld und Karsbach zurück gesandt wurden.

Wären die Patrullen des den Sicherheitsdienst besorgenden 1. Uhlanen-Regiments etwas weiter vorgeschoben worden, so würde man von dem An-

---

[1]) 2 Compagnien dieses Bataillons befanden sich an der Fuchsstädter-Brücke und bei Trimberg detachirt.

marsch der Preussen rechtzeitig in Kenntniss gewesen sein. So aber glaubte man nach den neuerlich eingelaufenen Meldungen der Vortruppen einen baldigen Angriff des Feindes nicht befürchten zu müssen, und zog in Folge dessen das 1. Bataillon des 6. Regiments zwischen 9 und 10 Uhr vom Graslerberg nach Hammelburg zurück, wo es abessen und sodann das 1. Jäger-Bataillon an der Unter-Erthaler-Mühle ablösen sollte. Um 10 Uhr setzte Oberst Korb auch die 2. Division des auf Vorposten stehenden 1. Uhlanen-Regiments nach Fuchsstadt in Marsch, um dort zu füttern, und ertheilte der 1. Division den Befehl, die Vorposten einzuziehen und sodann zu gleichem Zwecke dahin zu folgen[1]). 10. Juli.

Während man bayerischerseits so sich der grössten Sorglosigkeit hingab, war die preussische Division Beyer, bei welcher sich auch der Commandant der Main-Armee, G. d. I. v. Falckenstein befand, des Morgens von Geiersnest aufgebrochen und um 10 Uhr in die Höhe des Neuwirthshauses gelangt. Die Vorrückung fortsetzend, traf die preussische Avantgarde (3 Bataillons, 1 Escadron und 1 Batterie), unter GM. v. Schachtmeyer, gegen 11 Uhr auf der Höhe nördlich von Unter-Erthal ein, und bemerkte von hier aus südlich des Ortes eine grössere bayerische Infanterie-Abtheilung, die ohne jede Sicherheitsmassregel lagerte, sowie eine Cavallerie-Colonne, die von der Thulba-Brücke gegen Hammelburg sich bewegte. Es war dies die 1. Division des 1. Uhlanen-Regiments, welche, der erhaltenen Weisung nachkommend, die Vortruppen eingezogen und sich nach Fuchsstadt in Marsch gesetzt hatte.

GM. v. Schachtmeyer liess sogleich die der Avantgarde zugetheilte 4pfd. Batterie (Schmidts) auf der Höhe westlich der Strasse auffahren und die Colonne beschiessen. Eben über die Thulba-Brücke gekommen, war diese in die Nähe des 1. Jäger-Bataillons gelangt, als ganz unerwartet feindliche Granaten in die Division einschlugen, wodurch nicht nur dieselbe, sondern auch das Jäger-Bataillon in Unordnung geriethen und nach Hammelburg zurückeilten. Ein bei Unter-Erthal vorbereiteter Verhau wurde zwar noch rechtzeitig geschlossen, aber nicht besetzt.

Die Uhlanen-Division, welche sich vor der Stadt wieder sammelte, nahm am nordwestlichen Ausgange derselben Aufstellung; das Jäger-Bataillon rallirte sich in Hammelburg, und ward in der Folge dessen eine Hälfte nach Fuchsstadt, die andere nach Arnstein disponirt. Die beiden Geschütze

[1]) Dieser Vorgang ist vollkommen unerklärlich. Nach dem offic. bayr. Geschichtswerke (S. 133) hatte seit dem Rückmarsche des 1. Jäger-Bataillons das 1. Uhlanen-Regiment allein den Sicherheitsdienst auf dem rechten Thulba-Ufer übernommen. Ob nun dasselbe mit oder ohne höhere Weisung die Vorposten einzog und den Feind ohne jede Beobachtung liess, ist aus dem Werke nicht zu ersehen.

10. Juli. der Batterie Lottersberg, welche das Feuer des Gegners anfänglich erwidert hatten, gingen, sich von den eigenen Truppen verlassen sehend und nachdem ihr Commandant Oberlieutenant Tauschek tödtlich verwundet worden war, nach Hammelburg zurück.

GM. v. Schachtmeyer liess nun von der preussischen Avantgarde das 1. Bataillon des Füsilier-Regiments Nr. 39 bis zum Anlangen des Gros in Unter-Erthal zurück, das 2. Bataillon — gefolgt vom 3. — theils über die Brücke (nachdem der Verhau fortgeschafft), theils durch eine Furt die Thulba passiren und die Höhen zwischen dem Thulba- und Rehbache besetzen. Die Batterie Schmidts etablirte sich westlich der Chaussée, beiläufig 1600 Schritte vor Hammelburg, und beschoss von hier das im Thalgrunde stehende 1. Uhlanen-Regiment, dessen Divisionen sich mittlerweile westlich der Stadt vereinigt hatten, aus der dem feindlichen Feuer exponirten, völlig ungedeckten Aufstellung zurück gingen und sich wieder nach Fuchsstadt in Marsch setzten.

Mittlerweile hatte Oberst Schweitzer von den in Hammelburg eiligst formirten Abtheilungen das 1. Bataillon des 6. Regiments, gedeckt durch eine Plänklerkette, und auf dessen linkem Flügel bald darauf auch das 3. Bataillon desselben Regiments zwischen dem steilen Abfalle der Dibbacher-Strasse und dem wasserreichen Canal in der Richtung auf Erthal vorrücken lassen. Mit geringen Verlusten gelangten diese Bataillons bis an den durch den südlichen Ausläufer des Graslerberges gebildeten Höhenrand, wurden aber hier vom Feuer der beiden preussischen, durch 2 Compagnien des Gros verstärkten Avantgarde-Bataillons und der feindlichen Artillerie empfangen, am weiteren Vorschreiten verhindert, und begannen nun einen kurzen, aber heftigen Tirailleurkampf.

Am linken bayerischen Flügel war das 3. Cürassier-Regiment von Dibbach nördlich der Saale längs des Hanges vorgerückt, um wenn thunlich den Feind in der Flanke zu fassen. Dies war aber für den Moment unmöglich; das Regiment verblieb in seiner Aufstellung durch längere Zeit dem Feuer zweier von der preussischen Batterie Schmidts nach rechts detachirten Geschütze, wie mehrerer später in der Richtung auf Dibbach vorgesandten Plänklerschwärme ausgesetzt, und zog gegen Mittag anfänglich nach Dibbach und später auf Befehl des GM. Rummel nach Wernfeld ab.

Nach und nach hatten die Preussen noch eine 12pfd. Batterie (Richter) auf ihren rechten Flügel vorgezogen, welche im Vereine mit der schon im Feuer befindlichen Batterie Schmidts den Kampf mit der nächst Saaleck stehenden bayerischen Artillerie, jedoch wegen der bedeutenden Entfernung ohne besonderen Erfolg, aufnahm. Die beiden gegen den Graslerberg vorgeschickten bayerischen Bataillons zogen sich inzwischen wieder gegen Hammelburg zurück. 10. Juli.

Im preussischen Hauptquartier vermuthete man in Folge der erhaltenen Nachrichten, wie schon erwähnt, die Hauptkraft der Bayern bei Hammelburg. Es schien wahrscheinlich, dass Letztere, obgleich sie bisher nur wenige Truppen gezeigt hatten, mit bedeutenden Streitkräften in einer durch die Beschaffenheit des Terrains begünstigten, verdeckten Aufstellung sich befänden.

General v. Beyer erhielt daher vom Armee-Commandanten den Befehl bis zum Aufmarsche des Gros und der Reserve seiner Division nur ein hinhaltendes Gefecht zu führen, während GL. v. Göben angewiesen wurde, falls er nicht schon selbst engagirt sei, aus der Richtung von Kissingen den Bayern in die rechte Flanke zu rücken, was natürlich unthunlich war.

In Folge der getroffenen Disposition wurde nun das Gefecht durch längere Zeit stehenden Fusses geführt.

Bayerischerseits waren in diesem Momente ausser den am linken Saale-Ufer aufgefahrenen 11 Geschützen nur mehr 3 Bataillons mit den Preussen engagirt.

Das 1. Bataillon des 14. Regiments (4 Compagnien) hatte noch seine frühere Aufstellung in Hammelburg und in dem vorliegenden Hohlwege sowie auf dem Ofenthalerberge inne. Das vom Angriffe rückgekehrte 1 Bataillon des 6. Regiments rückte gleichfalls mit 2 Compagnien und 1 Zug auf letztere Höhe und den Heroldsberg, während der Rest sich am Ausgange der Stadt und in den äussersten Häusern und Gärten festsetzte.

Das 3. Bataillon des 6. Regiments endlich nahm Anfangs eine Aufstellung hinter dem Thulba-Canal und rückte später als Reserve in das Innere der Stadt. Das 1. Jäger- und das 2. Bataillon des 14. Regiments, die gesammte Cavallerie und auch ein Theil der Artillerie waren, in Folge der getroffenen Anordnungen, für den Kampf in dieser Position nicht mehr verfügbar.

Das Tirailleurgefecht zwischen den Vertheidigern des Herolds- und Offenthalerberges und den 8 preussischen Compagnien, welche die Höhen zwischen dem Thulba- und dem Rehbache besetzt hatten (GM. v. Schachtmeyer wurde während desselben schwer verwundet), dauerte bis nach 2 Uhr, um welche Zeit sich das preussische Gros entwickelte.

Das 1. Bataillon des 39. Regiments, welches bis zum Eintreffen der preussischen Hauptkraft Unter-Erthal besetzt gehalten, war mittlerweile vorgerückt und hatte westlich der Strasse seit- und rückwärts der Batterie Schmidts Aufstellung genommen. Das Feuer der beiden Batterien wurde alsbald durch jenes der 12pfd. Batterie (Hoffbauer) verstärkt, welche auf dem südwestlichen Hange der Höhe auffuhr und von dort Hammelburg zu beschiessen begann; später kamen noch 2 12pfd. Batterien hinzu.

10. Juli. Inzwischen bewirkte das preussische Gros, nachdem es während des Vormarsches wiederholt unter das feindliche Feuer gekommen, auf dem Graslerberg seinen Aufmarsch und erhielt nun vom Armee-Commandanten den Befehl, die Vertheidiger des Ofenthalerberges in der rechten Flanke anzugreifen, während in der Front die preussische Avantgarde das Gefecht weiter führen sollte.

Hammelburg stand in Folge der Beschiessung an sieben Stellen in Flammen. Die Bayern, zu schwach um die Vertheidigung der Höhen mit Erfolg weiter führen zu können, warteten daher den letzten Stoss des Gegners nicht ab und begannen gegen 3 Uhr den Ofenthaler- und Heroldsberg zu räumen. Theile der 1. Bataillons des 14. und 6., dann das 3. Bataillon des letzteren Regiments, welches aus Hammelburg gezogen und ausserhalb des Oberthores Front gegen den Heroldsberg aufgestellt worden war, behaupteten den Eingang der Stadt so lange, bis die übrigen Abtheilungen in Sicherheit waren.

Das preussische Gros fand, als es den Rehbach uberschritt und zum Angriffe vorging, den Ofenthalerberg bereits verlassen und rückte sammt der Avantgarde, deren Stelle die inzwischen vorgekommene Reserve einnahm, gegen die brennende Stadt vor, welche nun von den Bayern vollends geräumt wurde.

Der rechte Flügel der Letzteren, unter Major S e b u s, zog sich nach Fuchsstadt, der linke, unter Major v. T ä u f f e n b a c h, durch die Stadt über die Saale-Brücke zurück. Das 3. Bataillon des 6. Regiments verblieb so lange in seiner Aufnahmsstellung bis sämmtliche Abtheilungen Hammelburg verlassen hatten, worauf es unter dem heftigsten Feuer des Feindes gegen die Fuchsstädter-Brücke abzog und dort auf das linke Saale-Ufer überging. Die Brücke wurde sodann zerstört. Sämmtliche dahin retirirende, wie die schon früher daselbst gestandenen Truppen setzten sich nun gegen Arnstein in Bewegung; die Brigade des Herzogs L u d w i g bildete den Schluss der Colonne.

Die nächst Saaleck aufgefahrenen 11 Geschütze der bayerischen Artillerie harrten bis zum letzten Momente in ihren Positionen aus und verhinderten das Nachdrängen des Gegners. Endlich traten auch sie unter dem Schutze der von Major T ä u f f e n b a c h befehligten Colonne den Rückmarsch auf Arnstein an.

Die Preussen gelangten etwas nach 3 Uhr in den Besitz von Hammelburg. G. d. I. v. F a l c k e n s t e i n erhielt hier die Meldung von dem bei Kissingen entsponnenen Kampfe, ertheilte der Division B e y e r den Befehl, bei Hammelburg concentrirt stehen zu bleiben, und begab sich zur Division G ö b e n.

Die preussischen Truppen machten sich nun an das Löschen der brennenden, von den Bewohnern beinahe ganz verlassenen Stadt, konnten aber erst gegen Abend das Feuer bewältigen. Die auf das linke Saale-Ufer vorpussirten Abtheilungen stiessen nirgends mehr auf den Feind, worauf die Division Beyer, Vorposten gegen Fuchsstadt vorschiebend, in und nächst Hammelburg enge Cantonnements bezog. 10. Juli.

Der Verlust der im Gefechte gestandenen Truppen beziffert sich wie folgt:

	Preussen.		Bayern.		
	Officiere	Mann	Officiere	Mann	Pferde
Todt	—	10	—	10	13
Verwundet	6	66	4	64	12
Vermisst	—	—	—	22	11
Summe:	6	76	4	96	36

Von der preussischen Armee verblieben am Abende des 10.:

Die Divisionen Göben und Manteuffel bei Kissingen, mit Vortruppen gegen Nüdlingen; die Division Beyer cantonnirte, sich gegen Fuchsstadt sichernd, in und bei Hammelburg.

Von der bayerischen Armee lagerte die Division Stephan südlich Münnerstadt an der Schweinfurter-Chaussée, hinter dieser, näher an Münnerstadt, wo sich das Hauptquartier befand, die Division Feder und Theile der Brigade Ribeaupierre.

Die Division Hartmann, zu welcher 4 Batterien der Reserve-Artillerie gestossen waren, verblieb während der Nacht zwischen Örlenbach und Poppenhausen. GM. Ribeaupierre hatte sich ihr mit dem 2. Chevaulegers-Regiment angeschlossen, während das 5. Jäger-Bataillon und 2 Bataillons des 11. Regiments seiner Brigade den Marsch auf Schweinfurt fortsetzten, wo im Laufe des Tages (10.) FZM. Prinz Luitpold mit 4 Bataillons und 1 Batterie der Reserve-Infanterie-Division von Bamberg per Bahn eingetroffen war.

Die bei Hammelburg engagirt gewesenen Truppen unter Fürst Taxis gelangten auf der Strasse nach Würzburg bis Arnstein.

Die Detachements in Neustadt, Steinach, so wie jenes des Obersten Schleich stiessen erst am Morgen des folgenden Tages zu ihren Divisionen.

Das VIII. Bundes-Corps verblieb in den am 9. bezogenen Cantonnements mit dem Hauptquartier Bornheim; nur schob Prinz Alexander, nachdem er telegraphisch über den Vormarsch der Preussen gegen die Bayern unterrichtet worden war, die Brigade Baumbach in der Nacht zum 10. nach Gelnhausen und Wirtheim.

10. Juli. Am 10. erhielt Prinz Alexander ein vom Ober-Commando um 5 Uhr Morgens abgesandtes Telegramm des Inhaltes: „Die Preussen rücken über „Brückenau vor. Prinz Alexander möge der bayerischen Armee durch „eine Pointe nach Schlüchtern beistehen“, worauf Letzterer um 11 Uhr erwiderte: „Ich decke mit 3 Divisionen die mehrseitig bedrohte Linie Mainz-„Frankfurt-Hanau.[1]) Drei württembergische Brigaden werden sich, dem Be-„fehl Euer königlichen Hoheit gemäss, unverzüglich von Gelnhausen nach „Schlüchtern begeben. Zu gleicher Zeit findet eine Expedition auf das in „letzter Nacht vom Feinde besetzte Giessen statt.“

---

[1]) Hiezu bemerkt Prinz Carl in seinen Erläuterungen zum Operations-Journal des Prinzen Alexander von Hessen: „Diese mehrseitige Bedrohung der Linie „Mainz-Frankfurt-Hanau konnte nur aus dem Alarm, den ein paar Landwehr-Abtheil„lungen machten, bestehen.“

Prinz Alexander erwidert hierauf in seinen Bemerkungen zu den Erläuterungen des Prinzen Carl: „Es waren nicht ein paar Landwehr-Abtheilungen, sondern es gingen „gleichzeitig Colonnen, aus allen Waffen gebildet, gegen Wiesbaden, Mainz und in der Richtung von Worms vor.“

IV. Abschnitt.

Rückzug der Bayern auf Schweinfurt, Marsch der preussischen Armee auf Frankfurt. Versammlung des VIII. Bundes-Corps bei Aschaffenburg und Babenhausen.

11. Juli.

Nach den Gefechten an der Saale hatte Prinz Carl den Entschluss gefasst, bis an den Main zurückzugehen und die bayerische Armee bei Schweinfurt zu concentriren. Der Nähe des Feindes halber, schien es räthlich nicht die directe Strasse von Münnerstadt dahin einzuschlagen, sondern mit sämmtlichen in der Gegend von Münnerstadt stehenden Truppen unter dem Schutze einer von GM. Hanser befehligten starken Arrièregarde den Weg über Poppenlauer, Massbach und Ballingshausen zu nehmen. 11. Juli.

Auf die Meldung, dass die Preussen schon auf der Schweinfurter-Chaussée vorgingen, ward dann beschlossen, noch mehr südöstlich auszuweichen, bei Hassfurt über den Main zu gehen und von dort nach Schweinfurt zu rücken.

Doch wurden nicht alle Abtheilungen rechtzeitig von dieser Dispositions-Änderung in Kenntniss gesetzt wodurch es geschah, dass die Brigade Steinle [1]) und 2 als Seiten-Detachements verwendete Bataillons des 8. Regiments ihren Marsch auf der Seitenstrasse über Rannungen bis Schweinfurt fortsetzten, während der Rest der Division Stephan bis Aidhausen und Kerbfeld gelangte und Hassfurt vorläufig mit 1 Bataillon besetzte.

Die Division Feder bezog ein Biwak bei Massbach.

Ein Theil der Division Zoller, ferner das 6. Jäger-Bataillon und die 2. leichte Cavallerie-Brigade GM. Graf Pappenheim marschirten nach Schweinfurt, während die Brigade Schweitzer der Division Zoller mit den beiden andern Brigaden des Reserve-Cavallerie-Corps von Arnstein bis Würzburg zurückgingen.

Was die Division Hartmann und die tagsvorher in Schweinfurt eingetroffene Brigade der Infanterie-Reserve-Division betrifft, so

[1]) Wurde nunmehr von Oberst v. Prankh befehligt.

11. Juli. hatten selbe im Sinne der vom Armee-Commando erhaltenen Weisung, unter dem Oberbefehle des FZM. Prinz Luitpold zum Schutze der zurückgehenden Divisionen, am Morgen des 11. bei Örlenbach, Poppenhausen und Maibach eine Aufstellung genommen.

In Folge der Meldungen vom Anmarsche der Preussen nahm Prinz Luitpold seine Truppen zurück und wies die Brigade Cella mit den 4 Bataillons der Reserve-Infanterie-Division und dem grösseren Theil der Reserve-Artillerie [1]) in eine starke Position à cheval der Schweinfurt-Maibacher-Strasse, während die Brigade Faust [2]) mit den Chevaulegers und 1 gezogenen Batterie den Höhenrücken nördlich von Schweinfurt besetzte.

Zwei Compagnien des 9. Regiments, welche, als die Division Hartmann diese Rückwärtsbewegung antrat, den darauf bezüglichen Befehl nicht erhielten, hatten in der Nähe von Örlenbach ein kleines Gefecht mit Vortruppen der Division Manteuffel zu bestehen und wurden auf ihrem Rückzuge von feindlicher Cavallerie bis Poppenhausen verfolgt, wobei ein Seiten-Detachement (1 Officier, 33 Mann) abgeschnitten und gefangen genommen wurde.

Prinz Carl, welcher am Vormittage des 11. sein Hauptquartier nach Schweinfurt verlegte, war fest entschlossen, diesen Punkt um jeden Preis zu behaupten. Er verfügte in der Nacht zum 12. über 29 Bataillons, 17 Escadrons und 60 Geschütze, mit denen er einen etwaigen Versuch der Preussen, hier am 12. den Main zu forciren, mit Erfolg zurückzuweisen hoffte.

Prinz Luitpold wurde angewiesen, sich im Falle eines feindlichen Angriffes rechtzeitig auf das linke Main-Ufer zu ziehen, während die in Schweinfurt concentrirte Brigade des Oberst v. Prankh die Flussübergänge zu vertheidigen hatte.

Vom VIII. Armee-Corps setzte sich im Sinne des früher gegebenen Telegramms am 11. das Gros der (1.) württembergischen Division nach Gelnhausen in Marsch, während die Brigade Baumbach starke Detachements in der Richtung auf Brückenau und Orb vorschob.

Zur Unterstützung der Württemberger folgte 1 hessische Brigade nach Langensebold und Rückingen nach. Dagegen wurden die in Lohr detachirt gewesenen 2 württembergischen Compagnien, nachdem sie dort die Eisenbahn unfahrbar gemacht, zu ihrer Truppe einberufen.

Da Meldungen eingetroffen waren, dass sich feindliche Abtheilun-

---

[1]) Die Batterien Lepel, Hellingrath, Redenbacher der Reserve-Artillerie so wie die Batterie Schuster der Brigade Schweitzer waren nach Hassfurt gelangt.

[2]) Nachdem GM. Faust gefallen, von Oberst Bijot befehligt.

gen in der Richtung von Giessen zeigten, erhielt die (2.) badische Division den Befehl, 1 Bataillon und 2 Geschütze mittelst Eisenbahn dahin zu entsenden. Dieses in der Nacht zum 11. in Marsch gesetzte Detachement gelangte jedoch blos bis Butzbach, und kehrte kurz darauf zurück. 11. Juli.

Prinz Wilhelm von Baden motivirte die unvollständige Ausführung des erhaltenen Befehls mit dem Abbruch der Eisenbahn bei letzterem Orte und dem Umstande, dass nach verlässlichen Nachrichten die Preussen Giessen bereits geräumt hätten

Prinz Alexander musste auch am 11. die nassauische Brigade, auf wiederholtes Drängen ihres sich von einer Invasion aus dem Rheingau bedroht haltenden Landesherrn, momentan nach Höchst und Wiesbaden entsenden. Es waren in der That 5 Bataillons, 1 Escadron und 8 Geschütze, ungefähr 4000 Mann, unter General v. Röder von Coblenz in das Herzogthum eingedrungen, hatten anfänglich Ems und Nassau an der Lahn besetzt und waren am 10. bis in die Gegend von Holzhausen gerückt.

Endlich richteten die Regierungen von Württemberg, Baden und Hessen an den Prinzen die Collectiv-Aufforderung: „er möge, wenn „möglich, Frankfurt und die Mainlinie nicht unmittelbar vor dem nahen „Waffenstillstande preisgeben."

Die Lage des Prinzen Alexander als Commandant so vieler Contingente, deren Herren Jeder einen andern Wunsch hatte, ward eine sehr missliche, umsomehr, als der Ober-Befehlshaber Prinz Carl begreiflicherweise darauf bestand das VIII. Bundes-Corps in entgegengesetzter Richtung an sich heranzuziehen.

Die Voraussicht des Prinzen Carl, betreff der weitern Operationen des Feindes, bewährte sich, denn schon am 10. Abends war im preussischen Hauptquartier beschlossen worden, tagsdarauf die Main-Armee gegen Schweinfurt in Marsch zu setzen.

Ein zu dieser Zeit aus dem Hauptquartier des Königs eingetroffenes Telegramm sprach zum wiederholten Male aus, dass einem Siege über die Bayern der höchste Werth beigelegt würde, da dann den Preussen die Länder nördlich des Main zufielen, ohne dass sie dieselben zu betreten brauchten.

Die Excentricität des Rückzuges der Bayern und der Umstand, dass sowohl nächst Münnerstadt als bei Örlenbach noch starke Abtheilungen derselben sich befanden, liess das preussische Hauptquartier in Ungewissheit über die Stellung der Hauptkraft des Gegners. Um in Erfahrung zu bringen, welche Richtung das Gros der Bayern eingeschlagen, beorderte G. d. I. v. Falckenstein den GL. v. Manteuffel, dessen Division sich an den

11. Juli bisherigen Gefechten nur im geringen Grade betheiligt hatte, bis zur Münnerstadt-Schweinfurter-Strasse vorzugehen und dem Gegner je nach dem Resultate der eingezogenen Nachrichten zu folgen. Die Division Beyer hatte von Hammelburg über Euerdorf und Ramsthal auf die Schweinfurter-Chaussée zu marschiren und die Division Göben einstweilen bei Kissingen zu verbleiben.

Die Division Manteuffel brach um 6 Uhr Morgens von letzterem Punkte auf, stiess, wie bereits erwähnt, gegen 11 Uhr mit der Spitze bei Örlenbach auf 2 bayerische Compagnien und verfolgte diese bis Poppenhausen. Nach den Aussagen der bei dieser Gelegenheit gemachten Gefangenen, musste man das Gros der Bayern bei Schweinfurt annehmen u. z. nach einer fälschlichen Meldung der, von der Verfolgung mittlerweile von Poppenhausen rückgekehrten Cavallerie, im Anmarsche von dort.

GL. v. Manteuffel veranlasste in Folge dessen sofort den Vormarsch seiner Division gegen Schweinfurt, erstattete dem Armee-Commando hierüber Bericht und gelangte mit der Avantgarde um 5 Uhr Nachmittag bis Maibach, beiläufig eine Meile vor Schweinfurt, als ihm plötzlich der Befehl zukam, falls er mit dem Feinde nicht engagirt sei, seine Division westwärts gegen Gemünden zu dirigiren.

Im Hauptquartiere war nemlich, um 1 Uhr ein, am 9. auf Veranlassung des Ministers Graf Bismarck abgesandtes, also schon 2 Tage altes chiffrirtes Telegramm eingetroffen, dessen erster Theil unverständlich, dessen dechiffrirbarer Schluss aber folgenden Satz enthielt: „Factische Occu„pation der Länder nördlich des Mains für voraussichtliche „Verhandlungen auf status quo jetzt politisch wichtig“ [1]).

Es handelte sich also, nach den von den Preussen am Hauptschauplatze in Böhmen errungenen Erfolgen nicht mehr um partielle Siege über die Bundestruppen, sondern vor Allem um den factischen Besitz der Länder nördlich des Mains, um diesen als fait accompli bei den Verhandlungen verwerthen zu können. Wie weit Letztere gediehen, war dem G. d. I. v. Falckenstein vollkommen unbekannt. Er durfte demnach keinen Moment versäumen, um noch rechtzeitig die Occupation durchzuführen und ertheilte somit augenblicklich den Befehl zum Rechtsabmarsch der Armee.

Die Division Göben rückte um 3 Uhr Nachmittags in der Richtung auf Gemünden bis Hammelburg und bildete somit bei dieser Operation wieder die Spitze des Heeres.

---

[1]) Bekanntlich waren am 9. Juli die Friedenspropositionen Preussens, welche Prinz Reuss dann nach Paris überbrachte, im Hauptquartier des Königs festgestellt worden.

Vergl. IV. Band S. 146.

GL. v. Manteuffel setzte seine Truppen über Poppenhausen nach Gressthal in Marsch. 12. Juli.

Die Division Beyer, welche noch immer zur eventuellen Unterstützung der Division Manteuffel bestimmt blieb, biwakirte an der Strasse zwischen Arnshausen und Örlenbach.

12. Juli.

Die Operationen der Preussen hatten bisher an ziemlicher Zerfahrenheit gelitten. Bis zum Gefecht von Langensalza, welches mit dem Rückzuge der Truppen unter GM. v. Fliess geendet, hatte viel Unsicherheit in ihren Bewegungen geherrscht. Später, sowohl am 4., als 10. Juli hätte die stets isolirte Division Göben unrettbar geschlagen werden können, wenn die Bayern das eigenthümliche Vorgehen des Gegners nur halbwegs ausgenützt haben würden.

Vom Glücke stets im höchsten Grade begünstigt, glaubte man nun mehr denn je sich auf selbes verlassen zu können, und getrieben von der Absicht, so schnell als möglich in den Besitz von Frankfurt zu gelangen, wurden nun alle Regeln der Klugheit auf die Seite gesetzt und die Armee bei ihrer forcirten Bewegung dahin vollends zersplittert.

Die Division Göben marschirte am 12. Morgens von Hammelburg nach Gemünden, langte daselbst gegen Abend an und setzte nach einer 2 stündigen Rast den Marsch bis Lohr fort, wo die Têten beiläufig um 10 Uhr Abends eintrafen[1]).

Die Division Manteuffel folgte auf nahezu 2 Tagmärsche entfernt der Division Göben nach Gemünden.

Die Division Beyer hatte die Weisung, über Hammelburg, Burgheim, Orb und Gelnhausen nach Hanau zu rücken und lagerte am 12. Abends in der Nähe Hammelburg's[2]).

Man wusste zwar im preussischen Hauptquartier, dass Prinz Alexander von Hessen mit seinem Corps auf Frankfurt zurückgegangen sei und

---

[1]) In Gemünden wurde das Gepäck, mit Ausnahme der Kochkessel und der Patronen, auf Kähnen verladen und unter Bewachung Mainabwärts bis Lohr geführt, wo es die Mannschaft wieder an sich nahm.

[2]) Aus dem officiellen preussischen Generalstabs-Werke sind die Operationen der Main-Armee am 12. nicht zu ersehen. Es wird darin nur angegeben, dass die Division Manteuffel der Division Göben folgte und die Division Beyer, um nicht Alles auf einer Strasse marschiren zu lassen, durch das Sinn- und Kinzig-Thal auf Hanau instradirt wurde. Bis wohin die Divisionen Beyer und Manteuffel am 12. gelangten und welche Strasse die Letztere einschlug, wird im officiellen Werke nicht gesagt. Nach mehreren Werken hatte die Division Manteuffel über Arnstein nach Gemünden zu rücken und soll sich am 12. in der Nähe des ersteren Punktes befunden haben.

12. Juli. musste dort auf einen Zusammenstoss mit dessen Truppen gefasst sein, nahm aber hierauf nicht die geringste Rücksicht.

Die Division Göben drang völlig isolirt in Gewaltmärschen gegen das VIII. Bundes-Corps vor, welch' letzteres jetzt $46^1/_2$ Batailons, 36 Escadrons und 134 Geschütze (94 gezogene, 40 glatte), annähernd 49.000 Streitbare zählte, daher selbst der ganzen vereinigten Main-Armee nahezu numerisch gewachsen war.

Prinz Alexander welcher sich, seit die Nachricht von den Kämpfen an der Saale eingetroffen, zu wiederholten Malen an das Armee-Commando telegraphisch mit der Bitte gewendet, zu befehlen, wohin das VIII. Corps im Hinblick auf die feindlichen Operationen und die Vereinigung der Bundes-Armee abzurücken hätte, erfuhr am 12. durch den G. d. C. Fürst Taxis dass das bayerische Corps bei Schweinfurt stehen geblieben sei und sich dessen Hauptquartier in Gerolzhofen befinde [1]).

An diesem Tage langten ferners Nachrichten ein, dass die Preussen sich plötzlich mit grösseren Massen gegen Gemünden und Lohr gewendet hätten und auch Würzburg zu bedrohen schienen. Prinz Alexander sah nun nicht nur die Vereinigung mit den Bayern ernstlich gefährdet, sondern sich auch, wie früher diese, der Gefahr ausgesetzt, den Kampf gegen die preussische Armee vereinzelt aufnehmen zu müssen. Dies wollte er vermeiden und beabsichtigte daher, das VIII. Corps hinter den Main zurückzu-

---

[1]) Am 10. Juli 12 Uhr Nachts hatte Prinz Alexander an den Prinzen Carl telegraphirt: „Erfahre soeben durch Baron Kübeck, dass königlich bayerische Truppen „Rückzug von Kissingen angetreten. Bitte um schleunige Nachricht über Euer könig„liche Hoheit fernere Absichten, um bestimmt zu wissen, ob und an welchem Orte „Vereinigung mit VII. Corps mir möglich."

Doch am selben Tage Abends $11^1/_2$ Uhr hatte auch GL. v. d. Tann an den Prinzen Alexander von Münnerstadt aus telegraphirt:

„In Folge eines hitzigen Gefechtes geht die bayerische Armee Morgen nach „Schweinfurt zurück;" worauf aus dem Hauptquartier des VIII. Corps am 11. Juli 7 Uhr Abends folgendes chiffrirtes Telegramm an FML. Huyn abging:

„Ich bitte Sie inständigst, mir eine Antwort auf mein Telegramm von heute „Nacht an den Prinzen Carl wegen Vereinigung zu erwirken. Meine Spitze steht bei „Schlüchtern, 3 Brigaden auf der Fulda-Strasse, 6 Brigaden in Frankfurt-Hanau."

Hiezu wird in den Erläuterungen des Höchstcommandirenden der südwestdeutschen Bundes-Armee zum Feldzugs-Journal des Prinzen Alexander bemerkt:

„Der Rückzug der bayerischen Armee auf Schweinfurt wurde bereits am „10. Abends $11^1/_2$ Uhr dem VIII. Armee-Corps telegraphisch mitgetheilt. Nach „dem 11. Juli war der Telegraph zwischen Schweinfurt - Würzburg durch die „Preussen zerstört."

Prinz Alexander entgegnet hierauf: „Diese Thatsache steht wörtlich im „Feldzugs-Journal; hat aber gar nichts gemein mit der dringenden Nothwendigkeit für „das VIII. Corps, am 12. Juli genau zu erfahren, was aus dem bayerischen Corps „geworden sei, dessen letzte Mittheilung vom 10. Juli Abends $11^1/_2$ Uhr, mithin über „$1^1/_2$ Tage alt war.

führen und dann, wenn möglich, den Anschluss an die Bayern zu versuchen. 12. Juli.
Doch ward diese Operation nicht sogleich und vollständig durchgeführt. Es erhielt nur die Brigade Frey der grossherzoglich hessischen Division den Befehl, sogleich nach Aschaffenburg zu rücken und diesen wichtigen Punkt zu besetzen. Die andere Brigade dieser Division sollte erst am andern Morgen (13.) dahin folgen und beide vereint Aschaffenburg und die Mainübergänge eventuel vertheidigen, um dem Reste des Corps die ungestörte Überschreitung des Flusses zu ermöglichen.

Die württembergische Division wurde angewiesen ihre Truppen so zu disponiren, um, wenn nöthig, am 14. den Marsch nach Hanau antreten zu können und auch die badische und österreich-nassauische Division sollten am 13. in ihren Quartieren verbleiben [1]).

Demnach hatte das VIII. Armee-Corps am Abende des 12. folgende Aufstellung inne:

Württembergische Division im Kinzig-Thale bis Schlüchtern.

Badische Division einen Tagemarsch nördlich Frankfurt.

Hessische Division mit der 1. Brigade bei Aschaffenburg, mit der 2. be Bergen, Seckbach etc. (östlich Frankfurt).

Österreich-nassauische Division: Brigade Hahn in Frankfurt und Concurrenz; die Brigade Roth rückte am 12. nach Kemel.

Das preussische Streifcorps unter General v. Röder war mittlerweile in die Gegend von Diethardt gelangt, wo es am 12. cantonnirte.

Auf die Nachricht, dass Zorn durch 1 preussisches Bataillon besetzt sei, ging Oberstlieutenant Schwab mit dem 1. nassauischen Infanterie-Regiment und 2 Geschützen dahin vor und zwang das feindliche Bataillon nach kurzem Gefechte diesen Ort zu verlassen, wobei letzteres 8 Verwundete einbüsste.

General Röder, dessen Aufgabe es war, gegen das VIII. Bundes-Corps zu demonstriren, und selbes zu stärkeren Detachirungen nach Norden zu veranlassen, hielt seine Aufgabe für erfüllt, kehrte um, und rückte am 13. wieder in Coblenz ein.

Die nassauische Brigade hingegen erhielt die Weisung, sich bereit zu halten, auf das erste Aviso wieder zum Corps zu stossen.

Die Reserve-Reiterei des VIII. Corps befand sich am 12. zwei

---

[1]) Der Eingang des Operations-Befehls (Nr. 13, ddto. 12. Juli 1866), in welchem diese Verfügungen getroffen werden, lautet: „Nach den Mittheilungen des Commandos „der westdeutschen Armee könnte es nöthig werden, eine Vereinigung mit dem VII. „Corps gegen Würzburg hin zu versuchen, zu welchem Ende ich folgende vorbereitende Bewegungen anordne etc. etc.“

12. Juli Tagemärsche nördlich Frankfurt bis Friedberg echellonirt, die Artillerie-Reserve cantonnirte in Offenbach, Langen etc.

Im bayerischen Hauptquartier glaubte man nach den gemachten Erfahrungen auf eine Cooperation mit dem VIII. Bundes-Corps verzichten zu müssen, und war daher um so mehr auf die Vertheidigung des eigenen Landes bedacht, als man bestimmte Nachrichten erhalten hatte, dass ausser der Main-Armee nahezu 10.000 Mann Preussen in Meiningen und Hildburghausen bereit ständen, um der bayerischen Armee in Flanke und Rücken zu fallen[1]).

Man gewärtigte am 12. den Vormarsch der preussischen Main-Armee gegen Schweinfurt, doch, wie bisher fast immer, wurde auch diesmal unterlassen, den Gegner zu beobachten und mit ihm Fühlung zu halten.

Freilich war die Reserve-Cavallerie wieder, statt, wie dies befohlen, bei Arnstein und Werneck zu halten, von Hammelburg bis hinter den Main retirirt; doch gebot man noch immer über hinlängliche Cavallerie, welche den Feind hätte im Auge behalten können.

Der bei Aidhausen und Kerbfeld stehende Theil der Division Stephan wurde auf das linke Main-Ufer nach Hassfurt gezogen, während die Division Feder um 4 Uhr Morgens von Massbach abmarschirte und die von der Division Stephan verlassenen Cantonnements um Aidhausen und Kerbfeld etc. einnahm.

Die unter dem Commando des Prinzen Luitpold stehenden Truppen passirten den Main und rückten, 2 Bataillons in Schweinfurt zurücklassend, mit der Brigade Steinle (jetzt Oberst v. Prankh), welche tagsvorher bekanntlich von ihrer Division abgekommen, und den 4 Bataillons der Reserve-Division nach Gochsheim, mit der Division Hartmann nach Schwebheim. Die Brigade Ribeaupierre, welche letzterer Division zugetheilt wurde, bezog gegen Abend mit der 2. leichten Cavallerie-Brigade und dem 2. Chevaulegers-Regiment ein Lager bei Grettstadt. Prinz Carl verlegte sein Hauptquartier nach Gerolzhofen, 3 Meilen hinter Schweinfurt.

Die Truppen unter Fürst Taxis begannen in der Nacht zum 12. den Rechtsabmarsch zum Gros der Armee[2]).

---

[1]) Ursachen und Wirkungen der bayerischen Kriegführung S. 22. Unter den 10.000 Mann ist das Detachement des Obersten Korzfleisch, bestehend aus 10 4. und Landwehr-Bataillons gemeint, welches der Main-Armee zugetheilt und vom G. d. I. v. Falckenstein beauftragt wurde, über Meiningen und Hildburghausen gegen den Main zu demonstriren.

[2]) Im officiellen bayerischen Werk wird Seite 146 gesagt, dass die Truppen unter Fürst Taxis in der Nacht vom 11. zum 12. den Rechtsabmarsch zur Vereinigung mit dem Gros des Corps begannen und am 13. in Kitzingen, Etwashausen und Marktbreit standen. Es ist nicht zu ersehen, ob Fürst Taxis einen Befehl erhalten, wohin er mit seinen Truppen zu rücken habe. Jedenfalls wurde mit äusserster Langsamkeit und übergrosser Vorsicht marschirt, denn man machte in 2 Tagen beiläufig 3 Meilen.

Die eingeschlagene Richtung deutet mehr auf Nürnberg als an den Anschluss bei Schweinfurt.

Im Laufe des 12. erhielt man durch eine von einer kleinen Patrulle unternommene und bis über Sömmersdorf ausgedehnte Recognoscirung die Gewissheit, dass die preussische Main-Armee in westlicher Richtung abgezogen sei und sich wahrscheinlich gegen den Prinzen Alexander gewendet habe, ohne dass diese Nachricht auf die weiteren Entschliessungen von besonderem Einflusse ward. An Prinz Alexander erging zwar am 12. Abends die Weisung, durch den Odenwald an die Tauber zu rücken, da die Bayern ihm entgegen kommen und zugleich den Spessart beobachten würden, doch unterblieb vorläufig letztere Operation, wahrscheinlich, weil Prinz Carl am 13. Juli von seiner Regierung den Befehl erhielt Waffenstillstands-Verhandlungen mit dem Feinde einzuleiten, da dies nach der politischen Situation angezeigt erscheine[1]). Die bayerischen Truppen wurden aus Anlass dessen vorläufig in enge Cantonnements verlegt und ein Officier mit dem Waffenstillstandsanbote in das Hauptquartier der preussischen Armee abgesandt. 12. Juli.

13., 14. Juli.

Der Befehl, an die Tauber zu rücken, war durch den österreichischen Oberst v. Schönfeld auf dem Wege in das bayerische Hauptquartier, dessen Standpunkt er erforschen sollte, von Major v. Suckow übernommen, vorläufig im telegraphischen Wege auszugsweise mitgetheilt und Abends dem Prinzen Alexander überbracht worden; er lautete: 13. Juli.

„Hauptquartier Gerolzhofen, 12. Juli 1866.

„Das Ober-Commando der westdeutschen Bundes-Armee an das Ober-„Commando des VIII. deutschen Bundes-Armee-Corps.

„Die Vereinigung der beiden Armee-Corps über Heidenfeld bei Würz-„burg, wie sie das Ober-Commando des VIII. Corps nach der Meldung des „Herrn Major v. Suckow in Aussicht nimmt, erscheint unter den gegenwär-„tigen Umständen als zu schwer ausführbar, theils wegen der Verpflegung, „theils wegen der auf dem rechten Main-Ufer stehenden preussischen Macht.

„Vortheilhafter wird also die Vereinigung südlicher bewirkt, nemlich „über Miltenberg und Tauberbischofsheim auf Uffenheim, umsomehr als auch „das VII. Armee-Corps zur Concentrirung auf dem linken Main-Ufer noch „mehrerer Tage bedarf, so dass also die Vereinigung der beiden Armee-„Corps bei Uffenheim etwa am 20. Juli stattfinden wird.

„Um dem VIII. Armee-Corps für seinen Marsch nach Uffenheim mögli-„chen Vorschub zu leisten, hat dasselbe umgehend einen Verpflegsbeamten

[1]) Ursachen und Wirkungen der bayerischen Kriegführung S. 23.

13. Juli. „in das diesseitige Hauptquartier zu beordern, um daselbst die nöthigen Instructionen zu empfangen. Über die vom Corps-Commando angeregte Vereinigung beider Corps südlich vom Main spreche ich eben damit meine vollkommene Billigung aus.

(gez.) Carl Prinz von Bayern,
Feldmarschall."

Indessen hatte Prinz Alexander, dem immer mehr Meldungen über den Anmarsch der Preussen (angeblich 16.000 Mann über Lohr) zugekommen waren, seine Anordnungen zur Bewegung nach Süden getroffen. Nachdem schon am 12. die Brigade Frey der grossherzoglich hessischen Division in Aschaffenburg eingetroffen war, folgte derselben die andere Brigade (Stockhausen) in der Nacht und am Morgen des 13. nach, und nahm neben jener, nordöstlich der Stadt auf einem Wiesengrunde am Aschaff-Bache, das Biwak.

Am 13. Vormittags erging der Befehl, laut welchem sich die württembergische Division bei Hanau zu concentriren hatte, um mit der einen Brigade am 14., mit den beiden andern am 15. per Eisenbahn gleichfalls nach Aschaffenburg transportirt zu werden.

Die badische Division sollte am 14. nach Frankfurt, und von der österreich-nassauischen Division (Neipperg) die Brigade Roth nach Höchst marschiren, die Brigade Hahn aber auf der Darmstädter-Bahn nach Aschaffenburg entsendet werden. Die Reserve-Cavallerie hatte am 14. Vilbel zu erreichen, die Artillerie-Reserve in ihren Quartieren zu verbleiben. Bei Hanau wurde eine Brücke geschlagen.

Von allen diesen Verfügungen ward GL. v. Perglas, Commandant der hessischen Division in Aschaffenburg, mittelst eines Befehles verständigt, aus dessen Texte folgende Stelle hervorgehoben werden muss: „Das Divisions-Commando wird sich heute (13.) noch in kein ernstliches Gefecht einlassen, jedoch Strasse und Eisenbahn nach Lohr der aufmerksamsten Beobachtung unterziehen und durch eine angemessene Stellung vor Aschaffenburg diesen Punkt decken. Die Brigade Hahn ist zwar zur nächsten Unterstützung der 3. Division bestimmt, allein sie wird sodann vorzugsweise zur Sicherung des Überganges von Aschaffenburg verwendet."

Im Laufe des Vormittags lud Prinz Alexander die Bundesversammlung ein, sich nach Augsburg zu begeben.

Gefecht bei Laufach und Frohnhofen. (13. Juli.)

GL. v. Perglas verfügte am Morgen des 13. nach Ankunft der zweiten hessischen Brigade in Aschaffenburg, daselbst über $9\frac{1}{2}$ Bataillons Infanterie, 4 Escadrons und 12 gezogene Geschütze, in Summe beiläufig 10.000 Mann. 13. Juli.

Zur Ausführung der vom Corps-Commando anbefohlenen Recognoscirung gegen Lohr rückte die Brigade Frey in der Richtung auf Laufach vor. Deren Avantgarde 2. Infanterie-Regiment (2 Bataillons), 1 Escadron, 2 Geschütze unter Commando des Oberst Wilkens traf auf ihrem Marsche im Aschaff-Thale gegen 12 Uhr bei Weiberhöfe ein und erfuhr dort, dass die Preussen bereits in Hain und Rothenbuch seien. In Folge dessen wurde von Weiberhöfe aus das 2. Bataillon des erwähnten Regiments und 1 Zug Cavallerie gegen Unter-Besenbach detachirt, um gegen Waldaschaff und Rothenbuch zu recognosciren, während der Rest der Avantgarde den Marsch längs der Laufach fortsetzte und gegen 2 Uhr den Ort Laufach erreichte, wo 2 Compagnien, die Escadron und die beiden Geschütze vor dem östlichen Ausgange, der Rest in und rückwärts des Dorfes ihre Aufstellung nahmen. Das Gros der Brigade verblieb indessen nächst Weiberhöfe.

Preussischerseits brach die Division Göben am 13. zeitlich Morgens auf, um den Spessart zu überschreiten. Die Brigade Wrangel marschirte, gefolgt von der Brigade Tresckow, auf der Chaussé gegen Laufach, während die Brigade Kummer auf der weiter südlich ziehenden Strasse über Rothenbuch nach Waldaschaff vorrückte.

Kurz nach dem Eintreffen des Gros der hessischen Avantgarde in Laufach (2 Uhr) war von selber 1 Zug Cavallerie zur Recognoscirung auf der Strasse gegen Hain vorbeordert worden, welcher bald auf die an der Avantgarde-Tête der Brigade Wrangel marschirende Escadron des westphälischen Huszaren-Regiments Nr. 8, bei welcher sich der Divisions-Commandant GL. v. Göben befand, stiess, und von dieser kaum erblickt, auch angegriffen und auf Laufach zurückgeworfen wurde. Doch hier, von dem Plänklerfeuer der hessischen Infanterie empfangen, kehrte die preussische Escadron um und eilte, gefolgt von der hessischen, durch Hain hinter den Eisenbahndamm zurück.

Es war 3½ Uhr, als das an der Tête der Brigade Wrangel marschirende Füsilier-Bataillon des 55. Regiments bei dem Dorfe Hain in das Laufach-Thal debouchirte und von GL. v. Göben beauftragt wurde, mit Beschleunigung gegen Laufach vorzurücken. Es entspann sich hier ein Gefecht, welches nach kurzer Dauer mit dem Rückzuge der hessischen Avantgarde auf Weiberhöfe endete, wo sie vom 1. Infanterie-Regimente aufgenommen und der nachdrängende Feind durch das Feuer der beiden hinter Laufach an der Kreuzung der Bahn und Strasse aufgefahrenen 2 Geschütze eine Zeit lang aufgehalten wurde.

18. Juli. Das preussische Bataillon sammelte sich sodann diesseits Frohnhofen, worauf es Laufach und dessen Bahnhof besetzte; das Füsilier-Bataillon des 15. Regiments und 1 Huszaren-Escadron bezogen Vorposten in dem Terrain nächst Frohnhofen, der Rest der Brigade Wrangel ward von GL v. Göben angewiesen, nächst Laufach zu lagern, da dieser Punkt das Marschziel der Division für den 13. bildete.

Gleichzeitig mit der Brigade Wrangel rückte die Brigade Kummer gegen Waldaschaff vor. Hessischerseits war das 2. Bataillon des 2. Regiments und 1 Zug Cavallerie bis Weiler vorgegangen, 1 Compagnie blieb an der Ausmündung des Besenbach-Thales beim Orte Keilberg zurück. Der Cavalleriezug, welcher noch weiter vorpussirt wurde, traf — fast gleichzeitig als der früher geschilderte Zusammenstoss mit der Brigade Wrangel erfolgte — unweit des Forsthauses See auf die an der Avantgarde-Tête der Brigade Kummer marschirende Cavallerie-Abtheilung und zog sich sogleich nach Weiler zurück.

Das preussische Avantgarde-Bataillon eilte nun vorwärts und eröffnete, kaum aus dem Orte Waldaschaff debouchirt, ein lebhaftes Feuer. Im Sinne des erhaltenen Befehles, sich in kein ernstliches Gefecht einzulassen, trat das hessische Detachement nach kurzem Widerstande gegen 4 Uhr seinen Rückzug über Unter-Besenbach nach Weiberhöfe an, wo es sich um 5 Uhr mit den von Laufach zurückgekommenen Abtheilungen wieder vereinigte, ohne weiter vom Feinde belästigt zu werden. Die Brigade Kummer bezog bei Waldaschaff ein Biwak und breitete ihre Vortruppen in der Linie Winzenhohl, Unter-Besenbach und Steiger aus.

Die als Avantgarde verwendeten grossherzoglich hessischen Abtheilungen nahmen, nachdem sie bei Weiberhöfe angelangt waren, hinter dem südöstlichen Vorsprunge des Geissenberges eine gedeckte Stellung, während die beiden Geschütze zu ihrer Batterie einrückten, welche auf dem Geissenberge aufgefahren war. Das auf demselben bisher in Reserve gestandene 1. hessische Infanterie-Regiment wurde in eine Bereitschaftsstellung auf den Wiesengrund hinter Weiberhöfe herabgezogen.

Vom Feinde war Nichts mehr zu sehen und es schien daher an diesem Tage zu keinem weiteren Kampfe kommen zu sollen.

Der Generalstabs-Chef Oberst Becker, welcher nach Aschaffenburg rückkehrte, erstattete dem Divisions-Commandanten die Meldung von dem Vorgefallenen, in Folge dessen sich GL. v. Perglas persönlich nach vorwärts begab.

Derselbe hatte dem Prinzen Alexander telegraphirt, dass das

2. Regiment bei Laufach auf den Feind gestossen, und folgende telegraphische Antwort erhalten: 13. Juli.

„Weitere Colonnen und Artillerie sind auf Morgen nach Aschaffenburg „instradirt. Die Zugänge zur Brücke sind offen zu halten. Die von Strass-„Besenbach nach Aschaffenburg führende Strasse wird zur besonderen „Beobachtung und Sicherung empfohlen."

Prinz Alexander wies gleichzeitig den FML. Graf Neipperg an, die Brigade Hahn, nicht, wie befohlen, erst am 14., sondern noch im Laufe des Nachmittags (13.) nach Aschaffenburg abgehen zu lassen.

Um 6 Uhr Abends, bei der Spitze seiner Vorhut eintreffend, erhielt GL. v. Perglas ein Telegramm, laut welchem sich die Preussen in sehr ermattetem Zustande und ohne Munition befänden, was ihn bewog, GM. Frey anzuweisen, zur Wiederwegnahme von Laufach und Hain zu schreiten, wobei ihn die gleichzeitig vorbeorderte Brigade Stockhausen unterstützen sollte.

GL. v. Perglas kehrte hierauf nach Aschaffenburg zurück und liess nur den Sous-Chef seines Generalstabes bei der Brigade Frey.

Nach den Schilderungen, die man über den Feind bekommen, und ihn auch numerisch für schwach haltend, wartete GM. Frey die Annäherung der zweiten Brigade nicht ab, sondern hoffte, die erwähnten Ortschaften im ersten Anlaufe nehmen zu können. Er beorderte demnach die 2 Bataillons des 1. Infanterie-Regiments, gegen Frohnhofen vorzugehen. Das 1. Bataillon desselben rückte nun in Compagnie-Colonnen zwischen der Strasse und dem nördlichen Berghange gegen die westliche Seite von Frohnhofen, das 2. Bataillon links davon gegen den Bischlings-Wald, beide gedeckt von dichten Plänklerschwärmen, vor, während 4 Geschütze gegen den östlichen Abfall des Geissenberges avancirten, um durch ihr Feuer die Vorrückung zu unterstützen.

Das Gros der Brigade Wrangel war eben im Begriffe bei Laufach das Biwak zu beziehen, und das Füsilier-Bataillon des 15. Infanterie-Regimentes jenes des 55. Infanterie-Regiments auf den Vorposten abzulösen, als man den Anmarsch der Hessen gewahrte.

Von den beiden Füsilier-Bataillons der Regimenter Nr. 15 und 55 besetzten nun in aller Eile 3 Compagnien Frohnhofen, 3 Compagnien das Terrain nördlich und 2 Compagnien den Abschnitt südlich des genannten Ortes. Überdies erhielt das gleichfalls vorbeorderte 1. Bataillon des 15. Regiments die Weisung, sich rechts auf den Höhen längs des Waldsaumes des Bischlingberges auszudehnen, während das zur Verstärkung des linken Flügels bestimmte 2. Bataillon im Wiesengrunde und dem daran stossenden Walde, südlich des

13. Juli. Ortes, Aufstellung zu nehmen hatte. Letztere 2 Bataillons trafen in ihrer Aufstellung erst ein, als das Gefecht bereits begonnen hatte.

Die beiden hessischen Bataillons rückten ohne Aufenthalt vor und richteten ihren Hauptangriff gegen den rechten preussischen Flügel.

GM. v. Wrangel dirigirte nun die 12pfd. Batterie (Eynatten II) und eine Huszaren-Escadron dahin, zog die noch bei Laufach befindlichen Truppen bis zum Bahnhof vor und liess sie dort eine Reserve-Stellung nehmen. Die Batterie wurde auf der Höhe beiläufig 900 Schritte nördlich von Frohnhofen postirt, griff jedoch nicht besonders wirksam ein.

GM. v. Wrangel war entschlossen, den Kampf stehenden Fusses anzunehmen, da er einestheils im Momente nur über geringe Kräfte verfügte, anderseits die grosse Ermüdung der Truppen keine Hoffnung auf eine erfolgreiche Offensive zuliess.

Die Hessen hatten sich mittlerweile der preussischen Stellung bis auf 150 Schritte in bester Ordnung genähert, sahen sich aber nun in Folge eines plötzlich eröffneten, wahrhaft mörderischen Schnellfeuers der Preussen zum Umkehren genöthigt. Kurze Zeit nur, und die beiden Bataillons stürmten mit Ungestüm noch ein zweites Mal vor, doch mit einem gleich ungünstigen Resultate. Wieder zum Umkehren gezwungen, gingen sie diesmal — gegen 7 Uhr — bis hinter Weiberhöfe zurück, wo sie sich rallirten und, nachdem sie die Tornister wieder aufgenommen, ohne den Kampf zu erneuern, den Rückzug nach Aschaffenburg antraten.

Während dessen war auch die 2. hessische Infanterie-Brigade unter GM. v. Stockhausen von Aschaffenburg auf dem Kampfplatze eingetroffen und ging sogleich zum Angriffe auf Frohnhofen vor. Da jedoch einige preussische Abtheilungen am äussersten rechten Flügel im Walde des Bischlingsberges so weit vorgedrungen waren, dass sie die hessische Batterie auf 400 Schritte in der Flanke beschiessen konnten, sah sich dieselbe zum Verlassen ihrer Stellung und zum Zurückgehen bis hinter Weiberhöfe genöthigt, wo sie zwar das Feuer fortsetzte, aber wegen der grossen Entfernung den Angriff der Brigade Stockhausen fast gar nicht unterstützte.

Die beiden Bataillons des 3. Regiments avancirten kurz nach 7 Uhr auf der Strasse, entwickelten sich auf etwa 300 Schritte vor Frohnhofen, also im wirksamsten Ertrage des preussischen Gewehrfeuers in Compagnie-Colonnen, und griffen unter dem Schutze starker Plänklerschwärme den Ort an. Trotz der grossen Verluste, welche diese Abtheilungen durch das Schnellfeuer der vollkommen gedeckt stehenden preussischen Infanterie erlitten, versuchten sie wiederholt, doch vergeblich, Frohnhofen im Sturmschritt zu nehmen.

Das 4. hessische Regiment, welches, dem 3. folgend, sich links desselben entwickelt hatte, griff nach kurzer Zeit gleichfalls in das Gefecht ein. 13. Juli.

Besonders heftig war der Kampf um einzelne Örtlichkeiten, wobei ganze Reihen der Angreifer hingestreckt wurden. Letzteren gelang es zwar, sich der vordersten Gehöfte zu bemächtigen, ohne sich aber auf die Dauer, daselbst behaupten zu können. Schon während des Vorgehens der Brigade Stockhausen hatte GM. v. Wrangel seine Reserve bis über Wendelstein vorgezogen und nur das Füsilier-Bataillon Lippe mit der 3. 4pfd. Batterie beim Bahnhofe belassen. Fünf Compagnien gingen nördlich, eine südlich der Strasse vor und drängten die Hessen mit dem Bajonnete aus dem Orte.

Auf beiden Seiten wurde wacker gefochten. So war beispielsweise der Kampf um die weit vorspringende und mit einem Zaune umgebene Kegelbahn wahrhaft mörderisch [1])

Doch durch die inzwischen weiter vorgerückte preussische 12pfd. Batterie schon aus nächster Nähe beschossen, und durch einen vom Oberst v. d. Goltz mit den Truppen des preussischen rechten Flügels, in seinem weiteren Verlaufe bis über Weiberhöfe hinaus fortgesetzten Offensivstoss, noch mehr gedrängt, sahen sich die Hessen bald vollends zum Rückzuge gezwungen.

Die Brigade Stockhausen trat diesen unter dem Schutze des nächst Weiberhöfe aufmarschirten 2. Infanterie-Regiments und der gezogenen 6pfd. Batterie Hergel, anfänglich bis zu letzterem Punkte, nach 8 Uhr gegen Aschaffenburg an.

Die im Dorfe und südlich desselben stehenden preussischen Truppen folgten dem Gegner nur auf eine kurze Strecke, da ihre Ermüdung und die einbrechende Nacht eine weitere Verfolgung unthunlich machte.

GM. v. Wrangel liess hierauf das Gros der Vortruppen (2 Bataillons des 15. Infanterie-Regiments) in der Mulde von Frohnhofen das Biwak beziehen, während sich die Vorposten (1 Bataillon des 15. Regiments) in der Linie vom Westsaume des Bischling-Waldes über die Chaussée bis gegen Steiger ausdehnten. Die übrigen Theile der Brigade lagerten in der Umgebung von Laufach.

Die letzte Abtheilung der hessischen Division traf vollkommen erschöpft zwischen 12 und 1 Uhr Nachts in Aschaffenburg ein.

Die Verluste in den Gefechten von Laufach und Frohnhofen werden in folgender Weise beziffert:

---

[1]) Nebst vielen Andern fiel hier auch der Souschef des Generalstabes der grossherzoglich hessischen Division Major Kröll.

13. Juli.

	Preussen.		Hessen.	
	Officiere	Mann	Officiere	Mann
Todt	—	5	8	73
Verwundet	1	57	24	360
Vermisst	—	3	1	311
Summe:	1	65	33[1]	744.

Ein grosser Theil der hessischen Verwundeten fiel in die Hände der Preussen, die auch fast das ganze Gepäck der zuletzt im Kampfe gewesenen hessischen Brigade erbeuteten, das diese vor dem Angriffe abgelegt, beim Rückzuge aber nicht mehr hatte an sich nehmen können. Der so auffällige Unterschied in den beiderseitigen Verlusten ist nach dem Gange des Gefechtes vollkommen erklärlich. Die Hessen rückten im offenen Terrain in geschlossenen Colonnen gegen die vollkommen gedeckt stehenden Preussen vor und waren auf diese Weise der verheerenden Wirkung des Hinterladgewehres fortgesetzt preisgegeben.

Prinz Alexander hatte nach Empfang des ihm zuletzt zugekommenen Befehles, alle Nebenzwecke fallen lassend, beschlossen, unter fortgesetzter Behauptung von Aschaffenburg, das Corps in der Gegend von Babenhausen zu ralliren und in der Richtung auf Uffenheim abzurücken, die Verbindung mit den Bayern ernstlich anzustreben, wenn nöthig aber auch mit dem dann ganz concentrirten Corps allein gegen den Feind Front zu machen [2]).

Die Dispositionen hiezu waren schon erlassen, als ihm die Unglückskunde von dem nachtheiligen Gefechte bei Laufach und Frohnhofen und dem Rückzuge der hessischen Division gegen Aschaffenburg zukam.

Es wurde nun in der Nacht zum 14., unter theilweiser Annullirung der vor wenigen Stunden erlassenen Befehle, mit den Truppen des VIII. Corps folgendermassen disponirt:

Die württembergische Division erhielt die Weisung, am 14. Morgens die Brigade Baumbach, wie bereits befohlen, nach Aschaffenburg, die andern beiden Brigaden aber über Ober-Steinheim nach Babenhausen zu dirigiren, die Pontonbrücke bei Ober-Steinheim nach Passirung der letzten Abtheilung abzubrechen und den Brückentrain der Division folgen zu lassen.

---

[1]) Oberst v. Schenk gerieth verwundet in Gefangenschaft und starb bald darauf.

[2]) Bericht des VIII. Bundes-Corps ddt. 19. Juli 1866.

Die badische Division sollte mittelst Eisenbahn gleichfalls nach Babenhausen rücken und an der Strasse von Stockstadt nach Obernburg, Front gegen Aschaffenburg, südöstlich des Babenhausner-Waldes, Stellung nehmen. 13. Juli.

Diese Division erhielt ferners 4 Batterien der Reserve zugewiesen, wodurch ihre Artillerie auf 46 Geschütze gebracht wurde.

Die hessische Division und die österreichische Brigade Hahn wurden von diesen Verfügungen mit dem Bemerken telegraphisch verständigt, dass die Main-Brücke bei Aschaffenburg und ihre Zugänge unter allen Umständen offen zu halten seien.

Die nassauische Brigade Roth, welche sich am Abende des 13. bei Hahn und Umgebung gesammelt, sollte den Anschluss an das Corps bewirken.

Die Reserve-Reiterei hatte sich bei Frankfurt und Bornheim zu concentriren, die Artillerie und Munitions-Reserve nach Langen zu rücken.

Als Standort für das Corpsquartier wurde für den 14. Babenhausen bestimmt.

FML. Graf Neipperg hatte am Nachmittag des 13., gleich nach Empfang des bezüglichen Befehles, die Absendung der Brigade Hahn nach Aschaffenburg verfügt. Da aber die bayerischen Behörden das sämmtliche Transport-Material in südlicher Richtung in Sicherheit gebracht hatten, in Frankfurt für die Beförderung grösserer Truppenkörper gar keine Vorbereitungen getroffen waren, so konnte anfänglich um 3$^1/_2$ Uhr Nachmittags nur das 3. Bataillon Reischach und um 3$^3/_4$ Uhr das 35. Jäger-Bataillon abgeschickt werden.

Nach dem Eintreffen weiterer Transportmittel von Mainz und Darmstadt ging um 6$^1/_2$ Uhr der Divisions- und Brigade-Stab mit dem 3. Bataillon Nobili ab, denen die übrigen Abtheilungen derart folgten, dass das letzte Bataillon Wernhardt am 14. Früh 5 Uhr am Bahnhofe zu Aschaffenburg anlangte.

Die kurhessische Huszaren-Division, welche am 13. Frankfurt erreicht und sich daselbst mit den Batterien (4pfd. 1/I und 8pfd. 6/II), dem Munitions-Park und dem Colonnen-Magazin der Brigade Hahn vereinigt hatte, setzte mit diesen noch am selben Tage den Weitermarsch über Offenbach nach Seligenstadt fort, worauf sie mit den beiden Batterien am 14. Früh nach Aschaffenburg rückte und dort westlich der Main-Brücke das Biwak bezog.

Auch der Transport der badischen Division begann in Folge der

13. Juli. geänderten Disposition bereits in der Nacht vom 13. auf den 14. theils von Vilbel, theils von Frankfurt per Eisenbahn gegen Babenhausen.

Die württembergische Division, welche den letzten Befehl des Corps-Commandos erst um 5 Uhr Morgens erhielt, setzte sich sogleich in Marsch, um, mit Ausnahme der nach Aschaffenburg bestimmten Brigade Baumbach, den Main auf der Schiffbrücke bei Ober-Steinheim zu überschreiten und von hier über Dudenhofen auf Babenhausen zu marschiren.

Das Corpsquartier fuhr, da der Nähe des Feindes wegen die Bahn Hanau-Aschaffenburg nicht mehr benützt werden konnte, über Darmstadt ebenfalls nach Babenhausen. Gleichzeitig mit demselben wurden 1 badisches Jäger-Bataillon und 1 badische Batterie (8 Geschütze) dahin befördert, wo sich diese Truppen mit den bis 10 Uhr Früh dort bereits angelangten Theilen der badischen Division, bestehend aus dem Grenadier-, dem 3. Infanterie-Regimente, 2 württembergischen und 2 badischen Batterien, vereinigten.

Als GL. v. Perglas am Abende des 13. nach Aschaffenburg rückgelangte, war bereits das österreichische 3. Bataillon Reischach und das 35. Jäger-Bataillon am Bahnhofe angekommen. GL. v. Perglas sandte dieselben sogleich gegen Goldbach vor, um den Rückzug seiner noch vorwärts befindlichen Truppen zu decken und den Vorpostendienst zu übernehmen, während er die nach und nach eintreffenden Truppen seiner Division lagern liess.

Abends 10 Uhr kam FML. Graf Neipperg in Aschaffenburg an und wurde durch einen Ordonnanz-Officier des GL. v. Perglas von dem Misserfolge der grossherzoglich hessischen Division und der Verwendung der beiden österreichischen Bataillons in Kenntniss gesetzt; gleichzeitig aber auch aufgefordert, das eben eingetroffene 3. Bataillon Nobili gegen Schweinheim zu entsenden, um auch die Zugänge von dieser Seite zu decken.

Diese Verfügungen und Anforderungen fand FML. Graf Neipperg ganz gegen seine Ansicht und offenbar auch gegen die Absichten des Corps-Commandanten.

Nicht geneigt, die wenigen Truppen, über die er verfügte, zwecklos zu zersplittern und sie bei Anbruch der Nacht in ein ihnen gänzlich unbekanntes Terrain zu bringen, machte FML. Graf Neipperg sofort dem GL. v. Perglas Vorstellungen gegen dessen Dispositionen, zog das 35. Jäger-Bataillon von Goldbach in das Biwak beim Bahnhofe zurück und liess nur das 3. Bataillon Reischach auf Vorposten à cheval der Strasse gegen Laufach.

Da die ganze hessische Division in und um Aschaffenburg lagerte, so wurden die nach und nach anlangenden Bataillons der Brigade Hahn mit Ausnahme des 3. Bataillons Nobili, welches ebenfalls beim Bahnhofe verblieb, angewiesen, in ein Biwak östlich der Stadt abzurücken.

Ferners wurde für den Fall eines feindlichen Angriffes die Vereinbarung getroffen, dass die hessische Division zur Unterstützung der Brigade Hahn die Besetzung der Stadt übernehme und ihr hiedurch den eventuellen Rückzug durch Aschaffenburg und das Defilé der Main-Brücke sichere [1]). 13. Juli.

Gefecht bei Aschaffenburg. (14. Juli.)

Bei Aschaffenburg befand sich die (3.) grossherzoglich hessische Division und die Brigade Hahn der 4. Division vereinigt. Erstere zählte 9½ Bataillons, 4 Escadrons, 12 gezogene Geschütze, circa 10.000 Mann; letztere bestand aus 3 Bataillons Wernhardt, den 3. Bataillons Reischach, Hess und Nobili, dem 35. Feldjäger-Bataillon, der 4pfd. Fussbatterie Nr. 1/I, der 8pfd. Fussbatterie Nr. 6/II und 2 Escadrons kurhessischer Huszaren, ungefähr 7000 Mann, daher beide Theile zusammen aus 16½ Bataillons, 6 Escadrons, 28 Geschützen, beiläufig 17.000 Mann bestanden. 14. Juli.

Diese Macht hätte den Kampf gegen die Division Göben mit Vortheil aufnehmen können. Wie sich aber die Dinge entwickelten, focht die österreichische Brigade am 14. mit geringer Ausnahme allein, ohne Unterstützung von Seite der hessischen Truppen, die noch vor dem feindlichen Angriffe den Kampfplatz verliessen, und so sollte auch diesmal das Glück die Unternehmung der feindlichen Division begünstigen.

Diese Division lagerte in der Nacht vom 13. zum 14. mit dem Gros der Brigade Wrangel bei Laufach, mit jenem der Brigade Kummer bei Waldaschaff. Für den 14. hatte GL. v. Göben die weitere Vorrückung gegen Aschaffenburg angeordnet. Um 7½ Uhr brachen beide Brigaden aus ihren Biwakplätzen auf und vereinigten sich bei Weiberhöfe derart, dass die Truppen des GM. v. Kummer bei diesem Punkte, jene der GM. v. Wrangel und Tresckow am Eisenhammer zu stehen kamen.

---

[1]) Was den seither mehrfach dem FML. Graf Neipperg gemachten Vorwurf betrifft, dass er als Rangsältterer das Commando über die grossherzoglich hessischen Truppen hätte übernehmen sollen, muss bemerkt werden, dass in allen ähnlichen Fällen dies vom Corps-Commando stets angeordnet worden war, daher ein solcher Schritt dem genannten Generalen, nun da dies nicht geschehen, sehr leicht als Eigenmächtigkeit hätte ausgelegt werden können, und es auch fraglich bleibt, ob GL. v. Perglas sich ohne höhere Weisung dem fremden Oberbefehl gefügt hätte. Überdiess hatte die Brigade Hahn eine eigene, genau präcisirte Aufgabe, nemlich die directe Vertheidigung Aschaffenburg's erhalten, und aus dem Wortlaute der an FML. Graf Neipperg erlassenen Anordnungen lässt sich sicherlich nicht das Recht dieses Generals ableiten, auch über die grossherzoglich hessische Division zu verfügen.

In dem bezüglichen Befehle des Corps-Commandos hiess es ausdrücklich:

„Die Brigade bleibt bei Aschaffenburg und hat die besondere Aufgabe, diese „Stadt und den Main-Übergang sicher zu stellen und zu gleicher Zeit der vorgeschobenen 3. Division zur Aufnahme zu dienen."

14. Juli. Bald erhielt GL. v. Göben von den Vortruppen die Meldung, dass feindliche Abtheilungen Miene machten, aus Hösbach zu debouchiren; er befehligte hierauf den Oberst v. d. Goltz, die Höhe nördlich von Weiberhöfe mit 2 Bataillons und 1 Compagnie des 15. Regiments, ferner 1 Huszaren-Escadron zu besetzen, um nöthigenfalls unter deren Schutze den Aufmarsch der Brigade im Thale bewirken zu können. Als aber kurze Zeit darauf obige Meldung widerrufen, im Gegentheile berichtet wurde, dass der Feind bereits Hösbach verlassen, setzte die Division gegen 8 Uhr den Marsch weiter fort, u. z. die Brigade Wrangel, mit 3 Compagnien des 15. Infanterie-Regiments (die andern 9 Compagnien dieses Regiments waren noch in Besetzung der ihnen zugewiesenen Position begriffen), 1 Escadron Huszaren und eine 4pfd. Batterie als Avantgarde, auf der Chausée; die Brigade Kummer längs des Eisenbahndammes mit dem I. Bataillon des 13. Regiments als Avantgarde, und dem Füsilier-Bataillon dieses Regiments auf den Höhen südlich des Dammes zur Deckung der linken Flanke. Bei Hösbach, welches man unbesetzt fand, zog GL. v. Göben, ohne den Marsch der Infanterie aufzuhalten, die Cavallerie-Brigade Tresckow, d. h. die noch übrigen Escadrons des 1. westphälischen Huszaren-Regiments Nr. 8 und das Cürassier-Regiment Nr. 4 vor, und liess selbe nördlich der Chaussée in gleicher Höhe mit der Brigade Wrangel den Marsch gegen Goldbach fortsetzen, in dessen Nähe die preussischen Eclaireurs der Brigade Kummer auf die österreichischen Vortruppen stiessen.

Schon in der Nacht war von dem auf Vorposten befindlichen 3. Bataillon Reischach dem FML. Grafen Neipperg berichtet worden, dass die Orte Schmerlenbach und Weiberhöfe von den Preussen besetzt seien. Am 14. Morgens $7^3/_4$ Uhr, als die Truppen gerade im Abessen begriffen waren, langte ferner die Meldung ein, dass der Feind in starken Colonnen mit Artillerie und Cavallerie gegen Aschaffenburg vorrücke, worauf sich auch alsbald Kanonendonner hören liess.

Auf die Nachricht vom Anrücken des Feindes, beorderte FML. Graf Neipperg das 3. Bataillon Reischach, den Rückzug fechtend gegen die Fasanerie anzutreten; die Brigade Hahn liess er à cheval der Strasse in Gefechtsstellung übergehen. Den linken Flügel des österreichischen I. Treffens bildete das 35. Jäger-Bataillon (Major Machalitzky), welches links der Bahn in der Höhe des ersten Bahnwächterhäuschens seine Aufstellung nahm. Links vorwärts dieses Bataillons fuhr eine halbe grossherzoglich hessische 6pfd. Hinterlad-Batterie (Herget) auf. Rechts des Jäger-Bataillons, u. z. an der Chaussée, hinter einem mit Gebüsch bedeckten Bodenriegel, stand als Centrum das 3. Bataillon Nobili (Oberstlieutenant Baron Sterneck), während das 2. Bataillon Wernhardt (Major v. Engel), auf den

Höhen der Fasanerie und an dem Forsthause, den von dem Obersten Glückselig befehligten rechten Flügel bildete. Das zurückbeorderte 3. Bataillon Reischach sollte die Verbindung zwischen Centrum und rechten Flügel herstellen und letzteren unterstützen. 14. Juli.

Im 2. Treffen stand anfänglich das 3. Bataillon Hess (Major Baron Kleinmayrn) und das 1. Bataillon Wernhardt (Oberstlieutenant Kaiffel). Das 3. Bataillon Wernhardt (Major Baron Ajroldi) hatte ursprünglich die Bestimmung, mit der mittlerweile eingetroffenen 8pfd. Batterie die Main-Brücke, in einer Aufstellung hinter derselben, zu sichern. Die beiden kurhessischen Huszaren-Escadrons und eine grossherzoglich hessische Chevaulegers-Escadron endlich standen in der Höhe des 2. Treffens am rechten Flügel zunächst des Waldes. Links der österreichischen Aufstellung befand sich zu dieser Zeit noch das 1. hessische Infanterie-Regiment und 1 homburgische Compagnie, welche den Raum zwischen dem Orte Damm und der Eisenbahn, und eine hessische Scharfschützen-Compagnie, welche den Aschaffenburger-Bahnhof besetzt hatte.

Das Gros der grossherzoglich hessischen Division stand vor Beginn des Gefechtes im Rücken und seitwärts der österreichischen Brigade, trat aber, als das Gefecht begann, ohne hievon die mindeste Mittheilung zu machen und ohne dass FML. Graf Neipperg, welcher natürlich seine Aufmerksamkeit dem vorrückenden Gegner und dem beginnenden Kampfe zuwandte, es bemerkte, den Rückzug, und zwar nicht auf Babenhausen, wo sich doch der Rest des Corps concentrirte, sondern in nordwestlicher Richtung nach Seligenstadt an, ohne im Vorbeimarsche die so wichtige Eisenbahnbrücke bei Stockstadt entsprechend zu besetzen. Dem Gros der Division folgten bald nach Entwicklung des Kampfes auch die am österreichischen linken Flügel aufmarschirten hessischen Abtheilungen, so dass dieser völlig entblösst ward.

Die österreichischen Vorposten zogen sich, als die Avantgarde der feindlichen Brigade Kummer vor Goldbach erschien, im Sinne der erhaltenen Weisung fechtend in der Richtung auf die Fasanerie zurück, während die grossherzoglich hessische Halb-Batterie den Gegner mit Granaten bewarf. GM. v. Kummer liess nun auch seine beiden Batterien à cheval der Eisenbahn zwischen der Aschaff und dem Kugelberge auffahren, die zurückgehenden Abtheilungen beschiessen und dirigirte die 3 Bataillons des 13. Regiments, mit dem 53. Regimente in Reserve, zum Angriffe auf das Gehölz am österreichischen rechten Flügel (Fasanerie).

Von der Brigade Wrangel waren inzwischen die an der Tête marschirenden 3 Compagnien des 15. Regiments, nachdem sie die südlich Goldbach gestandenen kleinen Abtheilungen der österreichischen Vorhut zurück-

14. Juli. gedrängt hatten, bis an die bewaldeten Ufer des Aschaff-Baches gekommen, von wo sie in der Richtung auf die Au-Mühle weiter vordrangen. Das Füsilier- und 1. Bataillon des 55. Regiments stellten, längs des Eisenbahndammes vorrückend, die Verbindung mit der Brigade Kummer her, während das in Reserve folgende Bataillon Lippe gleichfalls an die buschigen Ufer des Aschaff-Baches vorging und hier zum Halten beordert wurde.

Das 2. Bataillon des 55. Regiments war auf die Höhen nördlich von Holzhof zum Schutze der dort aufgefahrenen Batterien der Brigade Wrangel gezogen worden, welche den weiteren Vormarsch der Letzteren protegiren sollten.

Doch gelang es den Batterien, obgleich sie mit grosser Kaltblütigkeit den Kampf mit den gegenüberstehenden Geschützen aufnahmen, nicht, einen Punkt zu finden, wo sie ihre Aufgabe mit Erfolg hätten durchführen können, denn das Feuer der österreichischen und hessischen Batterie war von verheerender Wirkung.

FML. Graf Neipperg hatte gegen 8½ Uhr der österreichischen 4pfd. Fussbatterie Nr. 1/I (Hauptmann v. Klofetz) den Befehl ertheilt, gleichfalls vorzurücken und dieselbe war, durch Aschaffenburg bis zum Bahnhofe voreilend, auf der Höhe südlich der Au-Mühle aufgefahren.

In zwei Gruppen, zu je 6 und 2 Geschütze placirt, eröffnete sie im Vereine mit der halben grossherzoglich hessischen Batterie mit sichtlich bester Wirkung das Feuer sowohl gegen die feindliche Artillerie, als auch gegen die vorrückenden preussischen Infanterie-Colonnen der Brigade Wrangel und brachte letztere beim Holzhof zum Stehen. Der Geschützkampf wurde nun immer lebhafter; nicht nur die Preussen zogen noch eine Batterie als Verstärkung vor, auch österreichischerseits kamen bald noch 6 Geschütze der 8pfd. Batterie Nr. 6/II (Hauptmann Burger) am nordwestlichen Ausgange der Stadt an und begannen ihr Feuer mit einer Halb-Batterie gegen die feindliche Artillerie (beiläufig auf 1300 Schritte) und mit 2 Geschützen gegen die nächsten feindlichen Infanterie-Abtheilungen. Da aber trotzdem einzelne preussische Abtheilungen, längs des Aschaff-Baches gedeckt, gegen den österreichischen linken Flügel Terrain gewannen, wurde die 2. Division des 35. Jäger-Bataillons unter dem heftigsten Feuer des Feindes dahin entsandt, wo sie nebst 2 Geschützen der zuerst erwähnten österreichischen 4pfd. Fussbatterie, Front gegen die Höhe mit der steinernen Windmühle, Stellung nahm und die andringenden feindlichen Abtheilungen standhaft zurückhielt.

Vom 3. Bataillon Hess hatte mittlerweile die 7. Division die links der Eisenbahn gelegene Papierfabrik, die sie in der Eile zur Vertheidigung einrichtete, und die 15. Compagnie einen Theil der Fasanerie besetzt, die 16. Compagnie hielt die Verbindung zwischen dieser und der 7. Division. Die

9. Division nahm etwa 150 Schritte hinter der 8. Aufstellung; das von den Vorposten rückgekehrte 3. Bataillon Reischach kam im Centrum des 1. Treffens zu stehen. 14. Juli.

Nach und nach gelang es den auf dem äussersten rechten Flügel der Brigade Wrangel befindlichen 3 Compagnien des 15., mit Theilen des Füsilier-Bataillons des 55. Regiments, gegen die Au-Mühle und die zunächst befindliche Höhe weiter vorzudringen und ein mörderisches Feuer gegen die österreichischen und hessischen Batterien zu eröffnen.

Bald darauf trafen auch noch 2 Geschütze auf der nun von den Preussen besetzten Höhe ein. Den in Flanke und Rücken aus nächster Nähe auf das Heftigste beschossenen Batterien ward die Behauptung ihrer Position unmöglich, umsomehr als sich zu deren Schutz in der bedrohten (linken) Flanke keine eigene grössere Abtheilung mehr befand.

Am österreichischen rechten Flügel hatte der Kampf indessen schon eine entscheidende Wendung genommen. Von der dahin dirigirten Brigade Kummer waren nemlich die 3 Bataillons des 13. Regiments, das 1. von Norden, das 2. von Osten, das Füsilier-Bataillon von Südosten her zum Angriffe der Fasanerie geschritten. Die diesen Abschnitt vertheidigenden österreichischen Abtheilungen, sowie auch das 1. Bataillon Wernhardt, welches beim Vordringen des Feindes gleichfalls in die erste Linie gerückt war und die 1. und 2. Compagnie in Plänkler aufgelöst hatte, leisteten tapfern Widerstand; es entspann sich hier ein heftiges Tiraillеurfeuer, welches bis gegen 10 Uhr (Vormittags) mit geringer Veränderung der Stellung dauerte. Als später der Feind Terrain gewann, stürzte sich ihm das 2. Bataillon Wernhardt und die 15. Compagnie Hess, unterstützt vom 3. Bataillon Reischach, mit dem Bajonnete entgegen. Doch dieser, so wie ein, kurze Zeit darauf vom 1. Bataillon Wernhardt unternommener zweiter Bajonnetangriff, misslang und wurde von den Preussen zurückgeschlagen, welche nun bis zur südwestlichen Lisière vordrangen, wo GM. v. Kummer die im Waldgefechte engagirten und dabei natürlicher Weise auseinander gekommenen Abtheilungen alsbald wieder sammelte.

Der rechte Flügel der Stellung war der für den Vertheidiger gefährlichste Punkt, denn, begünstigt durch die dort gegen Aschaffenburg abfallenden bewaldeten Höhen, konnte der Feind gedeckt vorrücken, sehr leicht den rechten Flügel umgehen und, durch die Stadt zur Main-Brücke vordringend, dem Vertheidiger den Rückzug verlegen.

Diese Eventualität musste FML. Graf Neipperg im Auge behalten als immer stärkere feindliche Abtheilungen — das mittlerweile herangekommene preussische Infanterie-Regiment Nr. 35 — in seiner rechten Flanke erschienen. Es stand ihm keine einzige frische Truppe zu Gebote, mit der er in

14. Juli. den Kampf hätte eingreifen können, denn seine starke Reserve von fast 10.000 Mann (die grossherzoglich hessische Division), welche Aschaffenburg besetzen und seinen Rücken hätte decken sollen, war verschwunden. Ward der Rückzug nicht zeitgerecht angeordnet, so musste derselbe um so gefährlicher werden, als der grösste Theil der Truppen diesen durch die engen, gegen den Fluss zu abschüssigen Strassen Aschaffenburgs, über die einzige, westlich der Stadt liegende Main-Brücke zu nehmen hatte. FML. Graf Neipperg sah sich daher gezwungen um $10^{1}/_{2}$ Uhr das allmälige Zurückgehen der Brigade Hahn über den Main anzuordnen. Um diese Bewegung zu erleichtern und das Nachdrängen des Feindes gegen Aschaffenburg aufzuhalten, erhielt die kurhessische Huszaren-Division den Befehl, in der Thalsohle zur Attake vorzugehen, wurde aber in Front und Flanken von dem Feuer einer dichten Plänklerkette empfangen und sah sich zum Umkehren bemüssigt, bevor noch die auch preussischerseits vorbeorderte Cavallerie eingetroffen war.

Inzwischen begann der österreichische rechte Flügel den Rückzug durch Aschaffenburg. Schon aber drang auch die Tête (2. Bataillon) des preussischen 53. Regiments mit Compagnien des 13. Regiments durch Seitengassen in die Stadt und beschoss die retirirenden Colonnen, so dass GM. Hahn wiederholt die einzelnen Bataillons bei den eben sich darbietenden Abschnitten halten und diese, nemlich den östlichen Eingang der Stadt, ferners das grosse Thor und den Platz der innern Stadt, vertheidigen lassen musste. Dadurch ward der Rückzug der noch vorwärts befindlichen und bis zum letzten Momente feuernden 6 Geschütze der 4pfd. Fussbatterie ermöglicht.

Die Truppen des österreichischen rechten Flügels gelangten in folgender Ordnung über die Main-Brücke:

3. Bataillon Nobili, 6 Geschütze der 4pfünd. Batterie Nr. 1/I, 3. Bataillon Reischach, endlich der grössere Theil des 1. und 2. Bataillons Wernhardt. Das 3. Bataillon letzteren Regiments war, als man sich zum Aufgeben des Gefechtes gezwungen sah, zur Vertheidigung der Stadteingänge vorgezogen worden. Die 9. Division (unter Commando des Hauptmann v. Latterer) besetzte auf Befehl des GM. Hahn das Hauptthor der innern Stadt (Herstaller-Thor), vertheidigte es längere Zeit, sah sich aber endlich zum Verlassen auch dieses Punktes bemüssigt. Dadurch, dass die Umgehung des österreichischen rechten Flügels durch den grösseren Theil der Brigade Kummer sehr rasch und mit bedeutender Übermacht erfolgt war und der Feind schon im Rücken des theilweise noch in den Häusern, Gärten und Strassen Aschaffenburgs als Schützen vertheilten Regiments Wernhardt vor-

drang, geschah es, dass viele Abtheilungen desselben abgeschnitten wurden und in Gefangenschaft geriethen [1]). 14. Juli.

Nachdem die Preussen durch Aschaffenburg gerückt, besetzten sie die Main-Brücke und die Ausgänge gegen Westen und sendeten den sich zurückziehenden Colonnen ein lebhaftes Gewehrfeuer nach. Jedoch 2 auf 500 Schritte hinter der Brücke aufgestellte und mit Kartätschen feuernde Geschütze der 8pfd. Batterie unter Commando des Feuerwerkers Friedel verhinderten, im Vereine mit Abtheilungen des 3. Bataillons Wernhardt, das Nachdrängen des Feindes; dieser überschritt die Main-Brücke nicht und verzichtete somit vorläufig auf die weitere Verfolgung.

Erst als die Main-Brücke schon von den Preussen besetzt und auch GM. v. Kummer bereits dort eingetroffen war, kam die früher zur Attake vorbeorderte kurhessische Huszaren-Division, in gemässigtem Tempo reitend, an derselben an. Getäuscht durch die Ähnlichkeit ihrer Uniformen mit jenen der preussischen Huszaren, liess man sie ungehindert die Brücke passiren, worauf, am jenseitigen Ufer angelangt, sich diese Reitertruppe im schnellsten Tempo dem preussischen Schussbereich entzog.

Mit dem Rückzuge des rechten Flügels war auch der linke österreichische Flügel unhaltbar geworden und als nun die Brigade Wrangel theils gegen den Bahnhof, theils auf der Chaussée gegen das nordöstliche Thor der Stadt vordrang und das 2. Bataillon des 55. Regiments mit den Batterien weiter vorwärts Posto fassten, ertheilte FML. Graf Neipperg dem Jäger-Bataillon den Befehl, den weiteren Rückzug über die Aschaffenburger-Brücke zu bewirken. Selbes schlug hiezu die enge, längs des Main zwischen dem Schlossberge und der Mauer sich hinziehenden Strasse ein. In der Nähe der Brücke aber; von einer Decharge des Feindes empfangen, ward die Tète in die erwähnte enge Gasse zurückgedrängt.

Es blieb nun dem Bataillon nichts übrig, als gegen den Bahnhof umzukehren um wo möglich noch den Rückzug über die Brücke bei Stockstadt zu bewerkstelligen.

Vom Bataillon Hess war die 7. Division, welche das Fabriksgebäude besetzt hatte, anfänglich gegen den Bahnhof und sodann auf Befehl in der Richtung gegen die Main-Brücke zurückgegangen. Bei dieser angelangt, ward die vorgesandte Plänkler-Abtheilung ($\frac{1}{2}$ 14. Compagnie) durch die im Trabe

---

[1]) Die 9. Division Wernhardt, welche die zur Brücke führende Strasse bereits vom Feinde besetzt fand, schlug eine gegen das Schloss führende Gasse in der Hoffnung ein, auf diese Weise an den Fluss zu gelangen und auf Kähnen den Uebergang bewirken zu können. Es fand sich auch eine Prahme vor, in welche sich aber zu viele Mannschaft drängte, daher sie am Grunde aufsass und nicht mehr fortzubewegen war.

14. Juli. aus einer Seitenstrasse vorbrechende kurhessische Huszaren-Escadron von der Division abgeschnitten und da die Cavallerie die Passage vollkommen sperrte, vom überlegen anstürmenden Feinde gefangen genommen. Der Rest der Division erlitt zwar bei dem Rückzuge durch das heftige feindliche Geschützfeuer grosse Verluste, gelangte jedoch glücklich über die Brücke.

Die 9. Division hatte die Weisung erhalten, den Rückzug des vordern Treffens durch den Ort zu decken. Später vereinigte sich mit ihr auch die 8. Division und FML. Graf Neipperg befahl nun, mit der 18. Compagnie den Stadteingang so lange zu halten, bis sich sämmtliche Abtheilungen zurückgezogen hätten.

Das Bataillon kam diesem Auftrage nach, erlitt aber dabei grosse Verluste. Da der Feind mittlerweile von anderer Seite her in die Stadt gedrungen war, sah es sich gezwungen, durch Einbrechen von Gartenzäunen und Übersteigen meist hoher Mauern zur Main-Brücke zu gelangen; aber sowohl durch Einwohner als zurückgehende Jäger-Abtheilungen verständigt, dass die Brigade ihren Rückzug über den Main bereits vollzogen, so wie, dass die Brücke vom Feind schon mit Geschütz besetzt sei, kehrte das Bataillon gegen die Brücke bei Stockstadt um.

Doch schon war auch der Bahnhof und der dahin führende Stadtausgang von grösseren Abtheilungen der preussischen Regimenter Nr. 15 und 55 besetzt und sowohl das Jäger- als das Bataillon Hess mit 2 Geschützen der 4pfd. Batterie sahen sich bemüssigt, den Durchbruch nach dieser Seite mit Gewalt zu bewirken. Der Feind wurde mit Ungestüm angegriffen und mit dem Bajonnet aus dem Bahnhofe geworfen; der an der Spitze des Bataillons Hess sich befindende Major Baron Kleinmayrn wurde bei dieser Gelegenheit schwer verwundet. Die beiden Bataillons marschirten nun längs des Mains, anfänglich stark beschossen, später aber ganz unbehelligt, gegen Stockstadt weiter, passirten auf der Eisenbahnbrücke den Main und nahmen dann die Richtung auf Babenhausen.

Einem Theile der 15. Compagnie Hess (Hauptmann Pointl), welcher während des Rückzuges abgeschnitten wurde, gelang es gleichfalls sich durchzuschlagen und dann über Obenau und Klein-Umstadt zu entkommen, von wo er am 15. in Hergertshausen beim Bataillon wieder eintraf.

Um 11 Uhr Vormittags war das Gefecht bei Aschaffenburg zu Ende. FML. Graf Neipperg hatte das 3. Bataillon Nobili mit 2 Geschützen der 8pfd. Batterie in eine Aufnahmsstellung gegen Babenhausen vorgesandt, ihm folgte sodann das Gros der Brigade, welches nach 6 Uhr südlich dieses Ortes auf der Dieburger-Strasse bei Hergertshausen, das Lager bezog. Auch die über Stockstadt zurückgegangenen Abtheilungen trafen gegen

7 Uhr Abends dort ein. Auf dem Rückmarsche sanken jedoch viele Leute aus Erschöpfung um. 14 Juli.

Preussischer Seits lagerte die Division Göben um Aschaffenburg, das Infanterie-Regiment Nr. 13 am linken Ufer vor der Brücke. Das 15. Infanterie-Regiment mit 2 Escadrons Huszaren und der 3. 4pfd. Batterie (Coester) wurden gegen Stockstadt an den dortigen Main-Übergang der Aschaffenburg-Darmstädter Bahn mit dem Auftrage entsandt, diesen Punkt zu besetzen und von dort aus Recognoscirungen vorzunehmen. Die Vorhut dieser von Oberst v. d. Goltz befehligten Truppe stiess hinter Stockstadt zwischen 2 und 3 Uhr Nachmittags auf kleine hessische Abtheilungen, welche sich, ohne weiter verfolgt zu werden, auf das Gros bei Seligenstadt zurückzogen [1]).

Das Gros der Cavallerie-Brigade Tresckow war im Gefechte nicht zur Thätigkeit gekommen. Es hatte die Aufgabe, die Division Göben gegen etwa von Hanau vordringende feindliche Abtheilungen zu sichern und gelangte erst gegen Nachmittag an den Main.

Es war daher unmittelbar nach Beendigung des Gefechtes nur die zur Bedeckung des Hauptquartiers bestimmte 1 Escadron des 4. Cürassier-Regiments zu Streifungen über den Main verfügbar, welche Nachmittags auch noch 175 Gefangene einbrachte.

Dem Feinde fielen ausser den Waffen der Gefangenen keine Trophäen in die Hände.

Die im Gefechte von Aschaffenburg erlittenen Verluste betrugen:

	Preussen.		VIII. Bundes-Corps.	
	Officiere	Mann	Officiere	Mann
Todt	5	22	4	146
Verwundet	12	132	21	335
Vermisst und gefangen	—	9	22	1964
Summe:	17	163	47	2445[2])

[1]) Oberst v. d. Goltz, welcher bekanntlich auf die Nachricht, die Österreicher debouchirten aus Hösbach mit 9 Compagnien bei Weiberhöfe aufmarschirt war und sodann der Division Göben auf den nördlich der Chaussée sich hinziehenden Höhen nachrückte, traf erst gegen Ende des Gefechtes bei Damm ein.

[2]) Die Verluste der österreichischen Brigade Hahn betrugen:

	Todt.		Verwundet.		Gefangen.		Vermisst.	
	Offic.	Mann.	Offic.	Mann.	Offic.	Mann.	Offic.	Mann.
35. Jäger-Bataillon	—	15	3	63	1	82	1	105
3. Bataillon Reischach	1	14	2	88	—	100	—	9
3. Bataillon Hess	2	35	4	161	2	45	—	155
3. Bataillon Nobili	—	79	2	4	—	—	—	198
4pfd. Fuss-Batt. Nr. 1/I	—	1	—	3	—	2	—	—
8pfd. Fuss-Batt. Nr. 6/II	—	—	1	2	—	2	—	—

Das Infanterie-Regiment Wernhardt gibt seinen Verlust mit: 1 Officier todt,

14. Juli. Prinz Alexander hatte, nachdem das Corpsquartier Vormittags mit einem badischen Jäger-Bataillon und 1 Batterie in Babenhausen angelangt war, die Brigade La Roche mit 4 Escadrons Dragoner und 2 Batterien der badischen Division, dann 2 württembergischen Batterien (gegen 11 Uhr) als Unterstützung in der Richtung auf Aschaffenburg vorgeführt.

Im Walde vor Babenhausen stiessen diese Truppen bereits auf die retirirenden österreichischen Colonnen; sie nahmen gegen 2 Uhr Nachmittags am Ausgange des Waldes Aufstellung und sandten Patrullen gegen Stockstadt, Schönbusch und Gross-Ostheim vor; der erstere Punkt war bereits vom Feinde besetzt [1]).

Nach $1^1/_2$ Stunden kehrten die erwähnten Truppen, eine Vorhut vor dem Walde an der Stockstadt-Gross-Ostheimer Strasse belassend, gegen Babenhausen zurück, wo dann die badische Division — die 2. Brigade (Oberst Neubronn) war wenige Stunden nach dem Vorrücken der Brigade La Roche gegen Aschaffenburg eingetroffen — rechts der Aschaffenburger-Strasse lagerte.

Die württembergische Brigade Baumbach hatte Früh Morgens den Marsch über Alzenau, wo sie bereits Kanonendonner vernahm, nach Aschaffenburg angetreten. Bei Dettingen auf Versprengte stossend und durch diese Kunde vom Gefechte erhaltend, stellte sie vorläufig den Marsch ein und ging dann, nachdem sie sich mit der am anderen Main-Ufer gegen Seligenstadt herabrückenden hessischen Division in Verbindung gesetzt und über den Stand der Dinge unterrichtet hatte, nach Hanau zurück; dort passirte sie

---

4 verwundet, 11 gefangen und 2 vermisst, den Mannschaftsverlust aber nur summarisch mit 1125 Mann an.

Total-Verlust der Brigade Hahn: 37 Officiere, 2288 Mann, 16 Pferde.

Fast sämmtliche Vermisste fielen in Gefangenschaft. — Die Namen der gefallenen Officiere sind: Vom Infanterie-Regimente Baron Hess Nr. 49: Lieutenants Eugen Werthheimer und Alois Doré; vom Infanterie-Regimente Baron Reischach Nr. 21: Lieutenant Franz Seeling; vom Infanterie-Regimente Baron Wernhardt: Oberlieutenant Carl Cerrini de Monte Varchi.

Die grossherzoglich hessische Division verlor bei Aschaffenburg und Stockstadt:

Todt.		Verwundet.		Gefangen.		Vermisst.	
Offic.	Mann.	Offic.	Mann.	Offic.	Mann.	Offic.	Mann.
—	2	2	14	—	1	4	51

Summe: 6 Officiere, 68 Mann;

die kurfürstlich hessische Huszaren-Division:

Todt.		Verwundet.		Gefangen.		Vermisst.	
—	—	3	—	—	—	1	89

Summe: 4 Officiere, 89 Mann.

[1]) Auf Anordnung des Corps-Generalstabschefs wurden auf einer Strecke der Eisenbahn gegen Stockstadt die Schienen und Schwellen aufgerissen und zurückgeführt. „Zur Beurtheilung des Verhaltens der badischen Feld-Division." Darmstadt und Leipzig. Ed. Zernin. Seite 18.

den Main und vereinigte sich im Laufe der Nacht bei Weisskirchen mit den beiden anderen Brigaden der Division, welche bei Ober-Steinheim über die Pontonbrücke gegangen, vorläufig aber wegen zu grosser Ermüdung den Marsch nach Babenhausen nicht hatten vollenden können. 14. Juli.

Die grossherzoglich hessische Division machte bei Seligenstadt Halt.

Die zur 4. Division gehörige nassauische Brigade Roth marschirte am 14. über Wiesbaden zurück und kam mit dem Gros über Mainz bis Darmstadt, das Jäger-Bataillon und das 1. Bataillon des 1. Regiments erreichten Höchst. Die 6pfd. glatte Batterie, die Munitions- und Proviant-Colonnen, sowie die Sanitäts-Compagnie dieses Contingents verblieben in ihrer Aufstellung vom 11. Juli in Bockenheim.

Prinz Alexander war nun darauf bedacht, sein Corps mehr bei Babenhausen zu concentriren, zu welchem Zwecke er um 6 Uhr Abends der württembergischen und grossherzoglich hessischen Division befahl, näher an diesen Punkt zu rücken. Ferner erhielt Prinz Wilhelm von Baden vom Corps-Commandanten den mündlichen Befehl, mit seiner Division nach Stockstadt vorzugehen, um diesen Ort und den dortigen Main-Übergang den Preussen wieder abzunehmen. Letztere Weisung konnte jedoch wegen der grossen Erschöpfung der Truppen nicht mehr ausgeführt werden[1]). Da aber auch der Sicherheitsdienst in dieser Richtung vernachlässigt wurde, geschah es, dass preussische Patrullen, von Stockstadt her, in der Nacht zum 15. die nächst Babenhausen lagernden Truppen, und selbst das Corpsquartier, welches sich um 10 Uhr Abends, behufs Ausfertigung der Disposition für den nächsten Tag, nach Dieburg begeben hatte, wiederholt allarmirten.

---

[1]) Nach dem officiellen Werke: „Die Operationen des VIII. deutschen Bundes-„Corps im Feldzuge 1866, Darmstadt bei Ed. Zernin" Seite 62 erster Absatz, sollte man glauben, dass Prinz Wilhelm von Baden schon um 2 Uhr Nachmittags angewiesen worden sei, Stockstadt zu nehmen.

Gleich darauf heisst es aber „das Gros der 2. Division unter Festhaltung „des ihr befohlenen Sicherungs-Dienstes lagert bei Babenhausen rechts von der „Aschaffenburger-Strasse und sichert sich gegen Gross-Ostheim. Die 4 ihr zugetheil-„ten Reserve-Batterien bleiben bei ihr."

Seite 63 wird wieder gesagt: „Diese Anordnungen wurden auch zum grössten Theile und wenigstens in der Hauptsache ausgeführt. Nur die 2. Division nahm Anstand, wegen grosser Ermüdung der Truppen noch einen förmlichen Angriff auf das stark besetzte Stockstadt zu unternehmen und begnügte sich Patrullen dahin zu entsenden und den Feind zu beobachten."

Die officiöse Brochüre: „Zur Beurtheilung des Verhaltens der Badischen Feld-Division im Feldzuge des Jahres 1866" erklärt, dass erst gegen Abend der Corps-Commandant an den Commandanten der badischen Division das Ansinnen stellte, Stockstadt zu nehmen.

14. Juli. Während die Division Göben Aschaffenburg kämpfend erreichte, blieben die beiden andern preussischen Divisionen, 7 Meilen hinter ihr rastend an der Sinn, ohne selbst nach dem Gefechte bei Laufach näher herangezogen zu werden.[1]) Die Division Beyer stand seit 13. bei Rieneck, die Division Manteuffel bei Gemünden.

Die bayerische Armee behielt ihre Aufstellung vom 13. unverändert bei, nur die Cavallerie-Brigaden Rummel und Herzog Ludwig rückten östlich nach Gross-Langheim ab.

Die Division Stephan stand bei Gerolzhofen; die Division Feder bei Donnersdorf; die Division Prinz Luitpold (Zoller) bei Grettstadt (Brigade Schweitzer: Kitzingen); die Division Hartmann bei Heidenfeld; die Reserve-Infanterie-Division bei Gochsheim; Artillerie-Reserve in Sulzheim. Das Hauptquartier verblieb in Gerolzhofen.

---

[1]) Officielles preussisches Werk Seite 629, 3. Absatz.

V. Abschnitt.

Concentrirungs-Bewegungen der Bundes-Armee gegen Würzburg. Besetzung Frankfurt's durch die preussischen Truppen.

15. bis 21. Juli.

Nach dem Gefechte bei Aschaffenburg suchte Prinz Alexander sich der bayerischen Armee zu nähern und ordnete demgemäss die Bewegungen des VIII. Bundes-Corps durch den Odenwald an, welche am 15. begannen und ungestört vor sich gingen. Die österreichische Brigade Hahn marschirte am 15. Morgens von Hergertshausen über Gross-Umstadt bis Höchst. Ein stärkeres Detachement wurde über Neustadt nach Obernburg am Main dirigirt, um zu erkunden, ob die Main-Strasse frei vom Feinde sei. 15.—21. Juli.

Die badische Division folgte der Brigade Hahn und entsandte eine starke Colonne über Gross-Ostheim und Gross-Wallstadt, das Divisionsstabsquartier kam nach Höchst, die linke Colonne bis vorwärts Eisenbach. Die 4 Reserve-Batterien rückten über Gross-Umstadt nach Reinheim und vereinigten sich dort mit der allgemeinen Artillerie-Reserve.

Die hessische Division marschirte über Dieburg bis Überau und Lengfeld, wo sie eng cantonnirte und biwakirte;

die württembergische Division bis Gross-Umstadt;

die nassauische Brigade Roth, welcher die Sicherung der Artillerie-Munitions-Reserve übertragen wurde, bis Reinheim und Bieberau [1]);

die Reserve-Reiterei bis Rossdorf, Gundernhausen, Gross-Zimmern;

das Corps-Quartier kam nach Gross-Umstadt.

Bei keiner der verschiedenen Colonnen ward etwas vom Feinde wahrgenommen.

---

[1]) Von der nassauischen Brigade ging das Jäger- und das 1. Bataillon des 1. Regiments, sowie das Aufnahms-Spital und die Sanitäts-Compagnie in der Früh mittelst Bahn nach Darmstadt, während die 6pfd. Batterie und die Train-Colonnen über Langen dahin marschirten. Das Pionnier-Bataillon dieser Brigade erhielt den Befehl, von Oberrad wo möglich die Bergstrasse zu gewinnen, wo nicht, nach Mainz zu marschiren.

15.—21. Juli. Die bayerische Armee, welche zum gegebenen Rendez-vous einen viel kürzeren Weg hatte und dabei im eigenen Lande verblieb, begann gleichfalls am 15. theilweise ihren Marsch gegen Würzburg.

Die Division Stephan rückte nach Stadt Schwarzach, die Division Feder nach Gerolzhofen und die Division Hartmann nach Gaibach; die Brigade Schweitzer mit dem 2. Chevaulegers-Regiment und der Batterie Schuster nach Frankenwinheim, die Reserve-Infanterie-Brigade nach Volkach.

Die der Division Hartmann zugetheilte 2. leichte Cavallerie-Brigade Pappenheim bezog am Abend die nächst Fahr gelegenen Ortschaften am rechten Main-Ufer; die Bewachung des Flusses zwischen Schweinfurt und Hassfurt wurde an 2 in diesen beiden Städten dislocirte Compagnien und 2 Escadrons Cavallerie übertragen.

Das Hauptquartier gelangte nach Wiesentheid, wo die Nachricht eintraf, dass die Preussen einen Theil des VIII. Bundes-Corps im Spessart überfallen hätten.

FML. Graf Huyn meldete an diesem Tage Abends 10 Uhr telegraphisch aus Kitzingen nach Wien: „Vom feindlichen Commandanten noch keine „Antwort“ (bezüglich der vorgeschlagenen Waffenruhe) „die Operationen „der Bayern gehen auf Würzburg fort. Heute Nacht telegraphirte v. d. „Pfordten an den Prinzen Carl, dass Österreich aus dem deutschen Bunde „tritt und die Zustimmung Bayerns verlangt; er hat deshalb nach Paris und „Wien wegen der Waffenruhe telegraphirt.“

Minister v. d. Pfordten liess den Austritt Österreichs aus dem Bunde allenthalben durch Placate verkünden. Doch noch in derselben Nacht, als die oben citirte Depesche in Wien eintraf, wurde dem FML. Graf Huyn Folgendes telegraphisch erwidert:

„Nachdem bis jetzt kein Waffenstillstand zu Stande gekommen, ist der „Austritt Österreichs aus dem Bunde nicht ausgesprochen und es werden „alle Massregeln zu energischer Fortsetzung des Kampfes getroffen. Die Tête „der Süd-Armee ist bereits in Wien eingetroffen.“

Die preussische Armee setzte am 15. mit den beiden Divisionen Beyer und Manteuffel den Marsch in der Richtung auf Frankfurt fort.

Die erstere Division gelangte bis Orb, die andere bis Rechtenbach. Die Division Göben hielt bei Aschaffenburg Rast.

Am 16. Juli passirten die Bayern in 3 Colonnen bei Fahr, Stadt Schwarzach, wo früher Kriegsbrücken geschlagen worden waren, und Kitzingen den Main.

Die Division Stephan marschirte nach Rottendorf und Gerbrunn (bei Würzburg, die Division Feder nach Dettelbach, Brück und Mainstockheim, die Division Prinz Luitpold (früher Zoller) nach Kürnach und Unter-Pleichfeld. Die Division Hartmann nach Würzburg und Oberzell, mit der 2. leichten Cavallerie-Brigade nach Estenfeld, die Reserve-Infanterie-Brigade, welche dem Fürsten Taxis unterstellt wurde, nach Effeldorf. 15.—21. Juli.

Die Reserve-Cavallerie verblieb grösstentheils in ihrer Dislocation, während die Reserve-Artillerie nach Biebergau und Biebelried rückte. Das Armee-Hauptquartier kam nach Würzburg und Prinz Car erhielt hier auf seinen Waffenstillstandsvorschlag durch einen preussischen Parlamentär die Antwort, dass G. d. I. v. Falckenstein wohl mit den Bayern einen Waffenstillstand auf die verlangte Dauer abzuschliessen geneigt sei, dass aber die unter Prinz Alexander stehenden Truppen davon ausgeschlossen bleiben müssten.

Wie immer in diesem Feldzuge, zeigte sich auch bei dieser Gelegenheit der militärische Charakter des bayerischen Prinzen. Trotz gegentheiliger Einflüsse wies er das Ansinnen, seine Bundesgenossen im Stiche zu lassen, zurück und beschloss den Krieg weiter zu führen.

Das VIII. Bundes-Corps brach an diesem Tage in 3 Colonnen auf und nahm mit der linken Colonne (österreichische Brigade Hahn und badische Division) den Weg im linken Main-Thale, mit der mittleren Colonne (württembergische und hessische Division) im Thale des Mömling-Baches, und der rechten Colonne (Reserve-Artillerie unter Bedeckung der nassauischen Brigade Roth und die Reserve-Reiterei) im Gersprenz-Thale.

Getrennt vom Armee-Corps und auf dessen rechtem Flügel marschirten die verschiedenen Train-Colonnen auf Heidelberg, um sie mittelst Eisenbahn nach Mosbach bringen zu können.

Die österreichische Brigade Hahn, welche auch heute die Avantgarde des linken Flügels bildete, rückte aus ihrer Cantonnirung um Höchst über Neustadt nach Obernburg, wo sie das am Tage vorher dahin entsandte Detachement, 3. Bataillon Hess und die 2 kurhessischen Huszaren-Escadrons, aufnahm und längs des linken Main-Ufers über Laudenbach bis Klein-Heubach weiter marschirte.

Das 3. Bataillon Nobili, 2 Geschütze und 1½ Huszaren-Escadrons besetzten Miltenberg. Sowohl von Heubach, als auch von Miltenberg auf das andere Main-Ufer entsandte Huszaren-Patrullen trafen nirgends den Feind; die eingezogenen Nachrichten über die Stellung der Preussen waren sehr

15.—21. Juli. widersprechend, und man blieb darüber unaufgeklärt. Die Brigade Roth marschirte mit der Munitions-Reserve nach Fränkisch-Grumbach und Pfaffenbeerfurth.

Von den übrigen Divisionen gelangten die badische nach Wörth und Trennfurt, die grossherzoglich hessische bis Höchst, die württembergische bis Fürstengrund, König und Zell, die Reserve-Reiterei nach Gross-Bieberau.

Das Corpsquartier kam nach Michelstadt.

Schon Tags vorher hatte Prinz Alexander das Armee-Commando aufgefordert, die Bayern dem VIII. Bundes-Corps weiter entgegen rücken zu lassen, da die Vereinigung bei Uffenheim nicht vor dem 23. zu Stande kommen könnte. Prinz Carl hatte aber bereits selbst einen darauf hinzielenden Entschluss gefasst und theilte am 16. telegraphisch und bald darauf durch Courier mit, dass er am 16. Juli „mit der bayerischen Armee bei „Würzburg eintreffe. Es sei seine Absicht, sich mit dem VIII. Armee-Corps „zu vereinigen oder eine energische Cooperation mit demselben in's Werk „zu setzen. Der Prinz werde täglich einmal einen Officier mit Nachrichten an „den Prinzen von Hessen senden und täglich zweimal telegraphiren, letzterer „möge dasselbe thun."

Während die Bundestruppen auf diese Weise sich in kurzen Tagmärschen einander näherten, nahm G. d. I. v. Falckenstein am 16. Besitz von Frankfurt.

Von der Division Göben rückte die Brigade Wrangel schon Vormittags nach Hanau, waggonirte sich auf die Kunde von der völligen Räumung Frankfurts ein, und gelangte noch am selben Tage dahin.

Die Brigade Kummer marschirte, als die Tête der Division Manteuffel Aschaffenburg erreichte, von dort ab und kam bis Kahl (1 Meile von Hanau). Die Division Beyer endlich traf an diesem Tage bei Gelnhausen ein.

Abends 7½ Uhr hielt G. d. I. v. Falckenstein an der Spitze der Brigade Wrangel seinen Einzug in die Bundesstadt.

Tagsdarauf gelangte auch die Brigade Kummer dahin und detachirte das 19. Regiment nach Höchst. Die Division Manteuffel verblieb am 17. in Aschaffenburg, die Division Beyer kam nach Hanau.

Preussen hatte somit in verhältnissmässig leichter Weise erreicht, was es erstrebt, nemlich den factischen Besitz des ganzen Territoriums bis zum Main.

Am Tage nach seinem Einzuge erliess G. d. I. v. Falckenstein eine Proclamation, in der er erklärte, dass die Regierungsgewalt über das Herzog-

thum Nassau, die freie Stadt Frankfurt, die occupirten Theile 15.—21. Juli.
von Bayern und des Grossherzogthums von Hessen auf seine Person übergangen sei und legte gleichzeitig der Stadt Frankfurt eine Contribution von 5,750.000 Gulden auf, deren Zahlung binnen 24 Stunden gefordert und auch wirklich geleistet wurde.

Nebstdem verlangte der Commandant der Main-Armee bedeutende Naturallieferungen von der Stadt und die Bewohner stellten auch selbe widerstandslos bei [1]).

Preussen behandelte Frankfurt in jeder Beziehung als eine eroberte Stadt, obgleich diese in ihrer staatlichen Eigenschaft nie die geringste thätliche Feindseligkeit begangen hatte.

In der Bundestagssitzung vom 14. Juni hatte Frankfurt ausdrücklich erklärt, „dass es sich der österreichischen Motivirung nicht anschliesse," wurde aber von den anderen Mitgliedern seiner Curie überstimmt.

Als die Bundesversammlung Anfangs Juli die Befestigung Frankfurts anordnete, protestirte dessen Gesandter dagegen.

Auch schloss sich das Frankfurter Linien-Bataillon den Bundestruppen nicht an, sondern verblieb ruhig in der Stadt, ohne die geringste Feindseligkeit gegen Preussen zu verüben und als man am 16. den Einmarsch der Main-Armee gewärtigte, forderte der Senat die Einwohner mittelst Placaten auf, die Preussen auf das Freundlichste zu empfangen.

Frankfurt ward trotzdem feindlich behandelt, um es scheinbar mit Grund in den preussischen Staatsverband einverleiben zu können.

Von Frankfurt aus erstattete G. d. I. v. Falckenstein über die errungenen Erfolge die Meldung und schloss selbe mit den Worten: „Die „Länder nördlich des Mains liegen zu Euer königlichen Majestät Füssen",

---

[1]) „An die Herren Senatoren Fellner und Müller Hochwohlgeboren hierselbst.

„Da die Armeen im Kriege angewiesen sind, sich ihren Unterhalt in Feindes„land zu sichern, so bestimme ich, dass für die mir untergebene Main-Armee die „Stadt Frankfurt Folgendes zu leisten hat:

1. Dieselbe hat jedem Soldaten meiner Armee ein Paar Stiefel nach der gegebenen Probe zu verabreichen.
2. Zur Ergänzung der bedeutenden Verluste an Reitpferden hat die Stadt Frankfurt 300 gut gerittene Reitpferde zu liefern.
3. Die Löhnung für die mir untergebene Armee auf ein Jahr ist von der Stadt Frankfurt disponibel zu stellen, um sofort an die Feldkriegskasse abgeliefert zu werden.
4. Dagegen soll die Stadt Frankfurt, mit Ausnahme von Cigarren von jeder anderen Natural-Lieferung befreit sein und werde ich auch die Einquartierungslast auf das Nothwendigste beschränken.

Hauptquartier Frankfurt a. M. den 18. Juli 1866.

(gez.) v. Falckenstein, G. d. I."

15.—21. Juli. nicht ahnend, dass ihm eine seinem bisherigen Wirken wenig Anerkennung bringende Überraschung hevorstehe. Am Tage, nachdem er den obigen Bericht expedirt hatte, traf eine Ordre in Frankfurt ein, mittelst welcher G. d. I. v. Falckenstein des Ober-Commando's der Main-Armee enthoben und zum General-Gouverneur von Böhmen ernannt ward.

Als diese Ordre am 11. Juli im grossen preussischen Hauptquartier erlassen wurde, hatte man noch keine Meldung über die Siege bei Kissingen und Aschaffenburg, und geheime, dem G. d. I. v. Falckenstein feindliche, Berichte über sein bisheriges Vorgehen gegen die Bundes-Armee sollen die Veranlassung zu dieser Massregel gewesen sein.

Der zu seinem Nachfolger bestimmte GL. v. Manteuffel traf am 20. Mittags in Frankfurt ein und trat noch am selben Tage das Ober-Commando der Main-Armee an.

G. d. I. v. Falckenstein hatte bestimmt erklärt, dass ausser den bisher auferlegten Leistungen, an Frankfurt keine, welch' immer Namen habende Forderung mehr gestellt werden würde.

Doch das Wort des preussischen Befehlshabers sollte sich als werthlos erweisen, denn dessen Nachfolger verlangte gleich nach seinem Eintreffen von der Stadt die Herstellung eines „eisernen Magazins" mit ungeheuren Vorräthen, welche je nach ihrem Verbrauche augenblicklich wieder ersetzt werden sollten [1]), überdies aber noch 25 Millionen Gulden in Baarem, die binnen 24 Stunden zu erlegen waren. Man drohte mit Plünderung, falls Frankfurt den gestellten Forderungen nicht nachkäme.

Bürgermeister Fellner, seine Vaterstadt zu sehr liebend, um deren Verderben mitansehen zu können, gab sich den Tod.

Zur Plünderung wurde nicht geschritten, doch griff man zu anderen harten Zwangsmassregeln, ohne aber die gewünschte Wirkung zu erzielen, denn die geforderten 25 Millionen Gulden wurden standhaft verweigert.

Als man einsah, dass dieselben nicht zu erlangen seien, ward auf die Leistung der Geld-Contribution verzichtet.

In der Stellung der preussischen Truppen kam bis 20. Juli keine bedeutende Veränderung vor.

---

[1]) 15.000 Brote zu 5 Pfund 18 Loth.
1480 Centner Schiffszwieback.
600 „ Rindvieh.
800 „ geräucherten Speck.
450 „ Reis.
140 „ Caffee.
100 „ Salz.
5000 „ Hafer.

Was die Bundestruppen betrifft, so hielt das VIII. Corps am 17. Juli 15.—21. Juli.
einen Rasttag.

Die badische Division hatte aus ihren Biwaks bei Trennfurt und Wörth schon am 16. Abends Detachements in die am rechten Main-Ufer liegenden Orte Erlenbach und Klingenberg gesandt. Am Morgen des 17. nahm eine preussische Huszaren-Patrulle einige Vedetten einer bei Erlenbach stehenden badischen Feldwache gefangen.

Prinz Alexander erhielt an diesem Tage durch einen Courier des Ministers v. Varnbüler folgende Nachricht: „Major v. Suckow meldet „telegraphisch nach Stuttgart, dass am 16. ein preussischer Parlamentär dem „Prinzen Carl (von Bayern) separirten Waffenstillstand angeboten habe, der „Prinz lehne ihn ab, werde aber sehr gedrängt, die Verhandlun-„gen nicht abzubrechen."

Prinz Alexander sandte hierauf den Oberst v. Schönfeld nach Würzburg, um Bestimmteres über die Pläne des Prinzen Carl zu erfahren, und ihn um eine persönliche Zusammenkunft zu bitten. — Er erhielt am 17. die Mittheilung, dass die Spitzen einer bayerischen Division bereits bei Heidenfeld und Wertheim stünden und eine zweite Division behufs Verbindung über Tauber-Bischofsheim in der Umgegend von Kist angelangt sei.

Von der bayerischen Armee war an diesem Tage die Division Stephan nach Heidingsfeld-Kist, die Division Feder in die Umgebung von Rottendorf-Randesacker, die Division Prinz Luitpold (früher Zoller) nach Würzburg mit der Cantonnirungsgrenze Hettstadt und die Division Hartmann nach Rossbrunn, Remlingen, Üttingen, Helmstadt, die 2. leichte Cavallerie-Brigade Graf Pappenheim nach Birkenfeld gelangt.

Von den dem Fürsten Taxis unterstehenden Truppen kam die Reserve-Infanterie- und die schwere Cavallerie-Brigade nach Kitzingen, die 1. leichte (Herzog Ludwig) nach Estenfeld.

Die Reserve-Artillerie wurde nach Würzburg dirigirt und bei Heidingsfeld eine Kriegsbrücke geschlagen.

Am 18. verblieb die bayerische Armee in dieser Aufstellung; das VIII. Bundes-Corps hingegen setzte seinen Marsch an diesem Tage fort.

Die württembergische Division kam nach Amorbach;

die badische Division, welche den Auftrag hatte, die Führen bei Miltenberg, Klein-Heubach, sowie den unteren Lauf des Mains gegen Laudenbach besonders in's Auge zu fassen, nach Miltenberg (Divisionsstab), Klein-Heubach, Eichenbühl, Bürgstadt;

15.—21. Juli. die grossherzoglich hessische Division nach Michelstadt (Divisionsstab), Steinbach, Stockheim, Dorf Erbach.

Die österreichische Brigade Hahn marschirte nach Neukirchen, Hundheim (Divisionsstab), Külsheim; die nassauische Brigade Roth mit der Munitions-Reserve nach Unter-Mossau und Hiltersklingen. Der Brückenzug sollte sich bei Fürth dieser Colonne anschliessen.

Die Reiter- und Artillerie-Reserve kam nach Hetzbach und Beerfelden, das Corpsquartier nach Amorbach.

Hier traf der Tagsvorher in's bayerische Hauptquartier entsandte Oberst v. Schönfeld mit dem folgenden Schreiben ein:

„Würzburg, 17. Juli 1866.

„Den Bericht Euer grossherzoglichen Hoheit vom 15. d. M. habe ich „heute 4 Uhr erhalten. Ich hatte bereits vorher meinen Ordonnanz-Officier, „Rittmeister Dürig, an Höchstdieselben mit der Mittheilung abgeschickt, „dass die bayerische Armee um Würzburg concentrirt ist, woselbst sich mein „Hauptquartier befindet.

„Eine meiner Divisionen ist nach Remlingen vorgeschoben, mit Detache„ments an der Brücke von Heidenfeld, und eine Spitze nach Wertheim zur „Herstellung der Verbindung mit dem VIII. Armee-Corps.

„Eine zweite Division steht in der Umgegend von Kist mit dem Auf„trage, nach Bischofsheim an der Tauber zu detachiren, um auf dieser Linie „die Verbindung möglichst bald herzustellen, weshalb denselben auf beiden „Strassen baldmöglichst Abtheilungen entgegen zu senden wären.

„Euer grossherzogliche Hoheit ersehen hieraus, dass die Vereinigung „weit früher und auf kürzerem Wege herzustellen ist, als es früher in Aus„sicht genommen war, und werden demnach die Marsch-Dispositionen ein„richten, mir aber baldmöglichst genaue Mittheilung über die einzuschlagen„den Strassen und die Zeit der Ankunft zukommen lassen.

„Bemerken muss ich noch, dass von Miltenberg hierher telegraphirt „werden kann, und dass bereits ein Civil-Commissär von hier nach Miltenberg „abgesandt wurde.

„Unseren Nachrichten zufolge stehen südlich von Aschaffenburg keine „preussischen Corps mehr.“

„(gez.) Prinz Carl von Bayern.“

FML. Graf Neipperg meldete noch an diesem Tage Abends aus Hundheim, dass eine Escadron des 6. bayerischen Chevaulegers-Regiments und ein bayerisches Infanterie-Regiment in Markt Heidenfeld eingerückt seien und dass noch mehr Cavallerie daselbst erwartet werde, ferners, dass daselbst des Morgens eine preussische Patrulle von 20—25 Mann sich gezeigt, jedoch nach kurzem Verweilen alsbald wieder zurückgezogen habe.

Am selben Abende gelangte auch das bayerische Hauptquartier in Kenntniss, dass man die Fühlung mit Truppen des VIII. Corps erreicht habe; anderseits trafen wiederholt Meldungen ein, die Preussen seien im Anrücken durch den Spessart. 15.—21. Juli.

Am 19. Juli wurde, nachdem von der Division Hartmann Lengfurt und Markt Heidenfeld stark besetzt worden, die Brigade Cella nach Esselbach vorgeschoben, von wo sie gegen Aschaffenburg zu eclairiren hatte.

Ferners wurde Schloss Triefenstein mit 1 Bataillon, Lohr durch 1 Zug Chevaulegers besetzt.

Die 2. leichte Brigade verblieb in Birkenfeld. Die übrigen Truppen der bayerischen Armee führten an diesem Tage folgende Bewegungen aus:

Die Division Prinz Luitpold (Zoller) rückte nach Hettstadt,

„ „ Feder nach Würzburg,

„ „ Stephan nach Remlingen, Homburg, Urphar, Dertingen und stellte über Wertheim die Verbindung mit dem VIII. Bundes-Corps her.

Von dem Cavallerie-Reserve-Corps kam die schwere Brigade nach Ochsenfurt, die 1. leichte, Herzog Ludwig, nach Unter-Pleichfeld und die Reserve-Infanterie-Brigade nach Marktbreit; die Reserve-Artillerie zwischen Waldbüttelbrunn und Kist.

Das VIII. Bundes-Corps nahm am 19. folgende Aufstellung ein:

Württembergische Division: Walldürn, Höpfingen und Hardheim (Stab);

badische Division: Steinbach, Külsheim, Eiersheim; 1 Infanterie-Regiment und $^1/_2$ Batterie wurden nach Wertheim zur Deckung des dortigen Überganges und zur Recognoscirung gegen Lengfurt entsendet;

grossherzoglich hessische Division: Amorbach (Stab), Weilbach, Schneeberg, 1 Bataillon und 1 Escadron in Miltenberg;

österreich-nassauische Division: Brigade Hahn bis Tauber-Bischofsheim, Brigade Roth mit der Munitions-Reserve nächst Schlossau;

die Reserve-Reiterei und Artillerie-Reserve: Mudau, Ober- und Unter-Scheidenthal, Langenelz;

Corpsquartier: Walldürn.

Durch die von beiden Bundes-Corps am 19. ausgeführten Bewegungen waren sie sich bis auf einen Tagesmarsch nahe gerückt und somit vereinigt.

Um nun die weiteren Operationen in Einklang zu bringen, fand an diesem Tage eine Zusammenkunft der Prinzen Carl und Alexander und deren Generalstabschefs in Tauber-Bischofsheim statt.

Es wurde beschlossen, am 24., falls sich bis dahin nicht constatirte, dass die gesammten Streitkräfte des Feindes dem VIII. Corps nachrückten,

15.—21. Juli. durch den Spessart mit der vereinigten Bundes-Armee auf Aschaffenburg und Frankfurt vorzugehen. Die Details dieser Operation sollten in einer weiteren am 21. abzuhaltenden Conferenz festgestellt werden [1]).

Bei dieser Zusammenkunft erfuhr Prinz Alexander, dass der bayerische Minister v. d. Pfordten die Fortführung der Unterhandlungen betreff Abschlusses eines Waffenstillstandes wünschte, Prinz Carl aber auf jede weitere Negociation verzichte und im Gegentheile entschlossen sei, den Krieg mit aller Entschiedenheit fortzuführen, da auch der nunmehrige Commandant der preussischen Main-Armee, GL. v. Manteuffel, auf ein neuerliches Waffenstillstands-Anbot erwidert hatte, nur mit Ausschluss des VIII. Bundes-Corps die Unterhandlungen weiter führen zu wollen. Erwähnenswerth ist auch, dass am 19. der badische Oberst Götz im bayerischen Hauptquartier eintraf, um Namens seines Souverains den Prinzen Carl zu bitten, die badischen Lande vor einer feindlichen Invasion zu schützen.

Nach seiner Rückkunft in Walldürn erliess Prinz Alexander die Disposition für den 20., in Folge welcher das VIII. Bundes-Corps seinen Marsch gegen die Tauber weiter fortsetzte.

Die württembergische Division kam bis Gross-Rinderfeld (Stab), Impfingen, Tauber-Bischofsheim, Paimar, Grünsfeld, Grünsfeldhausen;

die badische Division nach Hundheim (Stab), Wertheim, Sachsenhausen, Waldenhausen, Nassig, Dörlesberg, Reichholzheim, Kembach, Urphar;

die grossherzoglich hessische Division nach Hardheim (Stab), Schweinberg, Rüdenthal, Steinfurth, Steinbach, Miltenberg und Bürgstadt.

Von der österreich-nassauischen Division gelangte die Brigade Hahn nach Gerlachsheim (Divisions- und Brigade Stab), Lauda, Oberlauda, Dittwar, Marbach; die Brigade Roth mit der Munitions-Reserve nach Buchen und Hainstadt. Die Reiterei- und Artillerie-Reserve kam nach Walldürn, Höpfingen, Waldstetten; der Brückenzug nach Königshofen und Sachsenflur.

---

[1]) Prinz Carl beabsichtigte anfänglich die Offensive über die Tauber und durch den Odenwald, verzichtete jedoch auf die Ausführung dieses Planes, da der eben erst vom VIII. Corps durchzogene Landstrich grosse Schwierigkeiten bei der Verpflegung der Truppen geboten hätte.

Prinz Alexander anderseits soll, wie dies aus einem seiner Berichte hervorgeht, bei der Zusammenkunft in Taubers-Bischofsheim proponirt haben, mit den vereinten VII. und VIII. Bundes-Corps in Eilmärschen nach Linz zu rücken, da die Entscheidung an der Donau fallen müsste. Prinz Carl ging jedoch auf diese Idee nicht ein.

Es wurde bestimmt, dass die Linie des Main und die Ausgänge aus den 15.—21. Juli.
Defiléen des Odenwaldes von den nächststehenden Abtheilungen auf das Sorgfältigste zu bewachen seien und die württembergische und badische Division durch Patrullen die Verbindung mit den bei Heidenfeld, Lengfurt, Remlingen, Würzburg stehenden Bayern aufzusuchen hätten.

Miltenberg und Wertheim sollten gehörig besetzt werden, um diese Punkte bei einem etwaigen Angriffe kräftigst vertheidigen zu können.

Prinz Alexander verlegte sein Hauptquartier nach Tauber-Bischofsheim.

Er war nunmehr darauf bedacht, seine Truppen in eine zweckmässige Aufstellung in der Tauber-Linie und die Reserve-Anstalten in das ihnen zukommende Verhältniss zu den Divisionen zu bringen.

Am Abende des 21. hatte in Folge dessen das VIII. Bundes-Corps folgende Aufstellung inne:

Württembergische Division: von Gross-Rinderfeld (Stab) bis Tauber-Bischofsheim;

badische Division: von Wertheim (Stab) bis Brombach und bis Lengfurt;

grossherzoglich hessische Division: Königheim (Stab), Werbach, Eiersheim, Gamburg, Dienstadt, Gissigheim;

österreich-nassauische Division: Brigade Hahn: Gerlachsheim, Lauda, Oberlauda, Dittwar, Marbach; Brigade Roth mit der Munitions-Reserve: Höpfingen, Schweinberg, Pülfringen.[1])

Reiter-Reserve: Külsheim (Stab), Hardheim, Rüdenthal, Steinfurth, Hundheim, Neukirchen;

Artillerie-Reserve: Dittigheim.

Der Brückenzug verblieb in Königshofen, Sachsenflur.

Die badische Division hatte die Aufgabe, den Main vor ihrer Aufstellung zu decken, sowie bis Lengfurt und gegen Miltenberg zu recognosciren, die Reserve-Reiterei den Befehl, ununterbrochen durch kleine Patrullen alle Wege, welche vom Odenwald und dem Main gegen die Aufstellung führten, aufzuklären, den Punkt Miltenberg aber durch grössere Detachements untersuchen zu lassen, während die 1. und 2. Division die Verbindung mit den Bayern erhalten sollten.

---

[1]) Von der Artillerie-Reserve wurde die österreichische 8pfd. Batterie angewiesen, am 22. bei ihrer Division einzurücken, an welchem Tage auch die Brigade Roth wieder in den Divisionsverband zu treten hatte.

15.—21. Juli. Im Laufe des Tages erhielt Prinz Alexander nachfolgendes Telegramm des Grossherzogs von Baden: „Das kaiserliche Cabinet in Wien „hat gestern beschlossen, die französischen Vorschläge anzunehmen und auf „Ausschliessung aus dem Bunde, den Preussen bilden will, einzugehen."

Die Bayern behielten ihre am 19. bei Markt Heidenfeld und Esselbach, ferner Remlingen, Hettstadt und Würzburg genommene Aufstellung mit nur geringfügigen Veränderungen bei und schoben ihre Vorposten nach und nach bis in die Höhe von Bischbrunn, von wo sie bis Hessenthal patrullirten.

VI. Abschnitt.

Marsch der Preussen von Frankfurt auf Würzburg. Gefechte an der Tauber.

Am 21. fand eine neuerliche Zusammenkunft der Corps-Generalstabschefs GL. v. d. Tann und GL. v. Baur in Würzburg statt, um die Details der gemeinsam am 24. zu beginnenden Operationen festzusetzen. 21. Juli.

Von Seite des Ober-Commando kam man bei dieser Gelegenheit auf den bereits am 19. ausgesprochenen Plan, „längs des Main und durch den Odenwald vorzugehen", zurück, ging jedoch von dieser Idee wieder ab, als GL. v. Baur wiederholt die Schwierigkeiten der Verpflegung auf der fraglichen Route und insbesondere hervorhob, dass so lange die preussische Armee bei Frankfurt versammelt bleibe, die strategische Bedeutung von Aschaffenburg unverändert fortbestehe. In Folge dessen wurde schliesslich der nachfolgende Marschplan für die Bundes-Armee festgesetzt:

VIII. Armee-Corps.	Bayern.
24. Juli.	
Concentrirung der 1. und 4. Division zwischen Gross-Rinderfeld und Gerchsheim.	2. Division auf dem rechten Main-Ufer bis Ketzbach.
	3. Division Remlingen.
2. Division Holzkirchen, vorwärts Wertheim.	4. „ Heidenfeld und Main-Übergang.
3. Division Wertheim u. Umgebung.	1. Division Erlenbach.
25. Juli.	
1., 2., 4. Division Remlingen, Tiefenthal.	2. Division Gemünden.
	1., 3., 4. Division Glasofen, Mariabrunn, Hafenlohr.
3. Division über Pontonbrücken vorwärts Wertheim und Fechenbach.	
26. Juli.	
1., 2., 4. Division in der Höhe von Bischbrunn.	1., 2., 3. Division vor u. bei Lohr.
3. Division Kropfbrunn, Eschau.	4. Division bleibt vorwärts Heidenfeld, bis das VIII. Armee-Corps zur Hälfte übergegangen, dann bis gegen Bodenbach.

21. Juli. 27. Juli.

1., 2., 4. Division Ober-Besenbach.	1., 2., 3. Division Hain und Laufach.
3. Division Gailbach, Dürrmorsbach,	4. Division bis gegen Kaltengrund.

28. Juli.

Beide Corps vor Aschaffenburg.

Während in der Annahme, die Preussen würden noch einige Zeit in der Aufstellung nächst Frankfurt verweilen, der langsame Vormarsch der Bundestruppen für die nächste Woche in der eben dargestellten Weise festgesetzt wurde, traf GL. v. Manteuffel die Einleitungen zur Wiederaufnahme der Offensive. Die Main-Armee war bis dahin bedeutend verstärkt worden. Schon am 17. standen bei Gelnhausen unter dem Obersten v. Kortzfleisch 7 Bataillons, 3 Escadrons, 4 gezogene Geschütze, 1 Pionnier-Compagnie und 1 leichter Feldbrückentrain, gegen 6000 Mann.

Am 19. trafen bei Wiesbaden und Homburg beiläufig 5000 Mann mit 8 Geschützen unter GM. v. Röder ein, die nun gleichfalls zur Disposition der Main-Armee standen, bei welcher überdies noch die oldenburg-hanseatische Brigade unter dem oldenburgischen GM. v. Weltzien, ferners 3 preussische Bataillons, zusammen 7 Bataillons, 3 Escadrons, 12 Geschütze, annähernd 6000 Mann einrückten, so dass die Gesammtverstärkung der preussischen Armee nahezu 17.000 Mann betrug [1].

GL. v. Manteuffel, dessen Division nunmehr GM. v. Flies übernahm, verfügte demnach zu den weiteren Operationen über 49 Bataillons Infanterie, 1 Bataillon Jäger, 27 Escadrons, 121 Geschütze und 2 Compagnien Pionniere, annähernd 50.000 Streitbare mit 121 Geschützen, wobei General Röder mit beiläufig 10.000 Mann nicht mitgezählt ist, die die Bestim-

[1]) Die Verstärkungs-Truppen bestanden: Unter Oberst Kortzfleisch aus den früher in Hannover und Kurhessen zurückgelassenen Besatzungen: je 1 Bataillon der Regimenter 30 und 70, 2 Bataillons des Landwehr-Regiments Nr. 17, ferners 3 neuformirte 4. Bataillons, 3 Escadrons des Landwehr-Huszaren-Regiments Nr. 10, 4 gezogene Geschütze, 1 Pionnier-Compagnie und 1 leichter Feldbrückentrain; unter General Röder die disponiblen rheinischen Besatzungs- und Ersatz-Truppen: 4 Landwehr-Bataillons, 2 Füsilier-Bataillons Schwarzburg-Rudolstadt und Waldeck, 1 Ersatz-Escadron und 8 Geschütze. Die oldenburgisch-hanseatische Brigade zählte vorläufig 4 Bataillons, 3 Escadrons und 12 Geschütze; das Bataillon Lübeck, und die 2 Bataillons und 2 Escadrons des Contingents von Hamburg trafen erst am 26., resp. 29. Juli ein. Die übrigen 3 preussischen Bataillons waren das neu errichtete 9. Jäger- und zwei 4. Bataillons.

nung hatten, Nassau, Ober-Hessen und Frankfurt zu occupiren, die dort ausgeschriebenen Contributionen einzutreiben und Mainz zu beobachten [1]). 21. Juli.

Während nun die Bundestruppen im Laufe der nächsten Tage über den Spessart die Offensive gegen Aschaffenburg ergreifen wollten, hatte GL. v. Manteuffel vor, dem VIII. Bundes-Corps auf dem linken Main-Ufer und durch den Odenwald in der Richtung auf Miltenberg ohne Zögern zu folgen. Obgleich er die Stellung der Bayern bei Würzburg kannte, demnach auch gefasst sein musste, die beiden Bundes-Corps in einer bedeutenden Übermacht vereinigt zu finden, wählte GL. v. Manteuffel doch die bezeichnete Operationslinie, wahrscheinlich hauptsächlich aus dem Grunde, um auch noch Württemberg, Hessen-Darmstadt und Baden in das Operationsgebiet hineinzuziehen, was für den ohnedies schon in Aussicht stehenden Friedensschluss von Wichtigkeit war.

Schon am 20. Juli hatte die Brigade Kummer Darmstadt, wohin ihr am 21. der Rest der Division Göben folgte, besetzt, worauf sodann die Brigade Wrangel bis Dieburg vorgeschoben wurde.

An letzterem Tage rückte ferners die Division Flies über Niedernburg hinaus, während die nächst Hanau stehende Division Beyer nach Aschaffenburg gelangte.

22. Juli.

Am 22. setzte die preussische Armee ihren Vormarsch fort. Den linken Flügel, welcher die Strasse des Main-Thales benützte, bildete die Division Flies, gefolgt von jener unter GM. v. Beyer; erstere gelangte bis Laudenbach, letztere bis Wallstadt. 1 Bataillon und 1 Escadron wurden durch GM. v. Beyer von Aschaffenburg am rechten Main-Ufer gegen Heidenfeld entsandt, um über Stellung und Stärke der Bayern Erkundigungen einzuziehen. 22. Juli.

Der rechte Flügel — Division Göben — marschirte über Dieburg bis König.

Die Bundes-Armee verblieb im Hinblick auf die am 24. zu eröffnenden Operationen, mit Ausnahme geringfügiger Veränderungen, am 22. ruhig in ihrer bisherigen Aufstellung.

---

[1]) In der Ordre de bataille der Main-Armee kamen sonst nur geringfügige Änderungen vor.

Blankenburg in seinem Werke „Der deutsche Krieg von 1866" beziffert die Feldstärke der operirenden preussischen Armee auf 60.000 Mann (S. 450), auch Borbstädt „Preussens Feldzüge gegen Österreich und dessen Verbündete" (S. 153) gibt die gleiche Berechnung, doch sind wohl hierin die Nichtstreitbaren mitgezählt. Die Daten in Förster's militärstatistischen Notizen stimmen im Grossen mit den officiellen preussischen Angaben.

22. Juli. Von Seite der Bayern wurde auf die Nachricht, dass sich feindliche Streifcommandos in Lohr gezeigt, das 5. Infanterie-Regiment, 1 Detachement Cavallerie und 2 Geschütze mit dem Auftrage dahin entsandt, die Eisenbahn nach Aschaffenburg zu zerstören und nach allen Richtungen zu patrulliren.

Am Abende des 22. erhielt man sowohl im bayerischen, wie im Hauptquartier des Prinzen Alexander die ersten Nachrichten von dem Vorrücken der preussischen Main-Armee.

Bei der badischen Division war die Meldung eingetroffen, dass bei Neukirchen ein Zusammenstoss preussischer Patrullen mit hessischen Chevaulegers stattgefunden, in Folge dessen noch spät Abends ein Jäger-Detachement und ein anderes, gebildet aus einem badischen Grenadier-Bataillon, 1 Batterie und 1 Escadron, mit dem Auftrage dahin entsendet wurde, Miltenberg zu recognosciren. Eine andere Escadron, unter Rittmeister Oelwang, wurde zu gleichem Zwecke in der Richtung auf Walldürn und Ripperg in Marsch gesetzt [1]).

23. Juli.

23. Juli. Bekanntlich war auch der 23. für die Bundes-Armee zur Rast bestimmt. In Folge wiederholt einlaufender allarmirender Meldungen ordnete aber Prinz Wilhelm von Baden schon am Morgen dieses Tages die Concentrirung seiner Division, welche bis dahin mit dem Gros nächst Wertheim stand, zwischen Hundheim und Steinbach an. Dies wurde sogleich dem Corps-Commando berichtet, welches bereits Nachrichten erhalten hatte, dass GL. v. Manteuffel den Vormarsch der Main-Armee durch den Odenwald angeordnet habe, am 22. schon 6000 Mann unter GL. v. Göben bei Höchst, 3000 Mann bei Miltenberg gestanden seien und der weitere Vormarsch dieser Truppen gegen Hundheim und Hardheim im Laufe des Tages stattfinden dürfte.

Nachdem die badische Division gegen Hundheim abgerückt war, wurde die grossherzoglich hessische angewiesen, die Höhen bei Hardheim-Schweinberg zu besetzen; die Reserve-Reiterei sollte die Verbindung zwischen den beiden Divisionen erhalten und nach vorwärts streifen.

Die württembergische Division erhielt Befehl, die Brigade Hegelmaier von Tauber-Bischofsheim nach Külsheim rücken zu lassen, die beiden anderen Brigaden aber zu einer eventuelen Verwendung bereit zu halten.

---

[1]) „Der Antheil der badischen Feld-Division an dem Kriege des Jahres 1866 in Deutschland." S. 74 und 75.

Nach dem officiellen Werke: „Die Operationen des VIII. deutschen Bundes-Corps im Feldzuge 1866" S. 80, sollen diese Detachirungen über Veranlassung des aus dem Hauptquartier entsandten Hauptmann v. Brandenstein erst am 23. erfolgt sein.

Preussischer Seits war GM. v. Flies, dem die Division Beyer folgte, angewiesen worden bis Nassig vorzugehen, dabei aber in der linken Flanke die Strasse längs des Main zu sichern, und in der rechten Flanke Hundheim zu besetzen; die Division Göben rückte gegen Amorbach vor. Die Avantgarde der Division Flies stiess jenseits Miltenberg auf die von der badischen Division vorpussirten Abtheilungen, von welchen das Jäger-Detachement den preussischen Dragonerzug bei Bürgstadt zum Umkehren zwang, dann aber, gleich dem über Eichenbühl gegen Miltenberg vorgesandten grösseren Commando, von welchem eine Patrulle nächst Eichenbühl in die Hände des Feindes fiel, den Rückzug antrat. 28. Juli.

Die Escadron (Oelwang) des badischen Leib-Dragoner-Regiments, welche bekanntlich gegen Walldürn entsendet worden war, stiess in den Gassen des Ortes auf die Vorhut der Division Göben, von welcher 2 Escadrons des preussischen 8. Huszaren-Regiments die badische Escadron attakirten und diese mit einem Verluste von 2 Mann an Todten und 1 Officier und 17 Mann an Gefangenen zurückwarfen.

Auf die Meldung, dass sowohl von Miltenberg als von Walldürn feindliche Cavallerie im Anrücken sei, wurde die hessische Division beauftragt, Hardheim durch 1 Bataillon, 1 Escadron und 2 Geschütze rasch besetzen zu lassen. Von der badischen Division stand die Brigade La Roche bei Hundheim, das 2. Infanterie-Regiment und das Füsilier-Bataillon der Brigade Neubronn in Steinbach, zwischen diesen beiden Orten befanden sich 2 Batterien aufgestellt. Das 3. Infanterie-, 2. Dragoner-Regiment und 1 Batterie bildeten die Reserve.

Nachdem die Division Flies mehrere Stunden nächst Miltenberg gerastet, setzte selbe ihren Marsch fort. Die Avantgarde erreichte ungehindert Mondfeld, das Gros und die Reserve Neukirchen, worauf GM. v. Flies gegen Nassig weiter vorrückte und den Oberst v. Fabeck beauftragte, mit dem Regimente Coburg-Gotha, zwei 12pfd. Geschützen und 1 Escadron des 6. Dragoner-Regiments die Richtung auf Hundheim zu nehmen.

Gefecht bei Hundheim. (23. Juli).

Gegen 1 Uhr wurde eine in der Richtung auf Neukirchen entsandte badische Escadron, als sie den Tiefenthaler Waldsaum erreichte, heftig beschossen, und zum Umkehren gezwungen. Doch brachten zwei mit 2 Geschützen vorrückende Grenadier - Compagnien den Feind zum Stehen und die Geschütze beschossen hierauf eine gegen die Neukirch-Nassiger Strasse ziehende preussische Escadron.

23. Juli. Nachdem die eben erwähnten badischen Abtheilungen wieder nach Hundheim rückgekehrt waren, traf dort die Meldung ein, dass auch ein vom 5. Infanterie-Regimente auf der Strasse nach Ödengesäss entsandter Zug im Walde „Hintere Stauden" auf den Feind gestossen sei und sich mit Verlust einiger Todten und Verwundeten habe zurückziehen müssen.

GM. Freiherr v. La Roche beschloss nun, selbst eine Recognoscirung in der Richtung auf Nassig zu unternehmen und ging mit dem 5. Infanterie-Regimente, dem das 1. Bataillon des Leib-Grenadier-Regimentes und 1 Batterie folgten, bis Sonderried vor. Es war dies zur Zeit, als die Truppen unter GM. v. Flies sich noch im Marsche gegen Neukirchen befanden. Dieselben gewahrten die badische Colonne, ohne aber von dieser gesehen zu werden.

Da GM. v. La Roche in der eingeschlagenen Richtung nicht auf den Feind stiess, so dirigirte er endlich seine Truppen wieder gegen Hundheim zurück, zuerst das Grenadier-Bataillon und die Batterie, dann das 5. Regiment, welches aber erst nach einer halben Stunde folgen konnte, da es früher seine ausgesandten Patrullen einziehen musste. Als die Tête dieses Regiments den zwischen Sonderried und Hundheim liegenden Wald betrat, empfing sie das Feuer einer dichten feindlichen Plänklerkette, welche im Walde, Front gegen die Strasse, Stellung genommen hatte.

Oberst v. Fabeck war inzwischen mit dem 1. Bataillon Coburg-Gotha gegen den Birkhof und den Wald „Hintere Stauden" vorgerückt, während das Füsilier-Bataillon dieses Regiments, die beiden Geschütze und ½ Escadron als Reserve an der Chaussée hielten. Die andere halbe Escadron nahm zur Sicherung der rechten Flanke am Ausgange des Waldes, Front gegen Hundheim, Aufstellung.

Das an der Tête befindliche 2. Bataillon des badischen 5. Regiments warf sich zwar, 2 Compagnien in Plänkler aufgelöst, dem Feinde entgegen, wurde aber von den Gothaern und durch die beiden, 500 Schritte östlich Birkhof, aufgefahrenen Geschütze heftig beschossen und von der Chaussée in der Richtung nach Ernsthof abgedrängt.

Letzterer Punkt war mittlerweile von dem nachgefolgten 1. Bataillon des badischen Regiments erreicht und besetzt worden; dasselbe nahm die retirirenden Abtheilungen auf und gleichzeitig brach das Grenadier-Regiment, 1 Jäger-Compagnie und das 2. Dragoner-Regiment aus Hundheim, welches von 5 Compagnien besetzt blieb, gegen die Stellung des Feindes vor.

Die nächst dem Birkhof stehende halbe preussische Escadron unter Rittmeister v. Pfeffer, welche zur Attake auf das gegen Ernsthof retirirende badische Bataillon vorging, gerieth in das Feuer des 1 Bataillons des 5. Regiments, sowie einer Jäger- und 1 Grenadier-Compagnie, und sah sich zum schleunigen Umkehren gezwungen.

Auch die beiden preussischen Geschütze mussten bald das Feuer einstellen und sich zurückziehen, als die badische 6pfd. Hinterlad-Batterie Deimling auffuhr und zu feuern begann. 23. Juli.

Endlich gab Oberst v. Fabeck gänzlich den Kampf auf und sammelte seine Truppen nächst dem Tiefenthaler-Hof. Die badische Artillerie bewarf den vorliegenden Wald einige Zeit hindurch mit Granaten, bis man sich vom Abzuge der Preussen überzeugte. Die badischen Truppen, zu denen noch die Brigade Neubronn gestossen war, hielten die Stellung bei Hundheim einige Zeit besetzt und rückten bei einbrechender Nacht auf Befehl des Corps-Commando's nach Külsheim.

Die Verluste während dieses unbedeutenden Gefechtes betrugen:

	Preussen.[1]		VIII. Bundes-Corps, resp. bad. Division.	
	Officiere	Mann	Officiere	Mann
Todt	—	5	3	12
Verwundet	—	15	3	53
Vermisst und gefangen	—	—	1	40
Summe:	—	20	7	105.

Prinz Alexander war gegen Ende des Gefechtes nächst Steinbach eingetroffen. Die hier an ihn gestellte Bitte, die württembergische Brigade Hegelmaier zur Unterstützung vorrücken zu lassen, wies er zurück, da eine badische Brigade noch gar nicht im Kampfe gewesen und nach der Sachlage überhaupt eine Unterstützung nicht geboten schien.

Die Brigade Hegelmaier verblieb während der Nacht in der Nähe von Wollerstetten, die Reserve-Reiterei links gegen Schweinberg; nächst und hinter diesem Orte, und zwar auf dem äussersten linken Flügel, die grossherzoglich hessische Division; der Rest des Corps behielt die bereits bekannten Stellungen.

Prinz Alexander hatte schon des Morgens über den Anmarsch der Preussen auf Hardheim und Hundheim dem Ober-Commando berichtet und beigefügt, dass er zwar den anbefohlenen Marsch durch den Spessart „vorläufig nicht aufgebe, dass jedoch sowohl die Abwehr der in seiner Front erscheinenden Preussen, als auch die durch das Abziehen der badisehen Division veranlasste Unterbrechung des Brückenschlages bei Wertheim nothwendig eine Verzögerung dieser Operation herbeiführen müsse"[2]).

Im bayerischen Hauptquartier wurde aber angenommen, dass nur eine

---

[1]) Die preussischen Dragoner verloren 1 Todten, 3 Verwundete. Der Rest war vom Bataillon Coburg-Gotha.

[2]) Officielles bayerisches Werk, S. 154.

23. Juli. kleinere feindliche Seiten-Colonne durch den Odenwald im Anmarsche sei und die Vorbereitung zum projectirten Vormarsch getroffen.

Die Division Feder marschirte von Würzburg nach Karlstadt, ihre Avantgarde, 2 Bataillons und 1 Batterie, bis Gemünden. Die Division Hartmann verblieb mit ihrem Gros bei Markt Heidenfeld, mit der Avantgarde in Lohr; die ihr zugetheilte 2. leichte Cavallerie-Brigade wurde von Birkenfeld bis Urspringen vorpussirt. Die Divisionen Stephan und Prinz Luitpold (Zoller) befanden sich am Abende des 23. noch in ihren früheren Aufstellungen nächst Remlingen und Hettstadt.

Die nunmehr vom GM. Freiherr v. Seckendorf befehligte Reserve-Infanterie-Brigade[1]) wurde zur eventuelen Unterstützung des VIII. Corps von Würzburg nach Rossbrunn und die schwere Cavallerie-Brigade von Ochsenfurt nach Altertheim verlegt.

Die 1. leichte Brigade verblieb in Estenfeld. Die Division Stephan hatte den Befehl, über Wertheim die Verbindung mit der badischen Division zu erhalten.

In Folge von Patrullen-Meldungen, dass Wertheim nicht mehr von Truppen des VIII. Bundes-Corps besetzt sei, wollte GM. Stephan jenseits dieser Stadt die Verbindung herstellen, fand aber gegen Abend Wertheim schon in Besitz der Preussen.

Von der preussischen Armee stand am Abende des 23. die Division Flies bei Neukirchen, die Division Beyer nächst Miltenberg und jene des GL. v. Göben bei Amorbach.

Am Abende und im Laufe der folgenden Nacht wurde Wertheim durch 1 Bataillon der Division Flies, Hundheim durch das Detachement des Obersten v. Fabeck besetzt.

24. Juli.

24. Juli. Am 23. Abends 11 Uhr in sein Corpsquartier Bischofsheim rückgekehrt, meldete Prinz Alexander sogleich dem Armee-Commando, dass das VIII. Bundes-Corps sich am 24. bei Gross-Rinderfeld concentriren werde, „um je nach Umständen entweder dem Angriffe des Feindes bei seinem „Übergange über die Tauber begegnen, oder den Flankenmarsch gegen „Markt Heidenfeld beginnen zu können, soferne sich letzterer überhaupt als „noch ausführbar darstelle[2]).

---

[1]) Oberst Freih. v. Prankh, zum Kriegsminister designirt, war nach München berufen worden.

[2]) Die Operationen des VIII deutschen Bundes-Corps, S. 83.

Das Armee-Commando wurde ersucht, bei einem Angriffe auf Gross-Rinderfeld, mit einigen bayerischen Divisionen Unterstützung zu gewähren und in Kenntniss gesetzt, dass der Brückenschlag bei Wertheim und Fechenbach unterbleiben hätte müssen. Gleichzeitig erliess der Corps-Commandant die Disposition für den folgenden Tag. 24. Juli.

Die württembergische Division sollte auf den Höhen des rechten Tauber-Ufers Stellung nehmen und die Orte Impfingen und Bischofsheim besetzen. Die Brigade Hegelmaier hatte von Wolferstetten in die Stellung der Division einzurücken.

Die badische Division wurde angewiesen, bis Brunnthal und Werbachhausen zu marschiren und Hochhausen und Werbach zu besetzen.

Die grossherzoglich hessische Division hatte bei Gross-Rinderfeld, die österreich-nassauische zwischen Paimar und Grünsfeldhausen, die Reserve-Reiterei bei Gerchsheim, Ober- und Unter-Altertheim Stellung zu nehmen und die Artillerie-Reserve bei Schönfeld und Ilmspan aufzufahren.

Die von Külsheim bis gegen Schweinberg stehenden Truppen sollten zeitig Morgens den Rückzug antreten, u. z. zuerst die Truppen der grossherzoglich hessischen Division, die Brigade Hegelmaier, die badische Division und zuletzt die Reserve-Reiterei mit Benützung beider Strassen nach Bischofsheim.

Die württembergische Division erhielt Befehl, die Richtung gegen Wertheim bis zum Eintreffen der badischen Division besonders in's Auge zu fassen und die Deckung des rechten Flügels zu übernehmen. — In der Stellung am rechten Tauber-Ufer sollte sie die Vorhut, die badische und österreich-nassauische Division das Gros, die grossherzoglich hessische Division die Reserve bilden.

Das Corpsquartier wurde nach Gross-Rinderfeld verlegt.

Die eben anbefohlenen Bewegungen wurden im Laufe des 24. ausgeführt.

Die noch in der Nacht dahin entsandte württembergische Brigade Baumbach hielt Werbach und Nicklashausen bis zum Eintreffen der badischen Division besetzt und ging hierauf in die ihr zugewiesene Position zurück.

Von der Brigade Hegelmaier wurden eine Patrulle und später 2 Escadrons des 4. Reiter-Regiments aus dem vom Feinde bereits besetzten Hardheim angeschossen, was den früheren Abmarsch der Reserve-Reiterei veranlasste.

Die Brigade Hegelmaier bildete in Folge dessen den Schluss der auf das rechte Tauber-Ufer übergehenden Truppen und beliess in dem durch ein Missverständniss noch nicht besetzten Bischofsheim 2 Bataillons.

24. Juli. Auf preussischer Seite concentrirte sich die Division Flies bei Nassig. Die Division Beyer rückte bis 10 Uhr Morgens nach Neukirchen und Hundheim, die Division Göben nach Hardheim und Wolferstetten. Diese engere Zusammenziehung der preussischen Armeetheile war durch die im Gefechte bei Hundheim entwickelte Stärke des Gegners und durch die Vermuthung veranlasst worden, dass derselbe an diesem Tage concentrirt am linken Tauber-Ufer stehe.

Als aber bald die Nachricht einlief, dass die Truppen des VIII. Bundes-Corps hinter den Fluss zurückgegangen seien, wurden die Divisionen Beyer und Göben angewiesen, Cantonnements zu beziehen, die Division Flies aber befehligt, über die Tauber bis Urphar vorzurücken, wo sie auf den Höhen südlich dieses Ortes Stellung nahm und dadurch zwischen die beiden Bundes-Corps zu stehen kam.

GL. v. Göben erfuhr inzwischen, dass die ihm gegenüber liegenden Tauber-Übergänge gar nicht oder doch nur schwach besetzt seien, beschloss daher sie in Besitz zu nehmen, und dirigirte die Brigade Weltzien auf Hochhausen und Werbach, die Brigade Wrangel auf Bischofsheim und die nur bis Hardheim gelangten Brigaden Kummer und Tresckow zur Unterstützung der beiden erstgenannten Brigaden nach Eiersheim, wodurch es noch an diesem Tage zu einer Reihe von Gefechten an der Tauber kam.

Gefecht bei Werbach (24. Juli).

Die badische Division war am 24. gegen Mittag von Külsheim in der Gegend von Werbach eingetroffen und hatte daselbst folgende Aufstellung genommen:

Die Brigade Neubronn mit dem 3. Infanterie-Regiment bei Werbach; ausserhalb des Ortes, neben dem Kirchhof, die gezogene 6pfd. Batterie Hofmann unter Bedeckung einer Escadron des 2. Dragoner-Regiments.

Nach Hochhausen am linken Tauber-Ufer wurden 2 Compagnien des 2. Regiments detachirt, welche den Ort, insbesonders den Kirchhof, halten sollten, und zu diesem Zwecke später noch durch 2 andere Compagnien dieses Regiments verstärkt wurden.

Der Rest der Brigade Neubronn und des 2. Dragoner-Regiments mit der gezogenen 6pfd. Batterie Dienger befand sich nächst Werbachhausen.

Die (1.) Brigade La Roche nahm weiter rückwärts bei Brunnthal Aufstellung.

Die provisorische Brücke über den Eisenbahn-Einschnitt bei Hochhausen ward barricadirt und für den Fall des Rückzuges über die Tauber ein Steg errichtet.

Preussischerseits erreichten zwei an die Tête der Brigade Weltzien gelangte Compagnien des 15. Regiments von der Brigade Wrangel, gegen 12½ Uhr, die Höhe gegenüber Hochhausen. Bald darauf trafen die oldenburgische 6pfd. Batterie Nieber und die 12pfd. Batterie Baumbach ein. Erstere fuhr gegen Impfingen, letztere gegen Werbach auf und brachten beide die bei ersterem Punkte postirte württembergische Batterie Roschmann und die nächst dem Werbacher-Friedhofe stehende badische Batterie Hofmann nach kurzer Zeit zum Schweigen. 24. Juli.

Die von Werbachhausen mit der Reserve der Brigade Neubronn vorgekommene 6pfd. Batterie Dienger, welche hinter Werbach Aufstellung nahm, musste gleichfalls binnen Kurzem mit Verlust eines Geschützes, dessen Protze und Bespannung sehr gelitten, wieder zurück, und auch die Infanterie litt in ihrem Vormarsche durch das feindliche Artilleriefeuer.

Mittlerweile kam das Gros der Brigade Weltzien durch den die Höhe bedeckenden Wald „Grossholz" heran und deren Avantgarde löste die bisher vor Werbach stehenden 2 Compagnien des 15. Regiments ab. Gegen 3 Uhr erhielten das 2. oldenburgische und das Bataillon Bremen Befehl zum Angriffe auf Werbach, das 1. oldenburgische Bataillon zum Angriffe auf Hochhausen, während das 3. Bataillon dieses Regiments im Walde als Reserve verblieb.

Auch die Avantgarde der bei Hundheim lagernden Division Beyer war, dem Kanonendonner folgend, gegen Hochhausen vorgerückt und das Füsilier-Bataillon des 70. Regiments traf noch rechtzeitig ein, um sich an der Wegnahme dieses Punktes zu betheiligen, welcher von den sich auf Werbach zurückziehenden badischen Truppen nach kurzem Widerstande aufgegeben und von dem Angreifer besetzt wurde.

Die preussische 4pfd. Batterie Schmidts fuhr hierauf unweit der oldenburgischen Batterie Nieber auf, und beide vereint, bereiteten nun den Angriff auf Werbach vor, der gegen 4 Uhr erfolgte.

Bald war die barricadirte Tauber-Brücke genommen und es drang das 2. Bataillon Oldenburg über dieselbe gegen die Front, das Bataillon Bremen durch eine Furt gegen die rechte badische Flanke vor. Gleichzeitig brachen die Truppen, welche eben Hochhausen genommen, gegen den badischen linken Flügel vor, wobei sie jedoch von der württembergischen Batterie Roschmann, welche bei Impfingen wieder das Feuer aufgenommen, heftig beschossen wurden und Hochhausen in Brand gerieth.

Die preussische Batterie Schmidts brachte bald, im Vereine mit der inzwischen vom Gros der Division Beyer vorgekommenen und auf der Höhe bei den Capellen aufgefahrenen 6pfd. Batterie Wasserfuhr, die württembergischen Geschütze abermals zum Schweigen.

24. Juli. Bei dem Umstande, als die Vertheidiger Werbachs im entscheidenden Momente jeder Unterstützung an Artillerie entbehrten, gelangte der Angreifer auch bald in den Besitz dieses Ortes.

Die badischen Abtheilungen zogen sich hierauf unter dem Schutze der hinter Werbach nächst der Mühle in Reserve gehaltenen Bataillons der Brigade Neubronn zurück.

Die badische Brigade La Roche, welche sich an dem Gefechte nicht betheiligt und um Werbachhausen eine Aufnahmsstellung genommen hatte, blieb daselbst, bis die Brigade Neubronn den Rückzug bewirkt, worauf auch sie nach Altertheim zurückging, wo die nun wieder vereinte badische Division, eine Nachhut bei Steinbach belassend, das Biwak bezog.

Die abziehenden badischen Truppen wurden nicht verfolgt; nur 1 preussische Compagnie rückte in der Richtung auf Werbachhausen nach. Die Avantgarde der Division Beyer bezog die Vorposten vorwärts Werbach, während die Brigade Weltzien hinter der Tauber in Cantonnements verlegt wurde.

Die beiden preussischen Batterien Wasserfuhr und Schmidts, denen sich im letzten Momente auch die oldenburgische Batterie Nieber anschloss, fuhren noch Abends gegenüber Impfingen auf und beschossen die von dort abziehende württembergische Infanterie.

Die beiderseitigen Verluste bei Werbach betrugen:

	Preussen.		VIII. Bundes-Corps, resp. bad. Division.	
	Officiere	Mann	Officiere	Mann
Todt	2	10	—	7
Verwundet	5	54	1	59
Vermisst	—	—	—	16
Summe:	7	64[1])	1	82.

Die Preussen erbeuteten ein badisches Geschütz und 2 Ambulance-Wagen.

Gefecht bei Tauber-Bischofsheim (24. Juli).

Während die oldenburg-hanseatische Brigade gegen Werbach vorrückte, hatte bekanntlich die Brigade Wrangel — von welcher ein Detache-

[1]) Die Oldenburg-hanseatische Brigade Weltzien verlor bei Werbach:

	Todt.		Verwundet.		Vermisst.	
	Offic.	Mann.	Offic.	Mann.	Offic.	Mann.
	2	9	4	38	—	—
Summe: 6 Officiere, 42 Mann;						
das Füsilier-Bataillon des Infanterie-Regiments Nr. 70:						
	—	1	1	21	—	—
Summe: 1 Officier, 22 Mann.						

ment unter Oberst v. d Goltz (1. und Füsilier-Bataillon des 15. Regiments, 1 Escadron und 2 gezogene Geschütze) zur Sicherung der rechten Flanke bereits über Schweinberg nach Königheim entsendet worden war — die Richtung auf Bischofsheim genommen. 24. Juli.

Gegen $11\frac{1}{2}$ Uhr gelangte die Spitze der Brigade Wrangel auf die Höhen am linken Tauber-Ufer und, von Impfingen aus, waren gegen Mittag stärkere gegen Külsheim und Bischofsheim vorrückende preussische Colonnen zu sehen.

Um $1\frac{1}{2}$ Uhr rückten die Vortruppen der Brigade Wrangel theils vom Immberge herab, theils auf der Amorbacher-Strasse gegen Bischofsheim vor, wurden aber hier von dem 1. württembergischen Jäger- und dem 2. Bataillon des 3. Regiments abgewiesen. Diese letzteren beiden Bataillons rückten dann, nachdem sie durch das 2. Infanterie-Regiment abgelöst worden, zu ihrer Brigade ein.

Die württembergische Division hatte inzwischen folgende Aufstellung genommen:

Die (2.) Brigade Fischer hielt Impfingen und die anliegenden Höhen mit dem 7. Infanterie-Regimente, dem 2. Jäger-Bataillon, 6 gezogenen Geschützen der 6pfd. Batterie Roschmann, welche wir bereits im Kampfe mit den gegen Werbach vorrückenden oldenburgischen und preussischen Batterien sahen, und 1 Escadron des 1. Reiter-Regiments besetzt. Das 2. Infanterie-Regiment stand in Bischofsheim, das, am linken Tauber-Ufer gelegen, von den daselbst nahe herantretenden Höhen vollkommen beherrscht ist. An der westlichen Umwallung der Stadt, wie am Eisenbahn-Damm kamen starke Schützen-Abtheilungen zu stehen und der zur Vertheidigung eingerichtete, ummauerte Friedhof ward gleichfalls besetzt.

Zwei Compagnien verblieben hinter der Tauber-Brücke als Reserve.

Die übrigen 2 Geschütze der Batterie Roschmann unter Bedeckung 1 Escadron befanden sich am rechten Tauber-Ufer an der Strasse nach Dittigheim.

Vom württembergischen Gros stand die Brigade Baumbach in der Vertiefung zwischen dem Edelberge und den Ausläufern des Hammberges, mit dem rechten Flügel an der Würzburger-Strasse; links dieser Brigade jene des GM. v. Hegelmaier, deren linker Flügel sich an die Lorenz-Capelle lehnte.

Die beiden Batterien Marchthaler und Faber (16 gezogene Geschütze) waren gedeckt hinter dem Kamme des Hammberges aufgefahren.

Von der Cavallerie befand sich das 4. Reiter-Regiment am Edelberge, 2 Escadrons des 1. Regiments rückwärts an der Würzburger-Strasse.

Gegen 2 Uhr Nachmittag traf das Gros der preussischen Brigade

24. Juli. Wrangel in der Nähe von Bischofsheim ein, eröffnete sogleich mit 5 Geschützen der 4pfd. Batterie Coester vom Immberge aus das Feuer, worauf die an der Tète befindliche 5. Compagnie des Regiments Nr. 15, gefolgt vom 1. Bataillon des 55. Regiments, zum Angriffe auf die westliche Umwallung der Stadt vorging.

Das Gros der Brigade Wrangel blieb verdeckt hinter dem Immberge, 2 Compagnien des 15. Regiments waren zur Sicherung der linken Flanke und zur Herstellung der Verbindung mit der Brigade Weltzien gegen Hochhausen detachirt.

Bei der ungünstigen, vollkommen beherrschten Lage von Bischofsheim sahen sich die Württemberger bald veranlasst, diesen Punkt fechtend zu räumen, worauf das 2. Infanterie-Regiment rückwärts an der Würzburger-Strasse seine Aufstellung fand.

Inzwischen war auch die preussische 12pfd. Batterie Eynatten II auf dem Immberge aufgefahren und beschoss im Vereine mit den bereits dort postirten Geschützen die zurückgehenden feindlichen Abtheilungen.

Es rückten hierauf das 1. Bataillon des 55. und die 5. Compagnie des 15. Regiments in Bischofsheim ein, besetzten die östliche Lisière und die Brücke nebst den anstossenden Häusern.

Die Württemberger versuchten nun wiederholt, doch stets vergeblich, sich wieder in den Besitz der Stadt zu setzen.

GM. v. Baumbach rückte mit 4 Bataillons längs der Würzburger-Strasse gegen Bischofsheim vor, während von der Brigade Hegelmaier 2 Bataillons auf den Hängen südlich der Strasse, 2 andere Bataillons durch die an der Lorenz-Capelle vorbeiführende Schlucht gegen die Stadt vorbrachen.

Diese, wie noch drei andere, in der Zeit von $2^1/_2$ bis 5 Uhr gemachten Versuche, die Tauber-Brücke zu gewinnen und sich wieder in den Besitz von Bischofsheim zu setzen, scheiterten aber an dem Schnellfeuer der gedeckt stehenden Preussen, welche nach und nach durch das Füsilier- und 2. Bataillon des 55. Regiments verstärkt worden waren, so dass nur mehr das Bataillon Lippe als Reserve hinter der Stadt verblieb.

Nach dem letzten missglückten Vorstosse der Württemberger (gegen 5 Uhr) gelang es selbst mehreren Compagnien des 55. preussischen Regiments, welche über die Brücke nachdrängten, sich am rechten Ufer in den Häusern und Gärten festzusetzen, während gleichzeitig Abtheilungen des 1. Bataillons dieses Regiments den Fluss durchwateten und in der Richtung auf die Lorenz-Capelle vordrangen.

Eine zurückbeorderte Proviant-Colonne von 40 Wagen, welche von preussischen Geschützen beschossen und von den Vorspannsbauern verlassen, auf der Würzburger-Chaussée stehen blieb und Abends auch in die Hände des Feindes fiel, war den Bewegungen der württembergischen Truppen sehr hinderlich. 24. Juli.

Während der eben geschilderten Kämpfe um Bischofsheim hatte sich die preussische Artillerie in bedeutendem Nachtheil befunden. Die glatte 12pfd. Batterie Eynatten war, um sie bei der grossen Entfernung von den feindlichen gezogenen Geschützen nicht nutzlos deren Feuer auszusetzen, bald, nachdem die Württemberger Bischofsheim verlassen, zurückgezogen worden und blos die 5 Geschütze der Batterie Coester hatten den Kampf mit der überlegenen feindlichen Artillerie fortgesetzt.

Endlich, als württembergischer Seits auch die beiden nächst der Dittigheimer-Strasse stehenden 2 Geschütze der Batterie Roschmann auf dem rechten Flügel der Batterie Marchthaler am Hammberge eintrafen, und 18 württembergische gezogene Geschütze das nachhaltigste Feuer entwickelten, musste auch die Batterie Coester, der ein Geschütz demontirt worden, gegen 4½ Uhr, zeitweilig den Kampf aufgeben.

Die württembergischen Batterien rückten nun auf dem Hammberge einige hundert Schritte weiter vor und überschütteten die Stadt mit einem Hagel von Geschossen; bald erhielten sie noch weitere Verstärkung.

Prinz Alexander von Hessen hatte schon um 2½ Uhr die Meldung von dem bei Bischofsheim engagirten Gefechte erhalten, der nächst Ilmspan stehenden Reserve-Artillerie den Befehl ertheilt, 4 Batterien auf den Kampfplatz vorzusenden und sich gleichfalls dahin begeben.

Die bei Paimar stehende österreich-nassauische Division ward angewiesen, zur Unterstützung der Württemberger gegen Bischofsheim vorzurücken und traf um 5 Uhr nächst diesem Punkte ein, wo kurze Zeit darauf auch die Reserve-Batterien anlangten.

Die österreichische Brigade Hahn nahm auf dem Kützberge, die nassauische Brigade südlich der Würzburger-Chaussée im 2. Treffen Stellung [1]).

Von den Batterien der Reserve-Artillerie fuhr blos eine hessische nördlich der Strasse auf, während der Rest weiter rückwärts verblieb.

Die beiden österreichischen Batterien nahmen anfänglich auf dem rechten Flügel der württembergischen Artillerie Stellung. Bald darauf wurde ein

---

[1]) Weder aus der Relation des GM. Hahn noch aus den Berichten der österreichischen Truppenkörper ist zu entnehmen, dass selbe, wie dies in dem Werke „die Operationen des VIII. deutschen Bundes-Corps" angegeben, den Befehl erhalten hätten, gegen die Brücke vorzubrechen, in dieser Bewegung aber durch das Feuer des Gegners zum Stillstande gebracht worden wären. Im Gegentheile geht aus allen Relationen hervor, dass die Brigade Hahn Befehl erhalten, auf dem Kützberge Stellung zu nehmen.

24. Juli. Geschützzug der gezogenen 4pfd. Batterie Klofetz auf den Kützberg, ein anderer in der Verlängerung der Brücke aufgestellt, um hier ein weiteres Debouchiren feindlicher Abtheilungen zu verhindern und es befanden sich nun 38 Geschütze der Verbündeten durch längere Zeit im Kampfe.

Die am rechten Tauber-Ufer gelegenen Gebäude geriethen bald in Brand und das auf die Brücke gerichtete Feuer war so heftig, dass die Verbindung über selbe unmöglich wurde.

Die nächst der Brigade Roth aufgefahrene nassauische gezogene 6pfd. Batterie Reichert machte nur wenige Schüsse und betheiligte sich nicht weiter am Kampfe.

Gegen 6 Uhr erhielt Prinz Alexander die Meldung, dass die badische Division Werbach verlassen, ohne aber zu erfahren, wohin sich diese gewendet. Er ertheilte nun den beiden nächst Bischofsheim stehenden Divisionen den Befehl, das Gefecht hinzuhalten, den Feind am Vormarsche zu verhindern, jedoch keinen Angriff mehr auszuführen, und begab sich dann zu der bei Gross-Rinderfeld lagernden grossherzoglich hessischen Division, die er bis Wenkheim vorführte, wo sie bei sinkender Nacht eintraf.

Die vor Bischofsheim vereinigten Batterien setzten noch durch längere Zeit ihr Feuer fort, das preussischerseits nur durch die Geschütze der wieder vorgekommenen Batterie Coester erwidert wurde.

Gegen 7 Uhr traten die nächst Bischofsheim befindlichen württembergischen Truppen und bald darauf auch die nächst Impfingen stehende Brigade Fischer, wo bis dahin nur ein Geschützkampf stattgefunden hatte, den Rückzug gegen Gross-Rinderfeld an. Die österreich-nassauische Division rückte an die Stelle der abziehenden Württemberger auf den Höhen vor.

Da die auf dem rechten preussischen Flügel bis in die Nähe der Lorenz-Capelle gelangten Abtheilungen sehr exponirt standen, so liess GM. v. Wrangel zu ihrer Verstärkung seine letzte Reserve — das Füsilier-Bataillon Lippe — durch den Fluss in die bezeichnete Richtung vorgehen.

Die österreich-nassauische Division behauptete indessen ihre Stellung bis zum Einbruch der Dunkelheit und zog sich dann auf den Edelberg.

Die Batterien der Artillerie-Reserve verliessen dann gleichfalls das Gefechtsfeld und gingen nach Ilmspan zurück. Um 11 Uhr endlich erhielt FML. Graf Neipperg den Befehl, mit seiner Division bei Gross-Rinderfeld das Lager zu beziehen und vor dem Walde „im Forst“ seine Nachhut stehen zu lassen.

Auf preussischer Seite war gegen 8 Uhr die Brigade Kummer, und nach beendigtem Kampfe, auch das Detachement unter Oberst v. d. Goltz eingetroffen.

GL. v. Göben, welcher sich bei der vorgeschrittenen Zeit mit dem Gewinne des Tauber-Überganges begnügen musste, liess nun durch Abtheilungen der Brigade Kummer die Vorposten beziehen; der Rest derselben und die nun wieder complete Brigade Wrangel lagerte in und um Bischofsheim. 21. Juli.

Die beiderseitigen Verluste werden nachfolgend beziffert:

	Preussen.		VIII. Bundes-Corps.	
	Officiere	Mann	Officiere	Mann
Todt	—	16	6	56
Verwundet	10	97	20	435
Vermisst	—	3	2	190
Summe:	10	116[1])	28	681.[2])

Prinz Alexander blieb längere Zeit ungewiss, wohin sich die badische Division gewendet. Eine Reiterpatrulle brachte die Meldung, sie hätte in der Richtung auf Würzburg, Wenkheim passirt und erst spät Nachts erfuhr man im Corpsquartier, dass selbe nach Ober-Altertheim zurückgegangen sei, Prinz Wilhelm aber die Absicht habe, seine Division am nächsten Morgen wieder bis Steinbach vorzuführen.

Durch dieses plötzliche Verschwinden der badischen Division und den Umstand, dass auch während des ganzen Tages von dem angekündigten Marsch der bayerischen Division Stephan nach Wertheim Nichts bemerkt worden, war Flanke und Rücken des VIII. Corps bedroht, und Prinz Alexander gab der Abends nach Wenkheim vorgeführten grossherzoglich hessischen Division den Befehl, die rechte Flanke des Corps zu decken und Recognoscirungs-Abtheilungen bis über Werbachhausen in die angrenzenden Waldungen zu entsenden.

Was die Bayern betrifft, so hatten bekanntlich die Vortruppen der Division Stephan — welche die Verbindung mit dem VIII. Bundes-Corps erhalten sollte — am 23. Wertheim von der badischen Division verlassen und von Abtheilungen der preussischen Division Flies besetzt gefunden.

Diese unerwartete Begegnung veranlasste den bayerischen General am frühen Morgen des 24. 8 Bataillons, das 3. Chevaulegers-Regiment und

[1]) Die Preussen erbeuteten, wie bereits erwähnt, die im Hohlwege östlich Bischofsheim zurückgelassene Proviant-Colonne.

[2]) Die Württembergische Division verlor:

	Todt.		Verwundet.		Vermisst.	
	Offic.	Mann.	Offic.	Mann.	Offic.	Mann.
	6	55	19*)	433	2	189

Summe: 27 Officiere, 677 Mann.

Die österreich-nassauische Division:

	Offic.	Mann.	Offic.	Mann.	Offic.	Mann.
	—	1	1	2	—	1

Summe: 1 Officier, 4 Mann.

*) Unter den Verwundeten GM. Hegelmaier.

24. Juli. die beiden Batterien seiner Division sofort bei Dertingen zu concentriren. Er liess gegen Wertheim recognosciren. Die hiezu ausgesandten Abtheilungen stiessen jenseits Urphar auf den Feind und überzeugten sich von dem Anmarsche stärkerer preussischer Colonnen diesseits der Tauber, was GM. Stephan sofort dem Prinzen Carl meldete.

Der Armee-Commandant hatte sich Früh Morgens mit dem Hauptquartier nach Remlingen begeben und concentrirte nach Empfang dieser Meldung die Divisionen Prinz Luitpold (Zoller) und Feder, sowie die Reserve-Artillerie bei Rossbrunn.

Die nach Helmstadt bestimmte Avantgarde der Division Prinz Luitpold schob das 1. Bataillon des 15. Regiments nach Neubrunn vor, das aber, da dieser Ort bereits durch 1 Bataillon der Division Stephan besetzt war, nur eine Compagnie daselbst belassend, mit dem Reste wieder gegen Helmstadt rückkehrte.

Die Division Stephan, welche bis Abend in Dertingen gestanden, bezog Cantonnements in Wüstenzell, Holzkirchhausen, Holzkirchen, Helmstadt; Stab und Reserve in Üttingen.

Das 1. Bataillon des 8. Regiments befand sich auf Vorposten nächst Neubrunn, das 3. Bataillon des Leib-Regiments in Homburg zur Verbindung mit der Division Hartmann.

Das Gros letzterer Division verblieb südlich von Heidenfeld, und deren Avantgarde beobachtete die Spessart-Debouchéen aufwärts bis Lohr, von wo man im bayerischen Hauptquartier noch immer einen ernstlichen Angriff umsomehr befürchtete, als das vom General v. Beyer aus Aschaffenburg am rechten Main-Ufer gegen Heidenfeld entsandte schwache Detachement (1 Bataillon und 1 Escadron) diese Besorgniss unterstützte.

Von der bayerischen Reserve-Cavallerie, in deren Commando G. d. C. Fürst Taxis inzwischen durch den GM. Herzog Ludwig ersetzt worden war, kam die schwere Brigade nach Kist, die 1. leichte[1]) nach Arnstein; die noch der Division Hartmann unterstellte 2. leichte[2]) befand sich in Remlingen.

Bei Heidingsfeld und Oberzell waren Kriegsbrücken geschlagen.

Am Abend des 24. hatten die Bayern die oben beschriebene Aufstellung bereits inne und nur die Division Feder befand sich noch im Anmarsche von Karlstadt.

Bei Einbruch der Nacht (zwischen 9 und 10 Uhr) versuchten die Preussen einen Überfall auf das in Homburg stehende bayerische Bataillon,

---

[1]) Nunmehr von Oberst Freiherr v. Diez befehligt.

[2]) Seit der Verwundung des GM. Graf Pappenheim von Oberst Freih. v. Brück commandirt.

zogen jedoch bald, als sich dieses schnell rallirte und aus dem Dorfe vorbrach unverrichteter Dinge wieder ab. 24. Juli.

Vom VIII. Corps standen bekanntlich:

Die grossherzoglich badische Division bei Altertheim,

die grossherzoglich hessische bei Wenkheim,

die württembergische und österreich-nassauische bei Gross-Rinderfeld.

Prinz Alexander begab sich spät Nachts gleichfalls nach letzterem Orte, nachdem er schon früher eine genaue Darstellung der Verhältnisse an das Armee-Commando abgesendet und um schleunige Mitwirkung der Bayern zur Zurückdrängung des Feindes gebeten hatte.

Bald nach seiner Ankunft in Gross-Rinderfeld erhielt Prinz Alexander eine Meldung der württembergischen Division, in welcher über grosse Ermüdung der Truppen und mangelhafte Verpflegung geklagt und um Abhilfe gebeten wurde, später einen von Remlingen. 24. Juli Nachmittags 2 Uhr datirten Erlass des Armee-Commandos folgenden Inhaltes: „Die Preussen „debouchiren aus Wertheim. Ich concentrire das VII. Armee-Corps bei „Remlingen und Rossbrunn, kann jedoch vor Morgen Früh diese Concen„trirung nicht vollenden. Das VIII. Armee-Corps hat sich so bald als möglich „mit meiner bei Dertingen und Wüstenzell stehenden 1. Division, welche seit „Früh 11 Uhr im Angesichte des Feindes ist, in Verbindung zu setzen und „Sorge zu tragen, dass keine Lücke zwischen den beiden Armee-Corps bei „Neubrunn etc. verbleibe."

Von der preussischen Armee befand sich am Abend des 24. die Division Flies bei Urphar; die Division Beyer nächst Hundheim und Werbach; die Division Göben mit der oldenburg-hanseatischen Brigade Weltzien bei Werbach, den Brigaden Kummer und Wrangel bei Tauber-Bischofsheim und der Brigade Tresckow bei Eiersheim.

25. Juli.

Nachdem Prinz Alexander erfahren, dass sich die bayerische Armee bei Remlingen und Rossbrunn versammle, beschloss derselbe, den Schwerpunkt seines Corps mehr nach dem rechten Flügel zu verlegen und brachte zu diesem Zwecke dasselbe am Morgen des 25. in folgende Aufstellung: 25. Juli.

Württembergische Division mit einer Brigade vorwärts des Bayerthalhofes, mit den andern gegen Wenkheim;

badische Division in Unter-Altertheim, mit der Vorhut bei Steinbach;

grossherzoglich hessische Division in und nächst Wenkheim, Avantgarde in Brunnthal;

österreich-nassauische Division vorwärts Gross-Rinderfeld;

25. Juli. die Reserve-Reiterei nächst Altertheim, mit einem Regiment zur Verbindung mit den Bayern in Neubrunn; die Reserve-Artillerie nördlich von Gross-Rinderfeld.

Um 11 Uhr erhielt Prinz Alexander vom badischen Divisions-Commando die Meldung, dass die Bayern in der rechten Flanke abzögen und desshalb 2 badische Bataillons, 1 Batterie und 1 Escadron in die Richtung von Neubrunn entsendet worden seien, ferners, dass die hessische Division die Strasse nach Wenkheim einnehme und die badische daher den ihr befohlenen Marsch dahin nicht ausführen könne.

Diese Umstände bewogen den Prinzen, sein Corps in die eine Stunde rückwärts gelegene günstige Aufstellung bei Gerchsheim zu dirigiren, und sich dadurch einerseits den Bayern zu nähern, anderseits auch eine weniger ausgedehnte Linie einzunehmen.

Gegen Mittag, bis wohin von einem Anmarsche grösserer feindlicher Colonnen Nichts zu bemerken war, wohl aber das im Walde gegen den Kützberg auf Vorposten stehende 2. Bataillon Wernhardt von preussischen Abtheilungen wiederholt angegriffen und endlich auf das Gros zurückgedrängt wurde, kam der Rückmarsch nach Gerchsheim zur Ausführung.

Der Prinz begab sich bald dahin und empfing dort durch den bayerischen Generalstabs-Oberst v. Massenbach einen seine Absichten kreuzenden Befehl des Armee-Commando's, welches, inzwischen von den Vorfällen des gestrigen Tages an der Tauber unterrichtet, beschlossen hatte, die Tauber-Linie durch das VIII. Corps wieder in Besitz nehmen zu lassen und die Hauptkraft der Bayern an der Bischofsheim-Würzburger Strasse zu vereinigen:

Der Befehl lautete:

„Das VIII. Corps hat mit seiner ganzen Kraft die Tauber-Linie zu be-„haupten, während das VII. über Ober-Altertheim und Waldbrunn auf der „Würzburg-Bischofsheimer Strasse sich concentriren wird."

Da sich zur Zeit das VIII. Corps bereits in der Bewegung nach Gerchsheim befand und ohne grosse Unzukömmlichkeiten nicht wieder umkehren konnte, so liess Prinz Alexander durch Oberst v. Massenbach dem Armee-Commando erwidern: „er werde sich bei Gerchsheim so lange als „thunlich halten, könne jedoch bei der grossen Ermüdung der Truppen und „ihrem Mangel an Nahrung, ohne Unterstützung der Bayern keine weit-„greifenden Operationen unternehmen."

Die bayerische Armee, welche seit Morgens mit der Division Prinz Luitpold (früher Zoller) nach Helmstadt, mit der Division Feder und einem Theil der Reserve-Cavallerie nach Rossbrunn, wo die Reserve-Infanterie-Brigade und die Reserve-Artillerie sich bereits befanden, marschirt war, erhielt inzwischen in Folge des neu gefassten Beschlusses, folgende Direction: 25. Juli.

Die Division Prinz Luitpold nach Ober-, die Division Stephan nach Unter-Altertheim und die Division Feder von Rossbrunn nach Waldbrunn; die Division Hartmann hatte in ihrer Position am Main zu verbleiben. Doch kamen diese Anordnungen nicht zur Ausführung.

Ein kleines Scharmützel zwischen einigen Recognoscirungs-Abtheilungen der Division Stephan und preussischen Patrullen bei Kembach ward Veranlassung, dass diese bayerische Division ihre bisherige Aufstellung beibehielt und auch Prinz Luitpold mit der 3. Division bei Helmstadt verblieb [1]).

Während auf diese Weise die Dispositionen des Prinzen Carl weder beim VIII. noch bei seinem eigenen Corps zur Ausführung kamen, hatte sich die preussische Armee am 25. Früh 10 Uhr mit der Division Göben bei Bischofsheim, der Division Beyer bei Werbach und mit der Division Flies bei Urphar concentrirt.

Man beabsichtigte das VIII. Bundes-Corps, von dem man wusste, dass es Gross-Rinderfeld noch besetzt halte, von Würzburg abzudrängen und richtete daher den Angriff auf dessen rechten Flügel. Die Division Beyer sollte zu diesem Zwecke über Neubrunn gegen Unter-Altertheim, die Division Göben auf der von Bischofsheim nach Gross-Rinderfeld führenden Strasse vorgehen und die letztere Division erst um $12\frac{1}{2}$ Uhr aufbrechen, um der Division Beyer den nöthigen Vorsprung zu lassen.

Die Division Flies hatte Befehl, von Urphar vorläufig nur bis Dertingen vorzurücken, die linke Flanke zu decken und durch Detachirungen gegen Lengfurt und Remlingen Nachrichten über die Bayern einzuziehen, betreff welcher man im preussischen Hauptquartier nur ungenau unterrichtet war.

Von Urphar vorgeschickte Recognoscirungs-Patrullen stiessen bei Kembach auf die Vortruppen der Division Stephan, und gaben, wie schon erwähnt, dadurch die Veranlassung zur Allarmirung der in erster Linie stehenden bayerischen Divisionen.

---

[1]) Von der Division Stephan stand in dieser Zeit GM. v. Welsch mit dem 4. Jäger-Bataillon, $\frac{1}{2}$ Escadron und 4 gezogenen Geschützen bei Holzkirchhausen; das 2. Bataillon des Leib- und das 2. und 3. Bataillon des 8. Regiments auf dem Winzertsberg (zwischen Holzkirchen und Holzkirchhausen), das 2. und 3. Bataillon des 2. Regiments bei Wüstenzell; das 2. Jäger-Bataillon, 1 Escadron Chevaulegers und die 12pfd. Batterie Mussinan war im Marsche von Üttingen nach Holzkirchen. Prinz Luitpold nahm mit seiner Division eine Aufstellung südöstlich von Helmstadt Front gegen diesen Ort und Neubrunn, mit dem linken Flügel im Walde des Lercheuberges, mit dem refüsirten rechten an der von Helmstadt nach Waldbrunn führenden Communication.

25. Juli. Die Division Beyer trat ihren Vormarsch, unter Zurücklassung des 1. Bataillons des 30. Regiments in Werbach, erst gegen 11 Uhr Vormittags in 2 Colonnen an. Die Avantgarde unter Oberst v. Woyna, welcher die Reserve folgte, marschirte über Böttigheim; das Gros unter GM. v. Glümer über Nicklashausen.[1]) Zur Sicherung der rechten Flanke zog ein Detachement bestehend aus dem Füsilier-Bataillon des 30. Regiments und der 4. Escadron des 9. Huszaren-Regiments, das Welzbach-Thal hinauf.

Gefecht bei Helmstadt und Üttingen. (25. Juli.)

Gegen 1 Uhr trafen die Spitzen der beiden preussischen Colonnen fast gleichzeitig vor Neubrunn ein, nachdem die Avantgarde der über Böttigheim marschirenden Truppen bei diesem Punkte auf bayerische Chevaulegers, die sich auf Neubrunn zurückzogen, gestossen war.

Letzterer Ort war nur von 1 bayerischen Compagnie des 15. Regiments besetzt; Oberst v. Fink mit 1 Bataillon des 8. Regiments stand weiter rückwärts auf den Höhen.

Obgleich diesem Detachement noch 2 Compagnien vom 1. Bataillon des 15. Regiments zu Hilfe eilten, musste es doch bald dem überlegenen Angriffe der Preussen, welcher durch das Feuer der 4pfd. Batterie Schmidts und der 6pfd. Batterie Wasserfuhr eingeleitet wurde, weichen, sowohl Neubrunn, als die anliegenden Höhen räumen und gegen Helmstadt zurückgehen.

Das Gros des GM. v. Glümer rückte hierauf durch Neubrunn über den kleinen Ameisenberg vor, während die Truppen unter Oberst v. Woyna den Ort östlich in der Richtung des Klettenberges und der bewaldeten Höhe „Forstgrund“ umgingen.

Bayerischerseits verfügte man, wie schon früher angegeben, über eine genügende Macht in jener Gegend, um den Gegner abzuweisen. Doch Mangel an einer einheitlichen Leitung — die Truppen waren von verschiedenen Divisionen und Brigaden und Niemand übernahm den Befehl — war Ursache, dass auch hier die Preussen keinen ernstlichen Widerstand fanden.

In dieser Zeit (1 Uhr) stand GM. v. Welsch, nachdem er die Truppen unter Oberstlieutenant Högenstaller (2. und 3. Bataillon des 8. Regiments

---

[1]) Avantgarde: 2. Bataillon des 30., Füsilier und 1. des 70. Regiments, 5. Escadron des 9 Huszaren-Regiments und 4pfd. Batterie Schmidts.

Gros: 20. und 32. Infanterie-Regiment, 2. Escadron des 9. Huszaren-Regiments, 6pfd. Batterie Wasserfuhr und 12pfd. Batterie Richter.

Reserve unter Oberst v. Schwerin: Infanterie-Regiment Nr. 39, 3. und 4. Escadron des 10. Landwehr-Huszaren-Regiments.

Reserve-Artillerie: 6pfd. Batterie Brosent, 12pfd. Batterien Hoffbauer, Bastineller und Horn.

und 2 Bataillon des Leib-Regiments) an sich gezogen, mit 4 Bataillons, ½ Escadron und 4 Geschützen bei Holzkirchhausen; er ging aber bald auf Befehl seines Divisions-Commandanten nach Helmstadt zurück. 25. Juli.

Die Höhe nördlich von Helmstadt war vom 1. Bataillon des 2. Regiments, dem 5. Jäger-Bataillon, ½ Chevaulegers-Escadron und 4 gezogenen Geschützen besetzt.

Das auf dem Sesselberge stehende 3. Bataillon des 1., und das 2. Bataillon des 15. Regiments richteten zwar anfänglich ein starkes, bei der grossen Entfernung jedoch ziemlich unschädliches Feuer auf die am Ameisenberg haltenden Preussen, zogen sich aber theilweise bald zurück, als GM. v. Glümer mit unbedeutenden Kräften zum Angriffe schritt.

Während die auf dem Mausberge aufgefahrene preussische 6pfd. Batterie Wasserfuhr sich gegen eine bayerische Batterie, die auf der Höhe nordöstlich Helmstadt stand, in's Feuer setzte, rückte das preussische 20. Regiment über und westlich um den Ameisenberg gegen den Sesselberg vor; das Regiment Nr. 32 verblieb mit der 12pfd. Batterie Richter als Reserve vor Neubrunn, Oberst v. Woyna nördlich des „Forstgrundes."

Das 3. Bataillon des bayerischen 1. Regiments leistete wohl auf dem Sesselberg einen hartnäckigen Widerstand, wurde aber endlich doch über den Hang gegen Helmstadt gedrängt.

Indessen erschienen in der rechten preussischen Flanke stärkere bayerische Abtheilungen der (3.) Division Prinz Luitpold mit 2 Batterien Letztere beschossen die Preussen, welche unter GM. v. Glümer vom Sesselberge und unter Oberst v. Woyna weiter östlich gegen Helmstadt anrückten, konnten aber nicht verhindern, dass sich diese gegen 2 Uhr in den Besitz des Ortes setzten.

Das bei Neubrunn als Reserve zurückgelassene preussische Infanterie-Regiment Nr. 32 ging inzwischen auch zur Sicherung der rechten Flanke gegen die Truppen der Division Prinz Luitpold vor.

Während die Preussen gegen Helmstadt anrückten, war der bayerische GM. v. Welsch mit seinen Truppen (4 Bataillons, ½ Escadron und 4 Geschützen) im Anmarsche gegen diesen Ort. Seine Cavallerie und Artillerie passirten Helmstadt, bevor es die Preussen nahmen, und marschirten nach Üttingen weiter; die Infanterie aber fand diesen Ort bereits in den Händen des Feindes und wendete sich in Folge dessen nach Holzkirchen zurück, wo nach und nach das 2. Bataillon des 1. Regiments, das 2. Jäger-Bataillon, das 2. und 3. Bataillon des 2. Regiments [1]) und das 3. Bataillon des Leib-Regiments eintrafen.

---

[1]) 3 zur Verbindung zwischen Wüstenzell und Holzkirchen verwendete Compagnien gingen noch ab.

25. Juli. GM. Stephan verfügte somit in Holzkirchen, ohne die im Anmarsche begriffene Infanterie unter GM. v. Welsch, über 4½ Bataillons, 1 Escadron und die 12pfd. Batterie Mussinan; er hatte vom Prinzen Carl die Genehmigung erhalten, seine Truppen in der Linie Holzkirchhausen-Helmstadt zu concentriren und die Division Hartmann anzuweisen, in der Richtung auf Neubrunn vorzubrechen.

Von letzterer Division waren hiezu die an der Wegkreuzung zwischen Lengfurt und Remlingen stehenden 5 Bataillons mit 2 Geschützen, ferner das 6. Chevaulegers-Regiment mit 2 Batterien verfügbar.

Doch kam auch dieses Angriffsproject nicht zu Stande; im Gegentheil fanden die Preussen dadurch, dass GM. Stephan statt durch das schwierige Waldterrain direct vorzubrechen, es vorzog, den Umweg über Üttingen einzuschlagen, um dann von dort frontal vorzurücken, Zeit, sich plötzlich gegen die bayerische Division Prinz Luitpold zu wenden.

Diese Division stand südöstlich von Helmstadt, wie folgt:

Am rechten Flügel, an den Holzkirchhausener-Bach nächst der Ziegelhütte gelehnt, die anwesenden Theile der Brigade Ribeaupierre, nemlich das 11. Regiment, mit dem 1. und 2. Bataillon im 1., dem 3. Bataillon im 2. Treffen. Im Centrum, rechts von dem nach Ober-Altertheim führenden Wege die 12pfd. Batterie Schuster, links derselben die 6pfd. Batterie Lottersberg, welche schon an den früher erwähnten Gefechten durch ihr Feuer sich betheiligt hatte. Hinter den bayerischen Batterien stand verdeckt das 2. Chevaulegers-Regiment.

Die Brigade Oberst Schweitzer hielt als vorgeschobener linker Flügel mit dem 1. und 3. Bataillon des 6. Regiments und dem 1. Jäger-Bataillon den gegen Westen vorspringenden Waldstreif des Lerchen- und Altersberges besetzt, in welchem das 2. Bataillon des 14. Regiments und das 3. Bataillon des 15. Regiments das 2. Treffen bildeten.

Noch weiter zurück stand hier, an die Nordlisière des Waldes gelehnt, und in gleicher Höhe mit dem rechten Flügel, das 1. Bataillon des 14. Regiments.

Die von Neubrunn und dem Sesselberge zurückgewichenen Truppen — das 1. Bataillon des 8., das halbe 1. und das 2. Bataillon des 15. Regiments — schlossen sich in zwei Staffeln an den rechten Flügel zunächst der Ziegelhütte.

Prinz Luitpold wendete sich an die von Steinbach nach Altertheim im Rückmarsche begriffene badische Division um Unterstützung, erhielt jedoch von deren Commandanten eine abschlägige Antwort, da dieser sich ohne höhere Bewilligung hiezu nicht befugt glaubte.

Wie erwähnt, war gleichzeitig mit dem Angriffe Helmstadt's das preussische Infanterie-Regiment Nr. 32 zum Schutze der rechten Flanke vorbeordert worden. Unterstützt durch das Feuer der 12pfd. Batterie Richter bemächtigte sich dasselbe bald der von den Bayern besetzten Lisière des Waldes am Altersberge, warf die ersten Bataillons in östlicher Richtung auf den Lerchenberg zurück und drang immer tiefer in den Wald ein. 25. Juli.

Bald wandte sich der bayerische linke Flügel zum Rückzuge. Prinz Luitpold führte zwar das 3. und dann das 2. Bataillon des 11. Regiments vom rechten Flügel zur Unterstützung herbei, konnte aber trotz seines persönlichen Beispieles das Vordringen der Preussen nicht aufhalten, die, als sie die Ostlisière des Waldes erreicht hatten, das inzwischen vorgezogene Füsilier-Regiment Nr. 39 durch die Schützenlinie des Regiments Nr. 32 vorbrechen liessen ($5^1/_2$ Uhr), und im Vereine mit Abtheilungen aller 3 Bataillons des letzteren Regiments auch den Rand des im Rücken der ursprünglichen bayerischen Linie gelegenen Hausacker-Holzes nahmen.

Nach zweistündigem Kampfe war der linke bayerische Flügel geschlagen und trat unter dem Schutze des auf dem „Zottenraim" aufmarschirenden 1. Bataillon des 14. Regiments den Rückzug durch den Wald nach Waldbrunn an, gefolgt von 4 Schützenzügen des preussischen 3. Bataillons und der 11. Compagnie des 39. Regiments, welche ihnen bis an die Ostlisière am Haselgrunde nachrückten.

Während des Gefechtes wurde der Brigadier Oberst Schweitzer und der Sohn und Ordonnanz-Officier des Prinzen Luitpold, Prinz Ludwig, welcher sich in rühmenswerther Weise hervorthat, schwer verwundet.

Das bayerische 1. Bataillon des 14. Regiments ging nach heftiger Gegenwehr, nach und nach das Gefechtsfeld räumend, an Ober-Altertheim, welches vom Feinde schon besetzt war, vorüber, gegen die bei Kist stehenden Truppen des VIII. Bundes-Corps zurück.

Während der eben geschilderten Erfolge des preussischen rechten Flügels hatte die preussische Artillerie, verstärkt durch die aus der Reserve vorgezogene 12pfd. Batterie Hoffbauer, das bayerische Centrum vom Katzenbuckel aus beschossen und die Truppen unter Oberst v. Woyna den bayerischen rechten Flügel in die rückwärts gelegenen Waldparzellen zurückgedrängt.

Die beiden bayerischen Batterien, durch die überlegene feindliche Artillerie und die durch den Lerchenwald vorgedrungene Infanterie heftig beschossen, überdies in beiden Flanken ohne jeden Schutz, konnten ihre Position nicht länger behaupten und zogen, gefolgt von 2 Escadrons des 2. Chevaulegers-Regiments gegen Ober-Altertheim ab. Das von dort herüber schallende Gewehrfeuer veranlasste sie jedoch die Strasse zu verlassen und sich auf einem Waldwege gegen Waldbrunn zu wenden.

25. Juli. Der bayerische rechte Flügel ward beim Antritte seines Rückzuges durch die Bedeckungs-Escadron des preussischen Hauptquartiers (vom 9. Huszaren-Regiment), welche aus Helmstadt vorbrach, attakirt und musste sofort Carrés formiren.

Inzwischen kam eine Division des bayerischen 2. Chevaulegers-Regiments herbei, wies durch einen Flankenangriff die feindliche Cavallerie ab, ward aber, kaum dass sie sich theilweise rallirt, durch die Huszaren, welche bei der Ziegelhütte sich rasch gesammelt und noch durch 3 Züge verstärkt hatten, neuerdings angegriffen und zurückgeworfen.

In dem kurzen Handgemenge ward der bayerische Regiments-Commandant, Oberstlieutenant Röhder und Rittmeister Fürst Taxis verwundet und gefangen, der andere Rittmeister gleichfalls verwundet. Die feindlichen Reiter kamen erst, als sie auf die im Walde stehende Infanterie stiessen, welche ein heftiges Gewehrfeuer auf sie eröffnete, zum Stehen und Umkehren.

Der bayerische rechte Flügel setzte sodann den Rückzug gegen Waldbrunn fort, nur gefolgt von dem in den Heergrund-Wald eingedrungenen Füsilier-Bataillon des preussischen Regiments Nr. 70, gegen welches die den Rückzug deckenden beiden 1. Bataillons des bayerischen 8. und 11. Regiments mehrmals Front machten.

Kurz nach 6 Uhr war das Gefecht gegen die bayerische Division Prinz Luitpold beendet. Das Gros der preussischen Division Beyer hatte sich in die Nähe der Ziegelhütte gezogen und ruhte dort, Front gegen Osten. Das Regiment Nr. 32 sammelte sich nördlich des Lerchenberges, das Regiment Nr. 39 verblieb im Hausacker-Wald und das Füsilier-Bataillon des Regiments Nr. 70 im Heergrund-Walde. Das Füsilier-Bataillon des Regiments Nr. 20 war in Oberholz nördlich Helmstadt zur Beobachtung zurückgeblieben.

Das Gefecht schien beendet. Da erhielt General v. Beyer die Meldung, dass im Rücken seines linken Flügels grössere Colonnen auf den gegen Üttingen gelegenen Höhen im Aufmarsche begriffen seien. Ohne zu wissen, ob dies eigene oder Abtheilungen des Feindes seien, liess General v. Beyer vorläufig seine Truppen die Front gegen Norden nehmen und dirigirte rechts das im Heergrund-Walde stehende Füsilier-Bataillon und die 2. und 3. Compagnie des Regiments Nr. 70 gegen den Hohenroth-Wald, und, links von diesen, das 2. Bataillon des Regiments Nr. 30 nebst der 1. und 4. Compagnie des Regiments Nr. 70 gegen den Üttingerberg.

Die so unerwartet auf den Höhen erschienenen Truppenmassen gehörten der bayerischen Division Stephan an, welche bekanntlich von Holzkirchen nach Üttingen abgerückt war.

GM. Stephan hatte kurz nach dem Aufbruche von Holzkirchen die Meldung von der Besetzung Helmstadts durch die Preussen erhalten und zur

Sicherung seiner rechten Flanke das 2. Jäger-Bataillon auf die gegen Helmstadt gelegenen Höhen, das 3. Bataillon des Leib-Regiments, 1 Escadron und 2 12pfd. Geschütze zum Schutze der Derlinger-Strasse, sowie des Defilés von Holzkirchhausen entsendet. Der Rest der Truppen gelangte über Üttingen in dem Momente auf den Frohnberg, als eben die Division Prinz Luitpold den Rückzug auf Waldbrunn antrat. 25. Juli.

Von hier aus gewahrte GM. Stephan die auf dem Lerchen-, Sessel- und Ameisenberge beiderseits der Neubrunner-Strasse vorgehenden feindlichen Truppen, während die östlich von Helmstadt in einer Terrainsenkung stehenden feindlichen Abtheilungen seinem Blicke entzogen blieben. Die gemachte Wahrnehmung veranlasste den General, da ihm nunmehr der Weitermarsch nach Altertheim unmöglich schien, sich über Rossbrunn umsomehr nach Waldbrunn zu wenden, als er vermuthete, dass auch die am Gefechte betheiligt gewesenen Bataillons seiner eigenen Division, welche sich auf die Division Prinz Luitpold zurückgezogen hatten, mit dieser dahin gerückt seien.

Doch gab er diese Bewegung auf, als eine 12pfd. Batterie (Schropp) von der Reserve-Artillerie aus Rossbrunn vorbrach und es schien, dass der Armee-Commandant die Höhen südlich Üttingen zu behaupten beabsichtige. Seine Truppen, welche den Abmarsch bereits begonnen hatten, kehrten sofort um und nahmen auf der Höhe, südlich von Üttingen, die eben verlassene Aufstellung wieder ein.

GM. Stephan verfügte in diesem Momente ausser dem im Üttinger-Gemeinde-Walde vorgegangenen 2. Jäger-Bataillon nur mehr über das 2. und 3. Bataillon (welch' letzteres sich in Üttingen anschloss) des 1., 3 Compagnien des 2. Bataillons und das 3. Bataillon des 2. Regiments nebst 2 Batterien. Diese beiden Batterien fuhren nun zur Seite der Strasse auf; rechts derselben entwickelten sich 3 Compagnien vom 2. Bataillon, links das 3. Bataillon des 2. Regiments, die beiden Bataillons des 1. Regiments bildeten das 2. Treffen.

Gegen diese Aufstellung rückten, wie wir früher gesehen, zwei preussische Colonnen im Heergrund-Walde und westlich desselben vor. Eine bayerische Chevaulegers-Patrulle ging denselben entgegen und gab beiden Theilen die Gewissheit, dass sie dem Feinde gegenüberständen.

Ein heftiges Feuer der bayerischen Batterien eröffnete sofort den Kampf und zwang die über die offenen Höhen vorgehende preussische Colonne sich ebenfalls in den Wald zu ziehen. An die Stelle derselben traten nun das 1. und 2. Bataillon des 20. Regiments, von denen ersteres links der Üttinger-Chaussée, das andere rechts davon über die „Lange Höhe", unterstützt von der an der Nordspitze des Heergrund-Waldes auffahrenden 12pfd. Batterie Hoffbauer, weiter vordrangen, und, gedeckt durch das hohe Korn, mit

25. Juli. unbedeutenden Verlusten in die unmittelbare Nähe der bayerischen Batterien gelangten und diese zum Aufgeben ihrer Positionen zwangen.

Da nun gleichzeitig auch die im Heergrund-Walde vorgehenden preussischen Abtheilungen in den Hohenroth-Wald eindrangen und in der rechten Flanke der Bayern ein lebhaftes Feuer vernehmbar wurde, so zog GM. Stephan auch mit den übrigen Truppen unter dem Schutze der 1½ Bataillons des 2., und dem aus dem zweiten Treffen vorgezogenen 2. Bataillon des 1. Regiments gegen Üttingen ab.

Das in der rechten Flanke der Bayern hörbar gewordene Gewehrfeuer rührte von einem Gefechte her, in welches mittlerweile das in den Üttinger-Gemeinde-Wald detachirte 2. Jäger-Bataillon verwickelt worden war. An dieses Bataillon hatte sich das 2. Bataillon des Leib-Regiments (von den vom GM. v. Welsch bei Holzkirchhausen gesammelten Truppen) angeschlossen und beide vereint nahmen die Richtung auf die Kuppe des Frohnberges, wurden jedoch unterwegs von dem Füsilier-Bataillon des preussischen 20. Regiments angegriffen. Gegen diese bayerischen Bataillons, zu denen mittlerweile noch Abtheilungen des 2. Regiments, welche eben den Üttingerberg verliessen, gestossen waren, gingen nun auch noch das 1. und 2. Bataillon des 20., wie 2 Compagnien des preussischen 70. Regiments, in Flanke und Rücken vor. Nach hitzigem Gefechte räumten die Bayern den Wald und vereinigten sich mit dem Gros ihrer Division hinter Üttingen, wo auch die von Holzkirchen kommenden Truppen des GM. v. Welsch eingetroffen waren.

GM. Stephan führte hierauf seine gesammelte Division nach Rossbrunn.

Als, bald nach dem Abfahren der bayerischen Batterie vom Üttingerberge, die preussische Infanterie in den zu beiden Seiten gelegenen Wäldern genug Terrain gewonnen hatte, liess General v. Beyer nach und nach die 6pfd. Batterien Brosent, Wasserfuhr und die 4pfd. Batterie Schmidts auf dem Berge auffahren und die abziehenden bayerischen Colonnen fortgesetzt beschiessen.

Um diese letzteren zu decken, fuhren mehrere bayerische Batterien, welche von der bei Rossbrunn stehenden Hauptmacht vorgesandt worden waren, auf den Höhen nördlich Üttingen auf.

Bei Rossbrunn befanden sich gegen 6 Uhr Abends 14 Bataillons, 21 Escadrons, 65 Geschütze versammelt.

Sie bestanden aus: der Division Feder (3 Bataillons der Brigade Schumacher mit einer 12pfd. Batterie waren in Gemünden verblieben), der Reserve-Infanterie-Brigade, der schweren Cavallerie-Brigade mit der reitenden Batterie Massenbach und der Artillerie-Reserve mit dem ihr als Bedeckung zugetheilten 3. Uhlanen-Regiment.

Prinz Carl, welcher auf die Nachricht vom Beginne der Kämpfe dieses Tages von Remlingen nach Rossbrunn geeilt, um 3 Uhr daselbst eingetroffen war und sämmtliche in den Biwaks zunächst und westlich des dortigen Posthauses befindlichen Truppen allarmiren hatte lassen, beabsichtigte, einen etwaigen weiteren Angriff in der Stellung bei Rossbrunn anzunehmen. 25. Juli.

Das Centrum sollte der Ort mit den nördlich anliegenden Höhen bilden, der vorgeschobene rechte Flügel bis auf den Kirchberg (nördlich Üttingen), der linke über den Ossnert- und Vogelberg bis auf den Gaisberg (westlich Mädelhofen) ausgedehnt sein.

Um die Truppen nicht vorzeitig zu zersplittern und selbe auch für anderweitige Operationen zur Hand zu haben, ward aber der vorwärtige Theil der Stellung vorläufig nur theilweise besetzt, und zwar der Kirchberg und dessen Wald durch das 3. Bataillon des 13. Regiments, zu dessen beiden Seiten die gezogene 6pfd. Batterie Kriebel stand, der Ossnert durch 5 Compagnien des 3. Bataillons des 12. Regiments, (eine Compagnie dieses Bataillons ging zur Recognoscirung der gegen Helmstadt liegenden Waldungen vor). Links befand sich die gezogene 6pfd. Batterie Zeller, Front gegen den Frohnberg; 4 Compagnien vom 1. Bataillon des 7. Regiments standen im Walde und in den Weingärten am Südwesthang des Ossnert; 2 Compagnien stellten sich auf dem Vogelberg auf.

Als der vom Üttinger- und Frohnberge herübertönende Kanonendonner jeden Zweifel über den Ausgang des Kampfes der Division Prinz Luitpold beseitigte, liess der Armee-Commandant auch die übrigen Truppen Aufstellung nehmen.

Die Brigade Hanser rückte sogleich auf die Höhen westlich Rossbrunn, wo das 1. und 3. Bataillon des 10. Regiments und das 2. Bataillon des 7. Regiments hinter den dort bereits stehenden Abtheilungen auf dem Ossnert aufmarschirten.

Das 3. Bataillon des 7. Regiments besetzte den Vogelberg, mit 2 Compagnien das Plattenholz.

Das 3. Jäger-Bataillon kam auf den äussersten linken Flügel am Gaisberge zu stehen. Die gezogenen 6pfd. Batterien Redenbacher und Girl nahmen Positionen auf der Kuppe des Vogelberges.

Der Rest der Reserve-Infanterie-Brigade, u. z. das 2. Bataillon des 6., das 3. Bataillon des 14. Regiments und die 12pfd. Batterie Gramich, ferners die beiden reitenden 12pfd. Batterien Lepel und Hellingrath besetzten den Höhenzug zwischen Rossbrunn und Greusenheim. Die gezogene 6pfd. Batterie Mehn fuhr auf dem Herchenberg, Front gegen Üttingen, auf.

25. Juli. In zweiter Linie besetzten die 3 Bataillons der Brigade Schumacher den Himmelreichs-Wald, während die Cürassier-Brigade, nebst dem Uhlanen-Regiment und der reitenden Batterie Massenbach, in einer Vertiefung hinter der Reserve-Infanterie-Brigade hielt.

Ehe noch die Truppen die neuen Aufstellungen vollständig einnahmen, wurden schon die von Üttingen her retirirenden Abtheilungen der Division Stephan sichtbar. Zu ihrem Schutze eröffneten die auf dem Kirch- und Vogelberge placirten Batterien sofort das Feuer gegen die auf dem Üttinger- und Frohnberge erschienene preussische Artillerie und brachten selbe gegen 7¼ Uhr Abends zum Schweigen. Die längs der Waldlisière am Vogelberge postirten Plänkler des 7. Regiments wiesen zu gleicher Zeit kleinere feindliche Infanterie-Abtheilungen, welche aus dem Walde vorbrachen, zurück.

Doch machte erst die einbrechende Dunkelheit dem Kampfe ein Ende. Die Bayern verblieben in der früher geschilderten Aufstellung. Bei den Preussen wurden die durch das Waldgefecht auseinander gekommenen Abtheilungen gesammelt, die Regimenter Nr. 39 und 32 nach Helmstadt gezogen, wo das Gros der Division das Biwak bezog, mit Vorposten an der Waldlisière des Üttinger Gemeinde-Waldes und im Heergrund-Walde.

Die beiderseitigen Verluste betrugen:

	Preussen.		Bayern.	
	Officiere	Mann.	Officiere	Mann.
Todt	1	30	6	37
Verwundet	12	2[illegible]3	24	384
Vermisst	—	37	6	273
Summe:	13	340	36	694[1])

Während die Bayern bei Helmstadt und Üttingen kämpften, hatte auch das VIII. Bundes-Corps, welches wir im Rückmarsche nach Gerchsheim verliessen, ein Gefecht zu bestehen.

Die württembergische und grossherzoglich hessische Division verfehlten den Weg und trafen erst Nachmittags in der Stellung rechts von Gerchsheim ein.

Die österreich-nassauische Division marschirte vor 2 Uhr, bis zu welcher Zeit noch kein Schuss gefallen war, auf dem Plateau vor Gerchsheim à cheval der Chaussée nach Gross-Rinderfeld, den Hachtel-Wald vor der Front, in nachstehender Weise auf:

Links die nassauische Brigade Roth, in zwei Treffen, mit je einer Halb-Batterie an jedem Flügel; das Jäger-Bataillon weiter rückwärts als Reserve; hinter dem linken Flügel die kurhessische Huszaren-Division.

[1]) Unter den Vermissten befanden sich nur etwa 60 Unverwundete.

Rechts der Brigade **Roth** die österreichische Brigade **Hahn**, Front gegen Steinbach, beiderseits des dorthin führenden Weges mit den 3. Bataillons Hess und Nobili in dem vorliegenden Gehölze, die österreichische Batterie **Klofetz** zwischen beiden Brigaden, die 8pfd. Batterie **Burger** vorläufig in Reserve. 25. Juli.

Die **Reiter-** und die Hälfte der **Artillerie-Reserve** kamen hinter dem linken Flügel auf der Höhe Zehntfrei zu stehen; der Rest der letzteren wie alle anderen Reserve-Anstalten wurden hinter Kist disponirt.

Die **badische** Division befand sich vor Beginn des Gefechtes mit der Avantgarde in Steinbach, mit der Brigade **La Roche** hinter diesem Orte, der Brigade **Neubronn** bei Unter-Altertheim.

Gefecht bei Gerchsheim. (25. Juli.)

Während die preussische Division **Beyer**, welche bekanntlich über Neubrunn nach Unter-Altertheim vorrücken und das VIII. Bundes-Corps in der rechten Flanke angreifen sollte, nach Helmstadt abwich und dadurch auf die Bayern stiess, trat die Division **Göben** beiläufig um 1 Uhr Nachmittags mit den Brigaden **Kummer**, **Weltzien** und **Tresckow** — erstere als Avantgarde, letztere als Reserve — den Vormarsch auf der Chaussée gegen Würzburg an. Die Brigade **Wrangel** schlug zur Deckung der rechten Flanke den Weg über Paimar und Ilmspan ein.

Gegen 4 Uhr Nachmittags traf die Spitze der Avantgarde bei ihrem Austritt aus dem Hachtel-Walde auf die Aufstellung des VIII. Bundes-Corps, zu dessen Angriff GL. v. **Göben** sogleich die Brigade **Kummer** im Walde sich entwickeln liess, während er die Brigade **Wrangel** anwies, den Marsch gegen Gerchsheim möglichst zu beschleunigen und gegen die linke Flanke der feindlichen Aufstellung zu wirken.

Die Brigade **Kummer** besetzte nun mit dem Regimente Nr. 13 und dem Füsilier-Bataillon des 53. Regiments die dem Feinde zugekehrte Lisière des Hachtel-Waldes, die beiden anderen Bataillons des letzteren Regiments verblieben rückwärts an der Chaussée in Reserve, die 6pfd. Batterie **Eynatten I.** und die 4pfd. Batterie **Weigelt** fuhren dicht am Waldrande östlich der Strasse auf. 4 Escadrons des Huszaren-Regiments Nr. 8 kamen, rechts der Artillerie, gedeckt in einer Mulde zu stehen.

Alsbald eröffneten die sich gegenüberstehenden 4 Batterien den Kampf. Auf österreichischer Seite ward auch noch die 8pfd. Batterie **Burger** sogleich in die Feuerlinie gezogen und nach beiläufig $^3/_4$ Stunden sah sich die preussische Artillerie, welcher mehrere Geschütze beschädigt worden waren

25. Juli. und die überdies einen starken Verlust an Mannschaft und Pferden erlitt, gezwungen, ihre Position aufzugeben und hinter den Hachtel-Wald zurückzugehen. Bei der österreichischen 4pfd. Batterie Klofetz flog ein Munitionswagen in die Luft.

Die Artillerie der Verbündeten beschoss hierauf die im Walde befindliche preussische Infanterie und die nassauische Brigade versuchte mit dem 1. Treffen einen schwachen Vorstoss, der aber an dem preussischen Schnellfeuer scheiterte[1]).

Das Gefecht beschränkte sich nun für längere Zeit auf eine Kanonade von Seite der Verbündeten gegen den Hachtel-Wald, während welcher die Reserve-Reiterei des VIII. Corps, als feindliche Colonnen gegen Schönfeld vorbrechen wollten, auf den offenen Höhen zwischen Gerchsheim und dem Jäger-Hölzle aufmarschirte und hier auch die zwei ihr beigegebenen Batterien (württembergische gezogene 4pfd. Batterie Wagner und badische gezogene 6pfd. Hinterlad-Batterie Chelius) in's Feuer setzte.

In dieser Zeit war starkes Kanonenfeuer in der Richtung von Neubrunn und, wie es schien, auch bei Derlingen zu vernehmen.

Prinz Alexander hielt dies für ein Zeichen, dass die Bayern zum Angriffe vorgerückt seien und trug sich mit der Idee, durch eine Offensivbewegung seines rechten Flügels ihnen zu Hilfe zu kommen.

Vorläufig wurde der württembergischen und grossherzoglich hessischen Division die beherrschende Aufstellung vor dem Kister-Wald angewiesen; die grossherzoglich hessische Brigade Stockhausen und die württembergische Brigade Fischer besetzten denselben.

Die beiden anderen Brigaden der letzteren Division wurden aber von

---

[1]) Sowohl das officielle preussische, als das Werk: „Die Operationen des VIII. deutschen Bundes-Corps“ erzählen diese Vorgänge gleichmässig. Die Gefechts-Relation der nassauischen Brigade ddo. 4. August enthält darüber nachfolgende Stelle:

„Als bald darauf die ersten feindlichen Shrapnelgeschosse zwischen dem 1. und 2. Treffen einschlugen und Erdgarben aufwarfen, führte ich das 1. Regiment vom Plateau herunter, der feindlichen Aufstellung entgegen, wo es dann gedeckt stand und die Geschosse darüber hinweg gingen. Die Compagnie des Hauptmannes Quiroin rückte mit Tirailleur-Linien und Soutiens im Walde vor und setzte sich mit dem rechts stehenden österreichischen Bataillon in Verbindung, des weiteren Befehles zur Vorrückung gewärtig. Das 2. Regiment und Jäger-Bataillon hatten das Plateau geräumt und sich rückwärts desselben in einem Thalgrunde rechts vor Gerchsheim aufgestellt.“

Nach dieser Schilderung ist der Schluss gerechtfertigt, dass mit dem Vorgehen des 1. Treffens, weniger ein Angriff als das Aufsuchen einer vor dem Geschützfeuer gedeckten Aufstellung beabsichtigt wurde.

ihrem Commandanten, GL. v. Hardegg, angewiesen, bis Kist zurückzugehen 25. Juli.
und dort abzukochen.

Die badische Division, welche den Bayern zunächst stand, ging gleichzeitig ebenfalls hinter Gerchsheim bis vor den Irtenberger-Wald, wo der Weg von Ober-Altertheim sich mit der Würzburger-Chaussée vereint, zurück. Diese eigenthümlichen Vorgänge hatten natürlich zur Folge, dass nicht nur von einer Unterstützung der Bayern, von denen einzelne Abtheilungen und eine grosse Anzahl Fahrzeuge schon durch den Kister-Wald die Würzburger-Strasse zu erreichen suchten, abgesehen werden musste, sondern, dass auch das VIII. Corps selbst höchstens nur mehr in der Lage gewesen wäre, sich in der Stellung bei Gerchsheim zu erhalten.

Die Preussen hatten bisher das Gefecht in der Front hingehalten, erwarteten aber nur das Eintreffen der Brigade Wrangel, um zur Offensive zu schreiten.

Diese Brigade, welche, den bei Gerchsheim ertönenden Kanonendonner vernehmend, ihren Marsch beschleunigt hatte, debouchirte um 7 Uhr Abends mit der Tête aus Schönfeld.

Die 4pfd. Batterie Coester fuhr sogleich zwischen dem Heuberge und dem Jäger-Hölzle auf und begann das Feuer gegen die beiden Batterien der Bundes-Reserve-Reiterei. Das 1. Bataillon des 15. Regiments besetzte das Gehölz am Heuberg, eine Colonne unter Oberst v. d. Goltz, das Füsilier- und das 2. Bataillon des 15. Regiments, drang im Jägerholze in der Richtung nach Forsthaus Irtenberg vor, cotoyirt von der ausserhalb des Waldes vorrückenden 5. Escadron des 8. Huszaren-Regiments. Das Gros der Brigade — das 55. Regiment, Füsilier-Bataillon Lippe und die 12pfd. Batterie Eynatten II. — verblieb vorläufig in einer Vertiefung nördlich Schönfeld an der Strasse.

Nun schritt auch GL. v. Göben zum Angriffe auf die Front des Gegners. Die Brigade Kummer und hinter ihr die Brigade Weltzien debouchirten unter dem Schutze der inzwischen wieder vorgezogenen beiden Batterien der ersteren Brigade und der oldenburgischen gezogenen 6pfd. Batterie Nieber aus dem Walde, und nahmen die Richtung gegen die Höhe westlich von Gerchsheim.

Doch noch ehe dieser Angriff zur Ausführung gelangte, hatte Prinz Alexander die Stellung bei Gerchsheim aufgegeben.

Die Brigade GM. Frey der grossherzoglich hessischen Division wurde zuerst zum Rückzuge beordert. Ihr folgte die österreichische Brigade Hahn. Als sich diese dem Defilé beim Forsthaus Irtenberg näherte, eröffneten die nördlich Schönfeld placirten preussischen Batterien ein heftiges Feuer in

25. Juli. dieser Richtung, welches jedoch von 4 auf der Höhe nächst dem Defilé unter Commando des Oberlieutenant Luini aufgefahrenen Geschützen der österreichischen 8pfd. Batterie Burger mit Vortheil erwidert wurde.

Die andern 4 Geschütze dieser Batterie brachten aus einer etwas tiefer gelegenen Position auch die gegen die rechte Flanke der Brigade bereits vorbrechende feindliche Infanterie zum Stehen, so dass die beiden Brigaden Hahn und Roth ungestört den weiteren Rückzug bewirken konnten; die Batterie Burger und die Reserve-Reiterei folgten dann nach.

Die österreichische 4pfd. Batterie Klofetz, welche nur mit 4 Munitionswagen in's Gefecht gerückt war, hatte sich im Laufe des Tages verschossen und war schon früher zurückgenommen worden; die Reserve-Artillerie erhielt sich durch längere Zeit vor dem Defilé im Feuer und räumte dann gleichfalls ihre Position.

Die württembergische Brigade Fischer, die grossherzoglich hessische Brigade Stockhausen, und die badische Division blieben in ihrer Aufstellung bis, bei Einbruch der Dunkelheit, die Preussen über Gerchsheim in der Richtung auf das Forsthaus Irtenberg vorkamen.

Gedeckt durch 1 württembergische, 1 hessische und 2 badische Batterien ging nun das Gros der badischen Division, dann die grossherzoglich hessische Brigade Stockhausen und endlich auch die württembergische Brigade Fischer zurück.

Einzelne im Walde aufgestellte Bataillons (grossherzoglich hessisches Scharfschützen-Bataillon, 1 Bataillon vom 2. württembergischen Regiment und 2. Bataillon vom 2. badischen), wiesen einen noch spät Abends erfolgenden Angriff des Füsilier- und 2. Bataillons vom preussischen 15. Regiment zurück. Gegen 9 Uhr war aller Kampf zu Ende.

Im Walddefilé herrschte aber die ganze Nacht über die grösste Unordnung.

Die zurückgehenden Abtheilungen und Wagentrains beider Bundes-Corps kreuzten sich mit Munitions-Colonnen, welche aus Würzburg den Bayern, und mit Proviantwagen, welche dem VIII. Bundes-Corps zugesandt worden waren, und die Truppen kamen nur langsam und in Unordnung vorwärts. Ein, wenn auch nur schwaches, Nachdrängen der Preussen hätte zu grossen Calamitäten führen können.

Die Divisionen des VIII. Bundes-Corps sammelten sich bei Kist, während die Truppen des GL. v. Göben in und um Gerchsheim lagerten.

Die beiderseitigen Verluste betrugen: 25. Juli.

	Preussen.		VIII. Bundes-Corps.	
	Officiere	Mann	Officiere	Mann
Todt	—	8	1	12
Verwundet	3	48	2	87
Vermisst	–	1	5	146
Summe:	3	57	8	245[1])

Um 8 Uhr Abends erhielt Prinz Alexander durch den Oberstlieutenant Werren sehr verspätet die Verständigung des Armee-Commando's über das, was bezüglich der bayerischen Armee für den 25. Juli beabsichtigt war, und gleichzeitig noch den nachstehenden, ebenfalls durch die Thatsachen bereits überholten Befehl:

„Hauptquartier Remlingen, 25. Juli 1866.

„Durch den herzoglich-nassauischen Oberstlieutenant Werren ist die „Meldung hierher gelangt, dass die Stellung von Tauber-Bischofsheim von den „Truppen des VIII. Armee-Corps gestern Nachmittag aufgegeben worden sei „und dass beabsichtigt werde, den Rückzug auf Gerchsheim langsam fort- „zusetzen.

„Der dem Commando des VIII. Armee-Corps heute Vormittag durch „Major v. Massenbach zugesandte Befehl, — wonach dies Corps mit aller „Kraft die Tauber-Linie zu behaupten hat, während gleichzeitig das bayerische „Armee-Corps auf der Strasse Würzburg—Tauber-Bischofsheim sich concen-

[1]) Die württembergische Division verlor:

	Todt.		Verwundet.		Vermisst.	
	Offic.	Mann.	Offic.	Mann	Offic.	Mann.
	—	—	—	5	1	5

Summe: 1 Officier, 10 Mann;
die badische Division:

—	—	—	2	—	—

die grossherzoglich hessische Division:

—	2	1	17	4	86

Summa: 5 Officiere, 105 Mann;
die österreich-nassauische Division:

Brigade Hahn:

—	5	1	11	—	39

Summe: 1 Officier, 55 Mann;

Brigade Roth:

—	5	—	44	—	16

Summe: 65 Mann;

Reserve-Reiterei:

1	—	—	7	—	—

Summe: 1 Officier, 7 Mann;

Reserve-Artillerie:

—	—	—	1	—	—

25. Juli. „trirt — bleibt unverändert in Kraft, indem nur durch eine solche Behauptung „der Tauber-Linie bei Bischofsheim der Feind wirksam bekämpft werden „kann, und ein Rückzug unsererseits nach Würzburg oder Ochsenfurt in keiner „Weise nothwendig oder gerechtfertigt erscheint, weder durch das allgemeine „Stärkeverhältniss, in welchem wir zu dem uns gegenüberstehenden Feinde „stehen, noch durch ein irgend überlegenes Auftreten gegenüber dem VIII. Ar„mee-Corps selbst.

„Das Ober-Commando befiehlt deshalb dem VIII. Corps ein festes „Ausharren an der Tauber mit ganzer Kraft, während gleichzeitig das baye„rische Armee-Corps zu seiner Unterstützung herbeieilt[1]).

„Eine Angriffsbewegung des bayerischen Armee-Corps dagegen in der „Richtung auf Wertheim und mit dem Zwecke, dadurch dem VIII. Armee-Corps „Luft zu machen, würde ohne die erwartete Wirkung bleiben und zur Zer„splitterung der Kräfte führen, die nur nachtheilig sein könnte.

(gez.) Carl Prinz von Bayern, FM."

In der Nacht zum 26. Juli hatten die beiderseitigen Armeen folgende Aufstellung inne:

Preussen:

Division Göben bei Gerchsheim; Division Beyer bei Helmstadt.

Abends traf bei letzterem Punkte auch das von Werbach durch das Welzbach-Thal über Unter-Altertheim entsendete Detachement, sowie Oberst v. Krug mit 3 Escadrons des 6. Dragoner-Regiments und einer 4pfd. Batterie ein.

Letztere gehörten der um 9 Uhr Abends bei Üttingen eingetroffenen Avantgarde (GM. v. Korth) der Division Flies an, welche zur Unterstützung der Division Beyer nach Helmstadt vom Armee-Commandanten vorbeordert worden, mit dem Gros aber, nachdem es im Laufe des Nachmittags die Bayern aus Homburg delogirt, bei Dertingen und Wüstenzell zurückgeblieben war.

Bayern:

Division Feder im Biwak bei Rossbrunn; Reserve-Infanterie-Brigade nordöstlich davon; Artillerie-Reserve theils bei Hettstadt, theils im Wiesengrunde bei Rossbrunn. 3 Bataillons und eine 12pfd. Batterie der Division Feder waren in Gemünden verblieben.

---

[1]) Es muss darauf hingewiesen werden, dass dieser Befehl offenbar zu einer Zeit geschrieben worden sein dürfte, als Prinz Carl noch die bereits früher erwähnte Bewegung gegen die Würzburg—Bischofsheimer Chaussée vor hatte und dieselbe noch nicht durch die Ereignisse bei Holzkirchen und Helmstadt durchkreuzt worden war.

Division Stephan, östlich Waldbrunn, von wo die Division Prinz Luitpold, nachdem sie sich hier wieder gesammelt, in eine Reservestellung östlich vor Waldbüttelbrunn gerückt war. 25. Juli.

Westlich des letzteren Ortes lagerten noch die schwere Cavallerie-Brigade nebst dem 3. Uhlanen-Regiment und die reitende Batterie Massenbach der Reserve-Cavallerie. Von dieser stand das 5. Chevaulegers-Regiment mit je einer Division noch bei Urspringen und Schweinfurt, während die 1. leichte Brigade von Arnstein, wohin sie zur Aufklärung der Saale detachirt worden war, im Marsche nach Würzburg sich befand.

Die Division Hartmann war noch vor Beginn der Gefechte dieses Tages vom GM. Stephan zu einer Diversion gegen Wüstenzell aufgefordert worden, in Folge dessen die Brigade Oberst Bijot (früher GM. Faust) nebst 2 Bataillons der Brigade Cella gegen Remlingen dirigirt, und der Rest, 3. Bataillons der Brigade Cella, 3 Escadrons und 18 Geschütze, nach Wüstenzell in Marsch gesetzt worden waren.

Als GL. v. Hartmann um 4 Uhr bei dem letzteren Orte eintraf, war Holzkirchen von der Division Stephan geräumt.

Er ging nun nach Remlingen zurück, nahm dort die von Homburg und Lengfurt kommenden beiden Bataillons der Brigade Cella auf, erhielt die Nachricht, dass Üttingen schon vom Feinde besetzt sei und war eben im Begriffe, die Brigade Cella dorthin zu dirigiren, als ihn ein Befehl des Prinzen Carl nach Rossbrunn abberief.

Um 8 Uhr traf die Brigade Cella und um 10 Uhr die Brigade Bijot dort ein und beide bezogen das Biwak nördlich der Chaussée und des Posthauses; 1 Bataillon und 2 Geschütze waren in Lohr verblieben.

Das Armee-Hauptquartier kam nach Hettstadt.

VIII. Bundes-Corps:

Das Gros des VIII. Bundes-Corps stand in und nächst Kist, mit der Reserve-Reiterei bei Höchberg, der Reserve-Artillerie bei Reichenberg.

Prinz Carl von Bayern hatte die Absicht, am 26. mit seiner ganzen Kraft einen entscheidenden Schlag gegen den bisher siegreichen Gegner zu führen.

Das VIII. Bundes-Corps sollte gegen Gerchsheim vorgehen und die dort stehende preussische Division Göben angreifen. Das VII. Corps mit seinem linken Flügel — Divisionen Stephan, Prinz Luitpold und die Reserve-Reiterei — über Mädelhofen gegen die bei Helmstadt befindliche Division Beyer vorbrechen, während der rechte bayerische Flügel, nach Thunlichkeit die Richtung auf Üttingen nehmend, den Stützpunkt der ganzen Bewegung in der Gegend von Rossbrunn zu bilden hatte.

25. Juli. Prinz Carl hoffte durch diesen Angriff die Main-Armee zu trennen und in excentrischer Richtung gegen Tauber-Bischofsheim und gegen Wertheim zurückzudrängen.

Doch ward der ganze Plan aufgegeben, als in der Nacht zum 26., vom Prinzen Alexander gesandt, der nassauische GM. v. Zymiecki und der österreichische Oberst v. Schönfeld mit der Meldung über die beim VIII. Corps stattgehabten Ereignisse im Armee-Hauptquartier eintrafen und, mit Rücksicht auf den Zustand dieses Corps, den Rückmarsch der Bundes-Armee hinter den Main befürworteten.

26. Juli.

26. Juli. Prinz Carl glaubte nun auf die Offensive verzichten zu müssen, wollte aber doch ohne Kampf nicht hinter den Main zurückgehen, sondern das näher an Würzburg gelegene Plateau von Waldbüttelbrunn, welches beide Communicationen nach diesen Main-Übergang deckt, behaupten; das VIII. Corps sollte durch Besetzung der Stellung bei Höchberg und des Nicolausberges, Flanke und Rücken der bayerischen Aufstellung gegen die Division Göben sichern.

Prinz Alexander erklärte sich zur Ausführung dieses Befehles bereit und in Folge seiner um 2 Uhr Morgens getroffenen Dispositionen nahm das VIII. Corps am 26. folgende Aufstellung: Von der württembergischen Division besetzte die Brigade Baumbach Höchberg mit den anliegenden Höhen, die Brigade Hegelmaier die Höhe des Pulvermagazins und die Lisière des vorliegenden Forstes, die Brigade Fischer stellte sich noch weiter rückwärts auf.

Die grossherzoglich badische und hinter ihr die grossherzoglich hessische Division, welch' Letztere von ihrem Commandanten als gänzlich erschöpft und kampfunfähig dargestellt und daher in das 2. Treffen zurückgezogen wurde, nahmen Stellung auf dem Nicolausberg.

Die österreich-nassauische Division bildete bei Heidingsfeld den äussersten linken Flügel; die Brigade Hahn bezog ein Lager nächst der Eisenbahnbrücke und den 2 Schiffbrücken, welche über den Main geschlagen worden waren. Die Brigade Roth besetzte die Stadt selbst und den vorliegenden Eisenbahndamm. Die Divisions-Artillerie wurde sogleich am rechten Main-Ufer auf dem Galgenberge placirt, u. z. mit 4 Geschützen der österreichischen 8pfd. Batterie Burger am linken Flügel zur Bestreichung der südlich von Heidingsfeld gelegenen Höhen und mit der österreichischen 4pfd. Batterie Klofetz auf dem Käsberge zur Bestreichung der Main-Brücken. An selbe schlossen sich weiter rechts die anderen 4 Geschütze der Batterie Burger und die beiden nassauischen Halb-Batterien an.

Die Artillerie- und Reiter-Reserve ging bei Heidingsfeld gleichfalls hinter den Main zurück. 26. Juli.

Was die Bayern betrifft, so wurden die bei Rossbrunn stehenden Truppen — die Divisionen Feder und Hartmann, die Reserve-Infanterie-Brigade und ein Theil der Artillerie-Reserve — angewiesen, so lange als möglich in ihrer früheren Stellung Stand zu halten und sich nur im Falle eines übermächtigen feindlichen Angriffes gegen Waldbüttelbrunn zurückzuziehen, wo die Divisionen Stephan und Prinz Luitpold, die Reiter- und der Rest der Artillerie-Reserve sogleich zusammengezogen wurden.

Im preussischen Hauptquartier war man nach den Gefechten des vorhergegangenen Tages überzeugt, nun die gänzlich vereinte Bundes-Armee vor sich zu haben.

Die Divisionen Beyer und Göben erhielten Befehl, vorläufig in ihren Stellungen zu verbleiben. General v. Flies wurde angewiesen, am 26. Morgens alle seine Truppen bei Üttingen zu concentriren und dort die weiteren Dispositionen zu erwarten.

Gefecht bei Rossbrunn. (26. Juli.)

GM. v. Korth von der Division Flies, hatte nach seiner Ankunft am Abende des 25. das Dorf Üttingen mit 2 Bataillons des 59. Regiments besetzt und ein Detachement nach der östlich davon gelegenen Oberen-Mühle entsendet. Der Rest seiner Truppen — das Füsilier-Bataillon des 59. Regiments, das 11. Regiment, 2 Escadrons des 5. Dragoner-Regiments und die 6pfd. Batterie v. d. Goltz — lagerten westlich des Ortes.

Am 26. Morgens 3 Uhr brach GM. v. Flies mit dem Reste seiner Division gegen Üttingen auf. Seinen Truppen voraneilend, erhielt er die Meldung, dass die Bayern vorrückten und ordnete sogleich die Besetzung des nördlich von Üttingen gelegenen Kirchberges an; 2 Bataillons (der Regimenter Nr. 11 und 59), denen bald das 1. Bataillon des 11. Regiments folgte, setzten sich sofort in Marsch dahin.

Bayerischerseits war man aber gleichfalls auf die Behauptung des Kirchberges bedacht gewesen; schon um 3½ Uhr Morgens hatten 3 Compagnien des 1. Bataillons vom 5. Regiment denselben besetzt; bald kamen auch noch die anderen 3 Compagnien desselben Bataillons an. Das letztere Halb-Bataillon erstieg eben den Hang, als auf dem Kirchberge die ersten Schüsse fielen.

Gegen den preussischerseits mit 3 Bataillons unternommenen Angriff wurden nun noch das 2. Bataillon des bayerischen 5. Regiments und die beiden Schützen-Compagnien vom 2. Bataillon des 9. Regiments auf die bedrohte Höhe entsendet; die beiden anderen Compagnien dieses Bataillons blieben bei

26. Juli der, ungefähr 800 Schritte nördlich der Hauptstrasse am Südosthange des Hessnertberges aufgefahrenen und den Feind beschiessenden gezogenen 6pfd. Batterie K ö n i g e r als Bedeckung zurück.

Trotzdem gewannen die Preussen, welche sich — wenn auch unter empfindlichen Verlusten — bald der Weinberge bemächtigt hatten, immer mehr Terrain und drangen endlich gegen die Kuppe des Kirchberges selbst vor.

Oberst B i j o t hatte mittlerweile das 1. und 2. Bataillon des bayerischen 13. Regiments auf den rechten Flügel gezogen, das 8. Jäger-Bataillon in zweiter Linie hinter den linken Flügel disponirt, unternahm nun mit allen seinen Truppen einen Gegenangriff und warf auch im ersten Anlaufe die vordersten preussischen Abtheilungen zurück. Doch erhielten die auf der Westseite herabstürmenden bayerischen Truppen in der rechten Flanke, wo preussische Abtheilungen ungesehen im Saugraben bis an die Remlinger-Strasse gelangt waren, ein heftiges Schnellfeuer; sie kehrten um und zogen sich nun über die Strasse bis in den Wald am Hessnert zurück.

Während des Rückzuges wurde der Commandant des 8. Jäger-Bataillons, Major R u d o l f, schwer verwundet.

Auch die Batterie K ö n i g e r verliess nun ihre Position und fuhr 800 Schritte in der Richtung auf Greusenheim zurück, wo sie sich wieder in's Feuer setzte. (6¼ Uhr).

Während dieser Vorgänge am bayerischen rechten Flügel nahm im Centrum die Brigade C e l l a mit 4 Bataillons Stellung am Posthaus von Rossbrunn, mit dem 6. Jäger-Bataillon im Walde südlich Greusenheim; hinter ihr formirte sich die Brigade S e c k e n d o r f (3 Bataillons, 1 Escadron, 1 Batterie) als Reserve.

Diese Bewegungen wurden durch das Feuer der 12pfd. Batterie W i l l und zweier 12pfd. Geschütze der Batterie H a n g gedeckt.

Der linke bayerische Flügel hatte noch die Stellung vom vorigen Tage inne, wo 6 Bataillons und 2 Batterien den Ossnert- und Vogelberg besetzt hielten. Hier hatte sich gleichzeitig wie auf dem Kirchberge (4¼ Uhr) durch eine bayerischerseits gegen die Obere-Mühle versuchte Recognoscirung ein Plänklergefecht entsponnen, das ununterbrochen fortdauerte.

Als gegen 5 Uhr der Rest der preussischen Division eingetroffen war, schritt GM. v. F l i e s zum weiteren Angriffe. Die 4pfd. Batterie v. B l o t t- n i t z und die 6pfd. Batterie v. d. G o l t z fuhren am Tauberheerd auf, beschossen zuerst die bayerischen Truppen im Walde am Ossnertberge und erwiderten das vom Posthaus auf sie gerichtete Feuer.

Am preussischen rechten Flügel suchte das 2. Bataillon des 36. Regiments direct gegen den Ossnert vorzugehen, zog sich aber in Folge der feindlichen Feuerwirkung in den Wald des Schlehrberges, und auch das 3. Bataillon, welches ihm bald aus Üttingen folgte, wurde durch die Batterien Redenbacher und die Schützen des bayerischen 7. und 10. Regiments zurückgewiesen. 26. Juli.

Doch mittlerweile war die preussische Front weiter vorgedrungen, hatte die Waldkuppe am Hessnert genommen und den östlichen Waldsaum besetzt, während sich die etwas auseinander gekommenen 3 preussischen Bataillons im Innern des Waldes zu ordnen suchten.

Dann trat die Brigade Bijot den Rückzug zuerst bis östlich von Greusenheim, später gegen Hettstadt an, wohin nach und nach auch die nächst dem Posthause noch stehenden Abtheilungen der Division Hartmann, mit Ausnahme zweier Bataillons unter GM. Cella, und die Batterie Königer zurückgingen.

Auch GM. v. Hanser hatte in Folge dessen den Befehl ertheilt, den Ossnert- und Vogelberg langsam zu räumen. Doch diese Bewegung war noch nicht angetreten, als das 2. und 3. Bataillon des preussischen 39. Regiments vom Schlehrberg gegen den Vogelberg vordrangen und GM. v. Freyhold das 1. Bataillon desselben Regiments in 2 Halb-Bataillons formirt, starke Plänklerschwärme voraussendend, zum Sturme gegen die feindliche Stellung am Ossnertberge heranführte. Letzteres Bataillon gelangte, obgleich die Bayern ein wahrhaft verheerendes Feuer eröffneten, bis an den Fuss der Höhe, hielt dort kurze Zeit und rückte dann, da mittlerweile die beiden anderen Bataillons in den Wald am Fusse des Vogelberges eingedrungen waren, im Verbande des ganzen Regiments, an dessen linken Flügel sich noch 2 Züge des 59. Regiments anschlossen, unaufgehalten weiter vor.

Sowohl der Wald des Vogelberges, wo das 2. Bataillon mit Compagnien der anderen Bataillons des bayerischen 7. Regiments dem Feinde das weitere Vorschreiten zu verwehren suchte, als auch der Ossnertberg, den GM. Cella, nachdem er noch das 3. Bataillon des 4. Regiments vom Posthause zur Unterstützung vorgeführt hatte, tapfer vertheidigte, fiel in die Hände der Preussen. Die Bayern entbehrten in diesem Kampfe (gegen 7 Uhr) jeder Unterstützung an Artillerie, da die Batterie Girl schon früher zurückgenommen worden war und nun auch die Batterie Redenbacher wegen Munitionsmangel ihre Position verliess.

Die Brigade Hauser und das 3. Bataillon des 4. Regiments zogen sich unter dem Schutze des 3. Jäger-Bataillons, welches wiederholt Stellung nahm und das rasche Nachdrängen des Feindes verhinderte, theils über Rossbrunn, theils über Mädelhofen gegen den rückwärts beider Orte gelegenen Himmelreich-Wald zurück, in dem 3 Bataillons der Brigade Schumacher standen.

Die Preussen versuchten wiederholt dem abziehenden Gegner zu folgen,

26. Juli. wurden aber durch die in der Rückzugsrichtung aufgestellten bayerischen Batterien verhindert, aus den von ihnen genommenen Waldungen zu debouchiren.

Es standen zwischen Rossbrunn und Hettstadt auf den Höhen östlich des Posthauses 6 Batterien. Drei derselben, nemlich die 12pfd. Batterie Schropp, welche unter der Wirkung der feindlichen gezogenen Artillerie zu sehr litt, dann die gezogenen Batterien Zeller und Mehn zogen sich jedoch bald zurück, so dass nur die 12pfd. Batterien Minges, Gramich und die gezogene 6pfd. Batterie Girl im Feuer verblieben.

Rossbrunn war zu dieser Zeit durch Abtheilungen des bayerischen 4. und 9. Regiments besetzt; beim Posthause stand GM. Cella mit den 3. Bataillons des 9. und 12. Regiments.

Neben den Batterien befand sich die Reserve - Infanterie - Brigade Seckendorf; eine Tirailleur-Linie verband sie mit der im Himmelreich-Walde befindlichen Brigade Schumacher.

Alle übrigen des Morgens nächst Rossbrunn gewesenen Truppen concentrirten sich bei Hettstadt.

Die Preussen hatten im Centrum auf der Höhe nördlich von Üttingen nach und nach 4 Batterien (4pfd. Batterien Blottnitz und Tempsky, 6pfd. v. d. Goltz und 12pfd. Gärtner) aufgefahren. Am Ossnert waren die 3 noch verfügbaren Bataillons (Füsilier- und 1. Bataillon des 59. und Füsilier-Bataillon des 11. Regiments) eingetroffen.

Gegen 8 Uhr kam auch die Division Beyer auf dem Kampfplatze an.

Gleich bei Beginn des Gefechtes, als der Kanonendonner von Üttingen bei Helmstadt vernehmbar wurde, dirigirte GM. v. Beyer die an diesem Tage um 1 Bataillon verstärkte Avantgarde unter Oberst v. Woyna und das 20. Infanterie-Regiment auf Rossbrunn, den Rest seiner Division mit 3 in der Nacht hinzugekommenen Escadrons und 1 Batterie der Division Flies auf Üttingen.

Das hart mitgenommene preussische 36. Infanterie-Regiment wurde nun abgelöst und es fuhren alsbald die 4pfd. Batterie Schmidts und die 6pfd. Batterie Wasserfuhr am Vogelberg und auf der südlich gelegenen Platten auf. Oberst v. Woyna rückte mit 2 Bataillons des 8., dem 1. Bataillon des 39. und dem 2. Bataillon des 30. Infanterie-Regiments, links von diesen das 20. Infanterie-Regiment, von der Platten gegen Mädelhofen vor.

Das Gros und die Reserve der Division Beyer folgten und nahmen gleichfalls diese Richtung.

Gleichzeitig rückten die Preussen auch im Centrum und mit ihrem linken Flügel vor; das Centrum nahm die Direction auf Rossbrunn und das Posthaus, der linke Flügel vom Hessnertberge auf Greusenheim. Doch es kam zu keinem ernsten Kampfe mehr.

Zur Zeit, als die Preussen ihren Angriffs-Objecten sich näherten, erhielten die nächst Rossbrunn und im Himmelreich-Wald stehenden bayerischen Abtheilungen den Befehl zum Rückzuge, um sich, wie dies die Weisungen des Armee-Commando's wollten, bei Waldbüttelbrunn neuerdings aufzustellen. 26. Juli.

Der Rückzug geschah treffenweise in vollkommener Ordnung. Die Brigade Seckendorf, deren Bewegung das 3. Bataillon des 14. Regiments und das 8. Jäger-Bataillon auf der Greusenheimer Höhe deckten, dann die Reserve-Infanterie-Brigade begannen zuerst den Rückzug nach Hettstadt; später folgte GM. Cella mit seinen beiden Bataillons dahin, und ward Rossbrunn nach kurzem Widerstande aufgegeben; zuletzt räumte GM. Schumacher den Himmelreich-Wald.

Die Preussen drängten mit ihrem linken Flügel bis südlich Greusenheim, im Centrum bis auf die Höhen nördlich Rossbrunn nach und besetzten das Dorf wie das Posthaus, indem sie die Reserve des GM. v. Flies dahin vorzogen. Den Ort Mädelhofen nahmen das preussische 2. Bataillon des 30. und das 1. Bataillon des 70. Regiments ein, als GM. Schumacher noch im Himmelreich-Walde stand [1]).

Die preussischen Batterien Wasserfuhr und Schmidts beschossen nun durch längere Zeit den Wald und endlich rückten Abtheilungen des Detachements Oberst Woyna, das 20. Regiment und Abtheilungen des GM. v. Flies an drei verschiedenen Punkten gegen selben vor.

Nun nahm auch GM. Schumacher seine Bataillons unter fortgesetztem Feuer der Plänkler successive bis zum sogenannten, vor Waldbüttelbrunn gelegenen, Gehäge-Walde zurück, wo er sie neuerlich aufmarschiren liess. (10½ Uhr).

Die Preussen setzten sich hierauf an der Nordlisière des Himmelreich-Waldes und in den sonstigen eroberten Stellungen fest. Ein Versuch der 4pfd. Batterie Blottnitz gegen Hettstadt zu wirken, misslang.

Gegen 11 Uhr verstummte das Feuer. Die Stellung der Bayern, deren rechter Flügel sich bei den Hettstädter-Höfen an die Höhen lehnte und deren Front in einem Bogen südlich bis Höchberg zog, wo bekanntlich die Verbindung mit dem VIII. Corps hergestellt werden sollte, war nun die folgende:

Den rechten Flügel bildete die Division Feder, hinter ihr die Reserve-Infanterie-Brigade (Seckendorf); das Centrum die Division Prinz Luitpold mit 4 Batterien vor der Front; den linken Flügel endlich die Division Stephan, welche schon Morgens 6 Uhr ihr Biwak bei Eisingen und Waldbrunn verlassen und in die neue Aufstellung gerückt war.

---

[1]) Mit nur 3 Bataillons. Der Rest der Brigade war in Gemünden verblieben.

26. Juli. An dem nach Margetshöchheim führenden Wege standen noch die Batterien Zeller und Girl, zu beiden Seiten der Würzburger-Strasse die Batterien Mehn, Königer und Hellingrath.

Die Division Hartmann mit 4 Batterien der Reserve-Artillerie bildete an der Hauptstrasse nächst den Hettstädter-Höfen die Reserve.

Links dieser Division waren unter Commando des Oberst v. Schubärt 3 Cürassier-Regimenter und das 3. Uhlanen-Regiment aufmarschirt.

GM. Cella ward mit 2 Bataillons und 4 Geschützen zum Schutze des Brückenschlages nach Veitshöchheim detachirt.

Prinz Carl hatte, wie schon erwähnt, die Absicht gehabt, mit seiner, in dieser starken Stellung concentrirten Armee den weiteren Angriff der Preussen zu erwarten. Doch bevor noch sämmtliche Abtheilungen den Aufmarsch vollendeten, erhielt er die Nachricht, das VIII. Bundes-Corps habe die Position nächst Höchberg verlassen und sei im Rückmarsche über den Main.

Wie wir später sehen werden, hatte Prinz Alexander nach 10 Uhr, als das Feuer bei Rossbrunn und Hettstadt immer schwächer wurde und man aus der Richtung des Geschützdonners den Rückmarsch der Bayern entnehmen konnte, dem am diesseitigen Ufer stehenden Theile seines Corps befohlen, über den Main zurückzugehen und nach 11 Uhr trat auch die letzte noch am Nicolausberge stehende badische Division diese Bewegung an.

In der linken Flanke blosgestellt und mit den Main-Defiléen dicht im Rücken, glaubte Prinz Carl nun keinen weiteren Kampf mehr wagen zu dürfen und trat daher gleichfalls den Rückzug an.

Zur Deckung desselben stellte sich die Brigade Hanser bei Oberzell am Main auf.

Die Division Stephan, welche den nun exponirten bayerischen linken Flügel gegen einen möglicherweise von Kist erfolgenden Angriff der Division Goeben zu schützen hatte, beschränkte sich, da sie sich bei ihrer ohnehin weitläufigen Stellung nicht bis an die Bischofsheim-Würzburger-Chaussée ausdehnen konnte, darauf, den Südrand des Zeller-Waldes mit einer Brigade zu besetzen.

Da das Geschützfeuer gänzlich verstummt war, und auch die preussische Infanterie sich nicht weiter zeigte, so schien es, als ob der Kampf für diesen Tag beendet wäre. Doch die preussische Cavallerie versuchte eine Verfolgung und so kam es nordöstlich Hettstadt's noch zu einem lebhaften Reiter-Gefechte.

Der preussische Oberst Krug v. Nidda sammelte 3 Escadrons des 6. Dragoner-, 2 Escadrons des 10. Landwehr-Huszaren-, 1 Escadron des 9. Huszaren-Regiments und die reitende Batterie König, marschirte über

Greusenheim, wo er noch 2 dort stehende Escadrons des 5. Dragoner-Regiments an sich zog, und suchte dann, über die Hettstädter Höhen ziehend, die rechte Flanke der Bayern zu gewinnen. 23. Juli.

Nach einem kurzen Sammeln in einer gedeckten Aufstellung, $^1/_4$ Meile nördlich von Hettstadt, gegen 11 Uhr, setzte sich die preussische Cavallerie wieder in Bewegung und nahm die Richtung gegen die auf einer Kuppe südlich des Margetshöchheimer-Waldes ziemlich exponirt stehenden bayerischen Batterien Zeller und Girl, zu deren Schutze, sobald der Anmarsch der Preussen bemerkt ward, das 6. Chevaulegers-Regiment mit je 2 Escadrons zu beiden Seiten der Geschütze aufmarschirte, während gleichzeitig die bayerische Reserve-Cavallerie in zwei Treffen (1. und 2. Cürassier-Regiment im ersten, 3. Cürassier-Regiment und 3. Uhlanen-Regiment im zweiten) auf der Nordseite der Chaussée dem Feinde entgegenrückte.

Bei der Annäherung der preussischen Eclaireurs vereinigte sich das 6. Chevaulegers-Regiment auf dem linken Flügel der Batterie Girl und liess die 4. Escadron vorgehen.

Diese stiess mit 2 preussischen Escadrons (2. Escadron des 6. Dragoner- und 3. des 10. Landwehr-Huszaren-Regiments) zusammen, und wurde geworfen.

Dasselbe Schicksal erlitten die demnächst vorgeführte 2. Escadron und die schliesslich attakirenden 2 letzten Escadrons des bayerischen Chevaulegers-Regiments, denen sich auch die beiden anderen preussischen Huszaren-Escadrons entgegenwarfen, und sie in der linken Flanke fassten.

Während dieses Zusammenstosses kam die bayerische Cürassier-Brigade theilweise heran, warf sich sofort mit dem ersten Treffen, ohne aufzumarschiren, auf die Front und linke Flanke der preussischen Huszaren, attakirte und schlug sie zurück. Sowohl ein von den noch intacten Dragoner-Escadrons in der Front, als den wieder gesammelten preussischen Escadrons gegen die bayerische Flanke gemachter Versuch neuerlich vorzugehen, missglückte, worauf das hinter dem linken bayerischen Flügel folgende 3. Cürassier-Regiment die Richtung auf die preussische reitende Batterie nahm und sie zum Abfahren nöthigte [1]). Das rechts nachrückende bayerische 3. Uhlanen-Regiment hatte sich beim Erscheinen der preussischen Dragoner in der linken Flanke des 1. Treffens dem bedrohten Flügel genähert, kam aber eben so wenig, als das mittlerweile herangerückte 4. Chevaulegers-Regiment zur Action.

---

[1]) Diese Darstellung entspricht den Angaben des officiellen bayerischen Werkes, welche auch mit Relationen von Augenzeugen übereinstimmen. Nach dem preussischen officiellen Werke hätten 2 preussische Escadrons, denen sich die wieder Front machenden Mannschaften der übrigen Escadrons anschlossen, die bayerische Brigade schliesslich geworfen.

26. Juli. Nach der Attake sammelte sich die bayerische Cürassier-Brigade, mit Ausnahme des 6. Chevaulegers-Regiments, welches bei den Batterien verblieb, bei den Hettstädter-Höfen; Abtheilungen des 3. Cürassier-Regiments recognoscirten später gegen Hettstadt, während 2 Bataillons der Reserve-Infanterie-Brigade als Verstärkung an den Main-Übergang bei Veitshöchheim in den Margetshöchheimer-Wald beordert wurden.

Die preussische Cavallerie hatte sich auf die Division Flies zurückgezogen, welche bei Rossbrunn das Biwak für die folgende Nacht bezog; die Division Beyer lagerte bei Mädelhofen. Die Vorposten wurden gegen Hettstadt und Waldbrunn vorgeschoben und die Verbindung mit der Division Goeben, welche bei Gerchsheim verblieb, durch Patrullen hergestellt.

Nach dem Cavallerie-Gefechte ordnete Prinz Carl den Rückzug seiner sämmtlichen Truppen über den Main an.

Die Division Hartmann rückte über Veitshöchheim nach Versbach, die disponiblen Theile der Division Feder nach Veitshöchheim, die Division Prinz Luitpold mit einem Theile der Reserve-Infanterie-Brigade über Zell nach Rottendorf, die Reserve-Cavallerie nach Estenfeld.

Nachdem das Gros den Main passirt, ging auch die Arrièregarde zurück, u. z. marschirte die Division Stephan nach Würzburg, während die Truppen, welche den Margetshöchheimer-Wald bis zum letzten Augenblick hielten, bei ihrer Brigade einrückten.

Schliesslich — gegen 7 Uhr — marschirte auch GM. Cella, der bekanntlich früher zur Bewachung des Veitshöchheimer-Defilés zurückbeordert worden war, zu seiner Division ab.

Die Kriegsbrücken über den Main wurden zerstört.

Die beiderseitigen Verluste im Gefechte bei Rossbrunn betrugen:

	Preussen.		Bayern.	
	Officiere	Mann	Officiere	Mann
Todt	4	97	10	84
Verwundet	35	680	34	598
Vermisst	—	40	3	189
Summe:	39	817 [1])	47	871 [2]).

[1]) Von den preussischen Verlusten kommen auf das Regiment Nr. 36 allein 22 Officiere und 436 Mann. Unter den schwerverwundeten Officieren dieses Regiments, befand sich Major Liebeskind, Commandant des 3. Bataillons.

[2]) Todt: Oberstlieutenant Hertlein, Commandant des 3. Uhlanen-Regiments. Verwundet: Majors Schrott des 9., Bredaur des 10. Infanterie-Regiments und Rudolf vom 8. Jäger-Bataillon.

Das VIII. Bundes-Corps war an diesem Tage nicht angegriffen worden, hatte bis 11 Uhr die bereits bekannte Stellung beibehalten und trat um diese Stunde den Rückzug hinter den Main an, welcher um Mittag mit Ausnahme kleinerer Theile, welche auf dem linken Ufer in Würzburg und Heidingsfeld verblieben, vom ganzen Corps ausgeführt war, und wovon dem Ober-Commando die Meldung erstattet wurde. Das Corps nahm hinter dem Main folgende Aufstellung: 26. Juli.

Württembergische Division: Brigade Baumbach zwischen Würzburg und Heidingsfeld, Brigade Fischer rückwärts Heidingsfeld, Brigade Hegelmaier in und nächst Würzburg;

österreich-nassauische Division nächst Heidingsfeld;

grossherzoglich badische Division vorwärts Rottendorf;

grossherzoglich hessische Division nächst dem Woellrieder-Hof (vor Rottendorf);

Reiter- und Artillerie-Reserve nördlich Rottendorf; der Brückenzug in Würzburg.

27. Juli.

In Folge einer, noch am 26. erstatteten Meldung des FML. Graf Neipperg, dass starke feindliche Colonnen aus dem Guttenberger-Walde im Anzuge seien, wie eines am gleichen Tage erlassenen Befehles des Armee-Commandos die beiden Pontonbrücken bei Heidingsfeld abbrechen zu lassen und die Eisenbahnbrücke zu sperren [1]), rückte am 27. Morgens die österreich-nassauische Division auf das rechte Main-Ufer und nahm auf der Höhe nächst der Kaesburg Stellung, wo die Batterien vom linken zum rechten Flügel in nachfolgender Weise auffuhren: 27. Juli.

4 Geschütze der österreichischen 8pfd. Batterie Burger,

die österreichische 4pfd. Batterie Klofetz,

die anderen 4 Geschütze der ersteren Batterie,

endlich die beiden nassauischen Halb-Batterien (Reichert und Hadeln).

Beiläufig 1500 Schritte hinter den Batterien lagerten auf dem linken Flügel die Brigade Roth, auf dem rechten die Brigade Hahn, hinter dieser die kurhessische Huszaren-Division.

Rückwärts der Division Neipperg befanden sich 4 württembergische Bataillons als Reserve.

Die übrigen Truppen des VIII. Bundes-Corps verblieben vorläufig in ihrer Aufstellung.

---

[1]) Die Pontonbrücke in Würzburg wurde ebenfalls auf Befehl des Armee-Commandos abgebrochen.

27. Juli. Die Bayern hatten das Hauptquartier in Rottendorf;
die Division Stephan in Gerbrunn;
" " Feder, Güntersleben und Veitshöchheim, 1 Brigade bei Rottendorf;
" " Prinz Luitpold, Rottendorf;
" " Hartmann, Versbach;
Reserve-Infanterie-Brigade, Ober- und Unter-Dürrbach;
Reserve-Cavallerie, Estenfeld;
" Artillerie, Rottendorf.

Beschiessung der Feste Marienberg (bei Würzburg).

Die westdeutsche Bundes-Armee stand somit am 27. Morgens concentrirt innerhalb des zwischen Würzburg und Kitzingen gelegenen Mainbogens und ihr gegenüber die preussische Main-Armee bei Rossbrunn, Mädelhofen und Gerchsheim.

Auf dem linken Ufer des Flusses war nur noch die Feste Marienberg im Besitze der Verbündeten. Einige auf dem Nicolausberge, zu deren Verstärkung, begonnene Verschanzungen waren noch unvollendet. Die Besatzung der Feste hatte eine Stärke von 3700 Mann, worunter 1100 nicht ausgebildete Rekruten [1]). Die Armirung betrug 158 Geschütze, von denen 86 in's Feuer gebracht werden konnten.

Am Morgen des 27. Juli rückte die preussische Armee gegen Würzburg vor, die Division Flies nach den Hettstädter Höhen, die Division Beyer nach Waldbüttelbrunn und die Division Goeben bis Höchberg, von wo Letztere zur Sicherung der rechten Flanke den Oberst Stoltz mit 2 Bataillons, 2 Escadrons und 2 Geschützen über Reichenberg gegen Heidingsfeld detachirte.

Als die Avantgarde-Brigade Kummer Höchberg vom Feinde verlassen fand, setzte sie den Marsch fort, bis ihre Tête durch das Geschützfeuer der Feste aufgehalten wurde. General v. Göben liess nun die Avantgarde-Brigade bei Höchberg und die Brigade Wrangel neben derselben am Nicolausberge, die Brigade Weltzien weiter rückwärts als Reserve gedeckt aufmarschiren.

Die auf dem Hexenbruch und dem Nicolausberge stehenden bayerischen Vorposten-Abtheilungen verliessen die Höhen bei Annäherung des Feindes, und steckten dabei das bereits früher geleerte Pulvermagazin in Brand.

---

[1]) Die Besatzung bestand aus dem 4., dem 5. Bataillon und der Depôt-Compagnie des 9., dem 4. Bataillon des 2. Regiments, 1 Fuss- und 1 Depôt-Batterie des 8. Artillerie-Regiments und einem Chevaulegers-Piket.

Abtheilungen der Brigade Kummer und Wrangel besetzten sodann auf dem Nicolausberge eine noch unvollendete Lunette. 27. Juli.

Gegen 11 Uhr liess GL. v. Goeben zur Bekämpfung der feindlichen Artillerie, 1600—1800 Schritte von der Feste entfernt, 5 Batterien beim Hexenbruch und auf dem Nordwest-Abhang des Nicolausberges auffahren.

Dieselben eröffneten sodann das Feuer und schossen binnen kurzer Zeit das Arsenal in Brand, der jedoch bald wieder gedämpft wurde.

Auf Seite der Bundes-Armee wurde das Feuer aus der Feste sowohl, als von der am Südausgang des Main-Viertels (Burkarder-Thor) placirten gezogenen bayerischen Batterie Königer fortgesetzt, und zwar mit einigem Erfolge, da die nächst dem Hexenbruche aufgefahrenen preussischen Geschütze einige hundert Schritte zurückgehen mussten, um dann das Feuer weiter fortsetzen zu können.

Auf der Höhe nächst der Kaesburg, wo sich 24 Geschütze (2 österreichische Batterien und die beiden nassauischen Halb-Batterien) befanden, fuhren später noch die württembergischen 6pfd. Batterien Roschmann und Marchthaler auf, beschossen anfänglich die vorgehende feindliche Infanterie und sodann die auf dem Nicolausberge postirten preussischen Geschütze, wenn auch aus grosser Entfernung (3500—4000 Schritte).

Doch auch das Feuer der preussischen Batterien führte zu keinem Erfolg und GL. v. Manteuffel beorderte daher gegen 2½ Uhr Nachmittags die preussische Artillerie und die Truppen in ihre Biwaks bei Hettstadt, Waldbüttelbrunn und Höchberg; das Hauptquartier wurde nach Eisingen verlegt.

Der beiderseitige Verlust an diesem Tage betrug:

	Preussen.		Bayern.	
	Officiere	Mann	Officiere	Mann
Todt	—	5	—	—
Verwundet	3	17	1	8
Vermisst	—	—	—	—
Summe:	3	22	1	8.

Prinz Carl von Bayern knüpfte noch im Laufe des Nachmittags mit dem preussischen Armee-Commandanten Unterhandlungen an, um dem weiteren Beschiessen Würzburgs Einhalt zu thun. Doch GL. v. Manteuffel wollte sich zur Schonung der Stadt nur unter der Bedingung verstehen, dass ihm selbe bis 7 Uhr Früh des nächsten Tages übergeben werde. Prinz Carl zog nun dem Eingehen auf diese Forderung die Fortsetzung der Feindseligkeiten vor.

In Folge dessen wurde die bayerische Division Feder durch 2 Batte-

27. Juli. rien aus der Reserve-Artillerie verstärkt und zur Heranziehung der Brigade Hanser nach Veitshöchheim beauftragt.

Bei Dettelbach wurden Vorbereitungen zu einem allenfalls nöthigen Brückenschlage getroffen und Kitzingen mit 1 Bataillon besetzt.

Vom VIII. Bundes-Corps rückte die württembergische Division nach Gerbrunn und die badische Division nach Ochsenfurt. Die Main-Übergänge bei Eibelstadt und Sommerhausen wurden durch 1 hessisches Regiment gedeckt und das Corpsquartier nach Biebelried verlegt.

Die Preussen errichteten ihrerseits Batterie-Emplacements und die Divisionen erhielten Befehl, sich für den folgenden Tag für weitere Operationen bereit zu halten. Doch sollte es zu keinem Kampfe mehr kommen.

VII. Abschnitt.

Waffenstillstands-Unterhandlungen. Vorgänge an der Nordost-Grenze Bayerns und in Mainz.

Noch am 27. Juli Abends hatte Prinz Carl von Seite des bayerischen Minister-Präsidenten, Freiherrn v. d. Pfordten, die telegraphische Verständigung erhalten, dass der Waffenstillstand zwischen Preussen und Bayern abgeschlossen worden sei. Dieser sollte am 2. August beginnen und bis dahin Waffenruhe herrschen. 28. Juli bis 2. August.

GL. v. Manteuffel hatte zwar zur Zeit von seiner Regierung noch keine Mittheilung von diesem Übereinkommen erhalten, erklärte sich aber doch zum Abschlusse einer achttägigen Waffenruhe gegen Übergabe der Stadt Würzburg bereit.

Am 28. Juli Morgens begab sich der Generalstabs-Chef der Bundes-Armee, GL. v. d. Tann, zur Weiterführung der Unterhandlungen persönlich in's preussische Hauptquartier nach Eisingen und kehrte bald in Begleitung des preussischen Chefs des Generalstabes, Oberst v. Kraatz-Koschlau nach Rottendorf zurück, wo Prinz Carl erklärte, den Waffenstillstand abschliessen und Würzburg, mit Ausschluss der Feste Marienberg — vorbehaltlich der Genehmigung seines Königs — an die Preussen übergeben zu wollen; Marienberg sollte neutral bleiben.

Da unmittelbar darauf ein Telegramm des G. d. I. v. Moltke des Inhalts einlief, dass schon am 24. die Friedens-Präliminarien mit Österreich unterzeichnet, und auch mit Bayern ein Waffenstillstand — der am 2. August zu beginnen hätte — vereinbart worden sei, so kam man schliesslich überein, gegen eine 24stündige Kündigungs-Frist die Feindseligkeiten einzustellen, wobei Prinz Carl im Besitze von Würzburg verblieb.

Doch sollte es noch zu einigen grossen Schwierigkeiten in dieser Beziehung kommen, da man preussischerseits bemüht war, aus der momentanen Lage den möglichst grössten politischen Vortheil zu ziehen.

Am 29. Juli erhielt GL. v. Manteuffel ein vom 26. datirtes Telegramm des G. d. I. v. Moltke, welches die Mittheilung über den mit Österreich und Sachsen auf 4 und mit Bayern auf 3 Wochen abgeschlossenen

28. Juli bis 2. August. und am 2. August beginnenden Waffenstillstand, ferner die Ermächtigung enthielt, mit Baden, Württemberg und Darmstadt, falls diese Staaten darum ansuchten, keineswegs aber mit den norddeutschen Contingenten einen Waffenstillstand einzugehen. GL. v. Manteuffel wurde ferners angewiesen, behufs der späteren, auf Basis des Besitzstandes einzuleitenden Verhandlungen noch so viel Terrain als möglich zu occupiren, ohne es jedoch mehr auf grössere Waffen-Entscheidungen ankommen zu lassen.

In einer anderen Depesche, welche GL. v. Manteuffel am 30. Vormittags erhielt, wurde ihm aufgetragen, auch württembergisches Gebiet zu occupiren.

Inzwischen wurden die Verhandlungen mit Bayern, wegen der Demarcationslinie während der Waffenruhe, fortgesetzt und am 30. Abends auch zum Abschlusse gebracht [1]).

Doch nur wenige Stunden hierauf kündigte plötzlich GL. v. Manteuffel die Waffenruhe und erklärte am 1. August Früh 6 Uhr die Feindseligkeiten zu eröffnen, falls ihm bis dahin nicht Würzburg übergeben würde, denn er hatte zuvor das folgende vom 28. datirte Telegramm des G. d. I. v. Moltke erhalten: „Volle Freiheit des Handelns bis zum 2. August“ und daher beschlossen, noch am letzten Tage vor Eintritt des Waffenstillstandes sich der Stadt Würzburg zu bemächtigen. Er verlegte sein Hauptquartier nach Eisingen zurück und ertheilte seiner Armee, die mittlerweile Cantonnements bezogen hatte, den Befehl, am 1. August 5 Uhr Früh auf den Höhen vor Würzburg zu weiteren Operationen gestellt zu sein. Die Eisenbahn-Telegraphen-Verbindung in Lohr wurde durch ein Detachement der Division Flies gesichert. Doch kam es deshalb zu keinem Conflict, da der König von Bayern am 31. dem Prinzen Carl die Ermächtigung ertheilte, Würzburg den Preussen zu überlassen.

Nun gab sich der preussische Armee-Commandant zufrieden und Abends, 8½ Uhr, wurde die Übereinkunft getroffen, dass die Waffenruhe bis zum Beginn des Waffenstillstandes nicht mehr unterbrochen werden würde.

GL. v. Manteuffel hatte schon Tags zuvor dem Commandanten von Frankfurt a. M. den Befehl ertheilt, Darmstadt, Heidelberg und Mannheim bis

---

[1]) Die Demarcationslinie zog sich von der württembergischen Grenze nach Gossmannsdorf an den Main und sodann längs dieses Flusses bis Gemünden, wo die Sinn und die Saale, zwischen welchen Flüssen das Terain als neutral galt, die beiderseitige Grenze bildeten.

Der Festungs-Rayon des Marienberges am linken Main-Ufer verblieb im Besitze der Bayern. Durch diese Festsetzungen gelangte GL. v. Manteuffel, bezüglich der ihm aufgetragenen Besitzergreifung württembergischen Gebiets, in den Besitz der Strasse von Heidingsfeld über Giebelstadt nach Mergentheim.

zum Abende des 1. August zu besetzen, und ihm zum Ersatze 2 Bataillons der Division Flies über Aschaffenburg zugeschickt. 28. Juli bis 2. August.

Am 31. befahl er dem GL. v. Goeben grössere Abtheilungen in der Richtung auf Mergentheim zu detachiren, um unter Benützung von Landfuhren in starken Märschen württembergisches Gebiet zu gewinnen. Der Rest der Armee wurde in die früheren Cantonnements verlegt.

Am 2. August besetzten die Preussen Würzburg und, in Gemässheit einer kleinen Rectification der früher festgesetzten Demarcations-Linie, auch einen Rayon von etwa $^1/_2$ Meile am rechten Main Ufer um Würzburg; die Eisenbahn bis zu diesem Punkte ward ihrer Benützung überlassen.

Durch die letzterwähnten Dispositionen des GL. v. Manteuffel kamen von der preussischen Main-Armee Abtheilungen in Bayern, Baden, Württemberg, Grossherzogthum und Kurfürstenthum Hessen und in der Stadt Frankfurt zu stehen, in welch' Letztere später auch das Hauptquartier verlegt wurde. [1]).

Was die Truppen des VIII. Bundes-Armee-Corps betrifft, hatte Minister v. d. Pfordten den Prinzen Carl telegraphisch verständigt, dass GL. v. Manteuffel auch bevollmächtigt sei, mit Württemberg, Baden und dem Grossherzogthum Hessen in Waffenstillstands-Unterhandlungen zu treten.

Zur Eröffnung derselben begaben sich die am 28. Juli im Corpsquartier des Prinzen Alexander eingetroffenen württembergischen Minister v. Neurath und GL. v. Hardegg an diesem Tage nach Würzburg. Doch GL. v. Manteuffel erklärte ihnen, keine Instruction zu besitzen, und sich daher in keine Discussion einlassen zu können.

Alle dessen bisherige Verhandlungen bezogen sich nur auf Bayern. Was die Contingente des VIII. Corps betrifft, so lag es in der Absicht der Preussen, die Verhandlungen nicht mit dem Commando dieses Corps, sondern

---

[1]) Die Divisionen der Main-Armee cantonnirten in folgenden Rayons:

Die Division Goeben:

Stabs-Quartier Würzburg — in den von hier weiter bis zum Neckar sich ausdehnenden Gebietstheilen von Bayern, Baden und Württemberg.

Die Division Flies:

Stabs-Quartier Frankfurt a./M. — in dem von hier östlich und südöstlich sich erstreckenden Territorium von Bayern, Kurhessen, Frankfurt und demnächst auf dem nassauischen Gebiet südlich des Taunus.

Die Division Beyer:

Stabs-Quartier Darmstadt — in den zwischen Main und Neckar gelegenen Theilen von Hessen und Baden.

Haupt-Quartier: Frankfurt.

Eine gemischte Brigade aus Truppen der Division Beyer formirt, wurde dem General-Gouverneur von Kurhessen, General v. Werder, zur Disposition gestellt und gelangte am 10. August nach Kassel.

28. Juli bis 2. August.

nur mit den einzelnen Souveränen von Baden, Hessen und Württemberg zu führen.

Die Bevollmächtigten des Grossherzogs von Baden begaben sich auch direct in das preussische Hauptquartier und eine Depesche des Grossherzogs, welche den Prinzen Alexander hievon verständigte, schloss mit den Worten: „Ich verhandle selbst für meine Truppen."

Am 29. Nachmittags 4 Uhr erhielt Prinz Alexander aus Carlsruhe ein weiteres Telegramm des Grossherzogs, dass Preussen nicht mit dem VIII. Bundes-Corps, sondern nur mit den Souveränen der einzelnen Divisionen verhandeln wolle, und der Grossherzog die badischen Truppen in sein Land zuückziehe, worauf Prinz Alexander umgehend erwiderte:

„Dem Wunsche Euerer Königlichen Hoheit entsprechend, entlasse ich die grossherzoglich badischen Truppen aus dem Verbande des VIII. Armee-Corps, welches bis jetzt noch nicht die Zusage einer factischen Waffenruhe von General v. Manteuffel erlangen konnte und daher auch in voller Kampfbereitschaft dasteht."

Der Commandant der badischen Division wurde von dem Prinzen Alexander angewiesen, mit seinen Truppen am 30. Morgens 5 Uhr von Ochsenfurt, das ein hessisches Infanterie-Regiment besetzen sollte, über Giebelstadt nach Grünsfeld auf badisches Gebiet zu rücken.

Der König von Preussen hatte den unbelästigten Abzug der badischen Truppen bewilligt und obgleich der Commandant der Main-Armee hierüber noch keine Weisungen hatte, willigte er in den Abmarsch unter der Bedingung, dass kein badischer Truppentheil nördlich von Carlsruhe dislocirt werde, ferners bekam die Division die Marschroute über Berolsheim, Schefflenz, Sinsheim und Bruchsal angewiesen.

Mit den Commandanten der übrigen Contingente, die norddeutschen ausgenommen, erklärte GL. v. Manteuffel, später wegen des Waffenstillstandes verhandeln zu wollen und es kam am 1. August in der That zum Abschlusse desselben zwischen der Main-Armee und den Contingenten von Württemberg und dem Grossherzogthum Hessen.

Von württembergischer Seite wurden die Verhandlungen durch die Minister v. Neurath und v. Varnbüler, welche inzwischen eingetroffen waren, von grossherzoglich hessischer Seite durch den Major v. Lyncker geführt. Der von den württembergischen Bevollmächtigten ausgesprochene Wunsch, auch die nassauischen Truppen in den Waffenstillstand einzubeziehen, wurde von dem, preussischerseits mit den Unterhandlungen betrauten Generalstabs-Chef, Obersten v. Kraatz-Koschlau auf das Entschiedenste abgelehnt [1]).

---

[1]) Die Waffenstillstands-Verträge, siehe Beilage Nr. IV.

Bei Beginn der Unterhandlungen hatte sowohl die preussische Main-Armee, als auch die Bundes-Armee Cantonnements bezogen. Am 30. waren die Cantonnements der Bayern die folgenden: 28. Juli bis 2. August.

Haupt-Quartier, Kitzingen;

Division Stephan, Würzburg;

„ Feder, Retzbach;

„ Prinz Luitpold, Kitzingen;

„ Hartmann, Versbach;

die Infanterie- und Cavallerie-Reserve, Bergtheim;

die Artillerie-Reserve, Prosselsheim.

Als Prinz Carl in der Nacht vom 3. die Kündigung der Waffenruhe erhielt, ertheilte er sogleich den Befehl zur Gefechtsbereitschaft in nachstehenden Biwaks:

Division Stephan auf dem Würzburger Exercirplatze;

„ Feder von Würzburg bis Retzbach, das Gros bei der Aumühle;

Division Prinz Luitpold bei Biebelried;

„ Hartmann bei Rottendorf;

Reserve-Infanterie Brigade (Freiherr v. Seckendorf) bei Lengfeld;

Reserve-Cavallerie bei Estenfeld und Lengfeld;

Reserve-Artillerie bei Effeldorf;

Die bayerische Armee sollte jeden Schein von Agression vermeiden, hatte sich aber für den Fall, als der Feind den Main forciren wollte, auf den Höhen von Rottendorf, Biebelried und Effeldorf zu concentriren.

Nach Abschluss der Waffenruhe bezog endlich die bayerische Armee nachstehende Cantonnirungen:

Division Stephan, Ochsenfurt;

Division Feder, Arnstein;

Division Prinz Luitpold, Mainbernheim;

Division Hartmann, Kitzingen;

Reserve-Infanterie-Brigade (v. Seckendorf) und Reserve-Cavallerie-Corps, Bergtheim;

Reserve-Artillerie, Prosselsheim.

Das Hauptquartier blieb in Kitzingen.

Vom VIII. Armee-Corps bezog am 29. die württembergische Brigade Fischer mit dem Corpsbrückenzuge Marktsteft und Marktbreit, bei welchen Punkten Brücken über den Main geschlagen wurden.

Am Morgen des 30. nahmen die 3 Divisionen des Corps, während die badische Division den Marsch in die Heimat antrat, den Rayon von Gnodstadt, Ochsenfurt und Eibelstadt ein;

28. Juli bis 2. August.

die Reserve-Reiterei kam nach Acholzhausen, Herchsheim, Giebelstadt etc.;

die Artillerie-Reserve nach Martinsheim, Issigheim und Wässerndorf; das Hauptquartier nach Marktbreit.

Endlich sah man sich bemüssigt zur Vermeidung von Conflicten mit den Preussen und auf Wunsch des GL. v. Manteuffel, welcher an der Demarcationslinie nur bayerische Truppen stehen haben wollte, das VIII. Corps hinter die bayerische Armee zurückzuziehen.

Prinz Alexander erhielt am 31. Juli Morgens den Befehl hiezu, gleichzeitig aber auch die Mittheilung von der Kündigung der Waffenruhe.

Nach einer hierauf im Armee-Hauptquartier zu Kitzingen gepflogenen Unterredung, aus welcher hervorging, dass die Truppen des VIII. Bundes-Corps auch für den Fall, als Prinz Carl in die Räumung Würzburg's willigte, vor einem Angriffe der Preussen nicht gesichert seien, war Prinz Alexander darauf bedacht, seine Truppen so schnell als möglich aus dem Bereiche der preussischen Armee zu ziehen.

In diesem Sinne ertheilte er seinen Divisionen die Befehle und diese standen am Abende des 31. Juli, wie folgt:

Württembergische Division, Gollhofen und Gollachostheim;

grossherzoglich hessische Division, Herrnbergtheim;

österreich-nassauische Division über Kitzingen bis Willanzheim;

Artillerie-Reserve, Geckenheim;

Reserve-Reiterei, Geislingen, Oberickelsheim.

Sobald die Truppen bei Marktbreit den Main passirt, waren die Brücken abzubrechen und nach Herrnbergtheim zu bringen.

Das Corpsquartier kam nach Uffenheim

Prinz Carl gab diesen Dispositionen seine Zustimmung und schob überdies leichte Cavallerie bis südlich von Ochsenfurt vor, um die Bewegungen des VIII. Corps zu verdecken.

Am 1. August, nachdem die Waffenruhe definitiv zwischen den Preussen und Bayern abgeschlossen worden, nahm Prinz Alexander das Corps noch mehr zurück, indem er gleichzeitig die österreich-nassauische Division näher an sich zog.

Die Aufstellung desselben war an diesem Tage die folgende:

Württembergische Division, Langensteinbach, Ermetshofen, Burgbernheim;

grossherzoglich hessische Division, Windheim, Schwebheim, Rudolzhofen;

österreich-nassauische Division, Marktbibart, Sugenheim, wo sie mit der früher erwähnten Division in Verbindung trat. Die österreichische

Brigade Hahn bekam am selben Tage die Weisung auf der Eisenbahn über Ansbach, Nördlingen, München in ihre Heimat abzurücken. 2.—8. August.

Am 4. August Abends erhielt endlich das VIII. Bundes-Corps vom Prinzen Carl den Befehl, innerhalb 4 Tagen bis hinter die Linie Dinkelsbühl, Wassertrüdingen, Heidenheim, Treuchtlingen zurückzumarschiren und dort Cantonnirungen zu beziehen.

Die Truppen erreichten am 8. August diese ihre neuen Stationen, doch schon Tagsvorher waren die Befehle für den Rückmarsch der Württemberger und Hessen in ihre Heimat eingetroffen, welche nun auch dahin abgingen.

Die österreichische Brigade Hahn begann am 7. August 4 Uhr Morgens von Ansbach mittelst der Eisenbahn über München und Salzburg nach Linz abzurücken, wo sie am 8. successive eintraf.

Die nassauische Brigade Roth mit den beiden kurhessischen Escadrons brach am 11. nach Günzburg auf, um dort ihr ferneres Schicksal abzuwarten.

FM. Prinz Carl von Bayern hatte schon am 6. August das Commando der westdeutschen Armee niedergelegt und am 8. hörte auch das Commando des Prinzen Alexander von Hessen über das VIII. Bundes-Corps auf.

Wir haben nun noch einiger kleinen Episoden zu erwähnen, nemlich der Vorgänge, welche zwischen den an der Nordost-Grenze Bayerns aufgestellten Observations-Truppen und dem preussischen II. Reserve-Corps statt hatten, endlich jener in der Festung Mainz.

Ereignisse an der Nordost-Grenze Bayerns.

Zum Schutze der Nordost-Grenze Bayerns stand am 21. Juli Major Wirthmann mit einem Detachement (5 Compagnien vom 4. Bataillon des 13. Regiments und einige Chevaulegers) mit 2 Compagnien in Hof und je einer Compagnie in Schwarzenbach, Münchberg und Culmbach.

Bei Bamberg befand sich überdies unter Major Höfler das 1. Bataillon des 4. und das 2. des 10. Regiments nebst einer Chevaulegers-Escadron.

Die ersterwähnte Abtheilung kam bald in Contact mit einem ganzen preussischen Corps.

Schon am 3. Juli war im Hauptquartier zu Jičin die Bildung eines II. Reserve-Armee-Corps unter dem Befehle des Grossherzogs von Mecklenburg-Schwerin beschlossen worden. Das Corps sollte bei Leipzig aus preussischen, mecklenburgischen und altenburgischen Truppen zusammengesetzt werden und zur Unterstützung der Main-Armee von Norden her in Bayern eindringen.

Nach seiner Formirung zählte das Corps 23 Bataillons Infanterie, 1 Bataillon Jäger, 14 Escadrons, 64 Geschütze und eine combinirte Pionnier-Abtheilung, beiläufig 26.000 Mann [1]).

Doch hatte es diese Stärke noch nicht gänzlich erreicht und es fehlte noch ein Theil der preussischen Artillerie und Cavallerie, sowie das braunschweigische Contingent, als der Grossherzog von Mecklenburg-Schwerin am 18. aus dem preussischen Hauptquartier in Leipzig eintraf, und am 20. auf den beiden Strassen über Werdau und Zwickau die Vorrückung begann.

Die Avantgarde des Corps (Füsilier-Bataillon des 4. Garde-Regiments, 1 Jäger-Compagnie, 1 Escadron und 2 Geschütze) unter Major v. Loos erreichte auf der Eisenbahn noch am 22. Plauen und nach einem Nachtmarsche am 23. Morgens Hof.

Major Wirthmann hatte am Abende vorher irrthümlicherweise die officielle Nachricht von einer abgeschlossenen 5tägigen Waffenruhe erhalten und machte hievon dem Commandanten der von Plauen vorrückenden preussischen Colonne die Mittheilung. Dieser wollte jedoch nichts von einer Waffenruhe wissen und fügte seiner Antwort bei, dass eine bedeutende preussische Übermacht aus drei Richtungen gegen Hof im Anzuge sei.

Den beiden dort stehenden Compagnien blieb nun nichts übrig, als sich nach Schwarzenbach zurückzuziehen und sich bei Münchberg mit den übrigen zu concentriren.

Ein Halbzug, welcher beim Abmarsche von Hof die Vorposten aufnehmen sollte, fiel in die Hände des Feindes.

Hof wurde durch 2 preussische Bataillons und eine Escadron besetzt.

Immer mehr gedrängt, ging die bayerische Truppe unter Major Wirthmann am 24. nach Gefrees und sodann auf Berneck zurück, wo den 23. nach und nach unter Major v. Michels auch das 4. Bataillon des 14. Regiments (4 Compagnien) und 1 Zug Chevaulegers eingetroffen waren.

Von da gingen dieselben noch am 24. nach Bayreuth zurück, von wo dann mittelst Eisenbahn das Bataillon des 13. Regiments nach Neustadt am Culm, jenes des 14. nach (Stadt) Kemnat gebracht wurde.

In diese Gegend waren indessen auf Veranlassung des bayerischen Kriegs-Ministeriums das 4. Bataillon des Leib- und des 7. Regiments, das Reserve-Bataillon des 11. Regiments, 2 Reserve-Jäger-Compagnien und eine halbe gezogene Batterie dirigirt worden.

Den Bahnhof bei Kemnat hielt bereits eine Compagnie des 4. Bataillons vom Leib-Regiment besetzt, während der Rest dieses Bataillons in die linke Flanke gegen Bayreuth, nach Kirchenlaibach, vorgeschoben war.

---

[1]) Ordre de bataille des preussischen II. Reserve-Armee-Corps, siehe Beilage Nr. III (Ordre de bataille der preussischen Main-Armee).

Am 26. traf der Rest der früher erwähnten bayerischen Truppen in der Linie Windisch-Eschenbach—Kemnat allmälig ein und GM. Fuchs übernahm am 27. deren Commando.

Das preussische Reserve-Corps rückte indessen weiter vor. Das Gros desselben gelangte am 27. nach Hof.

Zwei mecklenburgische Jäger-Compagnien, welche auf Wagen transportirt wurden, erschienen nebst einer Dragoner-Abtheilung in der rechten Flanke vor Culmbach, besetzten die Plassenburg und sicherten dadurch die Eisenbahn nach Bayreuth gegen etwa von Bamberg her zu unternehmende Zerstörungsversuche.

Am 28. besetzten die Vortruppen Schorgast und Berneck und erhielten da die Nachricht, dass der bayerische General Fuchs mit seinen Truppen Kemnat und Weiden erreicht habe.

Dieser hatte hingegen am 28. Morgens ein officielles Telegramm über den Abschluss der Waffenruhe und zugleich den Befehl des Ober-Commando's erhalten, so viel Land als möglich zu occupiren. „Die Colonne Höfler rücke „deshalb nach Hochstadt und Hollfeld (westlich Bamberg) vor. Bayreuth sei, „so viel man wisse, noch von den Preussen frei."

GM. Fuchs dirigirte nun sogleich das 4. Bataillon des 13. Regiments nach Waldeck, jenes des 7. nach Waldsassen, Mitterteich und Umgebung (an der Grenze bei Eger), jenes des 14. besetzte Kemnat und Kulmain, das Reserve-Bataillon des 11. Regiments kam nach Weiden, die beiden Jäger-Compagnien nach Furth, während schliesslich das 4. Bataillon des Leib-Regiments mit der halben Batterie gegen den wichtigsten Punkt, nemlich Bayreuth, abgeschickt wurde. Eine Compagnie dieses Bataillons, welche dadurch, dass sie die Bahn benützte, allein bei Bayreuth anlangte, traf daselbst schon eine Abtheilung preussischer Dragoner. Um 3 Uhr kam preussischerseits noch Major v. Loos mit einer Füsilier-Compagnie auf Wagen und einer Dragoner-Escadron daselbst an und erklärte, da der bayerische Commandant den Abschluss der Waffenruhe geltend zu machen suchte, sich der Feindseligkeiten zu enthalten, bis eine Entscheidung seines Corps-Commandanten eingetroffen wäre.

Die bayerische Compagnie zog sich nun auf den ganz nahen Ort Ober-Connersreut zurück, wo um 6 Uhr auch der Rest des Bataillons eingetroffen war. Der Commandant desselben, Graf Joner, beliess hier nur 2 Compagnien und marschirte mit 3 anderen nach St. Johannes; 1 Compagnie stellte sich zur Verbindung zwischen beiden Theilen auf.

Um 9 Uhr Abends kündigten die Preussen die Waffenruhe und rückten in Bayreuth ein, während eine mecklenburgische Jäger-Compagnie, gefolgt von 3 Compagnien des 4. Garde-Regiments, gegen die bayerische Aufstellung vorbrachen. Es entspann sich ein kleines Gefecht, welches bis 1 Uhr Nachts währte. Major Graf Joner, welcher mittlerweile den Befehl erhalten hatte, sich zurückzuziehen, dirigirte seine Compagnien nach Weidenberg und Creussen. Die nach dem letzteren Orte bestimmte (14.) Compagnie wich jedoch nach Weidenberg ab, nachdem ihr Commandant bei einer mit einer kleinen Abtheilung unternommenen Recognoscirung überfallen worden war.

Im Laufe der Nacht standen 3 Compagnien in Weidenberg. Am nächsten Morgen (29.) traten sämmtliche Compagnien den Rückzug au Kemnat an, wandten sich aber bald auf Befehl des GM. Fuchs nach Seubottenreut und wurden im Marsche dahin, nachdem kurz vorher bei dem letzterwähnten Orte schon eine Abtheilung durch 2 unter Oberst v. Lützow recognoscirende Dragoner-Escadrons, denen die 11. Compagnie des 4. Garde-Regiments folgte, überfallen und gefangen worden war [1]), in der Nähe von Döberschütz von der früher erwähnten Garde-Compagnie angegriffen. Bald darauf ward das Bataillon von mecklenburgischen Dragonern attakirt und erlitt bedeutende Verluste. Es trachtete nun, nach Creussen auszuweichen, kam aber auch noch in preussisches Geschützfeuer und ward überdies von 2 anderen, aus der Gegend von Wüstensreut, vorbrechenden Compagnien des Garde-Regiments angegriffen. Das Bataillon, dessen Commandant, Graf Joner, verwundet ward, sammelte sich endlich in Creussen, ging dann bis Kirchenthumbach und von da auf requirirten Wagen bis Pressat zurück, von wo es auf der Eisenbahn nach Weiden expedirt wurde.

Die beiderseitigen Verluste betrugen:

	Preussen, resp. Mecklenburgische Dragoner.			Bayern.		
	Officiere	Mann	Pferde	Officiere	Mann	Pferde
Todt	—	—	11	—	6	—
Verwundet	1	14	27	1	1	1
Vermisst	—	—	—	7 [2])	243 [2])	1
Summe:	1	14	38	8	250	2.

Preussische Abtheilungen folgten den Bayern auf eine grössere Strecke gegen Creussen nach, worauf die Avantgarde des Reserve-Corps Cantonnements bei Lehen und Stockau bezog. Das Gros mit dem Hauptquartier des Grossherzogs kam nach Bayreuth. Von hier aus trachtete man Nürnberg mit Beschleunigung zu erreichen. Die Avantgarde erhielt Befehl in 2 Colonnen auf den Strassen über Pottenstein und Creussen-Pegnitz dahin vorzugehen, sich dort zu vereinigen, und Vortruppen bis zur Linie Erlach-Fürth vorzuschieben.

[1]) Von 84 Mann waren 18 getödtet oder verwundet worden.

[2]) Darunter ebenfalls 4 Officiere und 21 Mann verwundet.

Das Gros des Corps folgte am 31. Juli gleichfalls in der Richtung auf Nürnberg, und das Corpsquartier kam an diesem Tage nach Gräfenberg.

Der Grossherzog von Mecklenburg betrachtete sein Corps als einen selbstständigen und von der Main-Armee völlig unabhängigen Körper, kümmerte sich auch nicht um die zwischen GL. v. Manteuffel und dem Prinzen Carl abgeschlossene Waffenruhe, und erklärte, eine solche erst eingehen zu wollen, bis seine Truppen in den Besitz Nürnbergs und Erlangens gelangt wären.

Am 31. Nachmittags wurde wirklich Nürnberg, am 1. August Fürth und Erlangen von der preussischen Avantgarde besetzt, nachdem sie bei Eschenau 40 Officiere und 164 Mann des bayerischen 12. Infanterie-Regiments gefangen genommen hatte. Das Hauptquartier mit dem Gros traf am 1. in Nürnberg ein und der Grossherzog bewilligte erst jetzt die nachgesuchte Waffenruhe.

Am 4. August endlich ward zwischen dem von ihm hiezu delegirten Oberstlieutenant Veith des Generalstabes und dem bayerischen GL. v. Hartmann ein Waffenstillstand abgeschlossen. [1])

Die ersten Truppen des braunschweigischen Contingents trafen erst am 8. August in Nürnberg ein.

Ereignisse in der Festung Mainz.

Bekanntlich wurde noch vor Ausbruch des Krieges durch einen Bundesbeschluss festgesetzt, dass sämmtliche österreichische und preussische Besatzungs-Truppen die Festung zu verlassen und durch Abtheilungen von Bayern, Württemberg, Weimar, Meiningen und Lippe-Schaumburg ersetzt zu werden hätten. Das Gouvernement sollte von Preussen an Bayern, das Festungs-Commando von Österreich an den ältesten Obersten der Bundes-Truppen übergehen.

Der österreichische Artillerie- und der preussische Génie-Director, sowie die Platz-Commanden und Verwaltungsbehörden hatten mit den bisherigen Sections-Officieren in Mainz zu bleiben. Zugleich wurde die Neutralität der Festung ausgesprochen.

Bis zum 18. Juni war die Ablösung sämmtlicher Truppen erfolgt und es verliessen auch an diesem Tage der königlich preussische Vice-Gouverneur G. d. C. Prinz zu Schleswig-Holstein-Sonderburg-Augustenburg, sowie der Festungs-Commandant, der k. k. FML. Graf Neipperg, die Festung. Das Gouvernement ging an den königlich bayerischen GM. Grafen Rechberg-Rothenlöwen und das Festungs-Commando an den herzoglich sachsen-meiningischen Obersten v. Buch über. Der österrei-

[1]) Die Waffenstillstands-Verträge, siehe Beilage Nr. IV.

chische Oberst Pirner, früher Gouvernements-Adjutant, wurde Chef der österreichischen Behörden, der österreichische Oberst v. Hofmann verblieb Artillerie-Director und auch Oberstlieutenant Graf Trips, der bisherige österreichische Platz-Commandant, blieb in dieser Verwendung.

Mit dem Prinzen Holstein waren ganz unerwartet auch alle preussischen Ingenieur-Officiere telegraphisch abberufen worden, wodurch der das Gegentheil feststellende Bundesbeschluss alterirt und auch die Neutralität der Festung in Frage gestellt wurde. Man musste unter solchen Umständen für den Fall einer etwa nothwendig werdenden Vertheidigung vordenken. Der königlich bayerische Ingenieur-Major v. Kollmann, welcher eiligst von Landau herbeigerufen wurde, übernahm die Génie-Direction, bei welcher nebstbei der mit den Eigenthümlichkeiten der Festung vollkommen vertraute österreichische Génie-Hauptmann Rössler eingetheilt war. Die Schwierigkeit für die Génie- sowie für die Artillerie-Direction bestand nun darin, mit den wenigen zu Gebote stehenden Arbeitskräften die Sicherheitsarmirung, sowie jene gegen einen gewaltsamen Angriff durchzuführen, wozu der Befehl von der Bundes-Militär-Commission erst am 3. Juli erging. Vor Allem wurden die Vorwerke, welche die Strassen von Bingen und Budenheim, dann den Rhein beherrschen, so schnell als möglich gegen alle Eventualitäten gesichert.

Obschon hiezu nur 350 Mann bayerischer Artillerie zu Gebote standen (2. Fussbatterie des 2. und 4. Artillerie-Regiments) und trotz mehrfacher Allarmirungen, welche die Arbeiten unterbrachen, ward die Sicherheits-Armirung der inneren Umfassung in 2 Tagen, die Armirung gegen den gewaltsamen Angriff in den Forts Bingen, Gonzenheim, Hardenberg und Hartmühl, dann der Inundationsschanze, in 10 Tagen beendet. Gleichzeitig wurden mehrere Friedens-Pulvermagazine geräumt, Laborir- und andere dergleichen Arbeiten vorgenommen. Die aufopfernde Thätigkeit der wenigen österreichischen Sections- und der bayerischen Batterie-Officiere, dann der Mannschaft beider Contingente setzten die Artillerie-Direction in den Stand, mit Hilfe der Bevölkerung, welche bereitwillig Arbeiter und Zugpferde beistellte, die bezeichneten ausgedehnten Arbeiten in dieser Zeit zu vollenden.

In der Nacht vom 26. auf den 27. Juni armirte Oberst v. Hofmann die Forts Hardenberg und Hartmühl provisorisch mit Feldgeschütz und recognoscirte die Strassen von Gonzenheim und Bingen, ohne jedoch feindliche Abtheilungen daselbst zu treffen.

Die am 27. Juni in die Festung einrückenden 2 grossherzoglich hessischen Bataillons bezogen die Vorposten zwischen Finthen und Budenheim, 1½ Stunden vor Mainz an den beiden nach Bingen führenden Strassen.

Eine Streifpatrulle, bestehend aus einem Unterofficier und einigen Mann stiess bei Bingen auf eine Vorposten-Abtheilung, griff sie unverweilt an und zwang sie zum Rückzuge. Nach den Aussagen eines gefangenen, verwundeten Preussen ergab sich, dass die Nahe-Linie nur schwach besetzt sei. Gleichwohl verlangte der Festungs-Commandant vom VIII. Bundes-Corps eine Verstärkung der Garnison, da diese nach dem Abzuge des österreichischen und preussischen Contingents nur etwas über 3000 Mann Infanterie und 350 Mann Artillerie betrug, und bei dem angestrengten Sicherheitsdienste ungenügend schien. In Folge dessen ward, wie wir dies schon früher angegeben, die kurhessische Division nach Mainz beordert.

Diese Truppen rückten vom 28. Juni angefangen nach und nach ein. Am Abende dieses Tages langten Nachrichten an, dass die Preussen die Vorpostenkette von Finthen-Budenheim anzugreifen beabsichtigten.

Es ward nun eine ausgedehnte Recognoscirung der Binger-Strassen beschlossen. Um Mitternacht stellten sich auf dem Münster-Platze mehrere Bataillons Kurhessen und eine kurhessische Feld-Batterie bereit, und rückten dann unter dem Commando des Festungs-Gouverneurs in 2 Colonnen, welche von Oberst v. Hofmann und Hauptmann Rössler geführt wurden, auf der Hauptstrasse nach Finthen und gegen den Lenaberg vor; eine kleinere Abtheilung mit 2 Geschützen ging über Mombach nach Budenheim.

Beiläufig um 2 Uhr langten die Spitzen sämmtlicher Colonnen an ihren Objecten an, vom Feinde war aber weit und breit nichts zu entdecken. Bei dieser Gelegenheit wurden die grossherzoglich hessischen Bataillons abgelöst und verliessen am selben Tage noch die Festung, um wieder zum VIII. Corps zu stossen.

Obwohl in den ersten Julitagen das weimar'sche Regiment und das Lippe'sche Schützen-Bataillon in die Bundesfestungen Ulm und Rastadt verlegt worden, so betrug nun, nach dem Einrücken der kurhessischen Division und des 4. württembergischen Infanterie-Regiments die Infanterie gegen 12.000 Mann; 3 Feld-Batterien konnten zu Ausfällen verwendet werden, und eine zahlreiche Cavallerie ermöglichte weitausgreifende Streifungen gegen den Taunus und die Nahe [1]). Eines Tages nahm eine aus 1 Officier und 17 Mann bestehende Patrulle des Garde du Corps-Regiments in der Nähe von Schlangenbad 17 Preussen gefangen (Landwehr), die ebenfalls einer Streifpatrulle angehörten.

Die Artillerie zählte nach Eintreffen der 3. württembergischen Festungs-Batterie, einer badischen Festungs-Artillerie-Abtheilung, eines nassauischen Detachements, endlich noch der 4. Fuss-Batterie des bayerischen 4. Artillerie-

---

[1]) Standes-Ausweis der Festungs-Besatzung. Siehe Beilage Nr. V.

Regiments bei 1000 Mann, während der Armirungs-Entwurf 2400 Mann erforderte.

Indessen machte die Armirung weitere Fortschritte. Bis zum 18. Juli wurden die Forts der drei Stunden im Umfange betragenden äusseren Vertheidigungslinie, nämlich die Forts und Lunetten Hauptstein, Josef, Dahlheim, Stahlberg, Zahlbach, Bretzenheimer-Thurm, Mariaborn, Hechtsheim, Filipp, Elisabeth, Heiligenkreuz, Carl, Karthäus, Weissenau, die beiden Mainspitzen, ganz Kastel mit seinen Lunetten und den 3 Rheinschanzen, Grossherzog von Hessen und der Petersauer-Thurm gegen den gewaltsamen Angriff armirt. Nebstbei wurden 13.000 Centner Pulver und die ganze Reserve-Munition aus den Friedens- in die Kriegs-Pulvermagazine geschafft, desgleichen eine Menge Artillerie-Material überführt, endlich das Laboratorium zu ausserordentlichen Erzeugungen organisirt, da für die kurhessische Division, welche bei dem schleunigen Abmarsche aus ihrem Heimatlande keineswegs kriegsmässig ausgerüstet werden konnte, erst die Munition für alle drei Waffengattungen erzeugt werden musste.

Kaum war die Armirung beendet, so begannen auch alsbald die Feindseligkeiten. Nach dem Gefechte von Aschaffenburg kamen bei 4000 Mann Landwehrtruppen von Coblenz heran und besetzten Wiesbaden, Biebrich und die Erbenheimer Höhe, im Kanonenertrag der Festung. Ein auf einem kleinen Dampfboote, welches schon seit einiger Zeit zur Recognoscirung auf dem Rhein verwendet wurde, eingeschifftes Detachement Curhessen, gerieth am 19. Juli zuerst in's Gefecht, indem es von einer von der Nordseite Biebrichs hervorbrechenden feindlichen Abtheilung (Waldecker) beschossen wurde.

Eine Stunde später, beiläufig 4 Uhr Nachmittags, besetzten die Preussen die 800 Schritte vom Petersauer-Thurm entfernten Glashütten herwärts Biebrich. Es entstand bald ein Geplänkel zwischen den preussischen Vorposten und den in der Enveloppe des Thurmes postirten kurhessischen Schützen, so wie einer vom Fort Grossherzog von Hessen vorgeschobenen Kette (Bayern).

Die Geschütze des Petersauer-Thurmes verhinderten durch einige Schüsse das Nachdrängen von stärkeren preussischen Reserven.

Ein auf der Höhe vor Wiesbaden erschienenes preussisches Detachement entfernte sich sogleich wieder, als ein aus dem Fort Grossherzog von Hessen abgefeuertes 6pfündiges Spitzgeschoss dicht vor demselben einschlug. (Distanz 4000 Schritte). In den ersten Nachmittagsstunden des 20. Juli erschien auf dem Hochheimer Höhenzuge neben dem Fähnchenkreuz eine preussische 4pfd. Batterie von 4 Geschützen und sendete einige Schüsse gegen die Festungswerke von Kastel. Die Geschosse gingen zu hoch und verwundeten Niemand. Die gezogenen 6 und 12 Pfünder der Bastionen Erzherzog Carl und

Prinz Wilhelm, sowie der Lünette Hochheim antworteten und vertrieben nach einigen gegebenen Schüssen die feindliche Batterie.

Auch vom Petersauer-Thurme wurden an diesem Tage aus den glatten 24 Pfündern einige Shrapnels gegen jene feindlichen Truppen abgefeuert, welche als Ablösung den freien Raum zwischen der Gas-Anstalt und den Glashütten zu passiren suchten.

Am 21. Juli bewegten sich starke Eisenbahnzüge, anscheinend mit Kriegsmaterial beladen, auf der Rheingauer-Bahn. Die gezogenen 12 Pfünder des Petersauer-Thurmes, sowie ein gezogener 6 Pfünder des Forts Grossherzog von Hessen richteten ihr Feuer gegen die Curve, Knotenpunkt dieser Bahn, auf 3000 Schritte Entfernung, und bezweckten dadurch, dass die Züge nur mehr bei Nacht diese Stelle passirten.

Am 22. Juli in den Vormittagsstunden wurden Erdarbeiten — wahrscheinlich zur Herstellung einer gedeckten Passage zwischen den schon mehrfach genannten Glashütten und dem Gasometer, von den bayerischen Lieutenants Schmädt und Helmreich, welche die Artillerie des in der Flanke liegenden Forts Hartmühl und der Inundationsschanze commandirten, bemerkt; wenige Schüsse aus den gezogenen 12 Pfündern der genannten Werke, über den Rhein hinweg, genügten, um die Arbeiter zu vertreiben.

Nach 4 Uhr Nachmittags erschien auf dem sogenannten Hambusche, einem in der Entfernung von 2800 Schritten von dem Petersauer-Thurme gelegenen Hügel, eine preussische 4pfd. Batterie von 4 Geschützen und eröffnete ihr Feuer gegen den genannten Thurm, wobei sie mehrmals ihren Standpunkt wechselte.

Die gezogenen 12 Pfünder des Thurmes, so wie sämmtliche gezogene Geschütze vom Fort Hessen unter Commando des kurhessischen Lieutenants Winter und jene der Kasteler-Bastionen und Lunetten, woselbst der bayerische Oberlieutenant Kainath mit grosser Ruhe und Umsicht commandirte, setzten sich allsogleich in's Feuer und nach beiläufig $^3/_4$ Stunden fuhr die feindliche Batterie wegen der in und um dieselbe häufig einschlagenden Geschosse ab.

Von den beiläufig 45 vom Feinde abgegebenen Schüssen hatten 4 Geschosse die Wand des Thurmes, — 4 die Plattform getroffen, wodurch ein 12pfd. Kanonenrohr, durch Abschiessen eines Schildzapfens demontirt und der Sohlbalken eines Rahmens zersplittert, ferner ein badischer Kanonier verwundet wurde. Hauptmann Rössler bewirkte in der kürzesten Zeit die Herstellung der durch die explodirten Geschosse geschehenen bedeutenden Beschädigungen am Thurme.

In der Nacht vom 22. auf den 23. um 2 Uhr wurde die Garnison zum letztenmale allarmirt, darauf erfolgte nach und nach der Abzug der einzelnen Contingente.

Am 26. Juli wurde mit dem Commandanten der preussischen Observationstruppen eine Waffenruhe abgeschlossen, welche am 4. August in den förmlichen Waffenstillstand überging; am 26. August endlich ward die Festung den Preussen übergeben.

Wir haben schon in dem IV. Bande dieses Werkes im Allgemeinen das Resultat der zwischen Preussen und seinen deutschen Gegnern gepflogenen Friedens-Verhandlungen erwähnt.

Noch vor Ratification des Friedens mit Österreich schloss Preussen am 13. August mit Württemberg, am 17. mit Baden, am 22. mit Bayern den Frieden — und gleichzeitig auch jene Schutz- und Trutz-Bündnisse ab, welche diese Staaten verpflichten, dem Nordbunde im Falle eines Krieges Heeresfolge zu leisten [1]).

Mit Hessen-Darmstadt kam es erst am 3. September zur Verständigung. Preussen erwarb durch diesen Frieden, von Hessen-Darmstadt, das mit seinen nördlich des Mains gelegenen Gebietstheilen sich dem norddeutschen Bunde anschliessen musste, die Markgrafschaft Hessen-Homburg und die Kreise Biedenkopf und Vöhl, sowie einige kleinere in Preussen gelegene Gebietstheile, wogegen das Grossherzogthum mit einigen vormals kurhessischen, nassauischen und Frankfurter-Districten entschädigt wurde.

Bayern musste das Bezirksamt Gersfeld, einen Bezirk von Orb und die Enclave Caulsdorf abtreten.

Überdies hatte Bayern eine Geld-Contribution von 30, Württemberg 8, Baden 6 und Hessen-Darmstadt von 3 Millionen Gulden zu leisten.

Nach erfolgtem Friedensschlusse geschah der Rücktransport der Division Goeben vom 13. bis 17. September auf der Linie Frankfurt-Giessen-Hamm; die Divisionen Beyer und Flies nebst der oldenburg-hanseatischen Brigade wurden in der Zeit vom 17. bis 23. September auf den rheinischen und hessen-hannoverischen Bahnen in die Heimat zurückgezogen. Nur die Füsilier-Regimenter Nr. 36, 39 und 40 verblieben vorläufig in Frankfurt und das 13. Infanterie-Regiment in Sachsen-Meiningen, wo es am 19. September eintraf.

Die Truppen des II. Reserve-Corps verliessen Bayern mit thunlichster Beschleunigung; sie begannen die Räumung am 6. und beendeten selbe am 10. September.

Des Schicksals der übrigen Bundesgenossen Österreichs nördlich der Mainlinie ist bereits gedacht worden.

---

[1]) Siehe Österreichs Kämpfe, IV. Band, Seite 220.

Ganz anders hätte der Ausgang des Krieges für die in Rede stehenden Staaten Deutschlands sein können, wenn sie, nachdem sie einmal Partei genommen, vor Allem der ersten Forderungen des Krieges sich erinnert und in raschem, thätigen, vereinten Wirken den Erfolg und somit ihr Heil gesucht hätten. Aber die schon Eingangs geschilderten Verhältnisse standen dem entgegen, und so mussten sie es erleben, dass sie, die über hunderttausend Mann stark waren, gegen einen nur halb so starken und dazu noch immer ganz zersplittert operirenden Feind in wiederholten und heldenmüthigen Gefechten den Kürzeren zogen und im Ganzen ohne Gewinn für sich und ohne Nutzen für die allgemeine Sache kämpften.

Beilagen zu „Die Kriegs-Ereignisse in Westdeutschland."

Westdeutsche Bundes-Armee.

Oberbefehlshaber: Se. königl. Hoheit Prinz Carl von Bayern, Feldmarschall und General-Inspector der Armee.
Chef des Generalstabs: GL. und G.-Adjut. Freiherr v. d. Tann.
Sous-Chef d. „ GM. v. Schintling.
Feld-Artillerie-Director: GL. Ritter v. Brodesser.
Feld-Génie-Director: OL. Limbach.
Attachirt: k. k. FML. Graf Huyn.
„ für das VIII. Bundes-Corps: k. württemb. Major v. Suckow des Generalstabes.

Ordre de bataille des VII. deutschen Bundes-Armee-Corps

während des Feldzuges im Jahre 1866.

Stab (wie oben).

I. Infanterie-Division: Commandant: GM. Stephan.

Chef des Generalstabes: Major Diehl.

	Baons.	Comp.	Escdr.	Batter.	Brk.-Eq.	Inft.	Cav.	Art. u. Pion.	Zusam.	Gesch.
1. Infanterie-Brigade: GM. v. Steinle[1]), 2. Jäger-Bat., 2. u. 3. Bat. des Leib-, 2. u. 3. des 1., u. 1. Bat. [2]) des 2. Inft.-Rgts.	6	—	—	—	—	5398	—	—	5398	—
2. Infanterie-Brigade: GM. Ritter v. Welsch, 4. Jäger-Bat., 2. u. 3. Bat. des 2., 1., 2.[3]) u. 3. Bat. des 8. Inft.-Rgts.	6	—	—	—	—	5398	—	—	5398	—
3. Chevaulegers-Rgt.	—	—	4	—	—	—	507	—	507	—
6pfd. gez. Batterie Hutten u. 12pfd. glatte, Mussinan	—	—	—	2	—	—	—	412	412	16
Munitions-Reserve	—	—	—	—	—	—	—	537	537	—
Génie-Abtheilung	—	1/4	—	—	—	—	—	45	45	—
1. Sanitäts-Comp.	—	1	—	—	—	174	—	—	174	—
Zusammen die 1. Division:	12	1 1/4	4	2	—	10.970	507	994	12.471	16

2. Infanterie-Division: Commandant: GL. v. Feder.

Chef des Generalstabes: Oberst Frhr. v. d. Tann.

	Baons.	Comp.	Escdr.	Batter.	Brk.-Eq.	Inft.	Cav.	Art. u. Pion.	Zusam.	Gesch.
3. Infanterie-Brigade: GM. Schumacher, 7. Jäger-Bat., 1., 2. u. 3.[3]) Bat. des 3., 1. u. 2. Bat. des 12. Inft.-Rgts.	6	—	—	—	—	5398	—	—	5398	—

[1]) Nach Kissingen Oberst Frhr. v. Pranckh, dann Oberst Pesenecker.
[2]) Nachträglich zur mobilen Armee eingetheilt.
[3]) Kam erst nach dem Gefechte von Kissingen zur Armee.

	Baon.	Comp.	Escdr.	Batter.	Brk.-Eq.	Inft.	Cav.	Art. u. Pion.	Zusam.	Gesch.
4. Infanterie-Brigade: GM. v. Hanser; 3. Jäger-Bat., 1., 2., 3. [1]) Bat. des 7., 1. u. 3. Bat. d. 10. Inft.-Rgts.	6	—	—	—	—	5398	—	—	5398	—
4. Chevaulegers-Rgt.	—	—	4	—	—	—	507	—	507	—
6pfd. gez. Batterie Zeller und 12pfd. glatte, Kirchhoffer	—	—	—	2	—	—	—	412	412	16
Munitions-Reserve	—	—	—	—	—	—	—	537	537	—
Génie-Abtheilung	—	¼	—	—	—	—	—	45	45	—
4. Sanitäts-Comp.	—	1	—	—	—	174	—	—	174	—
Zusammen die 2. Division:	12	1¼	4	2	—	10.970	507	994	12.471	16

3. Infanterie-Division: Commandant: GL. Frhr. v. Zoller [2]).
Chef des Generalstabes: Major v. Heckel [3]).

	Baon.	Comp.	Escdr.	Batter.	Brk.-Eq.	Inft.	Cav.	Art. u. Pion.	Zusam.	Gesch.
5. Infanterie-Brigade: GM. v. Ribeaupierre, 5. Jäger-Bat., 1. [4]), 2., 3. Bat. des 11., 1., 2. [1]), 3. Bat. des 15. Inft.-Rgts.	7	—	—	—	—	6298	—	—	6298	—
6. Infanterie-Brigade: GM. Walther [5]), 1. Jäger-Bat., 1. u. 3. Bat. des 6., 1. u. 2. Bat. d. 14. Inft.-Rgts.	5	—	—	—	—	4498	—	—	4498	—
2. Chevaulegers-Rgt.	—	—	4	—	—	—	507	—	507	—
6pfd. gez. Batterie Lottersberg und 12pfd. glatte, Schuster	—	—	—	2	—	—	—	412	412	16
Munitions-Reserve	—	—	—	—	—	—	—	537	537	—
Génie-Abtheilung	—	¼	—	—	—	—	—	45	45	—
3. Sanitäts-Comp.	—	1	—	—	—	174	—	—	174	—
Zusammen die 3. Division:	12	1¼	4	2	—	10.970	507	994	12.471	16

4. Infanterie-Division: Commandant: GL. Ritter v. Hartmann.
Chef des Generalstabes: Oberst Dietl.

	Baon.	Comp.	Escdr.	Batter.	Brk.-Eq.	Inft.	Cav.	Art. u. Pion.	Zusam.	Gesch.
7. Infanterie-Brigade: GM. Faust [6]), 8. Jäger-Bat., 1., 2. [1]), 3. Bat. des 5., 1. u. 2. Bat. des 13. Inft.-Rgts. .	6	—	—	—	—	5398	—	—	5398	—
8. Infanterie-Brigade: GM. Cella, 6. Jäger-Bat., 2. u. 3. Bat. des 4., 1., 2., 3. [1]) Bat. des 9. Inft.-Rgts. .	6	—	—	—	—	5398	—	—	5398	—
6. Chevaulegers-Rgt.	—	—	4	—	—	—	507	—	507	—
6pfd. gez. Batterie Königer und 12pfd. glatte, Hang .	—	—	—	2	—	—	—	412	412	16
Munitions-Reserve	—	—	—	—	—	—	—	537	537	—
Génie-Abtheilung	—	¼	—	—	—	—	—	45	45	—
2. Sanitäts-Comp	—	1	—	—	—	174	—	—	174	—
Zusammen die 4. Division:	12	1¼	4	2	—	10.970	507	994	12.471	16

---

[1]) Nachträglich zur mobilen Armee eingetheilt.
[2]) Nach Kissingen FZM. Prinz Luitpold von Bayern.
[3]) " " OL. v. Orff.
[4]) Kam erst nach dem Gefechte von Kissingen zur Armee.
[5]) Später Oberst Schweizer vom 15. Inft.-Rgt.
[6]) Später Oberst Bijot vom 5. Inft.-Rgt.

Reserve-Infanterie-Brigade: Commandant: Oberst Bijot vom 5. Inft.-Rgt. [1])
Generalstabs-Officier: Hauptmann Orff vom 8. Inft.-Rgt.

	Baons.	Comp.	Escdr.	Batter.	Brk.-Eq.	Inft.	Cav.	Art. u. Pion.	Zusam.	Gesch.
1. Bat. [2]) des 4. Inft.-Rgts.										
2. „ „ 6. „										
2. „ [2]) „ 10. „										
3. „ „ 12. „										
3. „ „ 13. „										
3. „ „ 14. „	6	—	—	—	—	5610	—	—	5610	—
2. [2]) u. 3. Escd. des 1. Chevaulegers-Rgts.	—	—	2	—	—	—	240	—	240	—
6pfd. gez. Batterie Kriebel [3])	—	—	—	1	—	—	—	206	206	8
Munitions-Reserve	—	—	—	—	—	—	—	268	268	—
Sanitäts-Abtheilung	—	1/2	—	—	—	86	—	—	86	—
Zusam. die Res.-Inft.-Brig.:	6	1/2	2	1	—	5696	240	474	6410	8

Reserve-Cavallerie-Corps: Commandant: G. d. C. Fürst Thurn und Taxis [4]).
Beigegeben: GM. Ritter v. Jenisch.
Chef des Generalstabes: OL. Weiss.

	Baons.	Comp.	Escdr.	Batter.	Brk.-Eq.	Inft.	Cav.	Art. u. Pion.	Zusam.	Gesch.
1. leichte Cavallerie-Brigade: GM. Herzog Ludwig in Bayern [5]), 1. u. 2. Uhlanen-Rgt.	—	—	8	—	—	—	1026	—	1026	—
2. leichte Cavallerie-Brigade: GM. Graf zu Pappenheim [6]), 3. Uhlanen- u. 5. Chevaulegers-Rgt.	—	—	8	—	—	—	1026	—	1026	—
Schwere Cavallerie-Brigade: GM. Frhr. v. Rummel [7]), 1., 2. u. 3. Cürassier-Rgt.	—	—	12	—	—	—	1533	—	1533	—
3. reitende Batterie Massenbach u. 4. reitende Batterie La Roche	—	—	—	2	—	—	—	344	344	12
Munitions-Reserve	—	—	—	—	—	—	—	332	332	—
Zusam. das Res.-Cav.-Corps:	—	—	28	2	—	—	3585	676	4261	12

Reserve-Artillerie: Commandant: GM. Graf Bothmer.
Beigegeben: Oberst Lutz vom 3. Art.-Rgt.

	Baons.	Comp.	Escdr.	Batter.	Brk.-Eq.	Inft.	Cav.	Art. u. Pion.	Zusam.	Gesch.
1. Division v. 3. Art.-Rgt.: 1. reit. Batterie Lepel, 2. „ „ Hellingrath	—	—	—	2	—	—	—	354	354	12
2. Division v. 4. Art.-Rgt.: 6pfd. gez. Batt. Redenbacher, 6pfd. „ „ Girl.	—	—	—	2	—	—	—	421	421	16

[1]) Später Oberst v. Pranckh vom Inft.-Leib-Rgt., dann GM. Frhr. v. Seckendorf.
[2]) Formirten ein fliegendes Corps unter Major Höfler und blieben bei Bamberg zurück, als die Reserve-Brigade vor den Gefechten bei Würzburg zum Gros der Armee gezogen wurde.
[3]) Später 12pfd. Batterie Gramich.
[4]) Später durch GM. Herzog Ludwig in Bayern interimistisch ersetzt.
[5]) „ „ Oberst Frhr. v. Diez vom 2. Uhlanen-Rgt. ersetzt.
[6]) „ „ „ Frhr. v. Brück „ 3. „ „
[7]) „ „ „ v. Schubärt „ 1. Cürassier-Rgt. „

	Baons.	Comp.	Escdr.	Batter.	Brk.-Eq.	Inft.	Cav.	Art. u. Pion.	Zusam.	Gesch.
3. Division v. 1. Art.-Rgt.: 12pfd. glatte Batt. Gramich[1]) 12pfd. „ „ Cöster	—	—	—	2	—	—	—	421	421	16
4. Division v. 2. Art.-Rgt.: 12pfd. glatte Batt. Minges 12pfd. „ „ Mehler	—	—	—	2	—	—	—	421	421	16
Zusammen die Res.-Art.:	—	—	—	8	—	—	—	1617	1617	60

Recapitulation[2]).

	Baons.	Comp.	Escdr.	Batter.	Brk.-Eq.	Inft.	Cav.	Art. u. Pion.	Zusam.	Gesch.
1. Division	12	1¼	4	2	—	10.970	507	994	12.471	16
2. „	12	1¼	4	2	—	10.970	507	994	12.471	16
3. „	12	1¼	4	2	—	10.970	507	994	12.471	16
4. „	12	1¼	4	2	—	10.970	507	994	12.471	16
Res.-Inft.-Brigade	6	½	2	1	—	5696	240	474	6410	8
„ Cav.-Corps	—	—	28	2	—	—	3585	676	4261	12
„ Artillerie	—	—	—	8	—	—	—	1617	1617	60
Zusam. des VII. Bundes-Armee-Corps:	54	5½	46	19	—	49.576	5853	6743	62.172	144

Überdies befanden sich beim Corps 3 Feld-Génie-Compagnien, 5 Munitions-Colonnen, 2 Pionnier-Equipagen, 1 Reserve-Brücken- und 1 Pionnier-Equipage mit 4 Fuhrwesens-Abtheilungen, dann 1 Feld-Telegraphen-Abtheilung, deren Stand im officiellen bayerischen Werke nicht angegeben ist.

---

[1]) Später der Reserve-Inft.-Brigade zugetheilt.

[2]) Der Truppenstand ist nach dem officiell angegebenen „Soll-Stande" (Verpflegsstand) vom 21. Juni 1866 berechnet, welcher indess nicht erreicht wurde.

Ordre de bataille des VIII. deutschen Bundes-Armee-Corps

während des Feldzuges im Jahre 1866.

Oberbefehlshaber: Grossherzoglich hessischer G. d. I. Prinz Alexander von Hessen.
Chef des Generalstabes: Königl. württembergischer GL. v. Baur.
Sous-Chef d. „ Grossherzoglich badischer Major Kraus.
Artillerie-Director: „ „ GL. v. Faber.
Génie-Director: k. k. österr. Major v. Orelli.
Attachirt: k. k. österr. Oberst v. Schönfeld.
„ für das VII. Bundes-Corps: k. bayerischer GM. Frhr. v. Ow.

I. Division (königl. württembergische): Commandant: GL. v. Hardegg.
Chef des Generalstabes: GM. v. Kallée.

	Baons.	Comp.	Escdr.	Batter.	Brk.-Eq.	Inft.	Cav.	Art. u. Pion.	Zusam.	Gesch.
1. Infanterie-Brigade: GM. v. Baumbach, 3. Jäger-Bat., 1. u. 5. Inft.-Rgt.	5	—	—	—	—	4474	—	—	4474	—
2. Infanterie-Brigade: GM. v. Fischer, 2. Jäger-Bat., 2. u. 7. Inft.-Rgt. . .	5	—	—	—	—	4474	—	—	4474	—
3. Infanterie-Brigade: GM. v. Hegelmaier, 1. Jäger-Bat., 3. u. 8. Inft.-Rgt.	5	—	—	—	—	4474	—	—	4474	—
Cavallerie-Brigade: GM. Graf Scheler, 1. u. 4. Reiter-Rgt., 3. Escd. des 2. Reiter Rgts.	—	—	9	—	—	—	1260	—	1260	—
1. 6pfd. reit. gez. Hinterlad-Batterie; 6. 6pfd. gez. Hinterlad-Fuss-Batterie; 7. 6pfd. gez. Hinterlad-Fuss-Batterie	—	—	—	3	—	—	—	714	714	24
Divisions-Pionniere	—	—	—	—	—	—	—	55	55	—
Sanitäts-Comp.	—	1	—	—	—	222	—	—	222	—
Zusammen die 1. Division:	15	1	9	3	—	13.644	1260	769	15.673	24

2. Division (grossherz. badische): Commandant: GL. Prinz Wilhelm von Baden.
Chef des Generalstabes: Oberst Keller. Commandant der Inft.-Div.: GL. Waag.

	Baons.	Comp.	Escdr.	Batter.	Brk.-Eq.	Inft.	Cav.	Art. u. Pion.	Zusam.	Gesch.
1. Infanterie-Brigade: GM. Frhr. v. La Roche, Jäg.-Bat., 1. Leib-Grenadier- u. 5. Inft.-Rgt.	5	—	—	—	—	4266	—	—	4266	—
2. Infanterie-Brigade: Oberst v. Neubronn, 2. Füs.-Bat., 2. u. 3. Inft.-Rgt.	5	—	—	—	—	4266	—	—	4266	—
2. Drag.-Rgt.	—	—	4	—	—	—	487	—	487	—
1., 2. u. 5. 6pfd. gez. Hinterlad-Batterie	—	—	—	3	—	—	—	498	498	18
Divisions-Pionniere	—	1	—	—	—	—	—	61	61	—
Sanitäts-Comp.	—	1	—	—	—	149	—	—	149	—
Zusammen die 2. Division:	10	2	4	3	—	8681	487	559	9727	18

3. Division (grossherzogl. hessische): Commandant: GL. Frhr. v. Perglas.
Chef des Generalstabes: Oberst Becker.

	Baons.	Comp.	Escdr.	Batter.	Brk.-Eq.	Inft.	Cav.	Art. u. Pion.	Zusam.	Gesch.
1. Infanterie-Brigade: GM. Frey, 1. Homburger Jäger-Comp., 1. Leibgarde- u. 2. Inft.-Rgt.	4	1	—	—	—	3735	—	—	3735	—
2. Infanterie-Brigade: GM. v. Stockhausen, 2. Homburger Jäger-Comp., 3. Leib- u. 4. Inft.-Rgt.	4	1	—	—	—	3785	—	—	3785	—
Scharfschützen-Corps	1	—	—	—	—	880	—	—	880	—
Cavallerie-Brigade: GM. Prinz Ludwig von Hessen, 1. Reiter-Rgt.	—	—	4	—	—	—	581	—	581	—
2. 6pfd. gez. Hinterlad- u. 3. 6pfd. gez. Vorderlad-Batterie	—	—	—	2	—	—	—	387	387	12
Divisions-Pionniere	—	—	—	—	—	—	—	60	60	—
Sanitäts-Abtheilung	—	—	—	—	—	91	—	—	91	—
Zusammen die 3. Division:	9	2	4	2	—	8441	581	447	9469	12

4. Division (österr.-nassauische): Commandant: k. k. FML. Graf Neipperg.
Chef des Generalstabes: k. k. Hauptmann v. Ratschiller.

	Baons.	Comp.	Escdr.	Batter.	Brk.-Eq.	Inft.	Cav.	Art. u. Pion.	Zusam.	Gesch.
K. k. österr. Brigade: GM. Hahn, 35. Feld-Jäger-Bat., 1., 2., 3. Bat. Baron Wernhardt Inft.-Rgt. Nr. 16, 3. Bat. Baron Reischach Inft.-Rgt. Nr. 21, 3. Bat. Baron Hess Inft.-Rgt. Nr. 49, 3. Bat. Graf Nobili Inft.-Rgt. Nr. 74	7	—	—	—	—	7053	—	—	7053	—
Herzoglich nassauische Brigade: GM. Roth, Jäger-Bat., 1. u. 2. Inft.-Rgt.	5	—	—	—	—	4503	—	—	4503	—
2 Escd. kurhessische Huszaren	—	—	2	—	—	—	331	—	331	—
2 herzoglich nassauische 6pfd. gez. Hinterl.-Halb-Batt.	—	—	—	1	—	—	—	211	211	8
k. k. 4pfd. gez. Vorderlad-Batt. Nr. 1/I u. k. k. 8pfd. gez. Vorderlad-Batt. Nr. 6/II	—	—	—	2	—	—	—	381	381	16
Herz. nass. Pionnier-Abth.	—	—	—	—	—	—	—	82	82	—
„ Sanitäts- „	—	—	—	—	—	115	—	—	115	—
k. k. „ „	—	—	—	—	—	46	—	—	46	—
Zusammen die 4. Division:	12	—	2	3	—	11.717	331	674	12.722	24

Reserve-Cavallerie: Commandant: k. württemb. GL. v. Entress-Fürsteneck.
Generalstabs-Officier: Oberlieut. v. Maucler.

	Baons.	Comp.	Escdr.	Batter.	Brk.-Eq.	Inft.	Cav.	Art. u. Pion.	Zusam.	Gesch.
Königl. württ. 3. Reiter-Rgt. } 1 Escd. des 4. „ }	—	—	5	—	—	—	700	—	700	—
Grossh. bad. Leib-Drag.-Rgt.	—	—	4 }	—	—	—	974	—	974	—
„ „ 3. „	—	—	4 }							
„ hess. 2. Reiter-Rgt.	—	—	4	—	—	—	566	—	566	—
Königl. württemb. 2. 4pfd. gez. reit. Vorderlad-Batt.	—	—	—	1	—	—	—	238	238	8
Zusammen die Res.-Cav.:	—	—	17	1	—	—	2240	238	2478	8

Artillerie-Reserve: Commandant: Grossh. hessischer Major Scholl.
Später grossh. hessischer Oberst Seederer.

	Baons.	Comp.	Escdr.	Batter.	Brk.-Eq.	Inft.	Cav.	Art. u. Pion.	Zusam.	Gesch.
Königl. württemb. Abth.:										
1. u. 4. glatte 12pfd. Fuss-Batterie	—	—	—	2	—	—	—	476	476	16
Grossh. badische Abth.:										
6pfd. reit. glatte Batterie, 3. 6pfd. gez. Hinterlad-Fuss-Batterie	—	—	—	2	—	—	—	318	318	12
Grossh. hessische Abth.:										
reit. Batt. (4 glatte, 2 gez. 6pfd. Vorderl. Geschütze) 1. 6pfd. glatte Fuss-Batt. . .	—	—	—	2	—	—	—	358	358	12
Herz. nassauische Abth.:										
6pfd. glatte Fuss-Batterie .	—	—	—	1	—	—	—	203	203	8
Munitions-Reserve:										
3 württemb. Colonnen . .	—	—	—	—	—	—	—	277	277	2
2 badische „ . .	—	—	—	—	—	—	—	218	218	—
2 hessische „ . .	—	—	—	—	—	—	—	290	290	—
1 österr. „ . .	—	—	—	—	—	—	—	101	101	—
1 nassauische „ . .	—	—	—	—	—	—	—	171	171	—
Zusammen die Art.-Res.:	—	—	—	7	—	—	—	2412	2412	50

Brückenzug: Commandant: k. württemb. Oberst v. Niethammer.

	Baons.	Comp.	Escdr.	Batter.	Brk.-Eq.	Inft.	Cav.	Art. u. Pion.	Zusam.	Gesch.
Württemb. Equipage (Birago)	—	—	—	—	$2^1/_2$	—	—	313	313	—
Badische „ „	—	—	—	—	$1^1/_4$	—	—	147	147	—
Hessische „ „	—	—	—	—	$^3/_4$	—	—	74	74	—
Nassauische „ „	—	—	—	—	$^1/_2$	—	—	81	81	—
Zusammen der Brückenzug:	—	—	—	—	5	—	—	615	615	—

Recapitulation[1]).

	Baons.	Comp.	Escdr.	Batter.	Brk.-Eq.	Inft.	Cav.	Art. u. Pion.	Zusam.	Gesch.
1. Division	15	1	9	3	—	13.644	1260	760	15.678	24
2. „	10	2	4	3	—	8681	487	559	9727	18
3. „	9	2	4	2	—	8441	581	447	9469	12
4. „	12	—	2	3	—	11.717	331	674	12.722	24
Reserve-Cavallerie[2])	—	—	17	1	—	—	2240	238	2478	8
Artillerie-Reserve	—	—	—	7	—	—	—	2412	2412	50
Brückenzug	—	—	—	—	5	—	—	615	615	—
Zusam. das VIII. Bundes-Armee-Corps:	46	5	36	19	5	42.483	4899	5714	53.096	136

[1]) Die Truppenstände wurden dem Standesausweise auf den 24. Juli 1866 („Die Operationen des VIII. deutschen Bundes-Corps im Feldzuge 1866“) entnommen, in welchem die Verluste während der vorhergegangenen Gefechte, sowie der Stand der Trains und Spitäler nicht berücksichtigt sind.

[2]) Die Stärke der Reserve-Cavallerie wechselte und betrug

vom 29. Juni bis 8. Juli 13 Escadrons
„ 9. Juli „ 20. „ 17 „
„ 21. „ „ 29. „ 16 „
„ 30. „ an 9 „

Ordre de Bataille der preussischen Main-Armee

Juli 1866.

Ober-Commandirender: General der Infanterie Vogel von Falckenstein.[1])
Chef des Generalstabs: Oberst v. Kraatz-Koschlau.
Ober-Quartiermeister: Oberst v. Strantz.
Commandeur der Artillerie: Oberst v. Decker.
Erster Ingenieur-Officier: Oberst Schulz I.

13. Infanterie-Division: Commandeur: GL. v. Goeben.

Generalstab: Hauptmann von Jena.

	Baons.	Comp.	Escdr.	Batter.	Brk.-Eq.	Inft.	Cav.	Art. u. Pion.	Zusam.	Gesch.
26. Infanterie-Brigade: GM. Frh. v. Wrangel, Inft.-Rgt. Nr. 15 und Nr. 55	6	—	—	—	—	6172	—	—	6172	—
25. Infanterie-Brigade: GM. v. Kummer, Infanterie-Rgt. Nr. 13 und Nr. 53	6	—	—	—	—	6172	—	—	6172	—
Lippe'sches Füsilier-Bataillon [2])	1	—	—	—	—	1024	—	—	1024	—
13. Cavallerie-Brigade: Oberst v. Tresckow, Westphälisches Cür.-Rgt. Nr. 4, Westphälisches Huszaren-Rgt. Nr. 8 [3])	—	—	9	—	—	—	1405	—	1405	—
3. Fuss-Abtheilung des Feld-Art.-Rgts. Nr. 7	—	—	—	4	—	—	—	580	580	25
3. reitende Batterie [4]) des Feld-Art. Rgts. Nr. 7	—	—	—	1	—	—	—	270	270	6
3 Munitions-Colonn. des Feld-Art.-Rgts. Nr. 7 [5])	—	—	—	—	—	—	—	270	270	—
1. u. 4. Comp. des Pionn.-Bat. Nr. 7	—	2	—	—	—	—	—	308	306	—
Zusammen die 13. Inft.-Division:	13	2	9	5	—	13.368	1405	1428	16.201	31

Oldenburg.-Hanseatische Brigade: GM. v. Weltzien. Generalstab: Major Becker.

	Baons.	Comp.	Escdr.	Batter.	Brk.-Eq.	Inft.	Cav. (annähernd)	Art. u. Pion.	Zusam.	Gesch.
Oldenburg. Infanterie-Regiment [6])	3	—	—	—	—	3072	—	—	3072	—
Bremer Füsilier-Bataillon [6])	1	—	—	—	—	1024	—	—	1024	—
Lübeck. „ [7])	1	—	—	—	—	1024	—	—	1024	—
Hamburg. Infanterie-Regiment [8])	2	—	—	—	—	2048	—	—	2048	—
Oldenburg. Reiter-Regiment [6])	—	—	3	—	—	—	468	—	468	—
Hamburg. Dragoner-Division [8])	—	—	2	—	—	—	312	—	312	—
Oldenburg. glatte 12pfd. und gezog. 6pfd. Batterie [6])	—	—	—	2	—	—	—	270	270	12
Oldenburg. Munitions-Colonne	—	—	—	—	—	—	—	100	100	—
Leicht. Feld-Brückentrain aus hannov. Material	—	—	—	—	1	—	—	—	—	—
Zusammen die Brigade:	7	—	5	2	1	7168	780	370	8318	12
Zusam. die Division Goeben mit der Brigade GM. v. Weltzien	20	2	14	7	1	20.536	2185	1798	24.519	43

1) Übergab, zum Gouverneur von Böhmen ernannt, das Commando am 19. Juli an den GL. Freih. v. Manteuffel.

2) Seit dem 9. Juli bei der Division.

3) Vom 20. Juli an stand das 8. Huszaren-Rgt. zur directen Verfügung des Divisions-Commandanten und GM. v. Tresckow befehligte eine combinirte Reserve-Brigade, bestehend aus dem 19. Inft.-, dem 4. Cürassier-Rgt. und der 3. reitenden Batterie des Art.-Rgts. Nr. 7.

4) Rückte am 1. Juli bei der Division ein.

5) Eine (9.) Munitions-Colonne kam später zur Division Beyer.

6) Bei der Division seit dem 20. Juli.

7) „ „ „ „ „ 26. Juli.

8) „ „ „ „ „ 27. Juli.

Combinirte Division: Commandeur: GM. Frh. v. Manteuffel. [1])
Generalstab: Hauptmann v. Gottberg.

	Baons.	Comp.	Escdr.	Batter.	Brk.-Eq.	Inft.	Cav.	Art. u. Pion.	Zusam.	Gesch.
1. Combinirte Inft.-Brigade: GM. v. Freyhold, Inft.-Rgt. Nr. 25 [2]), Füsilier-Rgt. Nr. 36, 9. Jäger-Bat.	7	—	—	—	—	6996	—	—	6996	—
2. Combinirte Inft.-Brigade: GM. v. Korth, Grenadier-Rgt. Nr. 11 [2]), Inft.-Rgt. Nr. 59 . . Infanterie-Regiment Coburg-Gotha [3])	8	—	—	—	—	8222	—	—	8222	—
Combin. Cavall.-Brigade: GM. v. Flies [4]), Rhein. Drag.-Rgt. Nr. 5, Magdeburg-Drag.-Rgt. Nr. 6	—	—	8	—	—	—	1250	—	1250	—
4. reitende Batterie des Art.-Rgts. Nr. 7	—	—	—	1	—	—	—	135	135	6
3. Fuss-Abtheilung des Feld-Art.-Rgts. Nr. 6	—	—	—	4	—	—	—	580	580	24
3 Munitions-Colonnen des Feld-Art.-Rgts. Nr. 6	—	—	—	—	—	—	—	270	270	—
2 Reserve-Pionnier-Compagnien [5])	—	2	—	—	—	—	—	328	328	—
Ponton-Colonne Nr. 7 [6])	—	—	—	—	1	—	—	—	—	—
Gezog. 6pfd. Batterie aus hannov. Materiale [7])	—	—	—	1	—	—	—	145	145	6
Zusammen die Division:	15	2	8	6	1	15.218	1250	1458	17.926	36

Combinirte Division: Commandeur GM. v. Beyer.
Generalstab: Major v. Zeuner.

	Baons.	Comp.	Escdr.	Batter.	Brk.-Eq.	Inft.	Cav.	Art. u. Pion.	Zusam.	Gesch.
32. Infanterie-Brigade: GM. v. Schachtmeyer, [8]) Inft.-Rgt. Nr. 30, Nr. 70	6	—	—	—	—	6172	—	—	6172	—
Combinirte Inft.-Brigade: GM. v. Glümer, Infanterie-Rgt. Nr. 19 [9]), Nr. 20	6	—	—	—	—	6172	—	—	6172	—
Inft.-Rgt. Nr. 32, Nr. 39	6	—	—	—	—	6172	—	—	6172	—
Rheinisches Husz.-Rgt. Nr. 9 . . .	—	—	5	—	—	—	780	—	780	—
10. Landwehr-Husz.-Regiment [10])	—	—	2	—	—	—	313	—	313	—
1. 4pfd., 1. 12pfd. Batterie des Art.-Rgts. Nr. 8, 10. 12pfd. Reserve-Batterie	—	—	—	3	—	—	—	435	435	18

[1]) Übergab das Divisions-Commando am 19. Juli an den GM. v. Flies.

[2]) Die vierten Bataillons der Regimenter Nr. 25 und Nr. 11 waren in die Elbeherzogthümer commandirt.

[3]) Rückte bei Langensalza zur Division ein.

[4]) Übergab am 19. Juli das Commando an den GM. v. Below.

[5]) Trafen am 27. Juli bei der Division ein.

[6]) Traf kurz vor Beendigung der Feindseligkeiten ein.

[7]) Traf Ende Juni bei Eisenach ein.

[8]) Später durch Oberst v. Woyna I. commandirt.

[9]) Das 19. Inft.-Rgt. wurde später in die combinirte Brigade GM. v. Tresckow eingetheilt; statt dessen kam das Inft.-Rgt. Nr. 32 zur Brigade Glümer.

[10]) Kam am 21. Juli zur Division, die beiden andern Escadrons verblieben zu Frankfurt und Hannover.

	Bataill.	Comp.	Escdr.	Batter.	Brk.-Eq.	Inft.	Cav.	Art. u. Pion.	Zusam.	Gesch.
11. u. 12. 12pfd. Reserve-Batterie [1]	—	—	—	2	—	—	—	290	290	12
2 6pfd. gezog. Batterien aus han. Material [2]	—	—	—	2	—	—	—	290	290	12
2 Munitions-Colonnen des Feld-Art.-Rgts. Nr. 6 u. 7	—	—	—	—	—	—	—	180	180	—
Zusammen die Division:	18	—	7	7	—	18.516	1093	1195	20,804	42

Anmerkung. Jeder Division war ein leichtes Feld-Lazareth, ein Feld-Haupt-Proviant-Amt und eine Feld-Postexpedition zugetheilt. Bei der Armee befanden sich überdies: ein Feld-Hauptproviant-Amt, eine Feld-Bäckerei, ein Feldpostamt, eine mobile Feld-Eisenbahn- und eine mobile Feld-Telegraphen-Abtheilung, nebst einem Detachement Armee-Gendarmerie. Die Oldenburg. Lazareth-Abtheilung traf am 21. Juli, die Hanseatische am 30. Juli ein und wurden der Division Göben überwiesen.

II. Reserve-Armee-Corps [3].

Commandirender:	G. d. I. Friedrich Franz Grossherzog von Mecklenburg-Schwerin.
Generalstab:	OL. Veith.
Commandeur der Artillerie:	Mecklenburg. Oberst v. Müller.
1. Ingenieur-Officier:	OL. Schmidt.

Combinirte preuss. Infanterie-Division: Commandeur: GL. v. Horn.
Generalstab: Major v. Bassewitz.

	Bataill.	Comp.	Escdr.	Batter.	Brk.-Eq.	Inft.	Cav.	Art. u. Pion.	Zusam.	Gesch.
Combin. Garde-Infanterie-Brigade: Oberst v. Tresckow, 4. Garde-Rgt. zu Fuss	4	—	—	—	—	3910	—	—	3910	—
4. Bat. der 1., 2. u. 3. Garde-Rgtr. zu Fuss, 4. Bat. des Garde-Grenadier-Rgts.	4	—	—	—	—	3296	—	—	3296	—
Combin. Infanterie-Brigade: Oberst Schuler v. Senden, 4. Bat. der Inft.-Rgtr. Nr. 2, 9, 14, 42 u. 61	5	—	—	—	—	4120	—	—	4120	—
Inft.-Rgt. Anhalt	2	—	—	—	—	2050	—	—	2050	—
Reserve-Landwehr-Cavallerie-Brigade: 1. Reserve-Landwehr-Husz.-Rgt.	—	—	4	—	—	—	625	—	625	—
1. Reserve-Landwehr-Uhl.-Rgt.	—	—	4	—	—	—	612	—	612	—
2. Reserve-Feld-Art.-Rgt.: 5 4pfd. und 3 6pfd. Batterien	—	—	—	8	—	—	—	1160	1160	48
Zusammen die Division:	15	—	8	8	—	13.376	1237	1160	15.773	48

2 leichte Feld-Lazarethe.

---

[1]) Waren neu formirt und trafen am 1. Juli ein.

[2]) Rückten am 23. Juli ein.

[3]) Das zweite Reserve-Armee-Corps marschirte, noch nicht ganz complet, am 20. Juli zur gemeinsamen Operation mit der Main-Armee nach Bayern.

Mecklenburg-Schwerinsche Division: GM. v. Bilguer.
Generalstab: Hauptmann v. Koppelow.

	Baons.	Comp.	Escdr.	Batter.	Brk.-Eq.	Inft.	Cav.	Art. u. Pion.	Zusam.	Gesch.
Mecklenb. Infanterie-Brig.:										
Oberst v. Jasmund, 1. und 2.						annähernd				
mecklenburg. Inft.-Rgt.	4	—	—	—	—	4096	—	—	4096	—
Mecklenburg. Jäger-Bat.	1	—	—	—	—	1024	—	—	1024	—
Braunschw.-Sachsen-Altenburg. Brig.: Oberst v. Girsewald, Braunschweig. Inft.-Rgt.,										
Altenburg. Füsilier-Rgt.	4	—	—	—	—	4096	—	—	4096	—
Mecklenburg. Drag.-Rgt.	—	—	4	—	—	—	624	—	624	—
Braunschweig. Husz.-Rgt.	—	—	2	—	—	—	312	—	312	—
6pfd. mecklenburg. Batterien . .	—	—	—	2	—	—	—	270	270	12
6pfd. braunschweig. Batterie . .	—	—	—	½	—	—	—	68	68	4
Zusammen die Division:	9	—	6	2½	—	9216	936	338	10.490	16
Zusamm. das II. Res.-Armee-Corps:	24	—	14	10½	—	22.592	2173	1498	26.263	64

Recapitulation.

Ende Juli 1866.

	Baons.	Comp.	Escdr.	Batter.	Brk.-Eq.	Inft.	Cav.	Art. u. Pion.	Zusam.	Gesch.
13. Inft.-Division Göben	20	2	14	7	1	20.536	2165	1798	24.519	43
Combinirte Division Flies . . .	15	2	8	6	1	15.218	1250	1458	17.926	36
„ „ Beyer . . .	18	—	7	7	—	18.516	1093	1195	20.804	42
Zusammen die Main-Armee	53	4	29	20	2	54.270	4528	4451	63.249	121
Combinirte Inft.-Division Horn .	15	—	8	8	—	13.376	1237	1160	15.773	48
Mecklenb.-Schwer. Div. Bilguer	9	—	6	2½	—	9216	936	338	10.490	16
Zusammen das II. Reserve-Armee-Corps	24	—	14	10½	—	22.592	2173	1498	26.263	64
Zusammen die Main-Armee und das II. Res.-Arm.-Corps: königlich preuss. Truppen [1])	56	4	32	26	2	55.355	4984	5241	65.580	157
Zusammen die Main-Armee und das II. Res.-Arm.-Corps: sammt den Bundes-Conting.	77	4	43	30½	2	76.862	6701	5949	89.512	185

Überdies befanden sich während der Zeit vom 20. Juli bis zum Waffenstillstande unter GM. v. Roeder [2]):

[1]) Der in dieser Ordre de bataille angeführte Stand wurde nach der normalen Kriegsstärke der einzelnen Abtheilungen berechnet. Nach den statistischen Angaben in den „militärischen Blättern" Jahrg. XXVII, soll der streitbare Stand der königl. preuss. Truppen bei der Main-Armee und dem II. Reserve-Armee-Corps folgender gewesen sein:

60.084 Mann Infanterie, 6300 Mann Cavallerie, 3580 Mann Artillerie und Pionniere.

Zusammen: 69.964 Mann.

Das 2. Reserve-Landwehr-Huszaren- und das 2. Reserve-Landwehr-Uhlanen-Rgt. waren der Main-Armee zugetheilt, trafen jedoch, so wie auch das Reserve-Landwehr-Reiter-Rgt., erst nach Beendigung der kriegerischen Operationen ein.

[2]) Mit der folgenden Übersicht der unter GM. v. Röder stehenden Truppen berichtigt sich die Anmerkung 1 auf Seite 126 dieses Bandes (Die Kriegs-Ereignisse in Westdeutschland).

A) Truppen zur Besetzung von Frankfurt a. M. unter Befehl des Oberst v. Kortzfleisch, Commandeur des 4. westph. Landw.-Rgts. Nr. 17.

4. westph. Landw.-Rgt. Nr. 17.
Die 4. Bat. des 4. rhein. Inft.-Rgts. Nr. 30.
„ „ „ „ 2. thüring. Inft.-Rgts. Nr. 32 [1]).
„ „ „ „ magdeb. Füs.-Rgts. Nr. 36 [2]).
„ „ „ „ rhein. Füs.-Rgts. Nr. 39.
„ „ „ „ 8. rhein. Inft.-Rgts. Nr. 70.
1 Escadron des 10. Landw.-Husz.-Rgts.
1 4pfd. Ersatz-Batt. (4 Gesch.) des westph. Feld-Art.-Rgts. Nr. 7.

Summe: 8 Bat. Inft., 1 Escd., 4 Gesch.

B) Truppen zur Besetzung von Wiesbaden und Umgegend und zur Beobachtung von Mainz, unter Befehl des OL. v. Fischer-Treuenfeld, aggr. dem Generalstabe der Armee.

Infanterie: Füsilier-Bataillon Waldeck.
Füs.-Bat. Schwarzburg-Rudolstadt.
Das 2. (Jülich) und das 3. (Malmedy) Besatzungs-Bat. des 1. rhein. Landw.-Rgts. Nr. 28.
Das 3. Besatzungs-Bat. (Siegburg) des 2. rhein. Landw.-Rgts. Nr. 28.
Das 1. Besatzungs-Bat. (Trier I.) des 4. rhein. Landw.-Rgts. Nr. 30.
2 Comp. des Ersatz-Bat. Nr. 56 [3]).
1 comb. Jäger-Comp. (aus den Ersatz-Comp. des westph. Jäger-Bat. Nr. 7 und des rhein. Jäger-Bat. Nr. 8.

Cavallerie: 1 Festungs-Besatzungs-Escadron aus Koblenz.
1 comb. Escadron (aus Detachements des Königs Husz.-Rgts. (1. rhein.) Nr. 7 und des westph. Husz.-Rgts. Nr. 11.)
Detachement der Ersatz-Escadron des rhein. Cürassier-Rgts. Nr. 8.

Artillerie: 1 4pfd. Batterie (4 Gesch.) der Ersatz-Abtheilung des rhein. Feld-Art.-Rgts. Nr. 8.
$^1/_2$ 6pfd. glatte Ausfall-Batterie (4 Gesch.) aus Koblenz.

Pionniere: 1 Pionnier-Detachement.

Summe: $6^1/_2$ Bat. Inft., 1 Comp. Jäger, 2 Escadrons, 8 Gesch., 1 Pionnier-Detach.

Gesammtstärke:

Detachement Kortzfleisch:

8 Bat. Inft., — Comp. Jäger, 1 Escadron, 4 Gesch., — Pion.-Detach.

Detachement Fischer-Treuenfeld:

$6^1/_2$ Bat. Inft., 1 Comp. Jäger, 2 Escadrons, 8 Gesch., 1 Pion.-Detach.

Summe: $14^1/_2$ Bat. Inft., 1 Comp. Jäger, 3 Escadrons, 12 Gesch., 1 Pion.-Detach.

---

[1]) Traf erst am 29. Juli in Frankfurt a. M. ein.
[2]) Hielt die Etappe Aschaffenburg besetzt.
[3]) Kehrten am 24. Juli nach Köln zurück.

Waffenstillstands-Conventionen

zwischen dem Ober-Commandirenden der königl. preussischen Main-Armee, General-Lieutenant Freiherrn v. Manteuffel, General-Adjutant Sr. Majestät des Königs von Preussen, und

A. der königl. bayerischen Regierung;
B. der königl. württembergischen Regierung;
C. der grossherzogl. badischen Regierung;
D. der grossherzogl. hessischen Regierung.

A.

Feldmarschall Prinz Carl von Bayern hat die bestimmte Nachricht vom Abschluss des Waffenstillstandes. General v. Manteuffel hat keine Nachricht hierüber und fühlt sich daher verpflichtet, die Operationen der Main-Armee fortzusetzen. Die Folgen hiervon müssten der Ruin der Stadt Würzburg sein. Aus diesem alleinigen Grunde räumt der Prinz Würzburg mit dem die Stadt beherrschenden militärischen Terrain. Zum Beweise, dass Prinz Carl königliche Hoheit, nur aus dieser Menschlichkeits-Rücksicht die Stadt mit den sie beherrschenden militärischen Positionen räumt, behält Seine königliche Hoheit die Feste Marienberg nebst dem Main-Viertel besetzt. Unter diesen Bedingungen glaubt General v. Manteuffel es auch ohne höhere Instructionen auf sich nehmen zu können, eine Waffenruhe bis einschliesslich den 2. August einzugehen und verpflichtet sich, nicht weiter vorzugehen.

Die Bestimmung von Rayons zur Dislocirung und Verpflegung der Truppen bleibt vorbehalten.

Der Marienberg und das Main-Viertel bleiben, wenn die Feindseligkeiten nach der Waffenruhe wieder aufgenommen werden sollten, neutral, so lange königlich preussische Truppen (in der Stärke von mindestens einer Compagnie) in Würzburg und im Schussbereiche des Marienberges und des Main-Viertels sich befinden.

Freie Benützung der Frankfurt-Würzburger Eisenbahn für Truppen- und anderweitige Transporte, sowie freie Passage über die Main-Brücke und durch das Main-Viertel für königl. preussische Truppen bis zur Herstellung einer Ponton-Brücke.

Die Stadt Würzburg wird von preussischer Seite in keiner Weise als eine feindliche betrachtet, es werden ihr keine Contributionen auferlegt, noch sonst Forderungen an sie erhoben werden, ausser dass die Besatzung (nicht über eine Brigade stark) von den Einwohnern nach mässigen Sätzen zu verpflegen ist, und königlich bayerisches Staats- und Hof-Eigenthum innerhalb derselben respectirt.

Der Abzug der bayerischen und der Einzug der preussischen Truppen erfolgt erst am 2. August c. Morgens 8 Uhr.

Kitzingen, den 31. Juli 1866.

(gez.) Carl Prinz von Bayern,
Feldmarschall.

Rottendorf, den 28. Juli 1866.

(gez.) v. Kraatz-Koschlau,
Oberst und Chef des Generalstabes.

Nachdem Herr General-Lieutenant Freih. v. Manteuffel die vereinbarte thatsächliche Waffenruhe heute Morgens gekündigt hat und somit den 1. August 6 Uhr Morgens die militärischen Operationen wieder aufnehmen wird, ist Seine königliche Hoheit der Feldmarschall Prinz Carl von Bayern — lediglich um der Stadt die Leiden einer voraussichtlichen und unter den obwaltenden Umständen nutzlosen Bestürmung zu ersparen und die Stadt Würzburg zu schonen, mit dem Höchst-Commandirenden der königlich preussischen Main-Armee, Herrn General-Lieutenant Freih. v. Manteuffel wegen Überlassung des weiter unten bezeichneten Stadttheils bis zum Abschlusse des Friedens über nachstehende Bestimmungen übereingekommen:

Seine königliche Hoheit der Prinz Carl von Bayern überlässt die Stadt Würzburg mit Ausnahme der Feste Marienberg und des Main-Viertels, welche Höchstdieselben besetzt behalten, den königlich preussischen Truppen zur Cantonnirung; die Stadt Würzburg wird dagegen von königlich preussischer Seite in keiner Weise als eine feindliche behandelt werden; es werden derselben keine Contributionen auferlegt, noch sonstige Forderungen an sie erhoben werden, ausser dass die Besatzung, welche die Stärke einer Brigade nicht überschreiten darf, von den Einwohnern nach mässigen Sätzen zu verpflegen ist.

Freie Benützung der Frankfurt-Würzburger Eisenbahn für Truppen- und anderweitige Transporte, sowie freie Passage über die Main-Brücke und durch das Main-Viertel bis zur Herstellung einer Ponton-Brücke wird den königlich preussischen Truppen zugestanden.

Herr General Freih. v. Manteuffel verpflichtet sich, eine Waffenruhe bis einschliesslich des 1. August l. J., also bis zum Beginn des vereinbarten Waffenstillstandes gegenüber den unter dem Oberbefehle Seiner königlichen Hoheit des Prinzen Carl von Bayern stehenden Truppen zu beobachten.

Dieselbe Verpflichtung wird von Seite Seiner königlichen Hoheit des Prinzen Carl von Bayern gegenüber der königlich preussischen Main-Armee übernommen.

Nachsatz: Der Abzug der bayerischen und der Abzug der preussischen Truppen erfolgt erst am 2. August c. Morgens 8 Uhr.

Kitzingen, den 31. Juli 1866.

(gez.) v. Manteuffel,
Ober-Befehlshaber der Main-Armee,
General-Adjutant Sr. Majestät des
Königs von Preussen.

(gez.) Carl Prinz von Bayern,
Feldmarschall.

B.

Geschehen zu Eisingen bei Würzburg, den 1. August 1866.

Nachdem von Sr. Majestät dem Könige von Preussen dem königl. preussischen General-Lieutenant und Ober-Befehlshaber der Main-Armee Freih. v. Manteuffel der Auftrag ertheilt worden war, mit der königlich württembergischen Regierung über den Abschluss eines Waffenstillstands-Vertrages zu verhandeln und übereinzukommen, haben Se. Majestät der König von Württemberg zu diesem Zwecke Höchstihren geheimen Raths-Präsidenten Freih. v. Neurath und Höchstihren Kriegs-Minister General-Lieutenant v. Hardegg als Bevollmächtigte in das Hauptquartier des General-Lieutenants Freiherrn v. Manteuffel entsendet und haben heute dieser und jene Bevollmächtigten unter Zuziehung des königl. württembergischen Ministers der auswärtigen Angelegenheiten Freiherrn v. Varnbüler, sowie des königl. preussischen Obersten im Generalstabe und Chef des Stabes der Main-Armee v. Kraatz-Koschlau folgende Übereinkunft abgeschlossen:

§. 1. Zwischen den königl. preussischen und den ihnen verbündeten Truppen einerseits und den königl. württembergischen Truppen andererseits wird ein Waffenstillstand für die Dauer von drei Wochen, und zwar vom 2. bis zum 22. August 1866, beide Tage einschliesslich, stattfinden. Für die Dauer dieses Waffenstillstandes sind nachfolgende Bestimmungen verabredet worden:

§. 2. Falls die königl. württembergischen Truppen in Bayern in Cantonnements verbleiben, dürfen dieselben das rechte Ufer des Mains nicht betreten, auch die Strasse von Ochsenfurt nach Aub nicht in westlicher Richtung überschreiten und sich nicht auf königl. württembergisches Gebiet begeben.

§. 3. Falls dagegen von königl. württembergischer Seite die Rückkehr der württembergischen Truppen nach Württemberg beschlossen würde, so haben dieselben hierzu die Strasse von Rottenburg nach Kreilsheim oder andere östlicher oder südöstlicher gelegene Strassen und von Kreilsheim aus südlich oder südwestlich führende Strassen zu benützen. In Württemberg aber haben diese Truppen ihre Stellung so zu nehmen, dass sie die von Nördlingen nach Stuttgart und von da über Bietigheim nach Bretten führende Eisenbahn nicht in nördlicher, beziehungsweise zwischen Stuttgart und Bietigheim nicht in östlicher Richtung überschreiten. Die Stadt Ludwigsburg zu besetzen ist ihnen gestattet.

§. 4. Ob die württembergischen Truppen die im §. 2 oder die im §. 3 bezeichnete Stellung einnehmen, wird die königl. württembergische Regierung spätestens bis zum 9. August d. J. dem Commandirenden der preussischen Main-Armee mittheilen.

§. 5. Die königl. preussischen und die mit ihnen verbündeten Truppen ihrerseits werden keine Theile des Königreiches Württemberg betreten, welche südlich gelegen sind von einer Linie, welche von der badisch-württembergischen Grenze an dem Laufe des Neckars bis zum Einflusse des Kochers in diesen, dann dem Laufe des Kochers aufwärts bis Hall und von Hall aus, der grossen Landstrasse nach Kreilsheim und Feuchtwangen folgt.

§. 6. Die königl. preussischen und die mit ihnen verbündeten Truppen werden in den von ihnen besetzten königl. württembergischen Landestheilen Staats- wie Privat-Eigenthum respectiren und keine Contributionen auferlegen. Den betreffenden Landestheilen liegt nur die kostenfreie Verpflegung der königl. preussischen Truppen nach den besonders mitgetheilten Sätzen ob.

§. 7. Die königl. württembergische Regierung übernimmt die Verpflichtung, zu bewirken, dass ihre noch in Mainz stehenden Truppen diese Festung längstens bis zum 8. August verlassen und sich von da unter Benützung der Eisenbahn auf dem linken Rhein-Ufer bis Ludwigshafen, dann von da über Mannheim und Bruchsal, ohne die Eisenbahn zu verlassen, nach Stuttgart begeben.

§. 8. Die königl. württembergische Regierung verpflichtet sich ferner, zu bewirken, dass den Truppen der norddeutschen Staaten (Sachsen-Weimar, Sachsen-Meiningen, Lippe-Bückeburg und Reuss), soweit solche in Ulm sich befinden, gestattet werde, sofort mit ihren Waffen und ihrer vollen Ausrüstung in ihre Heimat zurückzukehren, und dass hierbei, so weit sie auf württembergischen Gebiete sich zu bewegen haben, denselben die nöthige Verpflegung kostenfrei zu Theil werde. Soweit solche Truppen sich in Mainz oder Rastatt befinden, erhebt die königl. württembergische Regierung gegen deren gleichartige Rückkehr in die Heimat keine Einwendung.

§. 9. Die hohenzollern'schen Lande werden so schnell wie möglich und spätestens bis zum 8. August d. J. von den württembergischen Beamten und Truppen, von jenen unter Übergabe des Dienstes an die betreffenden königl. preussischen Beamten verlassen und alles Staats- und Privat-Eigenthum, so weit dasselbe eine Beschädigung durch württembergische Beamte oder Truppen erlitten haben sollte, vollständig restituirt werden.

§. 10. Die königl. württembergische Regierung verpflichtet sich, denjenigen Unterthanen des Königreiches Preussen und der mit ihm verbündeten Staaten, welche nach dem Abzuge der königl. preussischen Truppen aus der Festung Mainz ausgewiesen und dadurch in ihrem Eigenthume beschädigt wurden, hierfür zu ihrem entsprechenden Theile Entschädigung zu leisten.

§. 11. Die königl. württembergische Regierung wird, abgesehen von den im §. 5 erwähnten königl. preussischen und mit diesen verbündeten Truppen, keinen anderen Truppen den Durchmarsch durch Württemberg oder eine Stellung in Württemberg zu nehmen gestatten. Sofern es sich hier um die den königl. bayerischen Truppen vertragsmässig zustehende Benützung der Etappenstrassen durch Württemberg handeln sollte, wird diese Benützung von besonderer Zustimmung des Commando's der königl. preussischen Main-Armee abhängig gemacht.

§. 12. Die königl. württembergischen Bevollmächtigten sprechen den Wunsch aus, dass auch mit den, mit den württembergischen bisher in einem Armee-Corps vereint gewesenen herzoglich nassauischen Truppen ein Waffenstillstand abgeschlossen werden möge; der königl. preussische Bevollmächtigte lehnte dies ab, da er hierzu in keiner Weise ermächtigt sei.

Vorstehende Übereinkunft beurkunden:

(gez.) Freih. v. Manteuffel,
Ober-Befehlshaber der Main-Armee,
General-Adjutant Sr. Majestät des
Königs von Preussen.
(gez.) v. Kraatz-Koschlau,
Oberst und Chef des General-
Stabes der Main-Armee.

(gez.) Freih. v. Neurath,
geheimer Raths-Präsident.
(gez.) Hardegg,
Kriegs-Minister u. General-Lieutenant.
(gez.) Freiherr v. Varnbüler.

C.

Geschehen zu Würzburg, den 3. August 1866.

Nachdem von Sr. Majestät dem Könige von Preussen dem königl. preussischen General-Lieutenant und Ober-Befehlshaber der Main-Armee, Freiherrn von Manteuffel, der Auftrag ertheilt worden war, mit der grossherzoglich badischen Regierung über den Abschluss eines Waffenstillstands zu verhandeln und übereinzukommen, haben Se. königl. Hoheit der Grossherzog von Baden zu diesem Zwecke Höchstihren Präsidenten des Ministeriums des grossherzoglichen Hauses und der auswärtigen Angelegenheiten, v. Freydorf, als Bevollmächtigten in das Hauptquartier des General-Lieutenants v. Manteuffel entsendet, und haben heute diese Bevollmächtigten unter Zuziehung des königl. preussischen Obersten im General-Stabe und Chef des Stabes der Main-Armee, v. Kraatz-Koschlau, sowie des grossherzoglich badischen Legations-Rathes Hardeck und des grossherzoglich badischen Majors und Mitgliedes des Kriegs-Ministeriums Schuberg folgende Übereinkunft abgeschlossen:

§. 1. Zwischen den königl. preussischen und den ihnen verbündeten Truppen einerseits und den grossherzoglich badischen Truppen andererseits wird ein Waffenstillstand bis einschliesslich den 22. August 1866 stattfinden. Für die Dauer dieses Waffenstillstandes sind nachfolgende Bestimmungen verabredet worden:

§. 2. Die grossherzoglich badischen Truppen werden die vereinbarte Marschroute zum Marsch nach Carlsruhe genau einhalten und nach dem Eintreffen daselbst bis zum Schlusse des Waffenstillstandes keine nördlich von Carlsruhe gelegene Stellung nehmen. Es bleibt ihnen jedoch überlassen, Bruchsal mit Cavallerie und dem zur Bewachung des dortigen Zellen-Gefängnisses erforderlichen Infanterie-Commando zu belegen.

§. 3. Die königl. preussischen und die mit ihnen verbündeten Truppen können das grossherzoglich badische auf dem rechten Neckar-Ufer gelegene Gebiet nebst den Städten Heidelberg und Mannheim militärisch besetzen und zu Cantonnements benützen.

§. 4. Die königl. preussischen und die mit ihnen verbündeten Truppen werden in den von ihnen besetzten grossherzoglich badischen Landestheilen Staats- wie Privat-Eigenthum respectiren und keine Contributionen auferlegen. Den betreffenden Landestheilen liegt nur die kostenfreie Verpflegung der genannten Truppen nach den besonders mitgetheilten Sätzen ob.

§. 5. Die grossherzoglich badische Regierung übernimmt die Verpflichtung, zu bewirken, dass ihre etwa noch in Mainz stehenden Truppen diese Festung längstens bis zum 8. August verlassen und sich von dort unverzüglich nach den der grossherzoglichen Armee-Division für die Dauer des Waffenstillstandes überwiesenen Theilen des grossherzoglichen Gebiets begeben.

§. 6. Die grossherzoglich badische Regierung verpflichtet sich ferner, zu bewirken, dass den Truppen der norddeutschen Staaten (Sachsen-Weimar, Sachsen-Meiningen, Lippe-Bückeburg und Reuss), soweit solche in Rastatt sich befinden, gestattet werde, sofort mit ihren Waffen und ihrer vollen Ausrüstung in ihre Heimat zurückzukehren, auch dass hierbei, soweit sie auf grossherzoglich badischem Gebiete sich zu bewegen haben, denselben die nöthige Verpflegung kostenfrei zu Theil werde. Soweit solche Truppen sich in Ulm oder Mainz befinden, erhebt die grossherzogliche Regierung gegen deren gleichartige Rückkehr in die Heimat keine Einwendungen, insofern deren Abmarsch überhaupt noch von der Einwilligung der grossherzoglichen Regierung abhängig gemacht werden sollte.

§. 7. Die grossherzoglich badische Regierung verpflichtet sich, denjenigen Unterthanen des Königreiches Preussen und der mit ihm verbündeten Staaten, welche nach dem Abzuge der königl. preussischen Truppen aus der Festung Mainz ausgewiesen und dadurch in ihrem Eigenthume geschädigt wurden, hierfür zu ihrem entsprechenden Theile Entschädigung zu leisten, insofern zur Zeit der fraglichen Ausweisung grossherzoglich badische Truppen in Mainz anwesend waren. Das Gleiche gilt hinsichtlich derjenigen königl. preussischen Unterthanen, welche etwa aus der Festung Rastatt ausgewiesen worden sein sollten.

§. 8. Die grossherzoglich badische Regierung wird in demjenigen Theile des grossherzoglichen Gebietes, welcher von grossherzoglichen Truppen besetzt ist, keinen fremden Truppen den Durchmarsch durch jenes Gebiet oder eine Stellung in demselben zu nehmen gestatten.

Das Gleiche gilt hinsichtlich des neutralen Gebietes. Ausgenommen von dieser Bestimmung sind die etwa noch in den Festungen Rastatt und Mainz befindlichen k. k. österreichischen und königl. württembergischen Truppen, denen der freie Abzug in die Heimat von beiden Theilen gestattet wird.

Vorstehende Übereinkunft beurkunden:

(gez.) Freih. v. Manteuffel.
(gez.) v. Kraatz-Koschlau.

(gez.) v. Freydorf.
(gez.) Hardeck.
(gez.) Schuberg.

D.

Geschehen zu Eisingen bei Würzburg, den 1. August 1866.

Nachdem von Sr. Majestät dem Könige von Preussen dem königl. preussischen General-Lieutenant und Ober-Befehlshaber der Main-Armee, Freiherrn v. Manteuffel, der Auftrag ertheilt worden war, mit der grossherzoglich hessischen Regierung über den Abschluss eines Waffenstillstandes zu verhandeln und übereinzukommen, haben Se. königliche Hoheit der Grossherzog von Hessen und bei Rhein zu diesem Zwecke Höchstihren Flügel-Adjutanten, Major v. Lyncker, als Bevollmächtigten in das Hauptquartier des General-Lieutenants Freiherrn v. Manteuffel entsendet und haben heute diese Bevollmächtigten im Beisein des königl. preussischen Obersten im General-Stabe und Chef des Stabes der Main-Armee, v. Kraatz-Koschlau, folgende Übereinkunft abgeschlossen:

§. 1. Zwischen den königl. preussischen und den ihnen verbündeten Truppen einerseits und den grossherzoglich hessischen Truppen andererseits wird ein Waffenstillstand für die Dauer von drei Wochen, und zwar vom 2. bis 22. August 1866, beide Tage einschliesslich, stattfinden. Für die Dauer dieses Waffenstillstandes sind nachfolgende Bestimmungen verabredet worden:

§. 2. Falls die grossherzoglich hessischen Truppen in Bayern in Cantonnements verbleiben, dürfen dieselben das rechte Ufer des Mains nicht betreten, auch die Strasse von Ochsenfurt nach Aub nicht in westlicher Richtung überschreiten und sich nicht auf königl. württembergisches Gebiet begeben.

§. 3. Falls dagegen von grossherzoglich hessischer Seite die Rückkehr der grossherzoglichen Truppen nach dem Grossherzogthume beschlossen würde, so haben dieselben hiezu die Strasse aus der Gegend von Uffenheim, Burgbernheim über Mergentheim, Walldürn, Amorbach, Erbach und Hirschenheim nach Worms zu benützen. Es ist in diesem Falle mindestens 5 bis 6 Tage vor dem beabsichtigten Marsche seitens des Commando's der grossherzoglichen Truppen bei dem Ober-Commando der Main-Armee die Ertheilung einer Marschroute zu beantragen, welche letztere sodann das grossherzogliche Truppen-Commando verpflichtet ist, auf das Genaueste einzuhalten. Den grossherzoglichen Truppen wird zu ihrer Aufstellung bis zum Schlusse des Waffenstillstandes das grossherzogliche Gebiet auf dem linken Rhein-Ufer, mit Ausnahme eines einmeiligen Umkreises um Mainz, überwiesen werden.

§. 4. Die königl. preussischen und die mit ihnen verbündeten Truppen ihrerseits werden den, den grossherzoglichen Truppen überwiesenen auf dem linken Rhein-Ufer gelegenen Theil des Grossherzogthums während der Dauer des Waffenstillstandes nicht betreten.

§. 5. Die königl. preussischen und die mit ihnen verbündeten Truppen werden in den von ihnen besetzten grossherzoglich hessischen Landestheilen Staats- wie Privat-Eigenthum respectiren und keine Contributionen auferlegen. Den betreffenden Landestheilen liegt nur die kostenfreie Verpflegung der genannten Truppen nach den besonders mitgetheilten Sätzen ob.

§. 6. Die grossherzoglich hessische Regierung übernimmt die Verpflichtung, zu bewirken, dass ihre etwa noch in Mainz stehenden Truppen diese Festung längstens bis zum 8. August verlassen und sich von dort unverzüglich nach dem der grossherzoglichen Armee-Division für die Dauer des Waffenstillstandes in dem in §. 3 bezeichneten Falle überwiesenen Theile des grossherzoglichen Gebietes begeben.

§. 7. Die grossherzoglich hessische Regierung verpflichtet sich ferner, zu bewirken, dass den Truppen der norddeutschen Staaten (Sachsen-Weimar, Sachsen-Meiningen, Lippe-Bückeburg und Reuss), soweit solche in Mainz sich befinden, gestattet werde, sofort mit ihren Waffen und ihrer vollen Ausrüstung in ihre Heimat zurückzukehren, auch dass hierbei, soweit sie auf grossherzoglich hessischem Gebiete sich zu bewegen haben, denselben die nöthige Verpflegung kostenfrei zu Theil werde. Soweit solche Truppen sich in Rastatt oder Ulm befinden, erhebt die grossherzogliche Regierung gegen deren gleichartige Rückkehr in die Heimat keine Einwendung.

§. 8. Die grossherzoglich hessische Regierung verpflichtet sich, denjenigen Unterthanen des Königreiches Preussen und der mit ihnen verbündeten Staaten, welche nach dem Abzuge der königl. preussischen Truppen aus der Festung Mainz ausgewiesen und dadurch in ihrem Eigenthume beschädigt wurden, hierfür zu ihrem entsprechenden Theile Entschädigung zu leisten.

§. 9. Die grossherzoglich hessische Regierung wird in denjenigen Theilen des grossherzoglichen Gebietes, welches in dem im §. 3 bezeichneten Falle den grossherzoglichen Truppen überwiesen ist, keinen fremden Truppen den Durchmarsch durch jenes Gebiet oder eine Stellung in demselben zu nehmen gestatten.

§. 10. Der grossherzoglich hessische Bevollmächtigte sprach den Wunsch aus, dass auch mit den, mit den grossherzoglichen bisher in einem Armee-Corps vereint gewesenen kurfürstlich hessischen und herzoglich nassauischen Truppen ein Waffenstillstand abgeschlossen werden möge. Der königl. preussische Bevollmächtigte lehnte dies ab, da er hierzu in keiner Weise ermächtigt sei.

Vorstehende Übereinkunft beurkunden:

(gez.) Freih. v. Manteuffel,
Ober-Befehlshaber der Main-Armee und General-Adjutant Sr. Majestät des Königs von Preussen.

(gez.) v. Kraatz-Koschlau,
Oberst und Chef des General-Stabes.

(gez.) Major v. Lyncker,
Flügel-Adjutant Sr. königl. Hoheit des Grossherzogs von Hessen.

Waffenstillstands-Convention

zwischen dem königlich preussischen II. Reserve-Corps und der königlich bayerischen Armee.

Auf Grund einer von dem königl. bayerischen Feldmarschall Prinzen Carl von Bayern, königliche Hoheit, ertheilten Vollmacht, war heute der königl. bayerische General-Lieutenant und Commandant der 4. Infanterie-Division, Jakob Ritter von Hartmann Excellenz, im preussischen Hauptquartier zu Nürnberg erschienen, um über die Demarcations-Linie sowie sonstige militärische Details während des abgeschlossenen Waffenstillstandes zu verhandeln.

Nachdem zu gleichen Zwecken der königl. preussische Oberst-Lieutenant und Chef des General-Stabes Veith von Sr. königlichen Hoheit dem Grossherzog von Mecklenburg-Schwerin, General der Infanterie und Commandirenden des II. Reserve-Corps, bevollmächtigt war, traten diese beiden Bevollmächtigten zusammen und vereinbarten Folgendes:

§. 1. Die Demarcations-Linie wird im Allgemeinen bezeichnet:

Durch den Itzbach, von dessen Eintritt in Bayern bis zu dessen Einfluss in den Main, sodann der Main bis dahin, wo er die Regnitz aufnimmt, hierauf die Regnitz aufwärts, als Grenze bis zur Rednitz; die Rednitz aufwärts bis Schwabach, sodann den Schwarzach-Bach aufwärts bis Altdorf, endlich eine Linie, welche durch die Orte Altdorf, Amberg, Hirschau, Wernberg und Waidhaus zur österreichischen Grenze läuft.

Zu beiden Seiten dieser Demarcations-Linie bleibt ein Theil der Ortschaften unbelegt und bildet sonach neutrales Gebiet.

Dieses neutrale Gebiet ist begrenzt längst des Itzbaches durch die dessen Thalniederung einschliessenden Höhenzüge; längs des linken Main- und rechten Regnitz- und Rednitz-Ufers durch die Bahnlinie; längs des rechten Main- und linken Regnitz- und Rednitz-Ufers aber durch die einschliessenden Höhenzüge.

Die Orte Fürth und Schwabach bilden hierbei eine Ausnahme und können von den königl. preussischen Truppen belegt werden.

Kronach und Plassenburg behalten ihre bisherigen bayerischen Besatzungen und sind diese Orte als neutrales Gebiet zu betrachten, weshalb auch dem Verkehre dieser Besatzungen mit der Umgegend ein Hinderniss nicht entgegengestellt wird.

Die Stadt Bamberg kann eine kleine bayerische Garnison behalten, welche jedoch einen militärischen Einfluss auf das rechte Regnitz-Ufer und speciell den Bahnhof und dessen Benützung nicht ausüben darf. Längs des südlichen Theiles der Demarcations-Linie bilden die Orte Schwabach, Kornburg, Feucht, Altdorf, Traunfeld, Schwend, Götzendorf, Fuchsstein, Witzelhof, Urspring, Hirschau, Wernberg, Pleystein und Waidhaus die südlichsten Punkte des preussischen Cantonnements.

Für die bayerischen Cantonnements ist die nördliche Grenze bezeichnet durch die Punkte: Schwand, Ferrieden, Berg, Kastel, Amberg, Haselmühl, Kemnat, Pfreimt, Taennesberg und Eslarn.

§. 2. Um den Truppen während der Zeit des Waffenstillstandes möglichste Ruhe zu gewähren, und da überdies zwischen die beiden Demarcations-Linien neutrales Gebiet gelegt ist, so werden weder von Seiten der königl. preussischen Armee, noch von Seiten der königl. bayerischen Armee Vorposten aufgestellt, sondern lediglich aus militär-polizeilichen Gründen in den Cantonnements die auch im Frieden üblichen Cantonnements-Wachen etablirt.

§. 3. Der Eisenbahn- und Postverkehr, die Benützung und Bedienung der Telegraphen (incl. der Ostbahnen), die Schiff- und Flussfahrt auf der Flusslinie und dem Canal werden von beiden Seiten völlig frei gegeben. Werden Militär-Transporte über die militärische Demarcations-Linie hinaus beabsichtigt, so unterliegt dies der besonderen Vereinbarung der beiden Höchst-Commandirenden.

Eine militärische Besetzung der Bahnhöfe im Allgemeinen findet nur insofern statt, als es militär-polizeiliche Gründe nothwendig machen.

Die Bahnhöfe Bamberg und Amberg dürfen von keiner Seite militärisch besetzt werden.

Das bayerische Eisenbahn-Material, sowie dasjenige der Ostbahnen darf vor dem allenfallsigen Ausbruche neuer Feindseligkeiten wieder nach jenen Punkten geborgen werden, von wo es zur Zeit herkommt.

§. 4. In den betreffenden Ortschaften sollen die königl. preussischen Truppen nach beiliegender preussischer Vorschrift, d. d. Hof, den 24. Juli 1866, verpflegt werden.

Hauptquartier Nürnberg, den 4. August 1866.

(gez.) J. v. Hartmann,
königlich bayerischer General-Lieutenant.

(gez.) Veith,
Oberst-Lieutenant, Chef des General-Stabes beim II. Reserve-Armee-Corps.

Stand der Besatzung der Bundesfestung Mainz.

Am 11. Juli 1866.

Benennung der Truppentheile.	Officiere	Unterofficiere	Spiel- und Zimmerleute	Ärzte	Parteien, Bedienungs-, Kur- und Büchsenschmiede	Gemeine	Summe der Unterofficiere, Spiel- u. Zimmerleute und Gemeine	Pferde	Geschütze
K. k. österr. Zeugs-Art.-Commando Nr. 4, Filialposten	7	24	—	—	7	5	29	—	—
K. k. Kaiser Franz Josef 1. Génie-Rgt., Detachement der 15. Comp.	2	12	—	—	1	91	103	—	—
Königl. bayr. Inft.-Rgt. König, 1. Bat.	26	73	29	1	—	798	900	2	—
„ „ Leib- „ 1. „	24	72	30	2	—	832	934	2	—
„ „ 2. Art.-Rgt., 2. Fuss-Batt.	4	18	3	—	—	147	168	3	—
„ „ 4. „ 2. „	4	14	3	—	—	138	155	4	—
„ „ 5. Festgs.-Génie-Comp.	5	19	3	—	—	150	172	1	—
„ württ. 4. Inft.-Rgt. mit 2 Batls.	34	116	80	4	116	1285	1481	69	—
„ „ Artillerie, 3. Batt.	4	16	2	—	—	180	198	8	—
Kurhess. Leibgarde-Rgt., 1. Bat.	17	53	17	2	16	650	720	8	—
„ „ „ 2. „	19	53	67	2	16	800	920	15	—
„ 1. Inft.-Rgt. 1. „	19	58	17	2	16	610	680	8	—
„ 1. „ 2. „	17	58	23	2	16	645	721	3	—
„ 2. „ 1. „	17	58	28	3	16	744	820	10	—
„ 2. „ 2. „	17	56	17	3	28	712	785	8	—
„ 3. „ 1. „	19	58	17	3	16	810	880	8	—
„ 3. „ 2. „	19	53	17	3	16	761	831	3	—
„ Jäger-Bat.	17	54	17	2	1	461	532	4	—
„ Schützen-Bat.	17	54	27	2	1	583	661	4	—
„ Pionnier-Comp. [1]	3	18	2	—	—	100	120	2	—
„ reit. Batt.	4	20	4	—	—	90	114	88	29
„ gez. Batt.	4	22	3	—	—	89	114	86	
„ 12pfd. Batt.	4	21	2	—	—	99	122	44	
„ 6pfd. Batt.	4	13	4	—	—	86	103	89	
„ Handwerker-Comp.	3	17	1	—	—	47	65	3	—
„ Train-Abtheilung	1	5	—	—	—	97	102	11	—
„ Cavallerie Garde du Corps	11	24	12	3	15	199	235	246	—
Grossh. hessische Artillerie	2	7	1	—	2	44	52	2	—
Herzogl. Sachsen-Meining'sches Contingent	28	98	64	3	15	726	888	12	—
Hannoveraner	1	—	—	—	—	86	86	—	—
Summe:	353	1144	485	37	298	12.065	13.694	638	29

[1]) In Frankfurt a. M. detachirt.

Anmerkung. Das grossherzoglich Sachsen-Weimar'sche Infanterie-Regiment und das Lippe-Schaumburg'sche Contingent am 5. Juli nach Ulm und Rastatt verlegt, dagegen durch 2 Bataillons des württembergischen 4. Infanterie-Regiments von Ulm aus ersetzt worden.

In den am rechten und linken Rheinufer nächstgelegenen Ortschaften 4 Escadrons kurhessische Huszaren in der Stärke von beiläufig 300 Mann und Pferden, die im Falle der Noth sich in die Festung zu werfen haben.

Dem kurhessischen Contingent fehlte zu seiner Ausrüstung das erforderliche Material, vor Allem das Geld, so zwar, dass am 11. nicht einmal so viel vorhanden war, um die nächste Löhnung zu zahlen.

Die am Schlusse ersichtlich gemachten Hannoveraner waren Freiwillige, die nach Capitulation ihrer Armee sich in Frankfurt sammelten und sodann nach Mainz verlegt wurden.

Beilagen

zu

„Österreichs Kämpfe"

1866.

V. Band.

J 1866.

Stephansdorf
S. Martin
Wengen
FELTRE
Col di Fagole
M. Tomatico
Carpen
Quero
Alano
M. Perlo
Valdobbiadene
Pederobba
Cornuda
Maser
Crespignaga
ASOLO
Pagnano
Montebelluna
Altivole
Caselle
C. Busta

PLAN DE

Befestigungen zur Zeit ihrer Berennung du

Canal

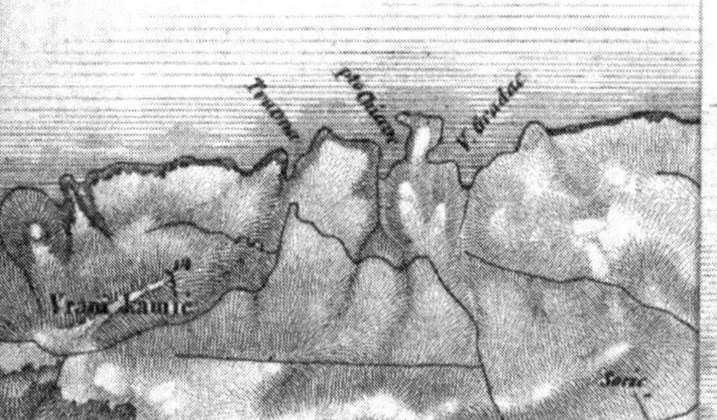

s a

platzes 1866.

Lightning Source UK Ltd.
Milton Keynes UK
UKHW030638290421
382834UK00006B/513